张建业李贽研究丛书

第二册

李贽论

张建业 著

ZHANGJIANYE LIZHI YANJIU CONGSHU DIERCE

LIZHI LUN

首都师范大学出版社
CAPITAL NORMAL UNIVERSITY PRESS

图书在版编目(CIP)数据

李贽论/张建业著．—北京：首都师范大学出版社，2020.11
(张建业李贽研究丛书)
ISBN 978-7-5656-6023-8

Ⅰ.①李…　Ⅱ.①张…　Ⅲ.①李贽(1527—1602)—哲学思想—研究
Ⅳ.①B248.915

中国版本图书馆 CIP 数据核字(2020)第 192188 号

LIZHI LUN
李贽论
张建业　著

项目负责　马　岩
责任编辑　陈娇娇
首都师范大学出版社出版发行
地　　址　北京市海淀区西三环北路 105 号
邮　　编　100048
电　　话　68418523(总编室)　68982468(发行部)
网　　址　http://cnupn.cnu.edu.cn
印　　刷　三河市博文印刷有限公司
经　　销　全国新华书店
版　　次　2020 年 11 月第 1 版
印　　次　2020 年 11 月第 1 次印刷
开　　本　710mm×1000mm　1/16
印　　张　27
字　　数　494 千
定　　价　95.00 元

寻觅卓吾一甲子

——“张建业李贽研究丛书”总序

1949年，我年12，考入故乡河南郾城中学。郾城中学的校址据传为“字圣”许慎的故居，人们都称之为许氏祠堂。家父曾任职于郾城另一中学召陵中学，所以我的幼年是在郾城度过的。后来因祖父仙逝，家中只有祖母一人，孝顺的父亲就辞职回乡，管理着几亩土地，照顾着祖母老人，同时兼任着村中的小学校长，继续着教育事业。受这种家教的影响，我在村中小学时就喜欢写点感想、见闻。考入郾城中学后，由于这一习惯，得到了语文老师的看重，让我做语文课的课代表。老师姓甘，是位“五四”文化的追随者，讲课时不时提到“五四”新文学运动与王阳明、李贽的关系，我作为语文课代表虽对此毫无所知，却深有兴趣，老师就给我看了吴虞的《李卓吾别传》和李贽的《赞刘谐》、《题孔子像于芝佛院》等，使我对李贽有了一点浅薄的认知。

真正对李贽有进一步的理论上的认识，则是1956年我以一个小学教师的身份考入北京师范大学中文系以后。本科四年，毕业时我自己也没想到被留下做古典文学研究生，学习时间为两年，这在当时是极难得的学习机会。在这六年之中，授课老师有黄药眠、刘盼遂、李长之、钟敬文、俞敏、郭预衡、启功等学界泰斗，让我受益匪浅。特别是做研究生的二年，导师为刘盼遂教授、郭预衡教授，他们更是对我耳提面命，令我至今难忘。

在北京师范大学中文系的六年中，我受益极多。在学业方面，有两点应该特别提出：其一为刘盼遂教授的古诗词讲授，特别是对李商隐诗作的精辟诠释，给我留下了深刻的印象。在研究生期间，先生还先后送我两部李商隐的诗集，一为冯浩注《冯注李义山诗集》，一为朱鹤龄原注、程梦星删补的《李义山诗集》，并将两书的优劣处细细告之。我曾写《一书寄深情——缅怀我的导师刘盼遂教授》，登载在2005年3月15日的《北京日报》，记述了师生之间的情谊。正是在盼遂师的影响下，我对古典诗词极有兴趣，这些年先后著有《中国诗歌简史》(中国青年出版社，1986年)、《中国诗歌史》(台湾文津出版社，1995年)、《中国词曲史》(台湾文津出版社，1996年)、《都门诗话》(远山出版社，2010年)等有关诗歌的专著，以及众多的关于诗歌的论文。其二是对儒学异端李贽进一步产生浓厚兴趣。当时的古典文学课分为两个部分，一是文学史的讲授，由李长之和郭预衡先生担任；一是文学作品的讲授，由刘盼遂和启功先生担任。长之先生学贯中西，多有独到的见解，在课余之时，或校内或家中，我大胆地向他请教问题，李贽即为重要课题之一。有一次我问到"五四"新文化运动与晚明王阳明及李贽有无内在的关系。他说："你可看一看我那本《迎中国的文艺复兴》，其中虽没谈到这一问题，但对五四运动却提出了我的看法，有些人说'五四'是一次文艺复兴，我认为那不确切，'五四'只可称之启蒙运动，从这一意义上说，与晚明以王阳明、李贽为代表的新思潮是有一定内在联系的，可惜人们对这方面的认识还很不足。"遗憾的是1957年"反右"时，长之先生被定为"极右"，从此受到精神上的极大折磨。在那种政治形势下，我已无法向长之先生请教了。在李贽的研究中，与郭预衡先生的交往达半个世纪。研究生毕业后，我被分配到北京师范学院(现首都师范大学)，与预衡师的来往不断。郭先生是李贽的崇拜者，在学习与研究过程中，有什么疑难，我就直登他北师大乐育二楼的寓所，在他那堆满图书而不宽裕的书房中请教。有关李贽的研究会或纪念会，郭先生总是拨冗与会并提供论文。我先后出版的多种有关李贽的图书多有先生的推荐评语，并大部分由郭先生题签书名。预衡师不像长之师那样侃侃而谈，语带激情而雄辩，而是不苟言笑，娓娓道来，但总能一语中的，并在幽默中给人以启迪。

正是在诸位老师的启迪下，我对李贽产生了迷恋，在当时极为困难的情境下，在参加各种政治活动、在完成教学任务之后，就投入到对李贽著作的收集与研读之中，人们很难见到的《九正易因》就是我将中国科学院

(现中国社会科学院)图书馆的手抄本又抄一副本，而后撰写成《李贽与〈九正易因〉》一文。台北大学教授袁光仪女士为研究李贽的易学思想，查遍中外有关索引，发现对李贽《九正易因》的研究仅此一文。“文化大革命”时期，李贽被作为法家加以推崇，北京市和李贽的故乡福建省分别成立了“李贽研究小组”，北京市负责李贽作品选注的工作，福建省负责《焚书》注的工作，领导知道我对李贽有些研究，就命我加入了北京市的李贽研究小组，和工农兵代表一起做李贽作品选注，并做最后的统稿工作。当时参加这一工作的学人还有本校的齐世荣先生、中国人民大学的冯其庸先生和一些青年学子。为了选文，我们对李贽的作品进行了全面、系统的收集与阅读。李贽的著作从来无人对之注释，为了注释，我们就必须从原始文献入手，查阅各种典籍杂著，从而收集了大量的原始资料，成为一种意外的收获。《李贽著作选注》分上、下两册，上册选自《焚书》、《续焚书》，下册选自李贽的其他作品，上册由北京人民出版社于1975年出版，下册未能出版。《李贽著作选注》也算是李贽研究历史的一种记录。

“文化大革命”结束后，我对李贽的研究进行了反思，从明末到现今，对李贽的褒贬极为悬殊，毁誉两极，千差万别。赞之者称其为教主，圣贤，有人民立场的思想家，中华民族之光，中国的布鲁诺和苏格拉底，中华文化思想的启蒙先驱，等等。贬之者则斥之为“敢倡乱道，惑世诬民”的异端，丑类，妄人，邪陷，肆无忌惮的小人，等等。“文化大革命”中又以法家对之推崇。那么李贽的真实面貌何在？他的思想价值、精神价值何在？在叩问深思中我想写一评传，给李贽一个我认为确切的回答。在当时一家五口挤在一陋室的极其困难的条件下，深夜孤灯，墙角小凳，历时寒暑，终成《李贽评传》。由于不知分寸是否合度，很想请教有关学人的指导，我瞬间想到在北京师范大学读书时周扬先生到校做学术报告对李贽的称赞，就不顾身份的悬殊，大胆托一友人将部分手稿试呈与他，没想到很快就收到周扬先生的回信，称“甚觉有益，望您奋力完篇，早日问世。”使我受到极大鼓舞。而后谢国桢教授在为此书的出版推荐语中写道：“张建业同志所著《李贽评传》费了很大功力，引据了大量资料，排比其年代事实，考订其思想变迁，言之有物，确凿有据，是值得推荐的一部著作。

……昔清代王懋竑撰《朱子(熹)年谱》，主要是把朱熹早年思想和晚年思想弄清楚了，遂成为有名的撰作。张建业同志所持研究学问科学的态度，大有后来居上之感。"《李贽评传》1981年由福建人民出版社出版，1992年出版了修订本，面世后受到中外文化界、学术界的称誉，多种文字的报刊给以评介，称之为"有独到的见解，理论的深度"，是"研究李贽思想的力作"等。日本东京大学的沟口雄三教授称该书"大概可以称为定版书了"，并表示要以此书"作为指导学生的指南"。日本福冈女子大学的疋田啟佑教授则称，《李贽评传》"是对李贽的真正评传"，"本书可以说是当今李卓吾评传中资料搜集最为翔实、论证最为精湛的著作"，"应该成为研究李贽的必备的重要参考书"。美国莱斯(RICE)大学教授、亚洲研究中心主任史密斯·理查德(中文名为司马富)则称，从《李贽评传》中"受到很多教益，进一步加深了对李贽这一杰出人物的认识"。中国学者许苏民在《李贽的真与奇》一书中则称：有关李贽，"新中国的研究，又开新生面，以侯外庐为代表的中国老一辈思想史家，以马克思主义的观点重新研究李贽，提出了许多新颖而独到的见解。……而张建业的《李贽评传》一书则别具特色，将李贽的年谱与学谱的研究结合起来，分别论述了李贽在人生的不同阶段的经历与著作，最后得出了'李贽不愧是一位顽强的坚决的反封建压迫反传统思想的英勇斗士'的结论。"王宝峰在《李贽儒学思想研究》一书中评介说：《李贽评传》"以传主生平事迹为主线，全面考察论述了李贽思想的发展历程和主要内容。……由于作者在占有大量翔实材料的基础上，对李贽思想进行了实事求是地学术探讨，使得这部专著成为李贽研究走出'文化大革命'模式的标志，也是迄今为止全面研究李贽思想的代表作之一。《李贽评传》之后，李贽思想研究展现出丰富多彩的局面……李贽思想研究逐渐走出了政治话语笼罩，开始了从纯学术角度研究李贽思想的新阶段。"《李贽评传》多次获得省市级以上奖项，并被中外众多高校与研究单位指定为研究李贽与中国传统文化的必读参考书。

在进行李贽研究的过程中，我主编的《李贽全集注》也是一项重要的成果。作为反封建压迫、反传统思想代表的李贽，他的著作被明清两代封建统治者一再禁毁，虽然有学者编辑了《李温陵集》、《李氏全书》等，但这些

"集"、"书"，实际上只收录了李贽部分著作，而且从无人为之注释，这不能不说是李贽研究以及中国思想文化史研究的一大遗憾。李贽的作品，在明清两代多次遭到禁毁，多为孤本、珍本。多年来，我尽力从各方收集李贽的著作，虽仍不"全"，但为便于更多的人了解李贽，便将主要代表作品加以汇集，而后组织首都师范大学的学人开始对这些著作进行注释。前面已述，从无人对李贽的著作进行过注释，又由于李贽出入儒、释、道，兼及文、史、哲，并有军事、民俗之作，其著作庞博又不易解，使注释工作存在不少困难。注释组在注释过程中，只能从原始文献入手，根据经、史、子、集，以及各种方志、笔记、杂著等，搜索钩稽，对李贽著作中有关儒、释、道的思想、用语，对有关事件的历史背景，对有关人物的生平事迹及其朋辈交游，以及有关的典章制度、地理沿革、历史传说、难懂词语等，都尽力予以注解。同时，对于所依之书，对李贽研究中的一些误说、误传以及李贽著作本身的误书，也都细心考核与查对，以免以讹传讹。由于该课题的重要学术价值，1996年一立项，就被新闻出版署确立为国家古籍整理出版规划"九五"重点项目。经过十多年的努力，克服了种种艰辛，2010年由社会科学文献出版社出版。全书26册，1400万字。从立项到面世，国内《人民日报》、《文学评论》，日本《阳明学》，美国《美南新闻》等20多家报刊发表了报道与评介，赞之为"重大的文化建设，艰巨的科学攀登"，"弥补了学术领域的空白"，"李贽研究的里程碑"，等等。很少为人作序的任继愈教授特为此书撰序，其中说："《李贽全集注》经过十多年的努力，终于结题并将面世，这是一项重要的文化建设，是填补中国文化思想史学术研究的空白之举。""本书广搜资料，务求精确，而且解决了一系列疑难问题"，"勾稽古籍，反复查核，……都显示出注释者认真、严谨的学术态度"，"其严谨求实的学风也非常可嘉。"又说："深信此《全集注》之问世，必将受到海内外学界的欢迎与赞许，对学界的文化思想史研究有所裨益。"这样一部巨著，几年就销售一空，2018年出版社再印。《李贽全集注》获2010年度全国优秀古籍图书一等奖。出版社从中抽印的由我笺注的《焚书注》，获2013年度全国优秀古籍图书二等奖。由此可见文化界、学术界对这一著作的肯定与需要。

还应提出的是，已面世的我有关李贽研究的著作《李贽评传》、《李贽论》、《焚书注》、《李贽研究资料汇编》、《续焚书注》、《李贽小品文笺注》，以及主编的《李贽全集注》、《李贽文集》等，在海外也产生了较大的影响。以《李贽评传》为例，除上面提到的沟口雄三、史密斯·理查德、疋田啟佑的评赞外，已确知先后被日本国立国会图书馆、学习院大学图书馆，美国国会图书馆，澳大利亚国家图书馆所收藏。同时，美国的 Amazon（亚马逊网站）和 World Cat（世界猫网站），还显示出《李贽评传》已被美国耶鲁大学、普林斯顿大学等 28 所大学所收藏，被英国的剑桥大学，澳大利亚的国立大学以及韩国、法国、加拿大、荷兰、新西兰等国部分大学与科研单位所收藏，在日本收藏这本书的大学和科研单位更多。我有关李贽研究的论著，部分已被译为日文、英文。这一切不但表现出对我所进行的研究的肯定，更显示出李贽这位思想家的世界影响，也是对中外文化交流的贡献吧。

需要指出的是，我虽然对李贽的研究达一个甲子的时间，但深感还有许多不足。就以对李贽作品的整理而言，由于多种因素，《李贽全集注》也并不全，李贽有些著作是孤本、珍本，有的甚至国内无存，流落海外。为了使李贽的著作得以更多地呈现在世人面前，这些年我从海内外收集了《李贽全集注》中没有收入的李贽著作，成《李贽全集续编》，先以白文面世，正在首都师范大学出版社排印中。在李贽研究中，我感到在整理李贽著作的同时，更应该对他的专著进行笺释研究，所以有《焚书笺注》、《续焚书笺注》、《李温陵集笺注》等。同时还应对他的学术思想进行不同方面的研究，从而对他在诸多方面的成就与精神有所认识。为此，我作了《李贽论》、《李贽诗歌编年笺注》、《李贽文选笺注》、《李贽小品文笺注》、《李贽文论笺注》、《李贽论佛禅诗文笺注》等。在这套丛书中，还有《李贽赞》、《中外学人书札论李贽研究笺释》两书，前者收录了从晚明到当代学人对李贽的评赞，后者收录了半个世纪以来我在李贽研究中，与中外学人的来往书札，这些书札交流李贽研究的心得，记录李贽研究活动的详情，既具有李贽研究的启示作用，又具有文化交流与鉴赏保存的价值。在《李贽赞》与《中外学人书札论李贽研究笺释》两书中收录的当代学人的手书与题赞，举其要者有周扬、谢国桢、饶宗颐、蔡尚思、任继愈、冯其庸、莫言、汤一介、郭预衡、欧阳中石、何鲁丽、陈建功、刘利民、周振甫、敏泽、黄会林、童庆炳、郑萼、孟繁华、李远哲(诺贝尔化学奖得主)、李亦园(著名社会学专家)、袁光仪(台北大学教授)、江灿腾(台湾大学教授)、赵令扬(香港中文大学教授)、梁披云(澳门学界领袖),以及日本的沟口雄三(东京大学教授)、疋田啟佑(福冈女子大学教授)、佐藤錬太郎(北海道大学教授)、宇野直人(东京女子大学教授),韩国的金越会(首尔大学教授)、申龙澈(庆熙大学教授),新加坡的李焯然(新加坡国立大学教授),美国的史密斯·理查德(莱斯大学教授)、马泰来(普林斯顿大学教授)等。将以上各类作品加以汇集,就成了这套"张建业李贽研究丛书",共二十卷,约一千万字。

冬去春来,日落月升,寻觅李贽走过了一个甲子。其间受困于社会风波,纠结于人事杂务,加之资质的琐陋不足,更拙于运斤之技,虽勤苦不懈,但难免存在不当与谬误,立论是否有仪,笺释是否可证,切望方家给予教正。现在将这些著作汇集面世,一方面算是对半生以来进行李贽研究的总结,一方面算是为李贽研究的深化做铺路之土石。

习近平总书记2016年5月17日《在哲学社会科学工作座谈会上的讲话》中,把李贽列为中华民族悠久的历史文化发展中二十五位"思想大家"之一,可见李贽在我国文化思想史上占有多么重要的地位。因此,我们应该加力对李贽著作的整理,加深对李贽思想和精神的研究。我期待着李贽研究的进一步扩展与深化,期待着李贽的思想与精神得以发扬光大。

张建业

2018年1月于首都师范大学

增订版前言

拙著《李贽论》于2010年由社会科学文献出版社出版，面世以来，国内外反映尚可，并被多国高等院校及其他有关图书馆所收藏。而今纳入“张建业李贽研究丛书”之中再版印行，需要说明如下：

其一，该书是我多年来发表在中外报刊的有关李贽研究的文章的汇集，其中有对李贽思想的论述，有对李贽著作的评析，有对李贽行迹的考察，以及其他有关的随感等。近十年来，在以上各个方面又陆续撰写和刊发了有关文章，选其部分补入这次再版之中，作为增订本面世。李贽是位杰出的思想家，本书的论述也好，随感也好，立论是否有仪，诠释是否合度，都衷心盼望方家、读者予以批评。

其二，该书所收文章，写在不同时期，论述重点虽各有不同，但难免文字有所重复，特别是应海外有关报刊之约而撰写之文，与国内已刊发之文，就更为明显。为保持原貌，也都照录。

其三，此次再版，对原作通读一过，对征引的资料重加校核，对不确之处予以修补，对体例不统一之处加以校正。虽然如此，但全书涉及面广，难免仍有疏漏，还望方家、读者指正。

最后，应该感谢首都师范大学出版社的编辑室主任马岩女士和编辑陈娇娇女士，她们尽心尽力，查核原作，表现出严谨负责的态度和学风，特致谢意。

2019年12月于首都师范大学

李贽遗存选录

李贽像（中国国家博物馆藏）

明乡贤李卓吾居士遗像

弘一法师题像赞

由儒入释　悟澈禅机　清源毓秀　千古崔嵬

李贽印章及边款（北京革命历史博物馆藏）

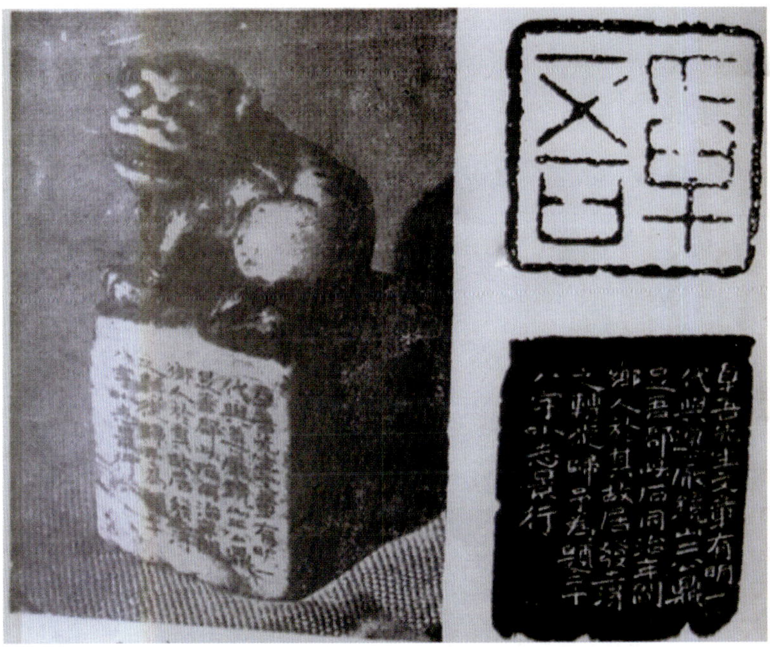

卓吾印章及边款（泉州市文管会藏）

李贽名号印章

这是清代同治年间于李贽泉州故居出土的印章，共2枚。一为兽钮篆书阳文“李贽”，一边为兽钮篆书阳文“卓吾”。通高均7.3厘米，印面各3.2厘米×3.2厘米，寿山石雕成。印上刻有诗与小序。“李贽”一枚刻曰：“先生之笔先生舌，先生之文先生血。三百余年土弗蘙，人可杀兮名不灭。己巳仲春，乡后学苏大山题。”“卓吾”一枚刻曰：“卓吾先生文章，有明一代，与遵岩、镜山二公鼎足。我郡此石，同治年间乡人于其故居发土得之，转徙归予，为题二十八字，以志景行。”

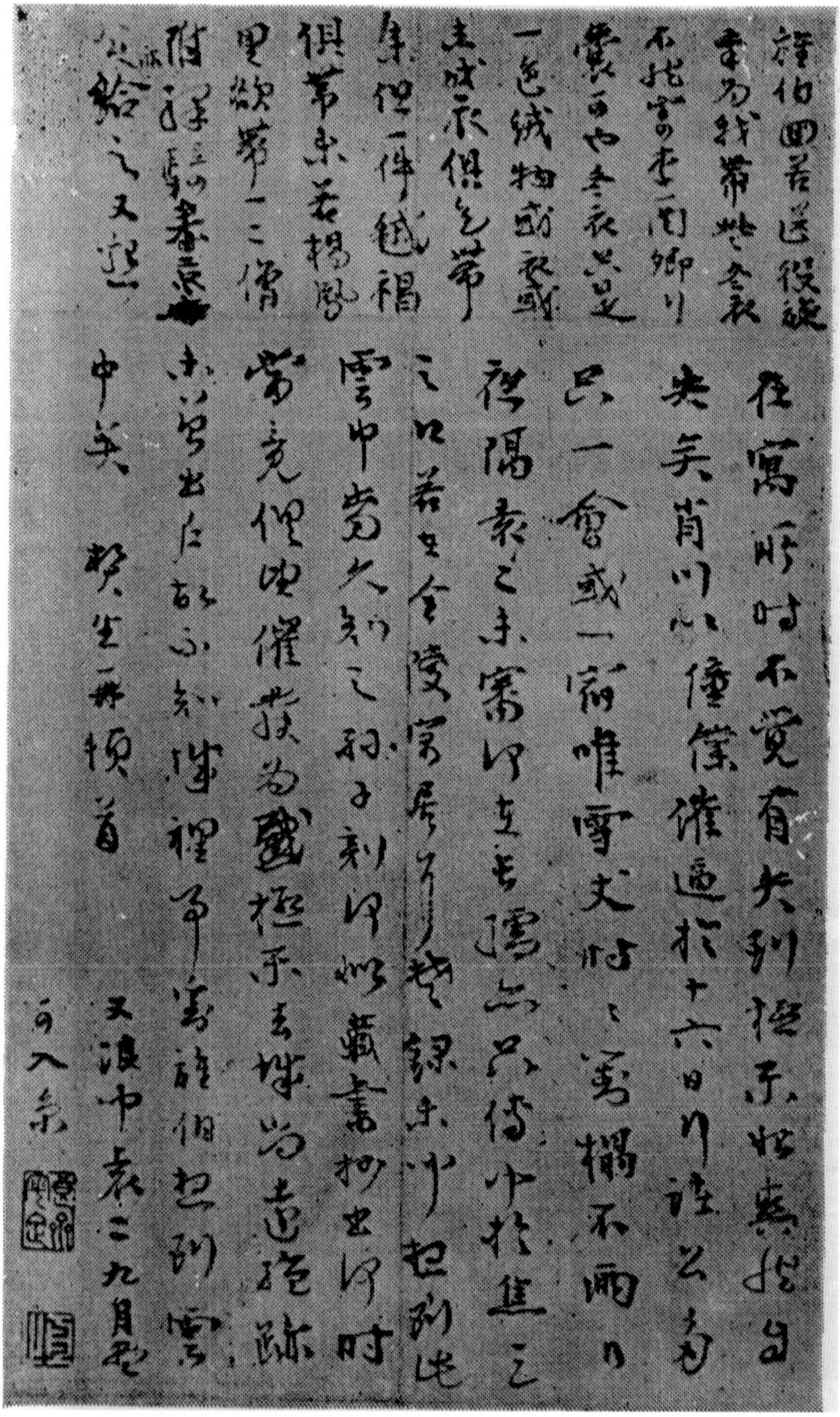

李贽手迹《致梅国桢》(上海博物馆藏)

致梅国桢

在寓所时不觉有失，到极乐（指极乐寺）始爽然自失矣。肖川以僮仆催逼，于十六日行，诸公多只一会或一宿，惟雪丈（指潘雪松）时时对榻，不两日夜隔。袁二（指袁宏道）未审何在，长孺亦只传闻于焦三（指焦竑之三子，名尊生）之口，若在金陵寓居耳。楚录未闻想到此，云中当久知之。《孙子》刻何似？《藏书》抄出何时当竟？但望催发为感。极乐去城尚远，绝迹未曾出户，故不知城里事。刘旌伯不详，想到云中矣。

贽生再顿首

又，浪闻袁二九月尽可入京。

旌伯回，若送役旋，幸为我带些冬衣，不然，寄李酉卿（李长庚字）行囊可也。冬衣只是一色绒物，或衣或未成衣，俱乞带来，但一件绒褐俱带来。若杨凤里欲带一二僧附驿骑来京，公亦给之。又恳。

李贽手书“乡贤名宦”

福建省泉州市紫帽山张园李贽之妻黄宜人墓碑(李贽亲笔题墓)

李贽题于泉州清源山赐恩岩

北京通州李贽旧墓

北京通州李贽新墓全景

北京通州李贽墓碑焦竑题词

北京通州李贽墓碑与冢茔

泉州李贽故居

泉州西湖李贽塑像

李贽故里福建南安市白云寺全景

白云寺近景

福建南安市李贽纪念祠

福建南安市李贽白云书室(李贽读书处)

湖北麻城新建的李贽诗文中提到的寒碧楼

河南黄柏山新建的李贽书院

李贽题赞选录

全国文联主席周扬题赞

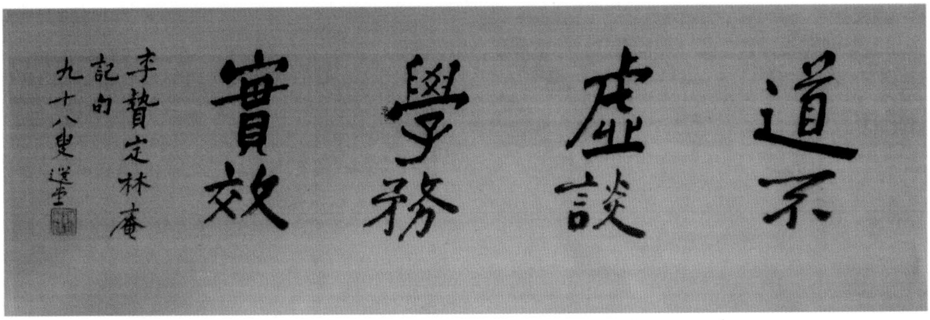

香港大学教授饶宗颐题赞

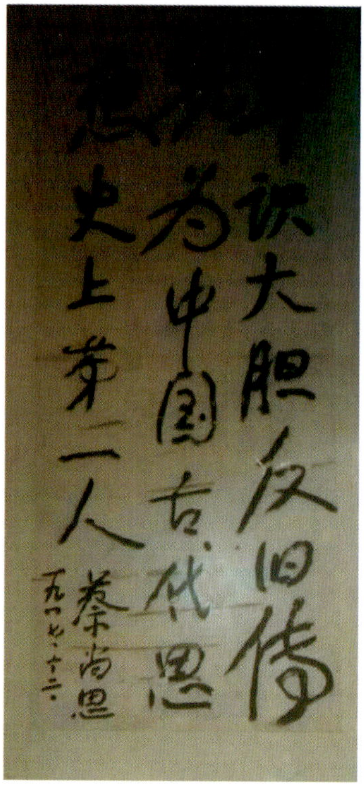

复旦大学教授、中国李贽研究学会(筹)顾问蔡尚思题赞

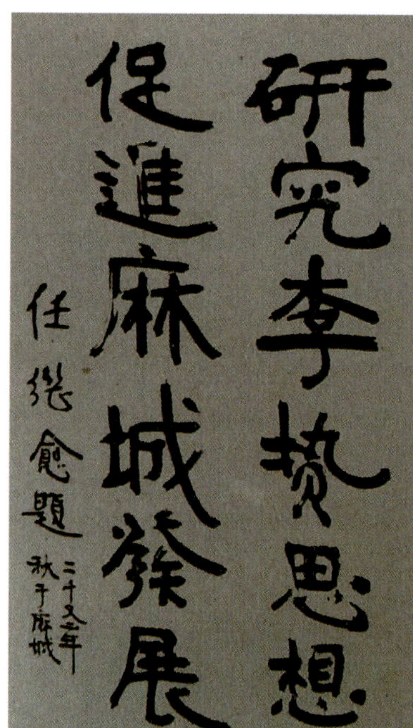

国家图书馆馆长、教授，中国李贽研究学会(筹)顾问任继愈题赞

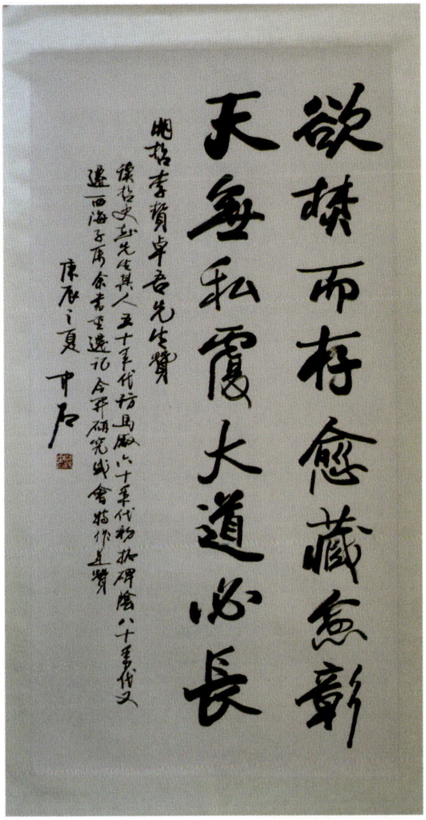

首都师范大学教授、中国李贽研究学会(筹)顾问欧阳中石题赞

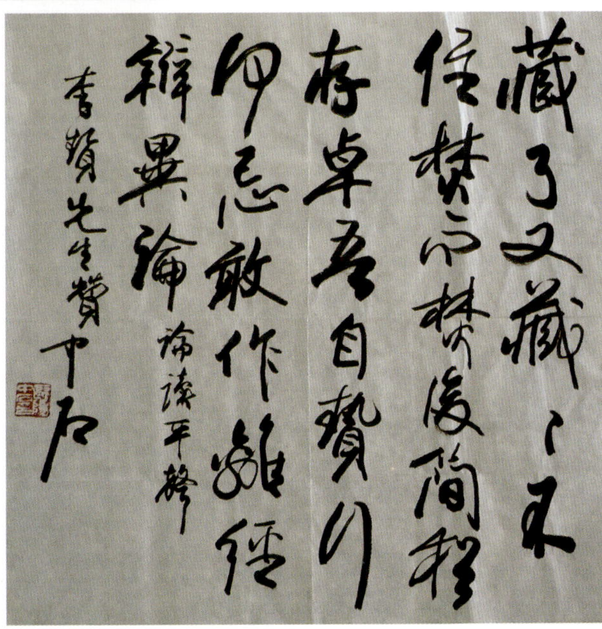

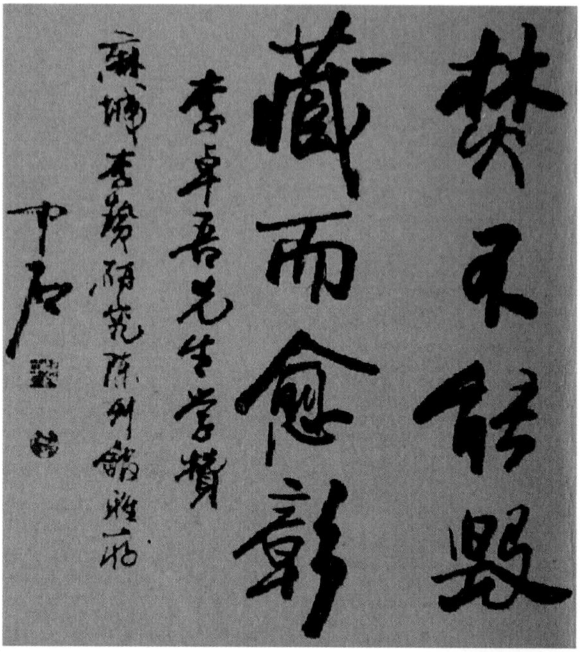

首都师范大学教授、中国李贽研究学会(筹)顾问欧阳中石题赞

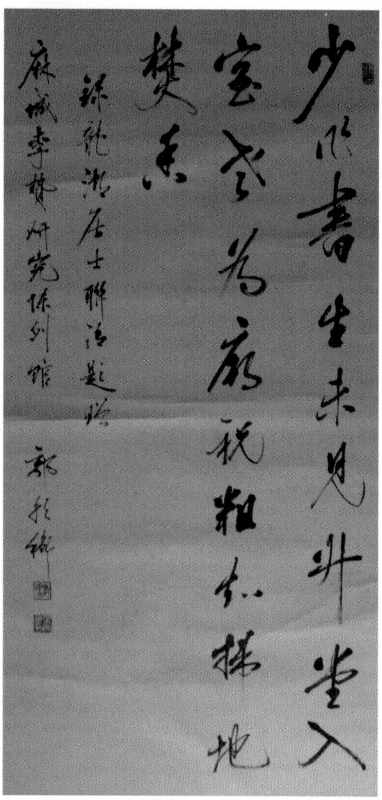

北京师范大学教授、中国李贽研究学会(筹)顾问郭预衡题赞

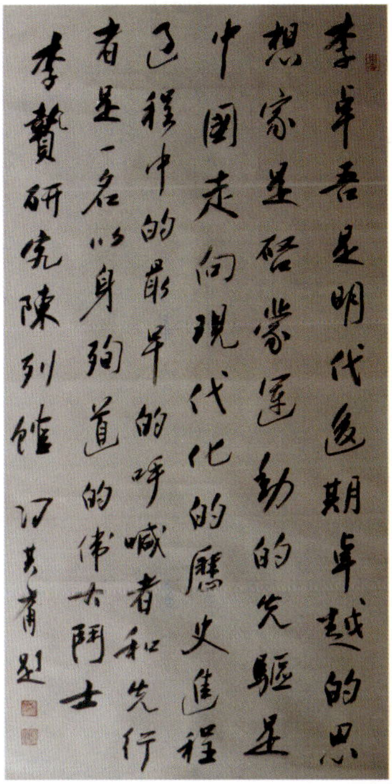

中国人民大学教授、中国李贽研究学会（筹）顾问冯其庸题赞

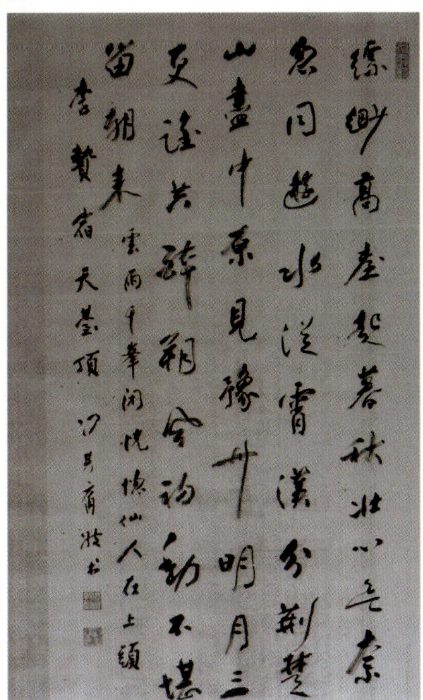

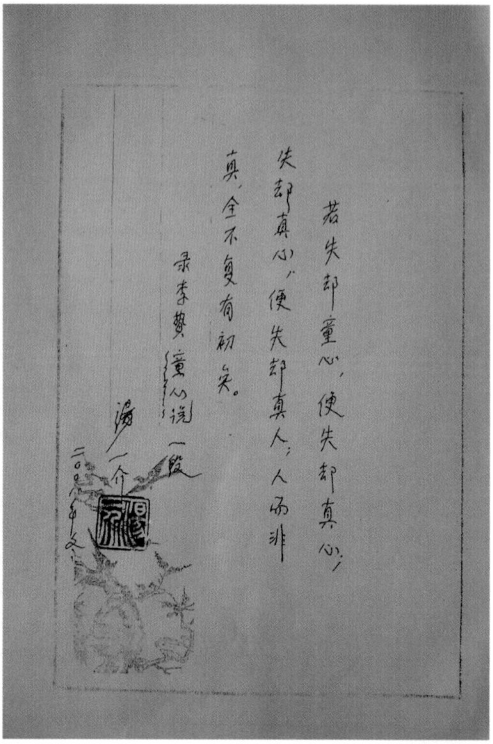

北京大学教授、中国李贽研究学会（筹）顾问汤一介题赞

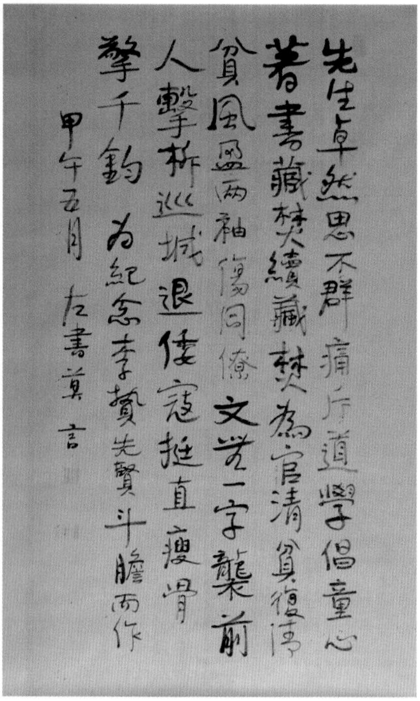

中国作家协会副主席、诺贝尔文学奖得主莫言题赞

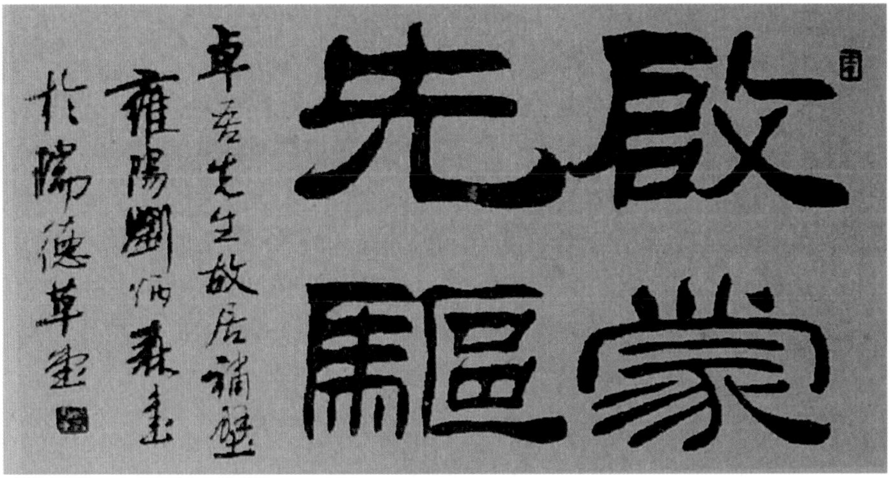

全国政协常委、全国文联副主席刘炳森题赞

首都师范大学教授、中国书法文化研究院副院长张同印题赞

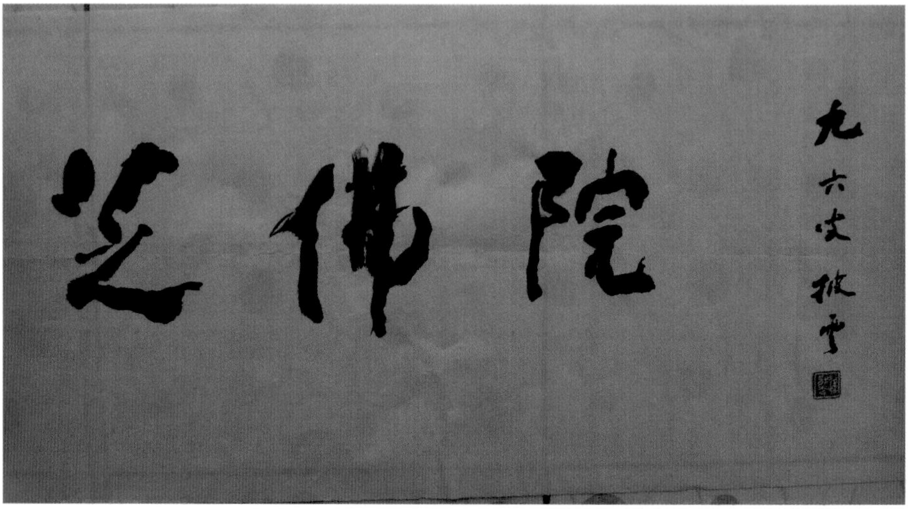

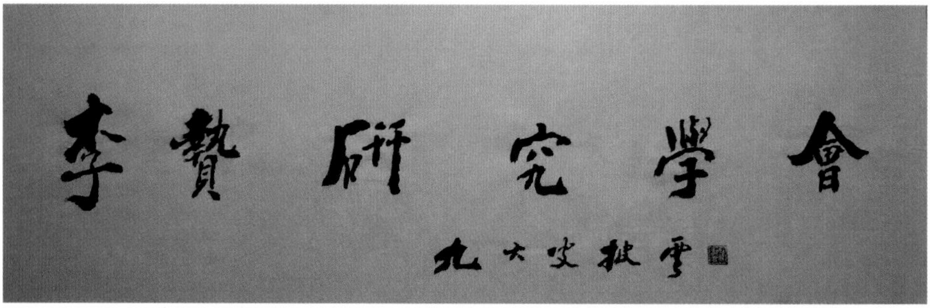

全国侨联常委、中国李贽研究学会(筹)顾问梁披云题赞

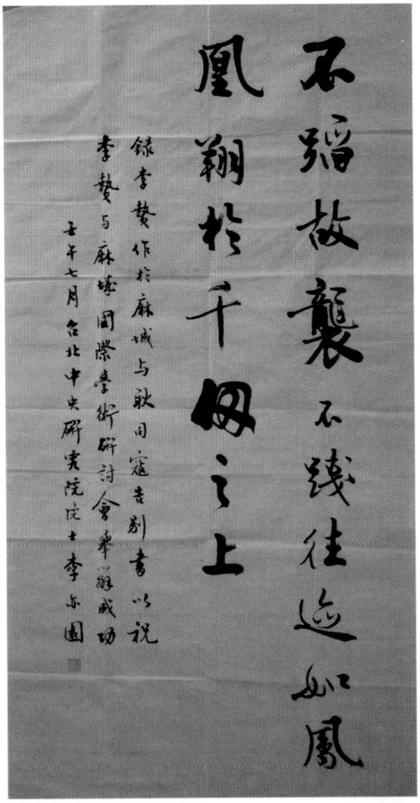

中国李贽研究学会（筹）顾问李亦园题赞

李亦园撰辞林汉宗书

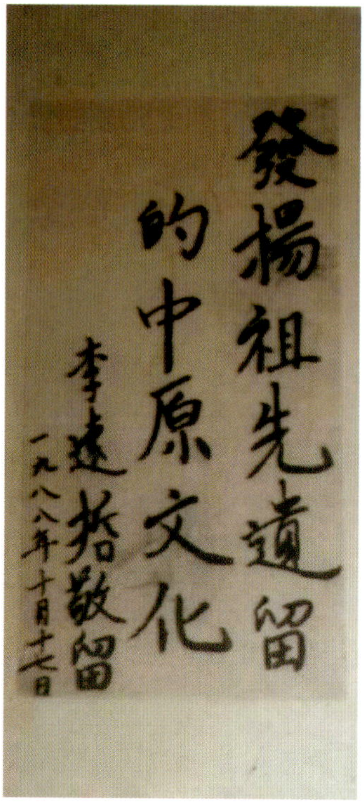

诺贝尔化学奖得主李远哲题赞

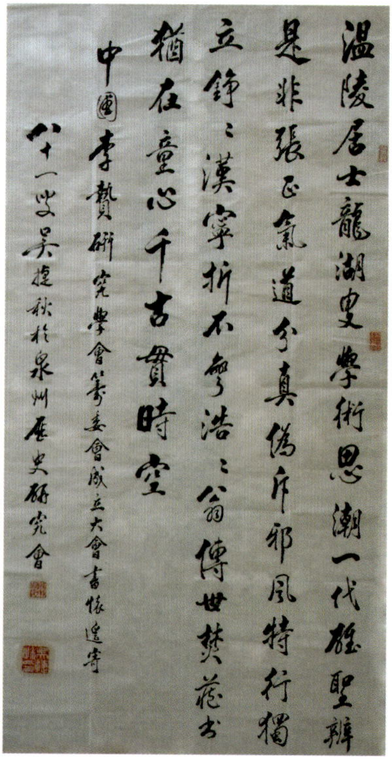

国家一级导演、泉州刺桐吟社社长吴捷秋题赞

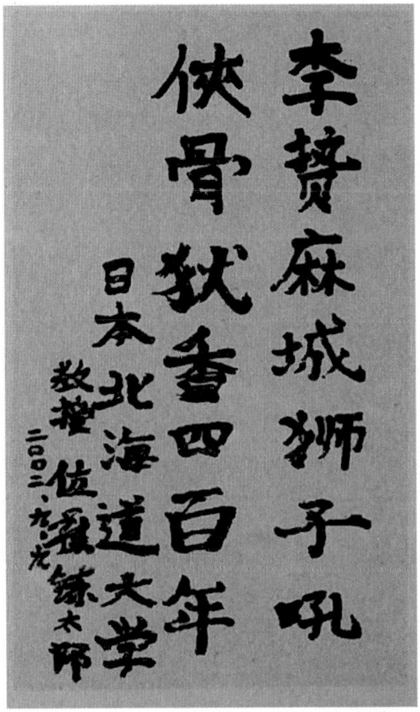

日本北海道大学教授佐藤錬太郎题赞

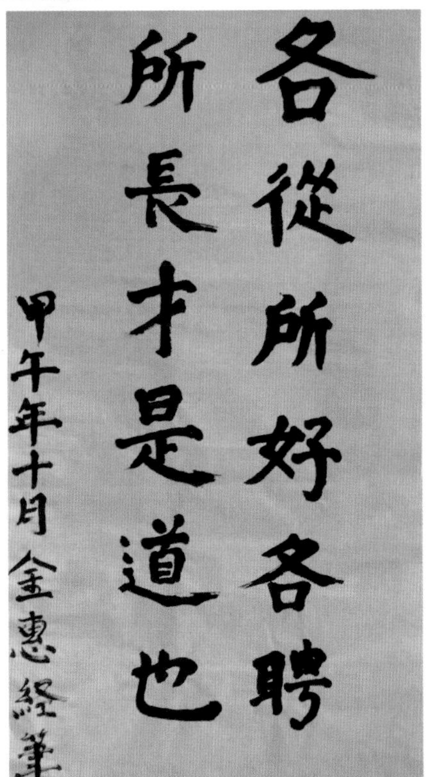

韩国 Han Bat 国家大学教授金惠经(女)题赞

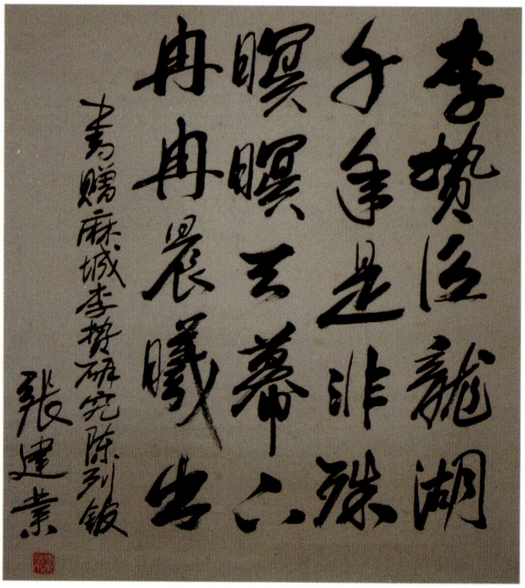

首都师范大学教授、中国李贽研究学会(筹)会长张建业题赞

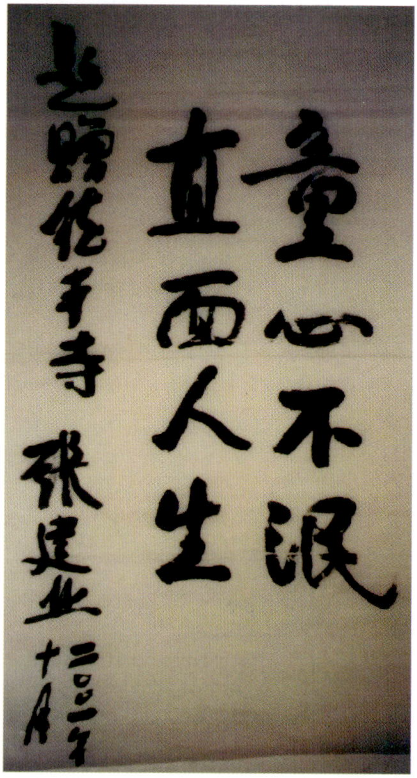

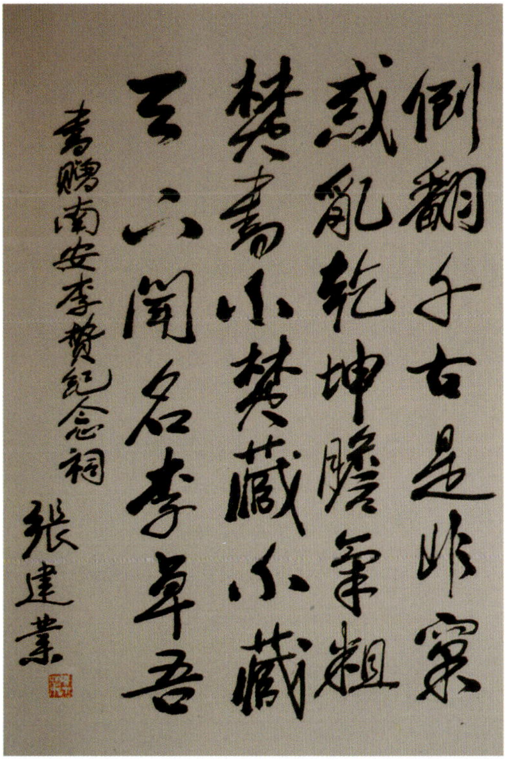

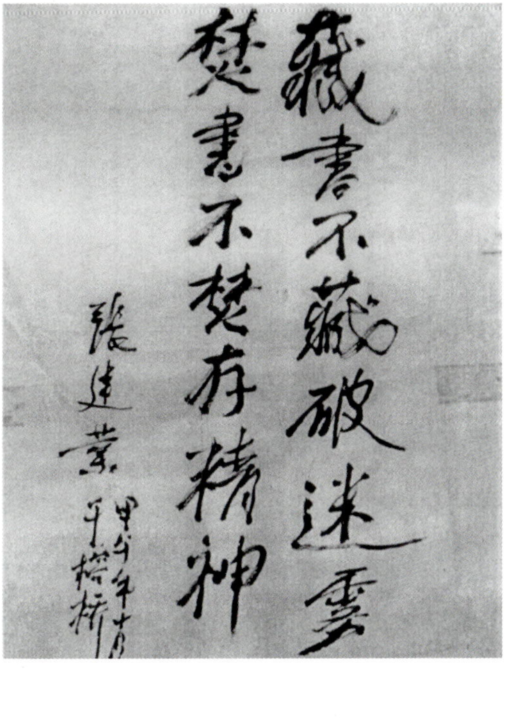

首都师范大学教授、中国李贽研究学会（筹）会长张建业题赞

李贽学术研究活动剪影

1979 年作者在极为艰辛的条件下撰写《李贽评传》

1987年12月在泉州参加“李贽研究学术研讨会”时
与蔡尚思教授等在李贽故居前合影

1987 年 12 月在泉州参加“李贽研究学术研讨会”时与黄寿祺教授等合影

1992 年 11 月于北京通县主持“李贽研究国际学术研讨会”

2001 年 10 月在昆明参加“李贽与云南全国学术研讨会”时
与部分中国学者及日本佐藤錬太郎教授、高桥稔教授合影

2001 年 10 月参加“李贽与云南全国学术研讨会”时
在楚雄分会场做主题发言

2002 年 9 月与任继愈教授在“李贽与麻城国际学术研讨会”上

2002 年 9 月在“李贽与麻城国际学术研讨会”上

与任继愈教授及首都师范大学与会学者合影

2002 年 9 月参加“李贽与麻城国际学术研讨会”时在龙潭湖遗址接受记者采访

2002 年 9 月到李贽曾寓居的湖北红安天台山参观

2004 年 9 月在日本札幌与北海道大学教授尹东、
佐藤錬太郎等交流李贽与中日文化研究工作

2004 年 12 月在“泉州市李贽思想学术研讨会”上做主题发言

2004 年 12 月在“泉州市李贽学术研究会成立大会”上与日本佐藤錬太郎教授、疋田啟佑教授，韩国金惠经教授等合影

2004 年 12 月在“泉州市李贽学术研究会成立大会”上和与会学者合影

2004 年 12 月应邀为泉州师范学院做“李贽在中国文化思想史上的地位”演讲

2004 年 12 月参加“泉州市李贽学术研究会成立大会”时接受记者采访

南安市李贽广场的李贽塑像

“南安市李贽纪念馆”内设立的由欧阳中石题额的

“张建业教授李贽研究论著专柜”

2015 年，韩国著名汉学家及李贽研究学者庆熙大学教授申龙澈筹建了“韩国李贽研究室”，由张建业教授题额

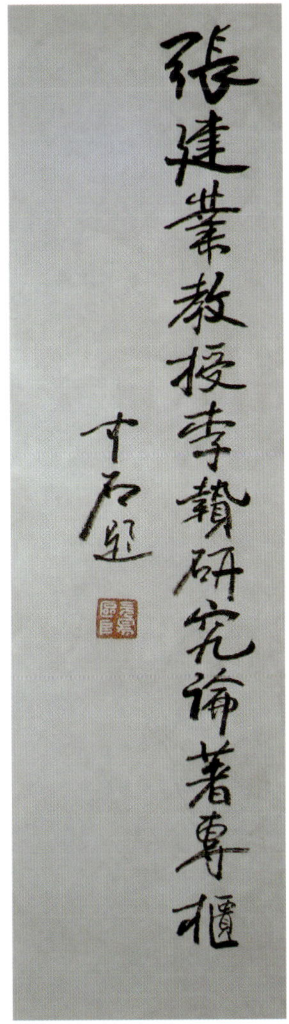

2010 年在河南黄柏山重建了李贽避难的法眼寺，并新建了“李贽书院”，在书院设置了“张建业教授李贽研究论著专柜”，由欧阳中石题额

目录

李贽论

——《李贽全集注》代前言

中外不少思想家都把中庸视为一种完美的理论，完美的人格。中国的孔子说："中庸之为德也，其至矣乎！"[①]古希腊的亚里士多德则提出，行道、为人要不偏不倚，过度与不及是恶行的特征，只有中庸才是美德的特征、道德的标准。但是，历史的印证、现实的昭示，却使人们认识到不偏不倚有时会滑为庸俗妥协，适度合宜有时会流为苟安折中。反之，那些不循常规、不蹈故习的反传统之士，执着于热诚的信念，充溢着鲜明的个性，不避偏颇、不安习俗地为探求人生真谛而一往直前，义无反顾。他们堂堂正正，大刚大勇，为强烈的渴望和理想所燃烧，所荡漾。他们的思想和行为虽为现存的社会、世俗观念所不容，但却放射出照耀现实的光辉，展示着未来的希望。李贽就是这样一个历史人物。

一、李贽探索、战斗与悲剧的一生

李贽，号卓吾，又号宏甫，福建泉州南安人。生于明嘉靖六年(1527)，死于明万历三十年(1602)，享年 76 岁。

李贽 70 岁那年在给朋友的信中说：

> 我性本柔顺，学贵忍辱，故欲杀则走就刀，欲打则走就拳，欲骂则走而就嘴，只知进就，不知退去……是以堂堂之阵，正正之旗，日与世交战而不败者，正兵在我故也。正兵法度森严，无隙可乘，谁敢邀堂堂而击正正，以取灭亡之祸欤！[②]

---

① 《论语·雍也》。

② 《与周友山》，《续焚书》卷一。北京：中华书局，1975 年。本书下引《续焚书》，皆引自此版本，不另出注。

这一段文字，可以看作是李贽一生与封建传统势力做坚决斗争的一个总结，不仅表明了他在封建势力面前勇敢战斗的精神，而且反映了他对自己所进行的这场斗争的信心。他坚信自己是“堂堂之阵，正正之旗”，是“正兵在我”，所以充满勇气去进行斗争。我们综观李贽的一生，可以说，他的确终生都在探索，终生都在与封建压迫和封建传统思想做顽强的斗争。

李贽的远祖从事过商业活动，有的还远航海外，做过“通事官”(翻译)。其先世信仰也极为复杂，既有伊斯兰信徒，又有佛教徒。其家族中，还有不少与别的民族乃至外国人通婚之举。到李贽的父亲却以教书为业，家中生活并不宽裕，因此，李贽“自弱冠糊口四方，靡日不逐时事奔走”[①]。由于特殊的家世，广泛的社会接触，使他在青少年时期，就对一些问题产生了不同流俗的看法。他在12岁那年写的《老农老圃论》里，就对孔子反对樊迟学农产生了不满。后来，“稍长，复愦愦，读传注不省，不能契朱夫子深心”[②]。对孔子和朱熹的思想表示了反感。他还说：“余自幼倔强难化，不信学，不信道，不信仙、释。故见道人则恶，见僧则恶，见道学先生则尤恶。”[③]说明他的“异端”思想是从青年时期就已经滋生萌芽了。

嘉靖三十一年(1552)，他26岁时，考中了福建省乡试举人。通过这次考试，他看出了科举制度的虚伪，说：“此直戏耳！但剽窃得滥目足矣，上司岂一一能通孔圣精蕴者耶?”因取时文尖新可爱玩者，日诵数篇，临场，得五百。题旨下，但作缮写誊录生，即高中矣！[④] 李贽通过自己的亲身体验得出的这个结论，既是对神圣的科举制度的深刻揭露，也是对那些在科举路上往上爬的理学之徒的辛辣嘲讽。

嘉靖三十五年(1556)，他30岁，开始做官。先任河南辉县教谕，共5年。34岁，升任南京国子监博士。不数月，他因父亲去世回家守孝。这时恰值倭寇骚扰我国东南沿海，泉州也受到倭寇的包围，他回到家里，顾不上守孝，就“墨衰率其弟若侄，昼夜登陴击柝，为城守备”[⑤]，参加了保卫泉州的战斗。

三年服满后，他携眷到了北京，补北京国子监博士。不久他祖父死，为

① 《与焦弱侯》,《续焚书》卷一。

② 《卓吾论略》,《焚书》卷三。北京：中华书局，1975年。本书下引《焚书》皆引自此版本，不另出注。

③ 《阳明先生道学钞》附《阳明先生年谱后语》。

④ 《卓吾论略》,《焚书》卷三。

⑤ 《卓吾论略》,《焚书》卷三。

了奔丧，把家移至河南辉县，然后请假回籍，又是三年。他离辉县时，买了几亩地让妻女耕种度日。谁知又遇旱灾，加上当地官吏"假借河漕名色，尽撤泉源入漕，不许留半滴沟洫间"①。结果，造成了辉县的大荒，李贽买的几亩地，只收到几斛稗子，两个女儿因病饿相继死去。幸亏他的朋友邓石阳来赈济，拿出自己的俸银二两，并写信给朋友募得一些银两，给了李贽的妻子。李贽的妻子就用一半买米，一半买棉花，纺纱织布，度过了三年的灾荒。

嘉靖四十五年(1566)，他40岁，由泉州回到辉县。同时，又把家从辉县迁回北京，补了个礼部司务。这是一个穷官，所谓"司务之穷，穷于国子"。但李贽认为"穷莫穷于不闻道"，"吾闻京师人士所都，盖将访而学焉"②。他抱着求学闻道的目的，在北京住了下来，一直到隆庆四年(1570)，李贽44岁，前后共5年。这个时期，他接触了王阳明学派，并推重王阳明、王畿为"得道真人不死"，说他们与"真佛、真仙同"③，表现出对二王学说的崇信。这时张居正已经是礼部尚书，兼武英殿大学士，为当时的三内阁之一(其余二人是徐阶和高拱)。李贽与张居正虽然没有直接来往与接触，但他对张居正是很崇拜的。他曾说："江陵(指张居正)宰相之杰也。"④表现出对张居正政治改革的支持。

隆庆四年(1570)，李贽改任南京刑部员外郎，直到万历五年(1577)，共7年。李贽在南京时期，与学者焦竑朝夕过从，还与泰州学派的赵贞吉(大洲)、罗汝芳(近溪)、耿定理等相往来。这时他还认识了王畿，后来又拜王艮的儿子王襞为师。从他与这些人物的交往中，我们可以看到李贽思想是受到泰州学派影响的，他自己的思想体系也在这一时期开始趋于成熟。这时他还认识了后来成为理学代表人物的耿定向，耿定向是耿定理的哥哥，焦竑的老师。但耿定理和焦竑一直是李贽的终生好友，思想比较一致，而耿定向却是后来李贽进行长期反传统思想、反理学教条的主要斗争对象之一。李贽研究佛经也是这时期开始的，他说："五十以后，大衰欲死，因得友朋劝诲，翻阅贝经。幸于生死之原，窥见斑点。"⑤李贽想从佛学探求人生之理，表现了他对儒学的疑惑，实际上，佛学也成了李贽后来批判儒学及传统思想的一个武器。当然，佛学的唯心主义对李贽也产生了较深影响。

① 《卓吾论略》，《焚书》卷三。
② 《卓吾论略》，《焚书》卷三。
③ 《阳明先生道学钞》附《阳明先生年谱后语》。
④ 《答邓明府》，《焚书》卷一。
⑤ 《圣教小引》，《续焚书》卷二。

万历五年(1577)，李贽51岁，出任云南姚安府知府。在任三年，法令清简，很得到人民的好评。三年期满，他坚决辞官，从此结束了二十多年的官场生活。

李贽从30岁出任河南辉县教谕，到54岁辞去云南姚安府知府，二十余年的官场生涯，使李贽经受了不少磨难与波折，使他逐步认识到封建统治集团的腐败，认识到封建理学家的丑恶面目。他后来总结这一段生活说：

> 余唯以不受管束之故，受尽磨难，一生坎坷，将大地为墨，难尽写也。为县博士，即与县令、提学触；为太学博士，即与祭酒、司业触；如秦，如陈，如潘，如吕，不一而足矣。司礼曹务，即与高尚书、殷尚书、王侍郎、万侍郎尽触也。……最苦者，为员外郎不得尚书谢、大理卿董并汪意。……又最苦而遇尚书赵。赵于道学有名，熟知道学益有名而我之触益又甚也。最后为郡守，即与巡抚王触，与守道骆触。……此予平生之大略也。[1]

李贽二十多年来处处与上司抵触的事实，实质上反映了他一贯与封建压迫和封建传统思想以及理学家们斗争的情况。在这种长期斗争中，他体会到："大概读书食禄之家，意见皆同。以余所见质之，不以为狂，则以为可杀也。"[2]李贽与封建压迫、封建传统思想和理学家的这种斗争，愈到后来愈加激烈。

李贽在云南辞官后，并没有回故乡泉州，而是住在黄安耿定理家。李贽既辞官而又不回故乡的行动，也是贯穿着他反封建传统思想的斗争内容的。关于这一点，他自己说得十分清楚：

> 缘我平生不爱属人管。夫人生出世，此身便属人管了。幼时不必言；从训蒙师时又不必言；既长而入学，即属师父与提学宗师管矣；入官，即为官管矣。弃官回家，即属本府本县公祖父母管矣。来而迎，去而送；出分金，摆酒席；出轴金，贺寿旦。一毫不谨，失其欢心，则祸患立至。其为管束至入木埋下土未已也，管束得更苦矣。我是以宁飘流四外，不归家也。其访友朋求知己之心虽切，然已亮天下无有知我者；只以不愿

① 《豫约·感慨平生》，《焚书》卷四。
② 《蜻蛉谣》，《焚书》卷五。

属人管一节，即弃官，又不肯回家，乃其本心实意。特以世人难信，故一向不肯言之。然出家遨游，其所游之地亦自有父母公祖可以管摄得我。故我于邓鼎石初履县时，虽身不敢到县庭，然彼以礼帖来，我可无名帖答之乎？是以书名帖不敢曰侍生，侍生则太尊己；不敢曰治生，治生则自受缚。寻思四字回答之，曰“流寓客子”。……然既书流寓矣，又书客子，不已赘耶？盖流而寓矣，非筑室而居其地，则种地而食其毛，欲不受其管束又不可得也。故兼称客子，则知其为旅寓而非真寓，如司马公、邵康节之流也。去住时日久近，皆未可知，县公虽欲以父母临我，亦未可得。既未得以父母临我，则父母虽尊，其能管束得我乎？故兼书四字，而后作客之意与不属管束之情畅然明白。[1]

这一大段文字，说明了他流寓作客在外，是为了摆脱封建势力对他的束缚和压迫，是他的斗争方式之一。

李贽客居黄安不久，就开始了与耿定向的思想冲突。耿定向当时由都察院左佥都御史升任左副都御史协理院事，后来又升任刑部左侍郎。同时他又是当时理学的代表人物，平时喜欢讲学，以儒教正统自居，喜欢吹嘘自己的“不容已”精神。但是事实上他具有当时虚伪的假道学的特质。万历七年(1579)，统治者杖杀何心隐，本来耿定向是有力量可以援救他的，却因为怕得罪当权者，坐视何心隐被杀害而不顾。后来又因为李贽反对用虚伪的理学教条教育耿家子弟，与耿定向直接发生了冲突。万历十三年(1585)，耿定理死，李贽在耿家无法再住下去，就于第二年移居于麻城龙潭湖的芝佛院，并将妻女送回福建。龙潭湖是一个十分幽僻的地方，平时除了几位至交外，很少有人来往。李贽在这里一直住了十多年，这十多年，是他的思想成熟，也是他反对封建压迫、反对封建传统思想和反对封建理学斗争的高潮时期。

李贽一离开黄安，就痛快淋漓地写信揭露了耿定向的假道学面孔，指出耿定向之流“种种日用，皆为自己身家计虑，无一厘为人谋者。及乎开口谈学，便说尔为自己，我为他人；尔为自私，我欲利他；我怜东家之饥矣，又思西家之寒难可忍也；某等肯上门教人矣，是孔、孟之志也；某等不肯会人，是自私自利之徒也。……以此而观，所讲者未必公之所行，所行者又公之所不讲”。并揭露他们“实多恶也，而专谈志仁无恶；实偏私所好也，而专谈泛

① 《豫约·感慨平生》，《焚书》卷四。

爱博爱；实执定己见也，而专谈不可自是”。[①] 李贽用匕首一样的语言，剥落了耿定向一类的假道学面孔，揭露了他们“言不顾行，行不顾言”的虚伪的两面派真面目。作为刑部侍郎的耿定向，掌有生杀之权。李贽面对这样的统治者，敢于反复与他论辩，多次揭露他的虚伪面目，而且言辞毫不假借，可见他确是有不怕死的战斗精神。

李贽流寓麻城时期，还落了发，以“异端”自居。李贽落发，是否真正皈依了佛教？事实并非如此。李贽自己曾多次讲到他落发的事，汪可受在《卓吾老子墓碑》中记载：

老子（指李贽）曰：“吾宁有意剃落耶？去夏头热，吾手搔白发，中蒸蒸出死人气，秽不可当。偶见侍者方剃落，使试除之，除而快焉，遂以为常。”复以手拂须曰：“此物不碍，故得存耳。”[②]

这是他落发的第一个原因。落发的另一个原因，也如他自己所说：

其所以落发者，则因家中闲杂人等时时望我归去，又时时不远千里来迫我，以俗事强我，故我剃发以示不归，俗事亦决不肯与理也。又此间无见识人多以异端目我，故我遂为异端以成彼竖子之名。兼此数者，陡然去发，非其心也。[③]

他的朋友刘东星也说李贽“虽弃发，盖有为也”[④]。综合上面这些材料，再结合李贽虽落发而又留胡须，虽出家而又食肉，身居佛堂而又挂孔子像，挂孔子像而又批孔批儒，从这种种思想与行径来看，李贽的落发，与其说是为了出世，皈依佛教，还不如说是为了入世，进行反封建理学的斗争。李贽何尝是谨守佛教戒律的虔诚僧徒，这不过是李贽探索人生的一种方式。实际上，李贽弃官以后隐居龙潭湖的十多年间，并不是出世的佛教徒或隐士，而是在紧张而艰苦地探索、著述和斗争。尤其是《焚书》和《藏书》的写作，更鲜明地反映了他的这种人生追求。

---

① 《答耿司寇》，《焚书》卷一。

② 汪可受：《卓吾老子墓碑》，《李温陵外记》卷一。

③ 《与曾继泉》，《焚书》卷二。

④ 刘东星：《书〈道古录〉首》，见张建业主编：《李贽文集》第七卷，北京：社会科学文献出版社，2000年，第348页。本书下引《李贽文集》皆引自此版本，不另出注。

万历十八年(1590)，李贽64岁，他的《焚书》在麻城刻成。他在《自序》中说："一曰《焚书》，则答知己书问，所言颇切近世学者膏肓，既中其痼疾，则必欲杀我矣，故欲焚之，言当焚而弃之，不可留也。"又说："夫欲焚者，谓其逆人之耳也；欲刻者，谓其入人之心也。逆耳者必杀，是可惧也。然余年六十四矣，倘一入人之心，则知我者或庶几乎！余幸其庶几也，故刻之。"这就表明，李贽已经预料到，《焚书》的出版，必将引起封建统治者对他的迫害，但他还是以无所畏惧的态度，将《焚书》刻印了。在《焚书》里，他公布了与耿定向论战的七封信，把耿定向的伪道学面目揭露无遗，同时还尖锐地揭露了当时那些讲理学者的丑恶嘴脸，并进一步把批判的矛头指向儒家学派的祖师孔子及其所谓"经典"。如《童心说》，指出"六经"、《论语》、《孟子》，不但不是"万世之至论"，而且是"道学之口实，假人之渊薮"[①]。李贽对孔子及儒家"经典"的批判，在长期的封建社会中，可算是空前激烈的，不但在当时产生了振聋发聩的作用，对后来也产生了深远影响。

由于《焚书》具有对封建统治者强烈的揭露和批判性质，以耿定向为代表的封建理学家和黄、麻地区的官吏士绅，纠集了一批打手，趁李贽出游之机，对他进行辱骂驱逐，并用造谣诬蔑的手段，对他进行种种迫害。

万历二十四年(1596)，李贽准备去山西，湖北巡道御史史旌贤却散布要法治他的警告。面对封建势力的威胁，李贽从容镇静而坚强。他在给朋友的信中说："窃谓史道欲以法治我则可，欲以此吓我他去则不可。夫有罪之人，坏法乱治，案法而究，诛之可也。我若告饶，即不成李卓老矣。若吓之去，是以坏法之人而移之使毒害于他方也，则其不仁甚矣！他方之人士与麻城奚择焉？故我可杀不可去，我头可断而我身不可辱，是为的论，非难明者。"[②]在李贽的斗争下，统治者的阴谋终于没有得逞。

此时，李贽应丁忧家居的吏部右侍郎刘东星之邀，到山西上党作客。在这里他完成了《道古录》(又名《明灯道古录》)。万历二十五年(1597)，他又应大同巡抚梅国桢之约，由上党到了大同，在这里他完成了《孙子参同》。而后他又到了北京。万历二十六年(1598)，李贽在焦竑的陪同下，由北京乘船顺运河南下，到了南京。在南京期间，李贽曾三次会见意大利人利玛窦，并写下了《赠利西泰》[③]诗一首，成为中西交流史上一件有意义的事。

---

① 《童心说》，《焚书》卷三。

② 《与耿克念》，《续焚书》卷一。

③ 《焚书》卷六。

万历二十七年(1599)，李贽的《藏书》在南京刻成。李贽自述他写作《藏书》时的情况说：

> 山中寂寞无侣，时时取史册披阅，得与其人会觌，亦自快乐，非谓有志于博学宏词科也。尝谓载籍所称，不但赫然可纪述于后者是大圣人；纵遗臭万年，绝无足录，其精神巧思亦能令人心羡。况真正圣贤，不免被人细摘；或以浮名传颂，而其实索然。自古至今多少冤屈，谁与辨雪！故读史时真如与百千万人作对敌，一经对垒，自然献俘授首，殊有绝致，未易告语。[①]

李贽正是抱着"与百千万人作对敌"，为古人辨雪的战斗精神，从事《藏书》著述的。李贽要和谁战斗？怎样为古人辨雪？他在《藏书·世纪列传总目前论》中，明确提出反对"以孔夫子之定本行罚赏"，并公开申明，要"颠倒千万世之是非"。李贽正是抱着反对"以孔子之是非为是非"的明确目的写《藏书》的。《藏书》是一部巨大的历史著作，它"起自春秋，迄于宋元"，"人更八百，简帙亦繁"。在这部"系千百年是非"的六十八卷巨著里，李贽以反封建统治阶级所提倡的儒家传统观点，对不少历史人物做了翻案文章。正如李贽自己所说：《藏书》"其是非堪为前人出气"[②]，"凡昔人之所忻艳以为贤者，余多以为假，多以为迂腐不才而不切于用。其所鄙者、弃者、唾且骂者，余皆的以为可托国、托家而托身也。其是非大戾昔人如此"[③]。

万历二十八年(1600)，李贽又回到麻城龙潭湖，"著书谈道，听者日众"，以致"喧阗郡邑"[④]，引起极大反响。因此，也引起封建卫道士们的仇视，再一次对他进行迫害。他们以"异端惑世"、"宣淫"等罪名，拆毁了李贽居住的芝佛院。李贽不得已暂时避到商城黄柏山中。

万历二十九年(1601)，李贽在曾任御史并因抗疏神宗而被削职为民的马经纶陪同下，到了通州(今北京市通州)，住在马经纶家。在这里，他除了不时会见一些求学问道者外，就集中精力修改已经刻印的《易因》，并最后定名为《九正易因》。这是李贽的最后一部著作，其中有些地方表现了李贽的形而上学思想，甚至杂有占筮的神学谬论。但很多解释也阐明、发挥了《周易》的

① 《与焦弱侯》，《续焚书》卷一。

② 《答焦漪园》，《焚书》卷一。

③ 《读书乐并引》，《焚书》卷六。

④ 《泉州府志·文苑传》。

朴素唯物论和朴素辩证法因素，并多有反传统思想的论述。

万历三十年(1602)，李贽已经76岁，但是封建统治者仍在加紧对他的攻击与迫害。二月，礼科给事中张问达上书神宗，攻击李贽“壮岁为官，晚年削发，近又刻《藏书》、《焚书》、《卓吾大德》等书，流行海内，惑乱人心。……以秦始皇为千古一帝，以孔子之是非为不足据。狂诞悖戾，未易枚举。大都刺谬不经，不可不毁者也”，要求“檄行通州地方官，将李贽解发原籍治罪。仍檄行两畿各省，将贽刊行诸书，并搜检其家未刊者，尽行烧毁，毋令贻祸乱于后，世道幸甚”。张问达的书一上，神宗朱翊钧便亲自下令逮捕李贽：“李贽敢倡乱道，惑世诬民，便令厂卫五城严拿治罪。其书籍已刊未刊者，令所在官司，尽搜烧毁，不许存留。如有党徒曲庇私藏，该科及各有司，访参奏来，并治罪。”[①]李贽就是在这种“敢倡乱道，惑世诬民”的罪名下，被封建统治者逮捕入狱了。在狱中，李贽仍不屈于封建反动势力的压迫，忍受着严重的疾病痛苦，读书作诗自如。最后，终因精神崩溃自刎而死，表现出与封建统治者斗争到底的精神，走完了他的悲剧人生。

李贽对于死，是早有准备的，也就是说对于统治阶级对他的迫害是早有认识的。他曾对汪可受说：“得荣死诏狱(皇帝亲自下令逮捕审问的案件)，可以成就此生。……那时名满天下，快活，快活！”[②]他在与焦竑的信中说：“闻有欲杀我者，得兄分剖乃止，此自感德。……与其不得朋友而死，则牢狱之死，战场之死，固甘如饴也，兄何必救我也？死犹闻侠骨之香，死犹有烈士之名，岂龙湖之死所可比耶！”[③]他在72岁那年写的《老人行叙》里说：“虽曰《老人行》，而实则穷途哭也……百世之下，倘有见是书而出涕者，坚其志无忧群魔，强其骨无惧患害，始终不惑，圣域立跻，如肇法师所谓‘将头临白刃，一似斩春风’。吾夫子所谓‘有杀身以成仁’者，则所著之书犹能感通于百世之下，未可知也！”[④]

“坚其志无忧群魔，强其骨无惧患害”，这是李贽一生的自我写照。尽管李贽的思想比较复杂，有主观唯心主义的东西，也有朴素唯物主义的思想；强烈地反对封建理学，思想里也仍然有儒家传统的影响，如此等等。但是，就他的思想行为的主要方面看，我们不能不承认，他确实是当时反对封建压迫、反对封建传统思想、反对封建理学的不屈斗士。李贽的一生，是探索的

① 《明神宗实录》卷三六九。

② 汪可受：《卓吾老子墓碑》，《畿辅通志》卷一六六。

③ 《与焦弱侯》，《焚书》卷二。

④ 《老人行叙》，《续焚书》卷二。

一生，是战斗的一生，正因为此，也构成了他悲剧的一生。

二、李贽反封建压迫反传统思想的民主思想

李贽是一位反封建压迫反传统思想的斗士，那么，李贽反封建压迫反传统思想的民主思想具有哪些基本特征呢？

第一，反对封建束缚，要求自由发展人们的“自然之性”。

反对封建束缚，要求自由发展人们的“自然之性”，是李贽民主思想的一个重要特征。万历五年(1577)，李贽出任云南姚安知府，他的政策是“一切持简易，任自然”①。因为在他看来，“边方杂夷，法难尽执，日过一日，与军与夷共享太平足矣”②。对待边境地区的少数民族，反对严酷的封建统治，任其自然发展，这是一种积极的进步主张。李贽主张一切“任自然”，认为“法尽难执”，实际上是不同意用封建教条刑法束缚人民。这一主张还鲜明地表现在他这时所作的《论政篇》③中。在这篇文章中，他提出“因乎人”、“因性牖民”的“至人之治”，而反对“本诸身”的“君子之治”。李贽认为从政要“因乎人”、“因性牖民”，即根据不同情况加以诱导。因为人的心性是不同的，只有“顺其性不拂其能”、“恒顺于民”，才能把社会治理好。反之“君子之治”则“本诸身”，即根据自身的标准去要求别人，做不到时就要用“条教之繁”、“刑法之施”去对人民群众进行束缚，这样则只能造成社会的动乱。李贽的这种思想包含着要冲破封建束缚的战斗精神。

反对封建统治阶级用“德礼政刑”对人民的束缚，在李贽后来的著作中得到更加鲜明的表现。李贽在著名的《答耿中丞》一文中，对道学家耿定向坚持要以孔子的思想为指导，要用“德礼政刑”维护封建统治的理论，进行了尖锐的批评。李贽指出：天下之人所以不得安生，就因为“贪暴者扰之，而‘仁者’害之也。‘仁者’以天下之失所也而忧之，而汲汲焉欲贻之以得所之域。于是有德礼以格其心，有政刑以絷其四体，而人始大失所矣。”④李贽把封建统治阶级及其理论家鼓吹为治国根本的“德礼政刑”指为祸国殃民的祸根，把披着“爱人”、“忧国忧民”面纱的“仁者”指为害人虫，这就不但揭露了他们虚伪的“仁义”、“德礼”的说教，而且揭露了他们用“政刑”实行其统治的残忍。

李贽在批判封建统治者用“德礼政刑”束缚人们思想手脚的同时，还提出

---

① 《又书使通州诗后》附《顾冲老送行序》，《焚书》卷二。

② 《豫约·感慨平生》，《焚书》卷四。

③ 《焚书》卷三。

④ 《答耿中丞》，《焚书》卷一。

了"各从所好，各骋所长"的主张，要求冲破"德礼政刑"的桎梏，发展人们的"自然之性"，满足其"富贵利达"的要求。他说：

> 夫天下之民物众矣，若必欲其皆如吾之条理，则天地亦且不能。是故寒能折胶，而不能折朝市之人；热能伏金，而不能伏竞奔之子。何也？富贵利达所以厚吾天生之五官，其势然也。是故圣人顺之，顺之则安之矣。是故贪财者与之以禄，趋势者与之以爵，强有力者与之以权，能者称事而官，愞者夹持而使。有德者隆之虚位，但取具瞻；高才者处以重任，不问出入。各从所好，各骋所长，无一人之不中用。何其事之易也！①

李贽把追求"富贵利达"说成是人的普遍本性，要求"强有力者与之以权"，"愞者夹持而使"，这在本质上都代表了剥削阶级的利益。他要求冲破封建束缚，也只是寄希望于封建的"圣人"和"高才者"实行自上而下的改革，这都是时代和阶级对他的局限。但是，李贽公开反对封建统治者用"德礼政刑"对人们的束缚，要求自由发展人们的"自然之性"，这在当时严密的封建统治下，确实起到了振聋发聩的启蒙作用。

李贽反对封建束缚，要求自由发展人们的"自然之性"的民主思想，在其专著《道古录》中得到更加系统的表现。例如李贽重新解释了被封建统治者神秘化了的"道"："道本不远于人，而远人以为道者，是故不可以语道。可知人即道也，道即人也，人外无道，而道外亦无人。故君子以人治人，更不敢以己治人者。以人本自治，人能自治，不待禁而止之也。若欲有以止之，而不能听其自治，是伐之也，是欲以彼柯易此柯也。虽近而实远，安能治之，安足为道也耶？"②在李贽看来，"道"和人是紧密相连的，因此社会政治就要因人而治，以人治人，人人自治，而不能以己治人。只有这样，社会才能治理好，人人才能得安宁。否则，以己治人，那就是用自己的一套去禁锢别人，那就是"伐之"，那就根本不能把社会治理好。因此，李贽斥责用"德礼政刑"对人民进行统治，就是"齐人之所不齐以归于齐"，就是"强使天下使从己，驱天下使从礼"，是"俗吏之所为"。

李贽反对"齐人之所不齐以归于齐"，即反对用"德礼政刑"强制束缚人们

---

① 《答耿中丞》，《焚书》卷一。

② 《道古录》，《李贽文集》第七卷，第 372 页。

的个性发展，那么应该怎么办呢？他提出："千万其人者，各得其千万人之心；千万其心者，各遂其千万人之欲。是谓物各付物，天地之所以因材而笃也，所谓万物并育而不相害也"[①]，从而达到"天下之民，各遂其生，各获其所愿有，不格心归化者，未之有也"。李贽的主张就是"物各付物"、"因材并育"，任物性的自由发展。因为"物之不齐，物之情也"，天下的事物千差万别，总是不会相同的。人们的才能、性情、喜好各有差别，总是不会一样的。只有任其自由发展，千万人才可以实现自己的心愿，千万种心愿才可能得到满足，这样，天下也就可以达到大治。反之，如果硬把这些差别整齐划一，约束在一个框子里，这就等于强迫天下的人服从我自己。这样，千差万别的人自然觉得是一种苦难而不服从，天下也就必然难得安宁。反对对人们进行束缚与限制，要求造成人人顺其本性、人人随心如愿的理想政治局面，这是李贽民主思想的可贵内容，在当时具有强烈的战斗意义，有力地冲击了封建地主阶级的专制主义统治。

第二，反对封建等级制，提出"侯王与庶人同等"的平等思想。

反对封建等级制，主张人与人之间要平等，这是李贽民主思想的又一可贵内容。

李贽曾著《老子解》二卷，积极发挥了《老子》的朴素辩证法思想，并以此为武器，对儒家学派的一些思想进行了批判。批判封建等级制，强调人与人之间的平等就是其中一个重要方面。

李贽从"同一之中"出发，批判了封建统治理论家"圣人仁万民"的理论。封建统治阶级理论家鼓吹"天地仁万物"、"圣人仁万民"，要千千万万的广大人民都要感谢"圣人"的仁德。李贽针锋相对地驳斥说："使天地而能仁万物，则天地将谁与仁？使圣人而能仁万民，则圣人将谁与仁？"[②]"圣人"给万民以仁德，那么谁又给"圣人"以仁德呢？这个质问确实有力而尖锐。李贽还进一步论证说：天地就像一个大鼓风炉，万物、圣人、愚人全都生死其中而不自知。所以天地与万物"同一中"，万物无所求于天地，天地也没有什么可施于万物；圣人与万民"同一中"，圣人没有什么可给予万民，万民也没有什么可凭借于圣人，"各守吾之中以待其自定而已矣"。只要各自守住自己的本位，而等待着自然的发展成长就可以了。那么现实中万民"守定"的结果如何？李贽答曰：

① 《道古录》，《李贽文集》第七卷，第 365 页。

② 《老子解》，《李贽文集》第七卷，第 3 页。

“愚者得之，而智者昧焉；不仁者得之，而仁者反失之也。”[①]这就彻底否定了“仁者”、“圣人”“仁万民”的理论，而肯定了“愚者”、“不仁者”的本位，这是李贽具有平等观念的民主思想的鲜明表现。

李贽还从“致一之道”，得出了“庶人非下，侯王非高”的平等观点，否定了封建统治阶级理论家“天生圣人”之类的谎言。封建统治阶级理论家为了鼓吹“圣人仁万民”的理论，说“圣人”是“天生”的，而且“惟上智与下愚不移”，这种“天生圣人”，永远都比“下愚”高贵。李贽则针锋相对地提出：

> 侯王不知致一之道与庶人同等，故不免以贵自高。高者必蹶，下其基也；贵者必蹶，贱其本也。何也？致一之理，庶人非下，侯王非高，在庶人可言贵，在侯王可言贱，特未知之耳。……人见其有贵有贱，有高有下，而不知其致之一也。曷尝有所谓高下贵贱者哉？彼贵而不能贱，贱而不能贵，据吾所见，而不能致之一也，则亦琭琭落落，如玉如石而已矣。[②]

李贽所说的“致一之道”，就是他所主张的“圣愚一律”，“天子庶人壹是无别”，即圣愚都是一个样，天子庶人一切没有区别。侯王们不知道这个“致一之道”，而以贵自高。其实下是高的基础，贱是贵的根本，从“致一之道”看来，都是相辅相成，互为条件的，哪里有什么高下贵贱之分？显然，李贽的这种思想具有人人平等的精神，与当时等级森严的封建制度形成尖锐对立。

这种平等思想在《道古录》中也得到鲜明表现。儒家著作《中庸》在论到“尊德性”、“道问学”一类理论时说：“故君子尊德性而道问学，致广大而尽精微，极高明而道中庸，温故而知新，敦厚以崇礼。是故居上不骄，为下不倍。”[③]倍者，背也。很清楚，他们鼓吹“尊德性”、“道问学”的目的，就是要达到“居上不骄”，“居下不倍”，各守其位，以维护封建统治的固有等级制。李贽则用自己的平等思想给了重新解释，他的结论是：“故圣人之意若曰：尔勿以尊德性之人为异人也，彼其所为，亦不过众人之所能为而已。人但率性而为，勿以过高视圣人之为可也。尧舜与途人一，圣人与凡人一。”[④]“尊德性”并没有什么神秘可言，也不是什么神异的事，不过就是尊重众人之所能为而已，每个人

① 《老子解》，《李贽文集》第七卷，第3页。

② 《老子解》，《李贽文集》第七卷，第16—17页。

③ 来可泓：《大学直解　中庸直解》，复旦大学出版社，1998年，第257、259页。

④ 《道古录》，《李贽文集》第七卷，第361页。

只要按照自己的本性自由发展就可以。在“尊德性”上，圣人也没有什么过高之处，“尧舜与途人一，圣人与凡人一”，天下人人平等，哪有什么高低上下之别！很清楚，李贽从“尊德性”的神秘理论中，引出的却是反传统的崭新的平等思想。

从这种德性上的平等，李贽还引出了圣人与凡人在能力上的平等。他说：“天下无不能之人，人无不能之事”，因此，“圣人所能者，夫妇之不肖可以与能，勿下视世间之夫妇为也。……若说夫妇所不能者，则虽圣人亦必不能，勿高视一切圣人为也。”[①]圣人做到的，愚夫愚妇也能做到；愚夫愚妇做不到的，圣人也一定做不到。所以不能低看愚夫愚妇，也不能高视所谓圣人。正因为如此，尧舜一类圣人又有什么高贵之处？他们也不过像庄周所说，都是“尘滓秕糠”陶铸而成，极其平庸。李贽从德性的平等，引出圣贤凡人能力上的平等，否定了尧舜的神圣地位，把他们拉到与常人一样的地位，这是他平等观念的突出表现。

从平等思想出发，李贽还提出了“以百姓之迩言为善”的政治主张。《中庸》记载孔子的话：“舜其大知也与，舜好问而好察迩言。”李贽借此加以发挥说：

> 唯是街谈巷议，俚言野语，至鄙至俗，极浅极近，上人所不道，君子所不乐闻者，而舜独好察之。以故民隐无不闻，情伪无不烛，民之所好，民之所恶，皆晓然洞彻，是民之中，所谓善也。夫善言即在乎迩言之中，则迩言安可以不察乎？……夫唯以迩言为善，则凡非迩言者必不善。何者？以其非民之中，非民情之所欲，故以为不善，故以为恶耳。非真如今人所谓妨政蠹民之恶也。[②]

宋明时期的理论家鼓吹“存天理，灭人欲”，说“天理”至善，“人欲”至恶，其内涵虽有一定可取之处，但主旨则是把封建伦理道德说成是永恒不变的“天理”，把人们的物质生活要求说成是“人欲”，其实质是妄图泯灭广大人民的生存权利。李贽却大胆提出“民之所欲”就是“善”，反之就是“不善”，而这种“善”就反映在“迩言”即普通民众的言论中。因此，李贽还进一步提出：“天之

① 《道古录》，《李贽文集》第七卷，第371页。
② 《道古录》，《李贽文集》第七卷，第369页。

立君，本以为民”[①]，要求君主尊重和顺从民欲，把“上人所不道，君子所不闻”的“迩言”作为考察民情和从政治国的依据。因为只有精心考察百姓的物质利益与要求，以民之善为善，以民之智为智，这才是真正的“大智”，才能把社会治理好，创造出理想的政治。这是他反对封建等级制、主张平等思想的进一步发展。李贽所说的“民欲”，虽然包括了没有特权的中下层地主阶级和工商业者以及广大下层群众共同要求生存发展的愿望，他所设想的使天下“无有失所欲者”的社会局面，在阶级社会中也根本不可能实现。但他要求从至鄙至俗、极浅极近的街谈巷议、俚言野语中考察民俗，立政治国，这对地主阶级的专制统治和理学家的统治哲学，无疑是非常有批判力的，客观上也有利于当时广大人民群众反对封建统治的斗争。

第三，提出不以孔子之是非为是非，对封建理学进行了批判。

李贽反封建压迫、反传统思想的民主思想的一个重要方面，是对孔子及理学家的批判。

在中国长期的封建社会中，以孔子为代表的儒家思想成了统治思想，一些进步思想家曾对孔子提出了异议，表现出不同程度的反传统思想的进步精神。但是，李贽的批孔批理学具有更加突出的积极意义，涉及儒学的某些本质方面。

首先，李贽提出了不以孔子的是非为是非的战斗口号，他说：

> 人之是非，初无定质；人之是非人也，亦无定论。无定质，则此是彼非，并育而不相害；无定论，则是此非彼，亦并行而不相悖矣。然则今日之是非，谓予李卓吾一人之是非，可也；谓为千万世大贤大人之公是非，亦可也；谓予颠倒千万世之是非，而复非是予之所非是焉，亦可也。则予之是非，信乎其可矣。前三代，吾无论矣；后三代，汉、唐、宋是也。中间千百余年，而独无是非者，岂其人无是非哉？咸以孔子之是非为是非，故未尝有是非耳。然则予之是非人也，又安能已！夫是非之争也，如岁时然，昼夜更迭，不相一也。昨日是而今日非矣，今日非而后日又是矣。虽使孔夫子复生于今，又不知作如何非是也，而可遽以定本行罚赏哉！[②]

① 《世纪·田齐》，《藏书》卷一。

② 《藏书·世纪列传总目前论》。

在这里李贽以“颠倒千万世之是非”的英勇气概，否定了被封建统治阶级定于一尊的孔学的是非标准，提出了自己的是非标准，向孔学的神圣权威挑战。李贽认为是非标准因人而异、因时而变，是和非并没有固定不变的标准，没有通行万世的“定论”。而千百年来，封建统治阶级“咸以孔子之是非为是非，故未尝有是非”，正因为这样，李贽才决心打破这种孔学的是非框框，以自己的是非为是非，重新评价历史人物，重新观察社会事物。李贽反对以孔子的是非为是非，反对以孔子的“定本行罚赏”，这在当时孔学严密统治的情况下，真如一声惊雷，促使人们进行思考，解放思想。

正是从不以孔子的是非为是非出发，李贽反对封建统治者把孔子树为“万世师长”，他说：“夫天生一人，自有一人之用，不待取给于孔子而后足也。若必待取足于孔子，则千古以前无孔子，终不得为人乎？”[①]一个人生下来就有一个人的作用，不必从孔子那里学习成一个所谓的完人。如果一定要靠效法孔子才能使自己成为一个完善的人，那么千古以前没有孔子，那就终归做不成人了吗？李贽这种尖锐而深刻的立论，实际上把孔子这位神乎其神的偶像拉到了与一般人平等的地位。

李贽在很多著作中，还对尊孔派进行了辛辣的讽刺与嘲笑。在《圣教小引》中，李贽采用讽喻手法，把道学家们尊孔的大合唱比作黑夜中的“一犬吠影，众犬吠声”，指出孔子这尊偶像，就是在众犬的狂吠声中被哄抬起来的。[②]这在孔子被尊为“万世师表”的封建社会，具有强烈的战斗意义。

对于儒家的“经典”著作，李贽有时给予新的解释，借题发挥，以阐明自己的思想，如《道古录》；有时直接给予批判，剥掉其神圣的外衣，如《童心说》[③]。在《童心说》中，李贽借谈文艺问题，一方面痛斥封建统治阶级及理论家是一伙“失却真心”，专门说假话、做假事、写假文的“假人”，指责他们把社会变成了“无所不假”、“满场是假”的欺诈场所。一方面又穷本追源地指出，一切虚假现象都来自“六经”、《论语》、《孟子》之类的儒家“经典”。这些所谓“经典”，其实不过是“史官过为褒崇之词”、“臣子极为赞美之语”，是由孔孟的“迂阔门徒、懵懂弟子，记忆师说，有头无尾，得后遗前，随其所见，笔之于书”的残缺不全的笔记，是孔孟“因病发药，随时处方”，以救此一等懵懂弟子、迂阔门徒的医方而已，根本不是“万世之至论”。而且由于道学家经常用

① 《答耿中丞》，《焚书》卷一。
② 《圣教小引》，《续焚书》卷二。
③ 《童心说》，《焚书》卷三。

它们来骗人和吓人，就成了“道学之口实，假人之渊薮”，是藏污纳垢的所在，制造两面派、伪君子的总根子。对儒学“经典”进行如此猛烈的抨击，在封建社会中是极少见的。

其次，在反对以孔子的是非为是非，否定“六经”、《论语》、《孟子》的“经典”地位的基础上，李贽进一步提出反对儒家的“践迹”、“执一”。儒家学派把孔子的一套学说定为评量一切事物的教条，作为区别是非的标准，要人们亦步亦趋，践迹而行，不准越出雷池一步。宋明时期的理学家，更是狂热鼓吹尊孔复古，反对社会的任何革新和进步。对此，李贽多次提出了尖锐批判。他斥责那种“践迹”的人是“效颦学步，徒慕前人之迹为也”[①]。他们专门踩着前人的脚印爬行，活像“东施效颦”、“燕人学步”一样愚蠢而可悲。李贽还指出孔子本身就是迹，但是孔子当时的所作所为已经随着他所处的时代和条件消失了，又怎么能遵循他的故迹呢，那些想固守孔子的一套，因循守旧的人不是犯了时代的错误吗？因此，李贽斥责他们是“虽名为学而实不知学。往往学步失故，践迹而不能造其域，卒为名臣所嗤笑”[②]。并坚决提出，对于过去的迹“不必践，不可践，不当践”[③]，他不但回击了宋明理学家推崇的尊孔复古思潮，而且启示人们认识封建教条的不合理。

再次，李贽反传统思想的战斗的民主思想，还表现在他对当时占统治地位的道学的批判上。宋明时期，以程朱为代表的道学作为一个学派，自有其理论价值，但作为统治阶级的官方哲学，它也成了禁锢人民思想、泯灭人民斗争意志的精神枷锁。而一些道学家口头上讲的是“仁义道德”、“天理人伦”，实际上却是极端利己的伪君子。李贽在很多著作中，都以泼辣而尖刻的笔锋，揭露了他们这种伪善面孔，斥责他们是“阳为道学，阴为富贵，被服儒雅，行若狗彘”[④]，“口谈道德而心存高官，志在巨富”[⑤]的两面人，是“实多恶也，而专谈志仁无恶：实偏私所好也，而专谈泛爱博爱；实执定己见也，而专谈不可自是”[⑥]的伪君子。而“道学”正是他们达到欺世盗名的工具，“道学其名也，故世之好名者必讲道学，以道学之能起名也。无用者必讲道学，以道学之足以济用也。欺天罔人者必讲道学，以道学之足以售其欺罔之谋也”[⑦]。“夫唯无

---

① 《乐克传论》，《藏书》卷三二。
② 《藏书·世纪列传总目后论》。
③ 《乐克传论》，《藏书》卷三二。
④ 《三教归儒说》，《续焚书》卷二。
⑤ 《又与焦弱侯》，《焚书》卷二。
⑥ 《答耿司寇》，《焚书》卷一。
⑦ 《道学》，《初潭集》卷二〇。

才无学，若不以讲圣人道学之名要之，则终身贫且贱矣，耻矣。此所以必讲道学以为取富贵之资也。然则今之无才无学，无为无识，而欲致大富贵者，断断乎不可以不讲道学矣”①。对道学及道学家伪善本质的深刻揭露，鲜明地表现出李贽与当时占统治地位的官方哲学相对立的战斗精神。

三、李贽民主思想的社会基础

生活在封建社会时期的李贽，为什么具有那么强烈的反封建压迫、反传统思想的民主思想？他的民主思想产生的社会基础是什么？

第一，李贽的民主思想是产生在封建社会后期资本主义萌芽的经济政治基础之上的。

李贽生活在明朝嘉靖、万历时期，这时中国的封建社会已进入了后期。随着封建地主阶级的日趋腐朽、没落，他们对广大农民的压迫与剥削也愈来愈残酷，农民阶级与地主阶级这一基本矛盾愈来愈尖锐。同时，商品经济的发展，促进了资本主义的萌芽，特别是明中叶以后，这种萌芽有了明显的表现。明朝的海外贸易与国内商业都有很大发展，自永乐、宣德以来，国内已形成有名的三十三个大工业商业城市，其中李贽的故乡泉州就是一个有名的对外贸易港口。景德镇的陶瓷当时远销中外，佛山镇的冶铸也非常有名。尤其是江浙一带，纺织业特别发达，不仅出现了苏州、杭州等以丝织业为中心的大都市，而且有些小镇也发展为丝织业的专业市镇。值得注意的是，当时出现了雇佣的生产关系，很多织工丧失了生产资料，变成了出卖劳动力以维持生活的雇佣劳动者。例如万历时的苏州一带已经出现了劳动力市场。这种从封建社会内部滋生成长起来的资本主义萌芽，与腐朽落后的生产关系是相矛盾的。封建统治者虽然也需要商品经济以满足其挥霍无度的荒淫生活，但对工商业往往采取掠夺的手段，并广设关卡，抬高税额，税监、矿监四出骚扰抢掠，这就严重阻碍了商品经济的发展，从而也必然引起市民的反封建斗争。明中叶以后，这种市民斗争，曾经遍及江南及国内很多大城市，最有名的如1595年临清市民反马堂的斗争，1600年广东新会反李凤的斗争，1601年苏州反刘成的斗争，景德镇反潘相的斗争等，都曾轰动一时。资本主义的萌芽，市民斗争的兴起，使明王朝在阶级关系上除了农民与地主阶级这一基本矛盾外，又出现了萌芽状态的资本主义生产关系与封建主义的矛盾，这些新的经济与政治因素，又必然要在思想领域中得到反映与表现。李贽在鼓吹

① 《释教》，《初潭集》卷一一。

自由，发展人们的“自然之性”，要求人人平等的同时，不时流露出对商人的同情，公开为当时受歧视受压迫的商人辩护，肯定商人经商的正当性，都鲜明地体现了时代特色。

第二，李贽的民主思想与他家世代经商的环境有一定关系。

有关李贽的世系及其职业情况，过去的研究者把其世系列为：林闾—林驽—林通衢—林易庵—林琛—林义方—林白斋—林载贽（李贽）。这一世系从林闾至林琛，都是通商海外的商人。一世祖林闾就“常倈家客舰，泛海外诸国”。二世祖林驽是兼营国内外贸易的大商人，“壮年航吴泛越，为泉巨商”。洪武十七年(1384)他曾奉命发航西洋忽鲁模斯（伊朗古代港口）。三世祖林通衢“夙有经营四方志”，经常到广州等地为商，“竟以疾卒广州龙川县之为商处”[①]。四世祖林易庵和五世祖林琛父子，则经常往来于琉球、日本之间，并通晓琉球语，做过通事官（翻译），曾引琉球、日本诸国入贡京城。林易庵因“奉简书使外国，能使其人输诚以献，不辱朝臣嘉命”，被“钦赐冠带”，并由其子林琛袭职，“非一世也”[②]。但由此就得出李贽出身于海商家庭的结论，是不确切的。

1974 年从李贽裔孙李爱好（住福建南安胭脂巷村）处发现了一方《明故处士章田暨配丁氏、媵张氏合葬墓志铭》（以下简称《志铭》），对李贽的先代传世情况有着明确的记载。这一《志铭》中的李廷桂（号章田）是李贽的叔父，《志铭》的作者林奇材（嘉靖己未进士，官至广西平乐知府），是李贽的远房族兄，因此，《志铭》所记准确而可信。根据这一《志铭》，再参照 1949 年以来陆续发现的《凤池林李宗谱》、《清源林李宗谱》等，我们知道李贽的确切世系应是：林闾—林驽—李允诚（原姓林，后迁居南安改姓李，衍为南安李派）—林乾学—李端阳—李宗洁—李钟秀—林载贽（李贽）。林闾生二子，长房林驽（字景文，号东湖），二房李端（字景顺，号直斋）。林驽生五子，长子林信（字居诚，无嗣，故林奇材在《志铭》中径称其高祖居安为长，实际上居安是次子），次子林仙保（字居安），三子林信生（字允诚），四子林玉生（字廷贽），五子林福生（字通衢）。李贽是林允诚一支。李贽的二世祖林驽，虽是海航波斯的大贾，但与李贽已相隔五代。李贽的远房三世祖林通衢、四世祖林易庵和五世祖林琛，或从事于航海活动，或来往于琉球、日本之间，但和李贽直系祖先并没有很多经济关系。

---

① 《凤池林李宗谱》。

② 《清源林李宗谱》。

李贽的直系近亲虽非海商大贾，却和商业有一定联系。据《志铭》所载，李贽的祖父竹轩在世时，是与四个儿子“同室共炊”的大家庭。由于人口多，住房小，收入微，竹轩“始命析箸分居”。其次子李章田在分居时，“乃侨南邑小郡，赁庑贾贸”，到南安做小生意。由此可知，竹轩也应该有一定的小商业资本。同时，李贽的族人很多仍然从事商业。据新发现的《清源林李宗谱草创卷之三历年表》所载，林静野在嘉靖戊午(1558)“排卖杂货”，壬戌(1562)“就南门外本家门首卖米营活”，隆庆己巳(1569)“与屿头林开纸店，又卖青靛”，庚午(1570)“与里人贩鲊福州蚀本，回仍卖米”，万历壬辰(1592)“开染房”。再如林肖静于万历乙未(1595)“自营生理，与施舅载糖往苏”，于万历庚子(1600)“开棉行”。又，万历丙申(1596)“我太高祖心静公亦载糖往苏”，“七月泉米昂，复与慎叔合本，以慎遣可受叔同往。”由此可知，当时林静野、林肖静、林心静、林以慎、林可受等都是商人。在封建社会，商人的社会地位很低，居于“四民之末”，而且受到种种限制。因此，要求允许自由发展，要求给予平等待遇，要求突破封建教条束缚，就成为他们斗争的内容。李贽的民主思想，应该说与他这种商人家世有密切关联。

第三，李贽家族在信仰上的复杂化，对李贽反传统思想的形成也有一定影响。

李贽的故乡泉州就是一个宗教繁多、信仰广泛的地区。由于历史原因以及外商的到来，摩尼教、婆罗门教、基督教、天主教纷至沓来，一时庙宇林立，牌坊、塔幢、佛像、基碑、石刻、木雕，处处都放射着异样的思想光辉。如建于唐代的开元寺，号称闽南佛国，走廊西侧的那尊佛像，就是李贽的一世祖母所塑造。著名的由阿拉伯人创建于1109年的清净寺，处处都刻着古兰经，而李贽的二世祖林驽“行年卅，遂从其教，受戒清净寺教门，号顺天之民”[①]，成了地道的回教徒。泉州东门外的灵山圣墓是伊斯兰教的著名遗物，而李贽远房三世祖林通衢之妻的墓就葬在离这里不远的仁风乡的伊斯兰教徒葬地。李贽家族中的老二房三世祖林广齐则是道教徒，并因修理东岳庙立下马碑，惹下了杀身之祸。至于李贽的父亲林白斋，虽然以教书为生，为人却豁达大方，没有那些冬烘先生们的道学气。李贽后来曾称他父亲说：“虽至贫，辄时时脱吾母董太宜人簪珥以急朋友之婚。”[②]李贽十二岁时，作了一篇漂亮的文章，别人都祝贺他父亲得到了一个将来可以升官发财的好儿子，李贽

① 《风池林李宗谱》。

② 《卓吾论略》，《焚书》卷三。

则直斥这些人是以“世俗胸腹”来看待他父亲[①]。由此可见，林白斋和当时的世俗道学家是不一样的。

更为有趣的是，在李贽家族中，还有不少人和伊斯兰教徒通婚，甚至和外国人通婚的。李贽二世祖林驽就是“娶色目女”[②]。在林氏宗谱中还记载了很多李氏与蒲氏、丁氏、迭氏通婚的事。蒲氏是蒲寿庚的后代，《晋江县志》卷十五“纪兵”称蒲为“西域人”，而且明代蒲氏又是被明太祖在政治上予以打击的家族；丁氏是回族人，赛典赤·瞻思丁之后代的汉姓；迭氏乃泉中巨族，与金、丁、马、夏并称“五大族，皆从妈氏异教”[③]，都是汉化的西域人。

李贽家族人信仰的复杂化以及与西亚血统的泉州伊斯兰教家族屡通婚姻的现象，说明他们冲破了民族界限、宗教信仰的束缚，冲破了孔孟之道传统思想的束缚，这对李贽民主思想的形成都应有一定影响。

四、李贽在中国文化思想史上的地位

中国悠久的传统文化思想，发展到明代中叶，开始有了新的变化。这一变化的代表即著名思想家李贽及其先驱王阳明。张尔岐在《蒿庵闲话》中曾说：“明初，学者崇尚程朱……自良知之说起，人于程朱敢为异论，或以异教之言诠解《六经》。于是议论日新，文章日丽。”[④]这段话概括了明代思想文化发展的起承转变，在一定意义上说，也指明了中国传统文化思想开始新变的轨迹。由“议论日新”而导引出的“文章日丽”，都是这一新变的表现。王阳明就是这“议论日新”的先驱，而李贽则是传统文化思想开始新变的代表。王阳明的“心学”动摇了以程朱为代表的理学“天理”存在的基石，为人的主体意识的觉醒制造了舆论。他对圣贤绝对权威的否定，张扬在“良知”上的人人平等，更显示着近代人文主义启蒙思想的光辉。他的“知行合一”主张，包含着切实可行的实用精神。他倡导的“狂者的胸次”[⑤]，更是和传统文化思想中的“中庸”论形成强烈对照。这一切都对传统文化思想形成了冲击，对李贽产生了深刻影响。李贽对王阳明极为尊崇，在思想上也多有继承。但是，这种继承呈现着极为复杂的形态，而且在一些方面有着实质的区别。正如沈德符所指出的，王阳明之后，其弟子各立门户，几经师承，“最后李卓吾出，又独创特解，一切而

① 《卓吾论略》，《焚书》卷三。
② 《风池林李宗谱》。
③ 《风池林李宗谱》。
④ 张尔岐：《蒿庵闲话》卷一。
⑤ 王阳明：《传习录》下，《王文成公全书》卷三。

空之”[①]。从而使中国文化思想的启蒙思潮发展到一个新时期，更强烈地显示出人文主义启蒙思想的特色。李贽与王阳明在中国文化思想启蒙思潮发展史上的作用与地位的基本区别，就在于王阳明所倡导的“心学”，虽在客观上为反理学、反传统思想的斗争创造了舆论，打开了缺口，但其主观上仍是为理学补偏救弊，为传统思想修隙补漏。李贽则不然，李贽以“堂堂之阵，正正之旗”[②]和“坚其志无忧群魔，强其骨无惧患害”[③]的大无畏精神，向封建压迫与传统思想展开了猛烈进攻。

李贽那种敢于反对封建压迫和传统思想的无畏斗志，敢于反对迷信和偶像的无畏斗志，以及由此而形成的进取开拓精神，使他在中国思想史上占有一个突出地位，就是在今天也具有借鉴意义。

中国文化源远流长，灿烂辉煌。在新的时代，如何继承发扬我们的民族文化遗产，使之为现代化服务，已成为人们极为关注的问题。研究中国文化的人们有一个共识，即中国传统文化是以儒家思想为主导，而又包容着儒、释、道互补的内涵。这样一种传统文化的产生、发展，都是以封建社会的经济、政治为其背景的。这种传统文化或文化传统有着许多精华，但也不可否认，作为一种统治意识形态，它又是为封建统治服务，充斥着时代与阶级的糟粕。对这样一种传统文化或文化传统，我们应该经过批判继承，使之为今天的现实社会服务。我觉得应该强调的是，对传统文化中的启蒙思潮，我们还没有给予应有的重视和研究。我们的一些研究者，兴奋点与注意点更集中于博大的孔子及儒家学说，这当然有一定的道理。但传统文化中的启蒙思潮，既体现着中华文化传统的精华所在，又有在新的历史条件下对传统文化的扬弃，并与当今的时代精神有着一定程度上的内在的相通。因此，我认为，无论是从对传统文化的继承上讲，还是从以传统文化为当今的现实服务上讲，加强对传统文化中的启蒙思潮的研究，都是一项极为重要、极为迫切的任务。而李贽就是这一启蒙思潮的先驱与代表。

李贽生活的明代后期，已是封建社会走向衰落的时期，统治者为了维护其专制，从政治、思想、文化上都进一步强化其禁锢，普天下是严苛的封建教条，满社会是迂腐的道学君子，人生成了以假欺假的人生。但是，明代后期又是中国社会发展的重要转折期。在封建的重重压力下，新的经济幼芽在

① 沈德符：《万历野获编》卷二七《紫柏评晦庵》。

② 《与周友山》，《续焚书》卷一。

③ 《老人行叙》，《续焚书》卷二。

挣扎成长，由此思想意识领域中滋生了新的启蒙主义思潮，李贽就是这一思潮的代表。李贽在他的著作中，以超前的胆识与犀利的眼光，批判当时社会的腐败，抨击严苛的封建教条，审视人生的真谛，并在著作中自我完成理想的人格。其思想、哲理的深刻，在我国文化思想史上是相当罕见的。正是这种思想的超前性和深刻性，昭示了他光辉的历史价值。在当时虽日趋腐朽而仍层层叠叠的封建天幕下，李贽以自己的思想睿智和战斗精神，撕开了一道裂隙，使窒息的社会透进一丝阳光和清新空气，为中国的文化思想发展史铺展开新的一页。

李贽具有启蒙意义的民主思想，在中国文化思想史上具有重要的时代意义，反映了中国传统文化思想的一种走向。他反对封建束缚，要求自由发展人们的“自然之性”也好，反对封建等级制，提出“侯王与庶人同等”的平等思想也好，提出不以孔子之是非为是非，反对权威独断、反对官方哲学理学也好，都表现出不同世俗的见解，这种见解的内核就是要求人格的独立，个性的自由，心灵的自主，精神的解放。从中国封建社会的文化思想发展看，这是对主体意识长期被奴役被禁锢的反抗，显示着主体意识从被奴役被禁锢趋向觉醒的走向。

中国的文化思想史表明，长期封建社会中占统治地位的儒家思想的价值观，是以“教化仁义”为其核心，并成为封建社会文化思想的价值准则。这种价值准则被历代封建统治者采用、强化，从而形成封建社会的统治意识形态，支配着社会群体与个体的心理结构与行为方式。这种价值准则发展到宋明理学更为深化，更为普及，渗透到人们思想行为和生活方式的各个方面。这种以伦理为基础的价值准则，最终目的是要人们牺牲、丧失自己的主体意识，服从统治者的统治意识。而李贽具有启蒙意义的民主思想与统治者的这种以伦理为基础的价值准则相对立，强调的是人的个体生命价值，也就是要求人格的独立，个性的自由，心灵的自主，精神的解放，总之，是人的觉醒。这种人的觉醒的思想、哲学，从文化思想史上看，是一种价值准则的转换，标志着一种新的价值观念的产生。从其产生的基础看，是中国资本主义萌芽和市民阶层兴起的新的经济、政治的一种反映，因此，具有划时代的意义。

李贽的具有启蒙精神的民主思想，像中国社会的资本主义萌芽一样，后来由于清兵入关而中断、夭折，但其启蒙意义却十分明显。作为反封建压迫、反传统思想的进步思想家，李贽终生都不愿受封建教条和礼俗的束缚，终生都与封建统治者格格不入，并最终被封建统治者迫害而死。也正因为如此，他提出的一些崭新命题，他那些惊世骇俗之论，在当时及其以后都起到了振聋发聩的启蒙作用，他那种反对迷信和偶像的大无畏精神，鼓舞着许多为真理献身的斗士去进取开拓。明朝末年的“公安三袁”、汤显祖等，以及后来的黄宗羲、顾炎武、戴震、王夫之、曹雪芹、谭嗣同、严复、章炳麟、吴虞等，其中虽然有人或受传统思想影响或受学派思想影响对李贽很有嫉恶之心，但他们在对孔学与理学进行批判时，在对封建专制主义予以揭露时，都不同程度地受到李贽的影响。

如黄宗羲愤怒指责封建帝王是“屠毒天下之肝脑，离散天下之子女”，以求一己的统治和淫乐，这种君主专制制度正是“天下之大害”，并提出“天子之所是未必是，天子之所非未必非”[①]。这正是李贽不以孔子的是非为是非的进一步发展。

如在批判理学家“去欲存理”的说教时，王夫之提出“欲即天之理”[②]，“饮食男女之欲，人人之大共”[③]。这和李贽“穿衣吃饭，即是人伦物理；除却穿衣吃饭，无伦物矣”[④]的命题一脉相承。

曹雪芹的《红楼梦》歌颂以贾宝玉、林黛玉为代表的贵族叛逆者，反对科举功名和纲常礼教，要求尊重个性，男女平等，在艺术上注重“自然之理”、“自然之趣”，表现出他从思想到文艺主张都深受李贽的影响。

戊戌变法时期资产阶级改良派人物谭嗣同再次提出“天理即在人欲之中”，并把秦朝以来的君主斥之为“独夫民贼”，提出“废君统，倡民主，变不平等为平等”[⑤]。这当然是时代的产物，但从思想渊源上看，也受到李贽反封建压迫斗争精神的一定影响。直到“五四”时期，一些资产阶级的代表人物，在“打倒孔家店”的革命声浪里，还把李贽的著作作为向封建统治阶级及旧礼教进行斗争的武器，吴虞的《明李卓吾别传》就是典型代表。

也有不少人反对李贽，但正是从这种反对中我们也清楚地看到了李贽的价值。如纪昀在《四库全书总目提要》中激烈攻击李贽的著作“皆狂悖乖谬，非圣无法”，“排击孔子，别立褒贬，凡千古相传之善恶，无不颠倒易位，尤为罪不容诛”，是“名教之罪人，诬民之邪说”。因此，他主持编撰的《四库全书》不收李贽的著作，而“特存其目，以深暴其罪焉”。但是，这不恰恰证明李贽的著作与思想确实对封建统治和传统思想起到了有力的冲击吗！

① 黄宗羲：《明夷待访录》。

② 王夫之：《读四书大全说》。

③ 王夫之：《读四书大全说》。

④ 《答邓石阳》，《焚书》卷一。

⑤ 谭嗣同：《仁学》。

李贽的高尚人格也极值得称道。李贽对仕途本来就没有什么兴趣，但为了生存，青年李贽也只好走上这条他本来就没有什么兴趣的道路。后来，他出任云南姚安知府，官至四品，且政绩为上司和下民所称道，三年秩满，不用跑官送礼，即可晋升三品之列。这时李贽完全可以青云直上，正如时任洱海道佥事，后至兵部侍郎、总督蓟辽军务的顾养谦在李贽致仕的序文中所说："少需之，得上其绩，且加恩或上迁。"[①]上迁升官是政界多少人孜孜以求的事，但是，李贽却置升迁于不顾，径自谢簿书，封府库，携其家属到巡按刘维那里上了辞呈。刘维以"姚安守，贤者也。贤者而去之，吾不忍，非所以为国，不可以为风，吾不敢以为言"[②]，从而不予批准。李贽干脆不辞而别，弃官而走，到大理的鸡足山阅《藏经》而不出。李贽的弃官不是为"五斗米而折腰"，更不是退而再进的"终南捷径"，而是真正出自对于官场的厌恶。明中后期的官场，巧宦日众，吏病日多，士风日坏，他们以竞逐功利声名相高，而置人民日益困苦的现实于不顾。李贽的弃官，正是他看透了那个社会官场的必然抉择。正如他自己所说，为县博士，就与县令、提学触，为太学博士，就与祭酒、司业触，到礼部做个小职员，却又与礼部尚书、侍郎触，到南京为闲散官员刑部员外郎，又与刑部尚书和大理卿触。"触"就是矛盾，"触"就是斗争。可以想见，处处都与顶头上司相"触"的人，怎么还能在官场混下去，怎么还能为官场所容！李贽处处与顶头上司相"触"，是他原本思想的必然表现，也是他最终与官场决裂的必然结果。还应指出，李贽虽然厌恶官场，但他为官一方，就尽自己的力量办好应该办的政事，而且绝不以权谋私，假公济私。嘉靖四十三年，李贽奔丧回泉州，家属既不可能留居北京，又不便数千里随之回故乡，他决定把妻女留在曾做过县学教谕的辉县，并把同僚帮助办丧事的钱分出部分给她们置些田地，让她们耕作自食。没想到这年辉县大旱，一些官吏借漕河是运送公粮河道之名，把通向田间的水源全部引入漕河，切断百姓的田间用水，并乘机敲诈勒索。李贽竭力为老百姓请求放水，均遭拒绝。当时李贽若以京官的身份请为自己的几亩地放水，那是肯定会得到照顾的。但李贽没有这样做，他说："吾安忍坐视全邑万顷，而令余数亩灌溉丰收哉！纵与必不受，肯求之！"[③]李贽是宁可自己的田地与老百姓的田地一起干旱，也不愿单独接受贪官的私情的。李贽怀着对贪官污吏的强烈不满，对妻女的无

① 顾养谦：《赠姚安守温陵李先生致仕去滇序》，《焚书》卷二。

② 顾养谦：《赠姚安守温陵李先生致仕去滇序》，《焚书》卷二。

③ 《卓吾论略》，《焚书》卷三。

限牵挂，离开辉县南行。结果，在这场灾荒中，李贽的二女儿、三女儿都因病饿交加而死。李贽离姚安知府任时是“禄俸之外，了无长物”[①]，“囊中仅图书数卷”，为此得到人民群众的无限敬仰，以致出现了“士民攀卧道旁，车不得发”[②]的动人场景。

总之，无论从其理论建树，还是从其精神情操，李贽都给我们留下了非常值得研究和张扬的价值和意义。近些年来，中外学术界对李贽的研究虽然日益深入，日益拓展，但我们对李贽价值的认识与研究，还没有达到其所应有的历史地位。四百年前，在封建统治者的迫害下，李贽自刎而死，以身殉道，谱写了一曲追求真理、追求人生理想的悲壮诗篇。今天，我们在改革开放的大潮中，纪念、缅怀这位杰出的思想家、中国思想文化发展史上的启蒙先驱，更加感到他精神的可贵、人格的高尚，对于他在中国文化思想史上的价值和意义，应该给予更深入的认识与评价。

（原载《李贽全集注》，社会科学文献出版社，2010 年）

① 袁中道：《李温陵传》，见钱伯城点校：《珂雪斋集》卷一七，上海：上海古籍出版社，1989年。本书下引《珂雪斋集》，皆引自此版本，不另出注。

② 《姚州志》卷四。

李贽与王阳明

——中国传统文化思想新变的启蒙者

中国悠久的传统文化思想发展到明代中叶，开始有了新的变化，这一变化的代表即著名思想家李贽及其先驱王阳明。张尔岐在《蒿庵闲话》中曾说："明初，学者崇尚程朱……自良知之说起，人于程朱敢为异论，或以异教之言诠解《六经》。于是议论日新，文章日丽。"[①]这段话概括了明代思想文化发展的起承转变，在一定意义上说，也指明了中国传统文化思想开始新变的轨迹，由"议论日新"而导引出的"文章日丽"，都是这一新变的表现，王阳明就是这"议论日新"的先驱。

王阳明生活的时代，程朱理学一统天下。王阳明本来也是朱熹的信徒，曾经按照朱熹的"格物致知"理论去"格"过竹子，可是，一连"格"了七天，病倒了，也没有"格"出那个先于竹子而存在的"理"来。他失望了，认为朱熹的理学，不足以使人信服，不是维持社会的良方，他明白了在外界事物中是找不到他所需要的那个"理"的。他说："先儒解格物为格天下之物，天下之物如何格得？且谓一草一木亦皆有理，今如何去格？纵格得草木来，如何反来诚得自家意？"[②]这里，王阳明提出了一个"诚意"，什么是"诚意"呢，"诚意"就是诚心。王阳明认为，只要心诚，那么星辰日月，春夏秋冬，草木禽兽，各族人种，这一切外部世界，都不过是我心中固有的"理"的具体表现。如他说："人者，天地万物之心也；心者，天地万物之主也；心即是天，言心则天地万物皆举之矣。"[③]又说："心之本体无所不该。"[④]把整体宇宙万物都说成原就包在人的心中，因此，只要以"诚意"为目的，用"格物致知"的工夫，为善去恶，就能修养出"下落"来，用不着绕圈子，去"格"什么物，因为心外本来就无物、无事、无理，"天理在人心，亘古亘今，无有始终，天理即是良知"[⑤]。这就是

① 张尔岐：《蒿庵闲话》卷一。
② 王阳明：《传习录》下，《王文成公全书》卷三。
③ 王阳明：《答季明德书》，《王文成公全书》卷六。
④ 王阳明：《传习录》下，《王文成公全书》卷三。
⑤ 王阳明：《传习录》下，《王文成公全书》卷三。

王阳明的“良知”说。王阳明认为“良知”既是宇宙万物的本体，又是认识的对象和源泉，还是最善最美的人性，所以是“天下之大本”。只要“致良知”，就能达到对宇宙的认识，就能修养出美善的人性，从而也就能维护社会的治理。王阳明把“天理”转换成人人都具有的“良知”，这就不但动摇了“天理”存在的基石，也为人的主体意识的觉醒制造了舆论。

王阳明还认为，人们的“良知”虽因人而异，但人人都有良知，只要每人各适其适，各得其得即可，不必也不需依傍圣贤。他说：“良知在人心，无间于圣愚，天下古今之所同也。”①“良知良能，愚夫愚妇与圣人同。”②由此出发，王阳明把“良知”看成是权衡一切事理的标准。他说：“夫君子之论学，要在得之于心。众皆以为是，苟求之于心而未会焉，未敢以为是也。众皆以为非，苟求之于心而有契焉，未敢以为非也。”③又说：“夫学贵得之心，求之于心而非也，虽其言出于孔子，不敢以为是也，而况其未及孔子者乎？求之于心而是也，虽其言之出于庸常，不敢以为非也，而况其出于孔子者乎？”④以己心去对事理裁判，不听任于众人之口，也不迷信于孔圣人之言，独立审断，自我裁决，这是王阳明“良知”说在真理观上的表现。而否定圣贤的绝对权威，张扬在“良知”上的人人平等，更显示着近代人文主义启蒙思想的光辉。

王阳明还抛弃了朱熹“知行分离”的理论，而主张“知行合一”。他说：“知之真切笃实处便是行，行之明觉精察处便是知。”⑤具有了对事物“真切笃实”的感情深度，和对事物“明觉精察”的认识深度，知与行就可以统一起来，纠正离行以求知的偏颇。这种主张打破了世儒无所不知而实一无所知的虚诞习气，而教人各据自己的才性而行，使他的“良知”说包含了切实可行的实用精神。王阳明还倡导“狂者胸次”，宣称：“我今才做得个狂者的胸次，使天下人都说我行不掩言也罢。”⑥公然以“狂者”自居，倡导狂狷之论，和传统文化思想中的“中庸”之论形成强烈对照。

不难看出，在传统文化思想，特别是程朱理学一统天下，窒息着时代的进步和人们心灵之际，王阳明的议论与主张确实为思想界吹来一股清新自然的惠风。他的“良知”说，从根本上否定了理学家“天理”的绝对地位，显示了

---

① 王阳明：《答聂文蔚》，《王文成公全书》卷二。
② 王阳明：《答顾东桥书》，《王文成公全书》卷二。
③ 王阳明：《答徐成之》，《王文成公全书》卷二。
④ 王阳明：《答罗整庵少宰书》，《王文成公全书》卷二。
⑤ 王阳明：《答友人问》，《王文成公全书》卷六。
⑥ 王阳明：《传习录》下，《王文成公全书》卷三。

个人主体意识的萌芽和地位的提高，否定了对圣贤偶像的顶礼膜拜，使“良知”具有了人人平等的价值观念，这一切无不显示着离经叛道的异端色彩。因此，明代统治者把他的学说称为“诋毁先儒”的“心学”，是“传习邪说”的“向导”。[①] 而一些进步思想家，则对王阳明的学说给以热烈的赞扬。如黄宗羲在《明儒学案》中就说，由王阳明“心学”掀起的社会思潮，在当时起到了“震霆启寐，烈耀破迷”[②]的作用。因此，我们把王阳明称为中国传统文化思想新变与近代人文主义文化思想启蒙思潮的先导，是不为过的。

王阳明的“心学”虽被统治者视为“异端”、“邪说”，但却产生了重大影响，形成一个声势浩大的学派。在这一学派的发展中，李贽是最为杰出的代表。李贽与王学发生关系是在嘉靖四十五年(1566)。李贽在《阳明先生年谱后语》中谈到他接触王学的经过：

> 不幸年甫四十，为友人李逢阳、徐用检所诱，告我龙溪先生语，示我阳明先生书，乃知得道真人不死，实与真佛、真仙同，虽倔强，不得不信之矣。[③]

黄宗羲在《明儒学案》中记载了李贽与徐用检在北京的交往：

> (徐用检)在都门从赵大洲讲学，礼部司务李贽不肯赴会，先生以手书《金刚经》示之曰：“此不死学问也，若亦不讲乎?”贽始折节向学。尝晨起候门，先生出，辄摄衣上马去，不接一语，如是者再。贽信向益坚，语人曰：“徐公钳锤如是。”[④]

李逢阳、徐用检都是王阳明的信徒，当时和李贽同在礼部任职。在李逢阳、徐用检的诱导下，李贽开始了对王阳明学说的精心探研。这时，李贽还认识了王阳明的再传弟子李材(号见罗)。后来，李贽在《答李见罗先生书》中说：“昔在京师时，多承诸公接引，而承先生接引尤勤。发蒙启瞰，时或未省，而退实沉思。既久，稍通解耳。师友深恩，永矢不忘，非敢佞也。”[⑤]称李见罗对

① 孙承泽：《春明梦余录》卷二一。

② 黄宗羲：《明儒学案》卷首《师说》。

③ 李贽：《阳明先生道学钞》。

④ 黄宗羲：《明儒学案》卷一四。

⑤ 《答李见罗先生书》，《焚书》卷一。

他"发蒙启蔽"，称"师友深恩，永矢不忘"，也都可以见出李贽对王学的心服与青睐。正因为如此，李贽不仅倾其心血编著了《阳明先生道学钞》、《阳明先生年谱》，而且，在很多著作中，都表现出对王阳明的崇敬之情。如在《王文成》一文中说："天生先生岂易也耶！在江西为三大忠，在浙江为三大人，在古今为三大功，而况理学又足继孔圣之统者哉？"[①]在《太傅席文襄公》一文中，热情称道席书率领贵州生员尊奉王阳明为师之举，说："即此一事，公之才识已足盖当世矣。当是时，人之尊信朱夫子，犹夫子也。而能识朱子之非夫子，唯阳明之学乃真夫子，则其识见为何如者！"[②]

应该指出，我们在论述李贽对王阳明的尊崇及其在启蒙思想上的继承时，更要看到这种继承关系的复杂，以及他们在思想实质上的区别。正如沈德符所指出，王阳明之后，其弟子各立门户，几经师承，"最后李卓吾出，又独创特解，一扫而空之"[③]。从而使中国文化思想的启蒙思潮发展到一个新时期，更强烈地显示出人文主义启蒙思想的特色。

李贽与王阳明在启蒙思潮发展史上的作用与地位的基本区别，就在于王阳明所倡导的"心学"，虽在客观上为反理学、反传统思想的斗争创造了舆论，打开了缺口，但其主观上仍是为理学补偏救弊，为传统思想修隙补漏。李贽则不然。李贽公然以"异端之尤"自居，以"堂堂之阵，正正之旗"[④]和"坚其志无忧群魔，强其骨无惧患害"[⑤]的大无畏精神，向当时占统治地位的道学和传统思想，展开了全面的进攻。这里我们以最具人文主义启蒙思想特征的反对权威、倡导平等为例，考察一下王阳明与李贽的不同。

两宋的思想家多论及"道"，并把"道"与"理"结合起来，以理为道，这时的理学即道学，道学即理学。王阳明为了反对把以朱熹为代表的道学尊为"不容于论辩"的绝对权威地位，提出："夫道，无下之公道也；学，天下之公学也；非朱子可得而私也，非孔子可得而私也。"[⑥]公开向朱熹甚至孔子的绝对权威地位挑战。由此，王阳明还进一步提出"良知良能，愚夫愚妇与圣人同"[⑦]，"满街皆是圣人"[⑧]的命题，表现出抹平贤与不肖的区别的平等观念。这对于统

① 《王文成》，《续焚书》卷三。
② 《太傅席文襄公》，《续藏书》卷十二。
③ 沈德符：《紫伯评晦庵》，《万历野获编》卷二七。
④ 《与周友山》，《续焚书》卷一。
⑤ 《老人行叙》，《续焚书》卷二。
⑥ 王阳明：《传习录》下，《王文成公全书》卷三。
⑦ 王阳明：《答顾东桥书》，《王文成公全书》卷二。
⑧ 王阳明：《传习录》下，《王文成公全书》卷三。

治者进行统治的严格的等级制及其理论，具有巨大的震撼作用。但是，他又说："惟圣人能致其良知，愚夫愚妇不能致，此圣愚之所由分也。"[①]就是说良知良能虽然人人相同，但却可能被蒙蔽，这正是圣贤与愚人的分界。因此，王阳明又说："其才质之下者"，就要"安其农工商贾之分"，不要有"希高慕处之心"[②]。实际上就是把下层群众说成是"才质下者"，而且要他们安分守己，忍受压迫而不要反抗，表示出"良知"说在貌似平等外衣下包含的不平等的实质。王阳明还认为"良知"如果被蒙蔽了，就如同心中有了"贼"一样，这个"心中贼"比"山中贼"还可怕，必须铲除净尽。至此，王阳明和朱熹便又走到一条路上了。朱熹说，私欲净尽则天理流通；王阳明说，破山中贼易，破心中贼难，只有破了心中贼，才能使良知复苏。最终都是达到维护现存秩序和传统思想的目的。

李贽则不然。李贽接受了王阳明的影响，却又从自己的哲学命题和内涵去解释王阳明的理论。如李贽从上述王阳明的"满街皆是圣人"、"良知良能，愚夫愚妇与圣人同"的命题中，引出了具有极强烈战斗意义的"侯王与庶人同等"、"圣人与凡人一"的平等思想，而抛弃了王阳明在这一命题下所包含的消极内容。

李贽曾著《老子解》二卷[③]，在积极发挥《老子》的朴素辩证思想的同时，还广泛张扬了人与人之间的平等思想，对传统的等级观念进行了严厉批判。

李贽从"同一之中"命题出发，批判了"圣人仁万民"的谬论。在中国占统治地位的传统思想中，一些思想家鼓吹"天地仁万物"、"圣人仁万民"，万民都要感谢"圣人"的"仁德"。李贽针锋相对提出："使天地而能仁万物，则天地将谁与仁？使圣人而能仁万民，则圣人将谁与仁？"这个质问确实有力而尖锐。李贽还进一步论证说：天地就像一个大鼓风炉，万物、圣愚全部生死其中而不自知。所以天地与万物"同一中"，万物无所求于天地，天地也没什么可施于万物；圣人与万民"同一中"，圣人没什么可给予万民，万民也没什么可凭借圣人；"各守吾之中以待其自定而已矣"，只要各自守住自己的本位，而等自然的发展成长就可以了。那么现实中万民"守定"的结果如何？李贽答曰："愚者得之，而智者昧矣；不仁者得之，而仁者反失之也。"这就彻底否定了"仁者"、"圣人""仁万民"的谬论，而肯定了"愚者"、"不仁者"的本位。正是

① 王阳明：《答顾东桥书》，《王文成公全书》卷二。
② 王阳明：《答顾东桥书》，《王文成公全书》卷二。
③ 见明刊本《卓吾先生李氏丛书》。

在这种近似极端、过激的论辩中，表现出李贽人文主义启蒙思想中可贵的平等观念，显示出与王阳明的质的区别。

李贽在《老子解》中，还从“致一之道”出发，得出了“庶人非下，侯王非高”的结论，否定了传统思想家“天生圣人”之类的谎言。传统思想家为了鼓吹“圣人仁万民”之论，说“圣人”是“天生”的，永远都比“下愚”高贵。李贽则针锋相对提出：

> 侯王不知致一之道与庶人同等，故不免以贵自高。高者必蹶，下其基也；贵者必蹶，贱其本也。何也？致一之理，庶人非下，侯王非高，在庶人可言贵，在侯王可言贱，特未知之耳。……人见其有贵有贱，有高有下，而不知其致之一也，曷尝有所谓高下贵贱者哉？彼贵而不能贱，贱而不能贵，据吾所见，而不能致之一也，则亦琭琭落落，如玉如石而已矣。

李贽所说的“致一之道”，就是他主张的“圣愚一律”、“天子庶人壹是无别”。侯王们不知道这个“致一之道”，而以贵自高。其实，下是高的基础，贱是贵的根本，从“致一之道”看来，都是相辅相成，互为条件的，哪里有什么高下贵贱之分？显然，李贽的这种思想具有人人平等的精神，对当时森严的等级制度是一个有力的冲击与批判。

李贽的这种人人平等思想，在他的很多著作中都有所体现。如在《道古录》[①]中针对传统思想中的“尊德性”之说，提出：“尔勿以尊德性之人为异人也，彼其所为，亦不过众人之所能为而已。人但率性而为，勿以过高视圣人之为可也。尧舜与途人一，圣人与凡人一。”在李贽看来，“尊德性”不过就是尊重众人之所能为而已，每个人只要按照自己的本性自由发展就可以了。在“尊德性”上，圣人也没有什么过高之处，“尧舜与途人一，圣人与凡人一”，天下人人平等，哪有什么高低上下之别。就这样，李贽用自己的平等思想，重新解释了包含着等级观念的传统的“尊德性”理论。又如李贽多次提出了人们能力上的平等命题，强调“天下无不能之人，人无不能之事”，因此，“圣人所能者，夫妇之不肖可以与能，勿下视世间之夫妇为也。……若说夫妇所不能者，则虽圣人亦必不能，勿高视一切圣人为也。”圣人与凡人在能力上是平等的，不要高视圣人，不要下视民众，这在等级森严的社会里，不能不说是

① 见明刊本《卓吾先生李氏丛书》。

振聋发聩的“异端”之论。

正是从这种平等思想出发，李贽反对统治者对人民大众的压迫和束缚，而要求自由地发展人们的“自然之性”。李贽在《论政篇》提出了他为政的原则，主张“因乎人”、“因性牖民”的“至人之治”，反对“本诸身”的“君子之治”。[①] 他认为，人们的心性各不相同，只有“因性牖民”，即根据不同情况加以诱导，“顺其性不拂其能”，才能把社会治理好。反之，“君子之治”则“本诸身”，即根据自身的标准去要求别人，做不到时就用“条教之繁”、“刑法之施”对人民大众进行束缚，这只能造成社会的动乱。在著名的《答耿中丞》中，李贽更明确地反对统治者用“德礼政刑”对人民的禁锢。[②] 李贽指出，天下之人所以不得安生，就是因为“贪暴者扰之，而‘仁者’害之也，‘仁者’以天下之失所也而忧之，而汲汲焉欲贻之以得所之域。于是有德礼以格其心，有政刑以絷其四体，而人始大失所矣”。“德礼”和“政刑”是中国统治者长期进行统治的互为补充辅助的两种手段，被传统思想鼓吹为治国的根本。李贽把统治者的这种治国之本指为祸国殃民的祸根，把他们极为尊崇的“仁者”指为害人虫，这是对统治者及其统治理论的有力批判，也是大胆的骇人之论。

为了批判统治者对人民大众的禁锢，李贽在《答耿中丞》中还提出了“各从所好，各骋所长”的主张。他说：

> 夫天下之民物众矣，若必欲其皆如吾之条理，则天地亦且不能。是故寒能折胶，而不能折朝市之人；热能伏金，而不能伏竞奔之子。何也？富贵利达所以厚吾天生之五官，其势然也。是故圣人顺之，顺之则安之矣，是故贪财者与之以禄，趋势者与之以爵，强有力者与之以权，能者称事而官，愞者夹持而使。有德者隆之虚位，但取具瞻，高才者处以重任，不问出入。各从所好，各骋所长，无一人之不中用。何其事之易也！

李贽把追求“富贵利达”说成是人的普遍本性，要求“强有力者与之以权”，“愞者夹持而使”，这当然有着明显的时代局限。但李贽的目的是反对统治者用“德礼政刑”对人们的禁锢，要求自由发展人们的“自然之性”，“各从所好，各骋所长”，这在当时严密的专制统治下，实为石破天惊的怪说。

这一思想在《道古录》中得到更加系统的表现。例如，李贽重新解释了被

① 《论政篇》，《焚书》卷三。

② 《答耿中丞》，《焚书》卷一。

传统思想家神秘化了的“道”：“道本不远于人，而远人以为道者，是故不可语道。可知人即道也，道即人也，人外无道，而道外亦无人。故君子以人治人，更不敢以己治人者。以人本自治，人能自治，不待禁而止之也。若欲有以止之，而不能听其自治，是伐之也，是欲以彼柯易此柯也。虽近而实远，安能治之？安足为道也耶？”在李贽看来，“道”和人是紧密相连的，因此社会政治就要因人而治，以人治人，人人自治，而不能以己治人。只有这样，社会才能治理好，人人才能得安宁。否则，以己治人，那就是用自己的一套去禁锢别人，那就是“伐之”，根本不能把社会治理好。因此，李贽斥责用“德礼政刑”对人民进行统治，是“齐人之所不齐以归于齐”，是“俗吏之所为”。

李贽反对“齐人之所不齐以归于齐”，即反对用“德礼政刑”束缚人们的个性发展，那么应该怎么办？他提出：“千万其人者，各得其千万人之心，千万其心者，各遂其千万人之欲，是谓物各付物，天地之所以因材而笃也，所谓万物并育而不相害也”，从而达到“天下之民，各遂其生，各获其所愿有，不格心归化者，未之有也”。李贽的主张就是“物各付物”、“因材并育”，任物性的自由发展。因为“物之不齐，物之情也”，天下的事物千差万别，是不会相同的，人们的才能、性情、喜好各有差别，是不会一样的。只有任其自由发展，千万人才可以实现自己的心愿，这样，天下也就可能达到大治。反之，如果硬把这些差别整齐划一，约束在一个框子里，这就等于强迫天下的人服从我自己，天下也就必然难得安宁。反对对人们进行束缚与限制，要求造成人人顺其本性、人人随心如愿的理想政治局面，这是李贽民主思想的可贵内容，在当时具有强烈的战斗意义，有力地冲击了古代中国社会长期的专制主义统治。

不难看出，王阳明虽提出了有着非常积极意义的反对等级制度的理论命题，但他最终目的还是要维护那种等级制。他说“满街都是圣人”，也是想让人们都能去“致良知”，而达到“圣人”的“存天理，灭人欲”的境界。李贽则不然，他不但否定了圣贤与愚者、尧舜与凡人的区别，而且肯定了愚者、凡人的本位，并由此出发，对禁锢人们自由发展的统治理论“德礼政刑”进行了猛烈批判，而大力张扬任人性自由发展的理论旗帜。

不仅如此，为了打破统治者与传统思想对人们的禁锢，李贽还对当时占统治地位的道学及其祖师孔孟进行了猛烈批判。李贽用尖锐而泼辣的笔斥道学家是“阳为道学，阴为富贵，被服儒雅，行若狗彘”[①]、“口谈道德而心存高

① 《三教归儒说》，《续焚书》卷二。

官、志在巨富”[①]的两面人，是“实多恶也，而专谈志仁无恶；实偏私所好也，而专谈泛爱博爱；实执定己见也，而专谈不可自是”[②]的伪君子。而他们讲的“道学”，正是达到欺世盗名的手段：“道学其名也。故世之好名者必讲道学，以道学之能起名也。无用者必讲道学，以道学之足以济用也。欺天罔人者必讲道学，以道学之足以售其欺罔之谋也。”[③]对道学及道学家伪善本质的深刻揭露，鲜明表现出李贽与当时占统治地位的官方哲学相对立的战斗精神。

特别应该提出的是，李贽对传统思想的祖师孔孟的批判，更具有着打破传统、解放思想的积极意义。在以孔子为祖师的社会里，李贽勇敢地提出了不以孔子的是非为是非的战斗口号。他说：

> 人之是非，初无定质；人之是非人也，亦无定论。无定质，则此是彼非，并育而不相害；无定论，则是此非彼，亦并行而不相悖矣。然则今日之是非，谓予李卓吾一人之是非，可也；谓为千万世大贤大人之公是非，亦可也；谓予颠倒千万世之是非，而复非是予之所非是焉，亦可也。则予之是非，信乎其可矣。前三代，吾无论矣；后三代，汉、唐、宋是也。中间千百余年，而独无是非者，岂其人无是非哉？咸以孔子之是非为是非，故未尝有是非耳。然则予之是非人也，又安能已！夫是非之争也，如岁时然，昼夜更迭，不相一也。昨日是而今日非矣，今日非而后日又是矣，虽使孔夫子复生于今，又不知作如何是非也，而可遽以定本行罚赏哉！[④]

在这里，李贽以“颠倒千万世之是非”的英勇气概，否定了被统治者定于一尊的孔学的是非标准，提出了自己的是非标准，向孔学的神圣权威挑战。李贽认为是非标准因人而异，因时而变，是和非并没有固定不变的标准，没有通行万世的“定论”。而千百年来，统治者“咸以孔子之是非为是非，故未尝有是非”，正因为这样，李贽才决心打破这种孔学的是非框框，以自己的是非为是非，重新评价历史人物，重新观察社会事物。李贽反对以孔子的是非为是非，反对以孔子的“定本行罚赏”，这在当时孔学严密统治的情况下，真如一声惊雷，促使人们思想得到解放。

---

① 《又与焦弱侯》，《焚书》卷二。

② 《答耿司寇》，《焚书》卷一。

③ 《道学》，《初潭集》卷二〇。

④ 《藏书·世纪列传总目前论》。

从不以孔子的是非为是非出发，李贽反对统治者把孔子树为“万世师长”，他说：“夫天生一人，自有一人之用，不待取给于孔子而后足也。若必待取足于孔子，则千古以前无孔子，终不得为人乎？”[①]一个人生下来就有一个人的作用，不必从孔子那里学习成一个所谓的完人。如果一定要靠效法孔子才能成为一个完人，那么千古以前没有孔子，那就做不成人了吗？李贽这种尖锐而深刻的立论，把孔子神乎其神的偶像拉到了与一般人平等的地位。由此出发，李贽还对尊孔派进行了辛辣的讽刺与嘲笑。如在《圣教小引》中，李贽采用讽喻手法，把道学家们尊孔的大合唱比作黑夜中的“一犬吠影，众犬吠声”，指出孔子这尊偶像，就是在众犬的狂吠声中哄抬起来的[②]。这在孔子被尊为“万世师表”的社会，其批判意义是极为深刻的。

对于表现传统思想的儒家“经典”著作，李贽有时给以新的解释，借题发挥，以阐明自己的思想，如《道古录》；有时直接给以批判，剥掉其神圣的外衣，如《童心说》。在《童心说》中，李贽借谈文艺问题，一方面痛斥统治者及理论家是一伙“失却真心”，专门说假话、做假事、写假文的“假人”，指责他们把社会变成了“无所不假”的欺诈场所。一方面又穷本追源地指出，一切虚假现象都来自“六经”、《论语》、《孟子》之类的儒家“经典”，这些所谓“经典”，其实不过是“史官过为褒崇之词”、“臣子极为赞美之语”，是由孔孟的“迂阔门徒，懵懂弟子，记忆师说，有头无尾，得后遗前，随其所见，笔之于书”的残缺不全的笔记，根本不是“万世之至论”。而且由于道学家经常用它们来骗人和吓人，就成了“道学之口实，假人之渊薮”，是藏污纳垢的所在，制造伪君子的总根子。[③] 对儒学“经典”进行如此猛烈的抨击，在李贽以前是极少见的，其战斗意义也是极为强烈的。

从以上论述不难看出，李贽在批判传统思想、抨击专制统治方面，都与王阳明有着质的区别。李贽提出的文化思想及社会问题的命题，以及对这些命题的论辩，也都远比王阳明更具近代人文主义启蒙思想的民主色彩。因此，如果说王阳明是中国传统文化思想新变的启蒙思想的先导的话，李贽就是这一新变的启蒙思想的代表和旗帜。正是在李贽那惊世骇俗之论的影响下，在他那反对权威、反对迷信的大无畏精神影响下，掀起了一场声势浩大的近代人文主义启蒙思想潮流，促进中国传统文化思想开始了新变。

① 《答耿中丞》，《焚书》卷一。

② 《圣教小引》，《续焚书》卷二。

③ 《童心说》，《焚书》卷三。

后记：此文原为日本重要学刊《阳明学》而写，由日本疋田啟佑教授译为日文，2000 年发表于《阳明学》“李卓吾特集号”。所以文中部分文字有所重复。该文后又载《首都师范大学学报》，2000 年第 1 期，收入张建业主编：《李贽论丛》，北京：北京燕山出版社，2001 年。

李贽与公安三袁

明代中叶以后，随着商品经济的发展，资本主义的生产方式开始萌芽，市民阶级壮大，市民阶层的观念与习俗日益影响社会；加之郑和下西洋，利玛窦传教中国，促进了中西文化的交流，这一切都对中国悠久的传统文化思想产生了深刻影响。从而产生了王阳明的“心学”革新运动和以李贽为代表的“异端”思潮，为中国思想文化的启蒙做了铺垫。在这种启蒙思潮中，文学表现得更为突出。文学观念上重情求真尚俗与宗经宗圣宗道的对立，文学创作上小说、戏曲新文学样式的发展，与“高文大册”传统散文迥然不同的新鲜活泼、清新自然的小品文、书信文的大量创作，都表现出文学由传统向近代演进的轨迹，显示出一种新变的特征。而李贽与公安三袁在这一新变中占有着重要地位，研究李贽与公安三袁的关系，不仅有助于认识他们各自的文学主张与创作的价值，而且对探讨中国文学由传统到近代的新变和启蒙思潮的发展有重要意义。

一

公安三袁与李贽的初识极富传奇色彩。袁中道《柞林纪谭》对此做了生动的描绘：

> 柞林叟，不知何许人，遍游天下，至于郢中，常提一篮，醉游市上，语多颠狂。庚寅(1590)春，止于村落野庙。伯修时以余告寓家，入村共访之。扣之，大奇人，再访之，遂不知所在。[①]

“柞林叟”是袁氏兄弟对李贽的称呼，“郢中”即公安(今湖北公安)、江陵一带，李贽在这里“醉游市上，语多颠狂”、“止于村落野庙”的异端行为，引起了袁氏兄弟的注意，因此，他们一起前往访问，和李贽这个“大奇人”开始

① 袁中道：《珂雪斋集》附录二《柞林纪谭》，又见《李温陵外纪》卷二，明信著斋刻本《李氏全书》附。

了友谊的来往。[①] 其实，这一传奇色彩的描绘，不过是袁中道以文学之笔加重与李贽初识的奇幻色彩罢了。实际上，公安三袁与李贽之间，在此前虽未晤面，却早已互相倾慕，这在他们后来的诗文酬唱和书信来往中都有着鲜明体现。

第二年即万历十九年辛卯（1591），正当李贽与道学家耿定向围绕着《焚书》的出版而展开激烈论辩之时，袁宏道又亲到李贽寓居的湖北麻城进行了拜访，而且，一住就是三个多月，甚为契合。袁中道对此次相会，在《吏部验封司郎中中郎先生行状》中有如下记载：

> 时闻龙湖李子冥会教外之旨，走西陵质之。李子大相契合，赠以诗，中有云："诵君玉屑句，执鞭亦忻慕。早得从君言，不当有老苦。"盖龙湖以老年无朋，作书曰《老苦》故也。仍为之序以传。留三月余，殷殷不舍，送之武昌而别。[②]

在武昌，李贽与袁宏道先游了黄鹄矶，后又同住到离武昌二十里外的洪山寺。袁宏道《哭刘尚书晋川》说："记相识，相识黄鹤楼。当时稚齿青衿子，平揖方伯古诸侯。……尔时山翁（李贽）问余言，乘兴遂作洪山游。中间离合苦不定，长别已经十春秋。"[③]此诗写于万历二十九年（1601），"长别已经十春秋"，正是万历十九年（1591）。袁宏道于万历二十年（1592）考取进士，故诗中自称"青衿子"。"刘晋川尚书"，即刘东星，字子明，号晋川，山西沁水人，历官右佥都御史、工部左侍郎，曾总理河漕。当时黄河决口，刘东星因治河有功，升工部尚书，兼右副都御史。李贽与袁宏道到武昌时，刘东星正以湖广左布政使在这里任职。特别应该指出的是，李贽在游黄鹤楼时，遭到道学家的围攻，他们指责李贽是"左道惑众"，对李贽进行人身攻击与迫害。李贽

---

① 明人萧士玮《春浮园别录》认为《柞林纪谭》为伪作。但袁中道在《游居柿录》卷十中曾说："昨夜，偶梦与李龙湖先生共话一堂。是日，有人持伯修、中郎与予共龙湖论学书一册，名为《柞林纪谭》，乃予兄弟三人壬辰岁往晤龙湖，予潦草记之，已散佚不复存，不知是何人收得，率尔流布。夜来之梦，岂非此耶？"可证《柞林纪谭》确为袁中道所作，只是原稿"散佚不复存"。同时，袁中道对"率尔流布"之稿并没有持否定态度，因此，不能轻易否定《柞林纪谭》的真实性。不过，袁中道说此稿为"壬辰岁（1592）"会晤李贽论学之书却是误记，实为癸巳岁（1593）袁氏三兄弟访李贽后的成果。因为壬辰岁并没有袁氏三兄弟共同访问李贽的记录。

② 袁中道：《珂雪斋集》卷一八。

③ 钱伯城笺校：《袁宏道集笺校》卷二七，上海：上海古籍出版社，1981 年。本书下引《袁宏道集笺校》皆引自此版本，不另出注。

在《与周友山书》言："不肖株守黄、麻一十二年矣，近日方得一览黄鹤之胜，尚未眺晴川，游九峰也，即蒙忧世者有'左道惑众'之逐。"[①]也正是这时，原来只慕李贽之名而并不相识的刘东星主动到洪山寺拜访了李贽，并把他邀到自己的公署，加以保护。"于时左辖刘公东星迎公(李贽)武昌，舍盖公之堂。"[②]袁宏道与刘东星之相识即在此时，可见他们与李贽的交往，都是建立在识见一致、意气相投的基础之上。

正是由于具有这种识见一致、意气相投的友谊基础，公安三袁与李贽不但交往频繁，而且思想感情愈来愈密切。袁中道有《大别山怀李龙潭兼呈王子》诗曰："去年六月访李生，抱病僵卧武昌城。……今年三月复东游，访李再过古亭州(指麻城)。龙潭十月同笑傲，虎溪千古失风流。"[③]"去年六月"，指万历二十年壬辰(1592)，袁中道曾到武昌访李贽，不幸病倒，后雇舟回公安。袁中道走后，李贽也患痢甚重。李贽在《寄京友书》言："弟今秋苦痢，一疾几废矣。"[④]第二年即万历二十一年(1593)，三月和十月，袁中道又两次访李贽，并极为惬意。特别是"东游"时"再过"麻城，同行的有其兄长袁宗道、袁宏道和王以明、龚散木。袁宏道曾作《将发黄，时同舟为王以明先生、龚散木、家伯修、小修，俱同访龙湖者》一诗。[⑤] 这次三袁的访学李贽，不但留下了多篇诗文酬唱，而且广泛地进行了学理研讨，诸如圣凡之同异，学道的根器，学问、功业的关系，"六经"、《庄子》、《水浒传》的意义，以及对荆轲、田克、管仲、晏子、留侯、韩信、太史公、杜甫、何心隐、王心斋、耿焚倥、赵大洲、邓豁渠、王龙溪、罗近溪等历史及当时人物的评析，内容丰富，语言犀利诙谐。后来，袁中道把这次问学的内容整理成《柞林纪谭》一文，成为研究李贽以及李贽与公安三袁关系的重要文献。

以上是就公安三袁与李贽交往中的主要行迹的论述，从中可见他们交往的密切。正是在这种密切的交往中，公安三袁与李贽之间思想情感得到了交流，学识见解得到了相互促进。特别是李贽对公安三袁的影响极为深刻，这在三袁的有关诗文中有着鲜明的体现。袁宗道称赞李贽"龙湖老子手如铁"，"胆气精神不可当"，"莫道世无赏音人，袁也宝之胜琼玖。"[⑥]并说他读李贽的

① 《与周友山书》，《焚书》卷二，中华书局，1975年，第55页。
② 袁中道：《李温陵传》见《珂雪斋集》卷一七。
③ 袁中道：《珂雪斋集》卷一。
④ 《寄京友书》，《焚书》卷二，中华书局，1975年，第70页。
⑤ 袁宏道：《袁宏道集笺校》卷二。
⑥ 袁宗道：《书〈读书乐〉后》，《白苏斋类集》卷一。

著作“目力倦而神不肯休”，“读他人文字觉溃溃，读翁片言只语辄精神百倍。”[①]袁宏道不但把李贽直称为师：“自笑两家为弟子，空于湖海望仙舟。”[②]而且赞李贽的《焚书》是“愁可以破颜，病可以健脾，昏可以醒眼，甚得力”的佳作。[③] 袁宏道还把当时的天地比作一个大罗网，把李贽比作是要用“无羽镞”“扇海作洪炉，燎山煮精玉”，从而解除这个大罗网的“大妄人”。[④] 袁中道不仅在诗文中多次赞誉李贽，而且在李贽被迫害致死后，特意撰写了《李温陵传》，满腔热情赞颂李贽的斗争精神，并称颂李贽的著作是“剔肤见骨，迥绝理路。出为议论，皆为刀剑上事，狮子迸乳，季象绝流，发咏孤高，少有酬其机者。”[⑤]公安三袁还曾多次把李贽比为三教大圣人之一的老子，可见其对李贽是如何的尊崇。在这种尊崇中，也足见其在思想上受到的深刻影响。

二

作为文学家，公安三袁受李贽的影响，当然要表现在文学主张与文学创作上。

在长期的封建社会中，封建统治者是很重视文学为其统治服务的。到明代，这一思想更加自觉和强化。明代统治者曾多次明令，杂剧戏文只许演“神仙道扮、义夫节妇、孝子顺孙、劝人为善及欢乐太平者”，违令者“一律拿送法司究治”。[⑥] 诗文创作更是以宗经、宗圣、宗道为准则。就是哲学思想上颇具启蒙色彩的王阳明，也主张应该把不符合孔孟之道的“妖淫词调俱去了，只取忠臣孝子故事，使愚俗百姓，人人易晓，无意中感激他良知起来，却于风化有益”[⑦]。高则诚在《琵琶记》中明白提出：“不关风化体，纵好也枉然”的创作原则，而这种“风化体”，则是“只看子孝共妻贤”，可见这种为封建统治者服务的文学思想如何深入作家之心。

针对这样的文艺思想与创作现实，李贽提出了著名的“童心说”。他说：“天下之至文，未有不出于童心焉者”，而“童心”就是“真心”，是人们“绝假纯

① 袁宗道：《李卓吾》，《白苏斋类集》卷一五。

② 袁宏道：《送焦弱侯老师使梁，因之楚访李宏甫先生》，《袁宏道集笺校》卷二。

③ 袁宏道：《李宏甫》，《袁宏道集笺校》卷五。

④ 袁宏道：《送王静虚访李卓吾师》，《袁宏道集笺校》卷八。

⑤ 袁中道：《珂雪斋集》卷一七。

⑥ 顾起文：《国初榜文》，《客座赘语》卷十，转引自王晓传《元明清三代禁毁小说戏曲史料》，北京：作家出版社，1958年，第13页。

⑦ 刘宗周：《人谱类记》卷下，转引自王晓传：《元明清三代禁毁小说戏曲史料》，北京：作家出版社，1958年，第181页。

真，最初一念之本心”①，这当然是一种抽象的唯心主义观点。但李贽提出文艺要表现“童心”，其矛头正是指向封建统治者要文艺成为孔孟之道的传声筒的理论。李贽说得很明白，如果以“多读书识义理”而得来的“闻见道理”充斥内心，那么人就变成了“假人”，写出的文章也只能是“皆闻见道理之言，非童心自出之言”的“假文”。而统治阶级所鼓吹的“文以载道”，正是以“假人”“言假言”、“事假事”、“文假文”的假文学，这种文艺只会“障其童心”使人们成为“假人”一类奴隶。李贽反对文学受“闻见道理”的注入，在当时就是反对以孔孟之道的统治思想影响文学；李贽主张文学要表现“童心”，就是要求文学表现不受孔孟之道毒害的发自内心的真情实感。而且，这些作品都是作者“其胸中有如许无状可怪之事，其喉间有如许欲吐而不敢吐之物，其口头又时时有许多欲语而莫可所以告语之处，蓄极积久，势不能遏”，“一旦见景生情，触目兴叹”，便借着某种原因以发其端，终于“发狂大叫，流涕恸哭，不能自止”②，喷口而出，发泄心中的感慨。总之，文学作品都是发自作家的心内，来自对现实生活的深刻感受，而不是什么充满“闻见道理”宗经、宗圣、宗道之作。很明显，“童心说”的真谛，就是提倡绝假纯真地表现情感和表现生活，要求文学打上创作者的个人印迹而具个性美，这实际上是李贽在人生哲学上张扬个性的思想在文学主张上的表现，是与泯灭个性的封建统治、与传统思想相对立的。由此出发，李贽还对当时被正统文人视为俗文学的戏曲、小说给予极大重视。李贽认为，只要“童心常存”，则“无时不文，无人不文，无一样创制体格文字而非文者”。只要表现了不受“闻见道理”污染的“童心”，即人的真情实感，什么样形式的作品都是“至文”，都是好文章。这种文学思想，在当时的创新意义也是极为明显的。总之，李贽的重情、求真、尚俗的文学思想，无疑是对传统的“文以载道”的文学观念的疏离与对立，具有强烈的启蒙精神。

正是在李贽这种思想影响下，公安三袁提出了“性灵说”。这一理论在袁宏道的《叙小修诗》一文中得到了最为鲜明的体现。袁宏道赞美其弟袁中道的诗是：“大都独抒性灵，不拘格套，非从自己胸臆流出，不肯下笔。有时情与境会，顷刻千言，如水东注，令人夺魄。”所以，其作品是“愁极则吟，故尝以贫病无聊之苦，发之于诗，每每若哭若骂，不胜其哀生失路之感。予读而悲之。大概情至之语，自能感人，是谓真诗，可传也。”在此文中，袁宏道还特

① 《童心说》，《焚书》卷三，第 98～99 页。

② 《杂说》，《焚书》卷二，第 97 页。

别称赞“闾阎妇人孺子所唱《擘破玉》、《打草竿》之类，犹是无闻无识真人所作，故多真声”，而且“任性而发，尚能通于人之喜怒哀乐嗜好情欲，是可喜也。”[①]袁宏道强调的“独抒性灵”、“愁极则吟”、“若哭若骂”、“任性而发”，无疑都是要表现真情实感，而特别提出《擘破玉》、《打草竿》之类民间文学是“无闻无识真人所作，故多真声”，不但表现出对俗文学的重视，也显示出反对“闻见道理”对文学创作的影响。袁中道也曾说过，诗文之作要“抒自性灵”，“性情之发，无所不吐”。[②] 他称赞其兄袁宏道的作品是“山情水性，花容石貌，微言玄旨，嘻语谑词，口能如心，笔又如口”[③]。他称赞在袁宏道影响下，“天下之慧人才士，始知心灵无涯，搜之愈出，相与各呈其奇，而互穷其变，然后人人有一段真面目溢露于楮墨之间”。[④] 显然，这与李贽的“童心说”都是一脉相承的。

当然，公安三袁在接受了李贽文艺思想的熏陶后，并不是简单地重复李贽所提出的理论命题，而是包含着他们自己的创作体验。公安三袁在倡导“性灵说”时，特别强调“趣”在文学创作中的作用即是一例。袁宏道在《叙陈正甫会心集》中说：“世人所难得者唯趣，趣如山上之色，水中之味，花中之光，女中之态，虽善说者不能下一语，唯会心者知之。……夫趣得之自然者深，得自学问者浅。当其为童子也，不知有趣，然无往而非趣也，面无端容，目无定睛，口喃喃而欲语，足跳跃而不定，人生之至乐，真无逾于此时也。孟子所谓不失赤子，老子所谓能婴儿，盖指此也。趣之正等正觉，最上乘也。山林之人，无拘无缚，得自在度日，故虽不求趣，而趣近之。愚不肖之近趣也，以无品也，品愈卑故所求愈下，或为酒肉，或为声伎，率心而行，无所忌惮，自以为绝望于世，故举世非笑之，不顾也，此又一趣也。迨夫年渐长，官渐高，品渐大，有身如梏，有心如棘，毛孔骨节，俱为闻见知识所缚，入理愈深，然其去趣愈远矣。”[⑤]

在这里，袁宏道赞童子的虽不知趣而趣无处不在，赞山林之人虽不求趣而无拘无缚、自在度日的无上乐趣，赞愚不肖率心而行、无所忌惮的独乐之趣，以及对高官显宦由于“闻见知识所缚，入理愈深”，而“去趣愈远”的揭示，其核心都在强调趣是“得之自然者深，得自学问者浅”。接下来，袁宏道又指

① 《袁宏道集笺校》卷四。

② 袁中道：《花雪赋引》，《珂雪斋集》卷十。

③ 袁中道：《解脱集序》，《珂雪斋集》卷九。

④ 袁中道：《中郎先生全集序》，《珂雪斋集》卷一一。

⑤ 《袁宏道集笺校》卷十。

出，陈正甫的《会心集》，由于作者是“深于趣者”，故所述人物也是“趣居其多，不然，虽介若伯夷、高若严光，不录也。”袁中道在《夏道甫诗序》中指出，夏道甫挟数千金经商，却不得其道；“神情静嘿”则沉醉于诗，却取得了优异成绩。由此得出这样的结论：“士之有趣致者，其于世也，相远莫如贾，相近莫如诗。”[①]袁宏道对“趣”的称赞，对陈正甫作品中所体现的求趣精神的肯定，袁中道对夏道甫趣与诗近的赞赏，和李贽“童心说”中强调文学要表现“绝假纯真”的童心，其精神完全一致。同时，他们所强调的“趣”在文学创作中的作用，又是对李贽“童心说”的一种拓展。他们把作家个性的解脱与作品创作的尽情抒写情趣进行了更为紧密的联系，这其中既包含着自身创作的深切体验，也是对当时宗经、宗圣、宗道以及传统文学观念的一种背离。

公安三袁对李贽文艺思想的继承，还表现在对明代文艺复古思潮的批判上。明代的文艺复古思潮极为严重，起始于明中叶，以李梦阳、何景明为代表的“前七子”的复古运动，原本是对明初以“台阁体”为代表的那种歌功颂德、萎弱不振之风的反抗，有其一定的积极意义。但他们片面强调形式上模拟古人，并认为一切文学越古越好，以致高唱“文必秦汉，诗必盛唐”[②]，甚至公然声称文学创作要像“摹临古帖”一样去模拟古人的作品。[③] 后来，以李攀龙、王世贞为代表的“后七子”，更加推进这一错误主张，致使文坛弥漫着复古、模拟以至剽窃的风气，对文学创作与发展造成极坏影响。

对于这种复古文艺的思潮，李贽给予了深刻的批判。李贽从“童心说”的理论出发，提出只要是出于“童心”，即来自人们内心的真情实感，则“无时不文，无人不文，无一样创制体格文字而非文者”。李贽认为，时代是不断向前发展的，文艺也必然要随着时代的发展而发展，所以，从秦汉以来，“降而为六朝，变而为近体，又变而为传奇，变而为院本，为杂剧，为《西厢记》，为《水浒传》，为今之举子业，皆古今至文，不可得而时势先后论也”。针对复古派“文必秦汉，诗必盛唐”的标示，李贽针锋相对提出：“诗何必古选，文何必先秦。”很明显，李贽认为，文学作品不管产生在什么时代，不管任何体裁的创造，只要表现了人们的真情实感，都是好文章、好作品。正因为如此，李贽对宋元以来生气勃勃的小说、戏剧作品给予很高评价，特别是对于具有反封建压迫、反传统思想倾向的作品，如《水浒传》、《西厢记》，更是推崇备至。

---

① 袁中道：《珂雪斋集》卷一一。

② 明史：《李梦阳传》。

③ 李梦阳《再与何氏书》：“夫文与字一也，今人模临古帖，即太似不嫌，反曰能书。何独至于文，而欲自立一门户邪?”《李空同全集》卷六一，明浙江思山堂本。

如若说李贽倡导文学要表现“童心”是对文学个性美的张扬，那么，李贽反对复古文艺的思潮的主张，则是对文学发展观和对文学时代性的鼓吹。这方面也直接影响到公安三袁。

公安三袁对当时的复古文艺的思潮进行了猛烈的抨击，这里略举几例。

如袁宗道在《论文·上》中说：

> 口舌代心者也，文章又代口舌者也。展转隔碍，虽写得畅显，已恐不如口舌矣；况能如心之所存乎？故孔子论文曰：“辞达而已。”达不达，文不文之辨也。唐虞三代之文，无不达者。今人读古书，不即通晓，辄谓古文奇奥，今人下笔不宜平易。夫时有古今，语亦有古今，今人所诧为奇字奥句，安知非古之街谈巷语耶？①

袁宏道《叙小修诗》曾言：

> 盖诗文至近代而卑极矣！文则必欲准于秦汉，诗则必欲准盛唐，剿袭模拟，影响步趋，见人有一语不相肖者，则共指以为野狐外道。曾不知文准秦、汉矣，秦、汉人曷尝字字学“六经”欤？诗准盛唐矣，盛唐人曷尝字字学汉、魏欤？秦、汉而学“六经”，岂复有秦、汉之文？盛唐而学汉、魏，岂复有盛唐之诗？唯夫代有升降，而法不相沿，各极其变，各穷其趣，所以可贵，原不可以优劣论也。②

袁宏道《雪涛阁集序》中论道：

> 文之不能不古而今也，时使之也。……唯识时之士，为能隄其聩而通其所必变。夫古有古之时，今有今之时，袭古人语言之迹，而冒以为古，是处严冬而袭夏之葛者也。③

“前七子”、“后七子”在鼓吹复古的时候，一个重要的理论就是语言上的拟古。他们认为语言词汇以及名物称号，只有古代的才雅驯，因此，为文就

---

① 袁宗道：《白苏斋类集》卷二〇。

② 《袁宏道集笺校》卷四。

③ 《袁宏道集笺校》卷一八。

要“无一语作汉以后，亦无一字不出汉以前”。[1] 在这种理论指导下，他们的作品中充满了佶屈聱牙的古代字句，甚至用古代的名物称号写当代的文物制度，从古诗文中寻扯一些字句重新组合成诗文。《明史·李攀龙传》称：“其为诗，务以声调胜，所拟乐府，或更古数字为己作，文则聱牙戟口，读者至不能终篇。”上引袁宗道之论，即是针对“前七子”、“后七子”这样的理论与创作而言的。袁宗道认为，文学作品都是内心情感的表现，今人读古人的作品觉得奇奥而不通晓，那是由于时代与语言的变化所致，其实古代著作也都是运用当时明白易晓的通俗语言，故能真切地表情达意。这是对复古派一意从古人作品中句比字拟的剽窃、模拟理论的有力批判。袁宏道从通变的角度对复古派的批判更为深刻。文学的历史本来就是一个不断发展、变化的历史，随着时代的变化，文学创作也必然要发生变化，而且只有在这种变化中，才能创造出不同于前人的独具特色的新文学。秦、汉的作家如若只是一味模拟“六经”，哪里还有秦、汉的文学？唐代的作家如若只是一味模拟汉、魏，哪里还有唐代的诗文？如若一味拟古不化，那不就像在严寒的冬天而穿着盛夏的衣服，不仅可笑，而且不适时宜吗？“代有升降，而法不相沿，各极其变，各穷其趣”，“文之不能古而今也，时使之也”，是对文学发展的科学阐释，也是对复古派倒退文学思潮的深刻批判。这和李贽提出的“诗何必古选，文何必先秦”，只要表现了“童心”都是好文章，文学要随时代的发展变化而变化的思想是息息相通的。

袁中道在《中郎先生行状》中曾这样描写李贽在文学上对袁宏道的影响：“先生既见龙湖，始知一向掇拾陈言，株守俗见，死于古人语下，一段精光不得披露。至是浩浩焉如鸿毛之遇顺风，巨鱼之纵大壑。能为心师，不师于心；能转古人，不为古转。发为语言，一一从胸襟流出，盖天盖地，如象截急流，雷开蛰户，浸浸其未有涯也。”[2]这段文字形象而生动地描绘出袁宏道“性灵说”与文学发展观以及在文学创作上受到李贽的深刻影响。正是在李贽的影响下，袁宏道摆脱了当时统治文坛的复古思潮的束缚，把文学导向表情达意的正确方向，使文学创作走向一个无限广阔的坦途。袁中道在这里说的是李贽对袁宏道的影响，实际上也是对公安三袁以及整个晚明文学的影响。从李贽的“童心说”，到公安派的“性灵说”，以及后来汤显祖的“至情说”，冯梦龙的“情教观”，直至张岱的理论与创作，显示出与传统文学观念相背离的一股强大的文

① 王世贞：《艺苑卮言》卷七，见《历代诗话续编》，北京：中华书局，1983年，第1063页。

② 袁中道：《珂雪斋集》卷一八。

艺启蒙思潮，为近代人文主义文学运动的发展创造了条件。

三

李贽深刻地影响了公安三袁，公安三袁直接承继着李贽的思想。但是，二者又有所不同。袁中道在《李温陵传》中对他与李贽的不同有着极为生动的论述。他说：

> 或问袁中道曰："公之于温陵也学之否？"予曰："虽好之，不学之也。其人不能学者有五，不愿学者有三。公为士居官，清节凛凛，而吾辈随来辄受，操同中人，一不能学也。公不入季女之室，不登冶童之床，而吾辈不断情欲，未绝嬖宠，二不能学也。公深入至道，见其大者，而吾辈株守文字，不得玄旨，三不能学也。公自少至老，惟知读书，而吾辈汩没尘缘，不亲韦编，四不能学也。公直气劲节，不为人屈，而吾辈胆力怯弱，随人俯仰，五不能学也。若好刚使气，快意恩仇，意所不可，动笔之书，不愿学者一矣。既已离仕而隐，即宜遁迹山林，而乃徘徊人世，祸逐名起，不愿学者二矣。急乘缓戒，细行不修，任情适口，鸾刀狼藉，不愿学者三矣。夫其所不能学者，将终身不能学；而其所不愿学者，断断乎其不学之矣。故曰虽好之，不学之也。[①]

在这里，袁中道(实际上包括公安三袁)把他与李贽的不同说得极为明白。有些论者以此认为这是公安三袁与李贽思想的实质区别，是从李贽进步思想的倒退，这并不确切。有论者认为这只是为了尊重与突出李贽而故为的夸饰之词，同样不符合历史实际。李贽与公安三袁在人生态度和文学思想上有着一致的一面，也有着鲜明的差异。大致说来，李贽更为激进，对封建压迫与传统思想有着强烈的反抗。他反对封建束缚，公开批判封建统治者的"德礼政刑"对人民的统治，要求"各从所好，各骋所长"[②]，自由地发展人们的自然之性。他反对封建等级制，提出"庶人非下，侯王非高"[③]、"尧舜与途人一，圣人与凡人一"[④]的平等思想。他提出不以孔子之是非为是非，指责封建统治者

---

① 袁中道：《珂雪斋集》卷一七。

② 《答耿中丞》，《焚书》卷一。

③ 《老子解》，见明刊本《卓吾先生李氏丛书》。

④ 《明灯道古录》，见明刊本《卓吾先生李氏丛书》。

"咸以孔子之是非为是非，故未尝有是非"[1]，并对儒家"经典"及当时占统治地位的道学及道学家进行了猛烈的攻击。这一切都显示着他独特的与传统思想相对立的大无畏精神。正因为如此，他鼓吹"童心说"的文学主张时，特别强调愤怒之情在文学创作中的作用。他认为愤怒也是一种发自本心的自然之情，所以"不愤则不作"，好的文学作品如《水浒传》，都是"发愤之所作也"。[2] 而且，这种愤怒之情，"喷玉唾珠"，形成文字，不但作者自己是"发狂大叫，流涕恸哭，不能自止"，而且能使见者闻者产生"切齿咬牙，欲杀欲割"的愤激之情。[3] 李贽把愤怒之情纳入到他的"童心说"理论之中，就是主张文学要有强烈的爱憎，就是要用文艺这一武器揭露压迫者、道学家的丑恶面目，用文艺去冲击传统思想对人们的禁锢。由此可以说，李贽的"童心说"，既重文学的个性美，又重文学的社会性，是个性美与社会性的统一。李贽自己创作的大量匕首投枪似的作品，就是他这种文艺主张的实践。

与李贽相对照，公安三袁则有所不同。前引袁中道在《李温陵传》所说，他们对李贽"不能学者有五，不愿学者有三"，归结为一点，就是李贽在追求自我解脱、个性自由的同时，对那种束缚自我、束缚个性的社会及传统思想进行了猛烈的抨击，并企图以此解除由社会与传统思想造成的束缚自我、束缚个性的樊篱。公安三袁则不然，他们追求自我的解脱，追求个性的自由，但却想在耽于山水和物欲中去实现。袁中道曾作《感怀诗》五十八首，其十曰："山村松树里，欲建三层楼。上层以静息，焚香学薰修。中层贮书籍，松风鸣飕飕。右手持《净名》，左手持《庄周》。下层贮妓乐，置酒召冶游。四角散名香，中央发情讴。闻歌心已醉，欲去辖先投。"[4]在幽雅的山林之中建楼栖息，读诗书，谈佛道，听歌狎妓，醉酒冶游，身心俱爽，在这种自适愉悦之中，精神为之彻底解脱。从这种人生态度中，我们也可以窥视到为什么公安三袁那么热衷于山水游乐，创作了那么多的山水游记。这和李贽那种愤世嫉俗的人生态度和创作态度确实是有距离的。但也不像有的论者所说，公安三袁沉湎于山光水色之间，只是对现实生活的逃避。其实公安三袁借山水以自遣，以自适，以解脱，这都是存在的，但更主要的则是借助山水的自然真趣来表达对社会现实虚伪黑暗的对抗。周作人曾说："明朝的名士的文艺诚然是多有

① 《藏书·世纪列传总目前论》，北京：中华书局，1959年，第1页。

② 《忠义水浒传序》，《焚书》卷三。

③ 《杂说》，《焚书》卷三。

④ 袁中道：《珂雪斋集》卷五。

隐遁的色彩，但根本却是反抗的。”[①]公安三袁正是这样。公安三袁在耽于山水和物欲中去反抗社会，这是他们人生与创作的特点。同时，公安三袁也有对社会黑暗的愤激，袁宏道就有不少作品直接揭露了统治者对人民的压迫与剥削，表现了当时社会的黑暗与混乱。正如鲁迅所指出：“中郎正是一个关心世道，佩服‘方巾气’人物的人，赞《金瓶梅》，作小品文，并不是他的全部。”[②]当然，与李贽相比照，公安三袁也确有其隐遁、消极的一面。李贽直面社会人生，痛斥道学家的丑恶与虚伪，批判封建统治及传统思想对人们个性的戕害，以及他所提出的文化思想命题，在当时的形势下，都具有着振聋发聩、惊世骇俗的启蒙意义。正因为如此，我们称李贽为近代人文主义启蒙思想的代表与旗帜，是不为过的。从这一意义上说，公安三袁当然不及李贽。但公安三袁在李贽影响下，提出的“性灵说”等文学命题，和以寄情山水的自适与社会的对抗，其也是为了追求个性的自由，追求自我价值的实现，与严密的封建统治与传统思想也是相对立的。从这一方面看，公安三袁也为近代人文主义的启蒙做出了贡献。

（原载《北京科技大学学报》，2000 年第 3 期）

① 周作人：《〈燕知草〉跋》，见《知堂序跋》，长沙：岳麓书社，1987 年，第 317 页。
② 《鲁迅全集》第六卷，北京：人民文学出版社，1981 年，第 228 页。

中国走向近代历史进程中两位伟大的先行者

——纪念郑和下西洋六百周年兼论李贽的启蒙思想

一个历史创举的出现，一种伟大思想的诞生，都有着它必然的内在的社会历史基因。发生在15世纪中国的震惊世界的郑和七下西洋，和16世纪面对顽固的传统思想而能“独创特解，一扫而空之”[①]的“异端之尤”李贽，表面上看毫无干系，实际上正是中国社会历史发展中内在基因的必然产物，即由封建社会向近代社会发展进程中两位伟大的先行者。

一

郑和的先祖是元代在云南行中书省当平章政事的赛典赤赡思丁，赛典赤赡思丁是中亚细亚信仰伊斯兰教的布哈拉国王索非尔的后裔。在赛典赤赡思丁的故国，“赛典赤”一语是对贵族的称呼，其本名即“赡思丁”。元太祖成吉思汗西征时，赡思丁率千骑前来归附，成吉思汗命其入宿卫，随军从征，建立了战功。元世祖忽必烈时，委任他为云南中书平章政事。到云南后，赡思丁建学校，倡礼教，推行汉族农耕经济和礼仪制度，政绩显著，深得民心。郑和即为赡思丁六代孙。郑和本姓马，名和，因其家族被朱元璋征服后，沦为俘虏，归入燕王朱棣门下，充入内宫。后因在“靖难之役”中立了大功，而被赐姓郑，并升为内官监太监。自明成祖永乐三年(1405)至明宣宗宣德八年(1433)，在28年之间，郑和七次率庞大的混合船队远航东南亚、南亚、西亚，直至东非海岸的30多个国家和地区。规模最大时船队约有200余艘大小船只，最大的宝船长44丈4尺，阔18丈，船队人员多达27000余众，且编制组织严密，加以通信联络精密准确，可以说，是世界航海史上最为宏伟、最为先进、无与匹敌的船队。

郑和为何下西洋？这一壮举的意义何在？过去或说是为了“踪迹建文”，或说是联印抗蒙，或说是为满足当时统治者奢靡生活的需要，或说是为以庶

① 沈德符：《紫伯评晦庵》，《万历野获编》卷二七。

篡嫡的明成祖朱棣制造声威，或者从对航海事业的贡献、从展示国威的方面给郑和以崇高评价。从某些方面说，这不但有一定的历史根据，而且有着合乎逻辑的内在道理。但我认为，更值得注意的是这一伟大创举的内在的社会历史因素，及其在社会历史发展中的地位与影响。邓小平《在中央顾问委员会第三次全体会议上的讲话》中指出："恐怕明朝成祖时候，郑和下西洋还算是开放的。明成祖死后，明朝逐渐衰落。以后清朝康乾时代，不能说是开放。如果从明朝中叶算起，到鸦片战争，有三百多年的闭关自守，如果从康熙算起，也有近二百年。长期闭关自守，把中国搞得贫穷落后，愚昧无知。"[①]这就不但从社会发展上充分肯定了郑和下西洋的历史功绩，而且总结了中国社会近三百多年发展中的经验教训。我们应该从这一社会历史发展的高度，认识郑和下西洋的意义，研究郑和下西洋的价值。

人类社会发展到15、16世纪，历史进入了一个新的时期。就欧洲而论，马克思在《资本论》中曾说："虽然在十四和十五世纪，在地中海沿岸的某些城市已经稀疏地出现了资本主义生产的最初萌芽，但是资本主义时代是从十六世纪才开始的"。马克思还指出："一切变革，都是历史上划时代的事情"，而近代这一"变革的序幕，是在十五世纪最后三十多年和十六世纪最初几十年演出的"[②]。15世纪末出现的"地理大发现"，大规模的航海活动的发展，正是适应了西方国家资本主义发展的需要，那就是为了掠取大量的原料和开辟广阔的市场。长期的中国封建社会，发展到15、16世纪的明代也进入一个新的历史时期，那就是开始了向近代的过渡。与欧洲的资本主义萌芽相契合，这时，中国封建社会逐渐由盛而走向衰落。但同时，新的社会因素资本主义也在萌芽。明代初年，出身贫贱、深谙民间疾苦的朱元璋深知"保国之道，藏富于民，国富则亲，民贫则离，民之贫富，国家休戚系焉"[③]。从而采取了一系列"安养生息"、恢复生产的措施，使社会经济得到了发展。大片荒地的开发，到14世纪末，全国总耕地面积达到856万顷，比元末增加了4倍。加以对水利建设的重视，耕作技术的进步，经济作物的推广，使农业生产稳步上升。农业生产的繁盛，促进了社会安定，从而也为工商业的发展创造了条件。朱元璋对手工业、商业也比较重视。他曾命令各行"工技专于艺业"[④]，规定诸工匠在应役之外，可以从事个人的商品生产。对于商业，则实行"三十取一"的

① 《邓小平文选》卷三，北京：人民出版社，1993年。

② 《马克思恩格斯全集》卷二三，北京：人民出版社，1972年，第786页。

③ 《明太宗实录》卷一七六。

④ 《明太宗实录》卷一七六。

政策，“过者以违令论”[①]，并对商业采取了一系列保护措施，从而使商业经济得到发展与繁荣。明成祖朱棣即位以后，面对“靖难之役”造成的社会惨状，继续执行朱元璋的一系列“安养生息”政策，而且更加“宽猛适中”[②]，为农业、手工业、商业的发展创造了有利条件。经济迅速发展，国力日益强盛，成为封建社会后期的繁盛之世。明代中叶以后，手工业如纺织、制瓷、造船、冶铁、造纸和印刷等，都有了长足的发展。农业、手工业的繁盛，进一步促进了商业的兴旺，与政府铸造的铜钱同时，白银也成为正式货币广泛流通。正是在这种基础上，明代中期产生了大量工商业城市，并出现了“机户出资，机工出力”、“染房罢而染工散者数千人，机房罢而织工散者又数千人”[③]的情况。马克思在《资本论》中说：“资本积累以剩余价值为前提，剩余价值以资本主义生产为前提，而资本主义生产又以商品生产者拥有大量的资本和劳动力为前提。……这种积累不是资本主义生产方式的结果，而是它的起点”。又说：“较多的工人在同一时间、同一空间(或者说同一劳动场所)，为了生产同种商品，在同一资本家的指挥下工作，这在历史上和逻辑上都是资本主义生产的起点”[④]。明代中期出现的“机户出资，机工出力”，以及一个工种有数千多工人的情况，正是资本主义生产方式的一个起点，是中国封建社会中资本主义生产关系的萌芽。

资本主义的发展需要市场，既需要国内市场，也需要国际市场。随着这种商品经济的发展，也需要政治、文化上的交流，这就必须实行开放政策。时代要求人们要更好地生存，要更快地发展，就必须打破地域与民族的局限，必须实行开放政策，在相互的交流中，使物质生活和精神生活日益走向世界。否则，闭关自守、画地为牢，那么，社会是不可能畅通前进的。郑和下西洋这一声震中外的壮举，正是顺应这一时代潮流的产物。

过去，人们对郑和下西洋的朝贡贸易多有贬词，认为那不过是遵循着明朝政府“厚往薄来”的旨意[⑤]，实际上是得不偿失，对国内的经济发展不但无益，还有一定的破坏作用。这是很值得商榷的。郑和下西洋在经济方面，虽以朝贡贸易的形式出现，但实是当时整个社会经济发展的组成部分，并对当

① 《明史》卷八一，《食货志・商税》。

② 《明成祖实录》卷二二。

③ 《万历二十九年曹时聘奏疏》，《明神宗实录》卷三六一。

④ 《马克思恩格斯全集》卷二三，北京：人民出版社，1972年，第781、358页。

⑤ 据《明太祖实录》卷七一载，洪武五年正月，朱元璋对中书省臣说：“西洋琐里，世称远番，涉海而来，难计年月，其朝贡无论疏数，厚往而薄来可也。”从此，“厚往薄来”成为明代一项重要外交政策。

时的经济发展特别是工商业的发展起到了推动作用。

郑和七下西洋，载有大量的丝绸、瓷器等手工业产品，这些产品，除一部分取自皇家的库存外，大部分都是从民间购买。据《明史》卷八十二《食货志六》，洪武二十六年(1393)，朝廷向民间征收的丝绢就达“二十八万八千余匹”。《明史》卷七十八《食货志二》载，永乐时，“以绢，漆，苏木，翠羽，纸扇，沉、速、安息诸香代租赋。”则表明皇家库存的手工业品也是以租赋形式而取得。而且其数量之大也是颇为可观的，如永乐十七年(1419)，明政府共征收布帛一百二十万六千八百八十七匹[①]。永乐期间暂停西洋宝船的诏令说：“各处抄造及买办纸札，暂行停止”，“下番一应买办物件，并铸造铜钱，买办麝香、生铜、荒丝等暂行停止”[②]。更明白地说明下西洋船队所带货物，是从民间购得。郑和的混合船队，船只众多，载重量极大，所购货物不但充实，而且品类繁多。船队虽在南京启航，但都要在江苏太仓刘家港停泊以采买货物，著名的苏杭绸缎、纻丝、纱锦、彩绢、青瓷、土布、雨伞、金银铜器等，都是必载之货。船队在福建沿海候风之时，还要采购景德镇和福建等地的各种瓷器，以及铜铁制品、黑铅，泉州的锻绢、纱罗等。郑和第七次下西洋时有随行人员费信、马欢和巩珍，曾分别著有《星槎胜览》、《瀛海胜览》和《西洋番国志》，在记述所到亚非各地的人文、物产见闻的同时，对郑和下西洋所携带物品特别是瓷器的交易更有着具体详尽的介绍。如费信所写：“交栏山交易青碗；逻罗、柯枝、忽鲁谟斯、榜葛剌、大唄喃、阿丹六处交易青白花瓷器；旧港、满剌加、苏门答剌、尤牙犀角四处交易瓷器；旧港交易大小瓷器；花面、剌撒、三岛、苏禄、祖法儿、竹步、木骨都束、淄山、卜剌哇、阿鲁十处交易瓷器；淡洋、吉里地闷、琉球三处交易瓷碗；锡兰山、古里、天方三处交易青白花瓷器。”[③]可以看出，仅瓷器交易一项是如何的庞大广泛，而这一切都必然建立在瓷器生产这一物质基础之上。丝织品及其他一切手工业品也是如此。只有大量的物质生产的基础，才能进行如此庞大、广泛的朝贡式贸易。明代中期的资本主义萌芽，商品经济的发展，提供了充实的商品物质基础。郑和所率领的庞大的混合船队，七次下西洋，陆续不断地将大量的瓷器、丝织品及其他手工业产品输出亚非各地，正是建立在当时国内商品经济和手工业生产发展的基础之上。反过来，又必然引发国内商品经济和手工业生产

① 《明成祖实录》卷一一五。

② 《明成祖实录》卷一二〇。

③ 费信：《星槎胜览》。

的加速发展，促进当时社会生产、经济形态的转化，对当时的资本主义萌芽的生成和发展起到了推动作用。这是社会历史发展的客观规律的必然，而不是某一个人行为的结果。正是在这种社会历史发展的客观规律上，也就是中国的封建社会走向近代社会的历史进程中，郑和的七次下西洋，使他成为中国社会由封建向近代转型的伟大先行者。

如前面所说，由封建社会向近代社会的转型，随着商品经济的发展，也需要政治、文化的交流，在政治、文化上实行开放政策。郑和七次下西洋，成功地实现了一条开放、务实、和平的外交路线，为明王朝赢得了崇高的国际声望，为各国之间政治上的交往、文化上的交流开辟了航道，也同样体现了这种社会发展的内在的基因。

中国海岸线长，海域辽阔，邻国多为海外国家，通过海路联络海外多国，是一项重要的外交策略。明朝开国之初，太祖朱元璋实行了睦邻的和平外交政策。对于海外诸国"为有患于中国者，不可不讨；不为中国患者，不可辄自兴兵"[①]。以求得与诸国相安无事，共享太平之福，巩固刚刚建立起来的政权。同时，为了防止元朝逃亡海上的残余势力的复辟和倭寇在沿海的骚扰，他又非常注意边防、海防的建设，不主张对外用兵，而重在于"防"，想以此求得内外安宁。与此相适应，他实行了严厉的海禁政策，片板不许下海。在这种闭关锁国政策下，虽然农业经济有了一定的发展，并带动了工商业的开拓，但失去了与海外诸国的联系，丢掉了许多属国，从而影响到与海外诸国的贸易交往。明成祖朱棣即位后，在继续贯彻"厚往薄来"的外交政策和"海禁"的同时，更积极推行"宣德化而柔远人"[②]的对外开放的睦邻友好政策。这一方面表现在走出国门，派出使团，积极主动与海外诸国的交往；另一方面则是邀请外国贵宾和使团来华参加庆典和贸易。前者在郑和下西洋之前，举其要者如洪武三十五年(建文四年)，朱棣即派使臣以即位诏谕安南、暹罗、爪哇、琉球、日本、西洋、苏门答剌、吕宋等国。永乐元年，又派使臣到朝鲜、暹罗、安南、占城、琉球、真腊、爪哇、西洋、苏门答腊、满剌加、柯枝等国。对于一直威胁明廷安全的北方鞑靼可汗，朱棣即位后，即遣使诏谕，希望相互"遣使往来通好……彼此熙然，共享太平之福"[③]。由于明成祖朱棣更加积极推行开放的睦邻外交政策、频繁的外交活动，使海外众多国家都陆续与中国

① 《明太祖实录》卷六八。

② 福建长乐南山寺碑文。

③ 《明成祖实录》卷一七。

建立了友好、经济互惠的外交关系，各国使节往来不断，贸易船只日益增多。走出国门，相互交往，这正是当时世界迈向近代化的社会发展的必然结果，反过来又促进了世界迈向近代化的历史进程。

郑和下西洋，正是明成祖朱棣开放睦邻外交政策的一次伟大的实践和胜利，也是当时世界迈向近代化社会发展中的一次壮举。郑和率领的混合船队，七下西洋，经过三十多个国家与地区，在千难万险的惊涛骇浪中，在错综复杂的国际环境中，开辟了中国到亚非的海上“丝瓷之路”，不但沟通了中国与众多海洋国家的关系，而且为各国之间的互通有无、互惠互利的经济贸易打开了通道，并为后来的地理大发现创造了条件。郑和下西洋 77 年后，葡萄牙人迪亚士于 1482 年发现了由欧洲到非洲东岸的好望角；87 年后，哥伦布于 1492 年横渡大西洋到达美洲；93 年后，葡萄牙人达伽马于 1498 年发现绕过好望角至印度的航线；114 年后，葡萄牙人麦哲伦于 1519 年环航世界。这些被西方世界吹嘘为是地理大发现的航海家，在世界走向近代化过程中自有其贡献。但他们不仅都是步郑和的后尘，而且在船队的规模和其影响上，都不能与郑和七下西洋相比拟。仅以哥伦布来说，其所率船队只有三艘帆船，船员 82 人。而环航世界的麦哲伦，也仅有帆船五艘，同行 265 人。他们与郑和相比，真有天渊之别。因此，我们完全有理由说，郑和才是世界地理大发现的先驱者，郑和才是中国与世界历史走向近代社会的先行者。

还应指出，在世界走向近代社会的行程中，郑和与西方的航海家们还有着一个重要的区别。正如前面引到的马克思在《资本论》中所说，欧洲的资本主义萌芽是在 15 世纪，而资本主义的时代是从 16 世纪才开始的。15 世纪末，郑和下西洋的壮举早已传到欧洲。当时，欧洲资本主义的萌芽及其发展，极需要寻找海外市场与原料产地，对于传说中满地都是财富的东方，更是垂涎三尺，梦寐以求。迪亚士、哥伦布、达伽马、麦哲伦等，正是适应着这种需要而步郑和的后尘先后进行环球航行探索的，他们是在为欧洲殖民主义者掠夺殖民地的财富而探寻新大陆的。郑和下西洋则不然，寻求和扩大海外贸易市场，固然也是郑和下西洋的目的之一，但郑和却坚定地执行着睦邻友好的外交政策。郑和的混合船队确实带有使“番人皆张目结舌，悉皆称赞天兵之力、之神，蛟龙走，兔虎奔”①的精兵强将。《明史》也载：“成祖……欲耀兵异域，示中国富强。永和三年六月，命和及其侪王景弘等通使西域，将士卒二万七千八百余人”。但是，郑和在下西洋过程中，除去因为锡兰山国王“诱和

① 费信：《星槎胜览》。

至国中”而“发兵劫和舟”，至苏门答剌时其前伪王子“方谋弑主自立，怒和赐不及己，率兵邀击官军”[①]，两次在迫不得已情况下所采取的自卫性行动之外，没有任何军事行动。所谓“耀兵异域”，不过是显示自己的军威国威，并不就是对“异域”进行武力征讨或压服。实际上，郑和每到一处，都能从政治的高度，力争用政治途径和平解决国际间的冲突与矛盾。这既表现在处理中国与海外诸国的关系，也表现在处理其他国与国之间的争端上。为此，有时甚至要做出一定的忍让与牺牲。例如，郑和第一次下西洋出使爪哇时，正好遇上爪哇东、西王两股势力发生战争：“东王战败，国被灭。适朝使(指郑和)经东王地，部卒入市，西国王人杀之，凡百七十人。西王惧，遣使谢罪。”[②]面对这一惨状，郑和完全可以以手中的强大武装给爪哇国西王以毁灭性的打击。但是，郑和没有这样做。他以政治家的头脑，通过冷静的分析和深入的调查，知道这是一场误杀，又鉴于西王的诚挚请罪，就强忍悲愤，把实情禀明成祖。并遵成祖之命，令爪哇国西王以输黄金以偿死者之命，化干戈为玉帛，和平处理了这一激化的军事事件。自此以后，爪哇西王感恩戴德，“比年一贡，或间岁一贡”，成为明朝的亲善之国。由于郑和在下西洋中，能以宽广的政治胸怀，坚决执行和平友好的外交政策，妥善处理国际间的各种事务，从而展示了明王朝海纳百川的大国的光辉形象，因此，也就自然会赢得各国的称赞和臣服。正是从这种睦邻友好的外交政策出发，郑和七下西洋，还特别注意文化上的交流，一方面把中国的声教文物远播四方，一方面又注意吸收亚非各国的传统文化使之在中国传播。由于历史的原因，中国文化发展的程度较高，亚非诸国相对来说较为滞后，因此，中国文化自古就对亚非诸国有着深刻影响。到了明代，随着中外交通事业的进一步扩大和发展，中国文化更加广泛地向亚非国家传播，郑和七下西洋就是这一文化传播的伟大实践。还应指出，郑和本人具有高度的文化素养，也使他有能力成为中国文化传播的使者。亚非诸国或信仰伊斯兰教，或信仰佛教。而郑和则是中亚细亚信仰伊斯兰教的赡思丁的后裔，而且，其祖父和父亲都曾到过阿拉伯伊斯兰圣地天方(即麦加)朝圣，郑和本人对伊斯兰教义也极为熟悉。同时，郑和又是佛教的崇信者，且有自己的法名“福吉祥”[③]。佛教与伊斯兰教对中国有着深刻的影响，又是亚非诸国的国教，而郑和对这两种宗教学说又极为熟悉，这就使他在沟通

① 《明史》卷三〇四《宦官列传》。

② 《明史》卷三二四《爪哇传》。

③ 《优婆罗戒经》卷七：“大明国奉佛信官太监郑和，法名速南吒释，即福吉祥。”

中国与亚非诸国之间的文化上具有了极其优越的条件。郑和凭此优越条件，七下西洋时，到诸国清真寺礼拜，到佛庙布施，自然会得到诸国政府和人民的欢迎，并尊称郑和为“三宝太监”。这种文化交流的影响极其深远，至今印度印尼西、泰国、马来西亚等东南亚国家都留有郑和的遗迹。印度尼西亚的爪哇岛上有三宝垅、三宝港、三宝洞、三宝公庙，苏门答腊岛上有三宝庙；马来西亚的马六甲有三宝城、三宝山、三宝井；泰国有三宝港、三宝庙、三宝宫。有的地方甚至把郑和作为神来供奉，烧香点烛，顶礼膜拜。就是远在非洲东岸的索马里的布拉瓦郊区也有一个郑和屯(又叫中国村)，可见郑和的影响是如何的深远。人类历史的发展与进步，需要文化的交流与融合，迈进近代社会，由于各国经济、政治上的相互交流更为频繁，社会的发展前进需要相互间更多的依托，文化上的相互交流也就更加重要和必需。郑和下西洋在文化交流上的成功与贡献，正是适应了当时中国向近代社会发展的需要。

总之，郑和七下西洋，虽不像后来的西方航海家那样，完全是适应着欧洲资本主义的发展，为了新兴资产阶级开辟海外市场的需要，但郑和之所以能七下西洋，也不能简单理解为是明成祖朱棣个人的意志的结果。郑和下西洋发生在中国封建社会后期，发生在中国资本主义萌芽之际，工商业的繁荣与发展为他七下西洋提供了雄厚的物质基础。而七下西洋的大规模海外行程，也为中国的工商业发展开拓了更为广阔的海外市场，反过来激发了国内工商业的进一步迅速发展。因此，从历史发展的客观事实看，我们有理由说，郑和是中国社会发展进程中迈向近代社会的先行者。

二

明代中叶，随着资本主义萌芽的新的经济因素以及相应的社会因素的产生，在文化思想领域，新的思潮也必然相应而起。张尔岐在《蒿庵闲话》中说：“明初，学者崇尚程朱……自良知之说起，人于程朱敢为异论，或以异教之言诠解《六经》。于是议论日新，文章日丽。”[①]这段话概括了明代文化思想发展的起承转变，在一定意义上说，也指明了中国传统文化思想开始新变的轨迹。中国的传统文化思想是以儒学思想为主导的，其中又包含着儒释道互补的内涵。这样一种传统文化思想的产生、发展，都是以封建社会的经济、政治为其背景的。这种传统文化思想或文化思想传统有着许多精华，但也不可否认，作为一种统治的意识形态，它又是为封建统治服务的，充斥着时代与阶级的

① 张尔岐：《蒿庵闲话》卷一。

糟粕。以程朱为代表的理学，是儒学在宋明的发展，它同样具有着这样的特质。在宋明时期，以程朱为代表的理学一统天下，窒息着时代的进步与人们的心灵。中国社会发展到明代中后期，随着封建社会的逐渐衰落，新的经济因素的成长，在文化思想领域中滋生了新的启蒙主义思潮，这一启蒙思潮的批判矛头首先就指向了程朱理学。这一启蒙思潮的代表就是李贽。

李贽曾是王阳明的信徒，王阳明所倡导的“心学”，确实为当时程朱理学窒息的思想界吹进一股清新的惠风，起到了“震霆启寐，烈耀破迷”的作用①，在客观上为反理学、反传统思想的斗争创造了舆论，打开了缺口，但其主观上还是为理学补偏救弊，为传统思想修隙补漏。这一思潮发展到李贽，在实质上则起了变化。李贽非常尊崇王阳明，也确实受其深刻影响。但正如沈德符所指出，王阳明之后，其弟子各立门户，几经师承，“最后李卓吾出，又独创特解，一扫而空之”②。从而使中国文化思想的启蒙思潮发展到一个新的时期，更强烈地显示出中国迈向近代社会之际，反封建压迫、反传统思想的人文主义启蒙思想的特色。

那么，李贽思想中所体现出的迈向近代社会的人文主义启蒙思想都有哪些特征呢？

其一，反对权威，倡导平等。

李贽曾著《老子解》二卷，在积极发挥老子的朴素辩证思想的同时，还广泛张扬了人与人之间的平等思想，对传统的等级观念进行了严厉批判。③

李贽从“同一之中”命题出发，批判了“圣人仁万民”的理论。在中国占统治地位的传统思想中，一些思想家鼓吹“天地仁万物”、“圣人仁万民”，万民都要感谢“圣人”的“仁德”。李贽针锋相对提出：“使天地而能仁万物，则天地将谁与仁？使圣人而能仁万民，则圣人将谁与仁？”这个质问确实有力而尖锐。李贽还进一步论证说：天地就像一个大鼓风炉，万物、圣愚全部生死其中而不自知。所以天地与万物“同一中”，万物无所求于天地，天地也没什么可施于万物；圣人与万民“同一中”，圣人没什么可给予万民，万民也没什么可凭借圣人；“各守吾之中以待其自定而已矣”，只要各自守住自己的本位，而等自然的发展成长就可以了。那么现实中万民“守定”的结果如何？李贽答曰：“愚者得之，而智者昧焉；不仁者得之，而仁者反失之也。”这就彻底否定了

① 黄宗羲：《明儒学案卷首：师说·王阳明守仁》。

② 沈德符：《万历野获编》卷二七《紫伯评晦庵》。

③ 《李贽文集》第七卷。

"仁者"、"圣人""仁万民"的理论，而肯定了"愚者"、"不仁者"的本位。正是这种近似极端、过激的论辩，表现出李贽人文主义启蒙思想中可贵的平等观念。

李贽在《老子解》中，还从"致一之道"出发，得出了"庶人非下，侯王非高"的结论，否定了传统思想家"天生圣人"之类的谎言。传统思想家为了鼓吹"圣人仁万民"之论，说"圣人"是"天生"的，永远都比"下愚"高贵。李贽则针锋相对提出：

> 侯王不知致一之道与庶人同等，故不免以贵自高。高者必蹶，下其基也；贵者必蹶，贱其本也。何也？致一之理，庶人非下，侯王非高，在庶人可言贵，在侯王可言贱，特未知之耳。……人见其有贵有贱，有高有下，而不知其致之一也，曷尝有所谓高下贵贱者哉？彼贵而不能贱，贱而不能贵，据吾所见，而不能致之一也，则亦琭琭落落，如玉如石而已矣。

李贽所说的"致一之道"，就是他主张的"圣愚一律"、"天子庶人壹是无别"。侯王们不知道这个"致一之道"，而以贵自高。其实，下是高的基础，贱是贵的根本，从"致一之道"看来，都是相辅相成，互为条件的，哪里有什么高下贵贱之分？显然，李贽的这种思想具有人人平等的精神，对当时森严的等级制是一个有力的冲击与批判。

李贽的这种人人平等思想，在他的很多著作中都有所体现。如在《道古录》中针对传统思想中的"尊德性"之说，提出："尔勿以尊德性之人为异人也，彼其所为，亦不过众人之所能为而已。人但率性而为，勿以过高视圣人之为可也。尧舜与途人一，圣人与凡人一。"①在李贽看来，"尊德性"不过就是尊重众人之所能为而已，每个人只要按照自己的本性自由发展就可以了。在"尊德性"上，圣人也没有什么过高之处，"尧舜与途人一，圣人与凡人一"，天下人人平等，哪有什么高低上下之别。就这样，李贽用自己的平等思想，重新解释了包含着等级观念的传统的"尊德性"理论。又如李贽多次提出了人们能力上的平等命题，强调"天下无不能之人，人无不能之事"，因此，"圣人所能者，夫妇之不肖可以与能。勿高视一切圣人为也。"圣人与凡人在能力上是平等的，不要高视圣人，不要下视民众，这在等级森严的社会里，不能不是振

① 《李贽文集》第七卷。

聋发聩的“异端”之论。特别应该指出的是，李贽在张扬人人皆圣、人人平等的同时，还提出“人必有私”的命题，公开为在长期封建社会中受歧视的商人辩护，为他们的生存、发展制造舆论，争取条件，更鲜明体现出近代人文主义启蒙思想的光辉。

其二，反对封建束缚，张扬人性自由。

正是从这种平等思想出发，李贽反对统治者对人民大众的压迫和束缚，而要求自由地发展人们的“自然之性”。李贽在云南姚安知府任时，不但实行“一切持简易，任自然”[①]的从政方针，而且写了《论政篇》[②]，提出了他为政的原则，主张“因乎人”、“因性牖民”的“至人之治”，反对“本诸身”的“君子之治”。他认为，人们的心性各不相同，只有“因性牖民”，即根据不同情况加以诱导，“顺其性不拂其能”，才能把社会治理好。反之，“君子之治”则“本诸身”，即根据自身的标准去要求别人，做不到时就用“条教之繁”、“刑法之施”对人民大众进行束缚，这只能造成社会的动乱。在著名的《答耿中丞》中，李贽更明确地反对统治者用“德礼政刑”对人民的禁锢。[③] 李贽指出，天下之人所以不得安生，就是因为“贪暴者扰之，而‘仁者’害之也，‘仁者’以天下之失所也而忧之，而汲汲焉欲贻之以得所之域。于是有德礼以格其心，有政刑以絷其四体，而人始大失所矣。”“德礼”和“政刑”是中国统治者长期进行统治的互为补充辅助的两种手段，被传统思想鼓吹为治国的根本。李贽把统治者的这种治国之本指为祸国殃民的祸根，把他们极为尊崇的“仁者”指为害人虫，这是对统治者及其统治理论的有力批判，也是大胆的骇人之论。

为了批判统治者对人民大众的禁锢，李贽在《答耿中丞》中还提出了“各从所好，各骋所长”的主张。他说：

> 夫天下之民物众矣，若必欲其皆如吾之条理，则天地亦且不能。是故寒能折胶，而不能折朝市之人；热能伏金，而不能伏竞奔之子。何也？富贵利达所以厚吾天生之五官，其势然也。是故圣人顺之，顺之则安之矣，是故贪财者与之以禄，趋势者与之以爵，强有力者与之以权，能者称事而官，愞者夹持而使。有德者隆之虚位，但取具瞻，高才者处以重任，不问出入。各从所好，各骋所长，无一人之不中用，何其事之易也！

① 《顾冲老送引序》，《焚书》卷二。

② 《焚书》卷三。

③ 《焚书》卷一。

李贽把追求“富贵利达”说成是人的普遍本性，要求“强有力者与之以权”，“愞者夹持而使”，这当然有着明显的时代局限。但李贽的目的是反对统治者用“德礼政刑”对人们的禁锢，要求自由发展人们的“自然之性”，“各从所好，各骋所长”，这在当时严密的专制统治下，实为石破天惊的怪论。

这一思想，在《道古录》中得到更加系统的表现。例如，李贽重新解释了被传统思想家神秘化的“道”：“道本不远于人，而远人以为道者，是故不可以语道。可知人即道也，道即人也，人外无道，而道外亦无人。故君子以人治人，更不敢以己治人者，以人本自治，人能自治，不待禁而止之也。若欲有以止之，而不能听其自治，是伐之也，是欲以彼柯易此柯也。虽近而实远，安能治之？安足为道也耶？”在李贽看来，“道”和人是紧密相连的，因此社会政治就要因人而治，以人治人，人人才能得安宁。否则，以己治人，那就是用自己的一套去禁锢别人，那就是“伐之”，那就根本不能把社会治理好。因此，李贽斥责用“德礼政刑”对人民进行统治，是“齐人之所不齐以归于齐”，是“俗吏之所为”。

李贽反对“齐人之所不齐以归于齐”，即反对用“德礼政刑”束缚人们的个性发展，那么应该怎么办？他提出“千万其人者，各得其千万人之心，千万其心者，各遂其千万人之欲，是谓物各付物，天地之所以因材而笃也，所谓万物并育而不相害也”，从而达到“天下之民，各遂其生，各获其所愿有，不格心归化者，未之有也”。李贽的主张就是“物各付物”、“因材并育”，任物性的自由发展。因为“物之不齐，物之情也”，天下的事物千差万别，是不会相同的，人们的才能、性情、喜好各有差别，是不会一样的。只有任其自由发展，千万人才可以实现自己的心愿，这样，天下也就可能达到大治。反之，如果硬把这些差别整齐划一，约束在一个框子里，这就等于强迫天下的人服从我自己，天下也就必然难得安宁。反对对人们进行束缚与限制，要求造成人人顺其本性、人人随心如愿的理想政治局面，这是李贽民主思想的可贵内容，在当时具有强烈的战斗意义，有力地冲击了中国社会长期的专制主义统治。

其三，批判道学与孔、孟，颠倒千万世之是非。

为了打破统治者与传统思想对人们的禁锢，李贽还对当时占统治地位的道学及其祖师孔、孟进行了猛烈批判。李贽用尖锐而泼辣的笔斥道学家是“阳为道学，阴为富贵，被服儒雅，行若狗彘”[①]、“口谈道德而心存高官、志在巨

① 《三教归儒说》，《续焚书》卷二。

富”[1]的两面人，是“实多恶也，而专谈志仁无恶；实偏私所好也，而专谈泛爱博爱；实执定己见也，而专谈不可自是”[2]的伪君子。而他们讲的“道学”，正是达到欺世盗名的手段：“道学其名也。故世之好名者必讲道学，以道学之能起名也。无用者必讲道学，以道学之足以济用也。欺天罔人者必讲道学，以道学之足以售其欺罔之谋也”[3]。对道学及道学家伪善本质的深刻揭露，鲜明表现出李贽与当时占统治地位的官方哲学相对立的战斗精神。

特别应该提出的是，李贽对传统思想的祖师孔、孟的批判，更具有着打破传统、解放思想的积极意义。在以孔子为祖师的社会里，李贽勇敢地提出了不以孔子是非为是非的战斗口号。他说：

> 人之是非，初无定质；人之是非人也，亦无定论。无定质，则此是彼非，并育而不相害；无定论，则是此非彼，亦并行而不相悖矣。然则今日之是非，谓予李卓吾一人之是非，可也；谓为千万世大贤大人之公是非，亦可也；谓予颠倒千万世之是非，而复非是予之所非是焉，亦可也。则予之是非，信乎其可矣。前三代，吾无论矣；后三代，汉、唐、宋是也。中间千百余年，而独无是非者，岂其人无是非哉？咸以孔子之是非为是非，故未尝有是非耳。然则予之是非人也，又安能已！夫是非之争也，如岁时然，昼夜更迭，不相一也。昨日是而今日非矣，今日非而后日又是矣，虽使孔夫子复生于今，又不知作如何是非也，而可遽以定本行罚赏哉！[4]

在这里，李贽以“颠倒千万世之是非”的英勇气概，否定了被统治者定于一尊的孔学的是非标准，提出了自己的是非标准，向孔学的神圣权威挑战。李贽认为是非标准因人而异，因时而变，是和非并没有固定不变的标准，没有通行万世的“定论”。而千百年来，统治者“咸以孔子之是非为是非，故未尝有是非”，正因为这样，李贽才决心打破这种孔学的是非框框，以自己的是非为是非，重新评价历史人物，重新观察社会事物。李贽反对以孔子的是非为是非，反对以孔子的“定本行罚赏”，这在当时孔学严密统治的情况下，真如一声惊雷，促使人们思想得到解放。

---

① 《又与焦弱侯》，《焚书》卷二。
② 《答耿司寇》，《焚书》卷一。
③ 《初潭集》卷二〇《道学》。
④ 《藏书·世纪列传总目前论》。

从不以孔子的是非为是非出发，李贽反对统治者把孔子树为“万世师表”，他在《答耿中丞》中说：“夫天生一人，自有一人之用，不待取给于孔子而后足也。若必待取足于孔子，则千古以前无孔子，终不得为人乎？”[①]一个人生下来就有一个人的作用，不必跟从孔子学习成一个所谓的完人。如果一定要靠效法孔子才能成为一个完人，那么千古以前没有孔子，那就做不成人了吗？李贽这种尖锐而深刻的立论，把孔子神乎其神的偶像拉到了与一般人平等的地位。由此出发，李贽还对尊孔派进行了辛辣的讽刺与嘲笑。如在《圣教小引》中，李贽采用讽喻手法，把道学家们尊孔的大合唱比作黑夜中的一犬吠影，众犬吠声，指出孔子这尊偶像，就是在众犬的狂吠声中哄抬起来的[②]。这在孔子被尊为“万世师表”的社会，其批判意义是极为深刻的。

对于表现传统思想的儒家的“经典”著作，李贽有时给以新的解释，借题发挥，以阐明自己的思想，如《道古录》；有时直接给以批判，剥掉其神圣的外衣，如《童心说》。在《童心说》中，李贽借谈文艺问题，一方面痛斥统治者及理论家是一伙“失却真心”，专门说假话、做假事、写假文的“假人”，指责他们把社会变成了“无所不假”的欺诈场所；一方面又穷本追源地指出，一切虚假现象都来自“六经”、《论语》、《孟子》之类的儒家“经典”，这些所谓“经典”，其实不过是“史官过为褒崇之词”、“臣子极为赞美之语”，是由孔孟的“迂阔门徒，懵懂弟子，记忆师说，有头无尾，得后遗前，随其所见，笔之于书”的残缺不全的笔记，根本不是“万世之至论”，而且由于道学家经常用它们来骗人和吓人，就成了“道学之口实，假人之渊薮”，是藏污纳垢的所在，制造伪君子的总根子。[③] 对儒学“经典”进行如此猛烈的抨击，在李贽以前是极少见的，其战斗意义也是极为强烈的。

李贽反封建压迫、反传统思想的人文主义启蒙思想，对中国向近代发展进程中的反对封建专制主义的斗争产生了巨大影响。如后来的黄宗羲、顾炎武、戴震、王夫之、曹雪芹、谭嗣同、严复、章炳麟以及吴虞等人，虽然其中有些人对李贽未必有好感，但他们对孔学及理学的批判，对封建专制主义的揭露，都在不同程度上受到李贽的影响。

李贽反封建压迫反传统思想的人文主义启蒙思想，对人们的思想解放起到的推动作用，被后来反对他和赞成他的人都看得很清楚。如顾炎武说：“自

① 《焚书》卷一。
② 《续焚书》卷二。
③ 《焚书》卷三。

古以来，小人之无忌惮，而敢于叛圣人者，莫甚于李贽。”[①]傅维鳞说：李贽的著作“其说新奇，……而大旨在翻孔子之是非”，结果“士大夫靡然信之”，“后士风大都由其染化”，成为“孔子之道一大厄也”。[②] 沈瓒说：李贽“好为惊世骇俗之论，务反宋儒道学之说。……儒、释从之者几千、万人。其学以解脱直截为宗，少年高旷豪举之士，多乐慕之，后学如狂，不但儒教溃防，而释宗绳检，亦多所清弃。”[③]纪昀在《四库全书总目提要》中对李贽著作中的反圣教思想，进行了激烈的攻击，说李贽的著作“皆狂悖乖谬，非圣无法”，“排击孔子，别立褒贬，凡千古相传之善恶，无不颠倒易位，尤为罪不容诛”[④]，“为名教之罪人，诬民之邪说”[⑤]。因此，他编的《四库全书》，不收李贽的著作，而“特存其目，以深暴其罪焉”[⑥]。纪昀站在封建统治阶级和封建正统思想立场上对李贽的攻击，恰好说明李贽的著作在当时社会上确实起到解放人们思想的作用。

不仅如此，李贽的思想在世界特别是东南亚也产生了重要影响。李贽与意大利传教士利玛窦有过交往，并结下深厚友谊；比利时人金尼阁神父当时协助利玛窦在华的传教工作，和李贽也有接触，这在《利玛窦中国札记》中都有记载。李贽的思想对韩国、新加坡等也产生了一定影响。特别是对日本的影响更为深远。日本幕末时期著名汉学家、明治维新运动的先驱吉田松阴，在思想上就深受李贽影响。日本在走向近代化进程中的重要的明治维新，就是直接在李贽思想影响下而展开的。

当然，李贽的思想也是矛盾的，带有时代与阶级的局限。李贽毕竟是地主阶级的思想家。他不否定皇权，也不否定封建的土地制度。他虽然对封建统治阶级的“德礼政刑”提出了批判，但并没有否定封建专制主义的制度，也没有对封建土地制提出过任何批判。他对明朝的政治黑暗提出过尖锐批评，对明朝统治阶层特别是理学朝臣进行过无情抨击，但他却称赞朱元璋说：“我太祖高皇帝，盖千万古之一帝也。”[⑦]另外，他对农民反贪官污吏的斗争虽然表示了一定的同情，称赞《水浒传》描写的起义农民为英雄，但他只是觉得这些

① 《日知录》卷一八。
② 《明书》卷一六〇《异教传·李贽传》。
③ 《近事丛残》卷一。
④ 《四库全书总目提要》卷五〇“史部”《藏书六十八卷》。
⑤ 《四库全书总目提要》卷一七八“集部”《李温陵集二十卷》。
⑥ 《四库全书总目提要》卷五〇“史部”《藏书六十八卷》。
⑦ 《续藏书·小引》。

起义者是被贪官污吏逼迫才造反的，是“官逼民反”，而对皇帝还是忠诚的，因此仍称他们是“忠义”。有时他甚至骂农民起义是“盗贼”、“妖贼”，这都表明他并不赞成农民推翻地主阶级的封建专制政权。在思想上他敢于提出不以孔子的是非为是非，并批判了某些封建道德如忠孝节义、三纲五常，但他并没有彻底否定他们，有时他还以“真儒”自居，用忠孝节义之类的道德概念来称赞他所赞美和肯定的人物。这些都明显地表现出李贽的阶级属性和时代的局限性。正因为这样，李贽大胆揭露封建统治阶级和理学家虚伪、丑恶面目的时候，在进行反封建压迫反传统思想的战斗中，看不到前进的方向，找不到光明的道路，在他的作品中，不时流露出一种悲观情调，甚至表现出一定程度的颓废感情。

李贽的思想虽然充满了矛盾，存在着这样那样的局限，但他坚持反封建压迫、反传统思想的业绩，他敢于反对迷信和偶像的大无畏精神，在中国思想史上特别是中国向近代迈进过程中永远闪耀着光辉。李贽曾自豪和自信地在《老人行叙》中说：“坚其志无忧群魔，强其骨无惧患害”[①]；在《与周友山》中说：“以堂堂之阵，正正之旗，日与世交战而不败者，正兵在我故也。正兵法度森严，无隙可乘，谁敢邀堂堂而击正正，以取灭亡之祸欤！”[②]这两段话，可以看作是李贽对自己战斗一生的总结。李贽不愧是中国向近代社会迈进时一位顽强、坚决反封建压迫、反传统思想的英勇斗士！

郑和以自己率领的无与匹敌的混合船队七下西洋的实践，为中国向近代的迈进开辟了一个新境界；李贽以自己那“独创特解”的“异端”思想，启蒙发聩，为中国向近代的迈进制造了舆论。郑和与李贽不愧是中国走向近代历史进程中两位伟大的先行者，他们为中国历史的前进与发展做出了杰出的贡献。但是，郑和与李贽也有所不同。郑和作为深得明廷宠幸的宦官，他的七下西洋，因为在一定意义上与当时统治者的思想利益相一致，故而得到了当时统治者的强有力支持，郑和也就必然成为一个被当时社会所尊崇的人物，并在人生际遇上得到了美满的结局。李贽则不然，李贽那激进的反封建压迫反传统思想的人文主义思想，在当时的封建统治者看来，是“惑世诬民”的“异端”[③]，必须置之死地而后快。因之，李贽也必然要被毁其居，焚其书，囚其

① 《续焚书》卷二。

② 《续焚书》卷一。

③ 万历三十年张问达劾李贽疏，《明神宗实录》卷三六九。

身，以致殒其命。李贽的个人命运是悲剧，但他那超前的深刻思想，却把当时虽日趋腐朽而仍层层叠叠的封建天幕撕开了一道裂隙，使窒息的社会透进一丝阳光和清新空气，从而为中国向近代历史的迈进做了舆论准备。

（原载《云南大学学报》，2005 年第 4 期）

论李贽与明中后期散文新变

明代中后期的一百多年，是我国封建社会发展中的一个重要时期，是热热闹闹的一百多年。经济上资本主义的生产方式开始萌芽，阶级上市民阶层壮大，社会心理上市民思想日居重要地位，思想史上王阳明“心学”的革新运动，李贽等狂禅派的勃兴，使这一时期成为宋明理学向清代朴学转向的枢纽，并为近代的思想解放做了铺垫。郑和的下西洋，利玛窦的传教中国，则又显示着中西文化交流的展开。文学界亦不甘落后，复古与反复古的斗争，重情求真尚俗与宗经宗圣宗道的对立，小说、戏曲等新文学样式的发展，都成为我国文学史发展中的重要现象。其中，中国最古老的文体之一——散文，就在这一热闹的中晚明时期产生了某些具有时代特征的新变，为这一古老文体向现代散文的演进创造了条件。

一

明人张尔岐在其《蒿庵闲话》卷一中曾说：“明初，学者崇尚程朱……自良知之说起，人于程朱始敢为异论，或以异教之言诠解《六经》。于是议论日新，文章日丽。”这段话很好地概括了有明一代思想文化发展的起承转变。明代的散文新变——“文章日丽”，首先是由“议论日新”而导引的。这种“议论日新”的代表人物就是李贽及其先导王阳明。

王阳明生活的时代，程朱理学一统天下，理学体系窒息着时代的进步和人们的心灵。面对这一现实，王阳明首在思想界进行了大刀阔斧的改革，为思想界吹来了一股清新而自然的惠风。针对朱熹的“格物致知”理论，王阳明提出“致良知”说。他认为良知并非存在于外界，而是存在于每个人的心中，即心外无理，心外无物。这样，良知就从根本上否定了“天理”的绝对地位，显示了个人主体意识的萌生和地位的提高。同时，他还认为良知因人而异各不相同，人人都有良知，只要“只给自家良知”，每人各适其适，各得其得即可，不必也不需依傍圣贤。这就使良知具有了人人平等的价值，打破了道学的陈旧格套，内含着自由解放的精神。王阳明还抛弃了朱熹“知行分离”的做法，而主张“知行合一”。他说：“知之真切笃实处即是行，行之明觉精察处即是知，知行工夫本不可离。”[①]这种主张使他打破了世儒无所不知而实一无所知的虚诞习气，而教人各据自己的才性而行，这使良知非常切实可行，包含着实用精神。王阳明还倡导“狂者胸次”、“五经皆史”，也都是当时“议论日新”的组成内容，成为明代中后期思想启蒙的嚆矢。

在王阳明思想的影响下，产生出了“非名教所能羁络”的泰州学派，对传统思想进行了激烈冲击。特别是以李贽为中心掀起了一场似儒非儒似禅非禅的狂禅运动，他们以“狂”自诩，以“异端”自居，借用佛学，阐发一系列带有人文主义色彩的主张，把明代中后期的思想解放思潮推向一个新的阶段。李贽否定圣人的权威地位，提出不以孔子之是非为是非[②]；指儒家的经典不过是“史官过为褒崇之词”、“臣子极为赞美之语”[③]；斥道学家为“阳为道学，阴为富贵，被服儒雅，行若狗彘”的两面人[④]；他反对儒家的“践迹”、“执一”，响亮提出，对于过去的迹“不必践，不可践，不当践”[⑤]；他反对封建束缚，要求发展人们的“自然之性”，提出了“物之不齐，物之情也”的理论，并以此提出了要“物各付物”、“因材并育”的主张[⑥]；他反对封建等级制，提出了“庶人非下，侯王非高”、“天子庶人壹是无别”的观点[⑦]，认为女子与男子在才智上没有差别，并对“妇女见短”一类的轻视妇女的封建观念进行了批判[⑧]；他倡言事功，明白而干脆地承认个人欲望的合理性，要求“各遂其千万人之欲”[⑨]等。这些惊人的立论，翻千古成案，集中到一个中心，即反对传统束缚，要求尊重人的个性，鲜明地体现了明代中后期思想解放思潮的重要特征，即人的主体地位、人的价值的被发现、被重视。

李贽的文艺思想也具有鲜明的时代特征。李贽文艺观的核心是“童心说”。“童心”即童子之心，是赤诚而纯挚的，是禀赋天地而来的最初之心，它不杂丝毫的尘滓，与琐屑的俗世相比，童心是一种在高处的灵魂。李贽正是深悟了这种童子之心的可贵，故而以此为喻，提出了著名的“童心说”。他认为真

① 《答顾东桥》，《王阳明全集》卷二，上海：上海古籍出版社，1992年。
② 《藏书·世纪列传总目前论》。
③ 《童心说》，《焚书》卷三。
④ 《又与焦弱侯》，《焚书》卷二。
⑤ 《乐克传论》，《藏书》卷三二。
⑥ 《明灯道古录》卷上，《李贽文集》卷七。
⑦ 《老子解》，《李贽文集》卷七。
⑧ 《答以女人学道为见短书》，《焚书》卷二。
⑨ 《明灯道古录》卷上，《李贽文集》卷七。

正的文学是从“童心”而发，而且是写“童心”的文学。他说：“天下之至文，未有不出于童心焉者也。”在李贽看来，这种出自“童心”的“至文”的第一要义，就是“真”。他说：“夫童心者，真心也。若以童心为不可，是以真心为不可也。夫童心者，绝假纯真，最初一念之本心也。若失却童心，便失却真心；失却真心，便失却真人。人而非真，全不复有初矣。”[①]把文学创作中的“真”强调到这样突出的地步，这是李贽现实主义文艺思想的重要表现。还应指出，李贽的“真”又是和“愤”相联系在一起的。在《忠义水浒传序》中他说：“古之贤圣，不愤则不作矣。不愤而作，譬如不寒而颤，不病而呻吟也，虽作何观乎?”[②]在《杂说》中他又对这种发自真心的“情”做了如下描述：“其胸中有如许无状可怪之事，其喉间有如许欲吐而不敢吐之物，其口头又时时有许多欲语而莫可所以告语之处，蓄极积久，势不可遏。一旦见景生情，触目兴叹；夺他人之酒杯，浇自己之垒块；诉心中之不平，感数奇于千载。”[③]一切都是发自真心实感，而不做任何的矫饰，这才是天下的“至文”。李贽还指出这种真心之文是与那种出于假心的假文鲜明对立的。他对那种“言语不由衷，为政无根柢，著文辞不达”的假心之文曾进行过多次毫不留情的批判。由此可见，“童心说”的第一要义就是要绝假纯真、斥伪存真，这个真就是要表现真实的情感和真实的社会生活。

与这一真心相应的，李贽主张文学的最高审美应是以自然之美为美。他认为人的自然属性是人的天性，因而它是最真实的。人而为人，穿衣吃饭，数钱睡觉，逃不了七情六欲，躲不掉爱恨嗔痴，这是自然，这就是人伦物理，因而文学应真实地表现这些内容，发乎本心，才是文学的至美境界。在《读律肤说》中李贽说：

> 盖声色之来，发于性情，由乎自然，是可以牵合矫强而致乎？故自然发于性情，则自然止乎礼义，非性情之外复有礼义可止也。惟矫强乃失之，故以自然之为美耳，又非于情性之外复有所谓自然而然也。……有是格，便有是调，皆情性自然之谓也。……然则所谓自然者，非有意为自然而遂以为自然也。若有意为自然，则与矫强何异。[④]

① 《童心说》，《焚书》卷三。
② 《焚书》卷三。
③ 《焚书》卷三。
④ 《焚书》卷三。

可见，这种自然，不雕饰，不刻意，是天成，而非人作，是“化工”，而非“画工”。这种非理性的直觉意识恰与当时理学“存天理、灭人欲”的理性相颉颃，发出了文学的“以情反理”的呼声。

既然“真心”、“自然之美”是评价文学的标准，李贽认为只要“童心常存”则“无时不文，无人不文，无一创制体格文字而非文者”。由此出发，他指出“诗何必古选，文何必先秦”，六朝文降而为近体，变而为传奇，为院本，为杂剧，为《西厢》、《水浒》，文学总是这样一脉相承地发展，怎么可以“时势先后论”？李贽的这一思想，强调了每一时代有每一时代的文学，文学总是要随时代的发展而发展，而且每一文学样式只要是“发自童心”就都会自有特色与价值，这就不仅以其革新思想抛弃了窒息明代文坛的复古主义的拟古不化，更重要的是指出了文学发展的正确方向，为明代中晚期的文学繁荣指明了道路。

总之，“童心”一出，明代文艺启蒙思潮即以此为滥觞，蔚为大观。“童心说”所阐述的文艺观在当时文学发展史上具有一种高屋建瓴的价值。这一思潮对散文这一特定的文学体裁来说，无论在理论上，还是创作上，抑或审美上都受到深刻影响，为其带来了新的扩展与变化。

二

明代中后期的“异论”一起，影响到散文领域的议论也随之日新。但这一议论走到真正意义的“新”，却是一条曲折的道路。

明初文坛台阁体固守平庸守正的理论，使散文创作平易啴缓，思想和表达都力求淡化作者的主观感情和主体意识。于是，有识之士开始寻找新的议论来涤清文坛。但从茶陵派至“前后七子”至唐宋派走的却是一条复古路线，这一路线不仅没有使散文获得新生，反而又使之蹩进了另一条死胡同。试看他们的言论：

> 后世文趋时对偶而文不古，诗物声律而诗不古。文不古而有宫体焉，文益病矣；诗不古而有昆体焉，诗益病矣。复古之作，是有望于大家。①
>
> 梦阳才思雄骜，卓然以复古自命。……倡言文必秦汉，诗必盛唐，非是者弗道。②

---

① 李东阳：《余冬序录》。
② 《明史·李梦阳传》。

攀龙……其持论谓文自西京、诗自天宝而下，俱无足观，于本朝独推李梦阳。[①]

(余)自六经而下，于文则知有左氏、司马迁，于骚则知有屈宋，赋则知有司马相如、扬雄、张衡……盖日夜置心焉。[②]

通观“前后七子”的这些代表言论，均是以复古为声气，他们妄图以摹古的方式来再现古文正道，即讲求辞采、高雅的格调和道统的内容。但是，他们最终却是落入狭小的窠臼，于无法再现昔日辉煌的困惑中走向式微了。

在困惑中，散文只有再向真正的新议论发展，才能寻觅到一条新变的出路。随着李贽的“异论”，应运而生的即公安派的“性灵说”。袁宗道、袁宏道、袁中道三兄弟曾直接师事李贽，面向李贽问学，在文学思想上深受李贽的影响。故而可以说，“性灵说”是在“童心说”的指导下发展而来的。

“性灵说”明确而系统地阐明了三袁的散文理论。他们主张为文要“独抒性灵，不拘格套，非从自己胸臆流出，不肯下笔”[③]。即著文一定要是真情流露，发自肺腑。正因为如此，才能达到“有一派学问，则酿出一种意见，有一种意见，则创出一般言语”[④]，即各人须言真情，言己心，才能创作出不同于他人的文章，袁宏道在《叙小修诗》中还说：“今闾阎妇人孺子所唱《擘破玉》、《打草竿》之类，犹是无闻无识真人所作，故多真声，不效颦于汉魏，不学步于盛唐，任性而发，尚能通于人之喜怒哀乐嗜好情欲，是可喜也。”这表明“性灵”理论的真谛就在重情、求真、尚俗，这和李贽的文艺思想完全一致。“性灵”理论主张情真的同时，亦主张趣。他们反对传统古文宏阔、高雅、平正的格调，而是讲求文章的独得之趣，如“山上之色，水中之味，花中之光，女中之态”，这种趣，是一种自然流露，具有主体的独特个性，亦是使人可触可感的。正是因为三袁主张真情、真趣，所以他们强烈反对那种“死前人语下”的盲目模拟因袭之文，认为“夫古有古之时，今有今之时，袭古人语言之迹而冒以为古，是处严冬而袭夏之葛者也。”[⑤]时代在发展，文学亦同样必须发展变化。“代有升降，而法不相沿，各极其变，各穷其趣，所以可贵。”[⑥]

① 《明史·李攀龙传》。

② 王世贞：《艺苑卮言》卷六。

③ 袁宏道：《叙小修诗》，《袁宏道集笺校》卷四。

④ 袁宗道：《论文·下》，《白苏斋类集》卷二〇。

⑤ 袁宏道：《雪涛阁集序》，《袁宏道集笺校》卷一七。

⑥ 袁宏道：《叙小修诗》，《袁宏道集笺校》卷四。

由以上可以看出，三袁的“性灵说”一方面打破了传统古文文以载道的文道关系，使“文”从“道”中解脱出来；另一方面树立了鲜明的创新旗帜，即新的内容——人之性灵，新的文体——不拘格套，新的风格——自然之趣。继“性灵”理论之后，汤显祖的“至情说”，冯梦龙的“情教观”，直至晚明张岱的小品文理论，这一系列散文理论显示了古文理论的变化。在这些理论中，散文不再有拘束，可以抒情，可以叙事，可以议论，可以刻画人物，可以描绘风景……举凡是从胸中自然流出，有真情自然之趣，即是可喜之文。这一新变使古文不必再循规蹈矩在正统文论及其创作模式之中，而与近代散文的创作相接轨。

三

“议论日新，文章日丽”，理论的新变亦带来了散文创作的新变。

中晚明散文创作的一个重大新变是大量小品文的涌现。“小品”原为佛家语，晋代高僧鸠摩罗什等翻译佛经，详本称“大品”，简本称“小品”[①]。后来，“小品”则指散文中的一种文体。这一文体到中晚明大为发展，其主要特点为内容上独抒性灵、无所拘束，形式上随意着笔、短小活泼，体裁上不拘一格，丰富多样，总之与传统散文的“高文大册”相对，显示出新鲜活泼、清新自然的特色。中晚明小品文蔚为大观，形成了一个上自徐渭、李贽，中经公安、竟陵，下至陈继儒、王思任、刘侗、张岱、祁彪佳的创作群落，成为我国散文发展史上的一个重要阶段。

小品风格的散文虽不是明代所独有，但它的大量涌现，带有新的时代意义。首先，小品文在内容上将传统古文不屑的题材引入其中，具有鲜明的反传统特色。如李贽的一些作品，在内容上突破了文以载道、宗经宗圣的传统，发起了对千百年来束缚人民的封建枷锁——纲常伦理、仁义礼教、孔孟圣道的猛烈攻击，对假道学、封建卫道士进行了剥皮剔骨、淋漓尽致的揭露，表现了对平等、自由以及个性解放的追求，表达了新的时代内容和启蒙思想家的不群与卓识。同时，与这一崭新的战斗性的散文内容相适应的，是其散文的杂文特色。这类文章嬉笑怒骂，如匕首与投枪狠狠刺向了封建传统、假道学和世俗之弊。如《赞刘谐》：

有一道学，高屐大履，长袖阔带，纲常之冠，人伦之衣，拾纸墨之

① 见《世说新语·文学第四》。

一二，窃唇吻之三四，自谓真仲尼之徒焉。时遇刘谐。刘谐者，聪明士，见而哂曰："是未知我仲尼兄也。"其人勃然作色而起曰："天不生仲尼，万古如长夜。子何人者，敢呼仲尼而兄之？"刘谐曰："怪得羲皇以上圣人，尽日燃纸烛而行也！"其人默然自止。①

通过简练的笔墨，夸张的手法，将"拾纸墨"、"窃唇吻"却以"真仲尼之徒"自诩的假道学形象，与聪明士刘谐的反唇相讥而自信的形象形成了鲜明的对比。孰真孰假，孰为真真，孰为假真，在这鲜明的富于寓言色彩的生动形象中彰显无遗，而且深刻地体现出李贽反对迷信偶像、反对盲从他人的思想。用漫画与特写手法，将深奥的哲理化为感人的生动形象，是李贽散文特别是杂文的一个显著艺术特征。这一特征在他的书答、议论、随感、序跋、传记、赠序等多种文体中都有所体现。如《又与焦弱侯》中那种"饿狗思想隔夜屎"的山人黄某形象②，《与焦弱侯》中以巨鱼而喻豪杰的描绘③，《圣教小引》中对那种"矮子观场、随人说妍"，"前犬吠形"，"众犬吠声"的讽刺④，《寒灯小话》第二段对"狗皮包倒人骨头"也不足以骂透假道学的嘲讽⑤等．都立论惊挺而深刻，构思奇巧而自然，语言泼辣而风趣，使文章具有极强的透彻性与艺术感染力。

李贽的杂文式散文还具有严整而缜密的逻辑性。这类文章既有正面立论，又有反面驳论，更有正反结合之法，使议论犀利而精到。

其所以落发者，则因家中闲杂人等时时望我归去，又时时不远千里来迫我，以俗事强我，故我剃发以示不归，俗事亦决然不肯与理也。又此间无见识人多以异端目我，故我遂为异端以成彼竖子之名。兼此数者，陡然去发，非其心也。⑥

所云山农打滚事，则浅学未曾闻之；若果有之，则山农自得良知真趣，自打而自滚之，何与诸人事，而又以为禅机也？夫世间打滚人何限，

① 《焚书》卷三。
② 《焚书》卷二。
③ 《焚书》卷一。
④ 《续焚书》卷二。
⑤ 《焚书》卷四。
⑥ 《与曾继泉》，《焚书》卷二。

日夜无休时，大庭广众之中，谄事权贵人以保一日之荣；暗室屋漏之内，为奴颜婢膝事以幸一时之宠。无人不然，无时不然，无一刻不打滚，而独山农一打滚便为笑柄也！侗老恐人效之，便日日滚将去。予谓山农亦一时打滚，向后绝不闻有道山农滚者，则虽山农亦不能终身滚，而况他人乎？即他人亦未有闻学山农滚者，而何必愁人之学山农滚也？此皆平日杞忧太重之故，吾独憾山农不能终身滚滚也。当滚时，内不见己，外不见人，无美于中，无丑于外，不背而身不获，行庭而人不见，内外两忘，身心如一，难矣，难矣。不知山农果有此乎，不知山农果能终身滚滚乎！吾恐亦未能到此耳。若果能到此，便是吾师，吾岂敢以他人笑故，而遂疑此老耶！①

人皆以孔子为大圣，吾亦以为大圣；皆以老、佛为异端，吾亦以为异端。人人非真知大圣与异端也，以所闻于父师之教者熟也；父师非真知大圣与异端也，以所闻于儒先之教者熟也；儒先亦非真知大圣与异端也，以孔子有是言也。其曰"圣则吾不能"，是居谦也。其曰"攻乎异端"，是必为老与佛也。

儒先亿度而言之，父师沿袭而诵之，小子矇聋而听之。万口一词，不可破也；千年一律，不自知也。不曰"徒诵其言"，而曰"已知其人"；不曰"强不知以为知"，而曰"知之为知之"。至今日，虽有目，无所用矣。

余何人也，敢谓有目？亦从众耳。既从众而圣之，亦从众而事之，是故吾从众事孔子于芝佛之院。②

《与曾继泉》正面立论，得出"我"陡然去发的决心和以异端自视的坚定。此虽一纸短笺，却气势磅礴，堂堂正正，真真表现出卓吾老子的异端形象。同时，虽"信"犹论，显示出李贽散文的一大特色，他的很多信笺，或长或短，都包含着深切的哲理，具有着辩驳议论的特色。又如《答周柳塘》是借回信周思久(字柳塘)而对耿定向的回答。耿定向曾说，李贽的离经叛道言行，如同颜钧(字山农)在讲学会堂上就地打滚一样，是一种参禅悟道的方式。李贽在这里则对"山农打滚"的绝假纯真的意趣，与那种为追求名利而在权势者面前奴颜婢膝之徒的打滚丑态做了鲜明对比，文章层层深入，反复辩驳，在逻辑

① 《答周柳塘》，《焚书》增补一。

② 《题孔子像于芝佛院》，《续焚书》卷四。

推理中予以形象描绘，既具有艺术的感染力，又具有雄辩的说服力。《题孔子像于芝佛院》简直就是在逻辑推论中完成了对盲从世俗陋习的批判。在《与友人论文》中李贽曾说："凡人作文皆从外边攻进里去，我为文章只就里面攻打出来，就他城池，食他粮草，统率他兵马，直冲横撞，搅得他粉碎，故不费一毫气力而自然有余也。"①李贽在这里强调的以子之矛攻子之盾的驳论手法，是他散文特别是杂文写作中的惯用手法，这一方法的运用，不仅大大增强了其论辩的尖锐与力度，同时也增加了强烈的感染力与说服力。

就语言方面来说，李贽的散文特别是杂文语言极富变化，有的尖刻冷峻，有的幽默含蓄，有的正面论述，有的反唇相讥，嬉笑怒骂，皆成文章。加之比喻、联想、夸张、借代、描绘等修辞手法的运用，以及历史家特有的史实典故的引证，思想家哲理思辨的具象化、情趣化，使其作品确实达到一个新的境界。

可以说，李贽的散文特别是杂文在中国散文史上具有开先河的性质，思想的尖刻性、批判性，手法的丰富性、多样性，说理的形象性、情趣性，以及语言体式上的变化性、灵活性，都已呈现出了近现代散文特别是杂文的某些基本特征，成为传统散文向近现代散文转型的先驱。

如若说中晚明散文新变的先驱是李贽，那么，其中坚就是公安三袁了。如若说在这种新变中李贽以其杂文式的散文开辟了一个新境界，那么，公安三袁则在游记、尺牍、传序等多方面促进了这一新变的发展，其中尤以山水游记成就最为突出。袁宗道游记虽数量不多，但其中所体现出的不拘格套，随意挥写，以清新语言表达独特的主观感受，已表现出公安派性灵理论的真髓。袁宏道游记近 90 篇，极富独创性，达到了中国山水游记创作的顶峰。袁中道《珂雪斋集》游记类文不仅数量更多，而且丰富系统，使中晚明的散文新变更加显示出实绩。公安三袁以寄情山水的豁达胸襟来与社会对抗，故而其山水游记具有深刻的意义。

首先，他们的山水游记比较典型地代表了晚明文学新思潮所体现的追求生活自由与个性解放的倾向。袁宏道说："与其死于床笫，孰若死于一片冷石也！"②袁中道亦曾言："回思向时与尘务相弊铩，以丘山之苦，易毫发之乐者，真如狂如醉，追悔莫及。始知予于山水间，亦有至性焉。"③可见，山水有"至

① 《续焚书》卷一。

② 《开先寺至黄岩寺观瀑布》，《袁宏道集笺校》卷三七。

③ 《玉泉拾遗记》，《珂雪斋集》卷一五。

性”，他们最理想的自适场所就是山水，全身心地投入大自然的怀抱，是寻求生命价值的最佳选择，因为他们都是生性自由之人，即如李贽所说的“平生不愿属人管”。袁宏道《答王则之检讨》中说：“京中之苦在拜客，家中之苦在无客可拜；京中之苦在闭口不得，家中之苦在开口不得。”[①]正是深谙个中之苦，故而三袁更是在山水之中寻求个性张扬的契机与自由自在的心境。

其次，他们的山水游记突破了旧游记的格套，主要以表性情为旨。袁宗道山水游记已打破了山水游记附着议论、借题发挥，或隐寓哲理和微言大义的传统写法，而是全凭兴趣和印象，记其可记，略去其余。在袁宏道笔下更是将表情与描写相结合，着重传达山水之乐与山水之趣。如“虎丘如冶女艳妆，掩映簾箔；上方如披褐道士，丰神特秀”[②]，“孤山处士，妻梅子鹤，是世间第一种便宜人”[③]。形象的比趣，将山水写得情味盎然。同时，在这种山水乐趣中还表现出了一种进步的时代精神，表现出对世俗的追求与快乐。如《上方》篇中所描写醉酒而归的豪放：“乙未秋杪，曾与小修、江进之登峰看月，藏钩肆谑，令小青奴罚盏，至夜半霜露沾衣，酒力不能胜始归，归而东方白矣。”这份纵情恣肆，既是属于山水的，又是属于作者的。

总之，山水游记至三袁手中，才真正显出游记本身的独特魅力，而不再附着于思辨似的议论。后世有人论及三袁的山水游记时，认为他们沉湎于山光水色之间，是一种对现实生活的逃避。其实三袁借山水以自遣是有的，但更主要的则是借助山水的自然真趣来表达对社会现实虚伪黑暗的对抗。恰如周作人《〈燕知草〉跋》所言：“明朝的名士的文艺诚然是多有隐遁色彩，但根本却是反抗的。”鲁迅在《小品文的危机》中也指出：“明末的小品虽然比较的颓放，却并非全是吟风弄月，其中有不平，有讽刺，有攻击，有破坏。”[④]所谓不平、讽刺、攻击、破坏，当然首先是指李贽那一类杂感式的文章，同时也包含有公安三袁的山水游记之作。因为这类作品也是作者对现实不满的产物，只不过采用了以退为进的方式罢了。在三袁的影响下，后来的竟陵派、王思任、刘侗和徐霞客等也都在山水游记上取得了不同成就，尤其是徐霞客，更是将实地考察的准确细致与游记的形象、抒情紧密结合，使其游记独具特色。

论述明中晚期散文的新变，不能不说到张岱。张岱是晚明小品文的集大成者，他进一步扩大了小品散文的题材，进一步拓展了小品散文的表现手法，

① 《袁宏道集笺校》卷二一。

② 《上方》，《袁宏道集笺校》卷四。

③ 《孤山》，《袁宏道集笺校》卷十。

④ 《南腔北调集》。

特别是进一步发展了小品散文的审美风格，把明中晚期散文的新变向前推进一步。

张岱小品文的内容极为广泛，诸如人物传记、民俗民情、观戏品茶、集市贸易、士女冶游，以至买卖妇女等，无所不有。加之公安三袁以来的山水游记的扩展，真是奇情状采，刻画了一幅幅社会画卷，反映了当时社会生活方式和人们价值观念的变化，散发着个性自由和反禁欲主义的启蒙思想的光辉，体现出明显的叛逆性质，以及反传统理学、追求思想解放的精神，具有鲜明的时代特征。如他的大量人物小品，摆脱了传统古文从政事、品德、礼教的角度来品评人物的特点，而着重表现以人自身为主题的人的智慧、聪明、才能和技艺，写出了人物独具的神质。《柳敬亭说书》中那位外貌奇丑而技艺极美的说书艺人柳敬亭；《濮仲谦雕刻》中那位“古貌古心，粥粥若无能”，而技艺巧夺天工的竹雕艺人濮仲谦；《五异人传》中那位一生落魄而偶得意外之财的“癖于钱”的瑞阳；《鲁云谷传》中那位不仅医术高明，而且“事事精办”、多才多艺的医生鲁云谷……不管是大智还是小慧，不管其出身是尊贵还是卑贱，在张岱笔下，都活灵活现，具有自己独特的精神面貌。特别是对于地位低微的下层群众的歌颂，反映了对社会普通人的尊重，对普通人价值的肯定。这一切都表现出晚明时期对人的价值的重视。

张岱的小品文还进一步发展了散文的审美功能，达到一种新的美学境界。如对说书艺人柳敬亭的描写，用柳的“黎黑、满面疤瘤，悠悠忽忽，土木形骸”的奇丑外表，与“口角波俏，眼目流利”、“声如巨钟”的说书技艺之美互为比衬，这种美丑映衬、美丑辩证的审美方式，反映了晚明时期对人格美力量的一种新认识，是中晚明社会资本主义启蒙思想中人的价值的发现在审美情趣上的一种反映，闪耀着人文主义思想的光辉。这一审美思想与情趣在对自然美的描绘上也有所体现，如其描绘西湖之美。常人多喜爱其春夏之美、花朝之美、晴明之美，而张岱独喜爱秋冬、月夕、雨雪之美，因为这时的美是一种更具特色和个性的美。重视把握自然美的个性特色，是晚明个性张扬的时代特征在散文领域的反映。

中晚明时期散文的新变在以上论述的几位代表作家的作品中得到了鲜明的体现。但是，既然成为文学发展中的一种新的潮流，也就必然会影响到当时的创作思想，在作家群体中有所反映。实际也是这样，中晚明时期的很多作家的散文创作，都在这一思潮影响下，在不同程度、从不同方面显示了这一新变的特征。例如，在明中叶秦汉、唐宋复古派如火如荼的斗争之际，文徵明、祝允明、唐寅等书画家的散文创作，就已经显示出不依傍门户、独立自主、注重真情的特色。他们都颇具才气，性格中带有狂狷之气，且多受挫科场，仕宦不显。故而他们为文潇洒狂逸，有才子名士之气。如文徵明之文，不拘泥定式，笔法纯正而不刻板，其主风雅数十年，在他周围形成了“吴中才士派”。祝允明之文不拘体格法度，立意谋篇往往有出奇制胜之妙。唐寅之文喜文采，风格峻爽遒劲，最富才子气。再如徐渭、汤显祖等戏曲家之文也融入了这一新变的潮流。徐渭思想怪狂，异端色彩浓厚，与其杂剧“嬉笑之骂怒于裂眦，长歌之哀甚于痛哭”的风格相一致，其文抒情深切，主观色彩浓重。如《张母八十序》、《陈山人墓表》等文，或抓住某种特点，或突出典型细节叙事写人，都饱含着作者悃悃惜悃悃的主观感情，在其怪诞乖张的背后，隐藏着诚志笃实之心。汤显祖主要创作在传奇。在戏曲上作为吴江派的对立面他提出“至情论”。为文也同样反对形式主义，提倡独创和情意趣。他在《答吕姜山》中说：“凡文以意、趣、神、色为主。四者到时，或有丽词俊音可用。”[①]其为文辞采华丽，多骈俪之语，这同样是受到了南曲绮丽戏词之影响，是晚明张岱奇情状采的小品之先声。

阳羡口中，吐奇不尽；邯郸枕里，变幻无穷。总观中晚明小品文，虽形式短小，却表达了极其丰富的内容和隽美的情趣，在散文创作中达到了一个新的美学境界，并形成了一股主潮流，从各个角度以各种方式反映了新的时代精神，在中国古老的散文中显示出新变。

四

从以上论述可以窥见，在李贽“童心说”文艺观的指引下，从“性灵说”直到张岱的小品文理论，形成了一种崭新的散文理论体系。与此相呼应，在散文创作上也发生了新变，特别是小品文的创作鲜明诠释着新散文理论的精髓与要旨。由于这种变化在中国散文发展史上首开近代人文主义文学的风气，故而说中晚明时期实质是中国散文史上的一个新变期。虽然这些新变由于诸多原因未能在清代继而形成气候，但它如一股潜流暗蕴在社会机体的内部。待鸦片战争后，近代的很多学者文人在对中晚明启蒙思想认同的同时，对其文学新思想也给以充分的肯定。特别是随着“五四”新文化运动的兴起，这股革新的文学思潮便如势不可遏的热泉，勃发而光大。鲁迅、周作人、郁达夫、阿英、刘大杰等作家学者对中晚明的文学革新思潮都给予高度评价，甚至把公安三袁等视为新文学运动的先驱。在创作上，鲁迅杂文的嬉笑怒骂与李贽

① 《汤显祖诗文集》卷四七，上海古籍出版社，1982 年。

杂文宛若同出一辙，郁达夫的山水游记中时时可见袁中郎小品艺术的屐痕，周作人的美文与张岱之文具有着共同的趣味……尤其是“五四”散文的“为人生”和向人的内心探索的主基调，更是与中晚明散文解放思潮声气相通。周作人在《〈燕知草〉跋》中曾说：“中国新散文的源流我看是公安派与英国小品文两者所合成。”在指明中晚明时期散文新变与中国新散文的渊源关系上是非常确切的。由“五四”开始，散文在这一渊源基础上不断向前发展、创造，最终促使了现代意义的散文的诞生。

（本文与硕士研究生张绍梅合写，原载《首都师范大学学报》，1998 年第 2 期）

中国走向近现代的启蒙先驱

——纪念李贽诞辰四百八十五周年忌辰四百一十周年

万历三十年(1602)，礼科都给事中张问达秉承首辅沈一贯的旨意，疏劾李贽的著作是“惑乱人心”，“狂诞悖戾”，“大都刺谬不经”，要求“将李贽解发原籍治罪”，“将李贽刊行诸书，并搜检其家未刊者，尽行烧毁。”神宗朱翊钧当即批示：“李贽敢倡乱道，惑世诬民，便令厂卫五城严拿治罪。其书籍已刊未刊者，令所在官司尽搜烧毁，不许存留。如有徒党曲庇私藏，该科及各有司访参奏来，并治罪。”(《万历实录》卷三六九)[1]李贽被捕入狱，在狱中，李贽趁狱吏替自己剃发之际，用剃刀自刎，向封建统治者进行了不屈的反抗与斗争，也成为中国历史上的一大政治冤案。封建统治者加给李贽的罪名是“敢倡乱道，惑世诬民”，在我们看来，“敢倡乱道”，正是李贽伟大之处；“惑世诬民”，则恰恰相反，李贽提出的许多命题正是救世启民，李贽是中国走向近现代的反封建压迫、反传统思想的启蒙先驱。

一、从民之性的为政理念

李贽对科举制度非常厌恶，在《卓吾论略》中曾讽刺说：“此直戏耳！但剽窃得滥目足矣，上司岂一一能通孔圣精蕴者耶?”[2]李贽对官场也毫无兴趣。但为生活所迫，他也不得不走入仕途，从出任河南辉县教谕，到云南姚安府知府，前后历时二十五载。李贽为官清廉，政绩卓著，不但得到同僚的赞誉，而且深得群众的欢迎。他本可以不用跑官，不用送礼，而再升一阶。但他深感封建官场的弊害，姚安知府任期未满，他就不顾上司的挽留，辞官甩袖而去，到麻城龙潭湖芝佛院展开自己对人生、社会和历史的研探。

由于在仕途走过二十五载，李贽研探的一个重要内容就是为政治国的方略。李贽认为，为政治国者首要的策略就是要从民之性，也就是说要顺从民性，顺从民欲，要依从人民群众的需要。李贽最早的关于为政治国的论文是在姚安知府任上时所写的《论政篇》。[2] 在此文中，李贽提出，为政者要实行“因乎人”、“因性牖民”的“至人之治”，而反对“本诸身”的“君子之治”。所谓“因乎人”、“因性牖民”，即根据不同情况，对广大群众进行诱导，满足他们人生的需要。因为人们的心性是不同的，只有“顺其性不拂其能”、“恒顺于民”，才能取得社会的安定和谐与发展，从而把社会治理好。反之，“君子之治”则“本诸身”，即根据自身的要求与标准去要求别人，做不到时就用“条教之繁”、“刑法之施”对广大群众束缚，强迫广大群众服从个人之需，这样则只能造成社会的动乱。

李贽的这一顺从民性、顺从民欲的从政治国思想，在他后来的著作中得到一再的论述。在《答耿中丞》中，他提出：“夫天下之民物众矣，若必欲其皆如吾之条理，则天地亦且不能。是故寒能折胶，而不能折朝市之人；热能伏金，而不能伏竞奔之子。何也？富贵利达所以厚吾天生之五官，其势然也。是故圣人顺之，顺之则民安矣。……各从所好，各骋所长，无一人不中用，何其事之易也！”[3] 把追求“富贵利达”说成是人的普遍本性，把顺从民性、顺从民欲的从政治国理想寄希望于封建的“圣人”，这是历史时代对李贽的局限。但他要求顺从人们的自然之性和满足人们的生存欲望，在严密的封建统治下，其启蒙精神是非常可贵的。这一精神在《明灯道古录》中更有着系统的表述。例如李贽重新解释了被封建统治者神秘化了的“道”：“道本不远于人，而远人以为道者，是故不可以语道。道即人也，人外无道，而道外亦无人。故君子以人治人，更不敢以己治人者。以人本自治，人能自治，不待禁而止之也。若欲有以止之，而不能听其自治，是伐之也，是欲以彼柯易此柯也。虽近而实远，安能治之，安足为道也耶？”[4] 这里借《中庸》引孔子的话：“道不远人，人之为道而远人，不可以为道”，和“故君子以人治人”，[5] 而加以发挥，认为“道”和人是紧密相连的，因此，从政治国就要因人而宜，因人而治，以人治人，人人自治，而不能以己治人。只有这样，社会才能和谐，人人才能得到安宁。否则，以己治人，用自己的一套去禁锢别人，那就是“伐之”，就是对他人的残害、危害，那是不能把社会治理好的。为了反对“欲以彼柯易此柯”的“伐之”的治国方法，他进一步提出：“千万其人者，各得其千万人之心；千万其心者，各遂其千万人之欲。是谓物各付物，天地之所以因材而笃也，所谓万物并育而不相害也”，从而达到“天下之民，各遂其生，各获其所愿有，不格心归化者，未之有也。”李贽提出的“物各付物”、“因材并育”，就是要求任物性的自由发展。因为“物之不齐，物之情也”，天下的事物千差万别，人们的才能、性情、喜好各有差异，只有任其自由发展，千万人才可以实现自己的心愿，千万种心愿才可能得到满足，这样，天下也就可达到大治。反之，如果违背千万人的心愿，硬把千万人的不同心愿整齐划一，约束在一个框子里，这就等于强迫天下的人服从自己。这样千差万别的人自然觉得是一种苦难而不服从，天下也就必然难得安宁。李贽还引《大学》中的话“民之所好，好之；民之所恶，恶之。”[5]以为已证，并加以发挥曰：“好恶从民之欲，而不以己之欲，是之谓‘礼’。礼则自齐，不待别有以齐之也。若好恶拂民之性，灾且必逮夫身，况得而齐之耶?”反对对人们进行束缚与限制，要求造成人人顺其本性、人人随心如愿的理想政治局面，这是在为个性解放大声疾呼，是李贽人文主义启蒙思想的可贵内容，在当时具有强烈的战斗意义，有力地冲击了封建地主阶级的专制统治。

正是从这样的为政理念出发，李贽多次提出“天之立君，所以为民”的命题。上天把你立为居于民上的君王，是要让你为民办事的，其职责应该落在“为民”这一治政方针之上，而不应该是居于民上作威作福的统治者。以民为本的思想，在传统思想中有所表述，李贽对此则有新的诠释。

其一，李贽认为“为民”就要关注广大民众的生存，即关注人们穿衣吃饭一类的实际生活需求。他在《答邓石阳》一文中说：“穿衣吃饭，即是人伦物理；除却穿衣吃饭，无伦物矣。世间种种皆衣与饭类耳，故举衣与饭而世间种种自然在其中，非衣饭之外更有所谓种种与百姓不相同者也。”[3]李贽此话说的是如此的明白与肯定，“穿衣吃饭即是人伦物理”，强调的就是要从“百姓日用”上考察人生，这就肯定了人们最基本的物质生活需求。理学家提出要“存天理，灭人欲”，其主旨就是把封建伦理道德说成是永恒不变的“天理”，把人们的物质生活要求说成是“人欲”，其实质是要人们遏制自己合理的生存要求，以服从封建统治者的统治需要。李贽“穿衣吃饭即是人伦物理”这一命题的提出，敢于面对人们的自然欲求以说明天道运转的规律，而不是脱离实际地去空讲仁义道德，这就否定了理学家们“天理”的存在合理性，肯定了人们争取生存权利的合理性，也是从政治国的良策。试想如若百姓处在家徒四壁，食不饱，衣不暖的境界，社会能以安定吗？从思想发展史上看，李贽“穿衣吃饭即是人伦物理”这一命题的提出，上承泰州学派“百姓日用是道”，下启王夫之“饮食男女之欲，人人之大共”，在明清之际反理学的斗争中，占有特殊地位，是中国走向近现代的人文主义启蒙思潮的鲜明表现。

其二，要听取广大民众的呼声。《中庸》引孔子的话说：“舜其大知(智)也与！舜好问而好察迩言，隐恶而扬善，执其两端，用其中于民。其斯以为舜乎！”[5]迩言，即百姓浅近通俗之言。李贽对此做了如下的发挥：“唯是街谈巷议，俚言野语，至鄙至俗，极浅极近，上人所不道，君子所不闻者，而舜独好察之。以故民隐无不闻，情伪无不烛，民之所好，民之所恶，皆晓然洞彻，是民之中，所谓善也。夫善言即在乎迩言之中，则迩言安可以不察乎？……夫唯以迩言为善，则凡非迩言者必不善。何者？以其非民之中，非民情之所欲，故以为不善，故以为恶耳。……圣人无中，以民为中也。夫民之所欲，天必从之，况居民上而为天子者哉？天之立君，所以为民。舜唯日夜思所以用民之中，俾之无有失所欲者，安得而不遑遑焉而唯迩言是察也？”[4]李贽认为，“上人所不道，君子所不闻”的“街谈巷议，俚言野语，至鄙至俗，极浅极近”的百姓浅近之言，正是广大民众思想感情和要求愿望的表露。正因为如此，这才是“善言”，即有益之言，反之就是“不善”之言，即无益之言。对于这些“迩言”中所反映出的广大民众心中的思想和愿望，上天也会听之从之，何况为上天所立的居于民上的君主呢！这里清楚地表现出，李贽认为统治者应该从“上人所不道，君子所不闻”的广大民众的呼声中作为考察民情和从政治国的依据。因为只有从民众的呼声中，才能精心考察百姓的心理和物质利益的要求，以民之善为善，以民之智为智，这才是像舜一样的“大智”，才能把社会治理好，创建出理想的政治局面。这一立论对封建统治者的专制统治无疑具有强烈的批判力。

二、人生平等的社会理想

在长期的封建社会中，封建统治者进行封建统治的一个重要理论就是等级制。所谓“君君、臣臣、父父、子子”的等级准则，所谓“三纲”“五常”的伦理规范，所谓“唯上智与下愚不移”、“性三品”的理论定位，都是非常符合封建统治的需要的。李贽在对人生、社会的研讨中的一个重要命题，就是对这一等级思想的批判。例如在《老子解》中，从“致一之道”出发，得出了“庶人非下，侯王非高”的结论：“侯王不知致一之道与庶人同等，故不免以贵自高。高者必蹶，下其基也；贵者必蹶，贱其本也。何也？致一之理，庶人非下，侯王非高，在庶人可言贵，在侯王可言贱，特未知之耳。……人见其有贵有贱，有高有下，而不知其致之一也，曷尝有所谓高下贵贱者哉？”[6]李贽在这里对《老子》“贵以贱为本，高以下为基”的辩证思想加以发挥，引申出“庶人非下，侯王非高”的人生平等之论。李贽所说的“致一之道”，就是他多次提出的“圣愚一律”、“天子庶人壹是无别”的思想。但是侯王们不知道这个“致一之道”，而以贵自高。其实，下是高的基础，贱是贵的根本，从“致一之道”看来，都是相辅相成，互为条件的。所以，庶人并不下贱，侯王并不高贵，就是所谓的圣贤、天子和庶人也没有什么高下贵贱之分。显然，李贽的这种思想具有人人平等的精神，对当时森严的封建等级制是有力的冲击与批判。

李贽的人人平等思想，在他的很多著作中都有所体现。如在《复京中友朋》中说："圣人不曾高，众人不曾低"。[3]在《答耿司寇》中说："麒麟与凡兽并走，凡鸟与凤凰齐飞"。[3]特别是在《明灯道古录》中针对传统思想中的"尊德性"之说，提出："尔勿以尊德性之人为异人也，彼其所为，亦不过众人之所能为而已。人但率性而为，勿以过高视圣人之为可也。尧舜与途人一，圣人与凡人一。"[4]"尊德性而道问学"是儒家经典《中庸》提出的一个命题，他要求"君子"要具备尊奉天赋的德性和崇拜圣人的至诚，并通过勤学好问而达到这一境界。但在李贽看来，"尊德性"不过就是尊重众人之所能为而已，"人但率性而为"，每个人只要依照自己的本性发展就可以了。在"尊德性"上，圣人并没有什么高明之处，"尧舜与途人一，圣人与凡人一"，天下人人平等，没有什么高低上下之别。很清楚，李贽从包含着等级观念的"尊德性"立论中，引出的都是反传统的崭新的平等思想。由此出发，李贽还引申出了人们在能力上的平等命题，强调"天下无不能之人，人无不能之事"。而且，"圣人所能者，夫妇之不肖可以与能，勿下视世间之夫妇为也。……若说夫妇所不能者，则圣人亦必不能，勿高视一切圣人为也。"[4]圣人与凡人在能力上是平等的，不要高视圣人，不要下视凡人，这在等级森严的封建社会，不能不是振聋发聩的"异端"之论。

李贽关于男女平等的思想，更鲜明地表现出人文主义启蒙的特色。在长期的封建社会，男尊女卑、重男轻女的传统思想有着悠久的历史。什么"三从"、"四德"、"七出"，什么"从一而终"，什么"饿死事极小，失节事极大"等等，都像枷锁一样禁锢着广大妇女的身心。李贽则大声地为妇女鸣不平。李贽弃官后，寓居湖北麻城的芝佛院讲学传道。他不顾传统思想的禁锢与理学家的非议，用信函的形式大胆招收一些女子为弟子，结果遭到封建卫道士们的围攻。他们污蔑李贽"宣淫败俗"，是"左道惑众"，并公开著文说"如女见短，不堪学道"，想用男尊女卑的封建教条约束李贽的言行。李贽针锋相对地写了《答以女子学道为见短书》，文中坚决反对以性别作为区分见识长短的标志，提出女子和男子在才智上没有差别，并举出历史上的事例，说明女子和男子一样能参政治国，写诗作文。并由此得出结论说："谓人有男女则可，谓见有男女岂可乎？谓见有长短则可，谓男子之见尽长，女子之见尽短，又岂可乎？"[7]并进一步指出，如若说妇女见识短的话，那也是由于把她们禁锢在

“闺阁之间”，不让她们走出家门所造成的，其根源还在于封建礼教，并不在妇女本身。在《初潭集》中，针对以男子为社会中心的伦理观念，李贽举出二十五位历史上的妇女，称赞她们“才智过人，识见绝甚”，“男子不如也!”针对以男子为家庭中心的伦理观念，李贽提出：“有好女子便立家，何必男儿?”[8]生男可以娶媳立家，生女亦可招婿立户，男女同样有支撑家庭的能力与责任。在婚姻问题上，李贽提出“夫妇之际，恩情尤甚”，应该以真挚的感情为基础，建立在平等关系之上。对于寡妇的再嫁，李贽也给予肯定和赞扬。在《藏书·司马相如传》中，他称赞卓文君与司马相如的结合是“获身”，而不是“失身”，是“归凤求凰，安可诬也”。并说寡居之女本人要“早自抉择”，以免“徒失佳偶，空负良缘”。[9]妇女在社会中的地位，是衡量一个社会的重要标志；对妇女问题的认识，是衡量一个思想家的标杆。李贽对男尊女卑、重男轻女的封建伦理的批判，不仅在当时具有超前的启蒙意义，就是在今天也有着强烈的启示和借鉴作用。

三、存真去假的人格修炼

李贽写有《童心说》一文，人们或称之为是李贽哲学思想的基石，或称之为是李贽文艺思想的纲领，这都是无异议的。但从另一角度看，也可以说是对人生人格的希求，对一种“真人”的呼唤。李贽是这样说的：“夫童心者，真心也。若以童心为不可，是以真心为不可也。夫童心者，绝假纯真，最初一念之本心也。若失却童心，便失却真心，失却真心，便失却真人。人而非真，全不复有初矣。”[2]很清楚，李贽所说的“童心”，就是“绝假纯真”的“真心”，“最初一念之本心”，即人生世间的原始的纯正的情感，也就是人的自然之性。儿童之心，天真无邪，质朴无假，如若丧失了这种童心，也就丧失了真心，丧失了真心，也就成不了真人。因为人的情感虚假了，也就完全丧失了人应具有的纯真的本性。

李贽对具有原始的纯正的自然之性的“真人”的呼唤，是李贽追求的人生哲学的真谛。正是从这一真谛出发，李贽特别强调去假存真的人格修炼，赞扬去假存真的人格精神，《童心说》就是最典型的代表作。在《与耿司寇告别》中，李贽反对与人“极好相处”的“乡愿”，而赞赏“不蹈故袭，不践往迹”而有见识的“狂者”，赞赏“行一不义杀一不辜而得天下不为”具有操守的“狷者”，[3]就在于这种狂狷之士能以保持其独立的人格。李贽还认为，“丈夫汉”就应该“喜则清风朗月，跳跃歌舞；怒则迅雷呼风，鼓浪崩沙；如三军万马，声沸数里。”[10]（《预约·早唤守塔》）而反对总是“庇荫”于他人的缺乏独立人格的奴性：

“凡大人见识力量与众不同者，皆从庇人而生，日充日长，日长日昌。若徒荫于人，则终其身无有见识力量之日矣。今之人皆受庇于人者也，初不知有庇人事也。居家则庇荫于父母，居官则庇荫于官长，立朝则求庇荫与宰臣，为边帅则求庇荫于中官，为圣贤则求庇荫于孔、孟，为文章则求庇荫于班、马，种种自视，莫不皆自以为男儿，而其实则皆孩子而不知也。[7]”(《别刘肖川书》)就是念佛修行，李贽认为也应该任性自然，而不要“矫情”，不要“逆性”。他在《为黄安二上人三首·失言三首》中说：“念佛时但去念佛，欲见慈母时但去见慈母，不必矫情，不必逆性，不必昧心，不必抑志，直心而动，是为真佛。”[7]

自然人性论的提出，应该追溯到战国时的道家。在《老子》、《庄子》中都有关于“真人”的纯真天性应是自然无瑕的论述。但李贽的“童心”说，与道家的自然人性论又有实质的区别。如若说，先秦道家的自然人性论旨在解除儒家礼乐仁义对人性的束缚，李贽的“童心”说则有着强烈的现实针对性，那就是指向理学家特别是假道学家以理学对广大民众生存权利的扼杀，揭露他们表面上仁义道德，实质上利欲熏心、道德败坏的虚伪面目。

社会是由家庭为基础构成的，家庭是由个人为基础构成的，个人的品格必然影响到家庭与社会的发展。李贽生活的明代后期，已是封建社会走向衰落的时期，统治者为了维护其专制，在政治、思想、文化上都进一步加强了对广大民众的禁锢，普天下是严酷的封建教条，满社会是迂腐的道学君子，人生成了以假欺假的人生。因此，李贽在著作中，对于理学家特别是假道学家的虚伪面孔与人格进行了无情的揭露与批判。他在与耿定向论辩时写的《答耿司寇》中说：“试观公之行事，殊无甚异于人者。人尽如此，我亦如此，公亦如此。自朝至暮，自有知识以至今日，均之耕田而求食，买地而求种，架屋而求安，读书而求科第，居官而求尊显，博求风水以求福荫子孙。种种日用，皆为自己身家计虑，无一厘为人谋者。及乎开口谈学，便说尔为自己，我为他人；尔为自私，我欲利他；我怜东家之饥矣，又思西家之寒难可忍也。某等肯上门教人矣，是孔、孟之志也；某等不肯会人，是自私自利之徒也。某行虽不谨，而肯与人为善；某等行虽端谨，而好以佛法害人。以此而观，所讲者未必公之所行，所行者又公之所不讲，其与言顾行、行顾言何异乎?”并说：“实多恶也，而专谈志仁无恶；实偏私所好也，而转谈泛爱博爱；实执定己见也，而专谈不可自是”。[3]这里虽然说的是耿定向，实际则是指向了一切言清行浊、口是心非的伪善的假道学家。对于假道学家这种伪善面孔和人格的揭露，李贽着笔不但入骨三分，而且十分辛辣。说他们是“阳为道家，阴为富贵；被服儒雅，行若狗彘”[11]（《三教归儒说》）的伪君子，是“口谈道德而心存高官，志在巨富”[7]（《又与焦弱侯》）的两面人。而“道学”正是他们达到欺世盗名的工具：“道学其名也，故世之好名者必讲道学，以道学之能起名也。无用者必讲道学，以道学之足以济用也。欺天罔人者必讲道学，以道学之足以售其欺罔之谋也。”[12]（《初潭集·道学》）“夫唯无才无学，若不以讲圣人道学之名要之，则终身贫且贱焉，耻矣。此所以必讲道学以为取富贵之资也。然则今之无才无学，无为无识，而欲致大富贵者，断断乎不可以不讲道学矣。”[13]（《初潭集·释教》）李贽对道学及道学家伪善本质与人格的深刻揭露，鲜明地表现出他与当时占统治地位的官方哲学相对立的战斗精神。正是在这样的基础上，李贽在《童心说》中又提出：“盖其人既假，则无所不假矣。由是而以假言与假人言，则假人喜；以假事与假人道，则假人喜；以假文与假人谈，则假人喜；无所不假则无所不喜，满场是假，矮人何辨也！”言是假言，文是假文，人是假人，整个社会充满了假，以至人们分不清什么是真什么是假，这是一个多么可怕的社会呀！不仅如此，李贽还由此生发出把造成假言假文假人的根源归结为儒家经典：“然则六经、《语》、《孟》，乃道学的口实，假人之渊薮也。”[2]这虽是愤激之词，但也是对传统思想的有力冲击，在中国思想发展史上起到了振聋发聩的作用。还应指出，李贽在对假道学一类“假人”批判的同时，还明确指出，与这种“假人”相对应的“真人”多是出自社会下层。在《答耿司寇》中，在斥责耿定向言行不一的伪善行径之后说：“翻思此等，反不如市井小夫，身履是事，口便说是事，作生意者但说生意，力田作者但说力田，凿凿有味，真有德之言，令人听之忘厌倦矣。”[3]在《何心隐论》中，通过道学家和普通民众在何心隐遇害一事上的不同表现，得出了“匹夫无假，故不能掩其本心；谈道无真，故必欲划其出类”的结论，[2]显示出李贽把大众百姓视为“真人”的可贵认知，这和他为政治国的民本主义思想完全一致。

四、与世推移的发展史观

李贽是位思想家，也是位史学家。李贽的史学著作主要有通史《藏书》，断代史《续藏书》，还有《焚书》、《续焚书》中的部分读史论文，《初潭集》及其他著作中对历史人物和事件的评论。作为封建社会的进步思想家，李贽当然会受到历史传统观念的束缚，但他的很多史学见解也表现出与传统思想的对立，显示着人文主义的启蒙特色。

李贽史学思想的一个亮点就是他提出的“与世推移”的历史发展观。他在《战国论》一文中，驳斥了儒生们“徒知羡三王之盛，而不知战国之宜”的荒谬，提出："夫春秋之后为战国，既为战国之时，自有战国之策。盖与世推移，其道必尔。如此者，非可以春秋之治治之也明矣，况三王之世欤！[2]对于战国以前的古代史，传统的思想家大多赞美"三王之治"，而认为战国是"犯上作乱"、"天下无道"。与此相反，李贽却认为，随着社会情况的变化，统治局面与政治措施也一定要相应地改变。由此出发，李贽对春秋、战国时期许多标志着历史前进的重大事件，特别是统一中国的趋势，都予以肯定。"既为战国之时，则自有战国之策"，这是"与世推移，其道必尔"的发展史观的必然结论。这一立论，与传统思想的复古倒退的历史观形成鲜明对照。从运动与发展中观察社会历史的前进，显示出李贽的历史观具有朴素的辩证法思想。李贽在《藏书·赵汝愚传》中提出的"治贵适时，学必经世"；[14]在《焚书·先行录序》中提出的"时异势殊"，"行随事迁"[2]；在《焚书·晁错》中提出的"因其时，用其术，世无定时，我无定术，是之谓与时消息而已不劳，上也。"[15]都是李贽具有朴素辩证法史学观"与世推移"思想的鲜明表现。

正是从"与世推移，其道必尔"的历史观出发，李贽反对"践迹"、"执一"的历史保守观。所谓"践迹"，就是踩着他人的脚步走；所谓"执一"，就是固执一种定见而不前进。李贽在《藏书·世纪列传总目后论》中说："儒臣虽名为学而实不知学，往往学步失故，践迹而不能造其域，卒为名臣所嗤笑。然其实不可以治天下国家，亦无怪其嗤笑也。"又说："呜呼！受人家国之托者，慎无刻舟求剑。托名为儒，求治而反以乱，而使世之真才实学，大贤上圣，皆终身空室蓬户已也，则儒者之不可以治天下国家，信矣。"[16]在《藏书·孟轲》中，李贽又说"践迹"，不过是"效颦学步，徒慕前人之迹为"。而"持一"之说的实质是："持刊定死本，而欲印行以通天下后世，是执一也，执一便是害道。"并响亮提出："不执一说便可通行，不定死法便是活世"。因此，对于过去的"迹"，则"不必践，不可践，不当践！"[17]李贽在这里所批判的"儒者"的"学步失故"、"刻舟求剑"、"执一之说"就是一种保守倒退的历史观。这样的历史观，把过去的条条框框视为神圣的戒律，不准越雷池一步，不准有任何的变革，这怎么能适用于时代的发展。李贽指斥这种保守倒退的历史观是"害道"，是"不可以治天下国家"，实为一针见血。

传统保守的史学观要"践迹"，要"执一"，那么，要"践"什么"迹"？要"执"什么"一"？很清楚他们"践"的是孔子的"迹"，要"执"的是孔子的"一"。正因为如此，李贽在他的史学专著《藏书》前，先写了篇《世纪列传总目前论》，提出了为赞颂李贽和贬斥李贽者都特别关注的不以孔子的是非为是非的重要命题。他说："人之是非，初无定质；人之是非人也，亦无定论。无定质，则此是彼非，并育而不相害；无定论，则是此非彼，亦并行而不相悖矣。然则今日之是非，谓予李卓吾一人之是非，可也；谓为千万世大贤大人之公是非，亦可也；谓予颠倒千万世之是非，而复非是予之所非是焉，亦可也。则予之是非，信乎其可矣。前三代，吾无论矣。后三代，汉、唐、宋是也，中间千百余年，而独无是非者，岂其人无是非哉？咸以孔子之是非为是非，故未尝有是非耳。然则予之是非人也，又安能已！夫是非之争也，如岁时然，昼夜更迭，不相一也。昨日是而今日非矣，今日非而后日又是矣。虽使孔夫子复生于今，又不知作如何非是也，而可遽以定本行罚赏哉！”[16]不以孔子的是非为是非这一命题，是李贽在论述怎样考察历史时所提出，后人把这一命题扩展到李贽对孔子的全部评价并不确切。而且，李贽是指后来的儒家学派“咸以孔子之是非为是非”，所以造成了“未尝有是非”的结果。这个命题的提出针对的是那些死守孔子绳墨的保守的儒家学派。因为在儒家学派看来，以孔子为代表的一套理论，就是评量一切事物的教条，区别一切是非的标准，不管时代如何发展变化，只要按照这套立论教条，亦步亦趋，践迹而行，就可以了。李贽以“颠倒千万世之是非”的英勇气魄，对这种保守的史学观进行了挑战，同时，也对孔学的神圣权威进行了挑战。在李贽看来，历史是发展的，是非标准就应该因时而异，因人而异，是和非没有永恒的固定不变的标准，没有通行万世的“定论”。李贽提出的“是非无定质”、“是非无定论”，涉及真理的相对性和绝对性。李贽过分强调了真理的相对性，显然是片面的。但他强调真理本身是发展的，即所谓“如岁时然，昼夜更迭，不相一也”；强调人们对真理的认识也是发展变化的，即所谓“昨日是而今日非矣，今日非而后日又是矣”。这就从两方面否定了保守史学观把孔子的是非标准定为永恒不变的真理的依据，在当时具有强烈的批判精神和启蒙意义。

李贽这种不要以孔子的是非为是非的历史观是终生一贯的。他辞官后客居黄安开始研究历史的时候在《与焦弱侯》中说：“山中寂寞无侣，时时取史册披阅，得与其人会觌，亦自快乐，非谓有志于博学宏词科也。尝谓载籍所称，不但赫然可记述于后者是大圣人；纵遗臭万年，绝无足录，其精神巧思亦能令人心羡。况真正圣贤，不免被人细摘；或以浮名传颂，而其实索然。自古至今多少冤屈，谁与辨雪！故读史时，真如与百千万人作对敌，一经对垒，自然献俘授首，殊有绝致，未易告语。”[18]李贽在七十岁时写的《读书乐并引》中又说：“天幸生我大胆，凡昔人之所忻艳以为贤者，多以为假，多以为迂腐不才而不切于用；其所鄙者、弃者、唾且骂者，余皆的以为可托国托家而托身也。其是非大戾昔人如此，非大胆而何？”[19]这都明白表现出李贽是自觉地抱着与千万人作敌的态度，要以自己的是非标准为指导去进行历史研究，去对历史人物评价。李贽自己的是非标准就是他一再强调的“与世推移”的准则，而不是“践迹”、“执一”的保守固执的史学原则。李贽以自己“与世推移”为准则写出的历史著作，或者像“系千百年是非”[3]（《答焦漪园》）的巨著《藏书》、《续藏书》，或者是“颇多发明”[18]（《与焦弱侯》）的单篇历史人物评论，都表现出他反传统思想的史学思想。

五、重情重俗的美学思想

作为思想家的李贽，也是一位文学家，这不但表现在他独具特色的诗文创作上，也表现在他独具特色的美学思想上。

李贽独具特色的美学思想，突出表现在他的“童心说”中。正如我们在前面提出的，“童心说”是李贽哲学思想的基础，也是他文艺思想的纲领。李贽希求人要成为保持“童心”，即“真心”、“最初一念之本心”的“真人”，由此人格理想出发，他必然引申出相应的美学理想，那就是追求文艺应该是保持“童心”即“真心”、“最初一念之本心”的“至文”。他说：“天下之至文，未有不出于童心焉者也。”[2]这里所说的“至文”，就是指最好的文章。李贽认为“天下之至文”，都是出于“童心”，即“真心”、“最初一念之本心”。我们前面已指出，所谓“童心”、“真心”、“本心”，在李贽看来，就是指人世间原始的纯正的情感，由此，可以说李贽“童心说”的美学理想就是“真情”说，文艺就是要表现人们的真情实感，而不是言不由衷，装腔作势，甚至充斥着瞒与骗的虚假。李贽对文艺的这一定位，准确的论证了文艺的本质，是千古不移的美学原理。这一思想李贽在很多著作中都有生动深刻的论述。如在《杂说》中说：“且夫世之真能文者，比其初皆非有意于为文也。其胸中有如许无状可怪之事，甚喉间有如许欲吐而不敢吐之物，其口头又时时有许多欲语而莫可所以告语之处，蓄极积久，势不能遏。一旦见景生情，触目兴叹；夺他人之酒杯，浇自己之垒块；诉心中之不平，感数奇于千载。既以喷玉唾珠，昭回云汉，为章于天矣。遂亦自负，发狂大叫，流涕恸哭，不能自止。宁使见者闻者切齿咬牙，欲杀欲割，而终不忍藏于名山，投之水火。[2]”文艺是社会生活的反映，同时它又是文艺家对社会生活的能动的反映。真正有价值的文艺作品一定是文艺家对社会生活有了深切的感受，并具有了深厚的情感积聚，从而产生了强烈的创作激情，才能创作出像珠玉一样美好焕发着光辉异彩的好作品。正是由于这样的作品深含着情感的积聚，不但作者自己在创作时会全身心的投入，以至激动得发狂大叫，流涕痛苦；而且使读者在阅读后也会心惊胆战，咬牙切齿，甚至产生“欲杀欲割”之感。可以看出，李贽的“童心说”从创作与阅读两个方面强调了文艺作品的情感作用，这是对文艺真谛的美学阐述。李贽在《忠义水浒传序》提出的文艺作品都是“发愤之所作也”[2]；在《读律肤说》中提出的文艺创作都是“发于情性，由乎自然”[2]；在《读若无母寄书》中提出的“言出至情，自然刺心，自然动人[10]”；在《琴赋》中提出的“琴者心也，琴者吟也，所以吟其心也”；等等[15]，都是在强调文艺作品情感的重要性，不但强调了文艺创作中激情的决定作用，也阐明了阅读者欣赏者被感情所感染的作用，这是非常可贵的。

李贽“童心说”强调文艺作品情感的重要性，既是对文艺真谛的阐释，也有着强烈的现实针对性。以儒家思想为主导的传统的文艺观，强调的是“文以载道”，“代圣贤立言”，文艺作品要“宗道”、“宗经”、“宗圣”。这一思想在宋明时期随着理学的发展更加膨胀。明代的统治者特别重视利用文艺以维护其统治，明令规定杂剧戏文只许演“神仙道扮，义夫节妇，孝子顺孙，劝人为善及欢乐太平者。[20]”一些文人则提出“当于六籍中求吾心”的创作原则，甚至说：“不关风化体，纵好也枉然[21]”，要求文艺成为宣传“万世纲常之理”的工具。李贽的“童心说”就是在这一背景下提出的，其与传统的文艺观与明代统治者的文艺政策的相对立是相当明显的。

由此出发，李贽对文艺创作中情与礼的关系做了深入的独特的剖析。在《童心说》中，李贽指出，如若“童心”被障，那就“发而为言语，则言语不由衷”；“著而为文辞，则文辞不能达”；那就只能是“假人”的“假文”。李贽还进一步指出，“童心”为何被降？那是由“多读书识义理”而产生的“道理闻见”所误的结果。如若以“多读书识义理”而得来的“道理闻见”充斥内心，那么创作出来的文艺作品也只能是“皆闻见道理之言，非童心自出之言也。”这样的作品只能是失却“童心”的“假文”。应该指出，李贽并不是笼统地反对读书，就在《童心说》中，李贽同时指出“古之圣人，曷尝不读书哉！然纵不读书，童心固自在也；纵多读书，亦以护此童心而使之勿失焉耳。”李贽自己也是文史哲、儒释道，以及军事、民俗、小说、戏曲无所不读，并著《读书乐》对自己能以“一意读书”而乐。李贽反对从“多读书识义理”中而得“道理闻见”，其针对性就是当时占统治地位的传统思想与理学家的说教。在李贽看来，只有摆脱传统思想与理学家的说教，从现实社会感受中产生出创作激情，才能创作出具有“童心”的“至文”。

传统思想对于文艺创作也注意到了“情”的问题，但他们要求的是“发乎情，止乎礼义”[22]（《诗·周南·关雎·训诂传第一》），要求所抒之情必须合于封建的伦理道德。对文艺创作中"情"与"礼"的关系，李贽则给予不同的辨释。在《读律肤说》中，李贽提出："盖声色之来，发于情性，由乎自然，是可以牵合矫强而致乎？故自然发于情性，则自然止乎礼义，非情性之外复有礼义可止也。"[2]文艺创作的自然之美，就是产生于人的真实情性的自然流露，因此，自然地表达真情实感才是最美的，也就自然地可以达到礼义，并不是情性之外还有什么礼义可言。礼义就在自然情性之中，不必外求，不容作伪，这一立论与传统的"发乎情，止乎礼义"形成鲜明的对立。

李贽的这一立论，在他的《四勿说》中更有着哲理的论证。《论语・颜渊》记载，颜渊问仁德，孔子回答说："克己复礼为仁。"颜渊又问"克己复礼为仁"的行动纲领是什么？孔子回答说："非礼勿视，非礼勿听，非礼勿言，非礼勿动。[23]"这一行动纲领，作为封建统治者的一种意识形态，千百年来对人们进行着严酷的束缚，多少奇思异想的人类思想精华被禁锢，多少青年男女活泼泼的充满活力的生命被扼杀。李贽在《四勿说》中则做出了石破天惊的"注解"。李贽说："盖由中而出者谓之礼，从外而入者谓之非礼；从天降者谓之礼，从人得者谓之非礼；由不学、不虑、不思、不勉、不识、不知而至者谓之礼，由耳目闻见，心思测度，前言往行，仿佛比拟而至者谓之非礼。语言道断，心行路绝，无蹊径可寻，无途辙可由，无藩卫可守，无界量可限，无扃钥可启，则于四勿也当不言而喻矣。"[2]这段话我们不妨今译如下："我认为发自人们内心的才是礼，受外界社会影响的就是非礼；发自自然本性的才是礼，人为规定的条约就是非礼；由不必经过学习、思考、研究、认识的行为才是礼，由外来影响、心思推测、圣贤言行、模仿圣贤的行为就是非礼。不可言说，不可思虑，没有道路可依据，没有车辙印可遵循，没有屏障可守护，没有范围可界限，没有钥匙可开启，只有到了这种境界才真正懂得四勿了。"原来"四勿"就是冲决一切罗网，泯弃一切规范，摆脱一切束缚的完全自由。发自内心的真情才是礼，否则就是非礼，在封建礼教严密统治的明代，这真是石破天惊之论！在这样的"四勿"面前，还有什么不能说、不能听、不能言、不能动呢？情即礼这一命题的提出，从立论上彻底破除了理学家以"礼"为人格标准的基石，从而也就彻底破除了他们"发乎情，止乎礼义"的文艺创作准则，这是作为启蒙思想家李贽在文艺观上的重要贡献，为中国的文艺发展开启了哲理的思维空间和广阔的发展道路。

李贽"童心说"文艺思想的另一贡献是对通俗的小说戏曲的提倡。中国的文学发展史在元代明代以前，以诗文为主体，诗文为正统，元代以后，随着启蒙思潮的兴起，适性顺情的小说戏曲这种通俗文学得到发展。这些作品张扬个性，肯定人欲，充满主体意识与独立人格，是近代人文主义启蒙思潮的鲜明体现。但却被视为不本经传、背于儒术的不能登大雅之堂的低俗作品，甚至被斥之为是“诲盗”、“诲淫”而加以禁毁。鲁迅曾说：“小说和戏曲，中国向来是看作邪宗的。”[24]（《徐懋庸作〈打杂集〉序》）又说：“在中国，小说不算文学。[25]”（《我怎么做起小说来》）这是非常深切的论断。小说戏曲在李贽之前从来都不被视为可以与诗文比肩的文学正宗。是李贽大力鼓吹小说戏曲的价值，赋予小说戏曲与正统诗文同等崇高的地位，在《童心说》中，李贽以“与世推移”的发展史观论析了文学的发展：“苟童心常存，则道理不行，闻见不立，无时不文，无人不文，无一样创制体格文字而非文者。诗何必古选，文何必先秦，降而为六朝，变而为近体，又变而为传奇，变而为院本，为杂剧，为《西厢曲》，为《水浒传》，为今之举子业，皆古今至文，不可得而时势先后论也。故吾因是而有感于童心者之自文也，更说什么六经，更说什么《语》《孟》乎？”[2]在李贽看来，只要是出于“童心”，即发自人们内心的真情实感，就“无时不文，无人不文”，都是好文章。正是从这一立论出发李贽提出，不能以时代先后作为评论作品的标准。因此，新发展起来的传奇、院本、杂剧、小说，像《西厢记》、《水浒传》等，都是天下的“至文”，应该给予充分的肯定。李贽的这一立论，一方面是对当时主张“文必秦汉，诗必盛唐”[26]（《明史·李梦阳传》）、“无一语作汉以后，亦无一字不出汉以前”[2]（王世贞《艺苑卮言》）的复古思潮的批判，一方面也是为新兴的小说戏曲张目。由此而生发的对“六经”、《论语》、《孟子》等儒家经典的辛辣嘲讽，在表现着李贽一贯的对传统思想的冲击的同时，也更加突出了对小说戏曲新兴文艺的赞颂。在《红拂》中，李贽说：“孰谓传奇不可以兴，不可以观，不可以群，不可以怨乎？”[11]把小说、戏曲与儒家推崇文艺作品的最高的社会作用“兴观群怨”相比并。在《〈忠义水浒传〉序》中，李贽对《水浒传》给予了极大的称赞。他说：“故有国者不可以不读，一读此传，则忠义不在水浒而皆在于君侧矣。贤宰相不可以不读，一读此传，则忠义不在水浒，而皆在于朝廷矣。兵部掌军国之枢，督府专阃外之寄，是又不可以不读也，苟一日而读此传，则忠义不在水浒，而皆为干城心腹之选矣。”[2]把小说的社会作用提到如此巨大崇高的地位，这都是在为当时新兴的文艺小说戏曲制造舆论。

李贽为了确立小说戏曲的地位，推动小说戏曲的发展，还做了大量批点工作，创立了我国传统文学批评的一种新方式。小说的批点，最早可追溯到宋代刘辰翁批点《世说新语》。但是，批点这一文学批评方式的确立，应该是李贽在对大量小说戏曲的批点中完成的。李贽在《与焦弱侯》中说：“古今至人遗书抄写批点得甚多，惜不能尽寄去请教兄。不知兄何日可来此一披阅之。又恐弟死，书无交阁处，千难万难舍不肯遽死者，亦只为不忍此数种书耳。有可交付处，即死自瞑目，不必待得奇士然后瞑目也。《水浒传》批点得甚快活人，《西厢》、《琵琶》涂抹改窜得更妙。念世间无有读得李氏所观看的书者，况此间乎！”[19]袁中道在《游居柹录》中说：“夏道甫处见李龙湖批评《西厢》、伯喈，极其细密，真读书人。予等粗疏，只好敛衽下拜耳。”又说：“袁无涯来，以新刻卓吾批点《水浒传》见遗，予病中草草视之。记万历壬辰夏中，李龙湖方居武昌朱邸，予往访之，正命僧常志抄写此书，逐字批点。”[28]从李贽的自述和袁中道的记载，我们可以看出李贽对小说戏曲的批点是如何的重视和认真。李贽把这一工作看作是生命的一部分，“千难万难舍不肯遽死者，亦只为不忍此数种书耳。”由此可知，李贽在批点中倾注了多少心血。由于李贽是带着发自深心的激情并带着独特的见解对小说戏曲进行批点，在当时就引起了极大的反响。署名为袁宏道的《东西汉通俗演义序》有这样一段记载：“里中有好读书者，缄嘿十年，忽一日拍案狂叫曰：‘异哉！卓吾老子吾师乎？’客惊问其故，曰：‘人言《水浒传》奇，果奇。予每捡十三经或二十一史，一展卷即忽忽欲睡去，未有若《水浒》之明白晓畅，语语家常，使我捧玩不能释手者也。若无卓老揭出一段精神，则作者与读者千古俱成梦境。’……吾安得起龙湖老子于九原，借彼舌根，通人慧性，假彼手腕，开人心胸，使天下共以信卓老者信演义，爱卓老者爱演义也。”[29]由此可见李贽对小说戏曲的批点影响之大，通过李贽的批点，揭示出小说戏曲的“一段精神”，达到“通人慧性”、“开人心胸”的社会效果，从而也就推动了小说戏曲在社会上的地位及其长足的发展。作为一种文学批评的独特文体，在李贽的影响下，明清两代蔚然成风，先后出现了叶昼、金圣叹、毛宗冈、张竹坡、脂砚斋等卓有成就的批点家。这些批点家虽然见解不同，立论各异，但他们的批点，都对小说戏曲的发展起到了促进作用，对文学理论的充实做出了贡献。而这一切的首功当然应归于李贽。

六、结语

李贽反封建压迫、反传统思想的近代人文主义启蒙思想，我们从五个方面做了论述：从民之性的为政理念，人生平等的社会理想，存真去假的人格修炼，与世推移的发展史观，重情重俗的美学思想。李贽的这种启蒙思想对我国文化思想的发展产生了重要影响。

从晚明到“五四”新文化运动，三百多年间，李贽既被推崇，又被贬斥。

推崇者赞之为“圣人”、“平民革命家”，“见排俗学”的“超前的启蒙思想家”等；贬斥者则咒之为“邪陷”、“妄人”、“小人”、“名教之罪人”等。但是，李贽反封建压迫、反传统思想的人文主义启蒙思想，对后来文化思想的影响却是客观的存在。就是反对李贽的一些人，受时代潮流的影响，他们在对封建专制主义揭露和对封建理学批判时，也都在不同程度上受到李贽的影响。李贽逝世后八年出生的黄宗羲揭露封建帝王在夺取政权过程中，任意“屠毒天下之肝脑，离散天下之子女”，以求一己的统治；而后又肆无忌惮地“敲剥天下之骨髓，以奉我一人之淫乐。”指出，这种君主专制制度正是“天下之大害”(《明夷待访录·原君》)。[30]并提出“天子之所是未必是，天子之所非未必非，天子亦遂不敢自为是非，而公其是非于学校”。(《明夷待访录·学校》)[30]这是李贽反传统思想、不以孔子的是非为是非的进一步发展。王夫之在批判理学家“去欲存理”的说教时，指出“欲即天之理”(《读四书大全说》卷四)，[31]“终不离欲而别有理”(《读四书大全说》卷八)，[31]欲就是理，理就在欲中。而且，“饮食男女之欲，人人之大共”(《诗广传·陈风》)，[32]作为统治者或“圣人”，就必须使“人欲各得”，以行“天理之大同”和“天理之大公”[31](《读四书大全说》卷四)，使人人都满足这种自然的欲望。显然，这和李贽“穿衣吃饭，即是人伦物理；除却穿衣吃饭，无伦物矣”的命题是一脉相承的。戴震由此做了进一步的发展，对理学家“存天理，灭人欲”的谬说进行了批判。他提出：“饥寒愁怨，饮食男女，常情隐曲之感，则名之曰人欲。”而“人之同欲”，“人之同然”，“凡事为皆有于欲，无欲则无为矣。有欲而后有为，有为而归于至当不可易之谓理，无欲无为，又焉有理?”并尖锐指出，理学家“去欲存理”的说教，是对人民大众的“残杀之具”，它比酷吏的以法杀人更为残酷，因为“人死于法，犹有怜之者；死于理，其谁怜之?”[33](《孟子字义疏证·理》)戊戌变法时期资产阶级改良派人物谭嗣同在抨击封建名教和理学家“去欲存理”的谬说时说：“世俗小儒，以天理为善，以人欲为恶，不知无人欲，尚安得有天理?”并把秦朝以来的君主斥之为“独夫民贼”，提出“废君统，倡民主，变不平等为平等”[34](《仁学》)，这当然是时代的产物，但追溯其思想渊源都可以看到李贽的影响。“五四”时期，一些代表人物也是把李贽作为向封建统治者及旧礼教进行斗争的武器。被胡适称为“只手打孔家店”的吴虞在“五四”前夕著《明李卓吾别传》，[35]借介绍评价李贽，对儒教进行了猛烈抨击，对封建专制制度的罪恶进行了深刻的揭露，对李贽的思想给予高度评价和热烈赞扬。可以说，《明李卓吾别传》是“五四”新文化运动的先声。

从另一角度看，李贽反封建压迫、反传统思想的战斗精神和启蒙思想，对人们的思想解放起到了一定的推动作用，这一点我们可以从明清时期对李贽或褒或贬的两方面得到印证。沈瓒在《近事丛残》中说：李贽“好为惊世骇俗之论，务反宋儒道学之说。……儒、释从之者几千、万人。其学以解脱直截为宗，少年高旷豪举之士多乐慕之，后学如狂，不但儒教溃防，而释宗绳检，亦多所清弃。”[36]傅维鳞在《异教传·李贽传》中说：李贽的著作“其说新奇……而大旨在翻孔子之是非。”结果“士大夫靡然信之”，“后士风大都由其染化”，成为“孔子之道一大厄也”[37]。顾炎武在《日知录》中说：“自古以来，小人之无忌惮，而敢于叛圣人者，莫甚于李贽。然虽奉严旨(按：指统治者对李贽著作的一再禁毁)，而其书之行于人间自若也。”又说：“而士大夫多喜其书，往往收藏，至今未灭。”[38]纪昀在《四库全书总目提要》中，对李贽著作中的反圣教思想进行了激烈的攻击，斥之为“皆狂悖乖谬，非圣无法”，“排击孔子，别立褒贬，凡千古相传之善恶，无不颠倒易位，尤为罪不容诛。”[39]这不正足以说明李贽的著作在当时社会上起到了解放人们思想的作用吗！

还应指出，李贽对中国文艺思想的影响也是深远的。与李贽同时的“公安派”提倡“性灵说”，就是直接受李贽的影响。袁宗道称赞李贽的作品是“龙湖老子手如铁”，“胆气精神不可当”[40]，(《书〈读书乐〉》)，说读别人的作品只觉“懑懑”即非常烦闷，而“读翁(指李贽)片言只语，辄精神百倍”，以至“目力倦而神不肯休”[41](《又与李卓吾》)。袁宏道更是把李贽称之为像道教始祖的“李耳”，是自己的老师[42]，(《余凡两度阻雨冲霄观，俱为访龙湖师，戏题壁上》)，又把李贽比之为佛祖释迦牟尼[42](《龙潭》)。说读李贽的作品“愁可以破颜，病可以健脾，昏可以醒眼，甚得力。”[43](《李宏甫》)袁宏道是著名的居士，对佛教有很深的研究，自认为是天下第一，但“当今勍敌，唯李宏甫先生一人。”[44](《张幼于》)袁中道对李贽也是极为佩服的。他在《吏部验封司郎中中郎先生行状》中是这样描写李贽对袁宏道的影响：“先生既见龙湖，始知一向掇拾陈言，株守俗见，死于古人语下，一段精光不得披露。至是浩浩焉如鸿毛之遇顺风，巨鱼之纵大壑；能为心师，不师于心；能转古人，不为古转。发为语言，一一从胸襟流出，盖天盖地，如象截急流，雷开蛰户，浸浸其未有涯也。”[45]李贽被迫害死后，袁中道特撰写长篇《李温陵传》，满带激情地盛赞李贽，并称颂李贽的著作“不阡不陌，摅其胸中之独见，精光凛凛，不可迫视。”“其意大抵在黜虚文，求实用；舍皮毛，见神骨；去浮理，揣人情。”[46]这都可以看出，李贽对“独抒性灵”的“公安派”有着多么深刻的影响。在李贽文艺思想的影响下，后来汤显祖的“至情说”，冯梦龙的“情教观”，直至张岱的理论与创作，都显示出与传统文学观念相背离的一股强大的文艺启蒙思潮，为近代人文主义文学运动的发展创造了条件。

我们还可以说一说曹雪芹的《红楼梦》。曹雪芹受没受李贽的影响？由于曹雪芹资料的匮缺，没有直接的证据。但《红楼梦》就是一个明证。我们可以说，《红楼梦》就是李贽启蒙思想的形象化，贾宝玉就是“童心说”的形象化。《红楼梦》对封建等级制的批判，对封建伦理的批判，对男尊女卑的批判，对封建科举制度的批判，以及对贾宝玉及童男童女天真无邪的“童心”即“真心”的赞颂，无处不存在着李贽启蒙思想的印影。《红楼梦》三十六回，贾宝玉曾攻击“文死谏，武死战”这一封建的伦理准则“都是沽名钓誉”而已。有人说这话原是李贽所说，放在贾宝玉嘴里说出，既无来由，而且不伦不类，可笑。此论正确与否不论，却显示出曹雪芹直接受李贽影响的一个例证。

还可以说一说“五四”。有人说五四运动有偏颇，有一定的合理性，但五四运动肯定是一个文化新时代的开始。对于这个新文化运动过去多是谈外来影响，即西风东渐，这是客观存在，不可否认。但有没有我们自己文化发展的内在因素？这个问题在 20 世纪二三十年代有人做过论述，周作人的《中国新文学的源流》，任访秋的《中国新文学渊源》等，都探讨过“五四”新文化运动与 16 世纪明代文化思潮的关系，认为以李贽为代表的明代启蒙思潮对“五四”新文化运动有着内在的影响。这一论断是符合实际的。我们前面提到吴虞的《明李卓吾别传》是写于 1916 年，三年后发生了五四运动，这也是以李贽为代表的明代启蒙思潮对五四运动产生影响的一个很好旁证。

总之，我们认为李贽是中国走向近现代的启蒙先驱，应该从这个定位上考察李贽，考察中国文化思想的发展轨迹。侯外庐主编的《中国思想通史》第四卷曾说：“李贽的思想，在道德论的范围内，充满了平等、自由和尊重个性的精神。他认为人类天然平等，认为人的个性各不相同，认为人人都有自私的欲望，认为趋利避害，人人皆同。认为穿衣吃饭就是人伦物理，认为享乐和正确理解个人利益是合理的。李贽认为这些就是整个道德的基础。李贽思想里的这些基本论点，具有反封建等级，反封建特权的战斗意义。”[47]这虽然是从“道德论的范围内”的论断，但对李贽思想的启蒙意义是很好的说明。胡锦涛总书记在党的十七次代表大会上报告中，对于“弘扬中华文化，建设中华民族共有精神家园”指出：“中华文化是中华民族生生不息、团结奋进的不竭动力。要全面认识祖国传统文化，取其精华，去其糟粕，使之与当代社会相适应、与现代文化相协调，保持民族性，体现时代性。”李贽提出的很多命题，都表现出不同世俗的见解，这种见解的内核就是要求以人为本，人格独立，个性自由，心灵自主，精神解放，从而达到社会的和谐发展。从中国封建社会的文化思想发展看，这是对主体意识长期被奴役被禁锢的反抗，显示着主体意识从被奴役被禁锢趋向觉醒的走向。以李贽为代表的这种传统文化中的启蒙思潮，既体现着中华文化传统中的精华所在，并与当今的时代精神有一定程度的内在的相通。因此，无论是从对传统文化的继承上讲，还是从借鉴传统文化为当今现实服务上讲，加强对传统文化中启蒙思潮的研究，都是一项极为重要、极为迫切的任务，而李贽就是这一启蒙思潮的代表。

[参考文献]

[1] 万历实录：卷三六九[A]. 明实录[C]. 台湾研究院历史语言所影印本.

[2] 焚书注(一)：卷三[A]. 张建业主编. 李贽全集注：第一册[C]. 北京：社会科学文献出版社，2010.

[3] 焚书注(一)：卷一[M]. 张建业主编. 李贽全集注：第一册[C]. 北京：社会科学文献出版社，2010.

[4] 道古录注[A]. 张建业主编. 李贽全集注：第十四册[C]. 北京：社会科学文献出版社，2010.

[5] 朱熹. 四书章句集注[M]. 北京：中华书局，1983.

[6] 老子解注[A]. 张建业主编. 李贽全集注：第十四册[C]. 北京：社会科学文献出版社，2010.

[7] 焚书注(一)：卷二[A]. 张建业主编. 李贽全集注：第一册[C]. 北京：社会科学文献出版社，2010.

[8] 初潭集注(一)：卷二[A]. 张建业主编. 李贽全集注：第十二册[C]. 北京：社会科学文献出版社，2010.

[9] 藏书注(四)：卷三十七[A]. 张建业主编. 李贽全集注：第七册[C]. 北京：社会科学文献出版社，2010.

[10] 焚书注(二)：卷四[A]. 张建业主编. 李贽全集注：第二册[C]. 北京：社会科学文献出版社，2010.

[11] 续焚书注：卷二[A]. 张建业主编. 李贽全集注：第三册[C]. 北京：社会科学文献出版社，2010.

[12] 初潭集注(二)：卷二十[A]. 张建业主编. 李贽全集注：第十三册[C]. 北京：社会科学文献出版社，2010.

[13] 初潭集注(一)：卷十一[A]. 张建业主编. 李贽全集注：第十二册[C]. 北京：社会科学文献出版社，2010.

[14] 藏书注(四)：卷三十五[A]. 张建业主编. 李贽全集注：第七册[C]. 北京：社会科学文献出版社，2010.

[15] 焚书注(二)：卷五[A]．张建业主编．李贽全集注：第二册[C]．北京：社会科学文献出版社，2010.
[16] 藏书注(一)：总目[A]．张建业主编．李贽全集注：第四册[C]．北京：社会科学文献出版社，2010.
[17] 藏书注(三)：卷三十二[A]．张建业主编．李贽全集注：第六册[C]．北京：社会科学文献出版社，2010.
[18]续焚书注：卷一[A]．张建业主编．李贽全集注：第三册[C]．北京：社会科学文献出版社，2010.
[19] 焚书注(一)：卷六[A]．张建业主编．李贽全集注：第二册[C]．北京：社会科学文献出版社，2010.
[20] 顾起元．客座赘语[A]．元明清三代禁毁小说戏曲史料[C]．北京：作家出版社，1958.
[21] 原本琵琶记校注[M]．钱南杨校注．上海：上海古籍出版社，1980.
[22] 十三经注疏[M]．北京：北京大学出版社，1999.
[23] 杨伯峻．论语译注[M]．北京：中华书局，1980.
[24] 鲁迅．且介亭杂文二集[M]．北京：人民文学出版社，1980.
[25] 鲁迅．南腔北调集[M]．北京：人民文学出版社，1980.
[26] 明史：卷二八六[M]．北京：中华书局，1974.
[27] 词话丛编：第一册[M]．北京：中华书局，1986.
[28] 珂雪斋集[M]．钱伯城点校．上海：上海古籍出版社，1989.
[29] 袁宏道集笺校[M]．钱伯城笺校．上海：上海古籍出版社，1981.
[30] 黄宗羲．明夷待访录．原君[M]．北京：中华书局，1981.
[31] 王夫之．船山全书：第六册[M]．长沙：岳麓书社，1993.
[32] 王夫之．船山全书：第三册[M]．长沙：岳麓书社，1993.
[33] 戴震．孟子字义疏证·理[M]．北京：中华书局，1982.
[34] 谭嗣同．仁学[M]．北京：中华书局，1958.
[35] 吴虞文录[M]．上海：亚东图书馆，民国十三年(1924).
[36] 沈赞．近事丛残[M]．广业社，民国十七年(1928).
[37] 明书[M]．清刻本.
[38] 日知录集释[M]．黄汝城集释．岳麓出版社，1994.
[39] 纪昀．四库全书总目提要[M]．北京：中华书局，1965.
[40] 白苏斋类集：卷一[M]．钱伯城标点．上海：上海古籍出版社，1989.
[41] 白苏斋类集：卷一五[M]．钱伯城标点．上海：上海古籍出版社，1989.
[42] 袁宏道集笺校：卷二[M]．钱伯城笺校．上海：上海古籍出版社，1989.
[43] 袁宏道集笺校：卷五[M]．钱伯城笺校．上海：上海古籍出版社，1989.

[44] 袁宏道集笺校：卷一一[M]. 钱伯城笺校. 上海：上海古籍出版社，1989.
[45] 珂雪斋集：卷一八[M]. 钱伯城点校. 上海：上海古籍出版社，1989.
[46] 珂雪斋集：卷一七[M]. 钱伯城点校. 上海：上海古籍出版社，1989.
[47] 侯外庐. 中国思想通史：第四卷[M]. 北京：人民出版社，1960.

（原载《北京科技大学学报》，2012 年第 4 期）

李贽——东亚文化的一颗闪亮明星

2013 年，中国的泉州与日本的横滨、韩国的光州被推举为东亚文化之都，9 月 28 日在光州举行的第 5 次中日韩文化部长会议上举行了授牌仪式，中国文化部部长蔡武，日本文部科学省大臣下村博文，韩国文化体育观光部长官刘震龙，与泉州市、横滨市、光州市三地领导，共同在光州举行了东亚文化之都的授牌仪式，并共同在《2014 年东亚文化之都附属协议书》上签字。根据协议，三座文化之都旨在以“东亚文化交融彼此欣赏”的理念与目标为基础，为构建亚洲文化共同体和增进相互交流而努力。以此为契机，三地将展开丰富多样的文化、艺术、教育的活动和国际交流，并通过三国间的交流，树立起东亚文化之都发展的典范。

2014 年 10 月，在庆祝泉州荣获东亚文化之都的庆典之际，同时举办了“李贽与东亚国际文化国际学术研讨会”，意义深远。泉州之所以能获取东亚文化之都的称誉，是因为有着深厚的文化底蕴，这里是“光明之城”，这里是海上丝绸之路起点，这里是多元文化的汇集，这里是展示“亚洲价值”的榜样。我想指出的是，在这深厚的文化底蕴中，李贽则是一颗光彩夺人的闪亮明星。关于李贽的思想精神与价值，我在提供给研讨会的论文中已作论述，这里只就纲目提出。我认为李贽是中国走向近现代的启蒙思想家，他提出的许多理论命题，不但在当时具有重要的启蒙意义，就是在今天也具有重要的借鉴价值。如从民之性顺民之欲的为政治国理念，圣凡一律人生平等的社会理想，与世推移反对践迹的发展史观，希求童心真心反对假人假言的人格修炼，弘扬小说戏曲重情重俗的美学思想，在当时都具有振聋发聩的批判精神和启蒙意义，在今天也同样值得借鉴与吸取。

正因为李贽是一位具有重要影响的思想家，他提出的很多命题具有开拓精神、进取精神和前瞻精神，所以，受到明清以来众多思想家、文学家的尊崇与赞颂。从这些尊崇与赞颂中，我们可以清晰地看到李贽的光辉与价值。这里我们先以明清时代的焦竑、公安三袁、汤显祖和曹雪芹为例加以论述。

焦竑虽是耿定向的门生，却对李贽无限钦佩，深受李贽的影响，两人成为挚友。焦竑在《送李比部》中说：“中原一顾盼，千载成相知。相知今古难，千秋一嘉遇。”[1]甚至把李贽推崇为圣人，称他“可肩一狂字，坐圣门第二席。”[2]他还为李贽的《焚书》、《续焚书》、《藏书》、《续藏书》作序。在《李氏焚书序》中称赞“宏甫快口直肠，目空一世，愤激过甚，不顾人有忤者。”又说：“然其虑人必忤而托言于焚，亦可悲矣！乃卒以笔舌杀身，诛求者竟以其所著付之烈焰，抑何虐也！”对封建统治者对李贽的迫害及焚其著作进行了严厉的批驳。并断言：“今焚后而宏甫之传乃愈广，然则此书之焚，其布之有火浣哉！”[3]火烷布即石棉布，《列子·汤问》：“火浣之布，浣之必投于火。布则火色，垢则布色；出火而振之，皓然疑乎雪。”[4]古人认为火浣布经过烈火的燃烧后，就更加洁白似雪，这就如我们现今所说的火中凤凰，经过烈焰而更获得永生。焦竑以此称誉李贽的著作虽遭禁焚，但却传之愈广，更显其价值的伟大与永存。在《李氏藏书序》中，焦竑极其称赞李贽的人品与著作：“卓吾先生隐矣。而其人物之高，著述之富，如珠玉然。山晖川媚，有不得而自掩抑者，盖声名赫赫盈海内矣。”又说：“先生高迈肃洁，如泰华崇严，不可昵近。听其言泠泠然，尘土俱尽。而实本人情，切物理，一一当实不虚。”又说：“先生程量今古，独出胸臆，无所规放。”其著作“若蛟龙之兴，云雨雷电皆至。”世人“卒赖其用”，“余知先生之书当必传，久之，学者复耳熟于先生之书，且以为衡鉴，且以为蓍龟”。[5]李贽被神宗朱翊钧以“敢倡乱道，惑世诬民”的罪名迫害致死后，焦竑不顾个人安危，又写了《荐李卓吾疏》，其中说：“卓吾先生秉千秋之独见，悟一性之孤明。其书满架，非师心而实以道古；传之纸贵，未破俗而先以惊愚。何辜于天，乃其摩牙而相螯；自明无地，溘焉朝露之先唏。……痛逝者之如斯，伤谮人(者)之已甚。虽有志者不忘在沟壑之念(李贽在狱中有“志士不忘在沟壑”诗句)，而杀人者宁不干阴阳之和！”[6]在对统治者迫害李贽发出强烈抗议的同时，对李贽进行了崇高的评价，文辞泼辣，气势慷慨，深切感人。李贽被害以后，焦竑遵照他的遗愿，为他的墓碑题写了“李卓吾先生之墓”，同样表现出他对李贽的尊崇，对封建统治者的愤慨。

公安三袁更是把李贽尊敬为自己的导师。他们不仅经常与李贽诗文唱和，并三次亲赴麻城芝佛院与武昌向李贽求学问道。他们在自己的论著中一再对李贽的精神给以赞颂，对李贽的著作给以崇高评价。袁宗道称赞李贽“龙湖老子手如铁”，“胆气精神不可当”，“莫道世无赏音人，袁也宝之如琼玖”，[7]并说他读李贽的著作“目力倦而神不肯休”，“读他人的文字觉懑懑，读翁片言只语辄精神百倍。”[8]袁宏道不但把李贽直称为师：“自笑两家(指李贽与焦竑)为弟子，空于湖海望仙舟。”[9]而且赞李贽的《焚书》是“愁可以破颜，病可以健脾，昏可以醒眼，甚得力”的佳作。[10]袁宏道还把当时的社会比作一个大罗网，把李贽比作是要用“无羽镞”“扇海作洪炉，燎山煮精玉”，从而解除这个大罗网的“大妄人”[11]。袁中道不仅在诗文中多次赞誉李贽，而且在李贽被迫害致死后，特意撰写了长篇《李温陵传》，满腔热情赞颂李贽的斗争精神，并称颂李贽的著作是“剔肤见骨，迥绝理路。出为议论，皆为剑刀上事，狮子迸乳，香象绝流，发咏孤高，少有酬其机者。”[12]公安三袁还曾多次把李贽比为三教大圣人之一的老子，可见其对李贽是如何的尊崇。再者，作为文学家，公安三袁在文学主张与文学创作上，也深受李贽的影响。他们所倡导的“性灵说”，正是在李贽“童心说”影响下产生的。袁宏道在《叙小修诗》中赞美其弟袁中道的诗是：“大都独抒性灵，不拘格套，非从自己胸臆流出，不肯下笔。”所以，其作品是“愁极则吟……发之于诗，每每若哭若骂，不胜其哀生失路之感。予读而悲之。大概情至之语，自能感人，是谓真诗，可传也。”在此文中，袁宏道还特别称赞“闾阎妇人孺子所唱《擘破玉》、《打草竿》之类，犹是无闻无识真人所作，故多真声”，而且“任性而发，尚能通于人之喜怒哀乐嗜好情欲，是可喜也。”[13]袁宏道强调的“独抒性灵”、“愁极则吟”、“任性而发”及“真声”，无疑都是要表现真情实感，显然这与李贽《童心说》中所提出的“天下之至文，未有不出于童心焉者”，而“童心”就是“真心”，是人们不受“闻见道理”束缚的“绝假纯真，最初一念之本心”的思想是一脉相承的。[14]

汤显祖对李贽也极为钦敬。他在《答管东溟》中说：“听以李百泉(指李贽)之杰，导其吐属，如获美剑。”[15]在《寄石楚阳苏州》中说：“有李百泉先生者，见其《焚书》，畸人也。肯为求其书寄我骀荡否?”[16]李贽遇难后，汤显祖特作《叹卓老》诗以悼之：“自是精灵爱出家，钵头何必向京华？知教笑舞临刀杖，烂醉诸天雨杂花。”[17]情深意浓，深切感人。汤显祖特别重视文艺创作中“情”的作用，说他著名的《南柯记》和《邯郸记》这“二梦”之作，都是经历了“因情成梦，因梦成戏”[18]的过程，并把他平生的戏曲创作活动称之为“为情作使”[19]。在《牡丹亭记题辞》中更说：“如丽娘者，乃可谓之有情人耳。情不知所起，一往而深，生者可以死，死可以生。生而不可与死，死而不可复生者，皆非情之至也。”[20]在《耳伯麻姑游诗序》中又说：“世总为情，情生诗歌，而行于神。天下之声音笑貌，大小生死，不出乎是。”[21]正因为如此，汤显祖反对闻见俗礼的“是非之理”损毁文艺创作，他说：“情有者，理必无；理有者，情必无，真是一刀两断语。”[22]又说：“情在而理亡。[23]汤显祖的至情论，实是对李贽“童心说”的直接继承与拓展，那就是要文艺作品表现绝假纯真的真情实感，这正是当时个性解放和思想自由思潮的反映。

曹雪芹没有留存下什么资料，但一部《红楼梦》所表现的不正是李贽的思想与精神吗？其中反对封建专制，批判封建礼教，弘扬男女平等，歌颂真人凡人，不正是李贽提出的理论命题吗？贾宝玉曾攻击封建社会最高的伦理道德标准“文死谏，武死战”：“那些须眉浊物只听见‘文死谏’‘武死战’这二死是大丈夫的名节，便只管胡闹起来；哪里知道有昏君方有死谏之臣，只顾他邀名，猛拼一死，将来置君父于何地？必定有刀兵，方有死战，他只顾图汗马之功，猛拼一死，将来弃国于何地？……都是沽名钓誉。”[24]这不正是李贽在《答耿司寇》中所说的：“夫君犹龙也，下有逆鳞，犯者必死，然而以死谏者相踵也，何也？死而博死谏之名，则志士亦愿为之，况未必死而遂有巨福耶？避害之心不足以胜其名利之心，以故犯害而不顾，况其无害而且大有利乎！”[25]这都表明曹雪芹是深受李贽的影响的。明清时代也有不少人批判甚至痛骂李贽，如《四库全书》主编纪晓岚对李贽的著作一概不收，只存其目，并痛加批斥，“以暴其罪”，但这不正好从反面说明李贽的伟大吗！近代以来，随着对封建统治的批判，对封建礼教的抨击，对科学、民主、自由的呼唤，对李贽就更为重视。1916 年吴虞发表了《李卓吾别传》，借李贽对封建主义进行了猛烈抨击，成为 1919 年五四运动的先声。鲁迅直接论述李贽的文字不多，但他那种反传统的思想与李贽一脉相承，他那匕首投枪式的杂文与李贽的批判文风一脉相承。周作人曾说，晚明以来的启蒙思潮是五四运动的内因，其代表人物就是李贽。他在《俞理初论莠书》一文中又说：“从前我屡说过，在过去两千年中，我所最佩服的中国思想家共有三人，一是汉王充，二是明李贽，三是清俞正燮。”并称三人为“中国思想界之三盏灯光”。[26]

当代学人推崇李贽的就更多了，周扬、谢国桢、蔡尚思、冯友兰、任继愈、季羡林、欧阳中石、冯其庸、汤一介、莫言、敏泽、郭预衡以及中国香港的饶宗颐，中国澳门的梁披云，中国台湾的李亦园、李敖等，他们在自己的多种论著中都给李贽以高度评价。这里略选几项题赞与事例以见其对李贽的倾心。北京通州李贽墓前有三块题词碑，东西两侧并列初迁碑记和再迁碑记两块，居中则立有周扬的“一代宗师李卓吾先生墓”题词碑。[27]蔡尚思一题赞：“卓识大胆反旧传统，为中国古代思想史上第一人。”二题赞：“在中国封建王朝两千多年的历史中，敢于公开反孔并以身殉的，只有李贽一个思想家，这是何等的伟大！”任继愈一题赞：“研究李贽思想，促进麻城发展。”二题赞：“李贽以激烈的姿态激烈的言辞和挥洒自如的文风，抨击当时社会的混乱，政治的腐败，道德的虚伪，是一位具有革新精神的思想家。”欧阳中石一题赞：“焚不能焚，藏而愈彰。”二题赞：“藏了又藏藏不住，焚而焚后简犹存。卓吾自贽行何忌，敢作离经辩异论。”三题赞：“欲焚而存，愈藏愈彰。天无私覆，大道必长。”冯其庸题赞：“李卓吾是明代后期卓越的思想家，是启蒙运动的先驱，是中国走向现代化的历史进程过程中最早的呼喊者和先行者，是一名以身殉道的伟大斗士。”郭预衡一借前引汤显祖《叹卓老》为赞，二借李贽《题南京永庆寺伽蓝殿门》对联为赞：“少作书生，未见升堂入室；老为庙祝，粗知扫地焚香。”汤一介录李贽的《童心说》为赞：“若失却童心，便失却真心；失却真心，便失去真人；人而非真，全不复有初矣。”莫言作诗为赞：“先生卓然思不群，痛斥道学倡童心。著书藏焚续藏焚，为官清贫复清贫。风盈两袖伤同僚，文无一字袭前人。击柝巡城退倭寇，挺直瘦骨举千钧。”落款是“纪念李贽先贤斗胆而作甲午五月书莫言”。敏泽题赞：“铁骨铮铮殉理想，思想解放作先锋。”鄙人一题赞：“童心不泯，直面人生。”二题赞：“李贽隐龙湖，千年是非殊。暝暝天幕下，冉冉晨曦出。”三题赞：“倒翻千古是非窠，惑乱乾坤胆气足。焚书不焚藏不藏，天下闻名李卓吾。”四题赞：“藏书不藏破迷雾，焚书不焚存精神。”香港国学大师饶宗颐录李贽《定林庵记》文句为赞：“道不虚谈，学务实效。”澳门学术泰斗梁披云不仅题写了“中国李贽研究学会”、“芝佛院”，而且题写了李贽的《赠利西泰》，赞李贽在中西文化交流之中的前瞻精神。台湾“中央研究院”院士李亦园一录李贽《与耿司寇告别》中句为赞：“不蹈故袭，不践往迹，如风凰翔于千仞之上”，以赞其精神。二题赞：“弦歌胜地，海曲山崇。孕育伟人，晋唐遗风。学说精妙，发聩振聋。荆楚论辩，语如刀锋。天下士子，靡然皈宗。播扬先哲，共仰高峰。”台湾著名作家李敖前些年在北京演讲时说：“中国历史上我只佩服两个人，一是李贽，一是李敖。”这不免有调侃之嫌，但也表明李贽在当代一位学人心中的地位。从以上的题赞，我们可以看出李贽在中国文化思想史上的崇高价值。

不仅如此，我还多次撰文指出，李贽也是一位具有世界影响的思想家，特别是对东南亚诸国有着深远的影响。这里仅以对日本及朝鲜半岛的影响为例加以说明。

日本挣脱德川幕府的封建统治而走向近代化是从明治维新开始的，明治维新的思想先驱是吉田松阴(1830—1859)。吉田松阴的思想形成从哪里来的?从李贽。吉田松阴在德川幕府极其严密的封建统治时期，创办了一所学校“松下村塾”，用李贽的著作作为教材，先后培养了八十多名学生，并形成了一个阳明学派。就是这个学派发动了明治维新，从而推动日本走向了近代化。所以日本人称“松下村塾”为点燃明治维新革命天火的圣坛。吉田松阴对李贽极为崇拜，他曾说“卓吾居士”是“一世奇男子”，而且“其心往往与仆合”，对李贽的著作他“反复甚喜”，并亲自对《焚书》、《续焚书》、《续藏书》进行了抄录。

当李贽的著作被中国的封建统治者禁毁之时，却在日本起到推动历史改革与进步的作用。中国对李贽的著作一再禁毁，对李贽的思想一再禁锢，却日益走向衰蔽，受到日本及其他列强的侵略。这真是一个令人深思的历史悲剧。

正因为李贽对日本的发展产生了重要的影响，因此，日本学界对李贽的研究极为重视和尽力。这里仅就其主要学人及其代表著作加以介绍。明治二十六年(1893)在三宅雪岭所编的《王阳明》一书的卷末载有陆羯南的《李卓吾评传》，以论文的形式对李贽进行了评价，成为当时研究李贽的一篇代表作。20世纪以来日本对李贽的研究更为深入而热烈。昭和七年(1932)吉田松阴的研究者广濑丰出版了《续吉田松阴研究》，不但论述了吉田松阴对李贽的研究与倾慕，而且对李贽的传记、著作、思想及学统都做了他自己认识的翔实的评介，成为日本研究李贽的一本必读入门书。而后昭和九年(1934)，铃木虎雄连续发表了6万多字的《李卓吾年谱》。(朱维之译文发表于《福建文化》，1935年第3卷第18期)由于掌握资料的不齐备，其中难免有误差，如他把《赴京留别云松上人》一诗系年于万历二十八年(1600)就是一例，并说“也许是卓吾离开龙湖，要去北京时作的，虽然证据没有。”[28]实际上，这首诗与《宿吴县二首》作于同时，即嘉靖四十一年(1562)。李贽为官后经江苏吴县赴京时而作。该诗中有“支公遯迹此山居”句[29]，支公指支遁，字道林，晋代僧人，曾在支硎山(今江苏吴县西南)隐居修行，故又称“支公”。由此诗句可证该诗是写于嘉靖四十一年经吴县而赴京之作，而不是万历二十八年由麻城龙湖“要去北京时作”。再者，万历二十八年，李贽正避难于河南商城黄柏山法眼寺，万历二十九年，在马经纶陪同下北赴通州，并不经江苏吴县。因此，铃木虎雄之说不确。该书虽有贻误之处，但广收资料，依年代顺序把李贽的著述及活动做了比较完备的撰述，表现出日本学人对李贽的重视。

此后，日本学界对李贽的研究日益深入，不少学人从哲学、文学、史学、政治史、思想史及其著作的考释等不同方面撰写了大量有关李贽的著作，并对李贽的著作进行了翻译，其中最有影响的代表学人当推岛田虔次与沟口雄三。1949年岛田虔次出版了《近代思维在中国的挫折》[30]，李贽所提出的理论是中国近代思维的一个顶点，给李贽以极高的评价。1962年岛田虔次又发表了《儒教的叛逆者李贽》[31]，把李贽称之为进步的唯物论者，反传统思想的英雄。该书对日本人了解李贽起到了极大的启蒙作用，产生了深刻影响。沟口雄三是日本研究李贽的又一重镇。1971年由平凡社发行的《中国古典文学大系》，收有沟口雄三翻译的《焚书》、《续焚书》中具有代表性的文章四十二篇，并进行了详细的注解。同时，又参考铃木虎雄的《李卓吾年谱》和容肇祖的《李贽年谱》做了一个详尽的年表，并附一篇“代解说”之文，阐述了他对《焚书》的认识和评介。后来沟口雄三又发表了《中国前近代思想的屈折与展开》[32]，全面深入地论述了他对李贽的评价。该书对岛田虔次以欧化的尺度研究李贽的方法提出了质疑，强调应该从中国的思想史发展以及李贽所生活的明末这一特定时代研究和认识李贽及其思想。他认为李贽并没有完全否定既有伦理纲常的规定，但他同时强调对“财”、“势”、“利”的看重，他是在探索与旧有天理相对立而又适宜于明末这一特定历史时代的新天理中人们的求道之路。正是从这一认识出发，沟口雄三把李贽称为中国思想史上提出：“存人欲之天理”的第一人。沟口雄三的这一论断，被日本学者疋田啟佑称为“是近年来李卓吾研究中具有划时代意义的成就”。[33] 1986 年，沟口雄三又出版了《李卓吾——矢志前行的异端》，[34] 这是一本启蒙性的读物，分为《吉田松阴和李卓吾》与《李卓吾其人其思想》两部分。前者叙述了李贽对吉田松阴的影响，后者以传记形式评介了李贽的生平、思想及其影响，对普及李贽有着一定的意义。沟口雄三还写有多篇有关李贽的论文，从不同方面对李贽进行了研究和评述，而且思路开阔，多有独到，可以说是日本研究李贽的最有成就的代表学人。

其他日本学人还有很多从事对李贽的研究，如小岛祐马、三宅雪岭、楠木正继、冈田武彦、八木泽、岩间一雄、增井经夫、后藤基巳、奥崎祐司、荒木见悟、山下龙二、疋田啟佑、佐藤炼太郎等，都有关于李贽的论著面世，从不同方面对李贽进行了研究和评述，表现出李贽在日本学界的重要地位。

李贽对朝鲜半岛(韩国和朝鲜)也有重要影响。与李贽生活的同时，在朝鲜有一著名使臣和诗人许筠(1569—1618)。2014 年 7 月习近平主席对韩国进行国事访问，在国立首尔大学进行演讲时，曾引用许筠下面一诗中的后两句：“国有中外殊，人无夷夏别。落地皆兄弟，何必分楚越。肝胆每相照，冰壶映寒月。”博得大学师生的热烈掌声。许筠的父亲和兄弟都是外交官，并对中国的文化很是熟悉。许筠在父兄影响下，对中国文化也深有研究，对李贽更为崇拜。许筠于 1597 年以朝鲜使臣身份出使过中国，在此期间，他是否与李贽有所接触没有记录可查，但他在 1614 年和 1616 年再次出使中国时，曾三到通州，并停留多日，很有可能会去瞻仰李贽之墓。在许筠的著作《乙丙朝天录》中有《读李氏焚书》七绝三首，全诗如下：

明朝焚却秃翁父，其道犹存不尽焚。彼释此儒同一悟，世间横议自纷纷。

丘侯待我礼如宾，麟凤高标快睹亲。晚读卓吾人物论，始知先生卷中人。

老子先知卓老名，欲将禅悦了平生。书成从未遭秦火，三得台抨亦快情。

第一首在斥责明朝封建统治者对李贽的著作一再焚禁的同时，称赞了李贽思想的传世不灭，精神长存，儒释之争的有其存在的合理性。第二首中的“丘侯”当指丘坦(1564—?)字坦之，号长孺，湖北麻城人。万历三十四年(1606)武举人，官至海州(今江苏东海)参将。工书，善诗，与李贽交往密切的友人，公安三袁在北京城西创立蒲桃社的主要成员之一，著有《北游稿》等。万历二十四年(1596)，丘坦欲往朝鲜，李贽曾写信给他，其中说：“兄欲往朝鲜属国观海邦之胜概，此是男儿胜事。然兄之往，直为资斧计耳。特地寻资斧于朝鲜，恐徒劳，未必能济兄之急也。虽然，事亦难料。途中只恐逢着微生亩，渠必说些无意味言语，或呼兄而告曰：‘丘何为栖栖者耶！无乃为佞乎？’千万勿听之！”[35]一方面指出到朝鲜去寻“资斧(财物)”，不一定成功，但也不必因为他人“无意味”的言说而动摇了做男儿胜事的志向。许筠与丘坦的相识是在丘坦赴朝之时，还是许筠出使中国之际，现不可知。但从“丘侯待我礼如宾，麟凤高标快睹亲”诗句中，可见两人交谊之深切。由此也可以推测，许筠也许是通过丘坦与李贽有所面晤，至少也是通过丘坦对李贽有所了解，并接触到李贽的著作。诗中对李贽著作的称赞，对李贽虽遭迫害却不畏强权精神的颂扬，都显示出他深受李贽的影响。许筠还著有《闲情录》，其中引用了李贽《焚书》中的多篇文章。许筠所以那样倾慕李贽，与他自己的激进思想有密切关系。16 世纪的朝鲜王朝是一个封建专制国家，受中国文化影响，以儒家学说作为王国的指导哲学，特别是以朱熹为代表的理学已成为治国的理念，僵硬死板的教条，束缚着社会的发展。作为政治家兼诗人的许筠，有着改革政治的强烈愿望，他又多次出使中国，深受当时在中国兴起的阳明学派的影响，更会从李贽身上和著作中得到启迪，对当时的社会进行了激烈的批判。作为一位文学家，许筠在文学思想上也深受李贽“童心说”的影响，这在他的韩文小说《洪吉童传》中得到鲜明体现。像李贽和吉田松阴一样，许筠触怒了封建统治者，被处以极刑，迫害而死。许筠虽没能像吉田松阴那样虽以身殉国，却引起了明治维新的改革风潮，但他借助李贽的思想以图进行社会改革的理念也在朝鲜引起了反响。因此，现代韩国学者称“许筠是韩国的李贽”。[36]许筠之后，朝鲜后期的实学派李睟光、朴趾源、金正喜、于若镛、李建昌等也都受到李贽思想的影响，这里不做论述。

现当代在韩国对李贽的研究也极为深入。尹南汉的《朝鲜时代的阳明学研究》，刘明钟的《韩国之阳明学》，许敬宗的《许筠诗研究》和《许筠评传》，李家源的《儒教叛徒许筠》，及有关朝鲜半岛的文化思想史、文学史研究著作中，都有关于李贽的评述。还有金惠经、金越会、崔在穆、李钟虎、朴钟学、金庭希、崔浩源等，也都有对李贽研究的论著面世。韩国的学者还对李贽的著作进行了翻译，如尹南汉译的《道古录》，金惠经译的《焚书》，洪承直的《焚书选译本》等。

韩国现当代对李贽研究的代表学者是申龙澈。申龙澈是庆熙大学教授，庆熙大学中央博物馆馆长，京畿道文化财委会委员，韩国国史编撰委员会委员，韩国李贽研究室主任等。申龙澈是韩国汉学研究的学术泰斗，更是韩国李贽研究的领军人物。申龙澈20世纪70年代留学德国海德堡大学(Heidelberg)时，就将李贽作为他的硕士论文主题，撰写了《中共对于李贽政治思想的受用》。而后攻读博士时，又把李贽的平等观特别是女性的问题作为博士论文，撰写了《李贽的社会批判——女性观》。从此以后，他就把李贽作为自己的研究方向，三十多年来，撰写了大量有关李贽的论文。特别是评传式的专著《孔子，撼动中国的自由人——李卓吾》，对李贽的一生及其著作进行了详细的评述，并对中国李贽研究的历程做了叙写，包括“文化大革命”中把李贽作为法家的热潮进行了评说。该书还附有大量有关中国文化与李贽的图像，有些极为珍贵，从中可以看出李贽在朝鲜半岛与东南亚的深远影响。

综上所述，从李贽对中国、日本及朝鲜半岛的深远影响，从历来众多学人对李贽的深切研究与赞誉，我们称李贽是东亚文化的一颗闪亮明星，应该说是恰如其分的定位。我们在弘扬东亚文化，推进东亚文化交融、彼此欣赏的理念与目标时，加深对李贽的研究应当成为一项重要的任务，我们应该为此而努力。

[参考文献]

[1]李剑雄点校：《澹园集》上册卷三七，中华书局，1999年。

[2]朱国桢：《涌幢小品》卷一六。见张建业主编《李贽全集注》第二十六册附录一《李贽研究资料汇编》。

[3][5][6]李剑雄点校：《澹园集》下册《续澹园集》。附编一佚文辑录，中华书局，1999年。

[4]杨伯峻：《列子集释》，中华书局，1979年。

[7]袁宗道：《书〈读书乐〉后》，《白苏斋类集》卷一，上海古籍出版社，1989年。

[8]袁宗道：《李卓吾》，《白苏斋类集》卷一五，上海古籍出版社，1989年。

[9]袁宏道：《送焦弱侯老师使梁因之楚访李宏甫先生》，《袁宏道集笺校》卷二，上海古籍出版社，1981年。

[10]袁宏道：《李宏甫》，《袁宏道集笺校》卷五，上海古籍出版社，1981年。

[11]袁宏道：《送王静虚访李卓师》，《袁宏道笺校》卷八，上海古籍出版社，1981年。

[12]袁中道：《珂雪斋集》卷一七，上海古籍出版社，1989年。

[13]《袁宏道集笺校》卷四，上海古籍出版社，1981年。

[14]李贽：《童心说》。张建业主编：《李贽全集注》第一册《焚书注》卷三，社会科学文献出版社，2010年。
[15][16]徐朔方笺校：《汤显祖诗文集》卷四四，上海古籍出版社，1982年。
[17]徐朔方笺校：《汤显祖诗文集》卷一五，上海古籍出版社，1982年。
[18]《复甘义麓》，《汤显祖诗文集》卷四七，上海古籍出版社，1982年。
[19]《续棲贤莲社求友文》，《汤显祖诗文集》卷三六，上海古籍出版社，1982年。
[20]《汤显祖诗文集》卷三三，上海古籍出版社，1982年。
[21]《汤显祖诗文集》卷三一，上海古籍出版社，1982年。
[22]《寄达观》，《汤显祖诗文集》卷四五，上海古籍出版社，1982年。
[23]《沈氏弋说序》，《汤显祖诗文集》卷五〇，上海古籍出版社，1982年。
[24]《红楼梦》第三十六回，人民文学出版社，1959年，第396页。
[25]张建业主编：《李贽全集注》第一册《焚书注》卷二，社会科学文献出版社，2010年。
[26]周作人：《俞理初论莠书》，发表于《风雨谈》，1943年第5期，后收入《药堂杂文》，北京新民印书馆，1944年。
[27]以下题赞均见张建业：《李贽评传》，首都师范大学出版社，2018年。
[28]《李贽研究参考资料》第一辑(内部读物)，福建人民出版社，1975年。
[29]张建业主编：《李贽全集注》第二册《焚书注(二)》卷六，社会科学文献出版社，2010年。
[30]岛田虔次：《近代思维在中国的挫折》，日本筑摩书房，1949年。
[31]《思想》，日本，第462号。
[32]沟口雄三：《中国前近代思想的屈折与展开》，东京大学出版社，1980年。该书有索介然和龚颖的中文译本，书名《中国前近代思想的演变》，中华书局，1997年。又有龚颖的中文译本，书名《中国前近代思想的屈折和展开》，生活·读书·新知三联书店，2011年。
[33]《李贽研究在日本》，李燕波译，见张建业主编：《李贽学术国际研讨会论文集》，首都师范大学出版社，1994年。
[34]沟口雄三：《李卓吾——矢志前行的异端》，日本集英社，1985年。
[35]《复丘长孺》，张建业主编《李贽全集》第三册《续焚书注》卷一，社会科学文献出版社，2010年。
[36]李家源：《儒教叛徒李筠》，韩国首尔延世大学校出版部，2000年。

（原载《闽南》，2016年第2期）

从《孙子参同》看李贽的军事思想

李贽(1527—1602)是我国明代杰出的进步思想家，他以反封建压迫、反传统思想的战斗精神，受到后来人们的重视。李贽还有不少关于军事方面的著作，没有引起人们的注意。李贽的有关军事的著作，散见于《藏书》的有关评论和《焚书》的有关论文、书信中，更集中表现在《孙子参同》这一专著中。研究《孙子参同》，探讨李贽的军事思想，有助于对李贽的全面认识。这里，我依据明朝陈氏继志斋刊本《李卓吾遗书》十二种中的《孙子参同》[①]，对李贽的军事思想加以探讨。

一、“集兵家之大成”

《孙子参同》产生于明万历二十五年(1597)。万历二十四年(1596)秋天，李贽应当时因丁父忧而家居的吏部侍郎刘东星之邀，到山西上党沁水坪上村做客。次年春夏之交，他在沁水又接到大同巡抚梅国桢的邀请，于是又离开沁水于五月到了大同。在大同的半年中，李贽除了和梅国桢谈禅论道、出外游览外，主要是修订《藏书》，并写作《孙子参同》。直到这年秋天，他才离开大同到北京去。关于这一年间沁水、大同之行的著作情况，李贽在《老人行叙》中说得很清楚：“故至坪上，则有《道古录》四十二章书；至云中，则有《孙子参同》十三篇书……又有《藏书》世纪八卷、列传六十卷，在塞上日，余又再加修订。”[②]

《孙子参同》分上、中、下三卷，是李贽为《孙子》一书所作的评注。《孙子》是我国古代一部伟大的兵书，作者孙武是一位伟大的军事家。他总结了当时和以前的战争经验，继承和发展了前人的军事理论，创立了新兴地主阶级的军事学说。《孙子》一书的杰出的军事思想，在我国军事史上占有重要地位，后来很多兵书都受到它的影响。历代还有不少人为它作注，如曹操的注，不仅最早，而且最富特色。曹操在充分肯定和阐发孙武军事思想的同时，还根

① 现存福建师范大学图书馆。

② 《续焚书》卷二。

据秦汉以来战争的特点和他自己的实践经验，加以发挥和补充，很为后人所重视。

宋朝元丰年间，以《孙子》、《吴子》、《六韬》、《司马法》、《黄石公三略》、《尉缭子》、《李卫公问对》七部兵书颁行武学，称为“七书”或“武经七书”，而以《孙子》为首。《孙子参同》就是以《孙子》十三篇为线，每篇下除专收曹操为《孙子》所作的注释外，还附录了《吴子》等其他六书的有关论述。同时，李贽还写了序言，加了评论，以阐明自己对《孙子》军事思想的认识。梅国桢在《孙子参同·序》中说：“古今兵法亡虑数十百家，世所尊为经者七，而首《孙子》。……余友秃翁先生，深于禅者也，于兵法独取《孙子》，于注《孙子》者独取魏武帝，而以余六经附于各篇之后，注所未尽，悉以其意明之，可谓集兵家之大成，得《孙子》之神解。”[①]这个评论并不为过。

《孙子参同》通过特有的组织方式，把兵家的主要代表著作的主要思想都组织了起来。其结构大致分为四部分：一是《孙子》原文，二是曹操原注，三是李贽总评，四是“参考”部分。特别是“参考”部分，除李贽的评注外，还以《孙子》论述的内容为线，分门别类地引录了《武经七书》中其他“六书”的有关论述，确实做到了“集兵家之大成”。

如《始计》第一，分别论述和引证了《孙子·始计》提出的“五事”：

一是关于“道”：首先是李贽对《始计》原文中关于“道”的评论，而后分别引录了其他兵书关于“得贤之道”的论述(《六韬》二条、《黄石公三略》三条、《尉缭子》一条、《吴子》三条)；关于“爱民之道”的论述(《六韬》二条、《黄石公三略》一条、《吴子》二条、《司马法》一条)；关于“慎修之道”的论述(《六韬》八条、《黄石公三略》二条、《司马法》一条)。

二、三是关于“天”、“地”：首先是李贽对《始计》原文中关于“天”与“地”的评论，而后又分别引录了其他兵书关于“知天知地”的论述(《六韬》一条、《尉缭子》二条、《李卫公问对》二条、《吴子》二条)。

四、五是关于“将”、“法”：首先是李贽对《始计》原文中关于“将”与“法”的评论，而后又分别引录了其他兵书关于“将”与“法”的论述(《六韬》七条、《黄石公三略》三条、《军谶》十二条、《军势》四条、《尉缭子》五条、《司马法》一条、《吴子》七条)。

最后还有二条：一是李贽总论“五事”的重要，二是《李卫公问对》中关于

① 这篇《序》的题目，在《李卓吾遗书·孙子参同》中为《孙子参同叙》，在《李温陵外纪》中为《孙子参同契序》。

"五事"分为"三等"的见解。

《孙子参同》就是通过这种特有的组织方式，以《孙子》十三篇为线，把历代主要兵书著作的主要思想，集中了起来。这样，既可以通过各家兵书著作对《孙子》有关军事理论的解释、评论和发挥，使我们加深对《孙子》军事思想的认识；又可以使我们对历代主要兵书著作有所了解。因此，说它是"集兵家之大成"是有一定道理的，这部书应该引起我们的重视。

二、"得《孙子》之神解"

梅国桢在《序》中对《孙子参同》的又一个重要评价是"得《孙子》之神解"，这也是非常确切的。

第一，李贽肯定并发挥了《孙子》关于军事依赖政治的观点。

《孙子》第一篇《始计》一开始，就把"道"、"天"、"地"、"将"、"法"五事作为决定战争胜负的因素，而第一事就是"道"。孙武说："道者，令民与上同意，可与之死，可与之生，而不畏危也。"就是说"道"，是指推行进步政治，使人民和国君意向相同。这样，人民就能听你驱使，把生死置之度外，不会有任何畏惧、迟疑。孙武还明确提出"主孰有道"是决定战争胜负的第一个条件，要求把"修道而保法"（修明政治、确保法度）作为治军的宗旨。这表明孙武强调了战争对政治的依赖。

李贽肯定了《孙子》的这一思想，并加以发挥。他说："一曰道，孙子已自注得明白矣，曰：'道者，令民与上同意，可与之死，可与之生，而不畏危也。'夫民而可与之同死生也，则手足扞头目、子弟卫父兄，不啻过矣。孔子所谓民信，孟子所谓得民心是也。此《始计》之本谋，用兵之第一义。"把"令民与上同意"的"道"，比喻为"手足扞头目、子弟卫父兄"一样重要，并说成是"《始计》之本谋，用兵之第一义"，这就抓住了《孙子》关于军事依赖政治这一可贵命题。

不仅如此，李贽还提出了达到"令民与上同意"的修道办法。他说："《始计》五事，一曰道。夫道莫先于得贤，莫要于爱民，得贤则明，爱民则亲，所谓未战而庙算胜者此矣。然非平日修德爱民以致贤人，则贤者亦安能致之哉？故唯德修而后贤人至，唯贤人至而后德益修，道益明，民益亲也。此篇专为君言，故曰：'主孰有道'，其实将道亦如是而已矣。"把"得贤"、"爱民"说成是达到"令民与上同意"的修道途径，表现出李贽对人民力量的重视。李贽要求君主要从"得贤"、"爱民"上修明政治，并把它说成是没有作战就预计了取胜的条件，说明他对《孙子》关于军事依赖政治的思想有着更深一步的理解和认识。

正是从这样的思想出发，李贽在“参考”部分引录了其他兵书中有关“得贤”、“爱民”的很多论述。如从《六韬》引姜太公的话：“天下非一人之天下，乃天下之天下也。同天下之利者，则得天下，擅天下之利者，则失天下。”“文王曰：‘愿闻为国之大务。’太公曰：‘爱民而已。……故善为国者；驭民如父母之爱子，如兄之爱弟。见其饥寒则为之忧，见其劳苦则为之悲，赏罚如加于身，赋敛如取于己，此爱民之道也。’”从《黄石公三略》中引“夫为国之道，恃贤与民”，从《吴子》中引“昔之图国家者，必先教百姓而亲万民”等。《六韬》实为后人所作，不过伪托姜尚之名而已。《六韬》和其他兵书一样，提倡“爱民”都是为了维护统治阶级的利益，并不是为了劳动人民。但这些军事著作由于是从战争的实践中总结出来，其作者又多是著名军事家，他们在一定程度上认识到人民群众在战争中的重要作用，因此提倡以“亲贤”、“爱民”为中心思想的“道”，并把实行这种“道”的修明政治，作为取得战争胜负的第一个条件，说明他们都看到了战争对政治的依赖。李贽肯定了这些论述，并把它们集中起来，这表明李贽认识到“得贤”、“爱民”，修明政治，对军事上的重要意义。这一点在《焚书》、《藏书》中也都有鲜明的表现。

从军事依赖于政治的原则出发，李贽反对“好战”。他说：“夫天下虽大，好战必亡。”所谓“好战”，就是不顾人民死活，而一意孤行地进行不义的战争。这当然要遭到人民的反对，必然以失败而告终。李贽在“参考”部分，引录了其他兵书中反对“好战”的论述，劝诫统治者不但在军事行动之前要修明政治，以争得人民的拥护。就是在军事行动中，也要从人民方面多考虑，包括从敌国人民方面多考虑。只有这样，才能取得战争的成功。显然，李贽的这些见解，都表明他认识到了军事对政治的依赖。

第二，李贽肯定并发挥了《孙子》的朴素唯物主义军事思想。

《孙子》的朴素唯物主义军事思想，表现在他对人事的重视，对天命的否定；对天气、地形、物资、人口等自然条件和物资条件的重视，对占卜、术数等迷信的否定；对调查研究、计划制订的重视，对主观臆测、盲目行动的否定。《孙子》在论述到战争胜负时，不但看到了战争对政治的依赖，而且重视天时、地利、将帅、法制等条件，重视双方土地面积的大小、人口的众寡和资源的多少等物资基础。在如何指导战争上，《孙子》强调要从客观实际出发，不能凭主观愿望和感情用事，要通过各种方法掌握敌人情况，做到知己知彼，而不能靠求神问卜。李贽肯定、补充和发挥了《孙子》这种朴素唯物主义军事思想。

首先，《孙子参同》通过评论和引录其他兵书著作，肯定和发挥了《孙子》重视人事、否定天命的理论。如在《始计篇》关于“知天知地”部分，就从《六韬》中引了“君不肖则国危而民乱，君贤圣则国安而民治，祸福在君，不在天时”。从《李卫公问对》中引了李靖说的“后世庸将，泥于术数，是以多败，不可不诫也”。这都表现出李贽突出了人事在战争中的作用，否定了天命在战争中的价值。

这种重人事反天命的思想，突出表现在李贽对《孙子》“知己知彼，百战不殆”这一思想的充分肯定。《孙子参同》多次肯定了《孙子》的这一杰出思想，如在《谋攻篇》，李贽提出：“‘知己知彼，百战不殆’，将而知彼己也，谋攻可也。”把知己知彼看作是谋攻的关键，可以说是抓到了《孙子》战略战术的精神实质。特别是在《用间篇》，李贽精辟发挥了《孙子》把事先了解情况看作是取得战争胜利的先决条件，而反对靠求神问鬼、主观类推、观天占卜的迷信思想。李贽说：“‘先知者，不可取于鬼神，不可象于事，不可验于度，必取于人知敌之情者也。’即此观之，则三军之事，莫急于用间矣，故以用间终焉。取于鬼神者，祭祀祈祷也；象于事者，事类推求也；验于度者，卜筮占验也。故曰用兵之道，尽在于人事，彼鬼神等，不过诡道奇谋，因以便于使贪使愚云耳。其实必以先知彼己为急也，苟知己而不知彼，又何以胜敌而制其命乎？故用间要矣。”李贽充分肯定《孙子》“先知者，不可取于鬼神，不可象于事，不可验于度，必取于人知敌之情者也”的朴素唯物主义军事思想，把求鬼神、占卜筮之类斥之为“便于使贪使愚”的诡道，把“知己知彼”说成是战胜敌人的急务，把用兵之道归结为“尽在于人事”，这都明确表现出李贽在军事上坚持唯物论、反对唯心论的可贵精神。

李贽还肯定、补充和发挥了《孙子》提出的战争之前，要根据敌我各种实际情况，周密地制订作战计划的思想。《孙子·始计篇》说：“夫未战而庙算胜者，得算多也；未战而庙算不胜者，得算少也。多算胜，少算不胜，而况于无算乎！吾以此观之，胜负见矣。”孙武强调条件的充分和计谋的周密，这是反对主观唯心主义的朴素唯物主义军事思想。李贽在关于《始计》的评论中还说：“势者，权势也。兵无定势，所谓诡道奇谋，此则临时因利而后制，不可以先传也。唯有五事七计兵家常法，当预算于先耳，故曰‘始计’。‘始计’者，预算也。君能预算，将能预算，则预算常在我矣。以是用兵则临时遇敌有不能因利而制权势者乎？”又说：“天下虽安，忘战必危。有国家者，可一日而忘战乎？唯以不教民战，以不知兵者将，斯殆耳。故未战而庙算胜，始谓得算多。夫未战而庙算已胜，未战而彼我之胜负已可计索而立见其情。则凡诡道奇谋，要不过为将者临时因敌制胜以佐之耳，其必胜之战，岂至此而后决乎？故曰‘始计’，言计之于始者，不可以不预也。若临敌而后选将，又安得为预计于始，而得庙算之胜也邪？”李贽强调对“五事”、“七计”的事先准备，也就是强调战前的政治基础、物资基础和周密作战计划的准备。他认为，只要做了充分的准备，再根据战时的具体情况，以“诡道奇谋”做辅佐，就能遇敌而制之。否则，就要遭受失败。

特别值得注意的是，李贽在强调要有充分的政治、物资基础，要有周密的作战计划的同时，突出了不要忘战、要教民战、要以知兵者将等思想。李贽说：“天下虽安，忘战必危”，这是一个积极、可贵的军事思想。只有在天下平安无事之时，做好对付战争的准备，才能使自己立于不败之地。李贽强调“教民战”的思想，是对《孙子》等兵家的继承，也是他自己在战斗实践中体会总结而来。李贽一生几经战争，在嘉靖三十八年(1559)，他任南京国子监博士时，因父亲病死泉州，回乡奔丧。这时恰值倭寇骚扰泉州城，李贽到家后，还穿着孝服，率领弟、侄辈投入抗倭斗争[①]。所以他能在《兵食论》中提出“家自为战，人自为兵”[②]的口号。《孙子参同》提出“唯以不教民战，以不知兵者将，斯殆耳。”把不教民战，以不知兵者将，作为战争失败、国家危亡的原因，这正是李贽重视人民群众在战争中作用的朴素唯物主义军事思想的鲜明表现。

第三，李贽肯定、补充和发挥了《孙子》的朴素辩证法军事思想。

《孙子》一书充满了朴素辩证法思想，特别是在战略战术方面，有许多闪耀着辩证法思想的光辉，是《孙子》最精彩的部分。例如孙武主张进攻、速胜和主动灵活。他说：“兵贵胜，不贵久。”为了达到进攻速胜的目的，孙武主张要做充分准备，集中兵力，以五倍或十倍于敌的力量，包围敌人，造成强大优势，以多胜少。孙武还特别强调应根据敌情变化，灵活地运用战术，所谓“践墨随敌，以决战争”，即不可千篇一律地对待各种不同的战争情况，而要根据不同情况，采用不同对策。正如他在《虚实篇》中所说：“兵无常势，水无常形，能因敌变化而取胜者，谓之神。”孙武在论述军事时，还涉及军事领域的许多矛盾范畴，如敌我、众寡、强弱、攻守、进退、胜败、虚实、勇怯、安动、治乱、佚劳等。他不仅看到了这些矛盾，而且强调要用人力促进这些矛盾的转化，从而使自己避免不利因素，争取有利因素，避免被动，争取

① 《卓吾论略》，《焚书》卷三。

② 《兵食论》，《焚书》卷三。

主动。

《孙子参同》对《孙子》的这些朴素辩证法思想，也有很好的补充和发挥，这里我们以《兵势篇》为例加以说明。

《孙子·兵势篇》提出，要想在战争中夺得主动权，造成强大的军事优势，必须采取灵活多变的“奇正”战术，也就是要在组织指挥、兵力部署、战术运用和战术行动等方面，能够真假虚实并用，前后正反兼施，而且应用自如，像日月和四季那样循环往复，像五味、五色和五音那样变化无穷。《兵势篇》还提出，战争和其他事物一样，不是静止的，而是不断发展变化的。战场上有利和不利的态势，在一定条件下可以转化，因此要善于根据实际情况灵活多变，以创造有利于我而不利于敌的态势，争取战争的胜利。

对此，李贽加以评论说：“兵无一定之势，故奇正之兵，亦无一定之用。势者，因利而制权，故奇正之势，亦因故而变化也。无正不成奇，无奇不成正，谓奇正之相为用可也。无有奇而不正者，亦无有正而不奇者，谓奇正之合为一又可也，奇正之变化其势又乌能定乎？故凡可以诱敌者，皆奇也，是权势也，是诡道也。凡所以待敌者，皆正也，皆本也，所谓以本待之也。是故以利动之，以形示之，以乱与之，使敌人但见吾之为怯，而闻吾之为弱也，以奇也。然使敌人皆见而闻之矣，则虽奇亦正。”这里，李贽精辟地说明了“奇”与“正”的辩证关系。所谓奇与正，在古代兵书中通常指的是，在指挥上，遵守常规为正，灵活运用为奇。在兵力部署上，用以牵制敌人的进攻、防御部队为正，用以侦察、警戒敌人的部队为奇。在作战方法上，正面作战为正，从侧翼和后方包围迂回为奇；先击为正，后击为奇；明击为正，偷袭为奇；示敌以真实情况为正，示敌以假情况为奇；等等。但是，奇与正是对立的统一，而且是可以根据不同情况而互相转化的，这就要指挥员依据不同情况，利用各种态势，运用自如地用奇、正之兵为自己服务。李贽深刻地解释了奇正之间的辩证关系及其在战争中的灵活运用。

《兵势篇》还提到，作战时要善于用假象欺骗敌人，用小利引诱敌人，使敌人听从自己的调动，用重兵和有利时机消灭之。而且进攻时要具有爆发性和突然性，像能够冲动石头的奔腾的洪水，像掌握时机和距离而突然捕到小鸟的鸷鸟，像从几百丈高山上滚下来的木头石块，像拉满弓而离弦的箭。对此，李贽也给以辩证的解释：“凡敌之人，未有诱之以利而不来者，未有多方以误之而不可致者。然亦未可以一定执也。设使利之而敌不动，形之而敌不从，与之而敌不取，则虽孙武子亦且奈之何哉！故敌人如太山，吾虽势如激水之疾，可如何？敌人如狡兔之深藏于穴，吾虽势如鸷鸟之节，可如何？敌人能先为不可胜，以藏于九地之下也，吾之势纵如转圆石于千仞山也，可如何？故任势者，可动即动；不可动即不敢动。可动，即如转圆石，如鸷鸟节，如漂石激水，迟慢一毫不得矣；不敢动，即如山之安，如木之静，如方之止。夫如是，故其势常在我也。”李贽强调要根据条件和情况的不同，而采取相应的军事行动。该动即动，如转圆石于千仞之山，如捕捉小鸟的鸷鸟之节，如冲动漂浮石头的奔腾洪水，一毫不能迟慢。不该动就不动，如泰山之稳，如方木之静，丝毫不动。这种视条件和情况的不同，而分别采取动与不动的战斗行动的思想，生动地表现了李贽的朴素辩证法军事思想。

其他像《虚实篇》中关于虚实的评论：“兵无常形，未战则以实待虚；亦无常势，将战则避实就虚”；《作战篇》中关于速胜而不要久战的评论：“宁速毋久，宁拙毋巧，但能速胜，虽拙可也。非爱拙也，以言速胜为巧之至，而人不知也，故未见有巧而久者。则凡久于师者，是谓真拙矣，其慎重于战何如哉？故终之以贵胜不贵久”；《军争篇》中关于兵力分合以及“治气”“治心”“治变”的军事之法的评论；《九变篇》中关于“所共由之途，而有时变之不由：所可击之军，而有时变之不击：所可攻之城与所必争之地，而有时咸变而不肯攻、不屑争”，以及“利害常相杂，唯智者能知之耳。利中有害，在害思利，则为五利。害中有利，在利而不思害，则为五危，可不杂思之乎”的评论等，都很好地发挥了《孙子》在这些范畴中的朴素辩证法思想。

三、对腐儒轻视军事的批判

李贽对于军事是极为重视的，对于轻视军事的腐儒做过多次批判，这在《藏书》、《焚书》中都有很多反映。《孙子参同》在肯定、补充和发挥《孙子》的军事思想的同时，继承和发挥了孙武重视军事，认为“兵者，国之大事，死生之地，存亡之道，不可不察”的思想，把战争看作是与人民生死、国家存亡相关的大事，并对轻视军事的腐儒进行了严厉批判。这集中表现在李贽自己写的序中。

李贽在《序》中首先引用并肯定了张鏊[①]关于《孙子》研究的一些意见。张鏊说：“文事武备，士君子分内事也。”并认为讲军事的“七书”和儒家的“六经”一样重要。由此出发，他对那些窃取高位而又不懂军事、无能无才的腐儒极为不满，斥责他们虽然被朝廷“高爵以崇之，厚禄以养之”，窃得了高官厚禄，但一遇战事，却“栗肱战股，抚髀拈髯，顾后瞻前，张皇错谔”，六神无主，

① 张鏊身世不清，从李贽引用他的文章看，是一个《孙子》的研究者。

惊慌失措，并用各种理由为自己的卑怯、无能辩护。张鏊对《七书》的重视和对腐儒的批判得到李贽的热情赞扬。特别是对张鏊提出的“《七书》、《六经》，固仁义一原之理，阴阳贞胜之符也”的结论，李贽赞之为“确论”。“仁义一原”就是仁和义同出于一原。过去人们认为“仁”象征生发，“义”象征肃杀，生、杀二者，不可缺一，就如同文武不可缺一一样。“阴阳贞胜”则指阴和阳都不可彼此分离而单独存在。“贞胜”一词原出《周易·系辞》，贞指正、常，原意是说，对立的双方互相消长，而“正道”或“常态”这一方终究要战胜对方，这里则取其互为依存的意思。李贽肯定张鏊用“仁义一原，阴阳贞胜”比喻文武，就是从事物的对立与统一上肯定文武的不可分离。

正是从文武不可分离的原则出发，李贽进一步用人体的手脚为喻，论证了文武互相结合、交互运用的紧密关系。他说：

> 故予尝譬之人身然，夫人身有手有足，盖皆所以奉卫此身者也。故凡目之所欲视，耳之所欲听，舌之所欲尝，身之所欲安，非手足则无从而致也。故一身而非手足，则欲饮谁与持？欲食谁与供？欲衣谁与穿？欲远行谁与到？我欲尊吾身，谁与跪拜而致恭？我欲爱吾身，谁与奔走而趋事？是文用也，固此手与足也。一旦有外侮，或欲我跌也，度不能敌，则足自能走；度能敌，则足自能与之交。或欲我搏也，度不能敌，则自能举手以相蔽；度能敌，则自能反手而推击之；是武用也，此亦手与足也，非它物也。故平居无事，则手持而足行；有所缓急，则手抵而足踢。执匕箸者此手，而执棍棒者，亦此手也；执茶挑者此手，而执刃剑者亦此手也。伸之则为掌，可以恭敬而奉将；捏之则成拳，可以敌忾而御侮。虽手足亦不自知其孰为文用而孰为武用者。

在李贽看来，文和武就像人体的手和脚，都是人体所离不开的，身体需要的各种活动，靠手脚共同完成。平时手管拿东西，脚管走路，打起架来，则手打脚踢。吃饭喝茶时拿筷匙茶碗的是这双手，战斗时拿棍棒刀剑的也是这双手，就是手和脚也分不清那是文用，那是武用。正是从这种文武不可分离的理论出发，李贽斥责那些只知“通经以道，四六成文”，而又高叫“能文不能武”的“名儒”之辈，其实是一批“文武皆废”、“痿痹不仁”的麻痹症患者。他们的所谓“能文”，“亦不过取给于闻见，借助于昔贤而已”，其实不过是一批“皆待人而后得以苟延其生者”的“不可齿于人数”的寄生虫。

李贽对腐儒轻视军事的思想的批判，贯穿了《孙子参同》的全书。在《始计篇》的评论中，李贽指出，孙武是“至圣至神，天下万世无以复加焉者”，但“儒者不以取士，以故弃置不读，遂判为两途，别为武经，右文而左武。至于今日，则左而又左，盖左之甚矣。如果而望其折冲于樽俎之间，不出户庭，不下堂阶，而制度万里之外，可得耶?”不仅如此，那些所谓名臣大儒，其实“个个皆能抱不哭孩儿，一闻少警，其毒尚不如蜂虿，而惊顾骇愕，束手无策。”即使当时有人提出正确的军事建议，他们也不知道说的是什么；即使当时真有勇智的将军，他们也不懂得他的价值。相反，只会“此句不合《论语》，此句不合《孝经》，此说未之前闻，此人行事不好，此人有处可议”，胡乱指摘，瞎眼褒贬。李贽愤慨指出，在这样的空气下，就是孙武“复生于今”，又有什么用呢，他也只能记诵几篇举子业，去骗骗盲试官而已。这就不仅批判了腐儒重文轻武的荒谬，而且揭露了他们虚伪无能的丑态。

总之，《孙子参同》这部书，通过独特的组织形式，把兵家的一些基本理论集中了起来，再加上李贽自己的评论和解说，对《孙子》的思想做了很好的解释和发挥，也表现了李贽自己可贵的军事思想。它不仅在当时民族矛盾极其尖锐的情况下，有着强烈的现实意义，在今天也还是宝贵的遗产。我们应该重视对《孙子参同》的研究。

（原载《福建师范大学学报》，1980 年第 2 期）

李　贽

一

李贽(1527—1602)，福建泉州晋江县人。原姓林，名载贽。后因三世祖叔林广齐被当时统治者所杀害，林姓族中有的就改姓李。李贽小时姓林，何时改姓不清楚，但他在嘉靖三十一年(1552)中举人时，已经姓李了。后来明穆宗朱载垕即位，为避皇帝讳，去掉“载”字，遂叫李贽。

李贽号卓吾，福建音“卓”“笃”不分，故又号笃吾。泉州有泉山，也称温陵，因此他又自称温陵居士。后来到河南辉县做官，因苏门山上有百泉，自称百泉人，号百泉居士。听到别人批评自己心胸狭窄，应该心胸宏阔，于是自号宏父(又写作宏甫)。五十岁后，为追念死去的父亲，号思斋居士。晚年寓居湖北麻城龙湖，自号龙湖叟，因去发号秃翁，有时又自称李长者和李老子。袁中道在《柞林纪谭》中称他为柞林叟。

李贽祖上原籍是河南汝宁府固始县，元末迁居泉州。其家族世代为商，一世祖林闾“籍前人蓄积之资，常扬帆航海外诸国。”二世祖林驽“壮年航吴泛越，为泉巨商。洪武十七年，奉命发航西洋忽鲁模斯等。”三世祖林通衢“夙有经营四方志”，“竟以疾卒广州龙川县之为商处。”四世祖林易庵和五世祖林琛，经常往来于琉球、日本诸国，并做过通事官(翻译)，引琉球、日本诸国入贡京城。林易庵因“奉简书使外国，能使其人输诚以献，不辱朝臣嘉命”，被“钦赐冠带”，并由其子林琛袭职[①]。商人的家世对李贽的思想产生了一定的影响。

李贽的祖父林义方，事迹不详。李贽的父亲林白斋后来因李贽做官被“赠奉直大夫刑部郎中”。据李贽自述：“长七岁，随父白斋公读书歌诗，习礼文。”[②]又据《清源林李宗谱》：“东井公，……比长，从何怍庵学，亦师白斋公。”可以断定，林白斋主要以教书为业。李贽的生母徐氏早亡，继母董氏。李贽曾称其父：“身长七尺，目不苟视，虽至贫，辄时时脱吾董母太宜人簪珥以急朋友之婚，吾董母不禁也。”[③]可见林白斋为人豁达大方，继母董氏也很通情达理。

泉州是一个宗教众多的地区，影响到李贽先祖的思想信仰也比较复杂。

其始祖林闾和泉州的伊斯兰教徒关系很好，始祖母却给号称闽南佛国的开元寺塑造了一尊佛像。二世祖林驽“受戒于清净寺教门”[4]，而他的胞弟林端却“敦诗习礼，绰有儒风”，“养心静素，乐意弦歌”[5]。三世祖林通衢之妻死后葬于皋州东门外仁凤乡的伊斯兰教徒墓地，可老二房三世祖林广齐却是道教徒，并因修理东岳庙立下马碑闯下了杀身之祸。李贽家族中先后有不少人和伊斯兰教徒通婚，李氏家谱中还曾记有天主教传入中国的时间[6]，这种复杂的宗教信仰和婚姻关系，对李贽的反传统思想也会产生一定影响。

李贽的一生可分为三个时期：三十岁前在家读书和外出谋生；三十到五十四岁为官从政；五十四到七十六岁专以从事教书著述。

李贽的童年是不幸的，他很小丧母，六岁便能自立。七岁开始跟父亲读书，十二岁时，已经会做文章了。但少年李贽对儒家经书和朱熹的传注并不感兴趣，他回忆说：“稍长，复愦愦，读传注不省，不能契朱夫子深心。因自怪，欲弃置不事。”[7]十四岁时，读完《易》、《礼》，“又改治《尚书》”[8]。

嘉靖二十六年(1547)，李贽与黄氏结婚。耿定力在《诰封宜人黄氏墓表》中说：“宜人以嘉靖癸巳(1533)六月八日生……年十五，归卓吾。”婚后不久，李贽就为生活而外出奔波了。后来他给焦竑的信中说：“弟自弱冠糊口四方，靡日不逐时事奔走。”[9]

李贽对科举本来存有反感，但为生活所迫，也不得不走应考求仕的道路。他“取时文尖新可爱玩者，日诵数篇”，终于在二十六岁时中了举人。从此他就决绝地说：“吾此幸不可再侥也”，“遂就禄”[10]，走上了仕途。

嘉靖三十五年(1556)，李贽三十岁，出任了河南辉县教谕。到任后，他“拜揖公堂之外”，就“闭门自若”[11]，一心探求学问。但是，李贽的思想性格与县令、提学都合不来：“为县博士，即与县令、提学触。”[12]结果，“在百泉五载，落落竟不闻道”[13]，并没有探索到人生的答案。

嘉靖三十九年，调李贽到南京任国子监博士。他到任仅两个多月，因父亲病故，就守制东归，回乡奔丧了。当时，日本海寇屡犯泉州和东南沿海一带，李贽白天隐蔽，夜间赶路，走了六个多月才到家。这时，泉州也遭倭寇骚扰，李贽顾不得行孝事，就“墨衰率其弟若侄，昼夜登陴击柝为城守备”[14]。由于亲自参加了抗击外寇的入侵，激发了李贽的爱国主义，并使他进一步认识到明王朝的腐败无能。

嘉靖四十一年，李贽守制期满，离开泉州去北京。第二年到了北京，借馆教书为生。嘉靖四十三年，出任北京国子监博士，但“为太学博士，即与祭酒、司业触”[15]。同时，生活上的不幸又不断袭来，刚刚接到祖父去世的讣告，二儿子又病死在身旁。李贽的曾祖父母和父母死后，都是暂厝着的，这时李贽决心二次奔丧，把先人安葬入土。为此，他暂时把夫人和三个女儿安置在河南辉县，并“分赙金一半买田耕作自食”[16]。恰巧这年辉县大旱，加以贪官污吏的借机营私，当地人民遭受到极大不幸，李贽的两个小女儿也终因病饿交加，相继死去。等李贽回到辉县后，无情的现实生活，使他精神上又一次受到打击。

嘉靖四十五年，李贽携眷属回到北京，补缺为礼部司务。这是一个穷官，当时就有人讥笑他不该上任。但李贽想：“吾所谓穷，非世穷也。穷莫穷于不闻道，乐莫乐于安汝止。吾十年余奔走南北，只为家事，全忘却温陵、百泉安乐之想矣。吾闻京师人士所都，盖将访而学焉。”[17]李贽决心利用在京师的机会，求师访友，探索道的奥妙了，至于生活上的穷困，他已置之度外。这时李贽接触了王阳明的学说。他谈到自己与王学发生关系的经过时说：“不幸年甫四十，为友人李逢阳、徐用检所诱，告我龙溪王先生语，示我阳明王先生书，乃知得道真人不死，实与真佛、真仙同，虽倔强，不得不信之矣。”[18]李贽哲学思想中的主观唯心主义因素，就是直接来源于王阳明的影响。

隆庆五年(1571)，李贽到南京任刑部员外郎。到任不久，就遭到道学家的排挤：“最苦者，为员外郎不得尚书谢、大理卿董并汪意。”“又最苦而遇尚书赵，赵于道学有名，孰知道学益有名而我之触益又甚也?”[19]但李贽却和焦竑、耿定理结成了至交，同时还认识了王阳明弟子王畿(号龙溪)和王艮的再传弟子罗近溪(汝芳)。王艮的儿子王襞到南京讲学，李贽又拜他为师。从此李贽更加受到泰州学派的影响。这时，李贽还对佛学发生了兴趣。他总结自己思想发展的过程时说：五十岁前，读圣教书、尊孔子，却不知什么地方可尊，无非是矮子观场，随人说妍，前犬吠形，后犬吠声而已。五十以后，“大衰欲死，因得友朋劝诲，翻阅贝经，幸于生死之原窥见斑点”[20]，清楚表明，李贽对佛教的兴趣，正是对儒教厌恶的一种表现。从此佛教对李贽的影响愈来愈深，使他写出了不少宣扬佛教教义的文章，而佛教众生平等、人人成佛的思想，也成为他批判儒学和封建阶级统治的一种武器。

万历五年(1577)，李贽离开南京，出任云南姚安府知府，官至四品。到姚安后，针对“上官严刻，吏民多不安”[21]的现状，李贽为政“一切持简易，任自然，务以德化人，不贾世俗能声。”[22]而且比较注意社会公益事业，如修连厂桥以利行旅就是一例[23]。但是和上司的矛盾仍很尖锐，李贽说：“其并时诸上官，又谁是不恶我者?”[24]万历八年，李贽三年任满，政绩显著，本来可以继续升官。但他却谢簿书，封府库，携其家，亲自到巡按刘维那里辞官，不得应允，就到大理的鸡足山阅《藏经》不出。后来，朝廷也只好应允他致仕归隐了。李贽为官，清廉简朴，“禄俸之外，了无长物”[25]，因此深得人民欢迎，在他离任时，“士民遮道相送，车马不能前进”[26]。

万历九年，李贽离开姚安，由滇入川，而后顺长江而下，直奔湖北黄安，开始了他归隐著述的生活。

李贽辞官后，为什么不回故乡泉州？他说这是为了摆脱“本府本县公祖父母”的管束，摆脱“来而迎，去而送；出分金，摆酒席；出轴金，贺寿旦”的无聊应酬，以便“访友朋，求知己”[27]，认真开始他的著述工作。李贽所以要到黄安流寓作客，是因为他和耿定理的思想比较一致。到耿家后，先住在天窝书院，教授耿家子弟，并“时时取史册披阅”[28]，开始了对历史的研究。同时，对《老子》也做了进一步的研究，刻印了苏辙的《老子解》，并著《解老》二卷。不久，李贽与理学家耿定向发生了尖锐矛盾，加以耿定理的病逝，李贽决定离开耿家。

万历十三年，在周思久、周思敬兄弟帮助下，李贽住到麻城的维摩庵。一到麻城，他就写了《与耿司寇告别》、《答耿司寇》等文章，向耿定向及理学家展开了进攻。

万历十六年，李贽从维摩庵搬到龙谭湖的芝佛上院，从此在这里住了近十年。本年，他的第一部著作《初潭集》就在这里编纂而成。该书借评价历史人物与事件，把批判矛头指向理学及理学家。这一年，李贽还开始编辑他的历史著作《藏书》、诗文集《焚书》和读书札记《说书》，他在给焦竑的信中说：“《李氏藏书》，谨抄录一通，专人呈览”；《李氏焚书》则“见在者百有余纸，陆续则不可知”；还有一种“因学士等不明题中大旨，乘便写数句贻之，积久成帙，名曰《李氏说书》。”[29]从中可知，《藏书》初具规模，《焚书》正在编辑，《说书》已完成一部分。

万历十八年，《焚书》在麻城刻印。《焚书》中有不少篇幅是“谈佛乘者”的“因缘语”[30]，但更多的是“颇切近世学者膏肓”、“中其痼疾”[31]的“忿激语”[32]。李贽用尖锐泼辣的文字讽刺了当时统治者的腐败无能，揭露了理学家伪善丑恶的嘴脸，并穷本追源地对儒家“经典”进行了批判。《焚书》的问世，引起封建统治阶级及理学家的惊慌与仇视，并对李贽进行了迫害。万历十九年，李贽到武昌游黄鹤楼时，统治者雇用流氓，以“左道惑众”的罪名对李贽进行了围攻驱逐就是一例。但是，迫害与围攻并没有使李贽屈服，相反，却扩大了他的声望。当时在武昌任湖广左布政使的刘东星，把李贽邀到自己的官署加以保护；湖北公安三袁（袁宗道、袁宏道、袁中道），也是在这时和李贽密切交往起来。

万历二十四年，七十高龄的李贽，写了《读书乐》一诗和《豫约》一文。在《读书乐》前引中，对自己一生的思想进行了总结，表现出敢于冲破传统是非标准的批判精神。在《豫约》的“感慨平生”一段中，对自己一生的行动进行了回顾，详细叙述了他走入仕途后的种种遭遇，激烈抨击了明代政治的黑暗与官场的腐败，强烈表现出“平生不愿属人管”的叛逆精神。

这年秋天，刘东星丁父忧家居，特邀李贽到山西作客。临行之前，传来当时任湖广按察司佥事的史旌贤要以“大坏风化”罪名把李贽驱逐出麻城之说，李贽决定暂不去山西，以示要与之斗争到底。后来，此事无声无息过去了，李贽由刘东星之子刘用相陪同下到了山西沁水坪上村。在这里，他“终日闭户读书，每见其不释手抄写”[33]。夜晚就与刘东星探讨人生哲理，并时时回答刘用相等的问题，后来形成了《明灯道古录》一书。

万历二十五年夏，应大同巡抚梅国桢（麻城人）的邀请，李贽到了大同。在这里，除修订《藏书》外，又编著了《孙子参同》十三篇。九月，李贽到了北京，寓居西山极乐寺，完成了《净土诀》三卷，并刻板。

万历二十六年春，李贽在焦竑的陪同下，乘船顺运河南下，到南京去。旅途中，李贽编著了《老人行》、《〈睽车志〉选录》两部书，前者是自己文稿的汇编，后者是对郭象《睽车志》的选录。本年冬出版的《龙谿王先生文录抄》，也是在这次旅途中定稿的。夏初，李贽到了南京，寄居永庆寺。这次在南京住了近二年，主要是与焦竑等研读《周易》，并最后编刻《藏书》。还不时接待一些求教者，如佘永宁、吴世征拜访李贽后，将访问记录整理成《永庆答问》[34]，又如方伯雨曾携眷属到永庆寺向李贽学习《周易》。李贽还三次会见了意大利天主教传教士利玛窦，《焚书》中现存《赠利西泰》诗一首，可能就作于此时。

万历二十七年秋，在焦竑的主持下，《藏书》于南京刻印。这是李贽精心编写的一部历史著作，全书六十八卷，包括从战国至元末约八百名历史人物的传记，分“世纪”、“列传”两大部分。该书主要取材于历代正史，不少都是原文照录。但李贽通过对史料的取舍剪裁和人物的分类编排，特别是通过总论、专论和评语的撰写，鲜明体现了他的进步思想和历史观。

万历二十八年春，刘东星接李贽到他总理河漕的济宁（今山东济宁县）漕署，在这里李贽最后完成了《阳明先生道学钞》、《阳明先生年谱》。当李贽从济宁回到麻城后，一些理学家勾结当地的封建官吏，以“维持风化”为名，再次对他进行迫害，拆了李贽住的芝佛院，毁了李贽修的埋骨塔。李贽迫不得已，在学生杨定见的帮助下，逃到黄柏山（今河南商城县）中。冬，马经纶不顾数千里之遥，冒雪从北通州（今北京市通州区）赶到黄柏山陪侍李贽。

万历二十九年（1601）春，李贽在马经纶陪同下到了通州，寓居马家。他集中力量修改已经刻印过的《易因》，最后带病完成此书，并根据马经纶"乐必九奏而后备，丹必九转而后成，易必九正而后定"[35]的建议，定名为《九正易因》。此书有些地方表现了李贽形而上学的思想，甚至杂有占筮的神学谬论，但很多解释都阐明、发挥了《周易》的朴素唯物论和朴素辩证法因素。

《九正易因》完成后，李贽本来就病弱的身体愈来愈坏，他感到来日不多了，二月五日，特草《遗言》，对后事做了安排。要求死后不用棺木，穿圹安魄，不换新衣，用白布总盖上下，用裹脚布廿字交缠其上，这种葬式带有浓厚的伊斯兰教特色。

李贽本想平安了此一生，但封建统治者还是不放过他。闰二月乙卯，礼科给事中张问达上疏劾奏李贽，除了极尽诬陷之词外，特别指出李贽在《藏书》等著作中表现出的"以卓文君为善择佳偶，以司马光论桑弘羊欺武帝为可笑，以秦始皇为千古一帝，以孔子之是非为不足据"等，是"狂诞悖戾"、"刺谬不经"、"不知遵孔子家法"。明神宗很快批示："李贽敢倡乱道，惑世诬民，便令厂卫五城严拿治罪。其书籍已刊未刊者，令所在官司尽搜烧毁，不许存留。如有党徒曲庇私藏，该科及各有司访参奏来并治罪。"[36]就这样，李贽被捕入狱了。狱中，李贽虽重病在身，仍读书作诗自若，《系中八绝》就是他留下的最后著作。

三月十五日，李贽趁狱吏给他剃发之际，夺刀自刎，十六日（公历五月七日）子时气绝而亡。

二

封建统治阶级以"敢倡乱道，惑世诬民"的罪名，把李贽迫害而死。李贽"倡"的什么"道"？为什么引起封建统治阶级如此的仇视？这主要表现在他反对封建压迫反对传统思想的民主思想上，正是由于这种民主思想，使他在中国思想史上闪耀着不可泯灭的光辉。

第一，反对封建束缚，要求自由发展人们的"自然之性"。

反对封建束缚，要求发展人们的"自然之性"，是李贽民主思想的一个重要特征，它表现在李贽的从政实践，更表现在他的理论倡导。李贽在姚安知府任上"一切持简易，任自然"，实际上就是反对对少数民族的严酷统治。这时他作的《论政篇》中，还提出要"因乎人"、"因性牖民"的"圣人之治"，反对

"本诸身"的"君子之治"[37]。他认为人的心性不同，从政要根据不同情况加诱导，只有"顺其性不拂其能"、"恒顺于民"，才能把社会治理好。反之，"君子之治"只知"本诸身"，即根据自身为标准去要求别人，做不到时，就用"条教之繁"、"刑法之施"进行束缚，这只能造成社会的动乱。这种思想包含着冲破封建束缚的战斗精神。

李贽与耿定向的论战，也包含着他们从政的不同主张。耿定向顽固地坚持要以孔子的思想为指导，用"德礼政刑"维持其封建统治。李贽则指出：天下人所以不得安生，就因为"贪暴者扰之，而仁者害之也。仁者以天下之失所也而忧之，而汲汲焉欲贻之以得所之域。于是有德礼以格其心，有政刑以挚其四体，而人始大失所矣。"[38]李贽把封建统治者及其理论家鼓吹为治国根本的"德礼政刑"指为祸国殃民的祸根，把披着"爱人"、"忧国忧民"面纱的"仁者"指为害人虫，这就不但揭露了他们虚伪的"仁义"、"德礼"的说教，而且揭露了他们用"政刑"实行其反动统治的残忍。他公开反对封建统治者用"德礼政刑"对人们的束缚，要求自由发展人们的"自然之性"，这在当时封建统治下，确实起到了振聋发聩的启蒙作用。

李贽重新解释了被神秘化了的"道"：

> 道本不远于人，而远人以为道者，是故不可以语道。可知人即道也，道即人也，人外无道，而道外亦无人。故君子以人治人，更不敢以己治人者，以人本自治；人能自治，不待禁而止之也。若欲有以止之，而不能听其自治，是伐之也，是欲以彼柯易此柯也。虽近而实远，安能治之，安足为道之耶？[39]

在李贽看来，"道"和人是紧密相连的，因此社会政治就要因人而治，以人治人，人人自治，这样社会才能治理好，人人才能得安宁。李贽主张"物各付物"、"因材并育"，任物情的自由发展。因为"物之不齐，物之情也"[40]，天下的事物千差万别，总是不会相同的；人们的才能、性情、喜好各有差别，总是不会一样的。只有任其自由发展，千万人才可以实现自己的心愿，千万种心愿才可能得到满足，这样，天下也就可以达到大治。反之，如果硬把这些差别整齐划一，约束在一个框子里，这就等于强迫天下的人服从我自己，这样，千差万别的人自然觉得是一种苦难而不服从，天下也就难得安宁。反对对人们进行束缚与限制，要求造成人人顺其本性、个个随心如愿的理想政治局面，这是李贽民主思想的可贵内容，有力地冲击了封建地主阶级的反动的专制主义统治。

第二，反对封建等级制，提出“侯王与庶人同等”的平等思想。

反对封建等级制，主张人与人之间要平等，这是李贽民主思想的又一可贵内容。

在《解老》中，李贽从“同一之中”出发，批判了儒家“圣人仁万民”的谬论。儒家鼓吹“天地仁万物”、“圣人仁万民”，要广大人民都要感谢圣人的“仁德”。李贽驳斥说：“使天地而能仁万物，则天地将谁与仁？使圣人而能仁万民，则圣人将谁与仁?”这个质问确实有力而尖锐。李贽还进一步论证说：天地与万物“同一中”，万物无所求于天地，天地也没有什么可施于万物；圣人与万民“同一中”，圣人没有什么可给予万民，万民也没有什么可凭借于圣人，只要各自守住自己的本位，而等待着自然的发展成长就可以了。那么现实中万民“守定”的结果如何？李贽答曰：“愚者得之，而智者昧焉；不仁者得之，而仁者反失之也。”这就否定了“仁者”、“圣人”“仁万民”的谬论，肯定了“愚者”、“不仁者”的本位。从“致一之道”，李贽还得出了“庶人非下，侯王非高”的平等观点。他认为“圣愚一律”，“天子庶人壹是无别”，因此，没有什么天生的“圣人”。显然，这是一种平等思想，与当时森严的封建等级制形成尖锐对立。

这种平等思想在《明灯道古录》中也得到鲜明表现。如儒学大谈“尊德性”，李贽用自己的平等思想给以重新解释，他的结论是：“尊德性”不过就是尊重众人之所能为而已，每个人只要按照自己的本性自由发展就可以，圣人并没有什么高人之处，“尧舜与途人一，圣人与凡人一”[41]，天下人人平等，哪有什么高低上下之别。从德性上的平等，还引出了圣人与凡人在能力上的平等，他说：“天下无不能之人，人无不能之事”，因此；“圣人所能者，夫妇之不肖可以与能，勿下视世间之夫妇为也。……若说夫妇所不能者，则虽圣人亦必不能，勿高视一切圣人为也。”[42]这是他平等观念的突出表现。

正是从平等思想出发，李贽还提出了“以百姓之迩言为善”的政治主张。《中庸》记载孔子的话：“舜其大知也与，舜好问而好察迩言。”李贽借此加以发挥说：

> 唯是街谈巷议，俚言野语，至鄙至俗，极浅极近，上人所不道，君子所不乐闻者，而舜独好察之。以故民隐无不闻，情伪无不烛，民之所好，民之所恶，皆晓然洞彻，是民之中，所谓善也。夫善言即在乎迩言之中，则迩言安可以不察乎？……夫唯以迩言为善，则凡非迩言者必不善。何者？以其非民之中，非民情之所欲，故以为不善，故以为恶耳，非真如今

人所谓妨政蠹民之恶也。[43]

宋明时期的理学家狂热鼓吹“存天理，灭人欲”，胡说“天理”至善，“人欲”至恶，妄图泯灭广大人民的一切生存权利。李贽却大胆提出“民之所欲”就是“善”，反之就是“不善”，而这种“善”就反映在“迩言”即普通民众的言论中。因此，李贽要求君主尊重和顺从民欲，把“上人所不道，君子所不闻”的“迩言”，作为考察民情和从政治国的依据。因为只有以民之善为善，以民之智为智，才是真正的“大智”，才能把社会治理好。李贽所设想的使天下“无有失所欲者”的社会局面，在阶级社会是不可能实现的，但他这种平等思想，正是对封建专制主义的一种冲击，客观上也有利于人民群众反封建的斗争。

李贽的平等思想，还表现在他对男女关系的看法上。宋明时期，由于反动理学的统治，妇女受到更加严密的礼教束缚。但是，李贽却反其道而行之，他敢于大胆和妇女来往，并收一些女弟子，如梅国桢的女儿梅澹然。当时梅澹然寡居在家，他们之间经常通过书信来往，探讨人生哲学。李贽的这些举动，曾引起理学家的愤怒，他们诬蔑李贽“宣淫败俗”，并叫喊“妇女见短，不堪学道”。针对理学家的攻击，李贽写了《答以女人学道为见短书》，提出男女在才智上没有差别，不能以性别作为区分见识长短的标准。他说：“谓人有男女则可，谓见有男女岂可乎？谓见有长短则可，谓男子之见尽长，女子之见尽短，又岂可乎？”[44]这些见解都具有朴素的男女平等思想。李贽还赞扬婚姻的自主，极力称赞卓文君自择佳偶改嫁司马相如是“忍小耻而就大计”，是“正获身，非失身”，并斥责阻碍卓文君与司马相如相爱的卓王孙之流为“斗筲小人”[45]，表现出对封建社会压迫妇女的宗法权力的极大蔑视，对“饿死事极小，失节事极大”的吃人礼教的勇敢挑战。

第三，否定孔子的“圣人”独尊地位，对反动理学进行了无情批判。

李贽在著作中，否定了孔子的“圣人”独尊地位，他说：“虽孔夫子亦庸众人类也”[46]，又说：“夫天生一人，自有一人之用，不待取给于孔子而后足也。若必待取足于孔子，则千古以前无孔子，终不得为人乎？”[47]这就把孔子这个神圣偶像拉到一般人的地位。

李贽还对孔子及尊孔派多次进行辛辣的讽刺与嘲笑。在《明灯道古录》中，李贽就揭露孔子一方面说“视富贵，如浮云”，一方面相鲁三月就“素衣麑裘，黄衣狐裘，缁衣羔裘”，“御寒之衣，不一而足；裼裘之饰，不一而袭”[48]的言行不一。在《赞刘谐》中，针对尊孔派的“天不生仲尼，万古长如夜”的胡说，李贽讽刺说：怪不得伏羲氏以前的远古时代，人们都整天点着纸烛走路呢[49]！

在《圣教小引》中，李贽用讽喻手法，把道学家们尊孔的大合唱，比作黑夜中的"一犬吠影，众犬吠声"，说孔子这尊偶像，就是在众犬的狂吠声中被哄抬起来的[50]。这在孔子被尊为"万世师表"的封建社会，具有多么强烈的战斗意义。

对于儒家"经典"，李贽有时给以新的解释，借题发挥，以阐明自己的思想，如《明灯道古录》。有时直接给以揭露批判，戳穿其神圣外衣，如《童心说》借谈文艺问题，一方面痛斥封建统治者及理学家是一伙"失却真心"，专门说假话、做假事、写假文的"假人"，指责他们把社会变成了"无所不假"、"满场是假"的欺诈场所。一方面又穷本追源地指出，一切虚假现象都来自"六经"、《论语》、《孟子》之类的儒家"经典"。这些所谓"经典"，其实不过是"史官过为褒崇之词"、"臣子极为赞美之语"，是孔孟的迂阔门徒"记忆师说，有头无尾，得后遗前，随其所见，笔之于书"的残缺不全的笔记，是孔孟"因病发药，随时处方，以救此一等懵懂弟子"的医方而已，根本不是"万世之至论"。而且由于道学家经常用它们来骗人和吓人，就成了"道学之口实，假人之渊薮"[51]，是藏垢纳污的所在，制造两面派伪君子的总根子。对儒学"经典"进行如此猛烈的批判，在封建社会中是极少见的。

李贽对当时占统治地位的道学的批判更为激烈。宋明时期，以程、朱为代表的道学成了统治阶级的官方哲学，成了禁锢人民思想的桎梏。李贽用尖锐泼辣的笔，揭露了他们的伪善与反动。李贽斥责道学家是"阳为道学，阴为富贵，被服儒雅，行若狗彘"[52]、"口谈道德而心存高官、志在巨富"[53]的两面人，是"实多恶也而专谈志仁无恶，实偏私所好也而专谈泛爱博爱，实执定己见也而专谈不可自是"[54]的伪君子。而"道学"正是他们达到这种欺世盗名的工具。他认为，"欺天罔人者必讲道学，以道学之足以售其欺罔之谋也。"[55]这真是对道学及道学家伪善本质的深刻揭露，表现出李贽与当时官方哲学相对立的战斗精神。

三

李贽的历史著作主要是《藏书》、《续藏书》、《焚书》、《续焚书》中的部分读史论文，《初潭集》中对历史人物和事件的评价，以及杂著、书信中的有关篇章，也都表现了他的史学思想。作为封建社会的一位进步思想家、史学家，李贽当然会受到历史传统观念的束缚，受到阶级的局限。但他的历史著作，在很多方面也表现出一种与传统思想相对立的见解。这些可贵的史学思想，大致有以下几个方面：

第一，不以孔子的是非为是非的历史标准。

李贽在《藏书》目录前，先写了篇《世纪列传总目前论》，开宗明义提出，他的历史观就是不以孔子的是非为是非：

> 人之是非，初无定质；人之是非人也，亦无定论。无定质，则此是彼非，并育而不相害；无定论，则是此非彼，亦并行而不相悖矣。然则今日之是非，谓予李卓吾一人之是非，可也；谓为千万世大贤大人之公是非，亦可也；谓予颠倒千万世之是非，而复非是予之所非是焉，亦可也。则予之是非，信乎其可矣。
>
> 前三代，吾无论矣；后三代，汉、唐、宋是也。中间千百余年，而独无是非者，岂其人无是非哉？咸以孔子之是非为是非，故未尝有是非耳。然则予之是非人也，又安能已！夫是非之争也，如岁时然，昼夜更迭，不相一也。昨日是而今日非矣，今日非而后日又是矣。虽使孔夫子复生于今，又不知作如何非是也，而可遽以定本行罚赏哉！[56]

这段话清楚地表现出李贽的真理观和评史原则。他以“颠倒千万世之是非”的英雄气概，否定了被封建统治阶级定于一尊的孔学的是非标准，提出了自己的是非标准，向孔学的神圣权威挑战。李贽决心打破孔子的是非框框，以新的标准来评价历史人物。李贽提出的“是非无定质”、“是非无定论”，涉及真理的相对性和绝对性，李贽过分强调了真理的相对性，显然是片面的。但他提出这一命题的目的，就是要否定以孔子为代表的是非标准，以自己的是非标准评价历史人物，这是有着战斗意义的。

李贽这种不以孔子的是非为是非的历史观是终生一贯的。他辞官客居黄安，开始研究历史的时候，就说：

> 山中寂寞无侣，时时取史册披阅，得与其人会觌，亦志快乐，非谓有志于博学宏词科也。尝谓载籍所称，不但赫然可纪述于后者是大圣人；纵遗臭万年，绝无足录，其精神巧思亦能令人心羡。况真正圣贤，不免被人细摘；或以浮名传颂，而其实索然。自古至今多少冤屈，谁与辨雪！故读史时真如与百千万人作对敌，一经对垒，自然献俘授首，殊有绝致，未易告语。[57]

他在七十岁时写的《读书乐·引》中又说：

天幸生我大胆，凡昔人之所以忻艳以为贤者，余多以为假，多以为迂腐不才而不切于用；其所鄙者、弃者、唾且骂者，余皆的以为可托国托家而托身也。其是非大戾昔人如此，非大胆而何？[58]

李贽抱着与百千万人作敌的态度，要为千百年来历史上的一些冤案辨雪，把那些"被人细摘"的"真正圣贤"树立起来，把那些以"浮名传颂"而其实索然无能之徒的真正面目暴露出来。这样的史学思想，不正体现了不以孔子的是非为是非的史学观吗？李贽以此为指导而写出的历史著作，或"颇多发明"[59]的单篇历史人物评论，或"系千百年是非"[60]的巨著《藏书》，都表现出他反传统思想的史学思想。

第二，反对"践迹""执一"的历史保守观，主张"与世推移"的历史发展观。

反对"践迹""执一"的历史保守观，主张"与世推移"的历史发展观，这是李贽进步史学思想的一个重要表现。他在《藏书》中说：

儒臣虽名为学而实不知学，往往学步失故，践迹而不能造其域，卒为名臣所嗤笑。然其实不可以治天下国家，亦无怪其嗤笑也。[61]

呜呼！受人家国之托者，慎无刻舟求剑，托名为儒，求治而反以乱，而使世之真才实学、大贤大圣，皆终身空室蓬户已也。则儒者之不可以治天下国家，信矣！[62]

李贽在这里所批判的"儒者"的"学步失故"、"刻舟求剑"，就是一种保守的历史观。在儒家学派看来，以孔子为代表的一套理论，就是评量一切事物的教条，区别一切是非的标准，不管时代如何发展变化，只要按照这套理论教条，亦步亦趋，践迹而行，就可以了。但李贽却斥责他们"名为学而实不知学"、"求治而反以乱"，并得出"儒者之不可以治天下国家"的结论，这正是对儒家学派守旧、保守历史观的否定。由此出发，李贽还痛斥儒家"践迹"的主张，不过是"效颦学步，徒慕前人之迹为"[63]，"执一之说"实质是："持刊定死本，而欲印行以通天下后世，是执一也，执一便是害道"[64]。并响亮提出："不执一说便可通行，不定死法便足活世"[65]，对于过去的"迹"，则"不必践，不可践，不当践"[66]，有力批判了儒家凝固、保守的历史观。

与"践迹""执一"的凝固、保守历史观相对立，李贽提出了"与世推移，其道必尔"的口号。他在《战国论》一文中，驳斥了儒生"徒知羡三王之盛，而不知战国之宜”的荒谬，并说：

> 夫春秋之后为战国，既为战国之时，则自有战国之策。盖与世推移，其道必尔。如此者非可以春秋之治治之也明矣，况三王之世欤！[67]

李贽肯定春秋代替“三王”（夏禹、商汤、周文王）、战国代替春秋，是一种正常的历史发展现象，驳斥了儒家宣扬的要回到“三王盛世”的复古理论，从运动与发展中观察社会历史的前进，具有鲜明的朴素辩证法思想。从这一思想出发，李贽还提出“不蹈故袭，不践往迹”[68]，“治贵适时，学必经世”[69]，也都非常可贵。

那么，历史是怎样前进、发展的呢？李贽回答说：

> 一治一乱若循环。自战国以来，不知凡几治几乱矣。方其乱也，得保首领，已为幸矣。幸而治，则一饱而足，更不知其为粗粝也；一睡为安，更不知其是广厦也。此其极质极野无文之时也，非好野也，其势不得不野。虽至于质野之极，而不自知也。迨子若孙，则异是矣。耳不闻金鼓之声，足不履行阵之险，惟知安饱是适而已。则其势不极文固不止也。所谓其作始也简，其将毕也必巨，虽神圣在上，不能反之于质与野也。然文极而天下之乱复起矣，英雄并生，逐鹿不已，虽圣人亦顺之尔。
>
> 儒者乃以忠、质、文并言，不知何说。又谓以忠易质，以质救文，是尤不根之甚矣。夫人生斯世，惟是质文两者。两者之生，原于治乱。其质也，乱之终而治之始也，乃其中心之不得不质者也，非矫也。其积渐而至于文也，治之极而乱之兆也，乃其中心之不能不文者也，皆忠也。[70]

李贽在这里提出的文质交替、治乱相生，也是针对儒家正统观点而发。《论语·为政》曾记孔子的话：“殷因于夏礼，所损益可知也；周因于殷礼，所损益可知也；其或继周者，虽百世可知也。”历代儒家都吹嘘三代是最理想的社会，宣扬要按照“忠、质、文”的一套去做，并要求三者“并施”，互为补充。李贽却提出了不同见解。他认为，历史是“一文一质，一治一乱”的变动过程。当天下大乱的时候，连性命都没有保障，幸而天下治了，能勉强吃饱睡安就满足了，根本讲究不了生活的享受与安逸。这并不是当时的人们喜欢这种低下的生活水平，而是客观条件使人们不得不如此。到了后来，局势稳定了，统治者就知道享乐，弄到穷奢极侈的地步，这时候，就是“神圣在上”也没有办法控制。然而奢侈到了极点，天下又要乱了，这时候，就是“圣人”也只能顺应这个潮流了。

李贽所说的文质交替、治乱相生，并没有揭示出社会发展的根本原因，他也不可能对历史的发展规律做出科学的说明，而且这种一治一乱相循环的观点，也是一种历史循环论。但应指出，李贽的历史循环论与战国时邹衍的“五德终始论”和汉代董仲舒的“三统”、“三正”论是有区别的。邹衍认为：“凡帝王之将兴也，天必先祥乎下民。”朝代的更替，五德的终始，都是“天”的意志的作用。董仲舒的“三统”、“三正”论，其实质与邹衍的说法一样，不过把“五德”改成黑、白、赤三统而已。在他看来，历史不过是夏(黑统)、商(白统)、周(赤统)，黑、白、赤三统的更换而已，这种更换也是由于“天”的意志，而不是社会本身的原因。这是典型的唯心主义、神秘主义的历史循环论。李贽的历史循环论当然也是形而上学的、唯心主义的。但李贺在解释历史循环的原因时，不是求助于“上天”的意志，而是归结于社会原因。他认为历史上的乱，是由于统治者的“极文”，即穷奢极侈；由于统治者的穷奢极侈，于是英雄们起来造反了，即“文极而天下之乱复起矣，英雄并生，逐鹿不已，虽圣人亦顺之。”这就表明，李贽在考察历史发展时，注重了社会生活的原因，注重了人事关系的原因，这就含有朴素唯物主义和朴素辩证法思想。有些文章中还表现出李贽官逼民反的思想，如他曾指出，贪官污吏是公开而合法的大盗，农民反抗则是被逼迫的结果[71]；或者是“大贤处下，不肖处上”、“冠履倒施”、“举世颠倒”，把一些英雄豪杰之士，“直驱之使为盗”[72]，这种官逼民反的思想，更具有朴素唯物主义的因素，也显得特别可贵。

第三，对历史人物评价中的积极因素。

从反传统的历史观出发，李贽对一些历史人物的评价，也表现出一种进步的见解。

从官逼民反的思想出发，李贽在《因记往事》一文中，热情称赞当时海上的反抗者林道乾“有二十分才，二十分胆”，“才识过人，胆气压乎群类”，并取得了群众的信任：“众愿归之，不肯背离”[73]赞扬水浒英雄们是天下“大力大贤有忠有义之人”[74]，这虽然也包含着李贽受正统思想局限的一面，但他对水浒英雄们热烈颂扬的感情溢于言表，也是很宝贵的。在《藏书》中，他更称赞陈胜为“匹夫首倡”、“古所未有”，并把他和另一农民起义领袖窦建德一起列入《世纪》，和历代帝王并列[75]。当然，李贽对农民起义的态度也是矛盾的，他也骂过农民起义为“盗贼”，这是时代与阶级对他的局限。但他对一些农民起义敢于给以肯定和赞扬，在当时是难能可贵的。

从发展的历史观出发，李贽对在我国历史发展上起过进步作用的历史人物，给予了不同程度的赞扬与肯定。他说李悝变法“行之魏国，国以富强”[76]。称赞吴起是“料敌制胜，号知兵矣”，肯定他“废公族疏远，以养战士”的进步主张，说吴起的主张“用之魏则魏强，用之楚则楚伯（霸）”[77]。他说商鞅“相秦不过十年，能使秦立致富强，成帝业”[78]。他高度赞扬秦始皇统一中国的功绩，称他为“千古一帝”[79]。他认为李斯所说的“五帝不相复，三代不相袭，各以治”是“甚可贵”[80]。对于西汉初期几个有作为的皇帝和大臣如高祖刘邦、武帝刘彻、贾谊、晁错、桑弘羊等，也都从他们对国家的发展中所起的作用上给以肯定。他驳斥了班彪班固父子指责司马迁“是非颇谬于圣人”的荒谬，指出正因为如此，司马迁才得以“不朽”[81]。李贽热情称赞曹操：“必如曹孟德等，方可称之为江淮河海之水”[82]。他赞赏敢于“非汤武而薄周孔”[83]的嵇康是“其人品气骨，则古今所希”[84]，“千载之下，犹可想见其人”[85]。李贽充分肯定了宋朝革新家王安石变法的进步作用[86]。李贽详细记载了岳飞抗金的战功，歌颂了岳飞的爱国主义，揭露了秦桧的卖国行为。同时，又否定了岳飞的愚忠思想，对岳飞的“尽忠报国”批道“何用”[87]！李贽还特别赞颂了明朝杰出政治家张居正是“宰相之杰”[88]、“大有功于社稷者”[89]。这一切都表现出李贽在评价历史人物上的进步思想，在当时具有强烈的反传统的战斗作用，对后来也产生了很大的影响。

李贽对自己所从事的斗争曾自豪和自信地说：“以堂堂之阵，正正之旗，日与世交战而不败者，正兵在我故也。正兵法度森严，无隙可乘，谁敢邀堂堂而击正正，以取灭亡之祸欤！”[90]对于他从事的历史研究工作也自豪和自信地说：“读史时真如与百千万人作对敌，一经对垒，自然献俘授首，殊有绝致。”[91]李贽确实以他大无畏的战斗精神，向封建统治者及其传统思想进行了顽强的斗争，并给我们留下了一份可贵的精神财富，批判地继承这一文化遗产，是我们今天应尽的责任之一。

[注释]

① 《清源林李宗谱》。

②③⑦⑩⑬⑭⑯⑰ 《焚书》卷三《卓吾论略》。

④⑤ 《清源林李宗谱》。

⑥ 《清源林李宗谱草创卷之三历年表》万历己亥（公元1599年）条：“是年天主教始传入中国。”

⑧ 《李氏文集》卷一一《易因小序》。

⑨㉘㊲㊴⑼ 《续焚书》卷一《与焦弱侯》。

⑪⑱ 《阳明先生道学钞》附《阳明先生年谱后语》。

⑫⑮⑲㉗ 《焚书》卷四《豫约·感慨平生》。

⑳㊿ 《续焚书》卷二《圣教小引》。

㉑ 彭际清:《李卓吾传》,《居士传》卷四十三。

㉒ 《焚书》卷二《又书使通州诗后》附《顾冲老送行序》。

㉓ 据《姚安府志》卷一四《舆地志·交通》、《增修连厂桥记》碑刻(现存姚安县文化馆)。

㉔ 《焚书》卷二《又书使通州诗后》。

㉕ 袁中郎《李温陵传》,见《珂雪斋近集文钞》。

㉖ 光绪修《姚州志》卷五《循吏》。

㉙㉚㉜㊵ 《焚书》卷一《答焦漪园》。

㉛ 《焚书·自序》。

㉝ 刘东星:《书〈道古录〉首》。

㉞ 《李温陵外纪》卷二。

㉟ 李贽《九正易因序》,《九正易因》明抄本现存中国社会科学院哲学所图书室,共二卷八册。

㊱ 《明神宗万历实录》卷三六九。

㊲ 《焚书》卷三《论政篇》。

㊳㊼ 《焚书》卷一《答耿中丞》。

㊴㊸㊽ 《明灯道古录》卷下。

㊵㊶㊷ 《明灯道古录》卷上。

㊹ 《焚书》卷二《答以女人学道为见短书》。

㊺ 《藏书》卷三十七《词学儒臣·司马相如》。

㊻ 《焚书》增补一《答周柳塘》。

㊾ 《焚书》卷三《赞刘谐》。

㉛ 《焚书》卷三《童心说》。

㉜ 《续焚书》卷二《三教归儒说》。

㉝ 《焚书》卷二《又与焦弱侯》。

㉞ 《焚书》卷一《答耿司寇》。

㉟ 《初潭集》卷二十《道学》。

㊱ 《藏书》卷首《世纪列传总目前论》。

㊳ 《焚书》卷六《读书乐·引》。

㊶㊷ 《藏书》卷首《世纪列传总目后论》。

㊸㊻ 《藏书》卷三十二《儒臣传·孟轲》附《乐克论》。

㊹㊺ 《藏书》卷三十二《儒臣传·孟轲》。

㊼ 《焚书》卷三《战国论》。

㊇ 《焚书》卷一《与耿司寇告别》。

㊈ 《藏书》卷三十五《儒臣传·赵汝愚传论》。

㊉ 《藏书》卷一《世纪总论》。

⑦① 《焚书》卷五《李涉赠盗》。

⑦② 《焚书》卷三《〈忠义水浒传〉序》、卷四《因记往事》。

⑦③ 《焚书》卷四《因记往事》。

⑦④ 《焚书》卷三《〈忠义水浒传〉序》。

⑦⑤⑦⑨ 《藏书》卷首《世纪列传总目》。

⑦⑥ 《藏书》卷十七《名臣传·李悝》。

⑦⑦ 《藏书》卷四十七《武臣传·吴起》。

⑦⑧⑧⑥ 《藏书》卷十七《富国名臣总论》。

⑧⓪ 《藏书》卷二《秦始皇帝》。

⑧① 《藏书》卷四〇《司马迁传论》。

⑧② 《焚书》卷四《八物》。

⑧③ 嵇康:《嵇康集·与山巨源绝交书》。

⑧④ 《焚书》卷五《思旧赋》。

⑧⑤ 《焚书》卷五《绝交书》。

⑧⑦ 《藏书》卷五十二《武臣传·岳飞》。

⑧⑧ 《焚书》卷一《答邓明府》。

⑧⑨ 《焚书》卷三《何心隐论》。

⑨⓪ 《续焚书》卷一《与周友山》。

[原载陈清泉等编:《中国史学家评传(中)》,中州古籍出版社,1985 年]

李贽与《九正易因》

一、《九正易因》是李贽的重要代表著作之一

纪昀在《四库全书总目提要》中，就李贽的《藏书》“提要”说：“贽书皆狂悖乖谬，非圣无法。惟此书排击孔子，别立褒贬，凡千古相传之善恶，无不颠倒易位，尤为罪不容诛。其书可毁，其名亦不足以污简牍。特以贽大言欺世，同时若焦竑诸人，几推之以为圣人。至今乡曲陋儒，震其虚名，犹有尊信不疑者。如置之不论，恐好异者转矜创获，贻害人心。特存其目，以深暴其罪焉。”[①]在李贽所著《续藏书》“提要”中说：“贽所著《藏书》，为小人无忌惮之尤”，而《续藏书》则“种种踳驳，毫无义例，总无一长之可取也”。[②] 在李贽著《初谭集》“提要”中，斥之为“大抵主儒、释合一之说，狂诞谬戾，虽粗识字义者皆知其妄，而明季乃盛行其书。当时人心风俗之败坏，亦大概可睹矣。”[③]在李贽著《李温陵集》“提要”中，又斥之为“非圣无法，敢为异论。……故其人可诛，其书可毁。而仍存其目，以明正其为名教之罪人，诬民之邪说”。[④] 不难看出，站在封建统治立场上的纪昀，对李贽的著作可谓深恶痛绝。但是，在李贽著《九正易因》“提要”中却说：“贽所著述，大抵皆非圣无法，惟此书尚不敢诋訾孔子，较他书为谨守绳墨云。”[⑤]表现出对李贽所著《九正易因》的充分肯定。正因为如此，纪昀在《藏书》、《续藏书》、《初谭集》、《李温陵集》以及《三异人集》、《疑耀》等著作“提要”中，都特意标明“贽有《九正易因》已著录。”表明纪昀是把《九正易因》看作是李贽的重要代表著作之一的。纪昀对《藏书》等的否定，对《九正易因》的肯定，都是站在封建统治思想立场之上。李贽在《藏书》中敢于提出不以孔子的是非为是非，反对以孔夫子之定本行罚赏；在《李温陵集》中指“六经”、《论语》、《孟子》等儒家经典为道学之口实，假人之渊

① 纪昀：《四库全书总目提要》卷五〇，史部，别史类存目。

② 《四库全书总目提要》卷五〇，史部，别史类存目。

③ 《四库全书总目提要》卷一三一，子部，杂家类存目八。

④ 《四库全书总目提要》卷一七八，集部，别集类存目五。

⑤ 《四库全书总目提要》卷七，经部，易类存目一。

薮；在《初潭集》中，斥道学家为阳为道学，阴为富贵，被服儒雅，行若狗彘的伪君子，这在纪昀看来，当然都是"非圣无法"、"狂悖乖谬"之论。但是纪昀对李贽的攻击，不正从反面证明了李贽著作反传统思想的历史价值吗？至于纪昀对《九正易因》的肯定，固然也有其传统思想的指导，并存在着片面之处，但把《九正易因》认作李贽的代表作，却是独具眼光。

把《九正易因》看作李贽的重要代表作，除纪昀以外，明、清两代还有不少学者，举其要者如：

袁中道《李温陵传》说："公晚年读《易》，著书曰《九正易因》。意者公于《易》大有得，舍亢入谦，而今遂老矣逝矣！"①

马经纶《与当道书》说："吾友是谁？李卓吾先生者是也。虽吾友，实吾师也。乐圣人之道，诠圣人之经，若世所梓行《易因》（经修订后定名为《九正易因》）及《道古录》诸书，真上足以阐羲、文、孔、孟之心传，下足以绍周、邵、陈、王之嫡统者也。弟不远三千里就而问《易》，辨惑解缚，闻所未闻，四十日间，受益无量。弟不至此，真虚过一生矣。"②

汪本钶《卓吾先师告文》说："明年春弱侯焦先生迎师抵白下，为精舍以居师。时方伯雨师絜家往就学焉。师因与方师日夜读《易》不倦。白下马伯时先生口往请正，听至夜分始散。钶不过从旁作记载人，而《易因》梓矣。庚子冬，师又读《易》于黄柏山中，改正《易因》，适马诚所先生自北通州来访山中。越春二月，师与马先生同至通州。既至，又与马先生读《易》，每卦自读千遍，又引坡公语钶曰，经书不厌百回读，熟读深思子自知。而《易因》改正成矣，名曰《九正易因》。钶计从师先后计九载，见师无一年不读《易》，无一日无一时刻不读《易》，至于忘食忘寝，必见三圣人之心而后已。"③

王宏撰《山志》说："温陵李贽颇以著述自任，予考其行事，察其持论，盖一无忌惮之小人也。……贽所著书惟《易因》、《说书》尚可采。"④

从以上所引资料可以看出，这些作者立论的角度尽管不同，褒贬尽管迥异，他们对李贽的《九正易因》都给了不同程度的重视与肯定。李贽的学生汪本钶的《卓吾先师告文》，更详细地记述了李贽常年研读《周易》的情况，以至"每卦自读千遍"，达到"忘食忘寝"的地步，这种精神本身也表现了李贽对《周易》的重视。

---

① 袁中道：《李温陵传》，《珂雪斋集》卷一七。

② 马经纶：《与当道书》，据《李氏遗书》附录。

③ 汪本钶：《卓吾先师告文》，据《李温陵外纪》。

④ 王宏撰：《山志》卷四。

李贽自己在有关著作中也一再提到他对《周易》的研读情况。在《复澹然大士》中说："《易经》未三绝，今史方伊始。"[①]在《与方伯雨》中说："我此处又读《易》一回，又觉有取得象者，又觉我有稍进处。"[②]在《与友人》中说："又三年，南都所刻《易因》，虽焦公(指焦竑)以为精当，然余心实未了。……故余仍于每日之暇，熟读一卦两卦，时时读之，时时有未妥，则时时当自知，今又已改正十二卦矣。此非一两年之力，决难停妥，是以未甘即死也。"[③]在《与汪鼎甫》中说："又将《易因》对读一遍，宜改正者即与改正！且再读一遍亦自讽诵了一遍，自亦大有益也。……夜夜相聚读《易》，千古快事。"[④]《焚书》中还载有《张横渠易说序》专门谈《易》的文章。这一切表明，李贽不但对《周易》进行了深刻研究，而且对自己的《易因》进行了一再修订。李贽在《圣教小引》一文中曾说，他是50岁以后开始研读《周易》的。而《易因》一书则刻于万历二十八年(1600)，这年李贽74岁。也就是说经过24年的精心研讨，李贽才完成了《易因》的著述。《易因》刻印后，李贽仍在不断地进行改正。万历二十八年，李贽在麻城受到封建卫道士们的驱逐迫害，在学生杨定见的保护下，躲入河南商城县黄柏山中。这时他继续着对《易因》的修订。第二年，李贽在马经纶的盛情相邀下，到了通州(今北京通县)马经纶家，居于马经纶读《易》的精舍，与马经纶一起研读修订《易因》，"昼夜参详，才两年，而《易因》之旧者存不能一、二，改者且七、八矣。"并听取了马经纶的意见："乐必九奏而后备，丹必九转而后成，易必九正而后定，宜仍旧名《易因》，而加'九正'二字即得矣。"[⑤]从而定名为《九正易因》。两年之内，李贽对《易因》又做了如此大的更动，以致"旧者存不能一、二，改者且七、八矣"，可见他对自己的这部著作是如何的重视，是何等的精益求精。

袁中道《李温陵传》记载："初公病，病中复定所作《易因》，其名曰《九正易因》。常曰：'我得《九正易因》成，死快矣。'《易因》成，病转甚。"[⑥]可以说，李贽是与《九正易因》相生死了。从以上这些方面的论证，我们完全可以说《九正易因》是李贽的重要代表著作之一，多年来，这部书没有引起人们应有的注意与重视，那是不应该的。今天，我们应该给《九正易因》以新的认识与评价。

---

① 《复澹然大士》，《焚书》卷二。

② 《与方伯雨》，《续焚书》卷一。

③ 《与友人》，《续焚书》卷一。

④ 《与汪鼎甫》，《续焚书》卷一。

⑤ 李贽：《九正易因序》。

⑥ 袁中道：《李温陵传》，见《珂雪斋集》卷一七。

二、从《九正易因》看李贽与孔子

纪昀认为李贽的《九正易因》"尚不敢诋訾孔子，较他书为谨守绳墨"，虽然是站在传统思想上的评论，却也说出了一方面的真实，那就是在《九正易因》中，李贽特别推崇孔子对《周易》的解说。

《九正易因》共二卷八册。卷首有《九正易因序》，后为《读易要语》。而后为正文，按六十四卦顺序分别解说，每卦首列卦象，卦辞、彖辞、爻辞(李贽认为彖、爻辞是文王所作，故列前)、小象辞、大象辞(李贽移大象辞于小象辞之后)，后为李贽对经、传的综合解说。再后为附录，收入从先秦到明朝时期有关《周易》研究的成果。《九正易因》在乾、坤两卦后不载文言，因为李贽认为，"乾、坤不载文言者，以文言宜自为传，不宜独摘乾、坤两卦，而遗其它，以破碎圣人之经传也。"也没收系辞、说卦、序卦、杂卦，李贽说："待未死，尚当穷究系辞之奥，不但发明文言而已。"说明他当时还来不及对这部分做解释，而准备以后再做补充。

《九正易因》特别推崇孔子对《周易》的发挥。在《序》中，李贽记述了他从《易因》的著述到《九正易因》成书的经过。他说，他寓居南京时，天寒夜永，每每卧听读《易》者说《易》，心中不解，惨然感慨道："此岂吾孔氏之书哉！"从此，遂三年闭门，专一钻研《周易》而后写成了《易因》一书。这表明，李贽不满于"说《易》者"的原因，就在于他们的解说与孔子对《周易》的解说不相符。在《读易要语》中说：

> 文王彖辞、爻辞，其言约，其旨深，非夫子读而传之，后之人终不可得而读也。唯夫子于《易》终身焉，是故举其象，指其义，陈其辞，以至圣之心，合前圣之心，而后羲画文理灿然详明，厥功大矣。虽谓夫子以注解文王之《易》可也，后之人又何以赘为！夫唯不免有赘矣，以故夫子之传，明而复晦，赘赘无已，晦晦相仍，《易》道大丧。后之用《易》者，反师其所训诂，即以为真圣人之神化，自入于过，而欲人寡过也，不亦甚与！故世之读《易》者，只宜取夫子之传详之，必得其《易》象之自然乃已。不然宁不读《易》，不可误述医方，以伤人也。

李贽把彖辞、爻辞说成是文王所作，是不对的。《周易》一书，相传是伏羲画八卦，不一定可靠，八卦可能产生于原始社会时期，也许经过传说中的伏羲的整理。六十四卦则产生于殷朝，司马迁在《报任少卿书》中说："西伯拘而演

《周易》”[1]，把六十四卦说成是周文王推演而成，也还可信。爻辞则是周公所作，与周文王无关。彖辞上下、象辞上下、系辞上下、文言、说卦、序卦、杂卦，名为《易传》十翼，有些是孔子所作，有些是孔子弟子及其后学者记录和阐述孔子的见解而成，十翼所表述的思想，基本上是孔子的思想。

《周易》是一部占筮书，古人为了占筮人事吉凶，创造了六十四卦，以象征宇宙间的事物，并由此推演出人事的吉凶，这当然是一种迷信。但《周易》以阴阳说明矛盾，说明对立面，却包含着朴素的辩证法因素，因此，也可以看作是一部哲学书。它产生在纪元前12世纪，比纪元前6世纪出现的希腊最早的泰利士的哲学学说，还早600年。特别是孔子及其弟子所作的《易传》十翼，对《周易》做了一定的解释和补充，其中虽然也有不少形而上学的东西，而且表现了鲜明的等级观念(如《系辞》上“天尊地卑，乾坤定矣。卑高以陈，贵贱位矣。”)，但在很多地方发展了《周易》的朴素的辩证法因素，并把它更多地运用到人类社会关系中去，这就更为可贵。因此，李贽在《九正易因序》和《读易要语》中，对孔子的解释加以推崇，说孔子“举其象，指其义，陈其辞”，使《周易》：“灿然详明”，是有一定道理的。

但李贽对孔子以后历代关于《周易》注释的否定却是片面的。为《周易》做注释的，孔子以后到李贽的时代约有2000来家，其中有相当一部分是把《周易》当作占筮用的书，注释其关于占筮的部分，这种关于神学迷信的宣传当然应该扬弃。就是把《周易》作为哲学书的注释，有些日趋繁芜，更加使《周易》神秘晦涩，有些借以宣扬形而上学，宣扬封建统治阶级观念。到宋朝，更出现了用先天图、河图和洛书的图形解《易》的方法。这种唯心主义的谬说，把《周易》解得更加神秘荒谬，也是不足取的。但也有不少对《周易》的好的解释，如魏晋时代的王弼的注，不但能以简约代烦琐，而且突出了《周易》的朴素辩证法因素，提出了“异而知其通”的说法，对于变易的作用加以强调，这就非常可贵。李贽笼统地把孔子以后的《周易》注释说成是使孔子的解释“明而复晦，赘赘无已，晦晦相仍，《易》道大丧”，这种认识是片面的。但是，《九正易因》实际上并没有排斥孔子以外的其他研究成果。在“附录”部分，李贽集录了从庄子、子夏直到李贽好友焦竑等历代关于《周易》的解说约60家，分别附在六十四卦李贽自己解说之后，同时还保存有李贽学生马经纶、方时化、汪本钶等的解释十条。这些集录是很庞杂的，但从中也可以说明李贽并不是完全排斥前人的注释与研究，而是做了辛勤的研讨与摘录。

① 班固：《汉书·司马迁传》。

李贽在《周易》研究上对孔子的推崇，是有他自己的理论根据的。他在《与友人》中说：

> 文王因象以设卦，因卦以立爻，而夫子为之传，直取本卦爻之象而敷衍之，即所系之辞而解明之，极易看，亦极难看。何者？后儒不知圣人之心，而徒求之于高远，是以愈离而愈穿凿，至今日遂不成文理耳，何以能使人人修身齐家而平天下乎？夫文王系《易》，在羑里时也。此何时也！字字皆肺腑，一人之心通乎天下古今人之心，然后羑里可出也。故余以为夫子者实文王之所攸赖，不然，虽有《易》，无人读之矣。何也？不知所以读也。惟夫子逐字逐句训解得出，而后文王之《易》灿然大明于世。然后读夫子之《易》者，又并夫子之言而失之。则如李卓吾者又夫子所攸赖，不然，虽有夫子之善解，而朱文公先辈等必皆目之为卜筮之书。是以幸不见毁于秦，其精者又徒说道理以诳世，何益于人生日用参赞化育事耶！[①]

在李贽看来，周文王"因象以设卦，因卦以立爻"，是在他被囚于羑里之时。在这种情势下，文王的设卦字字都是发自肺腑，而且一人之心通乎天下古今人之心，设卦的目的是要达到修身齐家平天下。孔子在《周易》研究上所以被推崇，也正是抓住了文王设卦的这一用心，并把这种用心加以传释，使之灿然大明于世，从而有助于"人生日用参赞化育"之事，也就是要把《周易》的研究结合到人类社会关系的研究之中。

我们知道，《周易》的素材原是来源于占筮的卦象和筮辞，带有一定的迷信神学色彩。但是经过编纂与加工，《周易》却又形成了独具特色的理论思维体系。这一体系既讲天道(自然观、宇宙观)，又讲人事(人类社会的政治伦理生活)，而且重在探讨事物发展的一般规律。特别是由于《周易》充满朴素的辩证思维方法，这对人们认识和研究自然现象、实际生活以及社会历史的发展变化，都起到重要的启示作用。而孔子对《周易》的解说，更注重于运用到人类社会关系的研究之中，这种研究不仅极富于现实性，而且易于了解。特别是在李贽看来，"穿衣吃饭，即是人伦物理，除却穿衣吃饭，无伦物矣。世间种种皆衣与饭类耳，故举衣与饭而世间种种自然在其中，非衣饭之外更有所

① 《与友人》，《续焚书》卷一。

谓种种绝与百姓不相同者也”。[①] 但是“后儒”却不懂得这种道理，他们“徒求之于高远，是以愈离而愈穿凿”，以至于把《周易》敷衍为“不成文理”的玄书。不难看出，李贽在《九正易因》中对孔子的推崇，正是肯定了孔子把《周易》运用于人类社会研究这一贡献之上，这是完全正确的。但是，《九正易因》中不少地方又表现出鲜明的反传统思想，特别是像下面我将要论到的那种圣凡一律的思想，更是与孔子的等级观念形成鲜明对立。这种矛盾现象，恰恰就是李贽思想矛盾的表现。李贽是尊孔，还是反孔，学术界长期存在不同意见。其实，李贽在有些时候有些地方尊孔，在有些时候有些地方反孔，不能简单一以概之。对于这个问题，笔者准备在另一篇文章中加以论述。这里仅就《九正易因》以及围绕着《周易》的研究看，李贽有推崇孔子之处，也有与孔子完全不同的阐释。有时甚至表面看是在推崇孔子，骨子里却又对孔子有所贬抑。如李贽那篇著名的谈到他为何要研究《周易》及《大学》《中庸》的《圣教小引》一文：

> 余自幼读圣教不知圣教，尊孔子不知孔夫子何自可尊，所谓矮子观场，随人说妍，和声而已。是余五十以前真一犬也，因前犬吠形，亦随而吠之，若问以吠声之故，正好哑然自笑也已。五十以后，大衰欲死，因得友朋劝诲，翻阅贝经，幸于生死之原窥见斑点，乃复研穷《学》、《庸》要旨，知其宗贯，集为《道古》一录。于是遂从治《易》者读《易》三年，竭昼夜力，复有六十四卦《易因》锓刻行世。
>
> 呜呼！余今日知吾夫子矣，不吠声矣；向作矮子，至老遂为长人矣。虽余志气可取，然师友之功安可诬耶！既自谓知圣，故亦欲与释子辈共之，盖推向者友朋之心以及释子，使知其万古一道，无二无别，真有如我太祖高皇帝所刊示者，已详载于《三教品刻》中矣。[②]

这篇文章以回顾自己一生对孔子及儒教的认识变化为线索，说明早期是“读圣教不知圣教，尊孔子不知孔夫子何自可尊”，如同庙会上的矮子看戏，随人说妍，又如同黑夜里的前犬吠形，后犬吠声，不过是一种盲从而已，这真是对当时尊孔热潮的辛辣讽刺。李贽又说，通过翻阅佛经，对《学》、《庸》以及《周易》的重新研究，从而使他真正认识到孔夫子为什么可尊，而不再跟着别人闻声而叫了。那么李贽认识了的圣教是什么？他的回答是：“万古一道，无二无

---

① 《答邓石阳》，《焚书》卷一。
② 《圣教小引》，《续焚书》卷二。

别。”这种混同一切不同教义的主张与观点，当然是一种超阶级的唯心主义观点。但他把神圣的儒教和被儒家视为异端的佛、老同等看待，这与其说对孔教的尊重，还不如说是对孔教一尊地位的否定。

三、《九正易因》所体现的李贽的反传统思想

正是出于上面所说的原因，我认为纪昀说《九正易因》“尚不敢诋訾孔子，较他书为谨守绳墨”，只是说出了一方面的真实。同时，由于站在封建传统思想的立场，纪昀看不到或者是有意掩去《九正易因》的另一方面的真实，那就是在该著作中所体现出的李贽的反传统思想。

《九正易因》重点解释的是卦象、卦辞、彖辞、爻辞及象辞（小象辞和大象辞）。李贽的解说，有些地方表现了形而上学的思想，甚至杂有占筮的神学谬论。但很多解释则阐明、发挥了《周易》的朴素唯物论和朴素辩证法因素，并体现出鲜明的反传统思想的价值。

如对乾（☰）卦的解释：

乾卦卦辞、彖辞、爻辞、象辞（次序依《九正易因》）：

☰乾下

☰乾上

乾，元亨利贞。

彖曰：大哉乾元，万物资始，乃统天。云行雨施，品物流形。大明终始，六位时成。时乘六龙以御天。乾道变化，各正性命，保合太和，乃利贞。首出庶物，万国咸宁。

初九，潜龙勿用。象曰：潜龙勿用，阳在下也。

九二，见龙在田，利见大人。象曰：见龙在田，德施普也。

九三，君子终日乾乾，夕惕若，厉无咎。象曰：终日乾乾，反复道也。

九四，或跃在渊，无咎。象曰：或跃在渊，进无咎也。

九五，飞龙在天，利见大人。象曰：飞龙在天，大人造也。

上九，亢龙有悔。象曰：亢龙有悔，盈不可久也。

用九，见群龙无首，吉。象曰：用九，天德不可为首也。

大象曰：天行健，君子以自强不息。

李贽的解释是：

> 大哉乾元，万物资始，既资以始，必资以终，元非统天而何？夫天者，万物之一物，苟非统以乾元，又安能行云施雨，使品物流通，形著而若是亨乎？故曰：大哉乾元。人唯不明乾道之终始，是以不知乾元之为大。苟能大明乎此，则知卦之六位，一时皆已成就，特乘时而后动矣。是故，居初则乘潜龙，居二则乘见龙，居三乘惕龙，居四乘跃龙，居五乘飞龙，居上乘亢龙，盖皆乾道自然之变化，圣人特时乘之以御天云耳。是故一物各具一乾元，是性命之各正也，不可得而同也；万物统体一乾元，是太和之保合也，不可得而异也。故曰乃利贞。然则人人各正一乾之元也，各具有是首出庶物之资也，乃以统天者归之乾，时乘御天者归之圣，而自甘与庶物同腐焉，不亦伤乎？万国保合，有是乾元之德也，何尝一日不咸宁也。乃以乾为天，以万为物，以圣人能宁万国，以万国必咸宁于圣人，不益伤乎！故曰："乾，元亨利贞。"举四德以归乾，而独以大哉赞元，其旨深矣。呜呼，乾之群龙可得而见也，乾之群龙无首不可得而见也。故用九者，能真见群龙之无首，则自然首出庶物而万国皆咸宁矣，自然时乘御天而宇宙在吾手矣，自然大明乾道之终始一元统天而万化生于身矣。故曰："用九，见群龙无首，吉。"吉者，元也，亨也，利也，贞也。苏子瞻曰："乾元，以无首为天，则至矣。"

乾卦的主要思想是说明事物都在变化的，人们要随应这种变化，利用这种变化，以求事情向有利的方面发展。所谓"大哉乾元，万物资始，乃统天。云行雨施，品物流形。"就是说天下万物都是流动的，变化的，像云一样，像雨一样，而且随着事物的不同采取不同的形态，这是对大自然界的唯物认识，也带着朴素辩证法的因素。在爻辞中，又通过龙这一形象的不同表现，寄寓着不同情形下人们应该采取的行动。一条龙最初藏在水底，比喻有圣德的人暂时的潜伏；而后龙出现在田间，摆脱了地下潜伏状态，比喻有圣德的人而不在其位；而后龙跳跃于深渊，比喻有圣德的人为自己施展抱负而做准备；而后龙冲天而起，比喻有圣德的人终居高位，成就大业。但是"亢龙有悔"，龙达到了最高地位，就要物极必反；圣德之人达到了最高地位，就容易骄傲自满。只有身居高位，而又知道自悔，时时警诫自己，那就能把坏事变好事，最后像群龙半隐半现于云端那样，转动自如，自由飞腾。显然这其中带有可贵的朴素的辩证法思想。《大象》辞说："天行健，君子以自强不息。"从天体的运动，联系到人事，要人们自强不息，永不满足已有的成就，争取更大的成功，这就把乾卦的含意明白地运用到人事上了。

李贽的解说抓到了《周易·乾卦》这一可贵的朴素唯物和辩证的思想。他说“天者万物之一物”，这就肯定了天体的物质性。他说正是由于万物统一于这个大哉乾元的天，才能行云施雨，使品物流通，这实际上是肯定了自然的变化，正是物质运动的必然结果。他认为乾卦的六位(即初爻的始位，中四爻的中四位，上爻的终位)是“乘时而后动矣”，这都是“乾道自然之变化，圣人特时乘之以御天云耳”，圣人就是要利用这种自然的变化，以掌握有利时机，为自己的事业创造有利条件。在这里，体现出李贽对客观与主观关系的正确认识。人们的行动要受客观条件的制约，但应该充分利用客观的有利时机，以便使事情朝着预定的方向发展。这都很好地阐述了乾卦的辩证思想。

更为可贵的是李贽还提出了“一物各具一乾元”、“万物统体一乾元”、“人人……各具有首出庶物之资”的见解。李贽认为因为“一物各具一乾元”，每种物都具有乾卦所说的变化这一本质，所以每种物的性命都是正的。但是由于每种物的不同，它们又各有自己的特点，不可得而同也。另一方面，“万物统体一乾元”，各种物又都逃不脱乾卦所说的事物是变化的这一规律，在这一点上，万物都“不可得而异也”。物质是变化的、运动的，在这点上万物一样；物质的变化又是随着事件的不同采取着不同的形态，这则是多种多样。李贽的这种认识，接触到世界的统一性与事物的多样性。

正因为“一物各具一乾元”，李贽又进而提出“人人各正一乾之元也，各具有是首出庶物之资也”，就是说人人都具有乾元这种大德，人人都可具备首出万物的资格，没必要把一切都归于圣人，如若认为只有圣人才能“乘御天”、“宁万国”，那是真正的悲哀可伤啊！李贽从乾卦引出的这一命题，强调人人平等、人人皆圣，具有强烈的反封建压迫、反传统思想的战斗意义。

这种思想多见于《九正易因》中，如对蒙(䷃)卦的解释：

> 山下有险，险而止，以此卦下险上止象也。夫方其止也，混混沌沌，莫知所之。童蒙如此，圣人如此，虽欲不止，其可得乎！然既以险而止，则必以亨通而行。及其亨通而行也，圣人如此，童蒙如此，虽欲不行，又可得乎？故曰：“蒙，亨，以亨行时中也。”言时止即止，时行即行，即此便是时中，圣人与童蒙无异矣。

蒙卦的中心意思是讲对童蒙的教育问题，李贽从中引出圣人与童蒙一样，遇到险境，莫知所之时，不管是圣人或是童蒙，都要止，虽欲不止，也没有办法。险而止以后，自然也可以找到亨而通，找到通行之路，这时圣人要前进，童蒙也要前进。这不但在教育、学习方法上给人以有益的启示，而且李贽提出的根据不同的条件，时止即止，时行即行，圣人与童蒙没有什么不同的结论，实际上是又一次谈到人人皆圣的问题。

李贽反传统思想的突出表现之一，就是反对封建等级制，提出“侯王与庶人同等”的平等思想。在《解老》一书中，李贽从“同一之中”出发，批判了儒家“圣人仁万民”的谬说，针锋相对地提出：“使天地而能仁万物，则天地将谁与仁?”并进一步论证说，天地与万物“同一中”，万物无所求于天地，天地也没有什么可以施于万物；圣人与万民“同一中”，圣人没有什么可给予万民，万民也没有什么可凭借于圣人，只要各自守住自己的本位，等待着自然的发展成长就可以了。那么现实中万民“守定”的结果如何？李贽的回答是：“愚者得之，而智者昧焉；不仁者得之，而仁者反失之也。”这就彻底否定了“仁者”、“仁万民”的谬论，而肯定了“愚者”、“不仁者”的本位。李贽还从“致一之道”出发，得出了“庶人非下，侯王非高”、“圣愚一律”、“天子庶人壹是无别”的结论。他指出，侯王们不懂得这个“致一之道”，而以贵自高。其实下是高的基础，贱是贵的根本，从“致一之道”看来，都是相辅相成、互为条件的，哪里有什么高贵下贱之分？在《明灯道古录》一书中，李贽针对儒家“尊德性”、“道问学”、“居上不骄，居下不倍”，要求人们各守其位，以维护封建统治的固有等级制的谬论，明确提出：“尊德性”就是要尊重众人之所能为而已，在“尊德性”上，圣人并没有什么高过凡人之处，“尧舜与途人一，圣人与凡人一”，天下人人平等，每个人只要按照自己的本性自由发展就可以了。由德性上的平等出发，李贽又引出了圣人与凡人在能力上的平等，他说：“天下无不能之人，人无不能之事”，因此，“圣人所能者，夫妇之不肖可以与能，勿下视世间之夫妇为也。……若说夫妇所不能者，则虽圣人亦必不能，勿高视一切圣人为也。”

可以看出，李贽在《九正易因》中所提出的“一物各具一乾元”，“人人各正一乾之元也，各具有是首出庶物之资也”，以及“圣人与童蒙无异”的命题，与他在《解老》中所提出的“侯王与庶人同等”、“庶人非下，侯王非高”、“圣遇一律”是完全一致的，与他在《明灯道古录》中所提出的“尧舜与途人一，圣人与凡人一”、“天下无不能之人，人无不能之事”也是完全一致的。李贽的这种理论，剥掉了圣者、侯王头上的神圣光圈，把他们拉到平民的面前，这是他平等观念、民主思想的鲜明表现，是他著作和思想中最为精彩的部分，也是《九正易因》一书中最为宝贵的思想。李贽的这一思想，与孔子在《易传》中所表现出的“天尊地卑，乾坤定矣。卑高以陈，贵贱位矣”的鲜明的等级观念，形成了强烈对照。从这种意义上看，纪昀说《九正易因》“尚不敢诋訾孔子，较他书为谨守绳墨”，完全背离了《九正易因》中所体现的反传统思想的真正价值。

受时代与阶级的局限，像李贽的其他著作一样，《九正易因》中也存在着不少消极因素。如有些解释出于牵强臆测，表现出明显的唯心的形而上学观点。有些则表现出李贽思想上的明显局限，如在坤卦中把天尊地卑称为“正理”，并由此引出君尊臣卑为“正道”，这显然是错误的，也与他所主张的人人平等、圣愚一律的思想相矛盾。虽然如此，《九正易因》仍然可以被看作是李贽的重要代表作之一，是研究李贽思想以及研究《周易》的一部重要参考书。

（原载《北京师范学院学报》，1988 年第 1 期，后收入《李贽研究》，光明日报出版社，1989 年）

李贽《明灯道古录》的产生及其价值

李贽的代表著作当首推《焚书》、《续焚书》、《藏书》、《续藏书》。很多中外学者在研究李贽时，都以上述著作为主要依据，这无疑是合理的。但是，要真正全面深入地考察李贽的思想，仅以上述著作为依据也是不够的。李贽是一位十分勤奋而专注的思想家，万历八年(1580)，他54岁时，坚决辞官，而后专一讲学与著述，所以其著作极为丰赡。举其要者，还有《九正易因》、《孙子参同》、《初潭集》、《读升庵集》、《老子解》、《庄子解》，以及此文所要论述的《明灯道古录》等。这些都是研究李贽思想的重要著作。只有全面深入地对这些著作进行研究，才能全面深入地把握李贽思想。此文将通过对《明灯道古录》(又称《道古录》)一书的研讨，探究一下李贽思想的特质。

一

关于《明灯道古录》的创作，李贽在该书的引言中说得很清楚：

> 晋川昔辖楚藩，始会予，与余善。至是读礼山中，予往吊焉。晋川喜予至，故留予。谓予无家属童仆，何所不可以栖托。晋川沁水人，而家于沁之坪上村。坪上去沁百里，村居不足数十家，颇岑寂。予喜其岑寂也，亦遂留。天寒夜永，语话遂长。或时予问而晋川答，或时晋川问而予应。使平子若在，不知几番绝倒矣。惜哉！无人记录也，故予亦每日自叹息焉。晋川之子用相、用健者二人，有时在坐与闻之而心喜，然亦不过十之一二矣。退而咸录其所闻之最亲切者，其不甚亲切者又不录，则又不过百之一二矣。然时日既多，积久亦成帙。予取而复视之，不觉俯几叹曰："是录也，乃吾二人明灯道古之实录也，宜题其由曰《明灯道古录》。远之不足以继周、邵，近之不足以继陈、王。然此四先生者，精爽可畏，亦必喜而读之曰：'是明灯道古之录也，是犹在门庭之内也，真不谬为吾家的统子孙也。'"然则晋川之留予也果不虚，坪上于今不岑寂

矣。宜梓而传之，俾天下后世知吾二人并其二子不虚度时光也与哉！

晋川姓刘名东星。予四方之人也，无名姓。但闻有呼之为李卓吾者，即自以为李卓吾；至坪上，又闻有呼之为七十一岁李老子者，即自以为李老子云。

文中所提到的刘东星，字子明，号晋川，沁水(今山西沁水)人。隆庆二年(1568)进士，曾任湖广左布政使。万历二十年(1592)，升右佥都御史，巡抚保定。万历二十六年(1598)，被任命为工部左侍郎，兼右佥都御史，总理河漕。当时黄河缺口，刘东星因治河有功，升为工部尚书，兼右副都御史。《明史》卷二二三本传称其“性俭约，历官三十年，敝衣蔬食如一日。”可见其为官是比较清廉的。

刘东星与李贽的相识，颇值得称道。万历十八年(1590)，李贽《焚书》印行，引起道学家耿定向的惊慌与仇视，发表了《求儆书》，搬出孔孟之道攻击李贽为“异端”，并鼓动他的门徒起来围攻李贽。万历十九年(1591)，给《求儆书》作序并刻印的耿定向的门生蔡弘甫著《焚书辨》，向李贽展开攻击。不仅如此，道学家们及封建官吏，还以“诬民惑世”之名，扬言要驱逐李贽，“捕曹吏持载贽急，载贽人衡州，过武昌”①。李贽到武昌后，住在城外二十里的洪山寺。他原想先观看一下黄鹤楼胜景，而后再去眺睛川(在汉口)，游九峰(山名，在江夏县)，但是，他刚刚登上黄鹤楼，“即蒙忧世者有左道惑众之逐”②。这时，刘东星正以湖广左布政使的身份在武昌任上，他听到李贽游黄鹤楼受到围逐的消息后，主动到洪山寺拜访了李贽，并把他邀到自己的官署，加以保护。袁中道《李温陵传》曾记：“于时左辖刘公东星迎公(指李贽)武昌，舍盖公之堂。”③刘东星也曾说及他和李贽相识的过程：“予西鄙之人也，拘守章句，不知性命为何物。入楚期年，而暑患作，思亲之念转亟。欲息此念不能，欲从此念亦不能，真令人彷徨无皈依处。闻有李卓吾先生者，弃官与家，隐于龙湖。龙湖在麻城东，去会城(武昌)稍远，予虽欲与之会而不得。又闻有讥之者，予亦且信且疑之。然私心终以去官为难，去家尤难，必自有道存焉。欲会之心未始置也。会公安袁生(袁宏道)今吴令者，与之偕游黄鹄矶(黄鹤矶)，而栖托于二十里外之洪山寺，予就而往见焉。然后知其果有道者，虽弃

① 何乔远：《闽书》卷一五二。

② 李贽：《与周友山书》，《焚书》卷二。

③ 袁中道：《李温陵传》，《珂雪斋集》卷一七。

发盖有为也。……嗣后或迎养别院，或偃息宦邸，朝夕谈吐，始恨相识之晚云。”[1]从此，李贽与刘东星结下了深厚的友谊。

万历二十四年(1596)，刘东星因丁父忧而家居，他想起了挚友李贽，特地叫儿子用相(字肖甫，又称肖川)到麻城龙湖邀他到上党作客。李贽不顾年迈身衰，路途遥遥，在用相陪同下，离开麻城，来到刘东星的故乡山西上党沁水坪上村。从此以后，李贽白天闭户读书，“每见其不释手抄写，虽新学小生不能当其勤苦也”[2]。夜晚就与刘东星相对而坐，探讨人生哲理，研读古代典籍。同时，刘东星的儿子用相和侄子用健(李贽在引言中误写为刘东星之子)，又时时坐听他们的谈话，并以李贽为师，“质问《学》《庸》大义”[3]。他们把“心喜”而“最亲切者”记录下来，积久成帙，就成了后来刊印的《明灯道古录》。

《明灯道古录》现存于明顾大韶校刊本《李氏文集》第十八、十九两卷，该书第十卷收有与《道古录》有关之文两篇，一为李贽的自序，即《道古录引》，另一为刘东星序，即《书道古录首》。明万历间继志斋刊本《李卓吾遗书》也收有《道古录》，但不分卷(见北京大学存本)。明崇祯间燕超堂刊本《李氏丛书》(又名《卓吾先生李氏丛书》)，细目与《李卓吾遗书》同，第一、二卷为《道古录》。该书上卷为十八段(即十八章)，下卷为二十四段(即二十四章)。每章谈一个问题，有的一文到底，有的有问有答。发问人以用健、用相为多，间有刘东星、怀林(李贽的学生)的问话或述说，而以李贽的回答为主。这部书是了解李贽思想的重要著作之一。

二

《明灯道古录》是对儒家经典《大学》、《中庸》的“质问”。作为封建时代的知识分子，李贽受到儒家思想的极大影响，李贽思想中具有浓重的儒家思想因素。由于《明灯道古录》是对儒家经典的研求，其中更表现着浓重的儒家思想倾向，正如李贽在引言中所说，是在儒学“门庭之内”的。但李贽又不同于封建时代的一般儒生，受其所处时代资本主义萌芽的影响，他有着反封建压迫、反传统思想的“异端”色彩。评价一个历史人物在历史上的地位，不是看他重复了多少前人既定思想的说教，而是看他有没有提出高于同时代人而又

① 刘东星：《书道古录首》，《李贽文集》第七卷。

② 刘东星：《书道古录首》，《李贽文集》第七卷。

③ 刘东星：《书道古录首》，《李贽文集》第七卷。

展示着未来曙光的理论与主张。这种理论与主张即使极为微弱，但它代表着时代的潮流、历史的发展，就具有深刻意义。我们这里重点探研的就是《明灯道古录》中所表现出的新的思想火光及其价值。

第一，《明灯道古录》表现了李贽非孔非儒和反对神圣偶像的战斗精神。

孔子及其所创建的儒学，是中国封建社会进行统治的理论基础。明代统治者出于封建统治的需要，更加尊崇孔子及其儒学。朱元璋于洪武元年(1368)就"诏以太牢祀孔子于国学"，并谕之曰："仲尼之道，广大悠久，与天地并。有天下者莫不虔修祀事。朕为天下主，期大明教化，以行先圣之道。"[①] 洪武二年(1369)，朱元璋又诏谕中书省，"令郡县皆立学校，延师儒，授生徒，讲论圣道，使人日渐同化，以复先王之旧"[②]。同时，明王朝还规定各级学校都要"以孔子所定经书诲诸生"[③]。嘉靖九年(1530)，经礼部议定，世宗朱厚熜批准，又给孔子加上了"至圣先师"的头衔。总之，孔子及其儒学，已被封建统治者推崇到神圣而至高的地位。由北宋程颐、程颢创立，南宋朱熹集大成的理学(也称道学)，依据当时封建统治的需要，对孔子的儒学进行了充实加工，更加适合日益腐朽的封建统治，因此，理学成为宋明及封建社会后期的统治思想、官方哲学。李贽在《明灯道古录》中，非孔非儒，反对神圣偶像，表现出与封建统治相对立的大无畏精神。

李贽首先把孔子拉到了平常人的脚下。例如：

> 圣人虽曰："视富贵如浮云"，然得之亦若固有；虽曰："不以其道得之，则不处"，然亦曰："富与贵，是人之所欲"。今观其相鲁也，仅仅三月，能几何时，而素衣麑裘，黄衣狐裘，缁衣羔裘等，至富贵享也。御寒之裘，不一而足；裼裘之饰，不一而衮：凡载在《乡党》者，此类多矣。谓圣人不欲富贵，未之有也。

孔子说过："不义而富且贵，于我如浮云"[④]，"富与贵，是人之所欲也，不以其道得之，不处也"[⑤]。但据《论语·乡党》记载，孔子相鲁仅仅三个月，穿白色的鹿皮袍时，就配上白色的罩衣；穿黄色的狐皮袍时，就配上黄色的罩衣；

---

① 《礼志》，《明史》卷五十。
② 《选举志》，《明史》卷六九。
③ 《学校志》，《明书》卷六二。
④ 《论语·述而》。
⑤ 《论语·里仁》。

穿黑色的羔羊皮袍时，就配上黑色的罩衣。如此讲究衣着，怎么还能说“视富贵如浮云”呢，就算是这种富贵是以“义”得之，以“道”得之，那不也表明，孔子和普通人一样贪求富贵吗？这里，李贽不但剥去了封建统治者罩在孔子头上的神圣光环，而且暗喻了孔子言行不一的面目。这不禁使我们想起李贽在《初潭集》中对道学家及孔子的批判。他说：“道学其名也。故世之好名者必讲道学，以道学之能起名也。无用者必讲道学，以道学之足以济用也。欺天罔人者必讲道学，以道学之足以售其欺罔之谋也”①，“阳为道学，阴为富贵，被服儒雅，行若狗彘”②。甚至直指孔子：“噫！孔尼父亦一讲道学之人耳，岂知其流弊至此乎！”③道学家的两面行径，原来都是从孔学演变而来，这样的批判，在当时孔学至高无上的形势下，不仅石破天惊，而且深刻有力。

李贽在《明灯道古录》中，还对传统的儒学思想进行了批判，对中庸之道的质疑即是一例。他说：

> 圣人以择中庸而能服膺弗失者为大贤上士，以择中庸而不能期月守者，比之驱人于罟擭陷阱而不知避，如禽兽贪夫，犯死不顾。夫中庸何物也？择而守之则生，不知择而守之则遂自纳于死，岂非谬与！今之不知中庸者众矣，何以不入于阱也？予实思之而未得。释氏动以生死恐吓人，曾谓吾圣人亦言生死乎？意者夫子十五便志学，五十犹学《易》，正谓陷阱在前，当思所以急避之耶？不如是戒慎恐惧，临深履薄，恐此身出不得苦。是以比之禽兽，比之贪夫，比之网罟，比之牢狱，令人早依于中庸耳矣，非不义而言之太甚也。予实不知中庸之可以免死，因书之以请教四方之讲道学者。

中庸是儒家的政治、哲学思想，是儒家最高的道德标准，正如孔子《论语·雍也》所说：“中庸之为德也，其至矣乎！”作为一种伦理思想，中庸要求处理事情不偏不倚，无过无不及，这一精神集中体现在《礼记》之《中庸》一文中。宋代程颐、朱熹为了更加推崇这种精神，把《礼记》中的《中庸》一文抽出，与《礼记》中的另一文《大学》以及《论语》、《孟子》并列为“四书”，成为南宋后理学家讲伦理、政治、哲学的基本纲领和封建统治者进行思想统治的理论基础。《中

---

① 《道学》，《初潭集》卷二〇。
② 《释教》，《初潭集》卷一一。
③ 《道学》，《初潭集》卷二〇。

庸》中还记载了孔子这样的话：把选择了中庸之道并能信守不移的人，说成是最有修养最有道德的人；把虽然选择了中庸之道，但连一个月也遵守不了的人，比作被赶向罗网或陷阱却不知躲避，就像禽兽、贪夫那样不顾死活。对此，李贽提出了质疑：中庸之道究竟是什么东西？选定并信守它就可以生存，不选定它不信守它就必定死亡吗？这样的逻辑岂非荒谬至极？而且，现实生活中不懂中庸的人众多，为什么并没有陷于死地呢？“予实不知中庸之可以免死，因书之以请教四方之讲道学者”。李贽的这一质疑，不仅是对不守中庸则死这一命题的否定，实际上也是对中庸之道本身的否定，是对封建伦理的最高道德标准的否定。这既是对倡导中庸之道的孔子的挑战，也是对把中庸之道推崇到极致的当时官方哲学理学的挑战，其批判精神、战斗意义都是极为强烈的。

第二，《明灯道古录》表现了李贽反对封建束缚、要求自由发展的思想。

反对封建束缚，要求自由发展，是李贽思想的一个重要特征。这一思想特征既表现在李贽的其他著作如《焚书》、《续焚书》、《藏书》、《续藏书》中，也表现在以研读儒家经典为内容的《明灯道古录》中。由于《明灯道古录》是以研读儒家经典《大学》、《中庸》为内容，所以，李贽反对封建束缚、要求自由发展的思想，也多是从重新解释儒家的理论中得以体现。如关于“道”的解说：

> 道本不远于人，而远人以为道者，是故不可以语道。可知人即道也，道即人也，人外无道，而道外亦无人。故君子以人治人，更不敢以己治人者，以人本自治；人能自治，不待禁而止之也。若欲有以止之，而不能听其自治，是伐之也，是欲以彼柯易此柯也。虽近而实远，安能治之。安足为道之耶？

“道”这个概念，被封建正统思想家弄得神秘不可测，李贽则赋予其极为普通的现实内容。在李贽看来，“道”是和人紧密相连的：“人即道也，道即人也，人外无道，而道外亦无人。”正因为如此，社会政治应该是因人而治，以人治人，人人自治，而不是以己治人。以己治人，那就是用自己的一套去禁锢别人，这就不能因人而治，这就是“伐之”，这就根本不能把社会治理好，又哪能算“道”呢？为了说明这个道理，李贽还重新解释了儒学的“忠恕”说：

> 然其所以不能以人治人者，由其不能推己及人耳。故说忠恕：中心为忠，自己不容，己之实心也；如此中心为恕，自己不容，二之初念也。

所谓施诸己而不愿，则勿以施之于人是也。不愿者，中心之实也；勿施者，如心之推也。如是则自能以人治人，而不忍执柯以伐之矣。……既能推己及人，以行吾强恕之功，则自能以人治人，自妙夫无为之化。然世又有不能推己及人者，则以不知反己自责之道耳。

在李贽看来，忠恕就是推己及人，“施诸己而不愿，则勿以施之于人是也”，也就是要“以人治人”，而不是以己治人。他把儒家鼓吹的忠恕之道，赋予自由发展的社会内容，这真是对儒家经典的大胆背叛。

为了说明因人而治的道理，李贽还提出了“物情不齐”、“因材并育”的理论，作为自己的哲学根据：

今之言政、刑、德、礼者，似未得礼意，依旧说在政教上去了，安能使民格心从化也？彼盖但知礼之为中，齐之为齐，中则不可使人有过不及之差，齐则欲齐人之所不齐以归于齐。夫天下至大也，万民至众也，物之不齐，又物之情也。中无定在，又孰能定其太过而损之，定其不及而益之也？若一一而约束之，整齐之，非但日益不给，依旧是走在政教上去矣。彼政教之所以不能使民格心归化者，正以条约之密，无非使其就吾之条理，而约之于中，齐其不齐，而使之无太过不及之病也。是欲强天下使从己，驱天下使从礼，人自苦难而弗从，始不得不用刑以威之耳。是政与刑自是一套，俗吏之所为也，非道之以德之事也。……

千万其人者，各得其千万人之心，千万其心者，各遂其千万人之欲，是谓物各付物，天地之所以因材而笃也，所谓万物并育而不相害也。今之不免相害者，皆始于使之不得并育耳。若肯听其并育，则大成大，小成小，天下更有一物之不得所者哉？是之谓“至齐”，是之谓“以礼”。夫天下之民，各遂其生，各获其所愿有，不格心归化者，未之有也。世儒既不知礼为人心之所同然，本是一个千变万化活泼泼之理，而执之以为一定不可易之物，故又不知齐为何等，而故欲强而齐之，是以虽有德之主，亦不免于政刑之用也。吁！礼之不讲久矣。《平天下》曰：“民之所好，好之；民之所恶，恶之。”好恶从民之欲，而不以己之欲，是之谓“礼”，礼则自齐，不待别有以齐之也。若好恶拂民之性，灾且必逮夫身，况得而齐之耶？

李贽认为“物之不齐，物之情也”，天下的事物千差万别，人的才能、性情、喜好也各有差别，总是不一样的。如若硬把这些差别整齐划一，约束在一个框子里，这就等于是强迫普天下的人服从我自己，这样，千差万别的人自然觉得是一种苦难而不服从，那么就不得不用刑罚去威胁他们了。而用政令刑罚威胁、束缚人的本性的做法，原是庸俗官吏所干，并不能真正引导百姓走上应走的道路。李贽反对这种“齐人之所不齐以归于齐”，反对用德礼政刑强制束缚人们的个性发展，主张“物各付物”、“因材并育”，任物情的自由发展。在李贽看来，正因为事物是不齐的，人性是有别的，那就应该任其自由发展，只有这样，千万人才可以实现自己的心愿，千万种心愿才可以得到满足。如果万事万物都顺从他们的本性，做到共同发展而不相害，就可以使“大成大，小成小”，使“天下之民，各遂其所生，各获其所愿有”，那么，“不格心归化者，未之有也”，人人都得到了自己的满足，那不就达到天下大治了吗？相反，封建统治者凭恃政令刑罚之威，“强天下使从己，驱天下使从礼”，这就违反了人们的自然之性，必然引起天下大乱。因此，李贽要求君主要“从民之欲”，不加束缚与限制，以造成人人顺其本性、个个随心如愿的理想政治局面。李贽的这种主张，表现了强烈的弘扬个性、追求自我的反束缚反压迫的精神，不禁使我们想起欧洲资本主义兴起时，资产阶级思想家们反对专制独裁的强烈呼声。

第三，《明灯道古录》表现了李贽反对封建等级制、要求平等的思想。

封建统治阶级及其理论家为了维护其封建统治，制造了种种不平等的理论。所谓“生而知之者上”①，“唯上智与下愚不移”②；所谓人性可分为“圣人之性”、“中民之性”、“斗筲之性”，把天生“性善”的上等“圣人”说成是天生的统治者，把天生“性恶”的下等“小人”说成是命中注定低微卑贱，只能永远当统治者的奴隶③。正是在这种理论指导下及严酷的封建等级制的专制统治下，广大人民群众失去了生活的权利，失去了生存的权利。因此，一些进步的思想家，都从不同角度对这种不平等理论及其现实进行了批判与抗争。《明灯道古录》在这方面也有着鲜明的体现。

例如，李贽从儒家经典《中庸》中关于“尊德性”、“道问学”、“率性”等理论中，一反原来宣扬等级制的说教，引出了人们要平等的结论。《中庸》中对“尊德性”、“道问学”是这样说的：“大哉圣人之道，洋洋乎发育万物，峻极于

① 《论语·季氏》。

② 《论语·阳货》。

③ 董仲舒：《春秋繁露·实性》。

天。优优大哉！礼仪三百，威仪三千，待其人而后行。故曰：苟不至德，至道不凝焉。故君子尊德性而道问学，致广大而尽精微，极高明而道中庸。温故而知新，敦厚以崇礼。是故居上不骄，为下不倍。”《中庸》把“尊德性”、“道问学”看作是达到那个至大至极、至精至微、神秘莫测的道的途径，其目的就是要“居上不骄”、“居下不倍”，各守其位，以维护其封建统治的固有等级制。关于“率性”，《中庸》是这样说的：“天命之谓性，率性之谓道，修道之谓教。”《中庸》虽然提出了“率性之谓道”，但其重点却在“修道之谓教”。照朱熹的解释：“修，品节之也。性道虽同，而气禀或异，故不能无过不及之差。圣人因人物之所当行者而品节之，以为法于天下，则谓之教，若礼乐刑政之属是也。”显然，这也是要以礼乐刑政来束缚人们的思想，为封建统治服务。

李贽在《明灯道古录》中，对于《中庸》“尊德性”这一命题，也做了至高至圣、至尊无对的描述，但他的结论却是：人人都具有此德性，尊德性并没有什么神秘可言，也不是什么神异的事，不过就是尊重众人之所能为而已：“能尊德性，则圣人之能事毕矣。于是焉或欲经世，或欲出世，或欲隐，或欲见，或刚或柔，或可或不可，固皆吾人不齐之物情，圣人且任之矣。故曰‘以人治人’。”这样，所谓“尊德性”，不过是每个人按照自己的本性自由发展就是了。李贽进一步指出，在尊德性上，圣人也并没什么高超之处：“尔勿以尊德性之人为异人也，彼其所为，亦不过众人之所能为而已。人但率性而为，勿以过高视圣人之为可也。尧舜与途人一，圣人与凡人一。”天下人人平等，哪有什么高低上下之别，这真是骇俗之论。很清楚，李贽从传统的“尊德性”、“率性”的神秘理论中，引出的却是反传统的崭新的平等思想，与封建统治阶级的严密的等级制和腐朽的特权制，形成了鲜明的对立。

从这种德性平等、圣凡一律的理论出发，李贽还引出了圣人与凡人在能力上平等的结论：

> 今天下之事，凡可以容吾力者，人无不竭力以为之。如天下之均，爵禄之辞，白刃之蹈，此皆世间第一等难能之事。然以天下之众，而能使之均平若一人；以天下之大，与之而不屑受，此固难矣，犹谓所重者身耳。至于白刃之蹈，则生死且不顾，身亦度外物矣。即此三者，人皆可能。可见天下无不能之人，人无不能之事，凡稍可致力，人争勉焉，则以可能故也。……盖世人但知百姓与夫妇之不肖不能，而岂知圣人亦不能也哉！以故告之曰：“尔勿谓圣人能是也！”自我言之，圣人所能者，夫妇之不肖可以与能，勿下视世间之夫妇为也。……若说夫妇所不能者，

> 则虽圣人亦必不能，勿高视一切圣人为也。……以此观之，彼天下之均，爵禄之辞，白刃之蹈，皆极其力之所可能。鸢鱼类耳，夫妇等耳，曷足怪哉！是又安足道耶！庄生谓“尘滓秕糠”、“陶铸尧舜”，岂荒唐语耶？正与先正“尧舜事业一点浮云过目”相合。

“天下无不能之人，人无不能之事”，这是一个积极的命题，正是从这一命题出发，李贽认为圣人做到的，愚夫愚妇也能做到；愚夫愚妇做不到的，圣人也一定做不到；所以不能低看愚夫愚妇，也不能高视所谓圣人。正因为如此，尧舜又有什么高贵之处？他们也不过像庄周所说，都是“尘滓秕糠”陶铸而成，极其平庸，他们被吹得神乎其神的事业，也不过像浮云过目一样，没什么了不起。李贽从德性的平等，引出圣贤凡人能力上的平等，否定了尧舜的神圣地位，这是他的平等观念的突出表现。

从这种圣凡平等的思想出发，李贽还提出了“以百姓之迩言为善”的政治主张：

> 舜好问已矣，而又好察；好察是矣，而所察者又是其极迩之言。谓之曰好问，则自四岳、九官、十二牧以至刍荛工瞽，无不好问，可知也，而未必皆其所好察也。唯是街谈巷议，俚言野语，至鄙至俗，极浅极近，上人所不道，君子所不乐闻者，而舜独好察之。以故民隐无不闻。情伪无不烛，民之所好，民之所恶，皆晓然洞彻，是民之中，所谓善也。夫善言即在乎迩言之中，则迩言安可以不察乎？曰察，则不止于问；曰好察，则不止于好问，然则圣人之于迩言善矣。夫唯以迩言为善，则凡非迩者必不善。何者？以其非民之中，非民情之所欲，故以为不善，故以为恶耳，非真如今人所谓妨政蠹民之恶也。既知其为恶，则隐而置之不复用；既知其为善，则扬而举之以用其中于民。隐恶扬善，两端之执也，用中于民。圣人无中，以民为中也。夫民之所欲，天必从之，况居民上而为天子者哉？天之立君，所以为民。舜唯日夜思所以用民之中，俾之无有失所欲者，安得而不遑遑焉而唯迩言是察也？迩言者，近言也。察言者止于近言，何以成智？又何以成大智？盖言而曰近，则一时之民心，即千万世之人心，而古今同一心也；中而曰民，则一民之中，即千万民之中，而天下同一民也。大舜无中，而以百姓之中为中；大舜无善，而以百姓之迩言为善；则大舜无智，而唯合天下，通古今以成其智。夫智而至于合天下、通古今也，其谓小智乎，大智乎？当自知之矣。故曰：

理学家鼓吹"存天理，灭人欲"，认为"天理"至善，"人欲"至恶，按照"三纲五常"进行统治，才是"王道"政治，企图泯灭广大人民的一切生存权利，维护封建统治阶级的统治。李贽却反其道而行之，大胆提出"民之所欲"就是"善"，反之就是"不善"，而这种"善"就反映在"迩言"即普通民众日常的言论中。由此，李贽主张君主要尊重和顺从民欲，要把"街谈巷议，俚言野语，至鄙至欲，极浅极近，上人所不道，君子所不乐闻"的"迩言"，作为考察民情和从政治国的依据。那么，到底什么是李贽所说的"迩言"呢？他在《答邓明府》一文中指出，"迩言"即"百姓日用之迩言也"，"如好货，如好色，如勤学，如进取，如多积金宝，如多买田宅为子孙谋，博求风水为儿孙福荫，凡世间一切治生产业等事，皆其所共好而共习，共知而共言者，是真迩言也。"[①]把"百姓日用"和"一切治生产业等事"说成是真正的"迩言"，这表明李贽是注重社会现实生活的。在这封信中，李贽还提出"本来无圣"，所谓"圣人之言"就是"迩言"，就是"百姓日用"。而这种"百姓日用"的"迩言"，"无一迩言而非真圣人之言，则天下无一人而不是真圣人之人明矣"。"迩言"，才是真圣人之言，因此人人都是真圣人。李贽把神圣不可侵犯的"圣人之言"同普通百姓的日常言谈、活动等同起来，把天下人都说成是圣人，这就打破了封建统治阶级所宣扬的上智下愚、圣凡不同的神话，宣扬了圣凡一律的平等思想。正是从这样的前提出发，李贽在《明灯道古录》中又强调指出，只有能够精心考察百姓的物质利益和要求，以民之善为善，以民之智为智，这才是真正的"大智"。也只有这样，才能把社会治理好，创造出理想的政治。李贽提出"以百姓之迩言为善"的主张，是他反对封建等级制、主张平等思想的进一步发展。李贽所说的是"民欲"，主要反映了没有特权的中下层地主阶级和工商业者要求生存发展的愿望，他所设想的使天下"无有失所欲者"的社会局面，在阶级社会中也根本不可能实现，但他要求从至鄙至俗、极浅极近的街谈巷议、俚言野语中考察民欲，要求把"百姓日用"和"一切治生产业等事"作为立政治国的出发点，这对封建统治阶级的专制统治和理学家的一套统治哲学，无疑是有力的批判，客观上有利于广大人民群众反对封建统治的斗争。

① 《答邓明府》，《焚书》卷一。

三

在中国长期的封建社会中，统治阶级把孔子及其儒学推到至高至尊的地位，并以此为基础制定了严密的封建专制制度，对广大人民进行思想统治，束缚人们的个性，扼杀人们的生存权利。到明代中叶，受多种因素的影响，产生了反封建压迫、反传统思想的启蒙主义思潮，对严密的封建专制主义统治及维护其统治的封建传统思想展开了抨击与批判。这一思潮的代表即李贽。《明灯道古录》中所表现出的非孔非儒、反对神圣偶像的精神，反对封建束缚、要求自由发展的思想，反对封建等级制、要求平等的思想，都鲜明地体现出这一启蒙主义思潮的特色。正是在以李贽为代表的这一启蒙思潮影响下，中国的传统文化思想开始了新变，向近代人文主义思潮转轨。虽然由于复杂的社会原因，这一新变与转轨后来中断，但它在中国文化思想发展史上的重要价值与作用却是不可忽视的。直到20世纪的五四运动，在声势浩大的文化思想革命浪潮涌起之际，李贽的启蒙思想也成了当时先进文化人反对封建专制及传统思想的武器，吴虞所撰写的充满反对封建专制激情的《明李卓吾别传》即是典型一例。我们要真正认识李贽，就要从中国文化思想的这一演进中分析他所提出的文化思想与社会问题命题的意义与价值。正是从这一意义上看，《明灯道古录》不仅是研究李贽思想的重要著作，也是认识中国文化思想发展轨迹的代表作品之一，我们应该给它以应有的重视。

（原载《首都师范大学学报》，2000年第4期）

李贽佛禅思想初探

——《李贽论佛禅诗文笺注》代前言

公安派诗人袁宏道在《张幼于》中说："仆自知诗文一字不通，唯禅宗一事，不敢多让。当今勍敌，唯李宏甫先生一人。其他精炼衲子，久参禅伯，败于中郎之手者，往往而是。"[1]从很有狂气的袁宏道这段话，我们可以看到李贽在佛学上的地位。李贽并不是一个完全虔诚的佛教徒，但他在佛学理论上的贡献在明代无人可比。李贽的佛学理论既表现在他与友朋、僧侣讨论佛学的书信中，也表现在他对佛经、佛学著作的题解、序跋和随感中，还表现在他有关的诗作中。李贽还有三部有关佛学的专著《净土决》、《李卓吾批点道余录》与《华严经合论简要》。这虽然是对有关佛学著作的集录、批点和简要，从中也可见出李贽佛学思想的真谛。研究李贽的佛学思想是认识李贽的重要组成部分，现就其诗文部分进行笺注，以供参考。

李贽曾说，他的著作，"更有一种，专与朋辈往来谈佛乘者，名曰《李氏焚书》，大抵多因缘语，忿激语，不比寻常套语。"[2]李贽所说"专与朋辈往来谈佛乘者"，"多因缘语"，在《焚书》中有集中体现，在其他著作中也有所体现。这里我们就以《焚书》、《续焚书》为主探讨一下李贽佛学思想的特征。

在《焚书》中"谈佛乘者"的"因缘语"，如：

> 吾之色身洎外而山河，遍而大地，并所见之太虚空等，皆是吾妙明真心中一点物相耳。是皆心相自然，谁能空之耶？心相既总是真心中所现物，真心岂果在色身之内耶？夫诸相总是吾真心中一点物，即浮沤总是大海中一点泡也。[3]
>
> 我所说色，即是说空，色之外无空矣；我所说空，即是说色，空之外无色矣。非但无色，而亦无空，此真空也。……无空可名，何况更有生灭、垢净、增减名相？是故色本不生，空本不灭；说色非垢，说空非净；在色不增，在空不减。非亿之也，空中原无是耳。是故五蕴皆空，无色、受、想、行、识也；六根皆空，无眼、耳、鼻、舌、身、意也；

六尘皆空，无色、声、香、味、触、法也；十八界皆空，无眼界乃至无意识界也。以至生老病死，明与无明，四谛智证等，皆无所得。此自在菩萨智慧观照到无所得之彼岸也。如此所得既无，自然无挂碍恐怖与夫颠倒梦想矣，现视生死而究竟涅槃矣。岂惟菩萨，虽过去现在未来三世诸佛，亦以此智慧得到彼岸，共成无上正等正觉焉耳，则信乎尽大地众生无有不是佛者。乃知此真空妙智，是大神咒，是大明咒，是无上咒，是无等等咒，能出离生死苦海，度脱一切苦厄，真实不虚也。[4]

无色者众色之母，众色者无色之色，谓众色即是无色则可，谓众色之外别无无色岂可哉！由此观之，真空者众苦之母，众苦者真空之苦，谓真空能生众苦则可，谓真空不能除灭众苦又岂可哉！……众苦炽然生，而真空未尝生；众苦卒然灭，而真空未尝灭。是以谓之极乐法界，证入此者，谓之自在菩萨耳。[5]

在这一类的文字中，李贽把客观世界上的一切说成是人心中的物相，把心说成是一切物相的本源；把一切经验的东西都说成虚假的、空无的。为人们所感知的具体事物"众色"、"众苦"的存在不过是"真空"的外在化，客观世界最终离不开主观世界而独立存在。只有"真空"才能观照"彼岸"，只有"彼岸"世界，才能"出离生死苦海，度脱一切苦厄"，才是"真实"不虚的。这与禅学以心为宇宙万物的根本，把客观世界说成是虚无之物的观点一脉相承，甚至所用的术语、范畴都是直接搬用禅学。这种对"彼岸世界"的美妙幻想，对"真空虚无"理论的热烈追求，不仅是赤裸裸的唯心主义说教，而且近于宗教宣传。

《焚书》中这一类文字，是李贽受禅宗思想影响的产物。李贽对佛学进行过长期研讨，并在讲学传道中宣扬了佛教教义。但李贽并不是一个虔诚的佛教徒，他也并不完全相信禅宗那一套说教。他在《书决疑论前》一文中就曾说："《心经》所云'照见五蕴皆空，度一切苦厄'，又云'能除一切苦，真实不虚'者，皆诳语矣。"[6]他在谈到写《心经提纲》的经过时说："《心经提纲》则为友人写《心经》毕，尚余一幅，遂续墨而填之，以还其人。皆草草了事，欲以自娱，不意遂成木灾也！"[7]原来他的目的只是"欲以自娱"，并不是出于虔诚。从这些事例可以看出，李贽对佛教的研讨，并不是要真心成为一个佛教徒，而是思想上矛盾、苦闷、怀疑的产物。他不满于当时社会现实，不满于孔孟礼教传统思想的束缚，更厌恶假道学家口是心非的伪善行为，但他又看不到光明的前途，找不到应走的道路，结果就跑到佛教教义中去寻求精神上的寄托。

正因为这样，李贽在宣扬这种唯心主义哲学和宗教信仰时，有时也陷入了自我矛盾之中，如：

若无山河大地，不成清净本原矣，故谓山河大地即清净本原可也。若无山河大地，则清净本原为顽空无用之物，为断灭空不能生化之物，非万物之母矣，可值半文钱乎？然则无时无处无不是山河大地之生者，岂可以山河大地为作障碍而欲去之也？清净本原，即所谓本地风光也。视不见，听不闻，欲闻无声，欲嗅无臭，此所谓龟毛兔角，原无有也。原无有，是以谓之清净也。清净者，本原清净，是以谓之清净本原也，岂待人清净之而后清净耶？是以谓之盐味在水，唯食者自知，不食则终身不得知也。又谓之色里胶青，盖谓之曰胶青，则又是色，谓之曰色，则又是胶青。胶青与色合而为一，不可取也。是犹欲取清净本原于山河大地之中，而清净本原已合于山河大地，不可得而取矣；欲舍山河大地于清净本原之外，而山河大地已合成清净本原，又不可得而舍矣。故曰取不得，舍不得，虽欲不放下不可得也。龟毛兔角，我所说与佛不同：佛所说以证断灭空耳。[8]

这是《观音问》中的一段。《观音问》是回答梅澹然、自信等人提出的关于佛学问题的一组书信，共十七段。这一段回答了自信提出的清净本原与山河大地的关系的问题。这一问题曾成为宋明理学家关注的一个理论命题。宋代的杨简认为："天者吾性中之象，地者吾性中的形。"[9]王守仁说："天下无心外之物"，"我的灵明便是天地鬼神的主宰……天地鬼神万物，离却我的灵明，便没有天地鬼神万物了。我的灵明，离却天地鬼神万物，亦没有我的灵明。"[10]杨简、王守仁都把"山河大地"和"清净本原(灵明)"视为一体，这与李贽在本文中的说法基本一致。但二者的侧重点却又有所不同，那就是杨、王都是以"清净本原"为主，也就是以人的本心为主，认为"山河大地"就是"清净本原"，都是"吾性"中的象与形。而李贽却是以"山河大地"为主，认为"清净本原"就是"山河大地"。冯友兰先生认为这是"王守仁的体系向着它的反面转化"，"是唯心主义向唯物主义的转化。"[11]就李贽与王守仁以及泰州学派的承传关系看，冯先生的论断是正确的。就李贽自己的哲学思想看，此文则又表现出复杂的内涵。"山河大地"是实在的客观存在，"清净本原"即佛教认为的人的本心。佛教认为这种本心是绝对清净的，是世界的本原，能产生万物，实际上这是一种虚无的主观臆想。李贽为了完成从"此岸世界"向"彼岸世界"

的过渡，却把这二者调和起来，一方面说“若无山河大地，不成清净本原矣”、“无时无处无不是山河大地之生者”；另一方面又说“山河大地即清净本原”，“山河大地已合成清净本原”，把唯物与唯心的两个完全对立的哲学理论“合二而一”。这种哲学思想的矛盾，正好表现出李贽既要执着于现实斗争，而又幻想超脱现实的思想上的矛盾。

值得注意的是，李贽经常利用佛学的一些理论，作为进行反封建压迫反传统思想的武器。他有时直接用佛学的一些命题批判道学家，与官方的正统意识形态理学相抗衡，并以此阐发其进步的社会政治思想，批判封建统治阶级的残酷统治。有时又用佛学的一些命题解释儒家的经典要旨，或把儒家的一些理论纳入佛学教义之中，以达到反封建压迫反传统思想的目的。《答周西岩》就是一例。他说：

> 天下无一人不生知，无一物不生知，亦无一刻不生知者，但自不知耳，然又未尝不可使之知也。……
>
> 且既自谓不能成佛矣，亦可自谓此生不能成人乎？吾不知何以自立于天地之间也。既无以自立，则无以自安。无以自安，则在家无以安家，在乡无以安乡，在朝廷无以安朝廷。吾又不知何以度日，何以面于人也。吾恐纵谦让，决不肯自谓我不成人也审矣。
>
> 既成人矣，又何佛不成，而更等待他日乎？天下宁有人外之佛，佛外之人乎？若必待仕宦婚嫁事毕然后学佛，则是成佛必待无事，是事有碍于佛也；有事未得作佛，是佛无益于事也。佛无益于事，成佛何为乎？事有碍于佛，佛亦不中用矣，岂不深可笑哉？[12]

这里，李贽利用佛教的“生知”(指与生俱来的成佛的本性，这是佛教的人性论，属于唯心主义的范畴)，提出了“天下无一人不生知”的命题，以此对儒家关于“生知”、“学知”、“困知”的理论做了否定。《中庸》说：“或生而知之，或学而知之，或困而知之，及其知之一也。”把人分成为“生知”、“学知”、“困知”三等，显然是为封建等级制制造理论根据。朱熹就是根据这种理论提出：“盖人性虽无不善，而气禀有不同者”，也就是说人一生下来，就有着不同的“气禀”，不同的才智，为封建统治者的统治制造舆论。李贽则认为“天下无一人不生知”，反对在人的自然本性上划分等级，把儒家所谓“生知”的“圣者”放到和愚者平等的地位上，把愚者列入和“圣者”一样“生知”的范畴。这实质上是利用佛学的“生知”理论，对维护封建等级制度的儒家学说进行了否定。李贽多次提出的“人人皆可成佛”，“圣人与凡人一”，“尧舜与途人一”，“庶人非下，侯王非高”等命题，都是佛禅“心性本觉”、“作用见性”的体现。李贽在《与马历山》中说：“夫大人之学，其道安在乎？盖人人各具有是大圆镜智，所谓我之明德是也。是明德也，上与天同，下与地同，中与千圣万贤同，彼无加而我无损者也。”[13]在这里，李贽把儒家的“生知”、“明德”与佛学的“大圆镜智”并列，从而得出在天赋上圣人与凡人没有什么差别，都可以成为圣贤，这正是对禅学“人人皆可成佛”的印证，表现出李贽以禅学阐发人人平等的思想。这一思想在《答耿司寇》中表现得更为直接：“圣人不责人之必能，是以人人皆可以为圣。故阳明先生曰：‘满街皆圣人。’佛氏亦曰：‘即心即佛，人人是佛。’夫惟人人之皆圣人也，是以圣人无别不容已道理可以示人也。……夫惟人人之皆佛也，是以佛未尝度众生也。”[14]

李贽还认为成佛与人生世事无碍，把修行成佛同人们的日常生活联系起来，把成佛是否有益于社会人事联系起来。佛学禅宗认为，生活琐事中就体现着佛性。李贽据此提出，在“日用”之中即可修行成佛，而且成佛本身应该有益于这些“日用”之事，无益于事或有碍于事，就成不了佛。人人都要在“日用”事理中生活，所以人人都可以成佛，人即佛，佛即人。正如我们在前面引到的李贽在《答周西岩》中所说：“天下宁有人外之佛，佛外之人乎？若必待仕宦婚嫁事毕然后学佛，则是成佛必待无事，是事有碍于佛；有事未得作佛，是佛无益于事也。佛无益于事，成佛何为乎？事有碍于佛，佛亦不中用矣，岂不深可笑哉？”[15]清楚表明了李贽对修行成佛与人生世事关系的认识，表现了李贽讲求实用、积极用世的思想。

我们在前面已指出，李贽并不是一个完全虔诚的佛教徒，所以他的佛学理论又表现出一种三教归一、三教归儒的特色。这一特色在《三教归儒说》一文中有着鲜明体现。该文全文如下：

> 儒、道、释之学，一也，以其初皆期于闻道也。必闻道然后可以死，故曰：“朝闻道，夕死可矣。”非闻道则未可以死，故又曰：“吾以女为死矣。”唯志在闻道，故其视富贵若浮云，弃天下如敝屣然也。然曰浮云，直轻之耳；曰敝屣，直贱之耳：未以为害也。若夫道人则视富贵如粪秽，视有天下若枷锁，唯恐其去之不速矣。然粪秽臭也，枷锁累也，犹未甚害也。乃释子则又甚矣：彼其视富贵若虎豹之在陷阱，鱼鸟之入网罗，活人之赴汤火然，求死不得，求生不得，一如是甚也。此儒、道、释之所以异也，然其期于闻道以出世一也。盖必出世，然后可以免富贵之

苦也。

尧之让舜也，唯恐舜之复洗耳也，苟得摄位，即为幸事，盖推而远之，唯恐其不可得也，非以舜之治天下有过于尧，而故让之位以为生民计也。此其至著者也。孔之疏食，颜之陋巷，非尧心欤！自颜氏没，微言绝，圣学亡，则儒不传矣。故曰："天丧予。"何也？以诸子虽学，未尝以闻道为心也。则亦不免仕大夫之家为富贵所移尔矣，况继此而为汉儒之附会，宋儒之穿凿乎？又况继此而以宋儒为标的，穿凿为指归乎？人益鄙而风益下矣！无怪其流弊至于今日，阳为道学，阴为富贵，被服儒雅，行若狗彘然也。

夫世之不讲道学而致荣华富贵者不少也，何必讲道学而后为富贵之资也？此无他，不待讲道学而自富贵者，其人盖有学有才，有为有守，虽欲不与之富贵，不可得也。夫唯无才无学，若不以讲圣人道学之名要之，则终身贫且贱焉，耻矣，此所以必讲道学以为取富贵之资也。然则今之无才无学，无为无识，而欲致大富贵者，断断乎不可以不讲道学矣。今之欲真实讲道学以求儒、道、释出世之旨，免富贵之苦者，断断乎不可以不递头做和尚矣。[16]

在此文中，李贽把儒、道、释三者视为一体，认为其宗旨共同的指归都在"闻道"、"出世"，超脱于世俗功名富贵。把封建统治者定为官方哲学的儒家与道、释并列，这本身一方面是对儒学地位的贬抑，一方面也表现出"三教归一"的思想。这一思想在李贽的有关著作中多有表述。如：

名利无兼得之理，超然于名利之外，不与利名作对者，唯孔夫子、李老子、释迦佛三大圣人尔。舍是，非名即利，孰能免此，而可以同不同自疑畏耶！(《复李士龙》)[17]

凡为学皆为穷究自己生死根因，探讨自家性命下落。……唯三教大圣人知之，故竭平生之力以穷之，虽得手应心之后，作用各各不同，然其不同者特面貌尔。(《答马历山》)[18]

李贽把孔夫子、李老子、释迦佛并列，在《复李士龙》中称他们是"超然于名利之外，不与利名作对者"的"三大圣人"；在《答马历山》中，称他们"皆为穷究自己生死根因，探讨自家性命下落"的"三教大圣人"；都表现出对封建统治者独尊儒学的一种挑战，以及"三教归一"的思想。

不仅如此，在《三教归儒说》中，李贽还进一步提出，在儒、释、道三家中，儒家自孔子、颜渊后，就“微言绝，圣学亡，则儒不传矣”，而后又经“汉儒之附会”，“宋儒之穿凿”，直至明代儒学发展成为“阳为道学，阴为富贵，被服儒雅，行若狗彘”的两面的伪道学，他们“无才无学”、“无为无识”，只有借讲“圣人道学之名”，作为“取富贵之资”，对假儒学、假道学进行了严厉的批判。

既然如此，李贽为何又提出“三教归儒”这一命题呢？从李贽的著作中我们不难看出，李贽批判的是假儒学即假道学，但他对真儒学并没有否定，特别是到了晚年，这一思想特征更为明显。要了解和认识李贽在晚年提出“三教归儒”这一命题的由来与宗旨，需要对李贽思想发展的历程做一考察，特别是对他尊佛崇禅的思想发展历程做一考察。李贽早年并不崇信道、仙、释、儒，他说：“余自幼倔强难化，不信学，不信道，不信仙、释，故见道人则恶，见僧则恶，见道学先生则尤恶。”[19]对当时的官方儒学与朱熹也很反感，他说：“稍长，复愦愦，读传注不省，不能契朱夫子深心。”[19]但在当时的社会环境下，他从幼年开始，接受的还是儒家教育。他说：“余自幼习孔子之学矣，是故以其学纂书焉”。[21]李贽四十岁时，在北京礼部任职，和王阳明的信徒李逢阳、徐用检相识，在他们的引诱下，和王学与佛学发生了联系。他在《阳明先生年谱后语》中说：“不幸年甫四十，为友人李逢阳、徐用检所诱，告我龙谿王先生语，示我阳明先生书，乃知得道真人不死，实与真佛、真仙同，虽倔强，不得不信之矣。”[22]黄宗羲在《明儒学案》中也记载了李贽与徐用检在北京的交往：“(徐用检)在都门从赵大洲讲学。礼部司务李贽不肯赴会，先生以手书《金刚经》示之曰：‘此不死学问也，若亦不讲乎?’贽始折节向学。尝晨起候门，先生出，辄摄衣上马去，不接一语，如是者再。贽信向益坚，语人曰：‘徐公钳锤如是。’”[23]王阳明本来也是朱熹的信徒，他曾经按照朱熹“格物穷理”的教导去“格”过竹子，但一连“格”了七天，什么也没“格”出来，却病倒了。后来他终于在陆九渊的主观唯心主义中得到启示，而陆九渊的主观唯心主义则是把儒家思想学说和佛家禅宗思想结合起来。王龙溪是王阳明的学生，他继承了王阳明的思想，却进一步把王阳明的“良知”说引向佛学，认为“良知”即是佛性。由此可见，李贽在李逢阳、徐用检的引诱下，崇信了王阳明、王龙溪，其中就包含着对佛学的崇信，从此，李贽就开始了对佛学的研究。后来李贽出任姚安知府，“为守，法令清简，不言而治。每至伽蓝，判了公事，坐堂皇上，或置名僧其间，簿书有隙，即与参论虚玄。人皆怪之，公亦不顾。”[24]在公堂之上，和名僧一起参论虚玄，可见李贽对佛学的热衷。李贽对佛禅的深入研究则是辞去姚安知府，先回到黄安，后因与耿定向的思想矛盾而移居麻城之后，李贽有关佛禅的诗文大多都是写在移居麻城之后。而且落发为僧，招收女弟子，公开以佛禅“异端”自居，与假道学家展开论战。

李贽移居麻城后，住在龙潭湖芝佛院，他虽然落发，招收女弟子，公开以佛禅“异端”自居，但是，对李贽的言行进行全面的考察，就不难发现，他以佛禅“异端”自居，是为了批判当时那些“阳为道学，阴为富贵，被服儒雅，行若狗彘”的假道学、假儒学，在他的思想深处还埋藏着儒学的本源。他在《初潭集·自序》中说：“夫卓吾子之落发也有故，故虽落发为僧而实儒也。是以首纂儒书焉，首纂儒书而复以德行冠其首。然则善读儒书而善言德行者，实莫过于卓吾子也。”[25]万历二十八年(1600)，河漕总督刘东星把李贽从南京接到山东济宁漕署。此时，马经纶到济宁访李贽，并陪同他到曲阜瞻仰孔庙、孔林，李贽写下《释迦佛后》一文。[26]在此文中，李贽又一次把释迦牟尼与孔子并称圣人，对孔子给以极力的礼赞。万历二十九年(1601)，袁中道发其兄袁宗道的棺木归里，路过北京通州，特到马经纶别业拜访李贽，劝李贽“勿吃荤”，以免佛教中管理地狱之王的阎王“怪怒”，不得“径生净土耳”。李贽则答曰：“孟子不云七十非肉不饱？我老，又信儒教，复留须，是宜吃。”[27]也都表现出李贽在尊崇佛禅的同时，思想深处同时保存着对真正儒学的尊崇。

李贽三教归一、三教归儒的思想还表现在他辑录的《言善篇》一书中。《言善篇》一名《卓吾老子三教妙述》，简称“三教妙述”，书中收辑了儒、释、道三家“堪以劝戒”的诗文，故名。据刘东星《序言善篇》，因是“卓吾老子取其将死而言善也”之意，故又名《言善篇》。现存四集，恐已非全部。该书有序三篇，一是《释子须知序》，二是《道教钞小引》，三是《圣教小引》。在《释子须知序》中说：“日夕为僧，安饱唯僧，不觉遂二十年，全忘其地之为楚，身之为孤，人之为老，须尽白而发尽秃也。”[28]从中可以看出佛禅对李贽的深刻影响。在《道教钞小引》中，他说释子佛徒，但知佛教而不知道教是不对的。孔子还问礼于道教之祖老子，老子告孔子的话，千万世学者都应时时佩服于身，铭刻于心。又说，老子的《道德经》，关尹的《文始真经》，谭峭的《化书》，这些道家著作与佛教的释迦牟尼的佛说没有一毫的差异。[29]《圣教小引》一文表现的三教归一、三教归儒的思想更值得注意。全文如下：

余自幼读圣教不知圣教，尊孔子不知孔夫子何自可尊，所谓矮子观场，随人说妍，和声而已。是余五十以前真一犬也，因前犬吠形，亦随而吠之，若问以吠声之故，正好哑然自笑也已。五十以后，大衰欲死，

> 因得友朋劝诲，翻阅贝经，幸于生死之原窥见斑点，乃复研穷《学》、《庸》要旨，知其宗贯，集为《道古》一录。于是遂从治《易》者读《易》三年，竭昼夜力，复有六十四卦《易因》锓刻行世。
>
> 呜呼！余今日知吾夫子矣，不吠声矣；向作矮子，至老遂为长人矣。虽余志气可取，然师友之功安可诬耶！既自谓知圣，故亦欲与释子辈共之，盖推向者友朋之心以及释子，使知万古一道，无二无别，真有如我太祖高皇帝所刊示者，已详载于《三教品》刻中矣。[30]

该文以回顾自己一生对孔子及儒教的认识变化为线索，说明对儒学与佛学的认识的变化。早期"读圣教不知圣教，尊孔子不知孔夫子何自可尊"，如同庙会上矮子看戏，随人说妍，黑夜里前犬吠形，后犬吠声，完全是妄从而已。后来释阅了佛经，对儒家经典《大学》、《中庸》、《周易》重新研究，使他真正认识到孔子的圣教为什么可尊。那么李贽认识了的孔子圣教是什么？他的回答是"万古一道，无二无别"。万古以来，以孔子为代表的儒教与释、道的道义都是一样的，没有什么区别。为了说明这一论证，他还以朱元璋在颁行的有关文告中的"天下无二道，圣贤无两心"为证据，以他所集录的《三教品》为证据。《三教品》集录了朱元璋、朱棣有关论三教圣人的文章，李贽加以按语。在该书《序》中，李贽又明确说："三教圣人，顶天立地，不容异同明矣。故曰'天下无二道，圣贤无两心'，我高皇帝统一寰宇，大造区夏，其敬孔、敬老子、敬释迦佛，有若一人然。"这都明显地表现出李贽虽不时以狂禅"异端"自诩，但在思想深处却内含着三教归一、三教归儒的思想。我们知道，佛教在东汉时期传入中国，到了魏晋时期得以广泛传播，而后一方面为一些维护儒学正统的文人学士所批判，一方面为一些文人学士所接受，调和儒佛，把佛家的一些观念理论纳入儒家的理论系统中。例如韩愈对佛禅进行了严厉的批评，而柳宗元却宣扬"真乘法印，与儒典并用"，"统合儒释，宣涤疑滞"[31]，表现出以佛济儒，佛儒归一的特征。正如我在前边指出的，李贽有时用佛学的一些命题解释儒学的经典要旨，有时把儒家的一些理论纳入佛学教义之中，正是中国文化思想发展史上三教归一、三教归儒思想的一个继续与发展。探讨李贽三教归一、三教归儒的思想，对于认识李贽极具意义，对于中国思想文化的发展史也极具意义，对这一课题应该进行深入的研究。

李贽有关佛禅的著作主要是诗文，这些诗文有的明白如话，有的则艰深难解，笔者佛学知识不济，虽尽力为之疏解，但有时也难免有误差，恳望读者指教。李贽有三种有关佛学的专著，但都不是李贽的原著，一是《净土诀》，多为“集诸上圣劝人修净土之语”；二是《李卓吾批点道余录》，是对姚广孝《道余录》的批点；三是《华严经合论简要》，是对李通玄《华严经合论》的“简要”。这三种虽不是李贽原著，但从中也可见李贽的佛学思想，因此作为附录以供参阅。需要说明的是《华严经合论简要》由郑若晗女士点校，张建业进行了修订。

[参考文献]

[1]钱伯城：《袁宏道集笺校》卷一一。

[2][7]李贽：《答焦漪园》，《焚书》卷一。

[3]李贽：《解经文》，《焚书》卷四。

[4]李贽：《心经提纲》，《焚书》卷三。

[5][6]《书决疑论前》，《焚书》卷四。

[8]李贽：《观音问·答自信》，《焚书》卷四。

[9]杨简：《工易》，《慈湖遗书》卷七。

[10]王守仁：《传习录下》，《王文成公全书》卷三。

[11]冯友兰：《从李贽说起——中国哲学史唯物主义和唯心主义互相转化的一个例证》，《新建设》，1961 年第 2、3 期。

[12][14][15]《焚书》卷一。

[13][17][18]《续焚书》卷一。

[16]《续焚书》卷二。

[19][22]李贽：《阳明先生道学钞》附《阳明先生年谱后语》，见张建业主编《李贽全集注》第十八册。

[20]李贽：《卓吾论略》，《焚书》卷三。

[21][25]李贽：《初潭集·自序》，见张建业主编《李贽全集注》第十二册。

[23]黄宗羲：《明儒学案》卷一四。

[24]袁中道：《李温陵传》，《珂雪斋集》卷一七。

[26]李贽：《释迦佛后》，《续焚书》卷四。

[27]李贽：《书小修手卷后》，《续焚书》卷二。

[28]李贽：《释子须知序》，《续焚书》卷二。

[29]李贽：《道教钞小引》，《续焚书》卷二。

[30]李贽：《圣教小引》，《续焚书》卷二。

[31]柳宗元：《送文畅上人登五台遂游河朔序》，《柳宗元集》卷二五。

李贽诗鉴赏两首

石潭即事四绝(其四)

若为追欢悦世人，空劳皮骨损精神。
年来寂寞从人谩，只有疏狂一老身。

这是明朝著名思想家李贽的诗作，该诗写于万历二十二年(1594)。万历二十一年(1593)，李贽自武昌回到麻城龙潭湖。他著书谈道，听讲者甚众。李贽的讲学，不但冲破儒教的堤防，而且不守释宗的绳检，“异论”频出，“后学如狂”①。特别是他还接受一些妇女的问法受业，更遭攻击。沈铁《李卓吾传》：“载贽抵麻城，卜居龙湖寺中。鸠率好义者，大修佛殿，饰如来诸祖像。日著书谈道，听说者日益伙。间有宦门女流，持斋念佛，亦受业焉。虽不躬往，订于某日某时受戒，先致篚帛；甫反，候宦女在家合掌拜，载贽在寺亦答受之。坐是喧阗郡邑。符卿周公弘禴曰：‘李先生学已入禅，行多诞，祸不旋踵矣。’”②在这种形势下，麻城又掀起一场迫害李贽的风暴，一些人勾结地方官吏扬言要拆毁芝佛院。这时，原来与李贽在一起的龙湖住持僧深有又因与其徒常闻不和而离开龙湖，到河南商城黄柏山创建法眼寺，使李贽更加孤单和寂寞。《石潭即事四绝》就是在这一背景下而写。诗中流露了李贽孤军奋战的寂寞心情，但是他那坚强不屈的性格和顽强的斗志也表现得十分明显。面对封建统治者和卫道士们的种种迫害，李贽并没有屈服，相反，他“只知进就，不知退去”③，向统治者展开了斗争。这里赏析的是《石潭即事四绝》第四首。石潭即龙潭湖。

抒情诗的主观色彩特别强烈，但是，由于诗人处境、思想、性格的不同，所表现出的主观色彩也千差万别。屈原的愤世嫉俗，李白的狂放不羁，陶渊

① 沈瓒：《近事丛残》卷一。

② 何乔远：《闽书》卷一五二《畜德志》上。

③ 《与周友山》，《续焚书》卷一。

明的率真自然，王维的清幽孤冷，杜甫的深沉郁积，陆游的愤激豪情，都是诗人个性的生动体现。作为思想家的李贽，曾明确提出不以孔子的是非为是非，反对封建统治者的压迫，要求发展人们的自然之性，并说自己“平生不爱属人管”，“道学益有名而我之触益又甚”①。在文艺上，则主张“童心说”，认为“天下之至文，未有不出于童心焉者”②。要求作文要“感时发己”，而反对“无病呻吟”。③ 李贽的诗作正是他这种思想、文学主张的实践，多是有为而发，质朴流畅，文中带刺，颇有自己的个性。

这首诗表现了李贽不愿与世俗同流合污的精神，和虽受攻击而不屈服的顽强斗志。在李贽看来，做一个追求世俗欢乐，以求讨好世人的人，那只能是徒然地劳苦身体，耗费精神。就因为自己不愿做这种俗人，结果，遭到了世俗的冷落、攻击、谩骂。但诗人明白表示，虽遭冷落与谩骂，也绝不改变从思想到行动的狂放不羁。诗中所描绘的孤军奋战的寂寞心情，毫不妥协地抗击世俗的“疏狂”老人形象，是李贽反传统思想的自我形象的生动写照。而出之以幽默嘲讽、嬉笑怒骂的手法，更增强了李贽狂狷、异端的主观色彩。

杨花飞絮(系中八绝其二)

四大分离象马奔，求生求死向何门？
杨花飞入囚人眼，始觉冥司亦有春。

万历三十年(1602)，明朝统治者以“敢倡乱道，惑世诬民”的罪名，把李贽逮捕入狱。李贽时年已七十六岁，而且重病缠身。但他毫不屈服，特作绝句八首，以表心志。系中，即被拘囚在监狱里。《杨花飞絮》是其中第二首。

这首诗借用佛教的教意和民间的传统，表现自己在封建统治者迫害下置生死于度外的斗争精神。佛教认为，物质是由四大种元素构成，即地大、水大、火大、风大，略称“四大”。就其属性与作用来说：地大以坚为性，能承载物；水大以湿为性，能包容物；火大以暖为性，能成熟物；风大以动为性，能生长物。并认为，人身也是因此“四大”构成，如果“四大”缺乏协调，身体就会生出各种疾病。这首诗的一二句即由此写起。当时李贽年老病重，感到整个身心如“四大”分离，而又被关在牢房，真是求生不能，求死不得。这里

① 《豫约·感慨平生》，《焚书》卷四。
② 《童心说》，《焚书》卷三。
③ 《复焦漪园》，《续焚书》卷一。

固然写出了诗人当时身心的实况，更表示了对统治者迫害的愤慨。加以“如马奔”的形容，“向何门”的疑问，就更加重了这种愤慨之情。后两句却突然一转，就眼前所见的随风飘舞的柳絮，联想到如同阴曹地府的监狱，并由此写出地府般的监狱也不能禁绝诗人对春色降临的喜悦。这里虽然采用了迷信的冥司(即阴间地府)传说，但以此代指戒备森严的监狱，却具有了强烈的感情色彩，含蓄而生动地表现了诗人身处囚室而视死如归的达观心情。

李贽曾提出，文艺创作都是作家“蓄极积文，势不能遏。一旦见景生情，触目兴叹；夺他人之酒杯，浇自己之垒块；诉心中之不平，感数奇于千载”。[①]是深情的自然而然的流露。李贽在这首诗中所表现的那种生死不得而又不屈服的愤激之情，正是他长期与统治者斗争的身心情感的自然喷发。李贽对佛学有深入研究，思想上也受其影响。这样以禅意、传说入诗，借景色联想抒情，也就成为这首诗的独有特色。

附记：约在20世纪80年代初，湖北一位教授要编“诗词曲赋鉴赏”一类的书，托人要我为之撰写这两首诗的鉴赏和枚乘《七发》、班彪《北征赋》的鉴赏。后来听说该书已出版，但我既没有看到自己这几篇文章被印出的样子，更没有收到应得的稿酬。碍于面子，也没有询问。时间一久，想找一找该书，将这几篇文章收入有关集子，因连书名都不知，也极难寻觅。好在几篇文章还留有极草的初稿，现经过重新整理，录以备考吧。

① 《杂说》，《焚书》卷三。

李贽诗指要五题

李贽是一位杰出的思想家、文学家、史学家，是我国文化思想的启蒙先驱，其思想对日本及东南亚诸国也都深有影响。明清以来，人们对李贽或褒或贬，也都是从其思想上立论的，对其诗歌则较少给予重视。李贽不以诗名，但其诗作如其个性，也非常具有特色，在当时的诗坛具有一定影响力。袁宗道读了李贽的《读书乐》后写道："龙湖老子手如铁，信手讦驳写不辍，纵横圆转轻古人，迁也无笔仪无舌。……龙湖老子果希有，此诗此字应不朽。莫道世无赏音人，袁也宝之胜琼玖。"[①]袁中道在《李温陵传》中则称李贽"诗不多作，大有神境"[②]。李贽的诗或抒怀咏史，或赠答记游，不但个性鲜明，情思沉挚，而且包含着对社会、历史、人生的深刻思考，显示着诗人的真诚和思想家的哲思，自有一股不可掩饰的光辉。这是诗人"童心说"美学思想的体现，也是诗人作为一位思想家的表征。本文通过对几首诗作的指要，以探讨李贽诗歌的独特品格。

晋阳怀古

水决汾河赵已分，孟谈潜出间三军。
如何智伯破亡后，高赦无功独首论？

本诗写于万历二十五年(1597)。晋阳，即太原。这首诗是李贽应梅国桢之邀从山西沁水赴大同，路过太原时的怀古之作。晋阳，本古唐国，周成王封其弟叔虞于此，称唐侯，后改国曰晋。春秋时，晋国有赵、范、智、荀、韩、魏六卿，势力极大，后来互相兼并，剩下智、赵、韩、魏四卿。公元前454年，晋出公在位，这年智伯骄横地向韩康子、魏桓子、赵襄子索地，韩、魏自思不能抗拒，都忍痛答应了智伯的要求，独赵襄子不与。智伯怒，率韩、

---

① 钱伯城：《白苏斋类集》卷一，上海古籍出版社，1989年。本书下引《白苏斋类集》皆引自此版本，不另出注。

② 钱伯城：《珂雪斋集》卷一七。

魏之兵攻赵襄子，赵襄子无奈逃到晋阳。三国攻晋阳一年多，不下，乃引汾水灌其城，城中“悬釜而炊，易子而食，群臣皆有外心，礼益慢，唯高共不敢失礼”[①]。在这种外攻内乱的形势下，赵襄子非常着急。后来他使张孟谈夜间偷偷到韩、魏军营，向他们说明“唇亡则齿寒，今智伯率二国之君伐赵，赵将亡矣，亡则二君为之次矣。”[②]离间了智伯与韩康子、魏桓子的关系，并约定共灭智伯的日期。到了约定日期，赵襄子派人夜间杀了智伯守汾河堤的士卒，用水灌智伯军，韩、魏又同时从两侧击之，终于大败智伯，并灭其族，分其地。这就是我国历史上有名的“三家分晋”。智伯被灭后，赵襄子论功行赏，却以毫无战功的高共为头等功。张孟谈质问此事，赵襄子说：“方晋阳急，群臣皆懈，惟共不敢失人臣礼，是以先之。”[③]就因为高共在动乱中守君臣之礼，就给他以头等功，而把冒着生命危险深夜潜入韩、魏军中进行离间计，破了智伯救了赵的张孟谈排斥在下，这是多么不公平的事情啊！李贽路过太原，想起了历史上这一重要事件，想起了这次战争中智伯的骄横与失败，更想起了张孟谈建奇功而不得重赏，高共无功而受禄，他不禁发问：“如何智伯破亡后，高赦无功独首论?”李贽的这一质问，鲜明表现出他对赵襄子那种只知维护君臣之礼，不管谁为国家立下功劳的行为的不满，实际上也是对君臣之礼的不敬，表现了李贽重实际、尚战功的思想，与那些只知打躬作揖以求高官、不顾国家生死存亡的道学家形成鲜明对比。

不仅如此，李贽在这里不单单是发思古的幽情，而且具有现实的针对性，这就是对梅国桢有功而不得其禄的感愤。万历二十四年(1596)春，宁夏副总兵鞑靼族人哮拜及其子承恩杀死巡抚都御史党馨、副使石继芳，据城叛乱，成为轰动朝野的“西事”(与当时日本发动侵朝战争，并准备进一步侵略中国被称为“东事”相对举)。四月，明王朝听从梅国桢的建议，任李如松为提督，梅国桢为监军。五月发兵征剿，九月乱平，十一月在京师举行献俘典礼。在这次平西之战中，梅国桢一直身处前线，并多次决策，立有大功。依惯例应升为都察院佥都御史，并出为巡抚。但在论功封赏时，却只是“升四品京堂”，既不在兵部，又不在都察院，而是外转任太仆少卿，是专管马匹的闲职。而远离战地连宁夏城都没见到，战事取胜后又杀降冒功的甘肃巡抚后来并兼任宁夏总督的叶梦熊，由于与兵部尚书石星私交甚深，却升任右都御史，正二

---

① 《史记》卷四三《赵世家》，中华书局，1973年。

② 何建章：《战国策注释》卷一八《赵策》，中华书局，1990年。

③ 《史记》卷四三《赵世家》，中华书局，1973年。

品。不仅如此，作为监军的梅国桢负有“专司监察”，记录功次之责。但凡梅国桢荐举的有功之士，大都恩荫不及，而一些善于钻营者则无功而受赏。在这种形势下，梅国桢多次以病为由上疏请求归里，以避开这种使他既愤恨又不愿参与其中的是非。但是，事实是不可改变的。宁夏之战叙功封赏之后，舆论大哗，西征将士大多不满，说是功多者赏轻，功少者赏重，甚于无功者有赏，滥杀者擢升。六科给事中也纷纷上疏，指责赏赐冒滥，大失人心。后来神宗又下圣旨，要“就问梅国桢，何人亏枉，何人冒滥，从实查明说来”[①]。经过几多周折，叙功封赏之事才有所稳定。而梅国桢直到万历二十一年(1593)八月，吏部才按照神宗早拟旨意“即便推用”，升为都察院右佥都御史，巡抚大同。对于这场公案，当时人叶向高就表示了不平。他在《梅公神道碑》中说：“嗟乎！西夏之事难言也。督帅(指叶梦熊)驻二百里外，置酒高会，遥制成败；监军(指梅国桢)身在城下，腰刀裤褶，亲受矢石。成则督帅总其功，败则监军专其罪。”[②]当时的名士王稚登在梅国桢赴大同巡抚任时的赠诗中，在对梅国桢宁夏平叛的功绩赞赏有加的同时，对朝廷的功赏不明也有所感叹。其诗是：“灵武名高御史骢，更劳开府住云中。美人学舞鱼肠剑，厮养能开兕角弓。城下已无夫饮马，幕前安用客和戎。不知今日麒麟阁，谁是平西第一功？”[③]李贽在《西征奏议后语》中对于梅国桢在宁夏平叛中处境的艰难及立大功而无封赏更是愤愤不平。他写道：“未几而西夏之报至矣，事果大定，献俘于广阙下，报捷于京师，论功称赏，亦可谓周遍咸矣。褒崇之典，封爵之胜，垂纶广荫，同载并举。而客生(指梅国桢)回朝半岁，曾不闻有恩荫之及，犹然一侍御何也？余实讶之而未得其故，后于他所获读所为《西征奏议》者，乃不觉拊几叹曰：‘余初妄意谓客生西事我能为之，纵功成而不自居，我亦能之。不知其犯众忌，处疑谤，日夕孤危，置身于城下以与将佐等伍，而卒能成奇功者也！’余是始愧恨，以谓千不如客生，万不如客生，再不敢复言世事矣。因密语相信者曰：‘西夏之事不难于成功，而难于以监军成功。何也？监军者，无权者也，自古未有不专杀生之权而可以与人斗者也。又不难于以监军成功，而难乎任讪谤于围城之日，默无言于献捷之后也。’”[④]这首《晋阳怀古》的现实针对性就在这里。

① 《神宗实录》，台湾历史语言研究所，1962年。

② 《梅氏族谱》卷首中。转引自凌礼潮《麻城梅国桢大传》，湖北音像艺术出版社，2003年。褶，服装名，上穿褶，下穿裤，名起于汉末，始为骑服。盛行于南北朝，亦用作常服、朝服。

③ 《麻城县志》卷三三。

④ 《续焚书》卷二。

从以上论析可以看出，《晋阳怀古》既是咏史，又是抒怀，或者说是借咏史以抒怀。诗人过太原而想起历史，应梅国桢之邀而思起现实，在咏史中寄寓着对现实的感慨。其诗情的沉挚，其思绪的深刻，都显示着李贽独特的精神。

应该指出，诗中的“高赦”，即指赵襄子家臣高共。“共”《史记·赵世家》裴骃《集解》：“徐广曰：‘一作赫’。”[①]李贽可能是把“赫”误为“赦”。

得上院信

世事由来不可论，波罗忍辱是玄门。
今朝接得龙湖信，立唤沙弥取水焚。

本诗约写于万历二十四年(1596)。当时任吏部右侍郎的刘东星，因丁父忧而家居，想起了老友李贽，特地叫儿子用相(字肖甫，又称肖川)到麻城龙潭湖去邀请他上党作客。李贽不顾年迈体衰，路途遥遥，在用相的陪同下，到了山西上党沁水坪上村。上院，对寺院的敬称，这里指龙潭湖芝佛院。“波罗忍辱是玄门”，意为忍辱是修行成佛的佛法。波罗，即波罗密，亦作波罗蜜，梵语的音译。意译为到彼岸，即由此岸(生死岸)渡人到彼岸(涅槃、寂灭)，也就是经过修行而成佛之意。玄门，佛教的玄妙之门，指佛法。李贽把“忍辱”看作是修行成佛的佛法，他在不少诗文中都有所表示。但李贽所说的“忍辱”，并不是一般意义上的忍受耻辱，而是佛经中所说的忍辱草的精神。这种草生在雪山，经受住严寒，牛羊食之，则成醍醐，即佛经中指从牛奶中提炼出来的精华，以比喻最高的佛法。所以，李贽所说的“忍辱”，有时不是一般意义上的忍受耻辱，迁就退让，而是指坚忍不拔的韧性精神。这种精神，既表现在他的求道为学之上，更表现在他的人生处世之上。

例如万历二十三年(1595)，史旌贤就新任湖广佥事兼湖北分巡道时，特地到黄安看望故交耿定向。经过麻城之时，他扬言为了“正风化”，要“以法”惩治李贽，并要将李贽“递解原籍”。对此，李贽在《与周友山》中做了如下的回答：

> 又我性本柔顺，学贵忍辱，故欲杀则走就刀，欲打则走就拳，欲骂则走而就嘴，只知进就，不知退去，孰待其递解以去也！盖此忍辱孝顺

① 《史记》卷四三，中华书局，1973年。

法门，是我七八岁时用至于今七十岁，有年矣，惯用之矣。不然，岂其七十之老，身上无半文钱钞，身边无半个亲随，而敢遨游旅寓万里之外哉！盖自量心上无邪，身上无非，形上无垢，影上无尘，古称“不愧”、“不怍”，我实当之。是以堂堂之阵，正正之旗，日与世交战而不败者，正兵在我故也。正兵法度森严，无隙可乘，谁敢邀堂堂而击正正，以取灭亡之祸欤！①

在这封信中，李贽说自己“性本柔顺，学贵忍辱”，并说“此忍辱孝顺法门，是我七八岁时用至于今七十岁，有年矣，惯用之矣”。但也明白表示，这种“柔顺”、“忍辱”，就是对于论敌施展的“杀”、“打”、“骂”的手段都无所畏惧，而且敢于以“堂堂之阵，正正之旗”与之交战。其原因就在于自己“心上无邪，身上无非，形上无垢，影上无尘”，“正兵在我故也”。这样的“忍辱”，正表现着李贽不同于世俗的独特精神面貌。我们只有从这方面来读李贽的“世事由来不可论，波罗忍辱是玄门”，才能真正理解其中的含意。

至于“今朝接得龙湖信，立唤沙弥取水焚”，龙潭湖寄给李贽的信内容不详，因此，也就无法理解李贽为什么立即要沙弥(初出家的男佛教徒)把书信烧毁，并将纸灰洒在水里。其态度的坚决，也不是一般意义上的“忍辱”所能解释。

重来山房赠马伯时

一别山房便十年，亲栽竹筱已参天。
旧时年少唯君在，何处看山不可怜！

本诗写于万历二十一年(1593)。山房，即李贽在《定林庵记》中所说的马伯时隐此山时特置的“山居”：“余不出山久矣。万历戊戌，从焦弱侯至白下，诣定林庵，而庵犹然无恙者，以定林在日素信爱于弱侯也。定林不受徒，今来住持者弱侯择僧守之，实不知定林作何面目，则此庵第属定林创建，名曰定林庵，不虚耶？定林创庵甫成，即舍去之牛首，复创大华严阁，弱侯碑纪其事甚明也。阁甫成，又舍去之楚，访余于天中山，而遂化于天中山，塔于天中山。马伯时隐此山时，特置山居一所，度一僧，使专守其塔矣。今定林

① 《续焚书》卷一。

化去又十二年，余未死，又复来此，复得见定林庵。”[①]李贽于万历三年(1575)寓居于黄安天中山的天窝山房时，与定林初次会面。万历十年(1582)，李贽辞去姚安太守后，来到黄安，又寓居于天窝山房。万历十二年(1584)，耿定理死后，李贽即离开天中山。本诗中说“一别山房便十年”，说明这首诗就是写于万历二十一年李贽离开天中山的十年之后。铃木虎雄《李卓吾年谱》，因李贽于万历三年在天窝山房与定林初次会见，又因此诗中“一别山房便十年”句，系此诗为万历十四年(1586)所作，是错误的。马伯时，即马逢阳，字伯时，江宁(今南京)人，焦竑的学生，曾在黄安天中山、五云山隐居。铃木虎雄《李卓吾年谱》把马伯时说成是马经纶，更误。

这首七绝，是李贽重到天中山“山房”见到马伯时之际的感怀之作。十年相别，亲手栽的竹筱已长成参天之高，可旧时少年朋友只有马伯时一人尚在，这其中应该引出多少情思与感慨。“何处看山不可怜”，可怜，即可爱，这里则有怀念之意。这是移情于景、寓情于景的手法，因为怀念友朋，而怀念、爱怜山色之景。因为山色之景的可怀念、可爱怜，对“唯君在”的马伯时，以及逝去、远去的其他“旧时年少”，也就更加怀念、爱怜。短短数语，情景交融，寓意深远。

夜半闻雁

改岁以来，老病日侵，计不久矣。夫余七十人也，追思五十以前，抱此粗疏，遨游四海，兼图升斗以赡俯仰，凭尺寸以奉高尊。人人皆视为畏途，余独坦行阔步二十五载，不少一日，遍交当世名流，无空过者。直至今日，犹然念余不舍也。是世之所难者，余之所易也。及其解组入楚，身退矣，名且隐矣，可谓易而又易矣。乃行畏途觉平妥，逃空虚转颠蹶，何耶？岂非理之不可晓者耶？夫余执此道以终始，未尝一毫改步也。今难者反易，易者反难，虽余亦自不知其故矣。内实自伤，故因闻雁而遂赋之。

其一

孤鸿向北征，夜半犹哀鸣。

哀鸣何所为？欲我如鸿冥。

其二

自有凌霄翮，高飞安不得。

---

① 《焚书》卷三。

如何万里行，反作淹留客？

其三

独雁虽无依，群飞尚有伴。

可怜何处翁，兀坐生忧患！

其四

日月湖中久，时闻冀北音。

鸿飞如我待，鼓翼向山阴。

后数岁，余竟赴冀北，过山阴，其词卒验。

本诗写于万历二十四年(1596)。万历二十三年(1595)，原任广东参议史旌贤调任湖广佥事，兼任湖北分巡道。史旌贤在京时曾以门生礼拜见过耿定向，这次就任后又特地到黄安看望耿定向。经过麻城时，扬言要“以法”惩治李贽，自此麻城又掀起一股迫害李贽的风浪。万历二十四年一月，史旌贤调任江西按察司佥事，约在春间离任。在此期间，先有耿克念邀请李贽到黄安，继有顾养谦邀请李贽到通海(即南通州，今江苏南通)，梅国楼(梅国桢弟)邀请李贽到山西大同，刘东星派其子刘用相接李贽到山西沁水。但李贽都表示，自己处在“嫌疑之际”①，决不离开麻城，决不为史旌贤的恐吓所逃避。这首诗就是在这种情景下所写。其中表现了李贽对自己二十五载官场生活的回顾，和想离开龙湖，高飞远害，但由于情势又不得不淹留的复杂心情。

在诗的小引中，李贽说他二十五载仕途“坦行阔步”，是“难者反易”，这固然表现了他不为权势所压，不为世俗所染的斗争精神。但实际上他的仕途经历也是很苦的，这在他的《豫约·感慨平生》中说得极为详细而明白：

余唯以不受管束之故，受尽磨难，一生坎坷，将大地为墨，难尽写也。为县博士，即与县令、提学触；为太学博士，即与祭酒、司业触。如秦，如陈，如潘，如吕，不一而足矣。司礼曹务，即与高尚书、殷尚书、王侍郎、万侍郎尽触也。高、殷皆入阁，潘、陈、吕皆入阁，高之扫除少年英俊名进士无数矣，独我以触迕得全，高亦人杰哉！最苦者，为员外郎不得尚书谢、大理卿董并汪意。谢无足言矣，汪与董皆正人，不宜与余抵。然彼二人者皆急功名，清白未能过人，而自贤则十倍矣，余安得免触耶？又最苦而遇尚书赵。赵于道学有名，孰知道学益有名而

① 《与耿克念》，《续焚书》卷一。

我之触益又甚也？最后为郡守，即与巡抚王触，与守道骆触。王本下流，不必道矣。骆最相知，其人最号有能有守，有文学，有实行，而终不免与之触，何耶？渠过于刻厉，故遂不免成触也。渠初以我为清苦敬我，终反以我为无用而作意害我，则知有己不知有人，今古之号为大贤君子，往往然也。[①]

那么李贽为何要把充满苦痛的仕途说成“难者反易”呢？那是为了衬托“易者反难”。本来，身退矣，名隐矣，与世无争，与俗无缘，还有何难？李贽不明白，他虽身退矣，名隐矣，但却退而不休，隐而不闲，著书立说，讲学论道；而他的书、说、学、道，又与当时的统治思想相抵牾，处处显示着“异端”的色彩，从而引起包括像老友耿定向这样的卫道者的不满与攻击，更引起像史旌贤这样的执政者公开要对他绳之以法。李贽所说的“易”，其实极为不易，从而也必然导致他极难的处境。再者，在他与耿定向的论战中，在执政者对他进行迫害时，虽然也得到一些友朋的支持和庇护，但他终感势单力孤，同道者少，所以他在很多文章中都发出过知己难觅、真朋难遇之叹。在此诗中他说自己如同“孤鸿”，如同“独雁”，虽有“凌霄翮”，却不得高飞，只能作“淹留客”，只能“兀坐生忧患”，也是这一思想的流露，这实际上也是他的思想不被接受不被理解的悲哀。这是李贽的悲哀，也是时代的悲哀，李贽的产生是那个时代的光彩，也是那个时代的悲剧，他的最终被逮入狱、被逼自刎，正是这一悲剧的象征。

诗末“后数岁，余竟赴冀北，过山阴，其词卒验”，当为后写。万历二十四年秋，李贽应刘东星之邀经河北到山西沁水。万历二十五年(1597)夏，又应梅国桢之邀到山西大同，八月间转赴北京。万历二十九年(1601)，应马经纶之邀，同赴北通州(今北京通州)。这段后语可能写于万历二十四年、二十五年或万历二十九年、三十年之间。

赠利西泰

逍遥下北溟，迤逦向南征。
刹利标名姓，仙山纪水程。
回头十万里，举目九重城。
观国之光未，中天日正明。

① 《焚书》卷四。

本诗写于万历二十七年(1599)。利西泰，即利玛窦(1553—1610)，意大利人，是欧洲16世纪宗教改革后耶稣会派到远东的传教士。利西泰是他在中国的名字。利玛窦万历九年(1581)来华，先在肇庆、韶州等地传教。万历二十三年(1595)，跟随南雄府少司马石公第一次北上，准备到北京传教。走到南京，石公怕别人参奏引进外人，把他留在南京，利玛窦不得已，又折回南昌。万历二十六年(1598)，利玛窦的中国朋友王忠铭去北京，道经南昌，又携带他同行，过南京时，做了短期停留，而后到达北京。这时正是日本侵略朝鲜之时，有人怀疑利玛窦为日本侦探，没人敢为他上达皇帝，不得已，他又离京南下，于万历二十七年第三次到了南京。就在这时，他和李贽有两次会见，一次是李贽去拜访利玛窦，一次是利玛窦回访答拜李贽。在相互拜见时，利玛窦曾把自己的著作《交友论》赠送李贽，李贽还"命人把利公《交友论》誊录了好几份，加上几句推崇的话，寄给他湖广一带为数很多的门生"[①]。

《交友论》是利玛窦在南昌时为明宗室建安王而写，全文不过2000字，论述了交友的重要，如说："吾友非他，即吾之半，乃第二我也；故当视友如己焉。友之与我，虽有二身，二身之内，其心一而已。"[②]文中所论述的交友的道理，很为当时的士大夫所推崇，先后多次再版，很多名士为之作序。焦竑在《古城答问》中也说："西域利君言：'友者乃第二我也。'其言甚奇，亦甚当。"[③]利玛窦在《交友论》中所论述的关于交友的思想，与李贽的看法更为接近。李贽在很多著作中都强调了交友的重要，如说："盖独学难成，唯友为益也"[④]，"仆老益，唯以得朋为益，故虽老而驱驰不止也"[⑤]，"友之即师……师之即友"[⑥]。在关于交友的专论《论交难》中，李贽还提出了"夫唯君子超然势利之外以求同志之劝，而后交始难耳"[⑦]的见解。这一切都表明，李贽推崇利玛窦的《交友论》，是有其思想认识基础的。在李贽与利玛窦的交往中，李贽"赠给利玛窦神父一个纸折扇，上面写有他做的两首诗"[⑧]。纸折扇已不可见，两首诗也只保留下来一首，即这首《赠利西泰》。

---

① [法]裴化行著，王昌社译述：《利玛窦司铎和当代中国社会》第1册，土山湾印书馆，1943年。

② [法]裴化行著，王昌社译述：《利玛窦司铎和当代中国社会》第1册，土山湾印书馆，1943年。

③ 焦竑：《澹园集》卷四八，中华书局，1999年。

④ 《答沈王》，《续焚书》卷一。

⑤ 《答马侍御》，《续焚书》卷一。

⑥ 《为黄安二上人·真师》，《焚书》卷二。

⑦ 《续焚书》卷二。

⑧ 何高济等译《利玛窦中国札记》，中华书局，1983年。

利玛窦到中国来传教，为了使中国成为天主教的园囿，他采用了多种手段与方法，如随同中国习俗，开始随从佛教规矩，后又改着儒服，以儒士出现。同时又以西方的奇巧物品和先进科学知识为宣传资料。他还利用孔子的理论附会天主教的教义，以"合儒"的方式使天主教儒化。再者，他广泛交际社会名流，与政界、学术界的官员和知名人士都有结交。利玛窦的神学教义毫无疑问是为当时的封建统治服务的，他把天主教披上儒学的外衣以求推广，这与李贽反传统的启蒙思想都是相抵触的；但利玛窦所宣传的自然科学、西方文化，却又与李贽的启蒙思想有着相通之处。因此，李贽对利玛窦的传教是既有赞赏，又有怀疑，这一点清楚地表现在他的《与友人书》中：

> 承公问及利西泰，西泰大西域人也。到中国十万余里，初航海至南天竺始知有佛，已走四万余里矣。及抵广州南海，然后知我大明国土先有尧、舜，后有周、孔。住南海肇庆几二十载，凡我国书籍无不读，请先辈与订音释，请明于《四书》性理者解其大义，又请明于《六经》疏义者通其解说，今尽能言我此间之言，作此间之文字，行此间之仪礼，是一极标致人也。中极玲珑，外极朴实，数十人群聚喧杂，仇对各得，傍不得以其间斗之使乱。我所见人未有其比，非过亢则过谄，非露聪明则太闷闷瞶瞶者，皆让之矣。
>
> 但不知到此何为，我已经三度相会，毕竟不知到此何干也。意其欲以所学易吾周、孔之学，则又太愚，恐非是尔。①

《赠利西泰》一诗，同样表现了李贽对利玛窦的复杂认识。首联和颔联写利玛窦在中国为传道而北上南行，颈联写利玛窦回望欧洲故乡，瞻望中国都城（这里指明代的留都南京），都寓含着对利氏坚毅不拔精神的赞誉。尾联则以中国政教风俗、文物制度、光辉文化传统，以及如同日当高空的强盛国势，喻示利玛窦，则表现出李贽强烈的民族自豪感与爱国之情，也暗寓着对利氏传教的疑问。

（原载《首都师范大学学报》，2004 年第 6 期）

① 《续焚书》卷一。

李贽诗指要四题

剃发

空潭一老丑，剃发便为僧。

愿度恒沙众，长明日月灯。

其二

有家真是累，混俗亦招尤。

去去山中卧，晨兴粥一瓯。

其三

为儒已半世，食禄又多年。

欲证无生忍，尽抛妻子缘。

其四

大定非关隐，魂清自可人。

而今应度者，不是宰官身。

本诗写于万历十六年(1588)。见《焚书》卷六。剃发，这里是指落发为僧。万历十三年(1585)，李贽从黄安迁居麻城，先住在周思久的女婿曾中野家。后由周思敬出资买下县城两家民居，改建成维摩庵，供李贽居住。万历十六年夏，李贽于维摩庵落发为僧，但却留着长长的胡须。这年初秋，李贽徙居龙潭湖芝佛院，《剃发》即作于此时。李贽为什么要落发？他自己说："卓吾子之落发也有故，故虽落发为僧，而实儒也。"[①]什么"故"？真像李贽说的"而实儒也"吗？或者像此诗中说的"剃发便为僧"，真的要当和尚吗？其实，李贽在给友人的信中，把他"落发"的原因说得非常清楚。他说："其所以落发者，则因家中闲杂人等时时望我归去，又时时不远千里来迫我，以俗事强我，故我剃发以示不归，俗事亦决然不肯与理也。又此间无见识人多以异端目我，故我遂为异端以成彼竖子之名。兼此数者，陡然去发，非其心也。"[②]又说："又

① 《初潭集·自序》，《李贽文集》第四卷。

② 《与曾继泉》，《焚书》卷二。

今世俗子及一切假道学，共以异端自我，我谓不如遂为异端，免彼等以虚名加我，何如？夫我既已出家矣，特余此种种(指头发)耳，又何惜此种种而不以成此名耶？”[①]李贽的朋友刘东星也说李贽“虽弃发，盖有为也。”[②]这都说得很清楚，不管是为避“俗事”而“不归”，或者是为“成彼竖子之名”而“遂为异端”，其“有故”、“有为”，都不是要恪守儒家的道统，也不是要走进法轮的意念。

我们再看一看李贽剃发以后的行动作为。他落发为僧了，住进了芝佛院了，但却在芝佛院挂上孔子画像，并作文曰《题孔子像于芝佛院》：

> 人皆以孔子为大圣，吾亦以为大圣；皆以老、佛为异端，吾亦以为异端。人人非真知大圣与异端也，以所闻于父师之教者熟也；父师非真知大圣与异端也，以所闻于儒先之教者熟也；儒先亦非真知大圣与异端也，以孔子有是言也。其曰“圣则吾不能”，是居谦也。其曰“攻乎异端”，是必为老与佛也。
>
> 儒先亿度而言之，父师沿袭而诵之，小子蒙聋而听之。万口一词，不可破也；千年一律，不自知也。不曰“徒诵其言”，而曰“已知其人”；不曰“强不知以为知”，而曰“知之为知之”。至今日，虽有目，无所用矣。
>
> 余何人也，敢谓有目？亦从众耳。既从众而圣之，亦从众而事之，是故吾从众事孔子于芝佛之院。[③]

你看，李贽是“儒”吗？这里对儒家祖师虽挂其像，却言之极不敬，把人人皆称之为“大圣”的孔子的神圣光环，完全剥落了。所谓“大圣”，其实是孔子自己“有是言也”，后人不过“沿袭而诵之”，“蒙聋而听之”，人言亦言，口口相传而已。这样看待“圣人”孔子，能是真儒吗？李贽是佛徒吗？他不但落发出家，而且极认真极热诚地研读佛典，在一些文章与书信中，对佛学理念的阐释也非常精至，并充溢着宗教感情，因之，在当时的佛学界深有影响，甚至被称为“两大教主”[④]之一。但他在修行实践上，却不守戒，不坐禅，不忌荤，剃去头发却留着胡须，住进佛堂却不认祖师。佛教教义在于要摆脱世俗的束缚，求得心灵的解脱，而李贽却“其性褊急，其色矜高”，“其心狂痴，其

---

① 《答焦漪园》，《焚书》卷一。

② 《书〈道古录〉首》，《李贽文集》第七卷。

③ 《续焚书》卷三。

④ 沈德符：《万历野获编》第二七卷，中华书局，1959 年。

行率易"[①]，离佛法的真谛甚远甚远，可以说，他并不是一个真正的佛教信徒，甚至可以说，他也是佛教的"异端"。

那么，李贽剃发为僧，以"异端"自居，到底为了什么？从他的全部著作与一生作为来看，其心意为二：一是与那些假道学们相抗争，以佛学作为他反传统思想的武器；二是避其"世俗"，追求对生死的超脱。正如李贽自己所说："凡为学皆要为穷究自己生死根因，探讨自家性命下落。"[②]从而也就求得心灵的超脱。这两方面其实是很难相容的。如若说后者是佛教教义的真谛的话，前者则与佛教教义如同水火。但在李贽那里却合二而一，相融于一体了。这是李贽的矛盾所在，也是李贽独特面目的所在。

《薙发》组诗的主要内容即在后者。

在第一首中，李贽自嘲是空荡寂寞龙潭湖的"老丑"，其所以剃发为僧，就是希望能引渡像恒河沙那样无数的天下众生，使之在明亮佛光照引下，永远离世俗，超生死。在第二首中，李贽说"有家真是累"，所以他不但弃官，而且弃官后又弃家，把眷属送回了老家泉州，独自一人到湖北黄安好友耿定理家寓居，也就是说混同世俗了。但没想到"混俗"也会招来罪过，那就只好逃往山林了(指由黄安迁居到麻城维摩庵、芝佛院)。这其中也包含着对现实遭遇的诉说。李贽"混俗"寓居耿定理家后不久，即与耿定理之兄理学家耿定向在思想上发生了严重分歧与激烈论争，从而受到耿定向等人的指责与攻击，被加上种种罪名，诗中所谓"招尤"就是指此。其实，李贽迁居麻城后，虽剃发为僧了，但并没有过"去去山中卧，晨兴粥一瓯"的清悠消闲生活，而是毫不客气地和耿定向展开了论战，他有名的《与耿司寇告别》、《答耿司寇》等，就是这时所写。在这些文章中，李贽以犀利的笔锋，雄辩的论述，对耿定向一类理学家及其尊孔崇儒的言行，都进行了无情的批判，表现出李贽反传统思想的启蒙光辉，不但在当时，就是在以后都产生了深远影响。明末清初人钱谦益在《卓吾先生李贽》中曾说："(李贽)与耿天台往复书，累累万言，胥天下之为伪学者，莫不胆张心动，恶其害己，于是咸以为妖为幻，噪而逐之。"[③]耿定向等理学家指李贽为"异端"，李贽干脆以"异端"自居，所谓"异端"就是"佛老"，李贽在与理学家论战时，也确实把佛老作为手中的一种武器。这就是我们前边所说李贽以"异端"自居的第一个方面的心意。这首诗中所表现的

① 《自赞》，《焚书》卷三。

② 《答马历山》，《续焚书》卷一。

③ 钱谦益：《列朝诗集小传·闰集》，上海古籍出版社，1983年。

则是李贽想以佛老求得解脱的追求。其三、其四两首，同样是这一追求的表现。李贽为了“欲证无生忍”，即验证能以通达无生无灭之理而不动心，他弃去了食禄多年而又可以即刻晋升的官场，抛开了相依相恋多年的妻子眷属。他为了达到佛心澄明、悟道断妄的“大定”境界，使其精神洁净，随心随意，而接受了佛学的教义，剃发而度身。李贽的追求是诚心的、真意的，这一组《剃发》诗可为明证之一。但是，李贽的追求又是多方面的，而且可以说，他要宣扬自己的主张，他要弘大自己的思想，虽想求得心灵的超脱，求得生死的超脱，但在实际行动中，却没有遁迹山林，沉于解脱；而是把佛学作为斗争武器，去与理学家、假道学们进行为佛教教义所不允许的激烈论辩与斗争。这是李贽的悲剧，也是他的伟大所在。

赠何心隐高第弟子胡时中

三日三渡江，胡生何忙忙？
师弟恩情重，不忍见武昌。

本诗写于万历十二年(1584)。见《焚书》卷六。何心隐(1517—1579)，原名梁汝元，字柱乾，号夫山，江西永丰县人。早年放弃科举道路，用家产在家乡组织“萃(聚)和堂”，进行社会改良试验。这是一种乌托邦式的思想，参加的人，“冠、婚、丧、祭、赋役，一切通其有无”[①]，对青少年进行集体教养，对老人进行集体奉养，七十岁以上就可以休息。公元1559年，何心隐因写信讽刺永丰县令征收额外赋税，被捕入狱。次年入北京，又因参加反对严嵩的斗争，遭严党仇视，改名何心隐，四处讲学。何心隐认为“交尽于友”[②]，朋友和师弟的关系是一种重要的社会关系，因此，他在讲学时结交了很多人，“所识奇士，尽于海内”[③]。他一生中，曾和程学颜、程学博兄弟，耿定向、耿定力兄弟，罗汝芳等经常来往，还曾通过耿氏兄弟与张居正见过面。他的一些言行也带有“异端”的色彩，因此引起封建统治阶级的恐惧和仇视，诬他为“妖人”、“逆犯”、“盗犯”、“奸犯”，多次通缉追捕。万历七年(1579)三月，在祁门(今安徽祁门)被捕，辗转经浮梁(今江西浮梁)、鄱阳(今江西波阳)、余干(今江西余干)、进贤(今江西进贤)、南安(今江西大余)，而被押到湖广

① 黄宗羲：《明儒学案》卷三二《泰州学案一》，中华书局，1985年。
② 《论友》，《何心隐集》，中华书局，1960年。
③ 陈士业：《答张谪宿书》，周亮工：《书影》，清刻本。

行省治所武昌后，被湖广巡抚王之垣杀害。

李贽与何心隐终生没会过面，但他对比自己大十岁的何心隐非常推崇与钦佩。何心隐死后，他在一些书信中，曾多次为之鸣不平：

> 何心老英雄莫比，观其羁绊缧绁之人，所上当道书，千言万语，滚滚立就，略无一毫乞怜之态，如诉如戏，若等闲日子。今读其文，想见其为人。其文章高妙，略无一字袭前人，亦未见从前有此文字，但见其一泻千里，委曲详尽，观者不知感动，吾不知之矣。①

> 夫道本中庸，苟毫厘未妥，便是作怪，作怪即谓之妖。如何心隐本是一个英雄汉子，慧业文人，然所言者皆世俗之所惊，所行者皆愚懵之所怕，一言行即为人惊怕，则其谓之妖，奚曰不宜？②

> 盖心斋（王艮）真英雄，故其徒亦英雄也。波石（徐樾）之后为赵大洲（赵贞吉），大洲之后为邓豁渠；山农（颜钧）之后为罗近溪（罗汝芳），为何心隐，心隐之后为钱怀苏，为程后台（学颜）：一代高似一代。所谓大海不宿死尸，龙门不点破额，岂不信乎！心隐以布衣出头倡道而遭横死；近谿虽得免于难，然亦幸耳，卒以一官不见容于张太岳（居正）。盖英雄之士，不可免于世而可以进于道。③

李贽推崇何心隐，但在思想上他们并不完全一致。何心隐的言行虽很有"异端"色彩，但他又把自己的这种思想紧紧附会在孔子"仁义"的说教上，如："仁义之人，人不易而人也。人则仁义，仁义则人。不人不仁，不人不义；不仁不人，不义不人；人亦禽兽也。仁义之人，人不易而人也。必以仁为广居，而又必广其居以象仁。自旦至昼，必好仁，必为仁，必恶不仁，必不牿亡于旦昼所为之不仁。必以义为正路，而又必正其路以象义。自旦至昼，必好义，必为义，必恶不义，必不牿亡于旦昼所为之不义。人之情则然也，人之才则然也，人之良心则然也，人之远于禽兽则然也。斯仁人也，斯义人也。"④何心隐把仁义作为做人的标准，认为有仁有义才是人，不仁不义不是人，这虽然

---

① 《与焦漪园太史》，《续焚书》卷一。

② 《寄焦弱侯》，《续焚书》卷一。

③ 《为黄安二上人三首·大孝》，《焚书》卷二。

④ 《原人》，《何心隐集》，中华书局，1960年。

包含有对统治者的不仁不义的谴责，但和李贽把封建统治阶级的“德礼”、“仁义”视为束缚人们精神枷锁的认识是不一致的。不过李贽对何心隐献身讲学的精神以及他以师友关系为重和视物质利益为正当的生活需求的思想，都给予肯定和赞赏。这种赞赏也是从批判理学家的伪善出发的，这在洋洋洒洒的《何心隐论》[①]中表现得极为明显。

在这篇评论中，李贽首先肯定和赞扬了何心隐“以天下为家而不有其家，以群贤为命而不以田宅为命”，和为了实现自己的理想“不畏死”的斗争精神。李贽赞美何心隐的另一方面，就是他为人行事有自己的见解和主张，不依傍他人，不迷信古人：“公独来独往，自我无前者也。然则仲尼虽圣，效之则为颦，学之则为步丑妇之贱态，公不尔为也。”在这篇评论中，李贽还通过道学家和普通群众在何心隐遇害事上的不同反应，得出了“匹夫无假”、“谈道无真”的结论，认为那些满口仁义道德的道学家们，远不如普通老百姓有道德，这就更具有强烈的战斗意义。据黄宗羲《明儒学案》：“乃卓吾之所以恨先生（指耿定向）者，何心隐之狱，唯先生与江陵厚善，且主杀心隐之李义河又先生之讲学友也，斯时救之固不难，先生不敢沾手，恐以此犯江陵不悦学之忌。”[②]黄宗羲指出的这点是对的。耿定向与何心隐有交往，何遇狱时，耿有能力营救而坐视不管，主要原因是怕“犯江陵不悦学之忌”。当时更有那些卑鄙之徒为博得统治者的青睐，趁机对何心隐落井下石。而当时的群众又是如何呢？“今观其时武昌上下，人几数万，无一人识公者，无不知公之为冤也。方其揭榜通衢，列公罪状，聚而观者咸指其诬，至有嘘呼叱咤不欲观焉者，则当日之人心可知矣。”这是多么动人的场面与情景。正是通过这种对比，李贽得出了“匹夫无假，故不能掩其本心；谈道无真，故必欲划其出类”的结论，在下层百姓的仗义勇为面前，道学家们欺世盗名的伪善面目不是暴露无遗了吗？在《何心隐论》的最后，李贽还把何心隐称为“上九”的“亢龙”，比喻为德盛名高而遭祸的“圣人”，指出他的遇害是他思想行动与黑暗现实冲突的必然结果，这就进一步对迫害何心隐的反动势力发出了控诉。《何心隐论》作于万历十六年(1588)，李贽在何心隐被害十年之后写了这样一篇充满激情的文章，不仅是在追悼何心隐，更重要的是借题发挥，进一步批判封建统治集团及理学家。在这篇文章中，李贽对他所尊重的张居正也有所非议：“非惟得罪于张相者有所憾于张相而云然，虽其深相信以为大有功于社稷者，亦犹然以此举

① 《焚书》卷三。

② 黄宗羲：《明儒学案》卷三五《恭简耿天台先生定向》，中华书局，1985年。

为非是，而咸谓杀公以媚张相者之为非人也。则斯道之在人心，真如日月星辰，不可以盖覆矣。”不但是对张居正有仇隙的人，就是深信张居正对国家大有功劳的人，也认为他默许杀害何心隐是错误的。至于借杀何心隐而讨好张居正的人，简直不能算作人。李贽对杀害何心隐这一事件的猛烈抨击，从一个侧面表现了他对封建统治者实行封建文化专制和对知识分子进行血腥镇压的强烈不满。

只有了解了李贽对何心隐的这种评述和认识，我们才能真正感知这首短诗的深厚内涵。

要真正感知这首短诗的深厚内涵，还得说一说胡时中。时中字子贞，号环溪，安徽祁门人，与其弟胡时和(字子介，号少庚)都是何心隐的学生。何心隐被捕后，在辗转押送期间，胡时和“随侍数千里”，何心隐被害死后，“时和亦哀痛死，其兄时中受弟遗托，经理汝元身后之事。”[①]并依何心隐遗言，将其遗骸葬于湖北孝感太仆寺丞程学颜之墓。关于胡时和之死和收何心隐遗骸的到底是胡时中还是胡时和，解文炯的《梁夫山先生遗集序》、程学博的《祭梁夫山先生文》、邹元标的《梁夫山先生传》等都有记载，其说法不尽相同。但胡氏兄弟对其师的情谊却深为李贽赞叹。程学博在《祭梁夫山先生文》附记说：“此余殡夫山先生时作文以哭之。其时从先生与难者惟祁门胡少庚，乃少庚亦死矣。今余叨补过居家，而少庚之兄胡环溪君适在余家，将之梁氏(何心隐家)，问余所以语梁氏者，余书此以贻之，烦持之悬挂于梁氏聚和堂中，以表予之心，并以与诸君告云。万历甲申季春云南副使孝昌程学博(程学颜之弟)顿首泣言。”[②]由此可知，胡时中于本年季春(农历三月)间曾到湖北孝感访程学博，当他途经黄安(今湖北红安)或黄冈(今湖北黄冈)时，可能与李贽会面，李贽写此诗赠给他。“三月三渡江，胡生何忙忙。”说的就是胡时中到湖北时的情景。胡时中来往于孝感、黄安等地，离武昌很近，但因其师被杀于此，而不愿经过武昌。“师弟恩情重，不忍见武昌。”即李贽感其师弟情谊而发的感慨。

李贽非常重视师友之道，他不但写有专论交友的文章《李生十交文》[③]、《论交难》[④]、《穷途说》[⑤]等，还在《初潭集》中选编古代师友事迹十卷以张扬师

① 《县志本传》，《何心隐集》，中华书局，1960 年。

② 《何心隐集》，中华书局，1960 年。

③ 《焚书》卷三。

④ 《续焚书》卷二。

⑤ 《续焚书》卷二。

友之道，而且在很多书信文章中，都不时提出对师友之道的精辟深刻之说和他对师友之道的热诚追求。如《为黄安二上人三首·真师》："友之即师"，"师之即友"[①]；《答周友山》："第各人各自有过活物件……独余不知何说，专以良友为生。故有之则乐，舍之则忧，甚者驰神于千里之外"[②]；《复顾冲庵翁书》："自隐天中山以来，再卜龙湖，绝类逃虚近二十载，岂所愿哉！求师访友，未尝置怀"[③]；《答马侍御》："仆老矣，唯以得朋为益，故虽老而驱驰不止也"[④]；《答沈王》："盖独学难成，唯友为益也。"[⑤]这一思想，是李贽与何心隐为同调，也是李贽赞颂胡时中的一个重要原因。何况当时执政者指何心隐为"异端"，为"妖人"，用今天的话来说，就是政治犯。而胡时中和胡时和兄弟竟能不顾个人安危与生死，在何心隐被捕辗转押送期间"随侍数千里"，何心隐死后又收其遗骸，为之葬埋。这种师生之谊，其精神其情操何其崇高而感人。特重师友之道的李贽怎能不为之赞颂而歌唱呢！由此可知这首短短的五绝，其中深含着多么厚重的情思。

感事二绝寄焦弱侯

其一

秣陵人去帝京游，可是隋珠复暗投。
昨夜山前雷雨作，传君一字到黄州。

其二

独步中原二十秋，剑光长射斗间牛。
丰城久去无人识，早晚知君已白头。

本诗写于万历十一年(1583)，见《续焚书》卷五。焦弱侯，即焦竑(1540—1620)，字弱侯，又字从吾、叔度，号漪园，又号澹园，著文亦常署漪南子、澹园子、澹园居士、澹园老人、太史氏等。学者多称澹园先生。其籍贯为南京应天府旗手卫，但他的上世是山东日照县人，因此，焦竑自称乡贯，有时言金陵、江宁、上元(皆南京异称)，有时言瑯琊(山名，在今山东日照、诸城东南海滨，因秦始皇在此建有瑯琊台并刻石而著称，这里代指日照)。焦竑是

① 《焚书》卷二。
② 《焚书》卷一。
③ 《焚书》卷二。
④ 《续焚书》卷一。
⑤ 《续焚书》卷一。

明代著名学者，他学问渊博，著作丰富，思想独特，但连续七次会考都名落孙山。直到万历十七年(1589)他五十岁时，才成为明代第七十二名状元。其实，焦竑在成为状元之前，在学术界已是蜚声四溢，成为文坛领袖之一了。徐光启《尊师澹园焦先生续集序》曾说："吾师澹园先生，粤自早岁，则以道德经术标表海内，巨儒宿学，北面人宗，余言绪论，流传人间，无不视为冠冕舟航矣。"[①]可见其在当时学术界的影响。但是，他却七次会考都不得及第，科举制度之弊与焦竑心灵上的创伤都可想而知。这两首诗就是李贽得到焦竑第六次下第消息后而作。其第一首还收在《焚书》卷六，题作《山中得弱侯下第书》，由此可知，这是李贽寓居湖北黄安五云山之巅的天窝书院时所作。这两首诗还收在李贽《与焦弱侯》[②]一信中。在这封信中，李贽说："当接到兄京信时，时夜雷雨，山中偶感事而作二绝句，便去，亦可以见古今豪贤之感也。"并说"李如真四月二十六日书到黄安，知兄已到家，藏器待时，最喜最喜!"表明焦竑落第后曾给李贽一信，这两首诗即接到焦竑信后"感事而作"。后来焦竑回到南京老家后，李贽又去信劝慰，要其"藏器待时"，并附上前不久"感事而作"的这二首七绝。

焦竑本是耿定向的学生。嘉靖四十一年(1562)，焦竑在南京与耿定向相识。嘉靖四十五年(1566)，耿定向在南京创办崇正书院，以宣讲阳明之学，选拔江南十四郡学士读书讲学，焦竑被指定为学长。因此，他对耿定向是当作恩师而尊崇备至的。但后来，焦竑又深受李贽的影响，二人成为亲密挚友。李贽的《焚书》、《续焚书》、《藏书》、《续藏书》等都由焦竑作序，两人之间的书信来往、诗文唱答更是不断。《感事二绝寄焦弱侯》即其一。

第一首中的"秣陵人"即指焦竑。秣陵，古县名，辖境包括当时的南京市，因焦竑为南京人，故称。"帝京游"，指焦竑赴京都(北京)应考。"可是隋珠复暗投"，用隋侯之珠典故，喻意焦竑不被人所识，又一次名落孙山。如同珍贵的隋侯之珠，却被置于暗处，不被重用。《战国策·楚策四》："宝珍隋侯不知佩兮，祎布与丝不知异兮。"[③]"暗投"，即"闇投"，典出《史记》卷八三《鲁仲连邹阳列传》："臣闻明月之珠，夜光之璧，以闇投(暗中置放)人于道路，人无不按剑相眄(斜视，不用正眼看)者，何则？无因而至前也。"[④]后以"闇投"谓美好的事物不被人们所接受，这里用以比喻焦竑虽有杰出才能却得不到朝廷的

① 焦竑：《澹园集》，中华书局，1999 年。

② 《焚书》卷一。

③ 何建章：《战国策注释》，中华书局，1990 年。

④ 司马迁：《史记》，中华书局，1973 年。

选用。“昨夜山前雷雨作，传君一字到黄州。”既是实写李贽接到焦竑信的实景，又以“雷雨作”烘染焦竑信中下第这一消息的可叹的真情，以实景托真情，寓意深远，耐人品味。第二首起句“独步中原二十秋”，写焦竑在当时文坛的声誉。焦竑于嘉靖四十三年(1564)中举，而后却屡试落第，到李贽写此诗时，前后恰好二十年。在此期间，焦竑早已文声显赫，中原独步，但却屡试不中。“剑光长射斗间牛”和“丰城久去无人识”，用“雷焕识剑”之典，再诉焦竑不被人赏识的感慨。《晋书》卷三六《张华传》载：晋初时，二十八宿的斗、牛之间常有紫气照射，雷焕以为是宝剑之精上彻于天所致。时任中书令的张华问宝剑何在？雷焕说在豫章丰城(今江西丰城)。张华即补雷焕为丰城县令。雷焕到丰城后，在监狱屋基挖得龙泉、太阿两柄宝剑，一送张华，一留自佩。“剑光长射斗间牛”，既写宝剑紫气的照射，又寓意着焦竑的蜚声文坛，“独步中原二十秋”的成就与声望，但是雷焕久去，谁人能识呢？

李贽一生都非常重视人才，他在很多书信、文章中都提出“才难”和“惜才”的问题。如说：“天之生才实难，故我心唯恐其才之不得用也。”[①]又说：“今人尽知才难，尽能言才难，然竟不知才之难，才到面前竟不知爱……然则才固然难矣，而时时有之，而惜才者则千古未见其人焉。”[②]因此，李贽对封建社会“冠履倒施，大贤处下，不肖处上”[③]的压制人才的现象提出了严厉的批判。《感事二绝寄焦弱侯》固然表现了李贽对知己挚友焦竑不平遭遇的感愤，同时也表现了李贽一贯的对人才的重视，以及他对封建社会人才被压抑的现实的愤慨。而典故的妙用，情景的烘染，也显示出李贽诗作独具的神韵。

过聊城

谁道百夫长，胜作一书生。
渤海韵开府，中原尽点兵，
倭夷两步卒，廊庙几公卿。
不见鲁连子，射书救聊城。

本诗写于万历二十六年(1598)。见《焚书》卷六。聊城，今山东聊城。万历二十五年(1597)，焦竑被神宗改点为顺天丁酉科副主考，考试刚结束，就

① 《八物》，《焚书》卷四。
② 《寄答京友》，《焚书》增补二。
③ 《忠义水浒传序》，《焚书》卷三。

有人制造流言，说焦竑收取贿赂，取士非人，中卷文多险诞。给事中项应祥、曹大咸等连章弹劾，虽朝臣多知其冤，而焦竑又据事实力争，礼部复议也查无实据，但终因没有实权人物为之斡旋，被以“文多险诞语”[1]的罪名，贬官为福宁州(治所在今福建霞浦)同知。次年春，焦竑赴福宁州任，李贽与之同舟南下。途经聊城时，有感于援朝战争的惨败而作此诗。

万历二十年(1592)，日本封建主丰臣秀吉发动侵朝战争，陷王京(汉城)，妄图占据朝鲜，并进一步侵略中国。明朝政府应朝鲜的请求，出兵援朝抗倭，后日本请求交和。万历二十五年(1597)日本再度侵扰，明廷复议抗倭援朝。二月，派前都督同知麻贵为备倭总兵官，统南北诸军。三月，派山东右参政杨镐为佥都御史，经略朝鲜军务；派兵部侍郎邢玠为尚书，总督蓟、辽、保定军务，经略御倭。五月，邢玠上疏请募兵川、浙，并调蓟、宣大、山陕兵及福建、吴淞水师援朝。八月，日本再犯朝鲜全罗道，并进逼王京，邢玠亲往王京坐镇。“渤海新开府，中原尽点兵。”李贽的这二句诗，就是对万历二十五年抗倭形势的描写。渤海新开府，意为在渤海新开将军府，即朝廷任命了讨倭将领。渤海，唐代以靺鞨族(朝鲜族的一个分支)为主体所建的政权，唐睿宗时，封该部族酋长大祚荣为勃海郡王，后世遂号渤海。其辖地相当于今黑龙江、吉林及朝鲜人民民主共和国一带。开府，府兵军职。据《北史》卷六〇《李弼等传论》和《新唐书》卷五，西魏和北周时全国府兵分属二十四军，每军设一开府，兵额约2000人。隋、唐因之，但兵额有所变化。这里则指任命邢玠等为抗倭将领之事。

“倭夷两步卒，廊庙几公卿。”这是对当时抗倭惨败的讥讽。万历二十六年正月，侵朝日本援兵至蔚山，援朝将领杨镐奔逃，全军大溃，丧失辎重无数，举朝震惊。倭夷，我国古代对日本的称呼。两步卒，两个步兵，形容倭夷兵卒之少。廊庙，殿下屋和太庙，这里指朝廷。几公卿，有多少高官(他们都在干什么)。公卿，这里泛指高官、将领。

“不见鲁连子，射书救聊城”与开头“谁道百夫长，胜作一书生”，借鲁仲连救聊城的故事，进一步说明当时朝臣将领的无用。鲁仲连，战国时齐人。他不肯做官，但善于策划，常周游各国排难解纷。《史记》卷八三《鲁仲连邹阳列传》载：燕孝王时，燕将攻下聊城后，被齐人离间，不敢归燕，只得死守聊城。齐将田单率数万大军攻之，岁余不下，士卒多有死伤。后来，鲁仲连经过这里，写了一封信射入城中。信中在指明燕将的“非忠”、“非勇”、“非智”

① 《明神宗实录》卷三一六，台湾历史语言研究所，1962年。

的同时，说他只有或归于燕，或游于齐，是其唯一选择。燕将见到这封信后，“泣三日，犹豫不能自决。欲归燕，已有隙，恐诛；欲降齐，所杀虏于齐甚众，恐已降而后见辱。”最后无奈而自杀，田单就顺利地收复了聊城。李贽借此说明，希望有像鲁仲连这样的人去击败倭夷的侵犯，并借以讽刺朝臣将领的无能、无用。唐代诗人杨炯《从军行》有：“宁为百夫长，胜作一书生。”[①]百夫长，旧时统率百人的低级军官。《尚书·牧誓》：“千夫长，百夫长。”孔传：“师帅卒师。”孔颖达疏：“百人为卒，卒长皆上士。”[②]李贽反杨炯之意而用之，其中包含着他对当时朝臣、将领尸位素餐现象的极端厌恶与愤慨。李贽的这一思想，在他的诗文中一再有所表现。如在《因记往事》中，称赞“横行海上三十余年”的林道乾为“有才有胆有识”同时，对那些“平居无事，只解打恭作揖，终日匡坐，同于泥塑”，而“一旦有警，则面面相觑，绝无人色，甚至互相推委”的“阴博高官”的“大圣大贤”[③]，给予了辛辣的讥讽和批判。这都表现出李贽对现实对国事的关注。李贽辞官以后，虽然住进了寺院，落了发，与友朋弟子谈佛论道，但他并没有消极避世。这不但表现在他与耿定向和其他假道学家的论战中，也表现在他时时关注国事民生的著作与行动中。《过聊城》一诗，是李贽这一思想的又一次流露。在《续焚书》中，还存有《聊城怀古》两首：

其一

十万聊城一岁余，鲁生唯往数行书。
谁言胜却百夫长，我道万夫终不如。

其二

千金若可当英贤，卿相亦当羁鲁连。
堪笑东西驰逐者，区区只为一文钱。[④]

这两首诗与《过聊城》写于同时，表现的也是同一思想，可以对看。而对“区区只为一文钱”却置国家民族利益于不顾而“东西驰逐”的朝臣、将帅的讥讽，也更是入骨三分，令人深思。

（原载《北京科技大学学报》，2009 年第 1 期）

---

① 《全唐诗》第五〇卷，中华书局，1999 年。
② 《十三经注疏》，中华书局，1980 年。
③ 《焚书》卷四。
④ 《续焚书》卷五。

明代思想家李贽在山西

明代进步思想家李贽，于万历二十四年(1596)至万历二十五年(1597)曾到山西一游。在这次为期一年的客游中，李贽写下了《明灯道古录》、《孙子参同》两部重要著作，特别是《明灯道古录》，鲜明表现了李贽反封建压迫、反传统思想的战斗精神，表现了他要求平等、自由的民主思想。研究李贽的山西之行及《明灯道古录》、《孙子参同》，对了解李贽的整个思想，有着重要的意义。

一、上党之行与《明灯道古录》的产生

李贽是万历二十四年秋天，应刘东星之邀离开他久居的湖北麻城到上党去的。当时刘东星因丁父忧而家居，特意派遣儿子用相到龙湖去邀请李贽。刘东星，字子明，号晋川，山西上党沁水人。隆庆二年(1568)进士，曾任湖广左布政使，万历二十年(1592)升右佥都御史，巡抚保定。后因以“平粜济民”办法解决了天津、沧州一带水灾造成的灾害，被升为左副都御史，又升为吏部右侍郎。万历二十六年(1598)被任命为工部左侍郎，兼右佥都御史，总理河漕。当时黄河决口，刘东星又因治河有功，被升为工部尚书，兼右副都御史。万历二十八年(1600)以病卒于官[①]。在明朝封建地主阶级反动腐朽的统治下，刘东星是一位比较有作为的人，李贽曾对他寄托了政治上的希望。

李贽与刘东星的相识，是在万历十九年(1591)。自万历十三年(1585)李贽与反动理学家耿定向决裂并展开一场大论战后，李贽不时受到反动理学家的围攻与迫害。万历十九年，李贽从麻城到武昌一游，反动理学家竟然利用流氓无赖对李贽进行围攻，并诬蔑李贽是“左道惑众”。统治者的迫害，理学家的围攻，使李贽当时的处境极为困难，心情极端愤慨。正在这时，在武昌任职的刘东星，却主动到李贽居住的洪山寺拜访，并把李贽迎进自己的官署，加以保护。袁中道《李温陵传》曾记：“于时左辖刘公东星迎公武昌，舍盖公之堂。”[②]刘东星自己说及他和李贽相识的过程时也说：

---

① 《明史》卷二二三《刘东星传》。

② 《李温陵外纪》。

闻有李卓吾先生者，弃官与家，隐于龙湖。龙湖在麻城东，去会城（武昌）稍远，予虽欲与之会而不得。又闻有讥之者，予亦且信且疑之。然私心终以去官为难，去家尤难，必自有道存焉。欲会之心未始置也。会公安袁生（袁宏道）今吴令者，与之偕游黄鹄矶（黄鹤矶），而栖托于二十里外之洪山寺，予就而往见焉。然后知其果有道者，虽弃发盖有为也。……嗣后或迎养别院，或偃息官邸，朝夕谈吐，始恨相识之晚云。[①]

由此可知，刘东星结识李贽的时候，正是李贽受到封建统治阶级和理学家们迫害、诽谤、围攻，处于困境之时。刘东星对李贽的认识也有一个过程，他听到了人们对李贽的赞扬，又听到理学家对李贽的讥谤。就在此时，他亲自到洪山寺拜访了李贽，并从此结下了深厚的友谊。后来刘东星离开武昌，赴保定巡抚任时，李贽在给他的诗中还一再表示谢意[②]。

李贽应邀到山西上党时，已经是七十高龄了，但他并不顾年迈身衰，路途遥遥，在用相和几个弟子的陪同下，离开麻城，向北而行，到上党沁水坪上村去。

坪上村是刘东星的故乡，离沁水百余里，“村居不足数十家，颇岑寂”[③]。看到这样一个与长江南北迥然不同的寂静而安闲的小村落，李贽非常喜欢。从此以后，他白天“终日闭户读书，每见其不释手抄写，虽新学小生不能当其勤苦也。”[④]夜晚就与刘东星相对而坐，探讨人生哲学，研读古代典籍。同时，刘东星的儿子用相和侄子用健，又时时坐听他们的谈话，并以李贽为师，质问《学》、《庸》大义。他们把听到的问到的，心中最有兴趣的，记录了下来，就成了后来刊印的《明灯道古录》[⑤]。李贽在《〈道古录〉引》中曾详细记载了他这段有趣而满意的生活[⑥]。

《明灯道古录》涉及的范围很广，但以《大学》、《中庸》为主。每章谈论一个问题，有的一文到底，有的有问有答，发问人以用健、用相为多，间有晋川、怀林（李贽的弟子）的问话或述说，而以李贽的回答为主。这部书鲜明表现出李贽反封建压迫的民主思想。

---

① 刘东星：《书〈道古录〉首》，见《李贽文集》第七卷。

② 《寓武昌郡寄真定刘晋川先生》，《焚书》卷六。

③ 李贽：《〈道古录〉引》。

④ 刘东星：《书〈道古录〉首》，见《李贽文集》第七卷。

⑤ 明万历间海虞顾大韶校刊的《李氏文集》（又名《李温陵集》）第十八、十九两卷存此书，全书分上卷十八段（即十八章），下卷二十四段（即二十四章）。

⑥ 见《李贽文集》卷七。

第一，《明灯道古录》表现了李贽反封建束缚、要求自由发展的思想。

反封建束缚，这是李贽极为宝贵的民主思想。他在与耿定向论战时，写于 1584 年的著名的《答耿中丞》一文中，曾经提出天下之人所以不得安宁，就是因为“贪暴者扰之，而‘仁者’害之也”。“仁者”用“德礼以格其心”，用“政刑以絷其四体”，从而使人们“大失所矣”。[①] 把封建统治阶级的“德礼政刑”，斥之为是禁锢人们身心的枷锁，是天下不得安宁的祸根。并从而提出“各从所好，各骋所长”，自由地发展人们的“自然之性”，这正是对封建统治阶级用礼教政刑束缚人们身心的批判。这一宝贵的民主思想，在《明灯道古录》中表现得更为完备而深刻。如：

> 道本不远于人，而远人以为道者，是故不可以语道。可知人即道也，道即人也，人外无道，而道外亦无人。故君子以人治人，更不敢以己治人者，以人本自治；人能自治，不待禁而止之也。若欲有以止之，而不能听其自治，是伐之也，是欲以彼柯易此柯也。虽近而实远，安能治之，安足为道也耶?[②]

“道”这个概念，被封建统治阶级弄得神秘不可测，其最终目的就是要以此维护他们对广大人民的反动统治。李贽则把道赋予了极为普通的现实内容，把道和人紧密相连：“人即道也，道即人也，人外无道，而道外亦无人”。因此，社会政治就要因人而治，就在于以人治人，就在于人人自治，而不是以己治人。只有因人而治，以人治人，人人自治，才能把社会治理好，人人得到安宁。否则，以己治人，那就是用自己的一套去禁锢别人，这就是“伐之”，就不可能把社会治理好，这哪里能算是道呢?

为了说明“道”就是因人而治，以人治人，人人自治，李贽还提出了“物情不齐”，“因材并育”的理论，作为自己的哲学根据。他说：“天下至大也，万民至众也，物之不齐，又物之情也”。天下的事物千差万别，总是不会相同的，人们的才能、性情、喜好，各有差别，总是不会一样的。因此，只有“千万其人者，各得其千万人之心，千万其心者，各遂其千万人之欲。是谓物各付物，天地之所以因材而笃也，所谓万物并育而不相害也”。任物情的自由发展，使千万人都实现自己的心愿，千万种心愿都得到满足，万事万物都顺从

① 《焚书》卷一。

② 《明灯道古录》下卷第六章。

他的本性，做到共同发展而不相害，就可以使“天下之民，各遂其所生，各获其所愿有”，那么，“不格心归化者，未之有也”[①]，人人都得到了满足，那不就达到天下大治了吗？相反，封建统治阶级“齐人之所不齐以归于齐”，“强天下使从己，驱天下使从礼”，用德礼政刑强制束缚人们的个性发展，这就违反了人们的自然之性，这就必然引起天下大乱。李贽要求人人都能自由地发展自己的本性与愿望，这是一种空想。但他反对用德礼政刑对人们进行束缚与限制，希望造成人人顺其本性，个个随心如愿的理想社会局面，在当时具有强烈的战斗意义，有力抨击了封建地主阶级的反动统治。

第二，《明灯道古录》表现了李贽反对封建等级制、要求平等的思想。

要求平等是李贽民主思想的又一可贵因素，在《明灯道古录》中也有鲜明的表现。如李贽针对封建统治阶级理论家所说的圣人“尊德性”、“道问学”一事，说：“尔勿以尊德性之人为异人也，彼其所为，亦不过众人之所能为而已。人但率性而为，勿以过高视圣人之为可也，尧舜与途人一，圣人与凡人一。”[②]所谓“尊德性”、“道问学”都是儒家的理论，在《中庸》中讲的最多，其目的是要维护封建统治者的等级制。如说：“故君子尊德性而道问学，致广大而尽精微，极高明而道中庸，温故而知新，敦厚以崇礼。是故居上不骄，为下不倍。”倍，背也。儒家提倡“尊德性”、“道问学”的目的就是要达到“居上不骄，为下不倍”，各守其位。李贽则一反这种等级思想，用自己的平等思想解释了“尊德性”“道问学”等概念，并得出结论说：人人都具有此德性，尊德性并没有什么神秘可言，也不是什么神异的事，不过就是尊重众人之所能为而已，每个人只要按照自己的本性自由发展就可以。在尊德性上，圣人也没有什么过高之处，因此“尧舜与途人一，圣人与凡人一”，天下人人平等，哪有什么高低上下之别。很清楚，李贽正是从“尊德性”的等级观念中，引出了崭新的平等思想，与封建统治者的等级制，形成鲜明的对立。

从德性上的平等，李贽还引出了圣人与凡人在能力上的平等。他说：“天下无不能之人，人无不能之事，凡稍可致力，人争勉焉。则以可能故也。……盖世人但知百姓与夫妇之不肖不能，而岂知圣人之亦不能也哉！以故告之曰：‘尔勿谓圣人能是也！’自我言之，圣人所能者，夫妇之不肖可以与能，勿下视世间之夫妇为也。……若说夫妇所不能者，则虽圣人亦必不能，勿高视一切圣人为也。”又说：“鸢鱼类耳，夫妇等耳，曷足怪哉！是又安足道耶！

① 《明灯道古录》上卷第十五章。

② 《明灯道古录》上卷第十一章。

庄生谓‘尘滓秕糠’、‘陶铸尧舜’，岂荒唐语耶？正与先正‘尧舜事业一点浮云过目’相合。”[①]“天下无不能之人，人无不能之事”这是一个积极的命题。正是从这一命题出发，李贽认为圣人做到的，愚夫愚妇也能做到；愚夫愚妇做不到的，圣人也一定做不到。所以不能低看愚夫愚妇，也不能高视所谓圣人。正因为如此，尧舜又有什么高贵之处？他们也不过像庄周所说，都是“尘滓秕糠”陶铸而成，极其平庸。他们被说得神乎其神的事业，也不过像浮云过目一样，没什么了不起。李贽从德性的平等，引出圣贤凡人能力上的平等，否定了尧舜的神圣地位，把他们拉到常人脚下，这是他平等观念的突出表现。

正是从这种圣凡平等的思想出发，李贽提出了“以百姓之迩言为善”的政治主张。

宋明时期的理学家狂热鼓吹“存天理，灭人欲”，胡说“天理”至善，“人欲”至恶，按照“三纲五常”进行统治，才是“王道”政治，妄图泯灭广大人民的一切生存权利，维护地主阶级的反动统治。李贽却大胆提出“民之所欲”就是“善”，反之就是“不善”，而这种“善”就反映在“迩言”即普通民众日常的言论中。由此，李贽指出：“天之立君，所以为民”，主张君主要尊重和顺从民欲，要把“上人所不道，君子所不乐闻”的“迩言”，作为考察民情和从政治国的依据。李贽还指出，能够精心考察百姓的物质利益和要求，以民之善为善，以民之智为智，这才是真正“大智”。也只有这样，才能把社会治理好，创造出理想的政治。李贽提出“以百姓之迩言为善”的主张，是他反对封建等级制、主张平等的思想的进一步发展。李贽所说的“民欲”，虽然包括了没有特权的中下层地主阶级和工商业者以及广大下层群众共同要求生存发展的愿望，他所设想的使天下“无有失所欲者”的社会局面，在阶级社会中也根本不可能实现。但他要求从至鄙至俗、极浅极近的街谈巷议、俚言野语中考察民欲、立政治国，这对地主阶级的专制统治和理学家的一套统治哲学，无疑是有力的批判，客观上有利于广大人民群众反对封建统治的斗争。

第三，《明灯道古录》表现了李贽批孔反理学的战斗精神。

批判孔子，反对理学，反对传统思想，是李贽民主思想的又一特征。李贽曾明确提出不以孔子的是非为是非的光辉命题，在很多作品中，也都表现了对孔子的批判和不敬。《明灯道古录》也借着对儒家经典的解释，对孔子进行了讽刺。如：“圣人虽曰：‘视富贵如浮云’，然得之亦若固有；虽曰：‘不以其道得之，则不处’，然亦曰：‘富与贵，是人之所欲’。今观其相鲁也，仅

① 《明灯道古录》下卷第三章。

仅三月，能几何时，而素衣麑裘，黄衣狐裘，缁衣羔裘等，至富贵享也。御寒之裘，不一而足；裼裘之饰，不一而袭：凡载在《乡党》者，此类多矣。谓圣人不欲富贵，未之有也。”[①]

这是用孔子自己的言行揭露其两面派的行为。孔子口喊轻视富贵，实则官迷心窍，相鲁三个月，就穷奢极侈，穿白色鹿皮袍时，配上白色的罩衣；穿黄色狐皮袍，配黄色的罩衣；穿黑色羔羊皮袍，配黑色的罩衣，如此荣华富贵，怎么还能说“视富贵如浮云”呢？李贽正是以亵渎神圣的口吻，揭露了孔子伪君子的面孔。

《明灯道古录》在很多时候是借着对儒家经典的解释，批判传统的儒学思想。例如对于儒家最高的道德标准中庸之道，李贽更是多次地或加以新的解释，或揭露其虚伪本质，都十分尖锐深刻。《中庸》记载，孔子曾把选择了中庸之道并能信守不移的人，说成是最有修养最有道德的人，把虽然选择了中庸之道，但连一个月也遵守不了的人，比作被赶向罗网或陷阱却不知道躲避，就像禽兽、贪夫那样不顾死活。对此，李贽提出了疑问：中庸之道究竟是什么东西？现在不懂中庸的人很多，为什么都没有陷于死地呢？并幽默地说：“予实不知中庸之道可以免死，因书之以请教四方之讲道学者。”[②]这些话，像匕首投枪，揭破了孔子不守中庸则死的鬼话，戳穿了当时反动理学家中庸之道的伪善说教。

总之，《明灯道古录》借着对儒家经典的解释，表现了李贽鲜明的反传统思想的民主精神。其中虽也存在着一些陈旧的腐说，但他提出的反封建束缚，要求自由发展的思想；反封建等级制，要求平等的思想；对孔子及儒学的批判，都具有强烈的战斗意义，在当时起到了反对封建统治的战斗作用。

二、在大同与《孙子参同》的写作

万历二十五年(1597)春夏之交，当时任大同巡抚的梅国桢，邀请李贽到大同作客。李贽与刘东星虽然相处极为融洽，也不得不向他辞别了。

梅国桢(1542—1605)，字客生(亦作克生)，号衡湘，湖北麻城人。隆庆九年(1567)举人，万历十一年(1583)进士，万历二十年(1592)曾为山西总兵李如松的监军，故李贽又称他为梅监军。万历二十一年(1593)为大同巡抚，后官至兵部侍郎。

---

① 《明灯道古录》上卷第九章。

② 《明灯道古录》下卷第五章。

李贽与梅国桢也有着深厚的友情，梅国桢的女儿梅澹然寡居麻城时，曾是李贽的学生，经常有书信来往。这次李贽应邀到梅国桢大同巡抚官邸作客，当然是欣然前往了。

李贽离开沁水，沿着纵贯山西中部的汾河谷地，由南而北。他观赏着黄土高原的独特景色，凭吊着历史上留下的种种遗迹，心有所感，就发为诗篇。

途经太原，李贽写下了《晋阳怀古》[①]，批判了赵襄子只知维护君臣之礼，而不管谁为解救国家危亡而立下功劳的错误行为。路过代州的雁门关，李贽写下了《过雁门》两首[②]，表现出对延续了200多年的西北边患得到安定的无限感慨。翻过雁门关，来到桑间河(即桑干河)，李贽写下了《渡桑间》[③]。渡过桑间，翻过山岭，终于在五月间到了大同。一到大同，李贽就写下了《初至云中》："出门只觉音声别，不审身真到白登。"[④]一切都感到新鲜，但最感新鲜的还是他从来不曾听过的山西腔，一听到这种响亮的语音，他就更加感觉到自己是到了西北黄土高原的云中了。

李贽在大同的生活也是丰富、惬意的，他除了和梅国桢谈禅论道，还不时出外游览。七月十五日中元节他游览了乾楼，写下了《乾楼晚眺三首》[⑤]。八月，他写了《客吟四首》，其四说："乘槎欲问天，只怕冲牛斗。乘槎欲浮海，又道蛟龙吼。"[⑥]很值得注意。该诗又见《焚书》卷六，题为《塞上吟》，题下注说："时有倭警"，可证该诗作于八月。这年八月，日本侵略军再犯朝鲜全罗道，进逼王京，兵部尚书邢玠亲往王京坐镇，人心始定[⑦]。"时有倭警"就是指这次日本再犯朝鲜并进逼王京的行动，表现出他对当时国事的关心。

在大同期间，李贽重要的工作是修订了《藏书》世纪八卷、列传六十卷，并编著了《孙子参同》十三篇[⑧]。《孙子参同》是李贽为《孙子》一书所作的评注。

《孙子》是我国古代一部伟大的兵书，处处闪耀着朴素唯物主义和朴素辩证法的思想光辉，为我国历代军事家所重视，很多人为它作注。如三国时的大军事家曹操的注，不仅最早，而且最富特色，他在充分肯定和阐发孙武军

① 《焚书》卷六。
② 《焚书》卷六。
③ 《焚书》卷六。
④ 《焚书》卷六。
⑤ 《焚书》卷六。
⑥ 《续焚书》卷五。
⑦ 据《明史》卷三二〇《朝鲜列传》、卷二三八《麻贵传》。
⑧ 《续焚书》卷二《老人行叙》："故至坪上，则有《道古录》四十二章书；至云中，则有《孙子参同十三篇》书……又有《藏书》世纪八卷，列传六十卷，在塞上日，余又再修订。"

事思想的同时，并根据秦汉以来战争的特点和他自己的实践经验加以发挥和补充，也很为后人所重视。

李贽的《孙子参同》引录了《孙子》十三篇，每篇下除专收曹操为《孙子》所作的注释外，还附录了《吴子》、《六韬》、《司马法》、《黄石公三略》、《尉缭子》、《李卫公问对》等兵书的有关论述，以供参考。同时，李贽还写了序言，加了评注，借以阐明自己的思想，表现了他对军事学说的重视，对腐儒轻视军事思想的批判。

如在《序》中，李贽首先引用了张鏊的一段话，肯定了张鏊的一些可贵见解。张鏊认为"文事武备，士君子分内事也"①，讲军事的《七书》和儒家的《六经》一样重要。张鏊还斥责那些窃取高位而又不懂军事、无能无才的腐儒，虽然骗得了尊宠高爵，优厚俸禄，但是一遇战事，他们就手脚发抖，拍大腿，摸胡子，瞻前顾后，惊慌失措。李贽还特别肯定了张鏊"仁义一原，阴阳贞胜"的结论，赞之为"确论"。"仁义一原"，就是仁和义同出于一原，过去人们认为仁象征生发，义象征肃杀，生杀二者，不可缺一，就如同文武不可缺一一样。"阴阳贞胜"，则指阴和阳都不可彼此分离而单独存在。"贞胜"一词原出《周易·系辞》，贞指正、常，原意是说，对立的双方互相消长，而"正道"或"常态"这一方终究要战胜对方，这里则取其互为依存的意思。李贽肯定张鏊用"仁义一原，阴阳贞胜"比喻文武，就是从事物的对立与统一上肯定文武的不可分离。

李贽在《序》中还进一步用人体的手脚为喻，论证文武互相结合，紧密不可分的关系。他说：

> 故予尝譬之人身然。夫人身有手有足，盖皆所以奉卫此身者也。故凡目之所欲视，耳之所欲听，舌之所欲尝，身之所欲安，非手足则无从而致也。故一身而非手足，则欲饮谁与持，欲食谁与供，欲衣谁与穿，欲远行谁与到？我欲尊吾身，谁与跪拜而致恭？我欲爱吾身，谁与奔走而趋事？是文用也，固此手与足也。一旦有外侮，或欲我跌也，度不能敌，则足自能走；度能敌，则足自能与之交。或欲我搏也，度不能敌，则自能举手以相蔽；度能敌，则自能反手而推击之；是武用也，此亦手与足也，非它物也。故平居无事，则手持而足行；有所缓急，则手抵而足踢。执匕箸者此手，而执棍棒者，亦此手也；执茶挑者此手，而执刃

① 据福建师范大学图书馆藏手抄本。以下引文同。

剑者亦此手也。伸之则为掌，可以恭敬而奉将；捏之则成拳，可以敌忾而御侮。虽手足亦不自知其孰为文用而孰为武用者。

在李贽看来，文和武就像人体的手和脚，都是人体所离不开的，身体需要的各种活动靠手与脚来完成。平时手管拿东西，脚管走路，打起架来，则手打脚踢。吃饭，喝茶，拿筷匙、茶碗的是这双手，战斗时拿棍棒、刀剑的也是这双手，就是手和脚也分不清哪是文用，哪是武用。正是从这种文武不可分离的理论出发，李贽斥责那些只知“通经学道，四六成文”而又高叫“能文不能武”的“名儒”之辈，其实是一批“文武皆废”、“痿痹不仁”的麻痹症患者，是“不可齿于人数”的寄生虫。

文武本是一途，为了保卫祖国，就必须重视军事。但历史上一些腐儒都贬诋军事而抬高文事，对此，李贽在《孙子参同》中也给予了尖锐批判。如在《始计篇》的评论中，李贽指出，孙武是“至圣至神，天下万世无以复加焉者也”，但“儒者不以取士，以故弃置不读，遂判为两途，别为武经，右文而左武。至于今日，则左而又左，盖左之甚矣。如是而望其折冲于樽俎之间，不出户庭，不下堂阶，而制变万里之外，可得耶?”不仅如此，那些名臣大儒，其实“个个皆能抱不哭孩儿，一闻少警，其毒尚不如蜂蜜，而惊顾骇愕，束手无措”。即使当时有人提出正面的军事建议，他们也不知说的是什么；即使当时真有勇智的将军，他们也不懂得他的价值。相反，只会“此句不合《论语》，此句不合《孝经》，此说未之前闻，此人行事不好，此人有处可议”，胡乱指摘，瞎眼褒贬。李贽愤慨指出，在这样的空气下，就是孙武“复生于今”，又有什么用呢，他也只能记诵几篇举子业，去骗骗盲试官而已。这就不仅批判了腐儒重文轻武的荒谬，而且揭露了他们虚伪无能的丑态。

李贽在《孙子参同》中还肯定、补充和发挥了《孙子》的朴素唯物主义军事思想，主张重人事而反天命。如《孙子·始计篇》提出的“五事”中：“二曰天、三曰地……天者，阴阳、寒暑、时制也。地者，远近、险易、广狭、死生也。”强调了天气气节变化的规律，道路的远近、地形险易的地理条件，都带有朴素唯物主义特色。李贽在评论中特别突出了《孙子》的这一思想，并引用了一系列有关论述说明这一问题，如从《六韬》中引“君不肖，则国危而民乱；君贤圣，则国安而民治。祸福在君，不在天时。”从《尉缭子》引了关于武王伐纣的成功是在于“人事修不修而然也”，而不靠什么“考孤虚、占咸池、合龟兆、视吉凶、观星辰风云之变”。从《李卫公问对》中引了李靖的“后世庸将，泥于术数，是以多败，不可不诫也。”这都突出了人事的作用，否定了天命的价值。

这种重人事反天命的思想，在《用间篇》得到了更加突出的说明。“知彼知己，百战不殆”，是孙子有名的朴素唯物主义战略战术原则，在这一原则指导下，《孙子》特列一篇《用间篇》，说明使用间谍了解敌情的重要性。指出：“明君贤将，所以动而胜人，成功出于众者，先知也。先知者，不可取于鬼神，不可象(类似，这里指类推、类比)于事，不可验于度(度数，这里指星辰在天空中所处的位置。意思是，不能靠夜观天象来预卜)，必取于人，知敌之情者也。”孙子提出事先了解情况是取得战争胜利的先决条件，而不能靠求神问鬼，主观类推，观天占卜。李贽对此做了精辟的阐明与发挥，他说：“‘先知者，不可取于鬼神，不可象于事，不可验于度，必取于人知敌之情者也。’即此观之，则三军之事，莫急于用间矣，故以用间终焉。取于鬼神者，祭祀祈祷也；象于事者，事类推求也；验于度者，卜筮占验也。故曰用兵之道，尽在于人事，彼鬼神等，不过诡道奇谋，因以便于使贪使愚云耳。其实必以先知彼己为急也，苟知己而不知彼，又何以胜敌而制其命乎？故用间要矣。”李贽明确提出“用兵之道，尽在于人事”，把求鬼神，占卜筮斥之为“便于使贪使愚”的诡道，把孙子提出的“知彼知己”说成是战胜敌人的急务，这都表明李贽坚持唯物论，反对唯心论的军事思想。

李贽的军事思想，得到当时大同巡抚梅国桢的首肯和赞扬。他读完《孙子参同》后，特意写了一篇《序》，称赞李贽的《孙子参同》是：“于兵法独取《孙子》，于注《孙子》者独取魏武帝，而以余六经附于各篇之后，注所未尽，悉以其意明之，可谓集兵家之大成，得《孙子》之神解。”这个评论并不为过。《孙子参同》于兵法独取《孙子》，于注独取曹操，并把其他兵书的有关论述，分别附在《孙子》各篇及曹操注释之后，再加上李贽自己的一些评论，确实把兵家的一些基本理论集中表现出来，对《孙子》的思想做了很好的解释。

李贽完成《孙子参同》后，于本年秋天，又告别梅国桢，离开大同，到北京去。李贽这趟山西之行，约一年，除去一些诗、文、书信和修订《藏书》外，还留下了《明灯道古录》、《孙子参同》两部重要著作。以七十岁的高龄，在一年内完成了这么多著作，可见李贽是多么勤于学习和著述。而且，《明灯道古录》所表现的反封建压迫、反传统思想的民主精神和《孙子参同》所表现的可贵的军事思想，都从不同方面表现了李贽作为进步思想家的战斗精神，值得我们注意和研究。

（原载《山西师范学院学报》，1980 年第 1 期）

明代进步思想家李贽在云南

李贽(1527—1602)，是我国明代的进步思想家、文学家、史学家。他以反封建压迫、反传统思想的杰出思想，在中国思想文化史上占有重要地位。他反对封建束缚，把封建统治阶级的“德礼政刑”斥之为束缚人们思想和手脚的桎梏，要求“各从所好，各骋所长”，自由地发展人们的“自然之性”①。他反对封建等级制，提出“侯王与庶人同等”，“天子庶人壹是无别”②，“尧舜与途人一，圣人与凡人一”③，和男女在才智上没有差别的平等观点④。他反对以孔子的是非为是非，指出：千万年来，封建统治阶段“咸以孔子之是非为是非，故未尝有是非”⑤，斥责儒学家奉为经典的“六经”、《论语》、《孟子》等著作，不过是“史官过为褒崇之词”、“臣子极为赞美之语”的阿谀之作，是由孔孟的“迂阔门徒，懵懂弟子，记忆师说，有头无尾，得后遗前，随其所见，笔之于书”的残缺不全的笔记，是“道学之口实，假人之渊薮”的纳垢藏污的所在，制造两面派伪君子的总根子⑥。他揭露当时占统治地位的官方哲学家是“阳为道学，阴为富贵，被服儒雅，行若狗彘”⑦的伪君子，揭露他们所鼓吹的“道学”其实是欺世盗名的工具：“道学其名也。故世之好名者必讲道学，以道学之能起名也。无用者必讲道学，以道用之足以济用也。欺天罔人者必讲道学，以道学之足以售其欺罔之谋也。”⑧李贽正是以他这种富于战斗性的反封建压迫、反传统思想的民主思想，被封建统治者视为洪水猛兽，诬为“异端”、“妖人”，并以“敢倡乱道，惑世诬民”⑨的罪名，把他逮捕入狱，迫害致死。

李贽的民主思想是在后期的著作中集中表现出来的，但它却是在长期生

---

① 《答耿中丞》，《焚书》卷一。

② 《解老》。

③ 《明灯道古录》。

④ 《答以女人学道为见短书》，《焚书》卷二。

⑤ 《藏书·世纪列传总目前论》。

⑥ 《童心说》，《焚书》卷三。

⑦ 《三教归儒说》，《续焚书》卷二。

⑧ 《初潭集·道学》。

⑨ 《明神宗万历实录》卷三六九。

活、斗争中逐步形成并得到发展的。其中从公元1577年到公元1581年间，他在云南任姚安知府时，这种思想已得到鲜明表现。

明神宗万历五年(1577)，李贽由南京的刑部员外郎迁任云南姚安府知府，这是他一生中做的最大的官，也是他25年仕途生活的最后一任。长期的仕宦生活，让他对官场的腐败、政治的黑暗，有了很深的体验，加上他那"平生不爱属人管"①的性格，处处与上司相抵触，早就产生了离官场而去的心思。这次在赴姚安途中，路经湖北黄安，见到了好友耿定理(理学家耿定向之弟)，李贽更产生了弃官留住之意。可是缺乏生活之资，没有办法，就想把家属留在耿家，一人独往。后来，其妻强与偕行，就暂把女儿和女婿庄纯夫留在耿家，自己携妻赶往姚安。李贽所以不远万里到边远的云南去，也还是为生活所迫。他在给朋友的信中曾说："五十而至滇，非谋道矣，直糊口万里之外耳。"②因此，临别之时，便和耿定理约定："待吾三年满，收拾得正四品禄俸归来为居食计，便与先生同登斯岸矣。"③李贽此时已下定决心，准备摆脱官场的束缚，专心访友求道。

李贽一到姚安，就在姚安府的楹柱上写下了两副对联：

从故乡而来，两地疮痍同满目；
当兵事之后，万家疾苦总关心。

听政有余闲，不妨甓运陶斋，花栽潘县；
做官无别物，只此一庭明月，两袖清风。④

这两副对联，是李贽长期的生活经验总结和他从政的原则。李贽自明世宗嘉靖三十四年(1555)到河南辉县任教谕开始，先后出任过南京国子监博士、北京国子监博士、北京礼部司务、南京刑部员外郎等官职，但他处处与上司相抵触，如他自己所说："为县博士，即与县令、提学触"，"为太子博士，即与祭酒、司业触"，"司礼曹务，即与高尚书、殷尚书、王侍郎、万侍郎尽触也"，"最苦者，为员外郎不得尚书谢、大理卿董并汪意"⑤。李贽深受官场之

① 《豫约·感慨平生》，《焚书》卷四。
② 《答何克斋尚书》，《焚书》增补一。
③ 《耿楚倥先生传》，《焚书》卷四。
④ 转引自昆明师范学院史地系编：《李贽在云南的著作集录》。
⑤ 《豫约·感慨平生》，《焚书》卷四。

苦的同时，还经受了由于当时民族矛盾和经济凋敝所造成的生活磨难，前者如公元1560年他由南京回泉州奔父丧，正值倭寇侵掠泉州，他顾不及行孝事，就“墨衰率其弟若侄，昼夜登陴击柝为城守备”①，穿着孝服，率领弟、侄辈，投入了抗倭斗争。后者如公元1562年他由北京回泉州奔祖父丧时，因食宿问题，把妻女暂时安置在河南辉县，让她们耕作自食。但在这三年之间，辉县因遭大旱，加上官吏不恤民情，李贽的家人虽得到李贽一些朋友的接济，但还是有两个女儿由于病饿交加而相继死去。官场的黑暗，生活的不幸，使李贽对人民的疾苦有了一定了解。因此，他一到姚安府任，就写下那样两副对联，绝不是空洞的虚词，而是长期生活经历的总结。“万家疾苦总关心”，表现了他对广大人民生活疾苦的同情；“做官无别物，只此一庭明月，两袖清风”，则形象说明他廉洁从政的可贵品质。

在姚安府任上，李贽坚持“简易”、“自然”、“因人”的从政原则。当时在云南任洱海道佥事的顾养谦曾说，李贽的从政“一切持简易，任自然，多以德化人，不贾世俗能声”②。受李贽思想影响很深的公安派代表人物之一的袁中道在《李温陵传》中记载：李贽在姚安知府任上的情况是“为守，法令清简，不言而治。每至伽蓝，判了公事，坐堂皇上，或置名僧其间，簿书有隙，即与参论玄虚。人皆怪之，公亦不顾。”③李贽为政“一切持简易”、“法令清简”，甚至在公堂之上，请名儒一起参论玄虚，这当然与封建统治者的严刑峻法有所不同，而被当时的官僚君子视为怪异的行动，但李贽却置之不顾。李贽所以采取了这一从政原则，一是根据当时当地的具体情况而为，他说：

> 边方杂夷，法难尽执，日过一日，与军与夷共享太平足矣。仕于此者，无家则难住；携家则万里崎岖而入，狼狈而去，尤不可不体念之！但有一能，即为贤者，岂容备责？但无人告发，即装聋哑，何须细问？盖清谨勇往，只可责己，不可责人，若尽责人，则我之清能亦不足为美矣，况天下事亦只宜如此耶！④

边境地区的少数民族，一贯受封建统治者大汉族主义的压迫和歧视。根据这种情况，李贽指出“法难尽执”，反对严酷的封建统治，主张实行宽大政

① 《卓吾论略》，《焚书》卷三。
② 《又书使通州诗后》附《顾冲老送行序》，《焚书》卷二。
③ 《珂雪斋集》卷一七。
④ 《豫约·感慨平生》，《焚书》卷四。

策，和少数民族和平相处，这是一种积极的进步主张。对于下层官吏，李贽认为不要求全责备，只要他们有一能，就要给予器重，这也是一种比较开明的政策。

二是根据李贽多年仕宦途上所形成的理论认识。这清楚地表现在他这个时期为罗琪作的《论政篇》一文中，其中说：

> 盖余尝闻于有道者而深有惑于"因性牖民"之说焉。
>
> 夫道者，路也，不止一途；性者，心所生也，亦非止一种已也。有仕于土者，乃以身之所经历者而欲人之同往，以己之所种艺者而欲人之同灌溉。是以有方之治而驭无方之民也，不亦昧于理欤！且夫君子之治，本诸身者也；至人之治，因乎人者也。本诸身者取必于己，因乎人者恒顺于民，其治效固已异矣。夫人之与己不相若也。有诸己矣，而望人之同有；无诸己矣，而望人之同无。此其心非不恕也，然此乃一身之有无也，而非通于天下之有无也，而欲为一切有无之法以整齐之，惑也。于是有条教之繁，有刑法之施，而民日以多事矣。其智而贤者，相率而归吾之教，而愚不肖则远矣。于是有旌别淑慝之令，而君子小人从此分矣。岂非别白太甚，而导之使争乎？至人则不然：因其政不易其俗，顺其性不拂其能。闻见熟矣，不欲求知新于耳目，恐其未寐而惊也。动止安矣，不欲重之以桎梏，恐其絷而颠且仆也。
>
> 今余之治郡也，取善太恕，而疾恶也过严。夫取善太恕，似矣，而疾人之恶，安知己之无恶乎？其于反身之治且未之能也，况望其能因性以牖民乎？余是以益惧不类，而切倚仗于君也。[①]

罗琪，四川剑门（今剑阁县东北）人，当时任姚安府属州姚州的知州，是李贽的僚属。在这篇《论政篇》中，李贽认为从政要"因乎人"、"因性牖民"，即根据不同的情况加以诱导，反对用"条教"、"刑法"去束缚、镇压人民群众。他认为人的心性是不同的，从政只有"顺其性不拂其能"，"恒顺于民"，才能真正把社会治理好。反之，以统治者的标准为条条框框，规范天下事物，并用"条教"、"刑法"加以束缚，这种所谓"君子之治"，恰恰是造成社会动乱和民不聊生的政治根源。李贽反对"本诸身"的君子之治，就是反对用儒教教条和严酷法令对人民进行专制统治；主张"因乎人"、"因性牖民"的"至人之治"，

① 《焚书》卷三。

就是他所实行的“法令清简，不言而治”。李贽这种思想在以后的论著中得到了更加系统的发挥，成为他反对封建压迫传统思想的一个重要理论武器。

李贽的这些主张引起了封建卫道士的反对。当时就有人针对李贽的《论政篇》，抛出了《续论政篇》，叫嚷要“论政”就得依据“载在经典”的孔孟教条，并谴责道：“礼乐行政，未敢以桎梏视之也”。而且，当时任云南巡抚的王凝和任云南守道的骆问礼，也与李贽发生了矛盾。王凝，字道南，湖北宜城人。万历初任云南巡抚。万历六年(1578)升任南京大理寺卿。此人道学味浓，品格极低，李贽曾说：“王本下流，不必道也。”[①]骆问礼，字子本，号缵亭，浙江诸暨人。万历五年至八年(1577—1580)任云南参议，“有能有守，有文学，有实行”[②]，与李贽也曾为相知。但是由于思想认识上的分歧，从政的见解也不同，与李贽产生了矛盾。李贽从政要“因乎人”、“顺于民”，法令简易。骆问礼则“知有已不知有人”，对老百姓和下属苛刻严厉。二者之间发生矛盾是必然的了。

李贽坚持“简易”、“自然”、“因人”的从政原则，目的是要减轻一些封建统治者对边远地区广大人民的束缚与盘削。与此同时，他还在实际生活中采取了一些有利于人民群众的措施，如修连厂桥以利行旅就是一例。《姚安县志》记载：“连厂桥，在府西二十里，在城西三十里，明万历间知府李贽建。清光绪三十四年邑人李春灿、陈飞熊等倡捐重修。”[③]现姚安县文化馆存清光绪三十四年(1909)《增修连厂桥记》碑刻一块，记文中说：“连水源于州西园鹤山，东北行汇弥溪水，北行经连厂遂名连水。州西千岩万壑咸趋而赴之，夏秋霪霖，洪流暴涨，舟楫难施，旅行者有漂没之患。前明万历间，知姚安府事李卓吾先生始聚石为桥，利行旅，通往来，垂三百余年矣。”

李贽在云南时，也没有忘记求学问道。当时罗汝芳任云南参政，李贽曾两次到龙里卫会见他。罗汝芳(1515—1588)字维德，号近溪，建昌(今江西南城县)人。嘉靖三十二年(1552)进士，曾任太湖知县、刑部主事、宁国太守，后官至云南参政。他是泰州学派的骨干，颜山农的学生，主张用“赤子之心、不学不虑”的方法致良知，是王阳明学派中最接近禅宗的一派。李贽与罗汝芳早在南京时就相识了。他们二人思想上并不完全一致，但李贽对罗汝芳却非常崇拜，这主要是他非常赞赏罗汝芳那种不满封建统治者的严酷统治，平易

① 《豫约·感慨平生》，《焚书》卷四。

② 《豫约·感慨平生》，《焚书》卷四。

③ 《姚安县志》卷一四《舆地志·交通》。

待人的思想和简易从政的政治主张。黄宗羲在《明儒学案》中记载：罗汝芳守宁国时，“集诸生会文讲学。令讼者跏趺公庭，敛目观心，用库藏作馈遗，归者如市。”还记罗汝芳的话：“某自始入仕途，今计年岁，将及五十。窃观五十年来，议律例者，则日密一日；制刑具者，则日严一日；任稽察施拷讯者，则日猛一日。每当堂阶之下，牢狱之间，睹其血肉之淋漓，未尝不鼻酸额蹙，为之叹曰：‘此非尽人之子与？非曩昔依依父母之怀，恋恋于兄妹之旁者乎？夫岂其皆善于初，而不皆善于今哉？及睹其当疾痛而声必呼父母，觅相依而势必先兄弟，则又信其善于初者，而未必皆不善于今也已’。”①表现出对封建统治者残酷统治的有力谴责。李贽记载罗汝芳出任宁国知府时，“所至不事刑朴，惟以化育人才为功课。”出任云南副使时，“为开水利，堑城濠，省徭役。政暇召同志讲学，信从益众。”②在这些方面，都表现出李贽与罗汝芳二人的相近之处。后来，李贽辞官寓居湖北麻城龙潭湖时，得到了罗汝芳逝世的消息，他“真哀不哀，真哭无涕”，“似在梦中过日耳”，并写下了一篇满怀激情的《罗近溪先生告文》，一方面痛悼罗的去世，一方面又借机宣传自己的思想和从政主张。其中一段写道：

> 若夫大江之南，长河之北，招提梵刹，巨浸名区，携手同游，在在成聚。百粤、东瓯，罗施、鬼国，南越、闽越，滇越、腾越，穷发鸟语，人迹罕至，而先生墨汁淋漓，周遍乡县矣。至若牧童樵竖，钓老渔翁，市井少年，公门将健，行商坐贾，织妇耕夫，窃屦名儒，衣冠大盗，此但心至则受，不问所由也。况夫布衣韦带，水宿岩栖，白面书生，青衿子弟，黄冠白羽，缁衣大士，缙绅先生，象笏朱履者哉！是以车辙所至，奔走逢迎，先生抵掌其间，坐而谈笑。人望丰采，士乐简易，解带披襟，八风时至。有柳士师之宽和，而不见其不恭；有大雄氏之慈悲，而不闻其无当。同流合污，狂简斐然；良贾深藏，难识易见。居柔处下，非乡愿也。泛爱容众，真平等也。③

这完全是一种乌托邦式的社会理想，罗汝芳哪里实行过？但是这种乌托邦式的社会理想，正是李贽坚持的“简易”、“自然”、“因人”的从政原则的形

① 黄宗羲：《明儒学案》卷三四《泰州学案》引《罗近溪语录》。

② 《参政罗公》，《续藏书》卷二二。

③ 《焚书》卷三。

象表现，而“泛爱容众，真平等也”，也正是李贽要求突破严密的封建等级制的表现。这一思想在他后来的著作中，特别是《明灯道古录》中得到了更加深刻的表现。

李贽在云南时还结识了顾养谦[①]。顾养谦(1537—1604)，字益卿，号冲庵，南通州(今江苏南通)人。官至兵部侍郎，总督蓟辽军务，卒赠兵部尚书。李贽任姚安知府期间，顾任洱海道佥事，两人交往相得，情谊颇深。李贽在后来的信中多次提到他和顾养谦之间的友谊，他说：“自隐天中山以来，再卜龙湖，绝类逃虚近二十载，岂所愿哉！求师访友，未尝置怀，而第一念实在通海。”[②]又说：“某奉别公近二十年矣，别后不复一致书问，而公念某犹昔也。推食解衣，至今犹然。然则某为小人，公为君子，已可知矣。方某之居哀牢也，尽弃交游，独身万里，戚戚无欢，谁是谅我者？其并时诸上官，又谁是不恶我者？非公则某为滇中人，终不复出矣。夫公提我于万里之外，而自忘其身之为上，故某亦因以获事公于青云之上，而自忘其身之为下也。则岂偶然之故哉！”[③]当时李贽与“诸上官”相矛盾，遭到他们的排斥时，顾养谦却置上下级的隶属关系于不顾，和李贽结成了挚友，给李贽以极大支持，这种友谊使李贽难以忘怀，所以到20年后，李贽对顾养谦还是无限的怀念。

李贽在云南时，还与刘维、李元阳、何守拙等相交往。刘维，湖北江陵人，曾任云南巡府，李贽要弃官时，曾受到他的劝留，后因李贽去意坚决，刘为请于朝，得致其仕。

李元阳(1497—1580)，字仁甫，号中溪，大理府太和(今云南大理)人。嘉靖丙戌(1526)进士，曾任江阳知县、闽中巡按、荆州知府，与张居正有师生之谊。嘉靖中，因与当道不合，辞官回家。归家后，他精究理学，而且好诗文，在当时很有些名气。著有《心性图说》、《中溪漫稿存稿》、《艳雪台诗》、《李中溪全集》等[④]。李贽游大理时，曾去拜访他，李元阳作诗相赠，其中有一首写道：“姚安太守古贤豪，倚剑青冥道独高。僧话不嫌参吏牍，俸钱常喜赎民劳。八风空影摇山岳，半夜歌声出海涛。我欲从君问真谛，梅花霜月正萧骚。”[⑤]后来李贽弃官离滇时，李元阳还应罗琪之请，写了《姚安太守卓吾先生

① 《焚书》卷二《又书使通州诗后》：“某奉别公近二十年矣……目今倭奴屯结釜山”。时间为万历二十五年(1579)，上推二十年，正是李贽在云南时。又，《万历实录》卷六九：万历五年(1577)十一月，“原任福建佥事顾养谦调补云南”。

② 《复顾冲庵翁书》，《焚书》卷二。

③ 《又书使通州诗后》，《焚书》卷二。

④ 康熙《大理府志》卷一九《人物》。

⑤ 李元阳：《卓吾李太守自姚安命驾见访因赠》，《李中溪全集》诗集卷三。

善政序》，盛赞李贽的政绩。其中一段说：

> 先生自幼有出俗之韵，超然不染世尘，每欲遨游五岳，以毕其志，然势有不得自由者，俛首一官，崎岖数载。今天子加意穷民，选首长以临郡国，于是先生以郎署出守姚安。自下车以至今日，几三载矣。惟务以德化民，而民随以自化。日集生徒于堂下，授以经义，训以辞章，谆谆亹亹，日昃忘倦，庙学颓圮，罄俸以营之，祀典废缺，殚力以致之。凡关系山川、风土形势，有改作不易者，制度不可阙者，皆悉力为之，处置有法，而民不知劳。节俭自将而惠不啬己，退食自公，载见觞水豆蘖之趣，燕寝凝香，而有枕石漱流之风。啸咏发于郡斋，图书参于案牍。不与时官同宿，而法令靡遗；民隐惟恐不闻，而讼庭多暇。挂冠解组之意，固切于几微；而悯天命、悲人穷之念，不容暂释于朝夕。[①]

李元阳晚年以精究理学为任，他对李贽的称赞带着明显的儒学声调，但从中也可见出李贽在姚安的政绩确实很得人心。

何守拙，四川简州人。由举人仕，万历四年(1576)任禄劝知州，平徭赋，建城池，有惠政于民。万历八年(1580)迁丽江府同知，仍留州治事[②]。李贽与何守拙交情很深，当时何守拙攻碑记前牧姓名，李贽为作《禄劝州知州题名碑记》，其中说到他们二人相识的经过："盖余初至滇，即闻君循良之名久矣，但未得与君会耳。今三年矣，始以公事会君于狮山，二十五日而别，别不数月，复会于会省，别而复会者复四十日。"文中还称赞何守拙的政绩说："今君擢守丽江矣。上之人雅爱君，因民之恩，犹未许君递解禄劝任，则君所以宜民宜人者，亦可知也。"文中还提出："且余闻之，从政者欲与民同其好恶，必先知好恶之所在，而后能得知，是性命之情也。"[③]并以知民之好恶称赞何守拙，可见李贽与何守拙之间的友谊，也是建立在共同的从政见解上。

万历八年(1580)，李贽到姚安任知州三年期满。按照封建社会的惯例，三年任满，政绩显著是可以继续升官的。但李贽却提出了辞呈，坚决要辞官。他谢簿书，封府库，携其家，亲自到巡按刘维那里要求辞官，没有得到应允，他就干脆到大理的鸡足山阅《藏经》不出。顾养谦在《赠姚安守温陵李先生致仕

① 《李中溪全集》文集卷六。

② 《禄劝县志》卷一〇《循吏志》。

③ 《禄劝县志》卷一三《艺文志》上。

去滇序》中曾记载此事：

> 万历八年庚辰之春，谦以入贺当行。是时，先生历官且三年满矣，少需之，得上其绩，且加恩或上迁。而侍御刘公方按楚雄，先生一日谢簿书，封府库，携其家，去姚安而来楚雄，乞侍御公一言以去。侍御公曰："姚安守，贤者也。贤者而去之，吾不忍——非所以为国，不可以为风，吾不敢以为言。即欲去，不两月所为上其绩而以荣名终也，不其无恨于李君乎?"先生曰："非其任而居之，是旷官也，贽不敢也。需满以幸恩，是贪荣也，贽不为也。名声闻于朝矣而去之，是钓名也，贽不能也。去即去耳，何能顾其他?"而两台皆勿许。于是先生还其家姚安，而走大理之鸡足。鸡足者，滇西名山也。两台知其意已决，不可留，乃为请于朝，得致其仕。[①]

就这样，在李贽不辞而走的坚决表示下，朝廷也只好应允他致仕了。李贽是三月提出要辞官的，到七月才得以离任。在此期间，他把政事甩在一边，遍游滇中名山，"得尽览滇中之胜"，[②] 尽情地领略了一番祖国西南边陲的异乡风光。

李贽在姚安任上，清廉简朴，"禄俸之外，了无长物"[③]，因此，深得人民的欢迎。当时任云南督学的方沆还作了《送李卓吾致仕归里(三首)》：

> 歌罢当尊击唾壶，旁人指点说狂夫。
> 休言离别寻常事，万古乾坤一事无。
>
> 斗酒酣歌意自亲，我来君去各风尘。
> 路歧休下杨朱泪，万里天涯总比邻。
>
> 高天一骧赋归与，矫首浮云自卷舒。
> 可是名山容傲骨，先生原不为鲈鱼。[④]

而广大群众更是表示了热烈的挽留与送别。《姚州志》说，他"三载竟自归，士

① 《又书使通州诗后》附《顾冲老送行序》，《焚书》卷二。

② 《与焦弱侯》，《续焚书》卷一。

③ 袁中道：《李温陵传》，《珂雪斋近集文钞》卷八。

④ 《姚安县志》卷六五《金石志·附文征》。

民攀卧道旁，车不得发，囊中仅图书数卷”[1]，“士民遮道相送，车马不能前进”[2]。就是在这种情况下，李贽离开了姚安，由滇入川，过三峡，穿瞿塘，览滟滪，顺流而下，真奔湖北黄安，从此结束了他25年的仕宦生活。

（该文作于20世纪80年代初，曾投寄云南一大学学报，但既未刊用，也未退稿，现依原底稿加以整理）

① 康熙：《姚州志》卷四《名宦》，亦见道光十三年重修的《姚州志》下册。

② 光绪《姚州志》卷五《循吏》。

明代进步思想家李贽在河北

明代进步思想家李贽(1527—1602)一生中曾四次到过当时的顺天府(大致相当于今天的河北省临北京东、南各县和京都北京)。这四次北游，原因各不相同，时间长短不一，但在李贽一生的经历中都具有重要意义，是了解他生平、思想、著述的一个重要组成部分。本文根据李贽的有关著作及其他资料，对他四次北游时期的活动、事迹、著作加以论述，从一个侧面观察一下李贽的思想价值。

一、“丐食于卫，就学于燕”

李贽是福建泉州人，他在30岁以前，基本上是在家乡度过的。但是为了生活之计，也曾奔走于外地，他后来在给朋友焦竑的信中曾说：“弟自弱冠糊口四方，靡日不逐时事奔走。”①李贽为了生活到底都到过一些什么地方？干了一些什么事情？现在不能完全知道了。不过他在《子由解老序》中记述他年轻时的一段往事，很值得注意。他说：

> 盖尝北学而食于主人之家矣。天寒，大雨雪三日，绝粮七日，饥冻困踣，望主人而响往焉。主人怜我，炊黍饷我，信口大嚼，未暇辨也。②

这一段记事，无从考订其具体时间，不过，既然是“学”，而且只谈到李贽本人的生活，只字未涉及其家属情况，则大致可以推断出是出仕以前的青年时期的事。“北学”是到哪里呢？李贽在《答何克斋尚书》中说：“某生于闽，长于海，丐食于卫，就学于燕，访友于白下，质正于四方。”③“丐食于卫，就学于燕”，可能就是他青年时期“北学”的情况。卫、燕，在明朝都是指河北一带(“卫”还包括河南的卫辉府等地)，从这里我们可以知道李贽年轻时确曾到过

① 《与焦弱侯》，《续焚书》卷一。

② 《子由解老序》，《焚书》卷三。

③ 《答何克斋尚书》，《焚书》增补一。

河北一带，并经受了生活上的艰难波折。李贽的这种遭遇和他的家中境况是相符的。他后来写的《卓吾论略》中说到幼年时家中情况：“(其父)身长七尺，目不苟视，虽至贫，则时时脱吾董母太宜人簪珥以急朋友之婚，吾董母不禁也。”[①]由此可以证明，李贽家中的生活是并不富裕的。在这样穷困的生活奔波中，李贽当然会接触到现实生活的真实面貌，看到人民生活的不幸，对现实的黑暗有了感性上的认识。“绝粮七日，饥冻困踣”的遭遇，在李贽当然不止一次，他的两个女儿就是被饥饿疾病折磨而死的。李贽后来把封建统治者的“德礼政刑”，斥之为是束缚人们思想和手脚的桎梏，要求“各从所好，各骋所长”[②]，“物各付物”、“因材并育”，自由地发展人们的“自然之性”[③]，反对封建等级制，提出“侯王与庶人同等”、“天子庶人壹是无别”[④]、“尧舜与途人一，圣人与凡人一”[⑤]，并对理学家的虚伪面目、丑恶本质进行了无情揭露与批判，甚至提出了官逼民反的命题，对农民起义表示了一定同情，与他早年生活中的这种不幸遭遇是有一定关系的。

二、两次北京任职

李贽从公元1556年出任河南辉县教谕，到公元1580年云南姚安知府任期满后弃官为止，在25年仕宦生涯中，他在北京的时间最长。

李贽第一次到北京是在嘉靖四十一年(1562)。到京以后，“居京邸十阅月，不得缺，囊垂尽，乃假馆受徒。”[⑥]又一次遭遇到生活上的困难，不得不借别人的馆舍，以教书维持生活。“馆复十余月，乃得缺，称国子先生，如旧官。”[⑦]等了一年多，得到的还是和在南京时一样的国子监博士职务。但是“平生不爱属人管”[⑧]的李贽，这时又一次和上级领导发生了冲突：“为太学博士，即与祭酒、司业触。如秦，如陈，如潘，如吕，不一而足矣。”[⑨]作为太学博士，却和太学的长官秦鸣雷、陈以勤，副长官潘晟、吕调阳，全都发生了矛盾，其处境也就可想而知。同时生活上的种种不幸，也接二连三袭来，刚刚

① 《卓吾论略》，《焚书》卷三。
② 《答耿中丞》，《焚书》卷一。
③ 《明灯道古录》。
④ 《老子解》。
⑤ 《明灯道古录》。
⑥ 《卓吾论略》，《焚书》卷三。
⑦ 《卓吾论略》，《焚书》卷三。
⑧ 《豫约·感慨平生》，《焚书》卷四。
⑨ 《豫约·感慨平生》，《焚书》卷四。

接到祖父去世的讣告，二儿子又病死在身旁，真是“人生岂不苦，谁谓仕宦乐。仕宦若居士，不乃更苦耶！”[①]李贽虽然身在封建统治阶级官宦的行列之中，但他那处处与世不合的倔强性格以及连续不断的生活上的不幸遭遇，使他也尝到了人生的苦味。李贽接到祖父去世的讣告后，决定二次回泉州奔丧。但是守制三年，家属留住北京是不好生活的，他决定暂时把妻女安置在他曾做过教谕的河南辉县，并“分赙金一半”，让她们“买田耕作自食”[②]。这样，李贽就在极不愉快的心情下，结束了他第一次的北京之行。

李贽第二次到北京是在嘉靖四十五年(1566)。他在泉州守制三年回到河南辉县后，两个女儿都因饥饿和疾病相继死去，心情更加悲痛。为生活所迫，他只好携带妻子和唯一的女儿再次回到北京。回京后，李贽出任了礼部司务。明朝的礼部是中央政府中主管典礼、科举、学校的一个部门，礼部司务则是负责勾销、收发公文的职务，是一个没有什么地位而又收入不多的穷差使。因此，当李贽决定到礼部任职后，就有人对他说：“司务之穷，穷于国子，虽子能堪忍，独不闻‘焉往而不得贫贱’语乎？”[③]这实际上是讥笑他那么一个穷官都去任职，而不怕人笑话。但是李贽有自己的想法，他说：“吾所谓穷，非世穷也。穷莫穷于不闻道，乐莫乐于安汝止。吾十年余奔走南北，只为家事，全忘却温陵、百泉安乐之想矣。吾闻京师人士所都，盖将访而学焉。”[④]李贽当初到辉县做官时，就想要好好学道，探讨一下人生的道路。可是，十一年过去了，李贽除了到处碰壁，看到无数的官场黑暗，为家事忙忙碌碌之外，他并没有探索到什么道的蕴藉。这次他再到京师，决心要求师访友，探索一下道的奥妙了，至于生活上的穷困，他已经完全置之度外。

但是，李贽的这次求道却使他和王学发生了关系，对他的思想产生了不好的影响。当时和李贽同在礼部任职的李逢阳和徐用检都是王阳明的信徒，在李、徐二人的诱导下，李贽开始研究起王阳明学说。他在《阳明先生年谱后语》中说：

> 不幸年甫四十，为友人李逢阳、徐用检所诱，告我龙溪先生语，示我阳明先生书，乃知得道真人不死，实与真佛、真仙同，虽倔强，不得

① 《卓吾论略》，《焚书》卷三。
② 《卓吾论略》，《焚书》卷三。
③ 《卓吾论略》，《焚书》卷三。
④ 《卓吾论略》，《焚书》卷三。

不信之矣。李逢阳，号翰峰，白门人。徐用检，号鲁斋，兰溪人。[①]

黄宗羲在《明儒学案·徐用检传》中，也曾记载了李贽与徐用检在北京的交往：

> （徐用检）在都门从赵大洲讲学。礼部司务李贽不肯赴会，先生以手书《金刚经》示之曰："此不死学问也，若亦不讲乎？"贽始折节向学。尝晨起候门，先生出，辄摄衣上马去，不接一语，如是者再。贽信向益坚，语人曰："徐公钳锤如是。"[②]

李逢阳、徐用检都是王阳明一派，李贽对他们的学说本来是不感兴趣的，徐用检在北京大讲其学，李贽开始"不肯赴会"，听都不去听。但后来在李逢阳、徐用检的诱导下，李贽对王学进行了精心的研探。王阳明作为明代封建统治集团中的重要代表人物，他反对过宦官的专权，也镇压过农民起义。特别是他提出的"致良知"的主观唯心主义的"心学"，在当时和以后都产生过重大影响，李贽也曾受到这种主观唯心论的不良影响。但王阳明又提出"良知"是人人所共有，并可以成为衡量一切事理的标准，而不必拜倒在圣贤的偶像面前，如说："满街人是圣人"[③]，"良知良能、愚夫愚妇与圣人同"[④]，"夫学贵得之心，求之于心而非也，虽其言之出于孔子不敢以为是也，而况其未及孔子者乎？求之于心而是也，虽其言之出于庸常，不敢以为非也，而况其出于孔子者乎？"[⑤]这又包含着一定的平等因素，使李贽从这些哲学命题中，引出了自己的朴素平等思想。李贽与王学的关系是复杂的，在有些问题上，他承受了王阳明的唯心主义谬误，在另一些问题上，他又常常从自己的哲学命题和内涵出发，去解王阳明的言论。而且，随着后来的社会实践体验和对现实生活的更多认识，李贽的"异端"思想愈来愈强烈，与统治阶级的传统思想愈来愈对立，与王阳明的学说也就愈来愈远了。

李贽在礼部任了五年司务，研读了五年王学，但他那倔强的性格一点没有改掉，还是和顶头上司不断抵触和矛盾。他说："司礼曹务，即与高尚书、

① 《阳明先生道学钞》。
② 黄宗羲：《明儒学案》卷十四。
③ 王阳明：《王文成公全书》卷三《传习录》下。
④ 王阳明：《王文成公全书》卷二《传习录》中《答顾东桥书》。
⑤ 王阳明：《王文成公全书》卷二《传习录》中《答罗整奄少宰书》。

殷尚书、王侍郎、万侍郎尽触也。高、殷皆入阁……高之扫除少年英俊名进士无数矣，独我以触迕得全，高亦人杰哉!”[①]高即高仪(1517—1572)，字子象，钱塘(今浙江杭州市)人，嘉靖四十五年至隆庆二年(1566—1568)任礼部尚书。殷即殷士儋(1523—1583)，字正甫，山东历城人，隆庆二年接替高仪任礼部尚书。王即王希烈，江西南昌人，隆庆二年任礼部右侍郎，隆庆四年转礼部左侍郎。万即万士和，字思节，号履庵，江苏宜兴人，隆庆二年任礼部右侍郎、左侍郎。李贽在礼部当一个负责勾销、收发公文的司务，却与礼部最高长官尚书、侍郎相矛盾，其处境也就可想而知了。但李贽并不因个人间的冲突而随便贬抑别人，他称高仪为“人杰”即是一例。据《明史·高仪传》：“遇事秉礼循法，居职甚称”，“性简静，寡嗜欲，室无妾媵。旧庐毁于火，终身假馆于人，及没，几无以殓。”[②]说明他是一个正直清廉的官吏。对于这样一个人，李贽虽然与他发生了抵触，却能实事求是地给予评价，也表现了李贽的求实精神。

但是，终因与上司的矛盾和冲突，李贽在北京是难以住下去了，隆庆五年(1571)，他终于离开北京，到南京去任刑部员外郎之职了。

三、寓居通州

万历二十四年(1596)到万历二十五年(1597)，李贽应刘东星、梅国桢之邀，曾到山西上党、大同住了一年。公元1597年秋天，李贽又离开大同到北京去，九月九日到了北京，寓居西山极乐寺。李贽这次在北京住了不足半年，就在好友焦竑陪同下，乘船顺运河到南京去了。

李贽最后一次到河北，是在万历二十九年(1601)，这次的北行，完全是受封建统治阶级及理学家迫害的结果。万历二十八年(1600)，李贽曾回到他长住十六年之久的湖北麻城龙潭湖，但却遭到一些封建官僚和理学家的攻击。他们先是造舆论，诬蔑李贽是“妖道惑众”，住在麻城就是害了麻城人，继之又进行恶意的恐吓，声言要拆毁李贽居住的芝佛院。这一切都无济于事时，又雇用流氓打手，以“逐游僧，毁淫寺”、“维持风化”为名，对李贽进行迫害。这时，李贽的学生杨定见设法使李贽躲藏起来，而后又把李贽送入河南商城县黄柏山中。这年的冬天，被贬斥为民的原御史马经纶，慕李贽之名，不顾千里之遥，冒雪从家乡通州(今北京市通州区)赶到黄柏山中，陪同李贽。并

---

① 《豫约·感慨平生》,《焚书》卷四。

② 《明史》卷一九三《高仪传》。

且冒着受牵连和迫害的风险，于第二年的二月，携同李贽，回到了通州，从此李贽就在这里度过了他的晚年。

李贽到通州后，除了不时会见朋友、学生及问道求学者外，不顾年老体衰，还是不停地研究著述，写出了一些富有战斗精神并闪耀着思想光辉的文章与专著。如《圣教小引》：

> 余自幼读圣教不知圣教，尊孔子不知孔夫子何自可尊，所谓矮子观场，随人说妍，和声而已。是余五十以前真一犬也，因前犬吠形，亦随而吠之，若问以吠声之故，正好哑然自笑也已。五十以后，大衰欲死，因得友朋劝诲，翻阅贝经，幸于生死之原窥见斑点，乃复研穷《学》、《庸》要旨，知其宗贯，集为《道古》一录。于是遂从治《易》者读《易》三年，竭昼夜力，复有六十四卦《易因》锓刻行世。
>
> 呜呼！余今日知吾夫子矣，不吠声矣；向作矮子，至老遂为长人矣。虽余志气可取，然师友之功安可诬耶！既自谓知圣，故亦欲与释子辈共之，盖推向者友朋之心以及释子，使知其万古一道，无二无别，真有如我太祖高皇帝所刊示者，已详载于《三教品刻》中矣。[①]

李贽的很多作品有时是打着孔子的旗帜批判后来的儒家学派的，《圣教小引》一文就是一例。在这篇文章中，他以回顾自己一生对孔子和儒教的态度变化为线索，反对盲目尊孔，提倡自立是非，对当时的尊孔热潮予以痛击，但却又把自己说成是真正"知吾夫子"的"长人"。文中采用讽喻手法，把道学家们尊孔的大合唱比作黑夜中的"一犬吠影，众犬吠声"，实际上指出了孔子这尊偶像，就是在众犬的狂吠声中被哄抬起来的。这在当时不能不说是对尊孔派的大胆亵渎和否定。文中李贽又说他集中翻阅了佛经，研读了《学》、《庸》，探讨了《周易》，从而使他真正认识到孔夫子为什么可尊，而不再跟着别人闻声而叫了。那么李贽认识了的孔子圣教是什么？他答曰："万古一道，无二无别"，把神圣的儒教和被斥为"异端"的佛、老同等看待，认为他们没什么不同，这与其说是对孔教的尊重，还不如说是对孔教一尊地位的批判。"万古一道，无二无别"，混同一切不同的教义与主张，这当然是一种超阶级的唯心主义观点；但李贽自认对孔教有了认识的言论，不正是包含着对孔教独尊地位的否定吗？又如这时写的《三教归儒说》：

① 《圣教小引》，《续焚书》卷二。

儒、道、释之学，一也，以其初皆期于闻道也。必闻道然后可以死，故曰："朝闻道，夕死可矣。"非闻道则未可以死，故又曰："吾以女为死矣。"唯志在闻道，故其视富贵若浮云，弃天下如敝屣然也。然曰浮云，直轻之耳；曰敝屣，直贱之耳：未以为害也。若夫道人则视富贵如粪秽，视有天下若枷锁，唯恐其去之不速矣。然粪秽臭也，枷锁累也，犹未甚害也。乃释子则又甚矣：彼其视富贵若虎豹之在陷阱，鱼鸟之入网罗，活人之赴汤火然，求死不得，求生不得，一如是甚也。此儒、道、释之所以异也，然其期于闻道以出世一也。盖必出世，然后可以免富贵之苦也。①

在李贽看来，儒、释、道三家，其宗旨是一样的，它们在创始的时候，都是把闻道作为最终的目标。所不同的就在于儒家把富贵看作像浮云一样轻，把放弃天子名位看作像扔掉破鞋一样无足轻重。道教进而把富贵看成像粪土一样脏臭，把天子名位看成像戴了枷锁一样受累。佛教则更认为享受富贵像虎豹掉进陷阱，鱼鸟落入网罗，活人陷到汤火里一样，求死不得，求生不能。儒、释、道三家虽然有这点不同，但它们都希望通过闻道达到出世的目的，以求免除富贵的苦恼。李贽把儒、释、道三家并列，把独尊地位的儒家与被视为"异端"的佛老一视同仁，平等看待，这同样起到了否定儒家正统地位的战斗作用。而且，就在这篇文章中，李贽又一次提出"自颜氏没，微言绝，圣学亡"，否定了儒教道统的存在。并痛斥汉儒"附会"，宋儒"穿凿"，"人益鄙而风益下"，到了明代道学家，更成了"无才无学，无为无识"的大草包，"阳为道学，阴为富贵，被服儒雅，行若狗彘"的伪君子，鲜明地表现出对儒家学派特别是对宋明理学的憎恶。

四、《九正易因》的完成

李贽寓居通州后，主要是集中力量修改他从前写成并刻印的《易因》。万历三十年(1602)，经过深入钻研，细心修订，李贽对《易因》的最后修改完成了。根据马经纶的意见："乐必九奏而后备，丹必九转而后成，易必九正而后定，宜仍旧名《易因》，而加'九正'二字即得矣。"②随定名为《九正易因》。

① 《三教归儒说》，《续焚书》卷二。

② 《九正易因序》。

《九正易因》是李贽的最后一部著作，也是很费心血的一部著作。汪本钶在《卓吾先师告文》中记载李贽研读修改《易因》的情况说："庚子(1600)冬，师又读《易》于黄柏山中，改正《易因》。适马诚所先生(即马经纶)自北通州来访山中。越春二月，师与马先生同至通州。既至，又与马先生读《易》，每卦自读千遍，又引坡公语钶曰：'经书不厌百回读，熟读深思子自知'。而《易因》改正成矣，名曰《九正易因》。钶计从师先后计九载，见师无一年不读《易》，无一月不读《易》，无一日无一时刻不读《易》，至于忘食忘寝，必见兰圣人之心而后已。"[①]李贽用了十多年的功夫，年年读，月月看，废寝忘食，精心研讨，多次修改，最后带病写完了《九正易因》，其精神着实可嘉。

中国社会科学院哲学所图书室现存明抄本《九正易因》二卷。第一卷卷首有《九正易因序》(有残页、残字)，《序》后有《读易要语》，而后为正文，按六十四卦顺序分别解说。每卦首列卦象、卦辞，彖辞、爻辞(李贽认为彖、爻辞是文王所作，故列前)、小象辞、大象辞，而后为李贽对经、传的综合解说，而后为附录，收入从先秦到明朝有关对《周易》研究的成果。《九正易因》在乾、坤两卦后不载文言，因为李贽认为"乾、坤不载文言者，以文言宜自为传，不宜独摘乾、坤两卦，而遗其他，以破碎圣人之经传也。"也没收系辞，说卦、序卦、杂卦，李贽说："待未死，尚当穷究系辞之奥，不但发明文言而已。"说明他当时还来不及对这部分做解释，而准备以后再加补充。

《九正易因》重点解的是卦象、卦辞、彖辞、爻辞及象辞(小象辞和大象辞)，而且特别推崇孔子对《易》的发挥。他在《读易要语》中说：

> 文王彖辞爻辞，其言约，其旨深，非夫子读而传之，后之人终不可得而读也。唯夫子于《易》终身焉，是故举其象，指其义，陈其辞，以至圣之心，合前圣之心，而后羲画文理灿然详明，其功大矣。虽谓夫子以注解文王之《易》可也，后之人又何以赘为。夫唯不免有赘矣，以故夫子之传明而复晦，赘赘无已，晦晦相仍，《易》道大丧。后之用《易》者，反师其所训诂，即以为真圣人之神化，自入于过，而欲人寡过也，不亦甚与！故世之读《易》者，只宜取夫子之传详之，必得其《易》象之自然乃已。不然宁不读《易》，不可误述医方，以伤人也。

李贽把彖辞、爻辞说成是文王所作，是不对的。《周易》一书，相传是伏羲画

① 《李温陵外纪》。

八卦，不一定可靠。八卦可能产生于原始社会时期，也许经过传说中的伏羲的整理。六十四卦则产生于殷朝，司马迁在《报任少卿书》中说："西伯拘而演《周易》"[①]，把六十四卦说成是周文王推演而成，也还是可信。爻辞则是周公所作，与周文王无关。彖辞上下、象辞上下、系辞上下、文言、说卦、序卦、杂卦名为《易传》十翼，有些是孔子所作，有些是孔子弟子及其后学者记录和阐述孔子的见解而成，十翼所表述的思想，基本上是孔子的思想。

《周易》是一部占筮书，古人为了占筮人事的吉凶，创造了六十四卦，以象征宇宙间的事物，并由此推演出人事的吉凶，这当然是一种迷信。但《周易》以阴阳说明矛盾，说明对立面，却包含着朴素的辩证法因素，因此，也可以看作是一部哲学书。它产生在纪元前12世纪，比纪元前6世纪出现的希腊泰利士的哲学学说还早600年，这更应该引起我们的注意。特别是孔子及其弟子所作的《易传》十翼，对《周易》进行了一定的解释和补充，虽然也有不少形而上学的东西，而且还表现了鲜明的统治等级观念(如《系辞》上："天尊地卑，乾坤定矣。卑高以陈，贵贱位矣。")但在很多地方却发展了《周易》的朴素辩证法因素，并把它更多地运用到人类社会关系中去，这就更为可贵。因此，李贽对孔子的解释加以推崇，是有一定道理的。

但李贽对孔子以后历代关于《周易》注释的否定却是片面的。为《周易》做注释的，孔子以后到李贽的时代约有两千余家，其中有相当一部分是把《周易》当作占筮用的书，注释其关于占筮部分，这种神学迷信的宣传当然是要不得的。就是把《周易》作为哲学书的注释，有些日趋烦芜，更加使《周易》神秘晦涩，有些借以宣扬形而上学，宣扬封建统治阶级的等级观念。到宋朝，更出现了用先天图、河图和洛书的图形解《易》的方法，这种唯心主义的谬说，把《周易》解得更加神秘荒谬，这些当然是应该扬弃的。但也有不少对《周易》的好的解释，如魏晋时代王弼的注，不但能以简约代烦琐，而且突出了《周易》的朴素辩证法因素，提出了"异而知其通"的说法，对于变易的作用加以强调，这则是可贵的。李贽笼统地把孔子以后的《周易》注释说成是使孔子的解释"明而复晦，赘赘无已，晦晦相仍，《易》道大丧"，是一种片面的形而上学看法。

李贽虽然独尊孔子对《周易》的解释，但在"附录"部分，却又集录了从庄子、子夏直到李贽的好友焦竑等历代关于《周易》的解说约六十家，分别附在六十四卦李贽自己解说之后。这些集录是很庞杂的，但也可证李贽并不是完

① 《汉书·司马迁传》。

全排斥前人的注释，而是做了辛勤的研讨与摘录。在全书中，还保存有马经纶和李贽弟子方时化、汪本钶等的解释十条，马经纶、方时化、汪本钶都曾长期从李贽学《易》，这十条也许就是他们在研讨中所记。李贽在自己的著作中，保存了其弟子的解释，说明他是很能虚心接纳别人的见解，也表现了他一贯主张的“师即友”的思想。

李贽自己的解释是《九正易因》的主要内容。这些解释，思想也很不统一，有些地方表现了形而上学的思想，甚至杂有占筮的神学谬论。但很多解释则阐明和发挥了《周易》的朴素唯物论和朴素辩证法因素。

如李贽对乾(☰)卦的解释是：

> 大哉乾元，万物资始，既资以始，必资以终，无非统天而何？夫天者万物之一物，苟非统以乾元，又安能行云施雨，使品物流通，形著而若是亨乎？故曰：大哉乾元。人唯不明乾道之终始，是以不知乾元之为大。苟能大明乎此，则知卦之六位，一时皆已成就，特乘时而后动矣。是故居初则乘潜龙，居二则乘见龙，居三乘亢龙，居四乘跃龙，居五乘飞龙，居上乘亢龙，盖皆乾道自然之变化，圣人特时乘之以御天云耳。是故一物各具一乾元，是性命之各正也，不可得而同也；万物统体一乾元，是太和之保合也，不可得而异也。故曰：乃利贞。然则人人各正一乾之元也，各具有是首出庶物之资也，乃以统天者归之乾时，乘御天者归之圣，而自甘与庶物同腐焉，不亦伤乎？万国保合，有是乾元之德也，何尝一日不咸宁也？乃以乾为天，以万为物，以圣人能宁万国，以万国必咸宁于圣人，不益伤乎？

《乾卦》的主要思想是说明事物都是在变化的，人们要适应这种变化，利用这种变化，以求事情向有利的方面发展。《彖辞》中所谓“大哉乾元，万物资始，乃统天。云行雨施，品物流形。”就是说天下万物都是流动的、变化的，像云一样，像雨一样，而且随着事物的不同采取着不同的形态，这是对自然界的唯物的认识，也带有朴素辩证法的因素。在《爻辞》，中，又通过龙这一形象的不同表现，寓意着在不同情况下人们应该采取的行动。一条龙最初藏在水底，比喻有圣德的人暂时的潜伏；而后龙出现在田间，摆脱了地下潜伏状态，比喻有圣德的人不在其位；而后龙跳跃于深渊，比喻有圣德的人为自己的施展抱负而做准备；而后龙冲天而起，比喻有圣德的人终居高位，成就大业。但是，“亢龙有悔”，龙达到了最高地位，就容易骄傲自满，只有身居高位，而又知道自悔，时时警诫自己，那就能把坏事变好事，最后像群龙半隐半现于云端那样，转动自如，自由飞腾。显然这其中带有可贵的朴素的辩证法思想。《大象》辞说："天行健，君子以自强不息。"从天体的运动联系到人事，要人们自强不息，永不满足已有的成就，争取更大的成功，这就把《乾卦》的含意明白地运用到人事上了。

李贽的解说抓到了《周易·乾卦》这一可贵的朴素的唯物思想和辩证法思想。他说"天者万物之一物"，这就肯定了天体的物质性。他说正是由于万物统一于这个大哉乾元的天，才能行云施雨，使品物流通，这实际上是肯定了自然的变化，正是物质运动的必然结果。他认为《乾卦》的六位(即初爻的始位、中四爻的中四位、上爻的终位)是"乘时而后动矣"，这都是"乾道自然之变化，圣人待时乘之以御天云耳"，圣人就是要利用这种自然的变化，这都很好地阐述了《乾卦》的辩证思想。

更为可贵的是李贽还提出了"一物各具一乾元"、"万物统体一乾元"、"人人……各具有首出庶物之资"的口号。李贽认为因为"一物各具一乾元"，每种物都具有《乾卦》所说的变化的这一本质，所以每种物的性命都是正的。但是由于每种物的不同，它们又各有自己的特点，不可得而同也。另一方面，"万物统体一乾元"，各种物又都逃不脱《乾卦》所说的事物是变化的这一规律，在这一点上，万物都"不可得而异也"。物质是变化的、运动的，这是万物一样；物质的变化又是随着事物的不同采取着不同的形态，这则是多种多样。李贽的这种认识，是看到了世界的统一性与事物的多样性。

正因为"一物各具一乾元"，李贽又进而提出"人人各正一乾之元也，各具有是首出庶物之资也"，就是说，人人都具有乾元这种大德，人人都可具备首出万物的资格，没有必要把一切都归于圣人，如若认为只有圣人才能"乘御天"、"宁万国"，那是真正的悲哀可伤啊！李贽从《乾卦》引出的这一命题，像他的很多著作一样，强调人人平等，人人皆圣，具有反封建压迫、反传统思想的战斗精神。

又如对于蒙(䷃)卦的解释：

> 山下有险，险而止，以此卦下险上止象也。夫方其止也，混混沌沌，莫知所之。然既以险而止，则必以亨通而行。及其亨通而行也，圣人如此，童蒙如此，虽欲不行，又可得乎？故曰："蒙，亨，以亨行，时中也。"言时止即止，时行即行，即此便是时中，圣人与童蒙无异矣。

《蒙卦》的中心意思是讲对童蒙的教育问题，李贽从中引出圣人与童蒙一样，遇到险境，莫知所之时，不管是圣人或是童蒙，都要止，虽欲不止，也没有办法。险而止以后，自然也可以找到亨而通，找到通行之路，这时圣人要前进，童蒙也要前进。这就不但在教育方法、学习方法上给人以有益的启示，而且李贽提出的根据不同的条件，时止即止，时行即行，圣人与童蒙没有什么不同的结论，不正是他一贯主张的人人平等、人人皆圣的又一次表现吗？

《九正易因》中也有消极因素，如有些解释出于牵强臆测，表现出明显的唯心的形而上学观点。有些则表现出李贽受封建思想束缚，如《坤卦》中把天尊地卑称为"正理"，并由此引出君尊臣卑为"正道"，显然是错误的，也是与他所主张的圣愚一律的平等思想相矛盾的。但《九正易因》的朴素的辩证法思想是很突出的，它不但是研究李贽思想的一部重要代表著作，也是研究《周易》的一部重要参考书，过去不被人注意，今天应该引起我们的重视。

五、最后遇难

李贽以 76 岁的高龄，带病完成了他最后的一部著作《九正易因》后，身体愈来愈弱，病也愈来愈重了[①]。他感到自己的来日不多了，二月五日，特草《遗言》，对自己死后的葬式做了安排，并表示"落在好朋友之手，此最难事，此予最幸事"[②]，想平平安安地在马经纶那里度过他生命的最后时刻。但是封建统治阶级还是不放过他。就在李贽写《遗言》前后，京师忽然传起一股流言，说李贽著书，是要丑诋大学士沈一贯，沈"恨甚"，但"踪迹无所得"[③]。统治者制造这种流言的目的，显然是为迫害李贽做准备。果然，闰二月乙卯，当时任礼科都给事中的张问达上疏劾奏李贽，一方面诬陷李贽"挟妓女白昼同浴"、"明劫人财，强搂人妇"，一方面攻击李贽"以卓文君为善择佳偶，以司马光论桑弘羊欺武帝为可笑，以秦始皇为千古一帝，以孔子之是非为不足据"，指责李贽的这些见解是"狂诞悖戾"、"刺谬不经"，"不知遵孔子家法"[④]。张问达的劾疏正好从反面证明了李贽反封建压迫、反传统思想的战斗意义。神宗朱翊钧很快就批示："李贽敢倡乱道，惑世诬民，便令厂卫五城严拿治罪。其书籍已刊未刊者，令所在官司尽搜烧毁，不许存留。如有党徒曲庇私藏，该科及

① 袁中道：《珂雪斋近集文钞·李温陵传》。
② 《李卓吾先生遗言》，《续焚书》卷四。
③ 沈德符：《万历野获编》卷二七。
④ 《神宗实录》卷三六九。

各有司访参奏来并治罪。”[①]这样，在明朝封建统治者的诬陷与迫害下，李贽被捕入狱了，他的已刻和未刻的著作被通令烧毁了。

袁中道在《李温陵传》中，详细记载了李贽被捕和入狱的情况：

> 至是逮者至，邸舍匆匆。公以问马公，马公曰：“卫士至。”公力疾起，行数步，大声曰：“是为我也。为我取门板来!”遂卧其上，疾呼曰：“速行！我罪人也，不宜留。”马公愿从。公曰：“逐臣不入城，制也。且君有老父在。”马公曰：“朝廷以先生为妖人，我藏妖人者也。死则俱死耳，终不令先生往而己独留。”马公卒同行。至通州城外，都门之牍尼马公行者纷至。其仆数十人，奉其父命，泣留之，马公不听，竟与公偕。明日，大金吾置讯，侍者掖而入，卧于阶上。金吾曰：“若何以妄著书?”公曰：“罪人著书甚多，具在，于圣教有益无损。”大金吾笑其崛强，狱竟无所置词，大略止回籍耳。[②]

据马经纶说，李贽被捕时，已卧病三月，仅余喘息，门板抬来，一路昏迷，而且连日粒米难进，呕吐相继，诊脉变常，医者缩手[③]。李贽被捕后下镇抚司狱[④]。他对封建统治者的迫害是无所畏惧的，他以所著书于圣教有益无损为自己辩护则是无力的。李贽用自己的行动和著作，向封建统治阶级的压迫和传统思想进行了反抗与斗争，但他自己却并不能完全认识到这种反抗与斗争的真正意义。

李贽被捕入狱后，马经纶不仅亲自陪同探视，还不顾自身安危，多次上书当路者，为李贽辩护。如《启当事书》、《与李麟野都谏转上肖司寇》等，写的文词泼洒，情理兼尽，不仅有理有据地驳斥了张问达在劾疏中对李贽的诬蔑和攻击。而且还用李贽的清标苦节、一芥不取，对比当时贪官污吏的恣欲掠夺；用李贽的被逐于湖广、被拿于通州、遍天下无容身之地的不幸遭遇，对比贪官污吏的广被纳交、延誉、推荐、问请的飞黄腾达，也从一个侧面揭露了当时统治集团的腐败。可能是由于马经纶的多次上书据理申辩吧，李贽被捕入狱后，除却大金吾走过场式的置讯一次外，“久之旨不下，公于狱中作

① 《神宗实录》卷三六九。

② 袁中道：《珂雪斋集》卷一七。

③ 《李氏遗书》附录《与王冀廷主事》。

④ 《续焚书》卷四《李卓吾先生遗言》附汪本珂跋。

诗读书自如”[①]。《系中八绝》就是李贽在狱中留给我们的最后著作。在这八首诗中，表现了李贽思想上的矛盾。一方面，他对统治者还寄予希望，特别是对神宗抱有幻想。另一方面，诗中也表现了李贽坚定不屈的斗争性格。他并不把封建统治者的禁锢看作有什么了不起，他说自己名山大壑都登临遍了，只有监狱的大门还没进过，进来看看不正弥补了一生的缺憾吗？他说关在牢房中，求生不得，求死不能，但一看到那随风飘舞的柳絮，觉得地狱也同样会有春天，没什么可怕。李贽是把生死置之度外了。

当时传说封建统治阶级要把李贽遣回原籍。李贽说：“我年七十有六，死耳。何以归为？”[②]三月十五日，李贽呼侍者剃发，遂夺剃刀自割其喉，气不绝者两日。侍者问“痛否？”他以指书其手曰：“不痛。”又问“你为什么自杀？”他书答曰：“七十老翁何所求！”遂气绝，时为三月十六日（公历 5 月 7 日）子时[③]。就这样，一个杰出的反封建压迫、反传统思想的思想家李贽，在封建统治阶级的迫害下牺牲了！

李贽牺牲后，马经纶大胆地把他收葬在通州北门外马氏庄迎福寺侧，葬式均照李贽遗言，而且“冢高一丈，周列白杨百余株”[④]，大有向相距几十里的北京神宗示威之意。据《帝京景物略》记载，李贽墓前还立碑两块：“一曰‘李卓吾先生墓’，秣陵焦竑题。一曰‘卓吾老子碑’，黄梅汪可受撰，碑不志姓名乡里，但称卓吾老子也。”这个记载是对的。但这两块碑的摹勒镌刻则是于李贽死后十年（万历四十年）和八年（万历三十八年）完成的。

汪可受写的《卓吾老子墓碑》在前，他在碑文一开头就写道：“余与公安袁家兄弟尝问道于卓吾老子。庚戌之春（即万历三十八年，1610 年），余以关吏述职竣，中郎数偕同志梅掌科、苏侍御招游野寺，慨然怀古，指蜕骨在通州城外马氏庄，恐孤坟荒草，日久且不可辨识，奈何！余曰：彼实轻去其乡，以吾楚人不终以至此，今谁为慰此寂寞？正吾楚人所不得辞也。中郎任为文以志之，余与二公任捐赀树之碑。未几，中郎长逝，则志亦余之所不得辞也。”[⑤]由此可知，万历三十八年，汪可受和袁宏道等人曾到通州李贽墓前凭吊。这时李贽墓前没有碑记，他们恐孤坟荒草，日久不可辨识，商议立碑以为志。原定由袁宏道写碑文，汪可受与梅、苏承担镌刻树碑之赀。但袁宏道

① 袁中道：《珂雪斋集·李温陵传》。

② 钱谦益：《列朝诗集》闰集卷三《卓吾先生李贽》。

③ 袁中道：《李温陵传》，自杀与气绝日、时，见《李氏遗书》附录汪本珂《卓吾先师告文》。

④ 刘侗、于奕正：《帝京景物略》卷八“畿辅名迹”。

⑤ 《畿辅通志》卷一六六。

碑文还没撰写，就去世了，结果由汪可受写了这篇《卓吾老子墓碑》。在碑文的最后，汪可受还“哀之以偈”：

伯阳深藏貌若虚，卓吾虚极匪深藏。
老子谁能终不老，入万劫也落空亡。
信口信心兼信手，信手一刀出断常。
记得上党夜中说，不会先机谓是狂。
龙湖潞水共汤汤，大千世界任徜徉。
我亦怪君葛藤长，《焚书》不焚藏不藏。
但愿还我证道歌，绝学无为娑婆诃。

可惜的是，这个墓碑不知何时丢失了。

现在北京通县城北李贽墓存有墓碑一块，碑阳书“李卓吾先生墓”，碑阴有詹轸光于万历四十年(1612)写的《李卓吾碑记》和《吊李卓吾先生墓二首》(七律)。其“碑记”如下：

呜呼，此明李卓吾先生墓也。先生以死友之谊，就马侍御于通州，及被逮，不可辱而自刎，则侍御搜其遗骸，归葬之。今其冢岿然，其白杨森森然也。呜呼，世之无朋友也久矣。乃有生于我乎养，死于我乎葬，如侍御者，则千古之友道，未坠地也。侍御立朝，真声动天下，天下望而震焉。独折节先生于师友之间，则先生可知矣。余获侍先生于有年，先生盖目余为小友。今已再展先生墓，而兹石依然草莽也。叹侍御不可复作，而谐其嗣子健顺，出太史所为题字，泣而曰：“顺不肖，敢忘先君子之义哉!”遂摹勒成而树之。时万历壬子之二月。呜呼！千秋百岁后，有景行先生而思一识其藏者，此碑可藉不朽云。先生讳贽，温陵人。侍御讳经纶，凤阳人。而余则新安詹轸光也。

根据李贽《遗言》：“墓前立一石碑，题曰‘李卓吾先生之墓’，字四尺大，可托焦漪园书之，想彼亦必无吝。”和詹轸光《碑记》：“今已再展先生墓，而兹石依然草莽也。叹侍御不可复作，而偕其嗣子健顺，出太史氏所为题字……遂摹勒成而树之。”可知碑阳题字为焦竑所书。但不知什么原因当时没有摹勒镌刻，而只树了一个无字的石碑。到万历壬子(万历四十年)李贽死后十年，詹轸光到通州拜谒李贽墓时，才由马经纶的儿子马健顺把妥善保存的焦竑题字拿了出来，摹勒而树之，并由詹轸光写了《碑记》，以记其事。

汪可受和詹轸光所写的碑文和诗，都表现了对李贽愤愤而死的深切悼念。他们把李贽颂为慷慨壮烈的燕赵之士，信口信心信手的狂人，赞美《焚书》不焚，《藏书》不藏，说李贽死后还散发着侠骨之香，这更是对封建统治阶级迫害李贽的愤愤不平与抗议了。

李贽死后，当时还有很多人写诗著文，悼念他，赞美他。他反封建压迫反传统思想的斗争精神，对以后的进步思想家、文学家都产生了极大影响，直到"五四"时期，一些资产阶级代表人物还把李贽的著作作为向封建统治阶级及旧礼教进行斗争的武器。

李贽在国外也产生过很大影响。其最显著者如日本明治维新运动的先驱者、著名汉学家吉田松明就非常喜爱李贽的书，自谓在生死观上颇得力于李贽的《焚书》，并有汉学著作《李氏焚书抄》、《李氏续焚书抄》等。日本的汉学家铃木虎雄曾撰《李卓吾年谱》，并于1926年来中国，专程到通县寻找李贽墓。当时李贽墓碑已断为三截，铃木虎雄拓了碑文，引起了当时通县当局的注意，鸠工重修，扶起断碑，依痕接好，并用砖石建了一个小碑楼，墓地植元宝树数株，李贽墓又得以完整保存下来。

像许多历史文物一样，李贽墓的被重视是在新中国成立后。1954年中央卫生部在该处购地，修建结核病院，通州市人民政府发冢迁墓，在河北省政府文化厅的关注下，在各方人士的协助下，把李贽尸骨迁葬到通州城北牛作坊，并重建了碑楼。现在，李贽墓已成为一个很有历史价值的古迹。出生在祖国南海边沿的李贽，却在辽阔的河北平原留下了他的足迹和尸骨。整理论述一下他在河北的活动、著述和思想，是了解他一生事迹的重要组成部分，也是一件有意义的工作。

（原载《河北师范大学学报》，1982年第1期）

明代进步思想家李贽在河南

李贽(1527—1602)，字卓吾，福建泉州人，是我国明代进步的思想家、文学家。他曾提出"不以孔子的是非为是非"，把封建统治阶级的"德礼政刑"斥之为束缚人们思想和手脚的桎梏，表现出反封建压迫、反传统思想的战斗精神，因而被明神宗以"敢倡乱道，惑世诬民"的罪名，逮捕入狱，并迫害而死。李贽一生中，或因生活所需，或因仕宦关系，或因遭受封建统治者的迫害，曾多次到过河南。研究李贽在河南的活动、交游、著述，是了解这位进步思想家的一个重要组成部分。

一、乞食于卫，尝到了人们的艰辛

李贽 30 岁以前，基本上是在家乡度过的。但为生活之计，也曾奔走于各地。他在《答何克斋尚书》中说："某生于闽，长于海，丐食于卫，就学于燕，访友于白下，质正于四方。"这里所说的"丐食于卫"的"卫"，就是明朝时的卫辉府，包括汲县、新乡、获嘉、淇县、辉县、延津、浚县、滑县、封丘、考城等，也就是说，李贽早年确实到过河南，并经受了生活上的贫困。

李贽年轻时所遭遇到的这种生活上的贫困，和他的家境是相符的。李贽在《卓吾论略》中曾说，他幼年时家中"至贫"。因此，他外出以至"绝粮七日，饥冻困踣"，乞食于路，也绝不是一时的拮据。在这样穷困的生活奔波中，李贽当然会接触到现实生活的真实面貌，看到人民生活的不幸，对现实的黑暗有了感性上的认识。这样的遭遇在李贽当然不止一次，他的两个女儿后来也是在河南辉县被饥饿疾病折磨而死的。李贽在很多著作中，坚决反对理学家鼓吹的"存天理，灭人欲"，痛斥封建统治阶级的"德礼政刑"是束缚人们的桎梏，甚至提出了官逼民反的命题，对一些农民起义表示出一定同情，与他早年在河南的不幸生活遭遇有一定关系。

二、出仕辉县教谕，第一次探讨人生哲学的失败

嘉靖三十五年(1556)，李贽出任了河南辉县教谕，这是他第一次为官。李贽对仕途本来极为反感，他曾说参加乡试的心情是："此直戏耳。但剽窃得

滥目足矣，主司岂一一能通孔圣精蕴者耶！因取时文尖新可爱玩者，日诵数篇，临场得五百。题旨下，但作缮写誊录生，即高中矣。”[①]但为生活所迫，李贽后来不得不违背自己的心愿，走上应考求仕的道路。他后来回顾第一次为官的心情时说：“吾初意乞一官，得江南便地，不意走共城万里，反遗父忧。虽然，共城，宋李之才宦游地也，有邵尧夫安乐窝在焉。尧夫居洛，不远千里就之才问道。吾父子倘亦闻道于此，虽万里可也。且闻邵氏苦志参学，晚而有得，乃归洛，始婚娶，亦既四十矣。使其不闻道，则终身不娶也。余年二十九而丧长子，且甚戚。夫不戚戚于道之谋，而惟情是念，视康节不益愧乎！”李贽初意不过在离家乡不远的江南求得一官，以维持家中生计，不料却被派到离家极远的共城(辉县古为共伯国，隋为共城县)，反而让父亲担忧。但一想起共城是宋朝李之才为官之地，著名的邵雍也曾在那里求学问道，那么，自己只要能有所获，虽万里又有什么关系？不过李贽与邵雍毕竟不同，邵雍丁母忧，可以在共城苏门山下的著名风景区百泉筑室而居，闭门修性，研讨那奥妙的唯心主义理论。而李贽则不得不“假升斗之禄以为养”，以维持一家人的生计。而且他身为县学的教官，要负责所属生员的事务和管理文庙祭祀，并不能得到很多研讨学问的机会。但李贽对辉县百泉的清幽风光还是很感惬意的，他一有空暇，就要“游遨百泉之上”，还高兴地说：“吾泉而生，又泉而官，泉与吾有夙缘哉！”并因此自称百泉人，又自号“百泉居士”。李贽是把辉县作为他第二故乡了。

但是，“平生不爱属人管”[②]的李贽，使他从思想到性格都与顶头上司县令、提学合不来：“为县博士，即与县令、提学触”，这怎么能学道呢？结果，“在百泉五载，落落竟不闻道”，李贽第一次探索人生之道的结果，是以失败而告终了。他与辉县却结下了深厚情谊，后来甚至把妻女安置在此生活了几年。

三、寓居辉县，与贪官展开斗争

嘉靖四十一年(1562)，李贽因父丧在泉州守制三年后，携眷属到了北京，第二年出任国子监博士。不久又接到祖父去世的讣告，他只好二次奔丧。李贽要到数千里远的泉州去守制三年，家属留在北京将会遇到很多困难。因此，他想起了辉县，决定把妻女安置在此，权且度日。他把别人帮助办丧事的钱

① 《卓吾论略》，《焚书》卷三。以下引文凡未注出处者均见此文。

② 《豫约·感慨平生》，《焚书》卷四。

分一半买些田地，让她们耕作自食。事情十分不巧，这年辉县大旱，贪官污吏想借这个机会敲诈勒索，便假借漕河是运送公粮的河道之名，把通向田间的水源全部引入漕河，不许用半点水浇田。李贽亲自到官府为老百姓说情，也遭拒绝。当时李贽若以自己的几亩地请求用水，那是会得到照顾的，但李贽不肯这样做，他说："嗟哉，天乎！吾安忍坐视全邑万顷，而令余数亩灌溉丰收哉！纵与必不受，肯求之!"李贽亲眼看到贪官污吏欺压百姓的行径，对他们产生了强烈不满，因之，他宁肯自己的田地与全邑万顷一起干旱，也不愿单独接受贪官私情，这对封建时代的一个士大夫来说，确实是可贵的。就这样，李贽怀着对贪官的强烈愤懑，对妻女的无限牵挂，离开辉县南行了。

这一年，由于天灾和人祸的危害，辉县果然大闹饥荒，李贽妻女种的几亩地，只收了几斗稗子，全家只能靠吃这种草籽度日。大女儿过惯了艰苦生活，还能够勉强下咽，二女儿、三女儿难以下口，终因饥病交加，相继死去。后来，李贽的朋友邓石阳以卫辉推官(专门管理一府中刑事)的身份到辉县发粟赈济灾民，他就拨出自己的一些薪俸帮助李贽妻女，使她们勉强度过了三年的艰辛生活。

李贽回泉州安葬了老人后，于嘉靖四十五年(1566)又回到了辉县。他记述这次回到家里的情况时说："入门见室家，欢甚。问二女，又知归未数月俱不育矣。此时黄宜人(李贽之妻)泪相随在眉睫间，见居士色变，乃作礼，问葬事，及其母安乐。居士曰：'是夕也，吾与室人秉烛相对，真如梦寐矣。乃知妇人势逼情真，吾故矫情镇之，到此方觉屐齿之折也!'"这真是一幅辛酸的场景，在这种场景中，无论如何矫情镇定，也是掩盖不了内心的悲愤情绪的，无情的现实生活，使李贽尝到了更多的人生艰苦。

这年的夏秋，李贽就是同家人在辉县度过的。辉县现存嘉靖丙寅(1566)石刻一块，记载了李贽与邓石阳等唱和诗六首，其中有李贽诗三首和跋语三段，给我们留下了了解他这一段生活的宝贵资料。李贽的三首诗是：《和邓石阳》："相访过山寺，题诗欲满山。野人惊瘦病，仙客喜开颜。落笔天将暮，举头叶可攀。行吟出树下，云在意俱闲。"《途中怀寺上诸友》："世事何纷纷，教予不欲闻。出郊聊纵目，双塔在孤云。雨过山头见，天晴日未曛。骑驴觅短策，对酒好论文。"《七律》："思君复自陟崔嵬，君独思君不顾回。一雨半犁堪种谷，三人两病懒登台。棋声忽应空山去，酒味欢从得水来。可是君宣寻到我，须臾为报洞门开。"从这几首诗和李贽的跋文中，我们可以大致了解李贽当时的生活、身体及交往情况。这年的夏天，可能是由于从泉州回辉县的长途跋涉的劳累和连丧二女的悲痛郁结，李贽病了一场，就住到白麓山下的白云寺避暑去了。他有时"出郊聊纵目"，游览一下山中泉边的美景；有时则和"相访过山寺"的朋友对酒、谈道、论文、题诗、下棋。这些朋友有邓石阳、赵永亨、陈莨、张士允、张世乐、傅坤、王明斋、李巽川，还有个叫君宣的，都曾到山中探望李贽，并互相唱和题诗。

从这几首诗文中，我们还可以了解到李贽思想上的一些情况。他说："世事何纷纷，教予不欲闻。"他从三十岁离开故乡泉州到辉县做县学教谕，到这年整四十岁。十年来，由县学教谕而国子监博士，由辉县小城，到南京、北京的大都会，看到了官场的种种腐败，感受到统治集团内部的种种矛盾，他已厌倦了这种紧张而无聊的政治生涯。他很想安静地闲居一段，题诗论文，修养身心。但他也并没有忘却世事，还想着人民群众的生活，看到下了半犁的雨，他想到可以种谷了。他在跋语中说，王明斋的那首七律比李巽川的五律好，因为后者只是单纯景色描写，前者则表现出对现实的关注："僧家莫道闲游览，安石苍生意未虚。"李贽肯定这种在"闲游览"中不忘现实，要有谢安那样卫国安民的思想，正表现出他的积极态度。

四、避难商城黄柏山，继续从事著述与斗争

李贽自万历九年(1581)辞官后，寓居在湖北黄安、麻城。万历二十八年(1600)，一些理学之徒再次向李贽展开了攻击。他们先是制造舆论，说李贽住在麻城就是害了麻城人，应该赶他回老家去。继之又进行恶意恐吓，声言要拆毁李贽居住的龙潭湖芝佛院。当这一切都无济于事，他们就凶相毕露，勾结封建官吏，雇用流氓打手，以"逐游僧，毁溪寺"，"维持风化"为名，对李贽进行驱逐迫害①。这时，李贽在他的学生杨定见协助下，避难于河南商城县黄柏山中。

李贽避难黄柏山中后，在困难条件下，仍然坚持着著述。这时他主要是继续着对《周易》的研究。李贽的学生汪本钶在《卓吾先师告文》中记载李贽研究《周易》的情况说："庚子(1600)冬，师又读《易》于黄柏山中，改正《易因》。适马诚所先生自北通州来访山中。"②文中所说的《易因》，是李贽刻印不久的著作。文中所提到的马诚所，就是李贽好友马经纶，他在为李贽辩护的《与当道书》中也说：他从通州跑到黄柏山中，"不远三千里就而问《易》，辨惑解缚，

① 《泉州府志》卷五四《文苑传》。

② 《李氏遗书》附录，又见《李温陵外纪》卷一，题为《哭李卓吾先师告文》。

闻所未闻，四十日间，受益无量。”[1]都说明李贽这时虽身处危难之中，仍在认真地对《周易》进行着研讨。《易因》修订后改名《九正易因》，于1601年完成于通州(今北京通县)马经纶家，但李贽在黄柏山中的修订工作，却是完成这部书的重要准备阶段。这部书中有很多地方表现了他反封建的战斗精神和朴素的唯物论、辩证法思想，应该引起我们的重视。

（原载《中州今古》，1985年第2期）

① 《马公文集》卷三。

1987年12月16日在福建泉州“李贽研究学术讨论会”开幕式上的发言

各位领导，各位来宾，同志们，朋友们：

“李贽研究学术讨论会”在李贽的故里泉州举行，具有重要的历史和现实意义。李贽是一位杰出的思想家、文学家、史学家，对明清以及“五四”的文化思想发展都有着重要影响，对日本与东南亚也产生了一定的影响。李贽是中国的骄傲，更是泉州的骄傲。我相信，通过这次学术研讨，一定会推动对李贽研究的进一步深入，对祖国光辉灿烂的优秀文化传统有所开拓，对社会主义文化的建设起到一定的借鉴作用。

为了使李贽研究在这次研讨会的基础上有进一步的深入开拓，我在会前给筹委会秘书处的信中曾提出建立全国性的“李贽研究学会”的建议，其中说：“有一个想法不知是否合适：十二月份讨论会时，我看可以发起组织全国性的‘李贽研究学会’。李贽在中国文化思想史上的地位应该引起更多的注意与研究。如若有一个组织，对研究工作的深入将起到重要作用。这一设想，不知是否可行？还望筹委会同志事先多多考虑。”这一建议曾登载于《李贽研究学术讨论会简讯》第5期上。在这几天的讨论会中，几位学界同仁对这一建议极为赞成，经酝酿商议，大家一致认为应该发起建立全国性的“李贽研究学会”倡议，并委托我草拟了一个“倡议书”。现将此“倡议书”宣读于各位朋友，并请提出指正，以便最后修订定稿。

倡议书

李贽是我国历史上一位杰出的思想家、文学家、史学家，其著作极为宏富。李贽那种“不以孔子是非为是非”的反传统思想，在我国文化思想发展史上占有重要地位。但是，由于种种原因，多年来对李贽及其思想的研究都不够深入，不够全面。为了更好地认识李贽及其思想价值，1987年12月16日至19日，由福建省社会科学联合会、福建省社会科学院、泉州市社会科学联合会联合举办了“李贽研究学术讨论会”。来自北京、上海、广东、云南、湖北、湖南及福建等地的专家、教授、学者等100多人，对李贽及其生平、家世、思想等进行了多方面的研讨。会上各抒己见，畅所欲言，对一些不同认识展开了百家争鸣式的讨论。通过讨论，大家一致认为，进一步开展对李贽及其思想、著作的深入研究，不但有助于我们对中国历史文化思想的认识，而且可以从历史的反思中寻求振兴中华的鉴戒。为此，我们倡议建立"李贽研究学会"，创办"李贽研究学刊"，以便把李贽及其思想的研究推进到一个新的高度。经过几天酝酿与广泛征求意见，我们初步拟定了一个"李贽研究学会筹委会"名单，现提供给大家酝酿讨论。我们深知，自己的学识、能力不一定能胜任这一工作，我们准备着随时让位给更适合的学者、专家及李贽的研究者。但为了尽快地开展工作，现把酝酿名单提供给大家审议，而后再报请有关领导单位审定。

倡议人：

蔡尚思　苏双碧　张建业　李锦全　庄晏成
李德永　周立方　许在全　刘学沛

一九八七年十二月二十日　于泉州

1992年11月20日在北京通县“李贽研究国际学术讨论会”开幕式上的讲话

各位来宾，同志们，朋友们：

李贽研究国际学术讨论会现在开幕。

出席我们大会的有：首都师范大学校长齐世荣教授，国家图书馆馆长任继愈教授，中共北京市委宣传部常务副部长刘述礼同志，《求是》杂志社副总编辑苏双碧同志，中共通县县委书记卢松华同志，通县人民政府县长李瑞和同志，通县人民政府副县长沈德海同志，华东师范大学吴泽教授，中共福建南安县委常委、宣传部长李深水同志。全国政协副主席、大会名誉顾问杨成武同志本来要出席大会，因临时有要务不能赴会，特致意预祝大会胜利圆满成功。参加我们大会的还有来自中国台湾的学者，来自日本、韩国的专家，来自全国各地的各界人士，对大家不远万里莅临盛会，我们表示热烈的欢迎。

由于种种原因而不能到会的中外学者、专家及高等院校学术团体给大会发来了贺信、贺电。其中有大会顾问复旦大学85岁高龄的蔡尚思教授，他在贺电中说：

> 李贽在思想文化史上的地位很高，而与现实也较有关系，实在值得中外人士纪念和弘扬。首都师范大学与通州市联合召开“李贽研究国际学术讨论会”是有重大意义的！
>
> 蔡尚思　1992年10月于上海复旦大学

中国台湾“中华两岸文化统合研究会”理事长周志文的贺电说：

> “李贽研究国际学术讨论会”秘书长张建业教授转与会诸先进：
>
> 在李贽诞生四百六十周年之际，“李贽研究国际学术讨论会”于通州举行，本会同仁以无比兴奋之情，祝贺贵会圆满成功。

两岸同文同种，理应血浓于水，四十年之隔离，使得原本相同之历史文化竟然诠释异途，形成价值对立；今后两岸学术活动，应积极消除畛域，在文化价值之认知上，同步同趋。本会愿尽绵薄，与诸先进齐心勠力，以肯定价值，复兴文化。再次祝祷大会顺利成功。

中华两岸文化统合研究会

理事长　周志文　谨贺

一九九二年十一月十日于台北

中国台湾“中华文化复兴运动总会”秘书处的贺电说：

八月十九日大札敬悉。

有关“李贽研究国际学术讨论会”之召开举行，是极为有意义的工作。本会年度工作均已订定，因此未便派员参加。有负厚望，敬请谅察。

此致

张秘书长建业先生

中华文化复兴运动总会秘书处　敬启

一九九二年九月十五日

发来贺电贺信的还有：吉林大学历史系，武汉大学哲学系，中山大学哲学系，台湾大学历史系主任王仲孚教授，台湾文津出版社主编、中国文化大学邱镇京教授，台湾国际文化事业有限公司发行人胡子丹教授，香港大学中文系主任赵令扬教授，日本京都大学人文科学研究所教授小野和子女士，韩国全州市全北大学李钟周教授，意大利驻华大使馆文化处，意大利安莎通讯社等。我们对这些祝贺表示衷心的谢意。

这次大会是由首都师范大学、《阵地》杂志社和通县人民政府共同发起，在筹备过程中，得到中共北京市委政策研究室、北京市委宣传部的全力支持，特别是得到通县人民政府在财力、物力、人力等方面的鼎力相助，才使我们的会议得以顺利举行。另外我们还得到了李贽故乡福建南安县及福建人民出版社的支援，对此我们表示深深的感谢。

通州（今通州区）是李贽晚年寓居之地。万历二十八年（1600），李贽在湖北麻城遭到封建统治者的迫害，在学生杨定见的帮助下，避难到河南商城的黄柏山。这年冬天，被贬官为民而又极为崇拜李贽的马经纶，不顾个人安危，不顾数千里之遥，冒雪从通州赶到黄柏山中陪侍李贽，并连连上书当道，激愤地为李贽辩护。而后，又陪同李贽回到通州，李贽从此寓居马家。在这里，李贽带病完成了他的最后一部专著《九正易因》。李贽虽然重病在身，但封建统治者还是不放过他，明神宗朱翊钧批示，以“敢倡乱道，惑世诬民”的罪名把他逮捕入狱，迫害致死，并下令把李贽已刊未刊的书籍“尽搜烧毁”。李贽去世后，极为仗义的马经纶把李贽的遗骸收葬在通州北门外马氏庄迎福寺侧，而且“冢高一丈，周列白杨百余株”，大有向明神宗示威之意，为中国文化思想史留下一道亮丽的纪念碑。因此，今天我们在这里举行“李贽研究国际学术讨论会”，就具有特殊的意义。希望这次学术讨论会的与会代表畅所欲言，各抒己见，把李贽的研究向深层推进一步。

（1992 年 11 月 20 日）

1992 年 11 月 23 日在北京通县“李贽研究国际学术讨论会”闭幕式上的总结

朋友们、同志们：

三天半的大会历程就要结束，在此期间，大家发表了很多精彩的见解，我实在没有资格做总结，现在只是谈几点不成熟的意见供大家参考。

我很同意大家对这次会议的评价，在李贽研究的历史上，这次大会应该说取得了可喜的成功。五年前的泉州会议有着很好的收获，但这次比上次更为深入，这不仅表现在对一些问题的认识有了进一步的发展，而且在研究的思路和方法上也更为开拓。

例如，在提供给大会的论文和大会发言及分组讨论中，有的学者从中国思想史上进行宏观的考察，认为李贽在某些方面比欧洲、文艺复兴时期的启蒙思想家更为突出。有的学者从微观上剖析了李贽的一个方面，一个角度，有的学者从时代、从心理上论证了李贽的思想价值与特质。其角度的新颖，论证的深刻，都显示着对李贽研究的进一步发展。

其次，这次讨论会充分体现了各抒己见、百家争鸣的精神。在学术研究上大家对一些问题的看法不统一，这是极为正常的现象，万众一词那则是不正常现象。就李贽来说，是反孔？非孔？尊孔？是反假道学，反真道学？是唯物、唯心，还是由唯物向唯心转变？还是由唯心向唯物转变？对公安派及明清之际的思想影响如何评价？等等问题，都存在着不同认识。这种不同的认识应该说正是促进研究深入的一种契机。这次讨论会上大家畅所欲言，而且没有意气之争，也表现出一种好的学风和精神。

这次大会我们还有幸听到来自日本的学者专家对李贽研究的认识，对我们开拓思路也有着极大裨益。

还应该提到，这次大会更进一步提高了对李贽研究价值的认识，促进了对李贽研究的热情和积极性。大家对李贽在我国及世界文化思想史上的地位、价值和认识进一步提高。很多同志表示，应该建立李贽研究的组织，应该几年举行一次研讨会。就目前而论，对李贽的研究不是多了，而是少了；对李贽的评价不是高了，而是低了。今后应该对李贽进行全方位、多角度的研讨，加深对这位杰出思想家的深入认识。这次会后，我们将争取各方的支持，以使大家这一心愿得以实现。

这次会议还有一个重要收获，那就是我带领部分学者向李贽墓献花悼祭。李贽被明神宗朱翊钧以“敢倡乱道，惑世诬民”的罪名逮捕入狱，迫害而死后，马经纶不顾自身为贬官之危，将李贽遗体收葬于自家通州北门外马氏庄，并“冢高一丈，周列白杨百株”，大有向距几十里的北京神宗示威之意。而后，就有不少中外学人为李贽墓立碑、题诗，并特意到李贽墓前拜谒。但是，随着时光的流逝，封建统治者的诬陷，李贽墓也多次遭到破损。1954 年 5 月，叶恭绰、章士钊、柳亚子、李根源、陈垣五位学人联名上书中央及通州市政府、市长，提出“明代李卓吾先生墓和碑都有保存和崇饰的价值。特向你处介绍李卓吾的历史，并要求你处对李卓吾的遗骨和明代焦竑所写的那座碑即予妥善的安置”。信中称“像李卓吾这样一位有人民立场的思想家，是中华民族之光”，保存好李贽的遗骨和焦竑所题的碑文“实是文化史上一件大事”。在叶恭绰等学人的呼吁下，中央人民政府文化部下函河北省文化局(通州当时归属河北省)要求对“李卓吾墓及墓碑均应予以保存。”河北省文化局根据文化部的意见，发函通州政府，并提出了对保存李贽墓的具体建议。通州政府依这些建议与指示，于 1954 年 10 月施工，将李贽墓、碑移建在通惠河北岸新建乡的大悲林村南，修好碑楼，并将李贽遗骨装入缸坛，砌砖推丘，葬于碑楼后，虽有些简陋，但使李贽墓得以妥善保存。《中华人民共和国文物保护法》颁布后，当时的通县政府和文物管理部门为了保护好李卓吾墓这一珍贵文物，于 1983 年拨专款将墓、碑迁于城内的西海子公园，墓冢青砖宝顶，内藏骨坛，十字花墙三面围冢，焦竑题字碑矗立墓前，碑楼前东西两侧并列初迁碑记和再迁碑记，二碑记之前居中立有周扬的“一代宗师李卓吾先生墓”题词碑，从而使这位“具有人民立场的思想家，是中华民族之光”的李贽墓碑以其可尊可敬之面貌，成为“文化史上一件大事”。

但是，由于对李贽的研究、宣传不够，人们对这位“具有人民立场的思想家，是中华民族之光”的认知也极为不足。参加这次研讨会的台湾学人林其贤先生曾向我说，他前些年到北京时，特意到通州瞻仰李贽之墓，但一路问去，都不知李贽为何人，也不知西海子公园有他的墓碑，这不能不说是一悲剧。因此，这次研讨会期间，部分学者向李贽墓献花悼祭，也就具有了特殊的意义。一者希望通过这次的献花悼祭，引起人们对李贽及其墓碑的认知。二者希望李贽在天之灵能得到一些慰藉，使他颠沛、纠结、困厄的一生能有所解脱。

最后，我们应该感谢通县县委和通县人民政府对这次学术讨论会的热情支持，正是在他们的鼎力相助下，这次学术讨论会才得以顺利进行，并取得了成功。需要说明的是，由于我们的经验不足，特别是由于我的水平、能力所限，这次讨论会还有许多不足之处，希望各位学者多多原谅，并提出批评，以便为将来的(有可能的话)再一次李贽学术讨论会提供经验。会后我们将集中精力进行大会论文的编辑审定工作，希望大家抓紧时间把论文做进一步的修改加工，使这次大会的成果早日面世。

最后，预祝大家回程旅途愉快。谢谢!

2000年5月28日在“中国李贽研究学会筹委会成立大会暨学术研讨会”开幕式上的讲话

各位来宾：

中国李贽研究学会筹委会成立大会暨学术研讨会现在开会。

参加我们大会的有：国家图书馆馆长任继愈教授，首都师范大学名誉校长齐世荣教授，北京师范大学郭预衡教授，原《求是》副主编苏双碧同志，首都师范大学校长杨学礼教授，中国社会科学院敏泽研究员，中国人民大学张立文教授，首都师范大学漆绪邦教授，原中共福建泉州市委宣传部副部长许在全同志，中共福建南安市委常委宣传部部长洪自强同志，福建南安人大常委会副主任李深水同志，中共湖北麻城市委常委宣传部部长杨恩金同志，日本仙台山形大学高桥稔教授，韩国岑南大学中文系博士生金庭希女士。香港大学文学院院长赵令扬教授今天下午赶到会场，还有来自全国各地的学者与热心李贽研究的人士。在这里，我们向所有莅临这次盛会的来宾表示热烈欢迎。

郭预衡教授，首都师范大学中国书法文化研究所所长欧阳中石教授，副所长张同印教授，泉州历史研究会副会长、诗人吴捷秋先生，为这次大会题写了整张大幅题词，使这次大会更增添了光辉，对他们表示诚心的感谢。

由于种种原因未能莅临这次盛会以及与我们有长期学术联系的中外有关人士和团体，给我们的大会发来了贺电、贺词。这些人士和单位有：学会名誉顾问、全国人大常委会副委员长何鲁丽，学会名誉会长、复旦大学教授蔡尚思，中国台湾的李亦园，美国《现代周刊》(纽约)，美国新世纪文化艺术基金会(新泽西)，李贽故乡泉州市市长施永康，中华书局原总编辑傅璇琮，日本汉学家二松学舍大学教授疋田啟佑，《澳门日报》社社长李成俊，中国台湾《宗教日报》总编辑谢树华，澳门新雄星企业国际有限公司董事局主席张明星，中国台湾师范大学历史系主任王仲孚，美国休斯敦北美新大陆笔会，对他们的祝贺表示诚挚的谢意。

李贽是我国历史上一位杰出的思想家，也是一位具有国际影响的思想家，他提出的许多理论命题，不仅在当时具有强烈的启蒙意义，就是在今天也具有重要的现实意义。加深对李贽的研究，这对我们弘扬中华民族传统文化，加速社会主义经济和精神文明建设，都具有重要意义。近些年来，对李贽的研究有所开拓，但由于没有一个学术组织，使这一研究受到一定的局限。1987 年 12 月在泉州举行的“李贽研究学术讨论会”上，我曾提议建立一个全国性的“李贽研究学会”，得到蔡尚思教授等人的支持，并起草了一个关于建立“李贽研究学会”的倡议书。后来，由于多种原因，此事被搁置起来。近些年，经过众多学界同仁的酝酿与商议，在首都师范大学领导的全力支持下，今天终于得以举行“中国李贽研究学会筹委会”成立大会的盛举。大家都知道，在我国要成立一个全国性的学术团体，需要众多的条件和多层的申报与审批，因此，我们目前只能称之为“筹委会”，希望经过努力，争取尽早成立“中国李贽研究学会”。

我们也希望在这次大会期间，来自海内外的专家、学者本着百家争鸣的精神，各抒己见，对李贽的思想、著作及其在中国文化思想史上的地位等展开充分的讨论。对于各位专家、学者提供的论文，会后也将编为专集出版，以飨广大的读者。

最后，祝大家在会议期间愉快。

谢谢！

2001 年 10 月 15 日在“李贽与云南全国学术研讨会”开幕式上的主题发言

各位来宾，同志们，朋友们：

“李贽与云南全国学术研讨会”今天在四季如春的昆明举行，这是非常值得祝贺的。李贽曾任职于云南的姚安，这是他一生中的重要转折时期，研究李贽，李贽在姚安期间的思想特别值得研究。我向大会提交了一篇论文《李贽的价值》，其中就论述到了这一点。我认为，近些年对李贽的研究虽然有所深入，有所拓展，但还没有达到李贽自身所应有的历史地位。对李贽在云南期间的研究更为薄弱，更应该引起我们的关注。

李贽生活的明代后期，已是封建社会走向衰落的时期，统治者为了维护其专制，从政治、思想、文化上都进一步强化其禁锢，普天下是严苛的封建教条，满社会是迂腐的道学君子，人生成了以假欺假的人生。这一时期又是中国社会发展的重要转换期，新经济幼芽在挣扎成长，由此而在思想意识领域中滋生了新的启蒙主义思潮，李贽就是这一思潮的代表。他以超前的犀利的胆识与眼光，批判当时社会的腐败，抨击严苛的封建教条，审视人生的真谛，并在著述中自我完成理想的人格。其思想哲理的深刻，在我国文化思想史上是相当罕见的，正是这种思想的超前性和深刻性，昭示了他光辉的历史价值。

像一切历史人物一样，李贽也受着历史与时代的局限，他也不可能完全超脱传统思想的影响。但在等级森严的时代，他提出了“尧舜与途人一，圣人与凡人一”，“侯王与庶人同等”，表现出对封建等级制的批判，倡导了人人平等的精神。在封建统治者对广大人民实行着严密的封建统治之时，李贽提出了“物各付物”，“万物自成”，“因材并育”，应该使人们“各遂其生，各获其所愿有”，“千万其心者，各遂其千万人之欲”，表现出对封建专制主义的强烈反抗，对人性自由的强力张扬。在当时官方哲学——道学对广大群众进行着束缚之时，李贽对道学进行了剔肤见骨的批判，斥他们为“口谈道德而心存高官，志在巨富”的两面人，是“阳为道学，阴为富贵，被服儒雅，行若狗彘”的伪君子。李贽更进一步指出，被儒家尊为经典的“五经”、“四书”，正是“道学之口实，假人的渊薮”，是制造两面派、伪君子的总根子。正因为如此，李贽提出要“不以孔子的是非为是非”、不要以孔子的“定本行罚赏”的口号，对尊孔派进行了猛烈攻击。这些命题与思想，都是多么富有批判性、战斗性、超前性、深刻性，在当时真是惊世骇俗之论。

中国的文化思想史表明，在长期的封建社会里，占统治地位的儒家思想的价值观，是以“教化仁义”为核心，这不但表现在孔子及儒家自己的大量阐说中，也为战国以来的学者所揭示。如《庄子·天下篇》说：“以仁为恩，以义为理，以礼为行，以乐为和，薰然慈仁，谓之君子。”《吕氏春秋·不二》说：“孔子贵仁”。司马谈《论六家要旨》说：“其序君臣父子之礼，列夫妇长幼之别，不可易也。”班固《诸子略》说：“游文于《六经》之中，留意于仁义之际，祖述尧舜，宪章文武，宗师仲尼，以重其言，于道为最高。”都表明以仁、义、礼、乐为核心的伦理道德观是儒学的文化价值准则。这个价值准则被封建统治者所采用和强化，从而成为封建社会统治阶级的统治意识形态，支配着社会群体与个体的心理结构和行为方式，其终极目的，就是要人们牺牲、丧失自己的主体意识，服从统治阶级的统治意识。所谓“三纲五常”、“饿死事小，失节事大”等封建条规，都是从这一目的出发。而李贽提出的一系列命题，正是与这种统治者的道德准则相对立，强调人的个体生命价值，也就是要求人格的独立，个性的自由，心灵的自主，精神的解放，显示着主体意识的被奴役到觉醒的走向，总之，是人的觉醒。这在中国文化思想发展史上，是极其有价值的。

李贽不仅提出了很多有价值的理论命题，而且，他的为政为人也很值得称道。就以他在姚安知府任上而言，他为官一任，造福一方，居官清廉，不谋私利。他为姚安的老百姓修建了连厂桥，方便了两岸的群众；修建了光明宫，开办了三台书院，为普及文化教育而操劳。也就是在这个时期，形成了他的为政思想，这充分表现在他在这期间为罗琪所写的《为政篇》中。在这篇文章中，李贽明确提出了自己的从政主张。李贽认为从政要“因乎人”、“因性牖民”，即根据不同的情况加以诱导，反对用“条教”、“刑法”去镇压人民群众。他认为人的心性是不同的，从政只有“顺其性不拂其能”，“恒顺于民”，才能真正把社会治理好。反之，以统治者的标准为条条框框，范围天下事物，并用“条教”、“刑法”加以束缚，这种所谓“君子之治”，恰恰是造成社会动乱和民不聊生的政治根源。李贽反对“本诸身”的君子之治，就是反对用儒教教条和严酷法令对人民进行专制统治。主张“因乎人”、“因性牖民”的“至人之治”，就是他所实行的“法令清简，不言而治”。李贽这种思想在以后的论著中得到了更加系统的发挥，成为他反封建压迫、反传统思想的一个重要理论武器。因此，我认为，无论从其理论建树，还是精神情操，研究姚安时期的李贽都具有重要意义。

我相信，通过这次研讨会，一定会把李贽的研究向前推进一步。

谢谢大家！

2002年9月6日在“李贽与麻城国际学术研讨会”开幕式上的主题发言

各位代表，各位来宾：

400年前，在封建统治者的迫害下，李贽自刎而死，以身殉道，谱写了一曲追求真理、追求人生理想的悲壮诗篇。今天，我们在改革开放的大潮中，在此纪念、缅怀这位杰出的思想家，我国思想文化发展史上的启蒙先驱，更加感到他精神可贵，人格高尚。

中国文化源远流长，灿烂辉煌。在新的时代，如何继承发扬我们的民族文化遗产，使之为我们的现代化服务，已成为人们极为关注的问题。研究中国文化的人们有一个共识，即中国传统文化是以儒家思想为主导，而又包容着儒释道互补的内涵。这样一种传统文化从它的产生、发展，都是以封建社会的经济、政治为其背景的。这种传统文化或文化传统有着许多精华，但也不可否认，作为一种统治的意识形态，它又是为封建统治服务，充斥着时代与阶级的糟粕。对这样一种传统文化或文化传统，我们应该通过批判继承，使之为今天的现实社会服务。我觉得应该强调的是，对传统文化中的启蒙思潮，我们还没有给予应有的重视和研究。我们的一些研究者，兴奋点与注意点更集中于博大的孔子及儒家学说，这当然有一定的道理。但传统文化中的启蒙思潮，既体现着中华文化传统中的精华所在，又有在新的历史条件下对传统文化中糟粕的扬弃，并与当今现实的时代精神有着一定程度上的内在相通。因此，我认为，无论是从对传统文化的继承上讲，还是从以传统文化为当今的现实服务上讲，加强对传统文化中的启蒙思潮的研究，都是一项极为重要、极为迫切的任务。而李贽就是这一启蒙思潮的先驱与代表。

李贽生活的明代后期，已是封建社会走向衰落的时期，统治者为了维护其专制，从政治、思想、文化上都进一步强化其禁锢，普天下是严苛的封建教条，满社会是迂腐的道学君子，人生成了以假欺假的人生。但是，明代后期又是中国社会发展的重要转换期。在封建制度的重重压力下，新的经济幼芽在挣扎成长。由此而在思想意识领域中滋生了新的启蒙主义思潮，李贽就是这一思潮的代表。李贽在他的著作中，以超前的犀利的胆识与眼光，批判当时社会的腐败，抨击严苛的封建教条，审视人生的真谛，并在著作中完成自我理想的人格。其思想哲理的深刻，在我国文化思想史上是相当罕见的。正是这种思想的超前性和深刻性，昭示了他光辉的历史价值。在当时虽将日趋腐朽而仍层层叠叠的封建天幕下，李贽以自己的思想睿智和战斗精神，撕开封建天幕的一道裂隙，使窒息的社会透进一丝阳光和清新空气，为中国的文化思想发展史铺开新的历史一页。

李贽的高尚人格也极值得称道。李贽对仕途本来就没有什么兴趣，但为了生存，青年李贽也只好走这条他本来就没有什么兴趣的道路。后来，他出任云南姚安知府，官职四品，且政绩为上司和下民所称道，三年秩满，不用跑官送礼，即可晋升三品之列。这时李贽是完全可以青云直上的，正如时任洱海道佥事，后至兵部侍郎、总督蓟辽军务的顾养谦在李贽致仕的序文中所说："少需之，得上其绩，且加恩或上迁。"上迁升官是政界多少人孜孜以求的事。但是，李贽却置理所当然的升迁不顾，径长自谢簿书，封府库，携其家属亲到巡按刘维那里上了辞呈。刘维拒绝批准，李贽干脆不辞而别，弃官而走。李贽的弃官不是为"五斗米而折腰"，更不是退而再进的"终南捷径"，而是真正的对当时官场的厌恶。明中后期的官场，巧宦日众，吏病日多，士风日坏，他们以竞逐功利声名相高，而置人民日益困苦的现实不顾。李贽的弃官，正是他看透了那个社会官场的必然抉择，也是他原本思想的必然结果。还应指出，李贽虽然厌恶官场，但他为官一方，就要尽自己的力量办好应该办的政事，而且绝不以权谋私，假公济私。嘉靖四十三年，李贽奔丧回泉州，家属既不可能留居北京，又不便数千里随之回故乡，他决定把妻女留在做过县学教谕的辉县，并把同僚帮助办丧事的钱分出部分给她们置些田地，让她们耕作自食。没想到这年辉县大旱，一些官吏借漕河是运送公粮河道之名，把通向田间的水源全部引入漕河，切断百姓的田间用水，并乘机敲诈勒索。李贽竭力为老百姓请求放水，均遭拒绝。当时李贽若以京官的身份请求为自己的几亩地放水，那是肯定会得到照顾的。但李贽没有这样做，他说："吾安忍坐视全邑万顷，而令余数亩灌溉丰收哉！纵与必不受，肯求之！"李贽是宁可自己的田地与老百姓的土地一起干旱，也不愿单独接受贪官的私情。李贽怀着对贪官污吏的强烈不满，对妻女的无限牵挂，离开辉县南行。结果，在这场灾荒中，李贽的二女儿、三女儿都因病饿交加而死。李贽在姚安任知府，俗语云："三年清知府，十万雪花银"，但李贽离任时却是"禄俸之外，了无长物”，“囊中仅图书数卷”，为此得到人民群众的无限敬仰，以至出现了“士民攀卧道旁，车不得发”的动人场景。

总之，无论从其理论建树，还是从其精神情操，李贽都给我们留下了非常值得研究和张扬的价值和意义。去年在昆明召开的“李贽与云南”的学术研讨会上，我曾说中外学术界对李贽的研究虽然日益加深，日益拓展，但我们对李贽价值的认识与研究，还没有达到李贽自身所应有的历史地位。

例如对于李贽是尊孔还是反孔的认识上，主张李贽尊孔者，可以从李贽的著作中举出很多对孔子尊崇的言论，主张李贽反孔者，也可以从李贽的著作中举出很多对孔子不尊重以致亵渎的言论，那么怎样认识这一矛盾现象呢？孔子是伟大的，以孔子为代表的儒学统治了中国封建社会的整个过程，李贽作为封建时代的思想家，他不可能超越历史对他的局限，他对孔子的尊崇正是封建社会统治意识形态在他身上的烙印。不仅如此，李贽对孔子的尊崇，还表现出他对孔子这一杰出人物的科学的历史的评价，表现出他进步的历史观。但是，要仅仅从尊孔上认识李贽，那是不可能真正看到李贽的价值，不可能认识李贽的真正面目的。尊孔不是李贽的真正价值所在，仅就尊孔而言，李贽能比过朱熹吗？能比过程颢、程颐吗？能比过董仲舒吗？甚至能比过历代帝王，包括那最昏庸的帝王吗？相反，李贽对孔子及其儒学的批判、亵渎，那才真是振聋发聩的历史创举。在孔子被尊崇为“至圣先师”以致神化的时代，李贽不但明白表示了“余自幼读圣教不知圣教，尊孔子不知孔夫子何自可尊。”而且敢于说“咸以孔子之是非为是非，故未尝有是非”，敢于把《论语》等儒家经典斥之为“道学之口实，假人之渊薮”，实是一声惊声，破迷惘而启顽蒙，显示其真正价值之所在。李贽被封建统治者以“敢倡乱道，惑世诬民”的罪名迫害而死，被封建文人斥责为“狂诞悖戾”、“以孔子之是非为不足据”，“狂悖乖谬，非圣无法”、“排击孔子，别立褒贬”，被实受李贽思想影响而又不赞成李贽激进言论的一些思想家指为“自古以来，小人之无忌惮，而敢于叛圣人者，莫甚于李贽”，推尊李贽的一些思想家对李贽的反孔批儒则给予了热烈的赞扬。这就从反面、侧面、正面说明李贽确实有反孔的精神。马克思主义评价历史人物的一个重要原则，就是要把人物置于一定历史条件之下。李贽生活于400年前的封建社会，孔子是最神圣的偶像，孔学是最神圣的统治意识形态，任何对孔子及孔学的违犯都是不容许的。我们今天可以很轻松地说不以孔子的是非为是非，而李贽却不行，他被毁其居，焚其书，囚其身，以致殒其命，正是他对以孔子为代表的统治意识形态反抗的必然结果。李贽的个人命运是悲剧，但他对孔子这一神圣偶像的亵渎，对以孔子为代表的统治阶级意识形态的批判，却起到了解放思想的启蒙作用，昭示着历史的未来。这正是李贽价值的所在。

在纪念一代杰出的思想家、文学家、史学家李贽逝世400周年、诞辰475周年之际，希望一切有志于李贽研究和关心这一文化事业的人士、团体，共同携手，集思广益，把这一工作向更深更广推进，为弘扬李贽精神，建设社会主义文化而贡献力量。

最后，我代表中国李贽研究学会和与会来宾，对中共麻城市委、麻城市政府和红安县委、红安县政府为筹备这次大会而做的巨大努力，表示衷心感谢。

谢谢大家！

按：2001年10月15日至19日，在昆明、楚雄、姚安举行了“李贽与云南全国学术研讨会”，我为大会提供了《李贽的价值》的论文。会后因经费问题，没能把大家提供的论文编辑成书出版。因此，在2002年9月在湖北麻城举行的国际学术研讨会上，我就以《李贽的价值》一文为基础作为开幕式的主题发言。后来又稍加修订，以《李贽的价值——纪念李贽逝世400周年诞辰475周年》为题，发表于《首都师范大学学报》，2002年第6期。这篇主题发言，则被收入张建业主编的中国广播电视出版社2003年出版的《李贽与麻城国际学术研讨会文集》。

李贽研究的拓展与今后研究的思考

——2004年12月在“泉州李贽学术研究会”成立大会上的主题发言

一、李贽研究的拓展

近些年，亚洲地区对李贽的研究日益引起学人的注意。这主要表现在以下几个方面：

1. 李贽学术研讨会的陆续举行

近十几年，有关李贽的国际国内学术研讨会已举行5次。即1987年福建泉州的“李贽研究学术讨论会”，1992年北京通州的“李贽国际学术研讨会”，2000年北京首都师范大学的“中国李贽研究学会筹委会成立大会暨学术研讨会”，2001年云南昆明、姚安的“李贽与云南学术研讨会”，2002年湖北麻城的“李贽与麻城国际学术研讨会”。在这些研讨会上，国内（包括港澳台）文、史、哲界的著名学者蔡尚思、任继愈、傅衣凌、吴泽、张建业、郭预衡、章培恒、苏双碧、张立文、赵令扬等，以及海外的汉学研究家疋田啟佑、佐藤錬太郎、高桥稔等都先后亲临盛会，做了专题发言，并提供了学术论文。这些学术研讨会的成果，即张建业主编的《李贽研究》（光明日报出版社，1989），《李贽学术国际研讨会论文集》（首都师范大学出版社，1994），《李贽论丛》（北京燕山出版社，2001），《李贽与麻城国际学术研讨会文集》（中国广播电视出版社，2003）等也陆续出版。在这些研讨会上，中外学者对李贽的思想进行了深入的全方位的研讨。既有宏观的论辩，如李贽在中国文化思想史上的地位与影响，李贽反不反封建、反不反孔，李贽的哲学思想是唯物还是唯心，或由唯心向唯物的过渡，李贽的文学思想“童心说”与儒、释、道的关系及其意义，以李贽为代表的晚明文艺思潮与中国近现代文艺的关系，李贽的“一切断以己意”的史学思想的价值指向等。又有微观的剖析，如李贽的治国思想、妇女观、人才观、生死观，李贽思想对曹雪芹的影响，对李贽具体作品的评析，对李贽有关著作真伪的辨析，对李贽家世与行迹的考察等。

2. 有关李贽研究的论著日益丰富

近些年，随着对李贽研究的拓展，研究论著也日益丰富。除大量的论文外，专著举其要者有张建业《李贽评传》（福建人民出版社，1981年初版、1992年修订版），陈曼平《李贽研究》（黑龙江人民出版社，1989），孙官生《姚安知府李贽思想研究》（云南大学出版社，1991），张凡《李贽散文选注》（北京师范学院出版社，1991），林海权《李贽年谱考略》（福建人民出版社，1992），陈瑞生《李贽新论》（华中师范大学出版社，1992），敏泽《李贽》（上海古籍出版社，1993），禹克坤《李贽》（宁夏人民出版社，1993），鄢烈山、朱建国《中国第一思想犯——李贽传》（中国工人出版社，1993），左东岭《李贽与晚明文学思潮》（天津人民出版社，1997），许苏民《李贽的真与奇》（南京出版社，1998），任冠文《李贽史学思想研究》（广西师范大学出版社，1999）等。在有关李贽文献整理方面，张建业主编的《李贽文集》七卷（社会科学文献出版社，2000），是近年来出版的李贽作品的最全的点校本，其中《孙子参同》、《老子解》、《庄子解》等九种都是首次编纂出版，为李贽的研究提供了极大方便。其他还有《福建南安文史资料·李贽专辑》（1987），凌礼潮、李敏主编的《李贽其人》（天马图书有限公司，2002）、《李贽与龙湖》（湖北音像艺术出版社，2003），王国钧主编的《李贽与南安》（中国广播电视出版社，2003）等。应该特别提出的是，由张建业主编的《李贽全集注》，于1996年成立了课题小组，由于该课题的重要学术价值，当年就被国家古籍整理出版规划办专家组审定为国家"九五"重点项目，而后又被全国高校古籍整理委员会确定为"九五"（并延为"十五"）重点项目，并被北京市社科办和北京市教委确定为科研重点项目。该课题立项后，还立即引起国内外学术界、文化界的高度重视，中外报刊、电台（包括《人民日报》、中央人民广播电台、日本《阳明学》、香港《星岛日报》、美国《美南新闻》）有二十多家纷纷做了报道，称之为"重大的文化建设，艰巨的科学攀登"，是"跨世纪工程"等。该项目将完成对李贽全部著作的整理与注释，共1200万字，每册以50万字计，共24册①。该项目是一项填补学术领域空白的重大文化建设，完成后将成为我国文化思想史上个人专著整理、注释字数最多的学术专著，不但对李贽的研究，而且对整个中国文化思想史的研究都将起到一定的推动作用，对社会主义文化建设起到一定的借鉴作用。由于该课题特别庞大，加之李贽著作在明清又一再被禁毁，资料收集极为困难，整理过程中，所费精力和所需经费都比较巨大。但是，参加该课题组的二十多位教授、副教授、博士生、编辑，不计个人得失，经过八年奋战，已完成1000万字。该课题争取在2005年脱稿，2006年全部出齐。

① 该书已由社会科学文献出版社于2010年出版，共26册，1400万字。

在台湾、香港、澳门的学界，对李贽的研究也日益深入。特别是台湾，除论文外，还出版了林其贤的《李卓吾事迹系年》(文津出版社，1988)，《李卓吾的佛学与世学》(文津出版社，1992)，陈清辉的《李卓吾生平及其思想研究》(文津出版社，1993)，都各有特色。在香港则有赵令扬、王煜、饶宗颐的多种学术论文，在澳门则有刘月莲的有关论文，显示出这些学人在李贽研究上的努力。

李贽对日本的影响极为深远。日本明治维新运动的先驱吉田松阴，在思想上就颇受李贽的影响。可以说，李贽的思想在他的故国被当作“异端”而诛杀之时，日本却得到启示，并使日本开始了现代化进程。因之，在日本对李贽的研究极为广泛。当代日本研究李贽最有成就的当属东京大学教授沟口雄三，他写有多种关于李贽的论著，并翻译了《焚书》、《续焚书》的部分篇目。他发表于1971年的《生活于明朝末年的李卓吾》一文，极有影响，后来被收入其所著《中国前近代思想的折射与展开》(东京大学出版社，1980)，该书的汉译本于1997年由中华书局出版，取名为《中国前近代思想的演变》，受到中国李贽研究者的好评。80年代以后，日本的李贽研究者以原二松学舍大学、现福岗女子大学教授疋田啟佑和北海道大学教授佐藤錬太郎为主要代表。他们都写有多种有关李贽的论文。疋田啟佑教授和张建业教授还策划了日本重要汉学研究刊物《阳明学》的“李卓吾特集”(2000)，成为海外学术刊物为李贽开辟专集的第一家，并产生了重要的学术影响。

在东南亚各国，近些年对李贽的研究也日益深入。特别是在韩国，李贽是学术界颇受关注的人物，其中以庆熙大学教授申龙澈与 Hart Bat 大学教授金惠经女士为代表。他们写有多篇有关李贽的论文，金惠经还用极大精力把《焚书》全部翻译成韩文，为韩国李贽研究的深一步拓展创造了条件。80年代《新加坡南安会馆金禧纪念特刊》，刊登了陈允洛的《李卓吾集评》和敬贤的《中国文学革命先锋——明末名学者李卓吾》，对李贽在新加坡的研究起到了推动作用。

3. 有关李贽研究组织机构的建立

1993年，在张建业教授的倡议与组织下，首都师范大学建立了我国唯一的“李贽研究中心”。该中心有教授六名，副教授四名，副研究员二名，博士三名。老、中、青结合，梯队合理，力量整齐。该中心积累了大量有关李贽的资料，并和十多个国家和地区的高等院校与研究单位的专家学者建立了联系。多年来，该中心成员发表了许多有关李贽的专著论文，并以该中心成员为主组建了《李贽全集注》课题组。他们为李贽的研究做出了自己的努力。

2000年，在社会各界的支持下，在北京成立了“中国李贽研究学会筹委会”，为李贽的研究创造了有利条件。2001年云南昆明姚安的学术研讨会和2002年湖北麻城的学术研讨会，就是在筹委会的协助下举行的。筹委会的成立得到了社会各界的支持，全国人大常委会副委员长何鲁丽欣然接受为该会的名誉顾问，国家图书馆馆长任继愈、中国澳门文化泰斗梁披云、中国台湾的李亦园等著名学者为该会顾问与理事，这也表明李贽研究在社会上的影响。

2002年，湖北麻城建立了“麻城李贽研究陈列馆”，同时举行了“李贽与麻城国际学术研讨会”，2004年，福建泉州建立了“泉州李贽纪念馆”，同时举行了“李贽思想学术研讨会”，为李贽的研究做出了贡献。

现在，“亚洲李贽研究会”也正在筹备中。从以上所述可以看出，在亚洲各国和地区对李贽的研究正在日益拓展。但是，长期以来，这些从事李贽研究的学者相互间虽也有所交流，却不够深入与广泛，其原因之一，就是缺乏一个有关的组织机构。多年来，大家都希望有一个这样的组织机构，这不但对李贽研究的深入有助，而且可以促进亚洲各国学人相互间的文化交流。为此，亚洲各国和地区从事李贽研究的学者任继愈、张建业、郭预衡、欧阳中石、梁披云(中国澳门)，李亦园(中国台湾)、赵令扬(中国香港)、黄晓峰(中国澳门)、刘月莲(女，中国澳门)和日本学者疋田啟佑、佐藤錬太郎及韩国学者金惠经(女)等，共同发起了“关于成立‘亚洲李贽研究会’的倡议书”。半年多来，这一倡议已得到亚洲各国和地区李贽与中国文化研究者及有关社会人士的关注，在经过一段酝酿与筹备后，将正式成立“亚洲李贽研究会”。这一盛举不仅对亚洲各国和地区对李贽研究有推动作用，而且对中国文化研究以及相互间的文化交流也必将起到推动作用。

二、对今后李贽研究的思考

近些年，李贽的研究确实有所拓展、有所深入。那么，今后在李贽研究中，应该注意些什么问题，怎样使这一研究更加深化与广泛？我提出几点意见供参考。

1. 对李贽在中国思想文化史上的地位与作用应该给以更深入的认识

在云南的学术研讨会上，我曾说，无论从理论建树，还是从精神情操，李贽都给我们留下非常值得研究和张扬的价值和意义。但我们对李贽价值的认识与研究，还没有达到李贽自身所应有的历史地位。例如对于李贽是尊孔还是反孔的认识上，主张李贽尊孔者，可以从李贽的著作中举出很多对孔子尊崇的言论，主张李贽反孔者，也可以从李贽的著作中举出很多对孔子不尊重以致亵渎的言论，那么怎么认识这一矛盾现象呢？孔子是伟大的，以孔子为代表的儒学统治了中国封建社会的整个过程，李贽作为封建时代的思想家，他不可能超越历史对他的局限，他对孔子的尊崇正是封建社会统治意识形态在他身上的烙印。不仅如此，李贽对孔子的尊崇，还表现出他对孔子这一杰出人物的科学的历史的评价，表现出他进步的历史观。但是，要仅仅从尊孔上认识李贽，那是不可能真正看到李贽的价值，不可能认识李贽的真正面目的。尊孔不是李贽的真正价值所在，仅就尊孔而言，李贽能比过朱熹吗？能比过程颢、程颐吗？能比过董仲舒吗？甚至能比过历代帝王，包括那最昏庸的帝王吗？相反，在孔子被尊崇为“至圣先师”以致神化的时代，李贽对孔子及其儒学的批判、亵渎，那才真是振聋发聩的历史创举。马克思主义评价历史人物的一个重要原则，就是要把人物置于一定历史条件之下。李贽生活于400年前的封建社会，孔子是最神圣的偶像，孔学是最神圣的统治意识形态，任何对孔子及孔学的违犯都是不容许的。我们今天可以很轻松地说不以孔子的是非为是非，而李贽却不行，他被毁其居，焚其书，囚其身，以致殒其命，正是他对以孔子为代表的统治意识形态反抗的必然结果。李贽的个人命运是悲剧，但他对孔子这一神圣偶像的亵渎，对以孔子为代表的统治阶级意识形态的批判，却起到了解放思想的启蒙作用，昭示着历史的未来。这正是李贽的价值所在。

2. 对李贽思想也需要更深入的研究

李贽的思想是复杂的，他是儒家，还是释家，还是道家？有人干脆称之为杂家，可见其思想的不确定性。要不要给李贽一个定位并不重要，重要的是要研究他思想中到底包含着什么因素，有什么意义。有人说李贽是儒家，有人说他是儒学的“异端”，儒教的叛徒。沈德符曾称李贽为当时的“两大教主”之一；袁宏道甚至很狂气的说，当时的“禅宗一事”，只有李贽可以称为他的“勍敌”，其他衲子禅伯都败在他的手下；弘一法师李叔同40年代《李贽像赞》说：“由儒入释，悟澈禅机。”可见李贽应该是佛学之徒。但有人说李贽虽然极热诚地读佛典，非常地道地阐释佛学理念，甚至落发出家，住进佛堂，但他不过是希望以出世来度世，因此，他在与理学家论战与对传统思想批判时都充满了激烈情绪，这与佛教的“一切有为法，如梦幻泡影”的思想完全相抵牾，也可以说他是佛教的“异端”。那么我们是不是应该研究李贽与儒学是什么关系？儒学在李贽思想中占什么地位，是什么作用？李贽与佛学是什么关系？佛学在李贽思想中占什么地位，是什么作用？这些问题虽有人有所涉及，但还有不少内涵需要研究，否则，我们也难以认识李贽的真实面目。

3. 对李贽著作需要具体的深一步的考释

李贽的著作涉及文、史、哲，并兼有军事、民俗之作，加之思想出入儒、释、道，不仅庞博，有些还极难解，这也是历来很少为李贽著作作注的原因之一。但是，要真正认识李贽，就必须真正读懂他的作品。因此，对李贽的著作，大至一部专著，小至一篇诗文，都需要进行具体、认真的考释。这里以一个小例子做一说明。《焚书》卷六《偈二首答梅中丞》，其一是："本无家可归，原无路可走。若有路可走，还是大门口"。这二首偈语作于万历十九年(1591)。这年李贽与袁宏道在武昌游黄鹄矶时，被诬以"左道惑众"之名而遭驱逐，幸得当时任湖广布政使的刘东星的保护。这时梅国桢将赴浙江道御史之任，李贽作此偈语。有学者依这一历史背景，认为偈中的"大门口"指武昌，因为这里仍是耿定向的势力范围，所以李贽说："若有路可走，还是大门口"，把这首偈语完全坐实在当时的现实上。其实，这完全是一首谈佛理的偈语，表现的是佛学无人无我的思想。佛学认为自性本来圆满空寂，无人无我。既然无我，那就没有归家走路的人。连归家走路的人都没有，哪还有家可归？也就自然无所谓上路。所以说"本无家可归，原无路可走。"如果还总是想自己如何归家，如何走路，那就说明根本未体会到无人无我的真智。充其量只是个门外汉，在大门外打转转，远未登堂入室。所以说"若有路可走，还是大门口。"从这一小例说明，真正读懂李贽并非易事。

4. 把李贽思想普及化

李贽是位思想家，但要使他的思想深蕴广为发挥作用，普及化是一个重要命题。"四人帮"时搞"儒法斗争"，把李贽作为他们的一块砖头，大肆宣扬了一通，很多人都知道了李贽，但知道的是一个被扭曲了面目的李贽。今天，怎样把李贽的真正面目普及到广大人民之中，是李贽研究中的一个重要课题。任继愈先生在"李贽与麻城国际学术研讨会"上曾指出："李贽提出了一整套社会改革理想"，我们"探讨李贽的改革经验，并不是发思古之幽情，而是我们今天也面临着非改不可的新形势"，我们要从"李贽的改革"中得到"启发"。这是很对的。李贽提出的很多命题，对我们今天的改革都是有启发的。如反对保守践迹，主张与时俱进；反对唯圣唯上，主张实践验证；反对假人假言，主张童心真心；反对官吏贪赃，主张廉洁治政；反对男尊女卑，主张男女平等，就是在今天也具有强烈的现实意义。因此把李贽的思想深蕴普及，从中得到改革现实的启发，应该成为李贽研究者的一项不可推卸的责任。

（原载《泉州晚报》，2005 年 1 月 13 日）

李贽与中国文化思想的启蒙

——2009年2月5日在国家图书馆“文津讲坛”的讲演

今天我跟大家聊聊李贽。

先说点题外话，一个是现在年事高了，提笔忘字，张嘴忘言，可能说着说着就给忘了；第二个呢，虽然来北京50年了，我是河南人，河南口音难改，因为这个念音就很不准，所以大家听不清楚的地方也可以随时问：第三个问题就是李贽，可能是中国历史上争论最多的一个人物，赞着的说他是圣人，骂着的说他是小人，就我了解，中国历史上没有第二个人物像李贽有这么大的分歧，所以今天我讲的也只是我个人的看法，也许是不正确的，每个人自己独立思考。

对于李贽，我估计在座的同志们、朋友们有的很熟悉，有的可能了解一些，有的可能比较生疏。那么李贽在中国文化思想史上到底有什么意义？有什么价值？我先从他的影响讲起，看看李贽到底在整个中国文化思想史上占个什么位置。

李贽生活的时代是明代的晚期了，万历时期，他是被万历皇帝下令逮捕，而后自刎于大牢的，他是自刎而死的，也是被封建统治者迫害而死的。晚明这个时期的中国，不了解李贽的人可能应该知道有一个最大的诗派叫“公安派”，“公安派”提倡的学说叫“性灵说”，主张文学要抒写自己的心灵，抒发个人的性情。“公安派”的代表人物就是湖北公安的“公安三袁”，哥儿仨，一个叫袁宗道，一个叫袁宏道，一个叫袁中道，都是非常狂的狂士，就是眼里无人。这个“公安派”，是明代最大的一个诗派，因为他们确实成绩很突出，所以他们眼中无人。但是这三个人，这一个流派的形成，是受李贽思想影响的，他们对李贽是非常非常的崇拜。“性灵说”的提出，就是受李贽“童心说”的影响。李贽的理论主张最著名的就叫“童心说”，就是人人都要具有童心，儿童的童。童心就是真心，只有童心才有真心，只有真心才有真人，这是李贽思想的一个核心。我觉得李贽这个思想在今天都很有价值，下边我还要讲。李贽最反对假。我们现在打假，要说最早打假的能手就是李贽。李贽说，当时的社会是假人、假言、假文，写的文章是假的，说的话是假的，这个人本身就是假的。他有两句名言，“满场皆假”，“无所不假”。这对晚明社会真是一个很精辟的概括。

“公安派”的“性灵说”，就是受李贽这个思想影响。什么叫“性灵说”？就是要发自自己内心的真情实感，不作假，我心里怎么想的我就怎么说，我就怎么写文章，不受其他干扰。以当时的明代晚期封建社会的情况来说，就是不受封建礼教的干扰，要发自内心。这个“性灵说”就是直接受到李贽“童心说”的影响。“公安三袁”这哥儿仨，我刚才说他们都是非常狂的人物，但是他们在很多诗文中对李贽是非常崇拜的。李贽有人叫他“怪杰”，非常怪的一个杰出人物——“怪杰”，他本来做官做到云南的姚安太守，用今天的话说就是局级干部吧，地委书记，三年期满完全可以升成部级，而且他的政绩非常显著，政绩是非常有名的，老百姓拥护，朝廷也觉得不错。在云南这个边疆地区干得很不错，为政很突出。完全可以再升一步，不用跑官，不用送礼，不用买官，都可以再升，再升就是部级了。但他辞官回家，坚决不干了。辞官以后他回到了湖北，他原来的一个朋友是在湖北的麻城，原来的麻城现在是一分为二了，就是麻城、黄安，现在叫红安了，将军县。回到麻城，他就寄居在麻城的龙湖潭芝佛院，干什么呢？他认为当时的官场太腐败，“满场皆假”，自己干脆离开吧，部长也没什么好当的，就离开这个官场，回到麻城，去著述立说。到麻城以后，“公安三袁”就多次地去拜访李贽，向李贽求教。所以“公安三袁”的这个流派的形成，就是在李贽思想直接影响之下。

我们可以从“三袁”的著作里头来证明它。就说袁宗道这个老大了，他就很称赞李贽。李贽写过一篇《读书乐》，所谓读书，咱们今天是在国家图书馆，读书是非常快乐的，李贽写我读书怎么快乐怎么快乐，是非常好的一首诗。袁宗道读了这首诗后写诗称赞李贽说，“龙湖老子手如铁”，因为李贽当时隐居在麻城的龙潭湖，所以他就称他“龙湖老子”。又说“胆气精神不可当。莫道世无赏音人，袁也宝之胜琼玖。”意谓您的著作是非常厉害的，虽然当今世上无人欣赏，但我看起来比任何的好酒都要好，称赞李贽是非常高的。他在给李贽的信中还有一段话，也可以看到他怎么受到影响的。他说我读别人的文章有种“懑懑”，“懑懑”就是糊涂，读别人的文章就是糊涂了，就是非常烦闷，我读别人的著作是非常烦闷，非常没意思，非常没价值，但是“读翁片言只语”，就“目力倦而神不肯休”，眼睛很累，精神却百倍。当时袁宗道官位也很高，在北京做京官，学问也很大，“公安派”的首领，但是对李贽却这样佩服。

袁宗道的弟弟袁宏道是“公安派”的旗手，著作最多，也是把李贽直接称为圣人，称李贽为“李耳”。李耳，大家知道就是中国的道教的始祖了。把李贽直接称为老师，直接称为圣人。李贽有一部代表作大家可能都知道叫《焚书》，焚烧的“焚”，再有一部书是《藏书》。李贽为什么把自己的书叫《焚书》呢？李贽说他这书应该焚掉，应该烧掉，后来果然明清两代数次禁烧，禁毁这个书，把它烧掉了，当然烧是烧不掉的，焚者自焚，传者自传，我们今天还能读到嘛。李贽为什么把自己的另一部书叫《藏书》呢，他觉得太不合时宜了，我这书只能藏在名山，若干年后是不是才能被人们看到它的价值？袁宏道对李贽的这些著作极为推崇，他说《焚书》“愁可以破颜，病可以健脾，昏可以醒眼，甚得力。”发愁的时候读了它你就可以高兴，你病呢就可以治病，你头昏了就可以醒眼。当然这个不是说的治病，不是让你笑，也不是让你头脑发昏了就醒醒。意思是李贽的著作可以提醒人们的认识。袁宏道还在一篇作品里头写道，说当时的社会就像一个大罗网。我们知道明代的晚期，说它是罗网一点都不过分，中国封建社会走到了末期，礼教的统治非常严密，封建的统治非常残酷，道德非常虚伪，虚伪的道德笼罩着社会，所以他把它比作大罗网。他说李贽的出现就是要突破这个罗网，用海水做火焰，用山做燃料，要把整个罗网焚毁，解除这个大罗网，说李贽就是这么一个“大妄人”。袁宏道我刚才说是非常狂妄的一个人，他这哥儿仨都是很狂妄，袁宏道最为狂妄，但他对李贽非常佩服。

李贽是佛家、是儒家、是道家、是杂家，各种说法都有。有人说他是绝对的儒家，是儒家的别一派的支脉。有人说他是佛家，李贽的佛教著作在明代可以说是第一位，大家不知道读过他的佛教著作没有？李贽绝对受佛教很大影响，但是他并不是真正的佛教徒。对于道家，他也非常有研究。他又是兵家，他有《孙子参同》，《孙子参同》就是对《孙子兵法》的注释。这部书过去很少人知道，我们这次搞国家项目《李贽全集注》，我们把它发掘出来了。过去搞孙子的研究，人们几乎涉及不到这部书，为什么呢？没见过。这部书发现以后，我们看李贽还是一个兵家。其他我这里都不谈，就谈佛家这一点。我们知道袁宏道是个很有名的居士，对佛学有很深的研究，在明代，他就认为他是佛教第一，佛学研究的权威。后来他认识李贽以后，看了李贽的著作以后，他有这样一段话：“仆自知诗文一字不通，唯禅宗一事，不敢多让。当今勍敌，唯李宏甫先生一人。其他精炼衲子，久参禅伯，败于中郎之手者，往往而是。”他说自己“诗文一字不通”，当然这是谦虚话了，他的诗文是明代第一啊，这是谦虚话。他说“唯有禅宗一事”，就是佛教，对佛教的研究“不敢多让”，不让任何人，但“当今勍敌”，就是最大的对手，唯一能够做对手的，

“唯李宏甫先生一人”，只有李贽了。“其他精炼衲子，久参禅伯，败于中郎之手者，往往而是。”就是说都不在话下，但是李贽他没办法比量。所以我们从袁宏道对李贽的评价，可以看出李贽在当时的地位。

我们再看“公安三袁”的老三——袁中道，袁中道对李贽也是很佩服的。他说过很多关于李贽的话，我们这儿就不多引。好比他说李贽的著作，“舍皮毛，见神骨”，“去浮理，揣人情”，“黜虚文，求实用”，对李贽的文学创作评价是非常高的。李贽被迫害死后，他写了长篇的《李温陵传》，满带激情，盛赞李贽，下边我再谈。

我们知道李贽最后是被迫害而死了，被逮捕入监狱，他受不了这种污辱，趁剃头时候，夺过剃头刀自刎而死，享年 76 岁。李贽到麻城以后被封建统治者诬为“宣淫”、“惑世”，以“维持风化”为名而下令通缉，李贽在他的学生杨定见帮助下躲到河南的黄柏山。后来通州有一个被罢官的御史，叫马经纶。马经纶为什么被贬官呢？因为他上疏对皇帝提出了批评，一下子被削职为民了。古时候也有很有义气的人，很仗义的人，马经纶就是一个典型。用今天的话说他是政治犯，李贽也是政治犯，俩政治犯。他佩服李贽，就不顾个人的安危，亲自跑到了黄柏山，把李贽接到了通州。李贽晚年是在通州度过的。而后明神宗以“敢倡乱道，惑世诬民”的罪名，下令逮捕李贽，而马经纶就陪着李贽进到监狱。在李贽被通缉和逮捕之后，马经纶又多次上书当道为李贽辩诬。李贽自刎而死以后，马经纶又把李贽的尸体埋到他的庄园里头了，所以现在李贽墓就在通州西海子公园。原来并不是在西海子公园，是在马氏庄园的附近。后来，这个墓是很残烂了。20 世纪 50 年代，我读大学的时候，我就拍过一张照片，拍照的时候，那墓周围全是人屎狗屎，乱七八糟，已经残破不堪了。后来柳亚子先生，大家可能都知道，民主人士，毛泽东都很熟悉的人物，柳亚子等写信上书中央，说这么一个思想家的墓，那么放的位置太不合适了，后来迁到通州的西海子公园。当时的通县人民政府镌立了《重迁碑记》：“李卓吾墓于 1953 年由马厂村迁移到大悲林村南，为便于加强管理，方便群众观瞻，于 1983 年 10 月再迁于西海子公园。”该碑文及其书写，都是出于欧阳中石先生之手。同时，周扬同志特写了“一代宗师”碑文立于墓前。话说回来，马经纶收了李贽的尸以后，在他的墓前种了 100 棵白杨树。我写《李贽评传》时候，我是 80 年代写了《李贽评传》，我最后带了两句，说这简直就是向明神宗示威，这不就 100 多里地嘛。俩政治犯，马经纶不怕，把李贽尸体收进去，埋在了通州，又种了 100 棵白杨树。这种为道义之交，不仅在封建时候可贵，在今天也是非常可贵的。马经纶当时也是一个很有名的人物了，他为什么对李贽这么佩服？不顾个人的安危，像“公安三袁”一样，那么赞扬李贽。这本身就说明李贽在当时影响力之大。和马经纶一样，李贽被迫害死之后，袁中道就写了个《李温陵传》。那是写的洋洋洒洒，非常带感情的，同志们可以找出来看一看。它叫《李温陵传》，因为李贽是泉州人，泉州古号温陵，所以它叫《李温陵传》。文中对李贽佩服得五体投地。当然最后袁中道还是很诚恳的，说对李贽我是非常非常佩服，愿学者我有几种，不愿学者我也有几种，第一个我不愿学的就是我没有他那个勇气。这倒是很真实，袁中道在刚毅不屈精神上，是远远不及李贽的。

我们从“公安三袁”对李贽的评价和评论看，李贽在当时思想界的地位和影响那实在是很突出了，没有第二个人超过他。

不了解李贽的人可能还了解另一个人，那就是晚明最大的戏剧作家《牡丹亭》的作者汤显祖。《牡丹亭》现在还在演，京戏还在上演。汤显祖对李贽也是非常崇拜的。我们知道《牡丹亭》写的什么呢？不就是爱情吗，追逐一种真挚的爱情，这种思想在文学作品得到表现，那是早就存在，但在理论上对这种真情的肯定，李贽是第一个明确提出来的。在中国文化思想史上，第一个提出男女平等，赞扬真正的爱情，不受封建礼教的束缚，李贽是第一人。最有名的例子就是他评价卓文君私奔司马相如。这事封建文人都说是“淫奔”，“淫奔”这个词是很恶劣的。李贽则称之为是“获身”，而不是“失身”，获就是获得的获，所以卓文君私奔司马相如是获得了自己的自由。李贽这种思想影响了汤显祖写《牡丹亭》。我们都知道《牡丹亭》，歌颂爱情，歌颂真挚的感情，思想从哪儿来的？当然这有个时代的问题，从思想渊源来说是受到李贽的影响。所以汤显祖对李贽的评价也非常高，他曾经说过这样一句话，他说我听李百泉之作“如获美剑”。因为李贽还有一个别号叫百泉，百泉居士，因为他生在泉州，后来他在辉县的百泉山做过教谕，现在来说就是教师了，所以他自己起号叫“百泉居士”。汤显祖说，李百泉，听他这些著作，看他这些著作，“如获美剑”，美丽的剑，刺人那个剑。他还给李贽的著作叫《李氏全书》写了个“总序”，所谓“全书”实际也不全，当时李贽的书不是被烧了吗？烧是烧，统治者烧，但是有人还继续把它编辑、搜集，而后汤显祖就为这书作了一个总序，叫《李氏全书·总序》，对李贽的著作极为称赞。明神宗不是说李贽的著作是“敢倡乱道，惑世诬民”吗？那是很坏的；那么在汤显祖看来他说李贽的著作不是“乱道”，不是“惑世诬民”，而是“传世可，济世可，应世可，训世可，即骇世亦无不可”。可以传下去，济就是三点水那个济，济世也可，应世也可，训世也可，关键就在于骇世，这是抓住李贽著作的一个核心的。它不仅是传世、济世、应世、训世，而且是骇世，用我的话，用我的理解那就是，也就符合了明神宗的批语“惑世诬民”，大逆不道了。那么这个恰恰是李贽的价值，我觉得汤显祖看到了李贽这个价值。所以李贽被迫害致死之后，汤显祖就特别作了一首诗《叹卓老》，这是写得非常动人的一首诗，写得是非常深挚，充满了敬佩之情，这诗我就不念了。

李贽生活的时代，一个诗文流派“公安派”，一个戏剧流派汤显祖，实际上涵盖了当时的文坛，他们都是在李贽思想影响下进行创作，取得成就的。由此可见李贽的影响。

假如对这两方面你还不太熟悉的话，我想再提一个人你应该很熟悉了，那就是清朝的曹雪芹，这是在李贽之后了。曹雪芹现在保留下来的资料是寥寥无几，除了一部《红楼梦》之外，没什么东西，也就是几首友人赠他的诗。我后来又发现几首封建文人骂曹雪芹的，说《红楼梦》是诲淫之作，这是我搞李贽研究资料的时候看到这个材料的。现在看，曹雪芹受没有受李贽影响啊，没有直接的证据可查，因为他本身就没有什么资料，那么唯一可证的就是这一部《红楼梦》。《红楼梦》，可以这样来说，就是李贽理论的一个化身，这是我对他的一个肯定。《红楼梦》写什么了？我们大家最熟悉了，在座的恐怕都很熟悉，不用多说，反对封建礼教，主张男女平等，歌颂普通人。再有贾宝玉这个形象，贾宝玉是个什么形象？就是李贽“童心说”的一个化身。贾宝玉就是表现自己的真心啊，用李贽的话说，“童心者，即真心也。”贾宝玉追求的就是要真。另外对科举制度的否定，贾宝玉不是骂那科举制度嘛，他最讨厌仕途经济了。他不是有这样一句话吗？可笑的八股文，不过是拿来混功名、混饭吃的一种工具罢了，什么代圣贤立言啊，不过是后人沽名钓誉的台阶罢了。这话是从哪儿来的？就是李贽的意思，李贽就对科举考试进行过严格的批判，李贽曾说科举考试没什么，你到考试之前多读几篇八股文，而后就当个誊录生罢了，抄抄写写就够了，完全是为了去混饭吃而已。

还有一个旁证，《红楼梦》里贾宝玉曾经有一段话，攻击“文死谏，武死战”，不知道大家记得不记得。文人要谏，要上谏书，武官要死在战场。当然我们今天来看，这些话也不能说完全不对。封建社会也真正是有这种人的，像海瑞抬着棺材上疏，自己生命不顾，也是很可贵的，文人敢于上疏谏皇帝也是很不容易的。武人嘛，就应该死于战场，为保卫国家死于战场，这个也不能说完全不对。问题在于封建统治者提倡的“文死谏，武死战”是干什么？这可是封建社会的最高的伦理道德标准，但是在贾宝玉看来那就是“混账话”。为什么？这可能是走了一个极端，但是在贾宝玉看来，封建统治阶级提倡的

“文死谏，武死战”是有它的特殊的内涵的。不仅仅是我们说的我不怕杀头，我上谏书，不完全是这么个意思。这是封建统治者最高的伦理准则，也是儒家学派修养的最高典范，其最终目的是要为统治者而献身。有人曾经写过文章，我忘记是谁写的了，他说贾宝玉说“文死谏，武死战”，“更无来由，而且可笑”，“这话原是《红楼梦》作者从李贽言论中借来，但拿它放在宝玉嘴里说出，可谓不伦不类。”这倒给我一个旁证，写文章的人是否定的，他是认为贾宝玉说这话不伦不类，是李贽的话。但是正好给我们一个旁证，曹雪芹绝对读过李贽的著作，他就把李贽的原话搬过来了，原话搬过来放在贾宝玉嘴里头。

那么整个《红楼梦》的思想境界，它所表现的意识形态以及贾宝玉这个形象塑造，我们看就是在李贽思想影响下形成的。李贽否定这个“文死谏，武死战”，否定得非常厉害。为什么否定它呢？他有这样一段话，他说古时候这皇帝都像龙嘛，这个咱们都知道，龙，就是一条龙，“下有逆鳞，犯者必死”，那龙的逆鳞是不能碰的，“犯者必死”，“然而以死谏者相踵也”，一个接一个，为什么呢？李贽给它个结论：“死而博死谏之名，在志士亦愿为之”，我上谏书虽然被皇帝杀了，最后我得了一个好名声，所以一个接一个。下边还有一句“况且未必死”，有时候不被杀，结果得到了巨福，得到了很大的福气，皇帝一看得升他三级，并没有死，而得到巨福。所以“避害之心不足以胜其名利之心，以故犯害而不顾，况无其害而且大有利乎!”贾宝玉还有一段话，跟这也是相一致的，他说：必定有昏君，所以才有谏臣，这个谏臣只顾邀名，猛拼一死，那么将来你把皇帝放在哪儿？必定有刀兵，才有战争，猛拼一死，他只顾图汗马之名，那么将来于国置于何地？李贽、贾宝玉都是把这个“文死谏，武死战”看成博取名利的工具和手段。当然在说到这个问题的时候，我刚才已经说了，我们今天来看问题不能极端，还有真正地、忠心耿耿地为国家而上谏书的，这是客观存在，不可否认，并不是都是为名利的。但是作为封建社会的一个道德准则，很多人都是在为名位、利禄而奔波。从这个角度，李贽和曹雪芹对它进行了批判。

再说李贽的影响，五四运动，大家更熟悉了。五四运动，现在社会上有人提出五四运动有偏颇，我也承认，我也赞成这个观点，五四运动有一定的偏颇，对有些问题提法比较偏激。但是五四运动肯定是一个新时代的开始，这是不可否认的。过去谈五四运动都是谈外来影响，西风东渐，这也是客观存在。我们先就文学界来说吧，郭沫若是受惠特曼的影响，没说的，客观存在啊，他的诗就是模仿惠特曼；鲁迅受厨川白村的影响，也是客观存在。整个五四运动中西方的影响是很明显的。但是有没有内在的因素呢？过去人们几乎是很少涉及的，难道五四运动都是外来影响吗？用哲学理论来说，内因是决定因素，外因是外部条件，那么内因就没有一点点的决定因素吗？其实这个问题有人提出过，后来人们不重视。周作人说过，晚明以来的启蒙思潮是五四运动的内因。但是因为周作人后来有段不光彩的历史，人们对他的这些合理的提法也就忽略了。从哲学上讲，任何事物既有外因，又有内因，而且内因是决定因素。那么五四运动的外因很明白，看得清清楚楚，内因是什么？我个人认为内因就是晚明以李贽为代表的启蒙思潮。

举一个例证，五四运动是发生在1919年，1916年有一个人物，大家可能不很熟悉，名叫吴虞，吴虞在1916年写了《李卓吾别传》，李卓吾就是李贽了。这篇文章后来收入《吴虞文录》的时候，胡适给它作了一个序，说吴虞是“只手打孔家店的英雄”，一只手打孔家店。“五四”时候“打倒孔家店”不是最响亮的口号吗？民主、科学、打倒孔家店，这是五四的最响亮的口号。胡适在序文中说吴虞是只手打孔家店的英雄，后来人们传来传去就给它加了一个字，成了“只手打倒孔家店的英雄”，其实胡适那序里头没有“倒”字，后来可能就是人们打孔家店打得很厉害，就把吴虞称为“只手打倒孔家店的英雄”了。那么吴虞是“只手打孔家店的英雄”，他的思想来源是什么？就是李贽。《李卓吾别传》是在1916年写的，五四运动是在1919年发生的。这个《李卓吾别传》写得是非常激昂慷慨的，大家有兴趣不妨找来读一读。胡适对这个文章评价也是很高的。作为“只手打孔家店的英雄”的吴虞，著作写在1916年，三年后才产生了五四运动。那么五四运动的思想来源，内在的因素不就是晚明的启蒙运动吗？这是一个铁证，历史事实。所以我们从五四运动来看，李贽在中国这个影响，他的地位也是很明白的。

李贽在中国文化思想史上的影响，我们还可以从反面来说一说。我们都知道《四库全书》总裁纪晓岚，不是有一个电视剧叫什么《铁齿铜牙纪晓岚》，是吧？那当然已经不是纪晓岚的本来面目了，那是戏剧家的戏说乱编了，纪晓岚其实不是那样的形象。纪晓岚还是很了不起的，他搞了《四库全书》，很有学问的一个人物。但是纪晓岚绝对是封建文人，那没说的，正统思想特别浓重。《四库全书》是很伟大的，但是它也毁掉很多书，现在不出了《四库禁毁书丛刊》嘛，就是把被纪晓岚砍掉的书重新出版了。当然《四库》里头的书已经被删掉的，那就没办法了，那只有另外整理了。纪晓岚也确实很了不起，但是纪晓岚的传统思想是太严重了，《四库全书》不收李贽一部著作，一本都不收。为什么？他说李贽的书是“皆狂悖乖谬，非圣无法”，“排击孔子，别立褒贬，凡千古相传之善恶，无不颠倒易位，尤为罪不容诛。其书可毁，其名亦不足以污简牍。”就连李贽的名字也不能让它污辱了书简，所以李贽的书一概不收。但是李贽毕竟影响很大，怎么办呢？他就只存他的书名。比如李贽著有《孙子参同》，他就列一条，李贽有《孙子参同》，但这个书他不收。所以你看《四库全书提要》李贽的书它提了几十种，但是李贽的著作，《四库全书》一本都没收。《四库全书提要》提到李贽的书和有关李贽的书，我粗略统计一下有 39 种，包括焦竑的书。焦竑是明代状元，通州那个“李卓吾先生之墓”就是他写的。焦竑 20 岁开始考举，一直考到 56 岁才中了举，焦竑三十几岁的时候在明代的文坛上就是首领了，但是就不能中举，没办法，所以这也是封建社会的一种悲剧。考到 50 多岁，最后一下子考了个状元，学问非常大。包括焦竑的著作，包括其他人的很多著作，纪晓岚在他的《四库全书提要》里头提到有 39 种，全是骂李贽的，全是批判李贽的。我没有对《四库全书提要》细做统计，其中提到李贽是不是最多，也不一定最多，杜甫、李白、屈原也许更多，但是批判的最多那绝对是李贽，骂得最多绝对是李贽。纪晓岚对李贽虽然骂，但是他也否定不了他的价值，他的《提要》还在提他的书目，虽然他不收李贽的书，但是他还要提他的书目。我们从这个反面来看，从纪晓岚来看，李贽的影响也清清楚楚。

在国外李贽有没有影响？我认为李贽是有国际影响的学者。我在一篇论文里提到，李贽是中国的反封建压迫反传统思想的启蒙思想家，具有国际影响的学者。咱们图书馆馆长任继愈先生很赞成这句话，他说建业你这句话完全正确。为什么我这样提？别的不说，咱们的东邻日本，咱们民族之间有些仇恨啊，现在不说这个问题。东邻日本的走向近代化是明治维新，明治维新的思想先驱是吉田松阴。日本的明治维新就像咱们的五四运动，是日本走向近代化的一个开始，这个明治维新的思想是由吉田松阴开始的。吉田松阴的思想从哪儿来的？从李贽，这确实是一个很怪的现象。吉田松阴抄了李贽的《焚书》，抄了李贽的《续焚书》，抄了李贽的《藏书》，而后办了一所学校，就讲李贽的著作。那时候日本也是封建统治很严密的，叫幕末时期，德川幕府进行统治，幕末时期产生了一个阳明学派，阳明学派是代表了推翻当时日本的封建势力的重要的社会力量，这个思想界的领袖就是吉田松阴。吉田松阴在他的家乡办了所小学，不能叫小学，叫松下村塾，咱们私塾的塾。这所学校先后培养了 80 多名学生，其中一半的人都为明治维新做出了贡献，所以日本人称这个松下村塾是点燃明治维新革命天火的一个圣坛。日本走向近代化从明治维新开始，明治维新影响最大的就是吉田松阴的这个学校，吉田松阴则是受李贽的影响。他自己说过，他说“卓吾居士”是“一世之奇男子，其言往往与仆心合”，所以他“反复甚喜”，非常高兴，读到李贽的著作。又说他最近“读李卓吾之文，有趣味之事甚多，《童心说》尤妙。”《童心说》是李贽的一篇文章，是李贽的代表作。还有一句话说“读李氏《焚书》三遍”，因为他抄了李贽的《焚书》，抄了一遍，这很不容易的，“惟与仆心思符合”，就是跟他的思想完全一致。他还“抄李氏《藏书》”，《藏书》四大本，他都抄了一遍。他下边还有一句话，意思是说谁要读了李贽的书，而不和他一块拍案叫绝者少之。这都可见吉田松阴是受李贽的影响搞了明治维新。吉田松阴也是一个悲剧，30岁被日本的封建统治者杀头了，跟李贽一样，也是个悲剧。但是吉田松阴及其弟子们在日本发动的明治维新也是受到李贽思想影响的。这是一个很大的历史悲剧，日本的明治维新起来以后，它的首相伊藤博文侵略了中国。他们走向近代化，伊藤博文受了吉田松阴的影响，而后发动了甲午战争，强迫清朝政府接受《马关条约》。可以这么说，日本人用了中国人的思想侵略了中国。是不是历史的悲剧啊？很大的悲剧，中国的李贽思想被扼杀了，日本人接受过去了，拿来侵略了你，非常可悲。所以我们要总结这些历史的教训。我们今天回过头看一看，那实在是太可悲了。

我们从李贽对晚明以来的中国的影响，以及对世界首先是对日本的影响来看，李贽的思想确实具有前瞻性、开拓性。东南亚也受李贽的影响，韩国、东南亚研究李贽的人也很多。东南亚居住着李贽的很多后人，虽非直系，因为李贽的儿子都早夭，所以在东南亚和韩国，研究李贽的人也很多。台湾，咱们自己的国土上，李贽影响也是很大的。

李贽对中国的晚明以来的历史影响这么大，甚至影响到日本、东南亚，为什么？为什么李贽会产生这种影响？第二个问题我就讲讲李贽这个思想的核心。他为什么会有这种影响？李贽思想的核心很复杂，定位都不一样，好比咱们图书馆馆长任继愈先生和上海的蔡尚思先生、北大的季羡林先生，我个人认为是中国现代学术界的三巨头，说法都不一样，定位都不一样，但是对李贽的价值都是肯定的，在肯定前提下，评价是不一致的，这是学术研究的正常现象。我就谈我个人的定位，我认为李贽之所以产生这种影响，就是因为他是反传统思想、反封建压迫，具有近代人文主义精神的启蒙思想家。我叫他反封建压迫，这里头就有很多微妙的不同说法，反封建压迫跟反封建不是等同的，不是说他反封建，反不反封建是另外一个问题。任继愈先生说李贽是绝对不反封建的，《求是》杂志社原来的副主编苏双碧先生是坚决主张李贽就是反封建，他俩在两次学术会上针锋相对地唱对台戏。这就很复杂，是不是反封建、是不是反君主制，个人的看法不一样。我给他定位叫反传统思想、反封建压迫，为什么？我下边有例证，有我的根据。

清代有一个人叫张尔岐，他有一部书叫《蒿庵闲话》。他在这个书里有一段话，我觉得他说的很对。他说“明初”，“学者崇尚程朱”，程就是二程了，程颢、程颐，朱就是朱熹了，理学家，道学家，道学的代表，明初学者都是崇尚程朱的。“自良知之说起”，“良知之说”就是王阳明的心学，我们知道后来王阳明是从理学里分化出来的心学，“自”，也就是从王阳明这个“良知之说”起，“人于程朱始敢为异论”，人们才敢说不赞成程朱的话了，不赞成理学了，不赞成他们说的话，“异论”就是不同的理论了。“或以异教之言诠解六经”，“异教”是不同于儒家的教理，主要是指佛教了，拿这个佛教、道教的思想去解释“六经”，于是“议论日新，文章日丽”。这两句话很重要，因为人们敢于说与程朱不同的话了，敢于用异教思想去解释“六经”了，所以“议论日新，文章日丽”。这段话我认为是很好地概括了明代思想发展的起承转变，把明代思想的发展起承转变进行了一个比较科学的概括。在一定意义上也可以这样来说，既指明了明代文化思想发展的起承转变，也在一定意义上说明了中国传统文化思想开始新变的轨迹，就是“议论日新，文章日丽”。

那么中国的传统文化思想，或者叫文化思想传统，有人用词不一样，传统文化思想、文化思想传统都是一回事，大家都很熟悉，是以孔子为代表的儒学，也就是以儒学为其主导，里面又包含着儒、释、道的互补。我们真正研究中国文化思想史就可以看出来，很多儒家都有道家思想，都有佛家思想，自认为我是正宗的儒家，其实也受了佛教的影响，它有一个互补的因素，当然儒家思想为主导。那么这样一个传统思想，我们说它是中国很可贵的一个文化传统，其中包含着很好的内核。但是也必须看到，它是以当时的封建社会的政治、经济、文化为背景的，它一定得受到历史的局限、阶级的局限。它有很好的内核，有很好的精神，但是也有很大的局限。对于以儒家为主导的传统文化思想的这种两重性，若是看不到第一个方面那就是虚无主义者，看不到第二个方面那也是不科学的。作为一个传统的统治阶级的意识形态，它有着它自己时代的局限性。后来儒学发展到宋明，就产生了理学，有人叫它道学。宋明理学就是以程朱为代表，他们都是宋代人，其思想延续到明代，人们称之为宋明理学，以他们为代表的宋明理学是儒学的一个发展。宋明理学也有很多可贵的命题，尤其在哲学上有它的一定的贡献。但是作为儒学的发展，它产生了另一种偏颇，更狭隘了，宋明理学比儒学更狭隘。宋明这个时代，道学不仅是个理论问题了，而且成了一个谋取利禄的手段了。假如说早期的儒学这方面局限性还比较薄弱，到宋明时候就很严重，尤其在明代万历以后确确实实理学窒息了时代的发展，禁锢着人们的心灵。有一本书《元明清三代焚毁小说戏剧史料》，大家可以找来看一看，你看看禁了多少书，什么戏都不准演，什么书都不准看，都是“诲淫诲盗”，统治阶级却照样看，照样演，戏班子请到家里去演。但是统治者却明文规定，不准演这个戏，不准演那个戏，不能看这个书，不能看那个书。所以中国社会发展到明代的后期，理学的统治是非常残酷的。最明显的口号，对妇女来说就是“饿死事小，失节事大”，那是很严密的一个禁锢啊。饿死没什么关系，不能失节啊。什么叫失节？再嫁就是失节，丈夫死了，就只能守寡。但是随着明代后期中国社会的发展，在经济、政治领域都有新的因素，当然这个问题现在有不同的观点。我个人认为，明代后期资本主义在中国有萌芽。随着资本主义的萌芽，在文化思想领域就产生了新的启蒙主义、人文主义思潮，这个启蒙主义思潮的批判矛头首先就是指向程朱理学，进而指向了孔孟，这就很厉害了。既指向了理学，又进而指向了孔孟，实际上就是为中国近代的发展制造了舆论。这一启蒙思潮的代表就是李贽。前年是郑和下西洋 400 年，香港举行纪念会邀请我去，我就写了一篇文章，提出中国走向近代的两个重要人物，一个是郑和，一个是李贽，郑和是从实际行动打开通向西洋的道路，李贽是从思想上制造了启蒙的舆论。当然他俩并列合适不合适还可以讨论。去年是宁夏回族自治区成立 50 周年，宁夏电视总台搞一套“中国回族”，他们把李贽算成回族了，所以让我给讲了一次。郑和是回族，海瑞也是回族，那是没问题的。李贽是不是回族，有不同的看法。但是李贽思想有伊斯兰教的因素在里头，为什么？他的祖母信奉伊斯兰教。李贽曾写过一篇遗言，他说我死白布裹身，不用棺木，这个葬仪是回族伊斯兰教的葬仪。但是我们没有看到李贽受教，所以他是不是回族，社会上也有争论。宁夏拍这个片的时候，我就说李贽是中国启蒙主义运动的一个先驱。拍《中国回族》，把李贽列入回族，他们是根据 1982 年的《人民日报》发表的署名评论员的文章《爱国主义是建设社会主义的巨大精神力量》，在这篇文章中列了个中华民族 82 位英杰，李贽是其中的一个，并把他列入少数民族。

我说李贽是个具有人文主义启蒙精神的思想家，那么有哪些依据？我想可以从四个方面来阐述：

第一，就是反对封建等级制，提出“侯王与庶人同等”的口号，倡导人人平等的思想。“庶人”就是老百姓，李贽说侯王和老百姓一样，就是人人平等嘛。封建社会，封建的统治根据最重要的就是它的等级制度。这个等级最高是君主、天子，天的子啊，再有就是圣贤，我们知道君主、圣贤，这是等级制的最高层，神圣不可侵犯。那么李贽启蒙思想的第一个特征首先就是指向了这个等级制度，他否定了君主和圣贤的神圣地位。当然李贽批判没批判君主制，这是另外一个问题，有人说批判了，有人说没批判，我们不管它，但是我认为他否定君主、圣贤的神圣地位，这是客观存在的。李贽提出一个很有名的口号是“天之立君，所以为民”，老天爷立你当天子，立你为君，干什么？就是“所以为民”，让你为老百姓服务，用今天的话来说就是人民的公仆，让你为民的，不是在上当统治者的。“天之立君，所以为民”，这命题在李贽的著作中曾多次提出。这个思想在封建社会是不可能被接受的，我们看看任何帝王也不会接受这一思想。李贽这种思想在他的很多著作中都有所表现，而且从不同的角度、不同的理论加以说明。比如他有一部叫《老子解》，这是过去人们知道的不多的，还有个《庄子解》，我们这次搞《李贽全集注》都把它整理出来了，李贽在《老子解》里就一再地论述了他这个民本主义思想。儒家的理论里有一个理论叫“圣人仁万民”，圣人圣贤，像孔子、孟子，就给老百姓很多的救济恩惠，万民全靠圣人来救济啦，没有圣人就活不了。那么李贽提出的口号却是“万物并作，万物自成”，万物都是自己靠自己。而后又说“非圣人之功”，这句话很厉害，“非圣人之功”，跟圣人没关系。“万物并作，万物自成”，圣人没什么可给万民的，万民也不需要去凭借什么圣人。当然这里头有一个极端问题，最后我还要讲这问题。李贽在这一基础上他还提出了一个更极端的观点，他说只要各自守住自己的本位就可以了，圣人守你自己的本位，平民守你自己的本位，各守各的本位就行了，圣人没有给我什么帮助，我也不需要你怎么着，我是“自成”。那么守本位的结果是什么？李贽就走向了一个极端，他说：“愚者得之，智者昧焉；不仁者得之，而仁者反失之也。”守自己本位的结果是老百姓得到了，而“智者”却得不到；“不仁者”，因为在圣人看来老百姓都是“不仁者”，“不仁者”得到了，而圣人呢，仁者呢？却失掉了。这个理论彻底否定了圣人、仁者仁万民的理论。这个理论的目的就是张扬人人平等，你圣人没什么了不起的，都是一样嘛，我不需要你怎么着，各自守住自己本位就可以了，说不定结果我得到，你倒失掉了，“万物并作，万物自成”就行。就是在这个基础上李贽提出我刚才说的那个“庶人非下，侯王非高”的口号。老百姓并不低下，帝王将相并不高尚，这个理论，我们今天看来没什么了不起，但是在封建社会，天生圣人那个时代实在是可怕的。李贽还有很多这种相近的言论，比如他说“圣愚一律”，圣人和愚人一样；“天子庶人壹是无别”，皇帝跟老百姓没什么区别；“尧舜和途人一”，尧和舜大家都应该知道，儒家最高的圣君，尧舜和走路的人一样；“圣人与凡人一”，孔子和普通老百姓一样。这样一种口号，在封建社会等级制严密的统治下，真是了不起。

在这儿我想谈一下李贽对孔子的认识与评价，这是个很复杂的问题。李贽对孔子的评述也体现了他的平等思想，我刚才谈到他既否定了天子的神圣，也否定了圣贤的独尊。当然，李贽并不是一概否定他们的价值，而是说他们和老百姓一样，应该是一律平等。李贽对孔子的问题，社会上有三种观点：一种认为李贽是反孔，一种认为李贽是非孔，一种认为李贽是尊孔。反孔和尊孔是针锋相对的，这个太复杂了。上海的蔡尚思先生是主张李贽反孔的代表，我念几句他的话啊，这是我们十多年前在通州开李贽学术国际研讨会时蔡先生写的一篇文章，标题就是“我要为中国思想家李贽呼冤”，副标题是“李贽的批孔堪称天下第一”。有一段话是这样说的：“我认为李贽在中国思想史上有三个独一无二的特点，一是在历代封建王朝以孔学为指导思想的极端专制下而敢于公开反孔，其难能非战国时代的墨家和民国的新文化运动所能比。”那就是比五四还厉害。“二是为学术而殉身，和后世为政治运动而死的谭嗣同、李大钊等不同。”就是说李贽是为学术的，李大钊他们是为政治的。“三是中年以后，越老越大胆反孔，这和开倒车的严复、康有为等不可同日而语。”蔡先生把李贽评价得史无前例。2000 年在北京召开李贽研究学会成立大会上，蔡先生又写了一个题词，发了个传真过来，这么写的：“李贽是中国古代极具胆识的反孔英雄。他独为学术而殉身，真值得后人敬仰！我很为他呼冤！现在就用这几句话代表我亲来庆贺中国李贽研究学会筹委会的成立，并向参加大会的中外代表请教。”还是反孔。前年在湖北麻城开了一次李贽国际学术研讨会，蔡尚思先生已 90 多岁，用很抖的手题了字：“在中国封建王朝 2000 多年的历史中，敢于公开反孔，并以身殉的”，这儿我估计是掉词了，因为 90 多岁了，就是以身殉道吧，“以身殉的，只有李贽一个思想家，这是何等的伟大!”这个观点你可以不同意，这是蔡先生一家之言，就是反孔的主张者蔡先生是第一位，而且他还写过很多文章阐述这一观点。

有人说李贽并不反孔，李贽是尊孔的，这也有理论根据。我们要从李贽著作本身去找反孔、尊孔的言论都能找出来。李贽著作里头批判孔子的话很多，尊敬孔子的话也很多，这个待一会儿我谈我的观点。还有人说李贽是批判孔子，没用反孔这个词，没用尊孔这个词，批判孔子、指责孔子、非孔，任继愈先生就是这个代表。任先生多次写到李贽是非孔的，指责孔子的，所以遭了众怒，在封建社会你指责孔子，必然要遭了众怒，最后被迫害而死。

我个人是这样认为的，李贽给孔子很高的评价，最典型的代表就是他临死之前那一部书叫《九正易因》，这是李贽对《周易》的注释，《九正易因》，就是经过很多次的整理，这一部著作，是在北京通州完成的，完成以后就被统治者逮捕了。他在《九正易因》里，对孔子评价非常高。所以纪晓岚在《四库全书提要》提到《九正易因》时，说李贽唯有这一部书对孔子做了很高的评价，但这部书纪晓岚也没收，因为书里头还有批孔的思想。那么李贽对孔子给予很高的评价表示了什么呢？我认为表示了李贽作为一个史学家的眼光。李贽写有很多历史著作，他的《藏书》、《续藏书》都是历史著作，大部头的封建社会历史著作，《续藏书》就是明史，第一部明史啊。他在《九正易因》里对孔子给予很高的评价，表现他对这一类杰出人物的科学的历史的评价，但是他绝不是神化孔子，表现出一个历史学家的眼光。

李贽批判过孔子没有？客观存在，很严苛地批判过孔子，这是由他的著作证明的。他一方面对孔子评价很高，表现出一个历史学家的眼光；一方面他又严苛地批判孔子，表现出不同于一般史学家的思想家眼光，这两方面并不矛盾。特别是他对盲目尊孔的批判那就更厉害了，他最有名的口号就是在《藏书》里提出的“不以孔子之是非为是非”，不要拿孔子的是非作为评价是非的标准。他说，你都拿孔子的是非作是非，那你还有是非吗？历史发展了这么长时间，历史在进步，社会在变化，你还拿着孔子的是非当是非，孔子的是非是 1000 多年前的是非啊。所以他又提出不要“践迹”，就是不要踩着前人的脚印走，孔子很伟大，你也不要踩着他的脚印走，因为时代已经发展了。他还有一句话说，孔子就是活在今天他也反对踩他的脚印，他也反对用他是非作是非，孔子自己都反对。“不以孔子之是非为是非”，这个口号的提出，实际上是否定了对孔子的神化，批判了盲目地尊孔。也就是从人人平等出发，李贽反对把孔子尊为万世师表。他的话这样说的：“天生一人，自有一人之用，不待取给于孔子而后足。”意谓每一个人生下来，每个人都有一定的用处，不一定非得像孔子那样。假如都要“取给于孔子”，那孔子以前的人都不是人嘛，还没生孔子呢，怎么“取给于孔子”？那人算人不算人？所以这一理论，实际上是从平等观念出发，把孔子拉到了和凡人的一个水平线上。受时间限制，这个我就不多讲了。

我刚才提到，李贽对尊孔派批判得更厉害，我们知道明朝尊孔很厉害，李贽对尊孔派的批判甚至可以说是非常尖酸刻薄的。他甚至说尊孔派是“一犬吠影，众犬吠声。”就是半夜里一只狗一叫，别人的狗跟着就叫，一只狗叫完了以后，其他狗都不知道怎么回事，跟着就汪汪叫起来了，尊孔派就是这么回事。又说尊孔派都是“矮子观场，随人说妍，和声而已”。如同看戏，一个小矮个儿站在大个子后头，啥也看不见，前头一排人说好，后头的那小个儿跟着就拍掌，尊孔派就这么回事。李贽把尊孔派比为“众犬吠声”、“矮子观场”，在当时是极富批判性和战斗力的。李贽有一篇文章叫《题孔子像于芝佛院》，这篇文章是很有意思的。李贽住的芝佛院是佛家的祠堂，他就挂了一个孔子像，把孔子像挂在佛堂里头，本身就是很可笑的事，而后他就写了这篇文章。他说为什么我把孔子像挂到这个佛堂里头呢？他说人们都在尊孔子，叫他大圣人，却都不知道孔子是什么大圣人，谁也不知道，只是听他父亲说的，听他老师说的；他的父亲、他的老师也不知道孔子为什么叫大圣人，都是听古书上的儒先说的；那儒先也不知道什么大圣人，听谁说的？听孔子自己说的。因为孔子自己说过：“圣则吾不能也”，李贽说这个是谦虚话，实际上孔子是在这种谦虚话中把自己比作圣人了。当然这个观点也不一定是很科学，但是对当时尊孔派的批判确实是很杰出的。

李贽的人人平等思想在男女平等上表现得最突出。李贽作为启蒙思想家，在男尊女卑的封建社会，主张男女平等，是李贽的一个突出表现，他在很多文章和著作中都写到主张男女平等。而且他还自己实践这一主张，他在麻城讲道时公开地招女学生，当然不是同班上课了，用通信的方式，用回答的方式公开招女生，就是因为这样所以封建统治者说他“诲淫”，把他驱逐出境了，把他逼跑了，把他的芝佛院烧了。李贽还写过一篇文章叫《答以女人学道为见短书》，当时一个封建理学家写文章说，女人头发长见识短，不足学道，他就写了这篇文章进行回答。提出女子和男子在才智上没有区别，甚至有时候超过男子，他举了历史上的很多女子为证，说治国、治家、写诗作文，都超出男子啦。他又指出假如说女子有些见短的话，什么原因呢？就是因为封建统治者把她们禁锢在闺阁之中，是封建礼教束缚了她们，造成了她们的见短，并不是她们本身才智短，是你不让她们走出家门，其根源在于你的封建礼教、封建统治。这个批判确实是太深刻了。我们知道号称最民主的美国，妇女投票权是20世纪的20年代，李贽超出它近400年。所以任继愈先生在一次会议上说，李贽遭到反对是不可避免的，他提出这个男女平等思想，不仅受到当时男子的反对，有些妇女都不能接受，妇女本身都不能接受，太超前了。正是从男女平等这一观念出发，李贽在《藏书·司马相如传》论中赞扬卓文君私奔司马相如是“获身”，不是“失身”，不是“淫奔”。在封建社会这是与封建礼教针锋相对的，与封建卫道士们针锋相对的。

李贽的第二个启蒙思想特点就是反对封建束缚，张扬个性自由。由于时间关系，这一点讲简单一些。李贽从人人平等思想出发，反对封建统治者对人民大众的压迫与束缚，要求自由地发展人们的自然之性。我开头提到说李贽在姚安当了太守，他的从政方针是什么呢？叫“因性牖民”，“因乎人”，意思就是对人民要加以诱导，这个“牖”字本来当窗户讲，在这儿就是诱导的意思。“因乎人”，就是根据每人的特点去治理。与此相对，李贽反对从政时“本诸身”的“君子之治”。什么叫“本诸身”？就是根据自己的想法用自己的一套去治理人民。他认为治民最好的办法就是根据老百姓自己的意愿去治理他，诱导他，而反对统治者用你自己的想法去治理人民。这个思想就是反对封建束缚，张扬个性自由，不是根据统治者本人的特点、统治者本人的意愿去管理人民，而是要根据人们的特点、人们的愿望去治理人民。李贽这个思想是具有很厉害的批判性的。由此出发，李贽甚至在很多文章中对统治阶级的德礼政刑都进行了批判，所以他受到封建统治者的迫害也是必然的。他公开批判统治阶级的德礼政刑，道德、礼法、政治、刑法，他认为德礼政刑是统治阶级治理人民的两手，一方面是礼，一方面是刑，软和硬结合起来以互补的手段统治人民。李贽提出这个办法恰恰是造成人人不得自由的根源，个性不得自由的根源。那人们怎么办呢？与此相对，李贽提出，要“各从所好，各骋所长”，自由地发展自己的自然之性。他还提出，要“因材并育”，“物各付物”，就是根据每人的特点，去发展他们的才能。这个思想就和封建社会的束缚针锋相对，在当时确确实实具有很强的批判意义，对长期的中国封建专制统治具有非常强烈的批判精神。

第三个方面，李贽启蒙思想的特点，就是对当时统治思想道学的批判。李贽对道学的批判更是尖刻，我随便念几句话，大家就知道了。他说道学是什么呢？“阳为道学，阴为富贵”，表面讲的是道学，实际上是为了富贵，为了追求名利的工具；“被服儒雅，行若狗彘”，穿的是人的衣服，其行为则是狗和猪一样。又说道学家是“口谈道德而心存高官，志在巨富”，表面说的都是道德，心里又想的是高官，是巨富，发大财；道学家“实多恶也”，心里非常坏，却“专讲志仁无恶”；“实执定己见也”，就是一切都固执地以自己的意见为准绳，却“专谈不可自是”，要别人不要自以为是：一句话，道学家就是两面派、伪君子。李贽在《续焚书·三教归儒》一文中还说，无才无学的人才讲道学，为什么呢？“唯无才无学，若不讲圣人道学之名要之，则终身贫且贱焉，耻焉，此所以必讲道学以为取富贵之资也。然则今之无才无学，无为无识，欲致大富贵者，断断乎不可以不讲道学矣。”在《初潭集》中李贽又说：“道学其名也。故世之好名者必讲道学，以道学之能起名也。无用者必讲道学，以道学之足以济用也。欺天罔人者必讲道学，以道学之足以售其欺罔之谋也”。讲道学就可以得到名啊，得到利啊，所以无才无学者、无能无力者，想当大官、想得大富贵者，断断不可不讲道学矣，只有讲道学才能达到这个目的。这种话的尖刻性，我这儿就不多说了。

另外李贽对道学家代表人物也多做了批判，特别是对朱熹的批判简直是入骨三分。我们知道，在封建社会朱熹的《四书集注》是科举考试的教科书，是官方定的教科书，李贽却公开点名批判朱熹，而且非常尖刻。在《藏书·赵汝愚传》论中，李贽斥责朱熹在民族危机之际，拿不出奇谋秘策，而只知空讲“正心诚意”之学，实是“无学”、“无术”，不能“从政而安民”。李贽还从“治贵适时”、“学必经世”出发，斥朱熹等宣扬的理学是“伪学”，散布了“无穷之毒害”，因此，“被禁”是应该的。在《藏书·陈亮传》和《经学儒臣·朱熹传》以及《焚书》的多篇文章中，都对朱熹进行了尖刻的批判。不仅如此，李贽还曾提出“儒者之学，全无头脑”，“鄙儒无识，俗儒无实，迂儒未死而臭，名儒死节狗名。”[①]实是由对道学的批判，进而对儒家学派进行了批判。

应该特别值得我们注意的是，李贽在对道学批判时，对道学家们的假的批判，那是太尖刻的。他在《童心说》这篇文章里斥责当时的道学家，说的是假话，写的是假文，做的是假人，“满场皆假”，“无所不假”，这样对假的批判是李贽反道学家的一个很宝贵的思想。十多年前，有一个导演请我写有关李贽的电视剧，我说没人敢演，于是之先生说“我演”，我说你演我不敢写，好比说我写李贽出来了，来几句假人、假言、假文，“满场皆假”，“无所不假”，这怎么演呢？假如不是这几句，这几句给它删了，那他不是李贽啊，对不对？假如这几句话搬上了舞台，怎么演？很难，很难处理。李贽对当时那种假道学的批判实在是太刺骨，在今天都有借鉴意义，这随便说说。我最近看到几个消息，南方一所名牌大学，院士领导的课题组内，有人的科研课题是假的，你说叫什么事？北方有所大学的两名教授、博士生导师，其著作是抄写的，你说这假到什么程度吧？学术界就这么假，其他也没什么可说的了。所以从这个角度来看，李贽批判这个假实在是太可贵了，太尖锐了，但这个话有些人一听可能就很挠头了。更为厉害的是，李贽说这假从哪儿来？李贽说来自五经四书。所以他不被杀头怎么可能啊。他在《童心说》一文中说，五经四书是“道学之口实，假人之渊薮”，“假”的根源就在五经四书。这都是他的原话。这一点就是认为李贽是尊孔派的那一派也不否认，说李贽这个批判

① 《与焦漪园太史》，《续焚书》卷一。

太厉害了，就是主张李贽是尊孔派的也认为李贽在这方面是超前的。所以这个《童心说》你们可以看看，他这里头话很多了，还说五经四书也不过就是他的弟子们随便记录的，有头无尾的东西。当然，最可怕的两句话就是“道学之口实，假人之渊薮”，把“五经”、“四书”指为制造两面派的总根源。我们看这种批判，对理学的批判达到这种地步实在是惊人的。

李贽启蒙思想第四个特点就是鼓吹俗文学，为新兴的文艺发展制造舆论。这一点简单说一说。我们知道中国的正统文学是诗文，就是古文、古诗，诗文是正统文学。戏剧小说是在元明才兴起的，当时被称为是不登大雅之堂的俗文学。刚才我不是提到一部书嘛，《元明清三代禁毁书目》，大家可以看看，这些戏剧小说很多都是被禁的。到清代还有《红楼梦》，更多了，明代是《金瓶梅》，这都是被禁的，包括汤显祖的著作都是被禁的，好多地方戏也是被禁的。为什么？里头有爱情、有反叛，用封建统治者的话说就是“诲淫”、“诲盗”，那是应该被禁的。李贽是中国俗文学的鼓吹者，小说、戏剧所以得到发展，我们今天大家都读《三国演义》、《水浒传》，包括后来的《红楼梦》，都得感谢李贽。俗文学就是指小说、戏曲。明代随着启蒙思潮的兴起，张扬个性、适性顺情的俗文学得到发展。这些作品高扬个性，肯定人欲，充满主体意识与独立人格，是近代人文主义启蒙思潮的鲜明体现。但封建统治者却诬为“诲淫”、“诲盗”之作，封建正统文人则视之为不能登大雅之堂的低俗作品。李贽对这些新兴的小说、戏曲给予了极力的肯定与热情的赞扬。李贽一方面写文章说像《水浒传》、《三国演义》，像《西厢记》，它们和司马迁的《史记》、杜甫的诗，以至五经四书一样有价值，甚至比五经四书更有价值，给小说戏剧这么高的评价。另外，李贽又通过对小说、戏曲的评点方式大力张扬这些俗文学。脂砚斋评点《红楼梦》大家可能都熟悉，金圣叹评点“第六才子书”、“第一才子书”，大家都熟悉，这个评点小说、戏剧是从谁开始的？李贽是第一人，开创了中国文学研究的评点派。很多小说、戏曲李贽都评点过，而且在评点中给予很高的评价。他甚至把李逵比作圣人，这在封建统治阶级看来，那是绝对不可能的。中国的文学发展，小说、戏曲等新兴文艺的发展，李贽作为启蒙思想家的一个重要方面就是对这些新兴文艺的肯定和发展起到了推动作用，这是李贽的一个伟大贡献。

本来还想讲一讲李贽启蒙思想产生的社会基础，时间到了，今天就讲到这儿，好吗？

2009年11月29日在中华文化教育基金会、香港书谱出版社“李贽教育思想研究”十家论坛上的主题发言和总结

主题发言

开这个会很有意义。李贽的教育思想与他的哲学思想、社会思想、伦理思想以及文艺思想都有个共同点，都是一致的，用我的话来讲就是启蒙，充满着近代人文思想，我对李贽的评价就是中国文化思想启蒙的先驱。这个启蒙思想对中国的文化发展非常有意义，很遗憾的就是李贽的思想在中国被扼杀了一段，他被明朝统治者驱逐、囚禁，最后他就自杀了。晚明到清朝，他的著作又被一再禁毁，以李贽为代表的启蒙思想就被中断了。但实际上反对李贽的人也继承了李贽的思想，好比说顾炎武、王夫之等，他们对封建王朝的批判，都是从李贽那里借鉴过来的，但是他们又站在正统思想的立场上骂李贽。过去我们说五四运动，都是西风东渐，都是受外来的影响，这个是客观存在，郭沫若受惠特曼的影响，鲁迅受厨川白村的影响，这些都是客观存在的。但有没有内因呢？过去有人提过，五四运动的内因就是晚明的启蒙思想，周作人提过，但周作人有段不光彩的历史，人们都不重视。五四运动最明显的例证就是吴虞，大家都很熟悉，吴虞只手打孔家店，胡适说他是“只手打孔家店的英雄”，后来人们就加了个字，成了“只手打倒孔家店”，其实胡适的话没有“倒”字。吴虞的思想从哪来的？李卓吾啊，他的《李卓吾别传》写得非常深刻，慷慨激昂，那是1916年写的，1919年才发生五四运动。曹雪芹除了几首诗和《红楼梦》，没有任何资料保留下来，但曹雪芹受不受李贽的影响呢？《红楼梦》就是在李贽影响下产生的。张新洲写过一篇文章《李贽与红楼梦》，说得很明白，最明显的是贾宝玉说“文死谏，武死战”是混账话。有一个学者说这个不伦不类，对“文死谏，武死战”的批判是李贽提出的，贾宝玉怎么能说这句话呢？这是把拿李卓吾的话抄过来了。但我们认为这恰恰说明曹雪芹受了李卓吾的影响。李贽的启蒙思想还影响了日本。前几天一位日本学

者来，我还和他们聊这个问题，我说日本受中国的影响，日本的明治维新怎么起来的？受李贽影响，明治维新的先驱吉田松阴是把李贽的《焚书》抄了三遍，《藏书》抄了两遍，后来搞了明治维新，结果用李贽的思想，日本走上了近代化道路，第一任内阁总理伊藤博文侵略了中国。任继愈先生在世时说这是中国最大的历史悲剧，中国思想侵略了中国。对于李贽的启蒙思想，过去人们认识不是太够的。

李贽的教育思想恰恰是他的启蒙思想的组成部分，和他的整个社会思想包括文学思想都是一致的，他的教育思想很多，内容很丰富，正像他的哲学思想、社会思想一样，很丰富。我想有几点特别值得今天研究。

第一点，尊重个性，因材施教。好比说，他有几句话“物各付物，万物并育”，“因性牖民，顺其性，不拂其能”，这都是他的教育思想。我给他归纳起来就是尊重个性，因材施教，这恰恰是近代人文思想的一个核心。我们今天总是说因材施教，加深对李贽这个思想研究对今天也是很有意义的。

第二点，提倡质疑，反对盲从。这是李贽很突出的教育思想，也是他的政治思想。他有几句很有名的话：“学者但恨不能疑耳，疑即无有不破者。”又说“学人不疑，是谓大病。唯其疑而屡破，故破疑即是悟。”最恨的就是学者不能怀疑，疑才能破，不疑就不能破，破才能悟，就是对事情要问个为什么。所以要疑，疑才能破，破才能悟，悟才是理解，你越怀疑的多，你认识问题才能越深刻，所以反对盲从，反对迷信，这个教育思想在今天非常值得研究。但李贽这个思想因为太突出了，最后被杀头也是必然的，他怀疑的太多了，甚至怀疑到四书五经，他不是有两句话名言吗？他说“五经”、“四书”“乃道学之口实，假人之渊薮”。最后被杀头，这是必然的。李贽反孔不反孔，不是今天讨论的内容。我说过中国学术界三大家，季羡林先生、任继愈先生和蔡尚思先生，北京两个，上海一个，这三大家对李贽都非常佩服，但他们三家观点不一致，有的说他反孔，有的说不反孔，但都认为李贽的价值很重要，那是一致的，他们都写过这方面的著作。说反孔的是蔡尚思先生，从20世纪20年代开始就说李贽反孔。任继愈先生说李贽并不反孔，季羡林先生说这个要分析。不过李贽提出反对盲从，提倡质疑，绝对是可贵的教育思想，因为李贽那个时代即明代晚期有点特殊，实在太特殊了，用李贽的原话就是“假文、假言、假人”，“无所不假，满场皆假”。他的价值就在于自己的独创，盲从迷信是绝对不可取的。

第三点，就是主张师生平等、男女平等，这也是近代人文主义思想的一个主要内容。他有很著名的两句话：“师即友，友即师”，老师就是学生的朋友，谈师生之道，老师和学生应该是平等的，李贽这个思想也是很可贵的，特别是男女平等更为可贵。我和任先生在麻城开会的时候，他说李贽不悲剧不可能啊，他 400 年前就提男女平等，当时不仅男人反对，女人都反对，太超前了。美国是最提倡平等的国家，他们的妇女投票权是 20 世纪 20 年代才有的，李贽超了美国近 400 年，可贵不可贵？李贽主张男女平等，他的学生是男女共收的，当然不像有的人所说的在一个教室里上课，是通信的方式，所以说这种教育思想，师生平等、男女平等，也是值得研究的一个命题。

当然还有学习方法、教育方法、学以致用等。受时间限制，就不多说了。

关于李贽的研究，有两个问题需要强调。一是普及问题。一直有人呼吁，应该把李贽著作放进大学教材里，到现在，中学课本里面好像都没有。河南有个中学老师，自己选了几篇李贽的文章在课堂上讲授。任继愈先生在的时候，我们商量过，任先生第一个署名，十几位专家联合署名，提两个建议：第一就是在中华世纪坛立个李贽像。第二个就是把李贽著作编入中学、大学教材里去。怎么能做到普及，要靠大家努力。二是提高的问题。怎么把对李贽的研究再向前推进？最近几年，研究工作在逐步发展，开了四次李贽国际学术研讨会，出版了《李贽文集》(七卷本)，今年争取出版《李贽全集注》。但是对李贽的研究，在很多方面并不够，像对李贽的教育思想研究就很少。李贽史学研究有四本专著，文学研究有三本专著，教育思想的研究不多。秦学智老师所著《李贽大学明德教育论》、《李贽大学明德精神论》很不错。我感觉日本对李贽的研究很深入，因为他们有投资，有投资很多工作就好做，可以搞学术会议，出杂志，中国这方面力量比较弱。《李贽全集注》就是在各方面支持下才做起来的。《李贽全集注》在整理过程中挖掘出了几本以前很少有人知道的著作。李贽还是军事家，著有《孙子参同》，给《孙子》做了注释。他还是《周易》研究专家，这个人们都知道，但《九正易因》很少能看到，现在整理出来了。下一个任务想做“李贽点评小说、戏剧全书”，还是 1000 多万字。在热衷于李贽的企业家、学校、学术单位的共同支持下，对李贽的研究完全可以进一步再搞。日本、韩国、美国、中国台湾、中国澳门的专家商量要建立“亚洲李贽研究中心”，日本、韩国的学者都想设立在他们国家。任继愈先生坚决反对，中国的李贽放在别的国家，丢脸哪。但目前国内还是不太好办，程序太复杂。希望大家努力，一步步地把李贽研究往深入推进。也希望我们中华文化教育基金会作为一个基地，各方面宣传起来就好多了。

对李贽的思想，百家争鸣是很正常的，李贽本身就很复杂。蔡尚思先生认为：“在中国封建王朝二千多年的历史中，敢于公开反孔并以身殉的，只有李贽一个思想家，这是何等的伟大!”这些字已经刻在麻城李贽塑像后面了。第二段是我的一段话：“李贽从黄安迁居麻城，实是孔孟‘正脉’与‘异端’思想搏斗的一个结果。而李贽移居麻城之后，进一步把他的‘异端’思想发展到极致，成为中国启蒙思潮的一面旗帜，这是李贽不幸中的大幸，中国文化思想史的大幸。”至于李贽是否反孔，大家都有个人观点。任先生说李贽是“非孔”的，“批孔”的，他不“反孔”。李贽是很“尊孔”的，《九正易因》里写到孔子就是天下第一大圣人。李贽反孔吗？也有很多不同意见。有一条可以肯定，李贽绝对是反对尊孔派的。他说尊孔派是“一犬吠影，众犬吠声”，把尊孔派比作众狗叫，多刻薄。还有说他们是“矮子观场，随人说妍”。矮子挤在人群中看戏，什么也看不见，只能随着别人叫好。他说尊孔派就是这么回事。我觉得李贽对孔子的态度两方面都有，我认为李贽肯定孔子，体现了历史家的眼光，但他的批孔特别体现了思想家的眼光。作为历史家，他对孔子有很高的肯定，但作为一个思想家，确实对孔子做了很多的批评。最明显的就是《童心说》中指“四书”、“五经”是制造伪君子的总根源。对李贽这些思想的研究确实需要各抒己见，百家争鸣。但我还是强调，我们现在谈的李贽提出的很多命题，都是富于启蒙精神，都是很有价值的，对李贽的研究需要深入，需要推进，这需要多方面的力量。

总结

今天这个会真是让我很感动。李贽研究确实是搞了几十年，一步步扩大，一步步深入，我觉得近几年的影响还是比较大，但层面仍是窄了，深度也比较浅。我刚才说了，李贽研究不如日本，我们如何进一步推动这个研究，一个是普及方面，一个是学术提高方面，今天听到的真是很受教育。因为其他方面的研究著作都有，研究李贽教育思想的专著今天我也看到了，这就说明李贽研究的工作在各个层面推进了。现在大家提了很多好的建议，很多思想火花，接下来就是怎样把它落实下去，像刚刚张新洲所说的那样，一人做一件事，只要大家共同努力，就好办了。就比如影视剧，这是早就有构思的，但太困难就放下了。当然也可以做。学术会议，我们是定期开的，还有专著的出版以及有关的宣传。可以看出越来越多的人在重视这件事。全集出来以后，还要做哪些工作，我们同事也提出了很多意见，也希望我们的基金会能尽力一起把李贽的研究一步步推进。您(张培元)的老师梁披云先生也是很支持的，我在十五年前立项的时候，去拜访过梁披云先生，有一张照片就是梁先生在谈这个《李贽全集》的事，任继愈先生、欧阳中石先生他们也都是很支持的。做李贽的研究，不要总谈谈过的东西，李贽的思想还有很多值得研究的东西。比如李贽的为政思想就很值得研究，他当时都做到太守了。李贽怎么做官呢？他在辉县，当时他把妻子儿女留在那里，自己回去安排父亲的后事，因为都回去的话路费太高了，而且他的费用都是别人捐助的。他就留了一部分给妻女，自己离开了。但那年辉县大旱，这个大家应该都知道，当时的官员知道他是京官，就说可以给他放点水，但他不同意，就说要给全村老百姓都放水。这个赃官就不干，说这个不能放，只能给李贽放。结果一年大旱，饿死两个闺女。所以他的为官为政思想很多可以研究。我不是说李贽多么伟大，就是说李贽的研究可做的地方真的很多，我们现在做的还很不够。但今天大家提出这么多好建议，真的是很好。下一步我们怎么深入，怎么落实，希望大家共同努力。

在“纪念李贽诞辰四百八十五周年忌辰四百一十周年国际学术研讨会”开幕式上的致辞(2012年9月23日)

女士们，先生们：

大家好！

今天在这里举行纪念李贽诞辰四百八十五周年、忌辰四百一十周年的“国际学术研讨会”，非常有意义。万历二十八年(1600)，湖广按察司佥事冯应京以“维持风化”之名，要对李贽“置之以法”。李贽在学生杨定见的帮助下，避难于这里的法眼寺。李贽在这里以“洗心千涧水，濯足温泉宫”的超脱心态继续讲学传道，撰写诗文，并修订他的最后专著《九正易因》。李贽在此虽只有数月，但黄柏山法眼寺实为李贽坎坷一生中的难忘之地。四百多年来，随着时光的流逝，除两棵森森参天的白果树外，法眼寺已荡然无存。年轻企业家黄道林先生，景仰李贽之精神，热心文化之传承，在当地政府的支持与协助下，筹集资金原址重建法眼寺，并在寺旁特建“李贽书院”，以褒崇先哲，垂荣后世，实为弘扬李贽精神与祖国文化的盛举。在“中国李贽研究学会”的协助下，国家图书馆馆长任继愈教授题写了“李贽书院”匾额，不久任先生就驾鹤归西，此匾额题款成了可贵的任先生的绝笔。著名学者冯其庸、郭预衡、欧阳中石、汤一介、李亦园等都为“李贽书院”的碑廊题了字“李贽书院”必将成为研究李贽和祖国文化的一个重要平台。今天，中外学人汇集在此对李贽进行研讨将是一个重要的起始。

我在有关李贽的多种著作中，把李贽定位为反封建压迫、反传统思想的启蒙思想家。这一论断，既得到了赞同，也有所商讨。我认为，李贽提出的许多理论命题，如从民之性顺民之欲的为政治国理念，圣凡一律人生平等的社会理想，与世推移反对践迹的发展史观，希求童心真心反对假人假言的人格修炼，张扬小说戏曲重情重俗的美学思想，不但在当时具有强烈的批判精神和启蒙意义，就是在今天也具有强烈的借鉴价值。胡锦涛总书记在党的十七次代表大会上的报告中，对于“弘扬中华文化，建设中华民族共有的精神家园”指出：“中华文化是中华民族生生不息、团结奋进的不竭动力。要全面认识祖国传统文化，取其精华，去其糟粕，使之与当代社会相适应、与现代文化相协调，保持民族性，体现时代性。”现在，党中央又提出了建设文化强国的宏伟目标。在这种形势下，如何继承并发扬我们的民族文化遗产，使之为现代化服务，已成为人们极为关注的问题。中华文化源远流长，灿烂辉煌。研究中国文化的人们有一个共识，即中国传统文化是以儒家思想为主导，而又包容着儒、释、道互补的内涵。这种传统文化有许多精华，但又不可否认，作为一种统治的意识形态，它又是为封建统治服务的。对于这种传统文化，应该经过批判继承，使之为今天的现实社会服务。但我觉得更应该强调的是，对传统文化中的启蒙思潮，既体现着传统文化中的精华所在，又有在新的历史条件下对传统文化不适宜于今日现实内容的扬弃，并且与当今的时代精神有着一定程度上的内在的相通。因此，我认为，无论是从对传统文化的继承上讲，还是从以传统文化为当今的现实服务上讲，加强对传统文化中的启蒙思潮的研究，都是一项极为重要，极为迫切的任务。而李贽就是这一启蒙思潮的先驱与代表。

正因为如此，今天我们在这新建的“李贽书院”举行纪念李贽诞辰四百八十五周年忌辰四百一十周年的“国际学术研讨会”就具有特别的意义。我希望“李贽书院”在今后成为研究李贽、宣传李贽的一个平台，为李贽研究向着纵深的发展做出贡献。为此我们应该特别感谢商城县人民政府和年轻企业家黄道林先生。我在《李贽书院碑文》中写下了这样一段文字：“黄君道林，商城人氏，景仰李贽之精神，热心文化之传承，在当地政府支持下，自筹资金创建‘李贽书院’，以褒崇先哲，垂荣后世。道林君嘱余为记，余素拙于为文，然欣逢盛举，不敢辞。故略述事之颠末，书之贞碑，俟后之览者，感与斯，悟于斯，则幸甚”。这里，我也以这几句话作为结语，诚望大家在这次研讨会上，各抒己见，百家争鸣，互有所感，互有所悟，使这次盛会圆满成功。

谢谢大家！

在“纪念李贽诞辰四百八十五周年忌辰四百一十周年国际学术研讨会”闭幕式上的总结(2012 年 9 月 24 日)

女士们，先生们：

筹备处的同志希望我对这次研讨会做一个总结，并就今后的李贽研究工作提点建议，我就不揣冒昧的说说想法，供大家参考。

第一，对于学术的研究，像一切工作一样，要想取得优异成果做出成绩，首先需要的是重视。这次研讨会非常成功，其重要原因就是各方的重视。特别是商城县人民政府、李贽书院做了大量的准备工作、组织工作，为研讨会奠定了坚实的基础。同时，李贽故乡泉州市，南安市组成了庞大可贵的代表团，也成为这次研讨会取得成功的重要因素。再者，与会的中外学者从接到邀请信之际，就全力投入论文的撰写，到目前为止，已收到三十二篇各具独特见解的论文和一部电视剧剧本，表明中外学人对这次研讨会的极端重视，这在中外学者的发言中已得到鲜明体现。在这些论文与发言中，既有深度，又有广度。既有对李贽思想内容精神的全面论述，又有对李贽思想内涵精神某一方面探析。既有对李贽作品的解读，又有对李贽行踪的考察。既有对李贽文艺美学的研讨，又有对李贽教育思想的评说。既有对李贽思想传承的探索，又有对李贽思想影响的分析。既有对李贽思想作为文化遗产保护的研究，又有关于李贽与韩国思想家、日本思想家的比较探究。总之，这次研讨会成果丰硕，把李贽的研究向前推进了一步。重视是做好一切工作的前提与基础，希望在今后的李贽研究中，更加发挥这一精神。

第二，对李贽在中国文化思想史上的地位应有充分的认识。我多次在文章与讲话中提出，李贽是中国走向近现代的启蒙思想家，他提出的许多理论命题，不仅在当时具有重要的启蒙意义，就是在今天也具有重要的借鉴价值。不仅如此，我还提出，李贽是具有世界影响的思想家，特别是对东南亚多国的影响更为深远。对这样一位具有深远影响的思想家，我们的研究工作认识水平有没有距离？我认为还是有着较大的差距。我在有关文章与演讲报告中，还多次强调对传统文化中的启蒙思潮应该给予更多的重视与研究，因为传统文化中的启蒙思潮，既体现着传统文化中的精华所在，又有在新的历史条件下对传统文化不适宜于今日现实内容的扬弃，并与当今的时代精神有着一定程度上的相通。李贽是这一思潮的代表与先驱，对李贽思想中与当今时代相通的研究应该是李贽研究中的一个重要内容。例如反对官吏贪赃，主张廉洁治政；反对假人假言，主张童心真心；反对唯圣唯上，主张以人为本；反对迷信盲从，主张实践验证等等，都极具启示意义。我们要建设小康的和谐的社会，李贽在这些方面提出的命题都极有借鉴价值。

第三，要认真阅读李贽的著作及有关的研究著作。李贽的精神与伟大是由他的作品体现出来的，要真正认识李贽，必须认真阅读他的著作。李贽是一位多产的作者，又出入儒释道，兼及文史哲，其作品极为庞杂而难解，在阅读时更需要耐心细心。好在现在有了一套《李贽全集注》，李贽的主要代表作都收集在内，并做了注释。但《李贽全集注》分量太重，定价也太高，一般读者不易接受，出版社与我商议，又从中抽印了《焚书注》、《续焚书注》，注释甚为详尽，并纠正了前人不少错误，可以作为研究李贽的基本读本。至于有关李贽研究的著作，海内外都多有，可依自己的兴趣与精力选读。在阅读这些著作时，可以发现有些方面一致，有些方面不一致，甚至尖锐对立，这是学术研究的自然现象。矛盾出学说，每个人还可以从这些矛盾中进行自己的独立思考，做出自己独到的研究成果。

第四，在阅读的基础上，选择方向和内容进行研究。李贽思想博大精深，对他进行全面研究当然好，但限于精力与水平，也可以选取一个方面进行研究，或专题或专著都可以。如李贽的民本思想、治政思想、经济思想、历史观念、童心说、友谊观、妇女观、佛禅观、文艺观等等，都可以成为专题，都可以挖掘出新的内涵。专书研究也很重要，如《九正易因》，台湾的袁光仪教授查遍索引，只有我一篇《李贽与〈九正易因〉》，她在此前提下，对《九正易因》开始了专书的研究，并取得一定成绩。又如李贽的《孙子参同》，被梅国桢评价为“集兵家之大成，得《孙子》之神解”，但到目前也只有我的一篇《从〈孙子参同〉看李贽的军事思想》。总之，李贽著作极为丰富，所以研究的内涵也就极为宽广了。

第五，要扩大眼界，与多方交流。学术研究需要有坐冷板凳的精神，需要耐心和恒心，整天飘浮很难取得成功。在耐心恒心坐冷板凳的基础上，也需要扩大眼界，与多方交流。碰撞容易出火花，在交流中会激发灵感与激情。李贽的足迹遍中国，李贽的研究遍世界，这就给我们提供了扩大眼界与多方交流的需要和可能。

第六，应该把李贽的研究普及化。李贽是一位杰出的思想家，在我们文化思想史上占有重要地位，但人们对他的认识与理解却极为不足，怎样把他的思想与精神普及到扩大人民群众之中，应该成为李贽研究的一个重要课题。

以上意见仅供同志们的参考，希望在今后的李贽研究中我们共同努力，不断取得新的进展与成果。

谢谢大家！

在泉州“李贽与东南亚文化国际学术研讨会”上的致辞(2014年10月8日)

女士们，先生们：

大家好！

在祝贺泉州荣获东亚文化之都的庆典之际，同时举办“李贽与东南亚国际学术研讨会”，非常有意义。泉州所以能获取东亚文化之都的称誉，因为有着深厚的文化底蕴，这里是“光明之城，这里是海上丝绸之路，这里是多元文化的汇集，这里是展示“亚洲价值”的榜样。我想指出的是，在这深厚的文化底蕴中，李贽则是一颗光彩夺人的闪亮的明星。关于李贽的思想精神与价值，我在提供给研讨会的论文中给予了论述，这里只就纲目提示。我认为李贽是中国走向近现代的启蒙思想家，他提出的许多理论命题，不但在当时具有重要的启蒙意义，就是在今天也具有重要的借鉴价值。如从民之性顺民之欲的为政治国理念，圣凡一律人生平等的社会理想，与世推移反对践迹的发展史观，希求童心真心反对假人假言的人格修炼，张扬小说戏曲重情重俗的美学思想，在当时都具有振聋发聩的批判精神和启蒙意义，在今天也同样值得借鉴与吸取。不仅如此，我还多次撰文指出，李贽也是一位具有世界影响的思想家，特别是对东南亚诸国有着深远的影响。这里仅以对日本的影响为例。日本挣脱德川幕府的封建统治而走向近代化是从明治维新开始的，明治维新的思想先驱是吉田松阴。吉田松明的思想形成从哪里来？从李贽。吉田松阴在德川幕府极其严密的封建统治时期，创办了一所学校“松下村塾”，用李贽的著作作为教材，先后培养了80多名学生，并形成了一个阳明学派。就是这个学派发动了明治维新，从而推动日本走向了近代化。所以日本人称“松下村塾”为点燃明治维新革命天火的圣坛。吉田松阴对李贽极为崇拜，他曾说“卓吾居士”是“一世奇男子”，而且“其心往往与仆合”，对李贽的著作他“反复甚喜”，并亲自对《焚书》、《续焚书》进行了抄录。当李贽的著作一再被中国的封建统治者禁毁之时，却在日本起到推动历史，改革与进步的作用。但是，应该指出，日本以李贽的思想走向近代化后，其首相伊藤博文就发动了甲午战争，强迫清政府接受《马关条约》。这真是一个令人深思的历史悲剧。我对这一悲剧的论评，曾得到周扬、蔡尚思、谢国桢、任继愈、汤一介、冯其庸、郭预衡等前辈的赞同与好评。李贽对韩国的影响，有与会的申龙沏教授、金惠经教授的论证，我就不多言了。还有李贽对新加坡的影响，新加坡国立大学中文学主任李焯燃等都有所论述。这次我也邀他与会，因教学任务未能成行。总之，今天举行“李贽与东南亚国际学术研讨会”，不但恰逢其时，而且是一次非常有意义的学术研讨。

正因为李贽是一位具有重要影响的思想家，他提出的很多命题具有开拓精神、进取精神和前瞻精神，所以，受到明清以来众多思想家、文学家的尊崇与赞颂。焦竑、公安三袁、汤显祖等无不对李贽无限钦佩。曹雪芹没有留存下什么资料，但一部《红楼梦》所表现的不正是李贽的思想与精神吗？其中反对封建专制，批判封建礼教，弘扬男女平等，歌颂真人凡人，不正是李贽提出的理论命题否？贾宝玉曾攻击封建社会最高的伦理道德标准“文死谏，武死战”是“混账话”，这不正是原文搬自李贽吗？这不正好说明曹雪芹熟悉李贽的著作吗？明清时代也有不少人批判甚至痛骂李贽，如《四库全书》主编撰纪晓岚对李贽的著作一概不收，只存其目，并痛加批斥，“以暴其罪”，但这不正好从反面说明李贽的伟大吗！近代以来，随着对封建统治的批判，对封建礼教的抨击，对科学、民主、自由的呼唤，对李贽就更为重视。1916年吴虞发表了《李卓吾别传》，借李贽对封建主义进行了猛烈抨击，成为1919年五四运动的先声。鲁迅直接论述李贽的文字不多，但他那种反传统的思想与李贽一脉相承，他那匕首投枪式的杂文与李贽的批判文风一脉相承。周作人曾说，晚明以来的启蒙思潮是五四运动的内因，其代表人物就是李贽。他在《俞理初论莠书》一文中说：“从前我屡次说过，在过去二千年中，我所最佩服的中国思想家共有三人，一是汉王充，二是明李贽，三是清俞正燮。”并称三人为“中国思想界之三盏光。”现代学人推崇李贽的就更多了，周扬、谢国桢、蔡尚思、任继愈、季羡林、冯其庸、汤一介、冯友兰等，无不给李贽以高度评价。中国台湾作家李敖在《李敖快意恩仇录》中称李贽为“真知和真诚的率性”式的“性格巨星”。他在一次演讲时甚至说：“中国历史上我只佩服两个人，一个是李贽，一个是李敖。”这不免有调侃之嫌，但也表明李贽在当代一位学人心中的地位。

从以上的论述，可以看出李贽在中国文化思想史以及东南亚文化史上的影响与地位。对这样一位具有深远影响的思想家，我们应该给以更多的重视与研究，特别是作为李贽故乡的泉州，作为亚洲文化之都，泉州的一颗光彩夺人的闪亮的明星，更应该给以更多的重视与研究。我希望这次研讨会能成为这样的一个起点，把李贽的研究推向一个新的里程。

谢谢大家！

在“南安市纪念李贽诞辰490周年学术研讨会”上的致词(2017年12月13日)

各位领导，各位男女学人朋友们：

在李贽诞辰490周年忌辰415周年之际，在李贽的祖籍地南安举行纪念研讨会，意义重大，深表祝贺。

李贽是中华文化思想史上的一位杰出的思想家、文学家、史学家，并具有他特殊的思想价值与人格魅力。中外不少思想家都把中庸视为一种完美的理想，完美的人格，如中国的孔子，古希腊的亚里士多德，就曾提出行道、为人要不偏不倚，适度合宜。但是，现实生活却昭示人们，不偏不倚有时会滑为庸俗妥协，适度合宜有时会流为苟安折中。究其原因，就在于中庸之度难以确指，难以掌握，从而也就难于实现。反之，那些不循常规、不蹈故习的狂狷之士，执着十热诚的信念，充溢着鲜明的个性，不避偏颇不安平静地为探求人生真谛而一往直前，义无反顾。他们堂堂正正，大刚大勇，终生都被一种强烈的渴望所燃烧，所荡漾，使他们的思想和行为展示出照耀世俗的光辉，冲激着平庸的人生。李贽就是这样的一代独具人格魅力的思想家。

作为杰出的思想家，李贽提出的很多理论命题，如反对保守践迹，主张与时俱进；反对唯圣唯上，主张以人为本；反对迷信盲从，主张实践验证；反对假人假言，主张童心真心；反对官吏贪赃，主张廉洁治政；反对男尊女卑，主张男女平等等，就是在今天也具有强烈的现实意义。李贽的思想具有开拓精神和进取精神，对明、清两代以及“五四”时期的思想家、文学家都产生了深远的影响。1981年中共中央书记处政策研究室和《人民日报》发表的《爱国主义是建设社会主义的巨大精神力量》，把李贽列为中华民族杰出的历史人物之一；《红旗》杂志等编写的《中华英杰录》，李贽被选为我国历史上八十三位英杰之一。2016年5月17日习近平总书记《在哲学社会科学工作座谈会上的讲话》更是把李贽列为中华民族悠久的文化发展中二十五位思想大家之一。这都表明李贽在我国思想文化史上占有多么重要的特殊的地位。

李贽对日本的明治维新产生过直接影响，日本幕末时期著名汉学家、明治维新运动的先驱吉田松阴，在思想上就深受李贽影响。日本现代著名汉学家铃木虎雄对李贽进行过深刻研究，并著有《李贽年谱》；现代许多日本著名学者都在从事李贽的研究。李贽和意大利传教士利玛窦有过交往，并有深厚友谊；比利时人金尼阁神父当时协助利玛窦在华的传教工作，和李贽也有接触，这些在《利玛窦中国札记》中都有记载。德国汉学家福兰阁在其专著《十六世纪中国之思想斗争》中对李贽的思想、品格给以极高评价，还撰写了有关李贽的研究论文《李贽》、《李贽与利玛窦》。在韩国、新加坡、美国、法国、英国、瑞士、意大利、俄罗斯等国也都有学者从事李贽的研究。特别是在东南亚诸国，居住着众多的李氏后人，很多学者都在从事李贽的研究，李贽的影响更为深远。这说明李贽在世界思想文化史上也占有一定地位。

习近平总书记多次谈到要重视对传统文化的研究。他一则说："中华文化积淀着中华民族最深沉的精神追求，是中华民族生生不息、发展壮大的丰厚滋养。"二则说："中华优秀传统文化是中华民族的突出优势，是我们最深厚的文化软实力。"三则说："坚守中国特色社会主义道路自信、理论自信、制度自信，说到底是要坚定文化自信，文化自信是更基本、更深沉、更持久的力量。"中华传统文化是中华民族生生不息的发展的结晶，是中华民族开拓奋进精神的体现，他不仅滋育了华夏儿女，也对世界其他国家产生了重要影响，他是一笔珍贵的文化遗产，也是世界文明宝库中最具特色的重要组成部分。李贽的著作和思想正是这一珍贵文化遗产的重要体现。前面我已提到，习近平总书记把李贽列为中华数千年文化思想发展史上的二十五位思想大家之一，我们更应该加强对李贽著作的整理，对李贽思想的研究，为新时代中国特色社会主义的文化建设贡献力量。为此，我们应该共同努力。

谢谢大家！

（注：该文后被作为"序言"刊登在"南安市纪念李贽诞辰490周年学术研讨会论文集"《李贽与海丝文化》，海峡文艺出版社，2019年。）

浅谈李贽墓及其他

我们伟大的祖国有几千年的文明历史，文物古迹特别丰富。大至万里长城，小至像李贽这样一个历史人物的墓址，它们经历了几千年、几百年的历史发展，承受了天灾人祸的种种侵袭，终于不同程度地保存了下来，这是很可贵的。

就以北京通县的李贽墓来说吧，它的经历也很不平常。李贽因为反封建压迫、反传统思想而被明神宗朱翊钧亲自下令逮捕入狱，迫害而死。李贽死后，其友人马经伦大胆地把他收葬在通州北门外马氏庄园，葬式均按李贽遗言，而且“冢高一丈，周列白杨百株”，大有向相距几十里的北京神宗示威之意。而后，就有不少人为李贽墓立碑、题诗，或特意到李贽墓前拜谒。万历三十八年(1610)，也就是李贽死后八年，李贽的学生汪可受与公安派诗人首领之一的袁宏道等到李贽墓前凭吊，这时李贽墓已是“孤坟荒草”，他们恐“日久且不可辨识”，商议立碑以为志。原定由袁宏道写碑文，后因宏道病逝，由汪可受撰写了《卓吾老子墓碑》一文，碑文最后还“哀之以偈”，赞李贽为“信口信心兼信手，信手一刀出断常”的狂人，热情肯定李贽“焚书不焚藏不藏”的战斗精神。可惜这块墓碑早已见不着了。

李贽墓前现存墓碑一块，碑阳书“李卓吾先生墓”，是李贽的好友焦竑所书，碑阴的《李卓吾先生碑记》和《吊李卓吾先生墓二首》(七律)则是李贽好友詹轸光于万历四十年(1612)所撰。詹轸光在诗中称赞李贽是“燕赵古来多慷慨”，“侠骨不妨燕市死”，表现出对李贽愤愤而死的深切悼念。其后在吊谒李贽墓时，还有很多人题诗，赞美李贽“惑乱乾坤胆气粗”、“天下闻名李卓吾，死余白骨暴皇都”(周汝登：《吊卓吾先生》)；“知教笑午临刀杖，烂醉诸天雨杂花”(汤显祖：《叹卓老》)；“踏破百年生死窟，倒翻千古是非窠”(释真程：《吊卓吾先生墓》)；“书焚焚不尽，老苦苦无多”(公晚年著书名《老苦》)；“潞水年年啸，长留君浩歌。”(于奕正：《李卓吾墓》)。都斥责了封建统治者对李贽的迫害，赞美了李贽反封建压迫、反传统思想的战斗精神。但是在明、清两代，除了一些具有进步思想的文人学士对李贽关注外，封建统治阶级对李贽一直视为“妖人”、“异端”。李贽的书一禁再禁，李贽的墓当然也不会被妥为保管。到1926年时，李贽墓的墓碑已经断为三截。后因日本人铃木(可能就是铃木虎雄，他对李贽无限敬慕，也很有研究，曾著《李贽年谱》)来通县寻找李贽墓址，住了几天，拓了碑文，引起了通县当局的注意，鸠工重修，扶起断碑，依痕接好，并用砖石建了一个小碑楼，墓地植元宝树数株，李贽墓又得以完整保存下来。

像许多历史文物一样，李贽墓的被重视是在中华人民共和国成立之后。1953年中央卫生部在该处购地，修建结核病院。通州市人民政府发冢迁墓，在各方人士关心协助下，把李贽尸骨由马厂村迁至大悲林村南，并重建了碑楼。从此以后，李贽墓又不断受到国内外人们的瞻望和凭吊。但是在"四人帮"大肆破坏古代文物之时，李贽墓碑又一次被推倒，依原痕断为三截。

一个小小李贽墓，可说是经受了不少风波。现在重视古代文物，保护古代文物，已成为全国人民的呼声。李贽墓虽小，却也是一个很有历史价值的古迹，不但国内很多人注意它，就是海外华侨和国际友人到我国参观游览时，也还不时提出去看一看。

由李贽墓，我又想起来李贽妻子的墓。1975年我到福建泉州时，参观访问了李贽故居及有关遗迹。听泉州市文管会的同志说，李贽妻子的墓址找到了，并发现了墓碑残石。这引起了我极大兴趣，当时就由文管会同志陪同，驱车直奔李贽妻墓所在地晋江县紫帽山农场张园村。在那里，我看到两条经历了400多年还存留至今的断石，也是很宝贵的，何况上面还有据说是李贽的亲笔题字呢！后来，从一个内部材料知道，这个被劈成三条的墓碑全部找到了，上有"明诰封宜人李卓吾妻黄氏之墓"十三个大字。更重要的是在墓碑右边出现了"卓吾老子书"五个小字的边款，证实此碑确系李贽亲笔所题。看着这个资料，那苍劲有力的笔体，就更加清楚地呈现在我的眼前。

由此我想起了李贽，想到了其妻黄氏，想起了坐落在通州城北的李贽墓，也想到了远在福建泉州见到的李贽之妻黄氏墓碑……

(原载《运河》，1980年第2期)

按：1983 年，在叶恭绰、章士钊、柳亚子等人的呼吁下，北京有关部门将李贽墓又由大悲林村迁至通州风景秀丽的西海子公园。

附录：叶恭绰、章士钊、柳亚子、李根源、陈垣先生关于迁移李贽墓、碑给当时通州市政府和中央政府文化部的信。

叶恭绰、章士钊、柳亚子、李根源、陈垣先生关于迁移李贽墓、碑给当时通州市政府的信

通州市政府市长：

我们见到通县北关外九神庙浮葬的明代李卓吾先生墓和碑都有保存和崇饰的价值。特向你处介绍李卓吾的历史，并要求你处对李卓吾的遗骨和明代焦竑所写的那座碑给予妥善的安置。

李卓吾先生，晋江人，名贽。是明朝一位有先进思想的人物。当时统治者认为他是毁圣叛道，致遭受刑法。他所著的《焚书》等是被禁止阅读的，直至清入关，仍然遭到抽毁或全毁。这更说明了李卓吾的思想的前进和他的反封建思想的严重性，又一方面也证明他的为人与立场。

我们试看袁宏道给所作传记中称述他的话："有世儒观古人之迹，又概绳以一切之法，不能虚心平气，求短于长，见瑕于瑜，好不知恶，恶不知美，至于今，接响传声，其观场逐队之见，已入人之骨髓，而不可破。于是上下数千年之间，别出手眼。凡古所称为大君子者，有时攻其所短，而称为小人不足齿者，有时不没其所长。其意大抵在于黜虚文，求实用，舍皮毛，见神骨，去浮理，揣人情。细心读之，其破的中窍之处，大有补于世道人心，而人遂以为得罪于名教，比之毁圣叛道"云云。这段话无疑是一个铁证。

像李卓吾突破程朱"正统派"统治思想的樊篱，而为思想解放上放了灿烂的异彩，这样一位有立场和带有反封建思想的学者实是我国文化上的光荣。

因此我们觉得，对于这位有立场的先觉者的遗骨，有保存、敬重的必要。本月十日我们特托张君次溪到通县访询李卓吾墓。他到通州市北门外和新建乡政府的干部屈德泉、乡长于士林两位同志接洽，了解了 1953 年 7 月间通州市北关外马厂地区田亩上因为卫生部要修建房舍，遂把李卓吾的墓移在附近盐滩村九神庙空地上，并将焦竑所书石碑移往城内西海子公园，原想建立碑亭，后来变更了计划，事遂搁置，这块碑倒置在九神庙前。于士林又说："去

年移坟之际，当地人民和领导上对于李卓吾的历史是有相当的尊敬。”因此我们特将李卓吾的思想在历史上的相当重要性向你处介绍。

因为像李卓吾这样一位有人民立场的思想家是中国民族之光，他的遗骨和焦竑所题的碑有保存的价值，且为传之永久，并宜加修理。希望当地政府仍照原有计划把李卓吾之墓和碑迁移到西海子公园或另定其它崇饰办法。以这样一位伟大思想家来点缀园林，实足启发观众的观感，不仅为通县一隅生色，实我国文化史上一件大事。现在该地新建筑方在取土，该墓极易被掘。上说办法并盼早日施行，见复为幸。

此致

敬礼

叶恭绰(印)　章士钊(印)

柳亚子(印)　李根源(印)

陈　垣(印)

按：该信现保存在通州区档案馆。李贽逝世后，由其朋友马经纶(通州人)按其遗言营治冢墓，安葬于通州城北马厂村西迎福寺旁。墓旁立有明代翰林修撰焦竑题词碑，高 2.15 米，宽 0.87 米，上刻有“李卓吾先生墓”六个大字。近百年来，李卓吾墓屡遭破坏，中华人民共和国成立后两度迁址。1953 年中央卫生部兴建结核病研究所，遂将李卓吾遗骨浮葬在通州城北盐滩村九神庙的空地上。墓碑倒置于庙前，由于施工取土，该墓极易被毁。当时幸被叶恭绰等先生发现，于 1954 年 5 月联名写信给当时的通州市政府，介绍李卓吾先生的历史地位，阐明保护李卓吾墓的重要意义，并提出具体意见，对李卓吾墓的保护工作给予了极大关注，充分体现了几位先生高瞻远瞩、认真保护国家文化遗产的崇高精神。几位先生还同时致函中央人民政府文化部，对李卓吾墓提出保护意见。文化部于 1954 年 7 月 8 日发函提示：“我部认为，李卓吾墓及墓碑均应予以保存。……选择一可以长远保存的适当地点，将该墓及墓碑一并迁移安葬……”河北省文化局根据文化部的指示，也于 1954 年的 8 月 4 日发函要求：“……经我局研究提出如下处理意见，该墓之遗骨可改用瓷瓮、坛之类装妥，迁往不易妨碍建设的长远妥善地点掘坑安葬，地表堆丘，以资标志，墓碑随墓迁移，并加盖简单碑楼保固……”通州市政府根据上述指示，于 1954 年 10 月 23 日开始施工，将李卓吾墓、碑移至通惠河北岸新建乡大悲林村南。11 月中旬修好碑楼，将遗骨装入缸坛，砌砖堆丘，葬于碑楼后。至此，李卓吾墓得以妥善保护，免遭毁灭。“文化大革命”期间，李卓吾墓再遭破坏，碑楼被推倒，石碑弃于路旁。在“批林批孔”运动中，李卓吾被视为明代法家，其墓被修复。《中华人民共和国文物保护法》颁布后，通县政府和文物管理部门为保护好李卓吾墓这一珍贵文物，便于中外人士凭吊观瞻，于1983年拨专款将墓、碑迁于通州城内西海子公园东北角，坐北朝南，南北长30米，东西宽12米。墓冢青砖宝顶，冢径2.25米，高1.5米，内葬骨坛。十字花墙三面围冢，焦竑题字碑矗立墓前，碑楼前东西两侧并列初迁碑记和再迁碑记两块。二碑之前居中立有周扬的“一代宗师李卓吾先生墓”题词碑。

“有好女子便立家，何必男儿”

——论李贽的男女平等思想

在长期的封建社会，重男轻女、男尊女卑的传统思想有着久远的历史，直到今天还起着不可忽视的作用。

我国历史上对这一传统观念反叛的思想家的杰出代表就是明朝后期的李贽。李贽(1527—1602)，福建泉州人，是一位反封建压迫、反传统思想的思想家、文学家。曾提出“不以孔子之是非为是非”的口号，并对明朝占统治地位的官方哲学——理学进行了无情的揭露。在文艺思想上，他针对封建统治者的“不关风化体，纵好也枉然”，要文艺成为宣传“万世纲常之理”的工具，针锋相对地提出文艺要表现“童心”，这种“童心”即“绝假纯真”不受世俗伦理影响的“真心”。李贽还热情赞扬被封建统治者诬为“诲盗”、“诲淫”的优秀古典文学名著《水浒传》、《西厢记》等，使之广为流传，影响愈来愈深远。正是由于这些原因，明神宗朱翊钧以“敢倡乱道，惑世诬民”的罪名把李贽迫害而死。

李贽在男女观念上的反叛思想，是他整体反传统思想的组成部分。这一思想集中表现在他对男尊女卑、重男轻女观念的批判，及对男女平等观念的提倡。李贽辞官后，曾到湖北麻城芝佛院讲学传道。他不顾传统思想的禁锢与社会的非议，大胆招收一些女子为弟子，结果遭到封建卫道士们的围攻。他们诬蔑李贽“宣淫败俗”，是“左道惑众”，并直接写信给李贽，一方面进行威胁，一方面胡说“妇女见短，不堪学道”，想用男尊女卑的封建教条，约束李贽的言行。李贽则针锋相对地写了《答以女人学道为见短书》，文中坚决反对以性别作为区分见识长短的标志，提出女子和男子在才智上没有差别的观点。并举出历史上的事例，说明女子一样能参政治国，写诗作文，并由此得出结论说：“谓人有男女则可，谓见有男女岂可乎？谓见有长短则可，谓男子之见尽长，女人之见尽短，又岂可乎？”李贽还进一步指出，如果说妇女见识短的话，那也是由于把她们禁锢在“闺阁之间”，不让她们走出家门所造成的，其根源还在于封建礼教，并不在妇女本身。

李贽对重男轻女、男尊女卑传统观念的批判，在他的很多著作中都有所体现。例如《初潭集》中就处处闪耀着这一思想光辉。针对以男子为家庭中心的伦理观念，李贽提出："有好女子便立家，何必男儿?"生男可以娶媳立家，生女亦可招婿顶门立户，父母不应以男女而有所偏爱，男女同样有支撑家庭的能力与责任，这一思想直到今天也还有着强烈的现实意义。针对以男子为社会中心的伦理观念，李贽热烈赞扬那些"才智过人，识见绝甚"的妇女，如在险恶官场中助夫获释、教子免祸的许允妻，为坚守襄阳重镇建功的朱序母，激励弟弟建立帝业的赵匡胤姊，以一孤弱无援的女子报了杀父之仇的赵娥等，李贽满怀激情地称颂她们："男子不如也。"

在婚姻问题上，李贽也从男女平等的思想出发，提出了不少可贵的进步见解。他认为"夫妇之际，恩情尤甚"[①]，要建立一个平等的婚姻关系，首先应该以真挚的感情为基础。特别是对寡妇再嫁的肯定，更表现了李贽反传统思想的精神。在封建社会，妇女要遵守"三从四德"，寡妇改嫁，没有"从一而终"，那是为社会舆论所不允许的。宋朝理学家甚至提出"饿死事极小，失节事极大。"但李贽却认为寡妇再嫁，无可非议。他热情赞扬寡妇卓文君与司马相如的结合是"获身"，而不是"失身"，是"归凤求凰，安可诬也"。[②] 这种婚姻爱情上的反传统思想，正是建立在李贽对男尊女卑、重男轻女封建传统思想的批判基础之上的。

人类的历史已经发展到20世纪末，但一些人的头脑还严重地受着封建的重男轻女思想的禁锢，在这种情势下，我们应该让他们听一听400年前的李贽的呼声：

"有好女子便立家，何必男儿!"

（原载《中国人口报》，1991年11月23日）

① 《与庄纯夫》，《焚书》卷二。

② 《司马相如传》，《藏书》卷三七，

一代狂狷

——《李贽评传》代前言

中外不少思想家都把中庸视为一种完美的理想，完美的人格，如中国的孔子、古希腊的亚里士多德，就曾提出行道、为人要不偏不倚，适度合宜。但是，现实生活却昭示人们，不偏不倚有时会滑为庸俗妥协，适度合宜有时会流为苟安折中。究其原因，就在于中庸之度难以确指，难以掌握，从而也就难于实现。反之，那些不循常规、不蹈故习的狂狷之士，执着于热诚的信念，充溢着鲜明的个性，不避偏颇、不安平静地为探求人生真谛而一往直前，义无反顾。他们堂堂正正，大刚大勇，终生都被一种强烈的渴望所燃烧，所荡漾，使他们的思想和行为展示出照耀世俗的光辉，冲激着平庸的人生。

李贽就是这样的一代狂狷。

你看李贽的议论：

在封建统治者把孔子尊为“至圣先师”之时，李贽却说：“咸以孔子之是非为是非，故未尝有是非耳。”[①]

封建统治者明文规定各级学校要“以孔子所定经书诲诸生”[②]，李贽却说：“夫《六经》、《语》、《孟》，非其史官过为褒崇之词，则其臣子极为赞美之语。又不然，则其迂阔门徒，懵懂弟子，记忆师说，有头无尾，得后遗前，随其所见，笔之于书”的笔札而已，甚至斥之为“道学之口实，假人之渊薮”[③]。

男尊女卑是必然的封建教条，李贽却说：“谓人有男女则可，谓见有男女岂可乎？谓见有长短则可，谓男子之见尽长，女子之见尽短，又岂可乎？”[④]

“文死谏，武死战”是封建统治者视为最高的伦理准则，儒家学派修养的最高典范，李贽却说：“夫君犹龙也，下有逆鳞，犯者必死，然而以死谏者相

---

① 《藏书·世纪列传总目前论》。

② 《明史》卷六二《学校志》。

③ 《童心说》，《焚书》卷三。

④ 《答以女人学道为见短书》，《焚书》卷二。

踵也，何也？死而博死谏之名，则志士亦愿为之，况未必死而遂有巨福耶？避害之心不足以胜其名利之心，以故犯害而不顾，况无其害而且大有利乎！”[①] 直斥封建道德的最高准则是博取名利的工具和手段。

儒学是封建统治阶级的统治思想，儒学以仁为核心，形成德礼政刑的统治之道。对此，李贽说：“夫天下之人得所也久矣，所以不得所者，贪暴者扰之，而仁者害之也。仁者以天下之失所也忧之，而汲汲焉欲贻之以得所之域。于是有德礼以格其心，有政刑以絷其四体，而人始大失所矣。”[②]把封建统治阶级的治国之道斥之为是使人们“大失所”的桎梏。

这样尖锐激烈的反传统思想的议论言谈，在李贽的著述中还可以举出很多很多。

再看李贽对自己性格的自白：

一则说：“其性褊急，其色矜高，其词鄙俗，其心狂痴，其行率易，其交寡而面见亲热。……动与物迕，口与心违。其人如此，乡人皆恶之矣。”[③]

再则说：“余性好高，好高则倨傲而不能下。然所不能下者，不能下彼一等倚势仗富之人耳；否则稍有片长寸善，虽隶卒人奴，无不拜也。余性好洁，好洁则狷隘而不能容。然所不能容者，不能容彼一等趋势谄富之人耳；否则果有片善寸长，纵身为大人王公，无不宾也。”[④]

三则说：“我平生不爱属人管。……余唯以不受管束之故，受尽磨难，一生坎坷，将大地为墨，难尽写也。”[⑤]

四则说：“天幸生我大胆，凡昔人之所忻艳以为贤者，余多以为假，多以为迂腐不才而不切于用；其所鄙者、弃者、唾且骂者，余皆的以为可托国托家而托身也。其是非大戾昔人如此，非大胆而何？”[⑥]

这样不合时宜、满腹牢骚的自白，在李贽的著述中同样可以举出很多很多。

三看李贽的行动：

他为生活所迫走入仕宦之途，为县博士，即与县令、提学相抵触；为太

① 《答耿司寇》，《焚书》卷一。
② 《答耿中丞》，《焚书》卷一。
③ 《自赞》，《焚书》卷三。
④ 《高洁说》，《焚书》卷三。
⑤ 《豫约·感慨平生》，《焚书》卷四。
⑥ 《读书乐·引》，《焚书》卷六。

学博士，即与祭酒、司业相抵触；最后为郡守，又与巡抚、守道相抵触。最终还是与官场无法调和，只好拂袖而去。

他辞了官却不返故里，而是访友朋、求知己，流寓他乡，最后又落发为僧，早晚面对佛灯，撞钟击鼓。

他虽落了发，却留着长长的胡须，虽出了家却又不禁肉食，而且在佛堂里挂起了孔子的画像，事孔子于芝佛院。

他讲学传道之时，不顾封建礼教的男女大防，收一些女子为弟子，而且不管社会的非议，与嫠妇相来往，以致被封建卫道士们诬蔑为“宣淫败俗”。

这样的惊世骇俗之举，在李贽的一生中还可以列出许多许多。

李贽是我国历史上最具有代表性的狂狷之士！

李贽的这种狂狷性格，是对世俗人生的反叛，也是对长期统治中国社会的封建礼俗的抗争。李贽曾说：“狂者不蹈故袭，不践往迹，见识高矣，所谓如凤凰翔于千仞之上，谁能当之，而不信凡鸟之平常，与己均同于物类。是以见虽高而不实，不实则不中行矣。狷者行一不义、杀一不辜而得天下不为，如夷、齐之伦，其守定矣，所谓虎豹在山，百兽震恐，谁敢犯之，而不信凡走之皆兽。是以守虽定而不虚，不虚则不中行矣。”[①]李贽鼓吹“不蹈故袭，不践往迹”而有所进取的“狂者”，鼓吹“行一不义、杀一不辜而得天下不为”的有所不为的“狷者”，其为与不为的爱憎标准都是与当时的统治思想大相径庭的，真如翔于千仞之上的凤凰，使百兽震恐的虎豹。孔子也曾说：“不得中行而与之，必也狂狷乎？”[②]表现出在不得中庸后而对狂狷的思慕，正如《汉书·杨胡朱梅云传赞》所说：“昔孔子称不得中行，则思狂狷。”但孔子最高的行道处世追求还是在于中庸。李贽则不然，李贽对中庸之徒深恶痛绝，称之为“贼德之乡愿”，并表示对这类人“则虽过门而不欲其入室，盖拒绝之深矣，而肯遽以人类视之哉！”并明确提出：“有狂狷而不闻道者有之，未有非狂狷而能闻道者也。”[③]只有狂狷之士才能真正认识人世的道理，表现出对传统的以儒家中庸之道为核心的为人处世人生哲学的否定。

正因为李贽是一代狂狷之士及狂狷思潮的鼓吹者，他终生都不愿受封建教条和礼俗的束缚，他终生都与封建统治者格格不入，并终于被封建统治者

---

① 《与耿司寇告别》，《焚书》卷一。

② 《论语·子路》。

③ 《与耿司寇告别》，《焚书》卷一。

迫害而死。也正因为李贽是一代狂狷之士及狂狷思潮的鼓吹者，他那些惊世骇俗之论，在当时及其以后都起到了振聋发聩的启蒙作用，他那种反对迷信和偶像的大无畏精神，鼓舞着许多为真理献身的斗士去进取开拓。也正因为如此，李贽在中国思想文化史上占有着特殊的地位，我们应该给他以更多的重视和研究。

（原载《李贽评传》修订本，福建人民出版社，1992 年）

《李贽评传》后记

《李贽评传》出版于1981年，现在将以修订本的面貌与读者见面了。

这是我的第一本学术专著。此书的撰写是在极为困难的条件下进行的。当时一家五口，挤在筒子楼顶端的一间小屋，听着集体厨房锅碗瓢勺交响乐的伴奏，忍着楼道木工敲凿声的干扰，深夜孤灯，墙角小凳，历时寒暑，终成初稿。由于是第一本专著，真是兢兢业业，一丝不苟，为了征询意见，竟然在亲友帮助下手抄稿子三部。现在想起来好像有些迂，但在当时复印机寥寥而手中人民币又少少的境遇下，也只有用这种迂法以完成执着的追求了。

但是，写作过程中也感受到多种内在和外来的动力。首先是李贽那种反对迷信和偶像的大无畏精神，及其"只知进就，不知退去"、"不怕人"、"不畏死"的狂狷性格给我以激励。其次，一些前辈与友人的热情支持又给我以鼓舞。如1979年4月2日，周扬同志在百忙中看了部分原稿后特意写信给我："读了您的《李贽评传》部分原稿，甚觉有益，望您奋力完篇，早日问世。"国务院古籍整理领导小组顾问、明史专家谢国桢教授，以80多岁高龄审读了原稿，不但提出了宝贵意见，还特意为该书写了长篇鉴定。其中说："李贽是明代后期杰出的学术思想家，他富有朴素的唯物论思想。……当时执东南学术界牛耳的焦竑、王世贞等引为同调，形成为新的学风。""张建业同志所著《李贽评传》费了很大功力，引据了大量资料，排比其年代事实，考订其思想变迁，言之有物，确凿有据，是值得推荐的一部著作。""昔清代王懋竑撰《朱子(熹)年谱》，主要是把朱熹的早年思想和晚年思想弄清楚了，遂成为有名的撰作。张建业同志所持研究学问科学的态度，大有后来居上之感。"我深知自己的撰述尚有极多不足，谢老之意，实在于前辈对后学的提携。正是前辈的这种鼓励，给我以克服困难、不懈进取的动力。

周扬同志和谢国桢教授都已仙逝，但他们的情谊将使我永志难忘。谢老逝世后，我曾就与谢老交往中的感受写一长篇悼文《在人生与治学的道路上——缅怀明史专家谢国桢教授》，刊于中华书局《学林漫录》十二集。其中说："一个人在他一生的道路上，从学校到社会，会遇到许许多多的老师。童年时期的稚气心灵，需要老师的陶冶，少年时期的好奇心理，需要老师的疏导，青年时期的求知欲望，需要老师来满足，就是在成年以后的人生与治学道路上，也同样需要老师的教诲与导引。在我的生活与学习道路上，有幸遇到过不少好老师，著名史学家谢国桢教授就是其中之一。”“春秋交替，日月流逝，谢国桢教授与世长辞已经两年了。但他的音容笑貌依然在我眼前，他身上所体现出的师道美德，更深深刻在我的心中。”

《李贽评传》的出版，还得到福建人民出版社李端良同志的热情支持，他审稿、改稿，并以极快的速度把书推了出来。该书出版后，立即获得社会好评，《北京日报》1981 年 7 月 21 日发表了《李贽研究的一部新著》专文，称其为“不少地方发前人所未发”，“是一部研究李贽思想的力作”。同年，获第一届北京市哲学社会科学研究优秀成果二等奖。并先后得到德国、美国、新加坡、中国台湾等地中国文化研究专家的好评。这一切也算是对自己辛勤劳动的慰藉吧。

今年是李贽诞辰 465 周年、逝世 390 周年，在北京将举办“李贽研究国际学术讨论会”。我愿以这一修订本献给参加讨论会的中外李贽及中国文化研究的专家、学者，献给在此书撰写过程中给过我帮助的已逝的先辈和仍在为人生和事业而奋斗的友人，也献给为追求真理和理想而被封建统治者迫害致死的一代狂狷李卓吾在天之灵。

（原载《李贽评传》修订本，福建人民出版社，1992 年）

寻觅龙潭湖芝佛院

——《李贽与龙湖》代序

早就想看一看麻城龙潭湖芝佛院的遗迹。

看一看李贽怎样在这里愤慨地痛斥当时社会是“以假人言假言，而事假事文假文”，以至于“无所不假，满场是假”。

看一看李贽怎样在这里使人惊骇地喊出了“《六经》、《语》、《孟》，乃道学之口实，假人之渊薮。”千百年来，因为“咸以孔子之是非为是非，故未尝有是非耳”，所以，不应该“以孔夫子之定本行罚赏”。

看一看李贽怎样在这里敢于冒天下之大不韪，斥责封建统治者的“德礼政刑”是束缚人们心身而使之“大失所”的桎梏。而被统治者视为最高伦理准则的“文死谏、武死战”，不过是“无其害而且大有利”的博取功名利禄的工具和手段。

看一看李贽明知自己的著作“所言颇切近世学者膏肓，既中其痼疾，则必欲杀我矣”，而仍然以“堂堂之阵，正正之旗”，著述不辍，以笔与世交战，为了自己苦苦追求而又难以实现的理念而最终献出了生命。

思念得太久太久，想看的太多太多，但总没有成行。在新世纪的第一年，这一愿望终于实现了。2001 年 5 月 17 日，在麻城市副市长韩修英、市政府顾问王水姣和市政府办公室主任凌礼潮等同志陪同下，驱车直奔龙潭湖。

颠簸在坎坷不平的乡村小路上，我眼前浮现出明代龙潭湖的身影。这里“万山瀑流，雷奔而下”，激而为潭，“潭深十余丈，望之深青，如有龙眠”。潭中“突兀一拳，中央峙立”，“怪石嶙峋突出”，名钓鱼台。台上建有寒碧楼，“青树红阁，隐见其上”，“人望之者，以为仙岛”。潭南岸有龙湖寺，潭北岸有芝佛院。芝佛院原名芝佛寺，因建寺时挖墙基得三支状似佛像的灵芝而命名。芝佛院倚山临水，并分上下两院，上院是李贽及众僧徒住所，下院是李贽讲学之处。院侧有李贽准备百年后建的藏骨塔。站在芝佛院远眺，“诸山森然屏列，不知几万重”。我心中默思，李贽选择这里为他晚年寓居之地，实是与他人生追求的一种自然契合。

小车在一个土丘前戛然而止，我下了车，伫立四望，刚才在车中浮现的明代龙潭湖身影，如同海市蜃楼的幻景一样，顿然消失褪尽。呈现在眼中的是山坡上下的层层庄稼，几棵枝杈稀稀疏疏的小树。是的，我知道，四百年前的龙潭湖早已不存了。因为李贽那反封建压迫反传统思想的振聋发聩的骇俗之论，当时就引起封建统治者及道学家们的极端仇视，不但对李贽进行了理论上的围攻，而且用自己手中的权势，对李贽进行了种种迫害。万历二十八年(1600)，时任湖广按察司佥事的冯应京与麻城地方官吏联手，以“大伤风化”的莫须有罪名，纵火烧毁了芝佛院，拆毁了李贽的藏骨塔，并扬言要对李贽绳之以法。李贽在其弟子杨定见的帮助下，先行藏匿，然后避入河南商城的黄柏山中。孕育了“一代宗师”(北京通州李贽墓碑周扬题词)的芝佛院，就这样毁于封建专制的淫威之下。后来，由于生存的需要，移河改道，耕田上山，自然环境也陆续遭到破坏。1996 年，日本汉学家疋田啟佑怀着无限追思之情，要去看龙潭湖，我无法抽身陪同，请一年轻同志为之向导。回来后，他告诉我龙潭湖水几乎干涸，钓鱼台只留一些残石，芝佛院连遗迹都不知何处，言之极为伤感。

现在，我终于站在了这本应成为一块圣地而却荒秃的龙潭湖。我细细地观察寻觅，意外地发现在山坡中的芝佛院旧址，新建了虽极为简陋却也分上下两座院落的寺庙。凌礼潮主任告诉我，这是一位姓欧阳的道士自己筹资而建。欧阳道士并不了解李贽，只是听老人说京城里有个大官在这里住过，人们称这里为龙湖书院，所以寺庙建成后，他还在门里横楣上题写了“龙湖书院”四个大字。但寺内供奉的却都是道教人物，不知欧阳道士自觉还是不自觉地与李贽的三教归儒相默契。欧阳道士前几年已作古，“龙湖书院”四字已不见，可能是新的主持把它摘走了。寺庙的左上方高阜处有一小塔，我原以为是重建的李贽藏骨塔，走近一看，碑文上写得明明白白，是为纪念前几年而逝世的一位尼姑所建，真是令人莫名就里，如坠五里云雾之中。

出了新建寺庙，沿阶而下，就到了龙潭湖底，这里只有浅浅的一汪死水，哪里还能看到“湖”的身影。跨过窄窄的石板搭成的小桥，到了钓鱼台。台虽位于“湖”的中央，轮廓也还清晰，但规模之狭小，很难想见其“青树红阁，隐见其上”的阔大、动人景色。可喜的是台中北侧一巨石间，凹进一个三尺左右的座椅，据说这是李贽垂钓之处。我倚在石座之间，不禁想起了李贽《石潭即事四绝》中的诗句：“岂为偷闲坐钓台，采真端为不凡才。神仙自古难逢世，且向关门望气来。”“若为追欢悦世人，空劳皮骨损精神。年来寂寞从人谩，只有疏狂一老身。”李贽是苦寂的，也是顽强的，他在龙潭湖十多年间，撰写出那么多富于启蒙思想、开拓精神的著作，对封建统治者及道学家进行了那么深刻的批判与揭露，不就在于他不贪求欢乐，不愿劳损精神去讨好世人、取悦当道，而为追求真理无所畏惧地走自己的路吗？

伫立于钓鱼台远眺，南面一座山梁，恰似一只巨龟，头东尾西，坚毅地匍匐在大地之上。西侧有一小山脊，陡峭而挺拔，其峰直指蓝天白云。往东是干涸的旧河道，一直向遥远的天际延伸而去。其北面的山坡侧有一悬崖，人称小赤壁，壁上一小洞穴，传说为李贽藏书的“捷云洞”。但从其狭小简陋且有人工开凿的痕迹来看，也只能是附会而已。总之，这里虽存留着环境的灵异之气，却难见历史的真实面目。徘徊于钓鱼台上，思绪迭起，历史的烟尘，人生的品位，引发了我无限的遐想。

李贽本来是可以青云直上的。他身为四品的姚安知府，且政绩为上司和下民所称道，三年秩满，不用跑官送礼，即可晋升三品之列。正如时任洱海道佥事，后至兵部侍郎、总督蓟辽军务的顾养谦在赠李贽致仕去滇的序文中所说：“少需之，得上其绩，且加恩或上迁。”上迁升官是多少人孜孜以求的事，为此，不是有人专干买官、跑官的勾当吗？但是，李贽却置理所当然的升迁不顾，径自谢簿书，封府库，携其家属亲到巡按刘维那里递上了辞呈。刘维以“姚安守，贤者也。贤者而去之，吾不忍，非所以为国，不可以为风，吾不敢以为言。”从而拒绝批准。李贽干脆不辞而别，弃官而走，到大理的鸡足山阅《藏经》不出。李贽的弃官不是为“五斗米而折腰”，更不是退而再进的“终南捷径”，而是真正的对当时官场的厌恶。明中后期的官场，巧宦日众，吏病日多，士风日坏，他们以竞逐功利声名相高，而置人民日益困苦的现实不顾。李贽的弃官，正是他看透了那个社会官场的必然抉择。正如他自己所说：“余唯以不受管束之故，受尽磨难，一生坎坷，将大地为墨，难尽写也。为县博士，即与县令、提学触；为太学博士，即与祭酒、司业触……司礼曹务，即与高尚书、王侍郎、万侍郎尽触也。……最苦者，为员外郎不得尚书谢、大理卿董并汪意。……又最苦而遇尚书赵。赵于道学有名，孰知道学益有名而我之触益又甚也？最后为郡守，即与巡抚王触，与守道骆触。”“触”就是矛盾，就是斗争。可以想见，处处都与顶头上司相“触”的人，怎么还能在官场混下去，怎么还能为官场所容？

李贽本来是可以静谧闲适地安度晚年的。李贽弃官后不愿回到自己的家乡，因为他害怕“弃官回家，即属本府本县公祖父母管矣。”所以他“宁飘流四外，不归家也。”李贽一生极重友情，曾说：“师即友，友即师。”因此，他弃官后首选的寓居之地是黄安(今红安)，因为这里有他的好友耿定理，耿定理之兄耿定向与李贽也交往颇密。他说：“得一二胜友，终日晤言以遣余日，即为至快，何必故乡也。”耿定理把李贽安顿在离城15里的五云山之巅的耿家天窝书院，李贽在这里与吴少虞、周柳塘等众多好友“绝世嚣，怡野逸”，以致“实无别样出游意念”，而“只宜隐也”。但是，身为福建巡抚的耿定向是孔学的忠实信徒，理学的狂热鼓吹者，过去与李贽的交往只是限于一般的友情。现在李贽寓居其家的天窝书院，并担任耿家子弟的教学工作，思想的歧异表现得愈来愈鲜明。后来，耿定理病逝，李贽极为悲痛，但耿定向却向李贽施加了更大的压力。袁中道《李温陵传》记载：“子庸（定理）一死，子庸之兄天台公（定向）惜其（李贽）超脱，恐子侄效之，有遗弃之病，数致箴切。”这就是说，耿定向要李贽改变他的思想与教学内容，以免使他的子侄受其影响，走上“异端”的道路。为了信念而弃官位如敝屣的李贽，怎么能向耿定向妥协？由此展开了在中国思想史上极为激烈、极有影响的李、耿论战。李贽在与耿定向的论战中，揭露了耿定向一类道学君子的伪善面孔，并进而对当时的官方哲学理学及其祖师孔孟进行了犀利的批判。明末清初学人钱谦益曾说：“（李贽）与耿天台往复书，累累万言，胥天下之伪学者，莫不胆张心动，恶其害已，于是咸以为妖为幻，噪而逐之。”可见这场论战影响之广之深。在这种情境下，李贽是无法“隐”，也无法再在耿家住下去了。万历十三年（1585），李贽从黄安迁居于麻城。李贽曾说：“大概读书食禄之家，意见皆同，以余所见质之，不以为狂，则以为可杀也！”李贽与耿定向的论战，典型地表现出他与“读书食禄之家”的意见相悖，实际上也就是与当时的统治思想相悖，与当时社会的统治者相悖。李贽从黄安迁居麻城，实是孔孟“正脉”与“异端”思想搏斗的一个结果。而李贽移居麻城之后，进一步把他的“异端”思想发展到极致，成为中国启蒙思潮的一面旗帜，这是李贽不幸中的大幸，中国文化思想史的大幸。

李贽的悲剧是不可避免的。李贽生活的明代后期，已是封建社会走向衰落的时期，统治者为了维护其专制，从政治、思想、文化上都进一步强化其禁锢，普天下是严苛的封建教条，满社会是迂腐的道学君子，人生成了以假欺假的人生。但是，明代后期又是资本主义萌芽的时期，在封建的重重压力下，新的经济幼芽在挣扎成长。由此而在思想意识领域也滋生了新的启蒙主义思潮，李贽就是这一思潮的代表。李贽在他的著作中，以超前的犀利的胆识与眼光，批判当时社会的腐败，抨击严苛的封建教条，审视人生的真谛，并在著作中完成自我理想的人格。其思想哲理的深刻，在我国文化思想史上是相当罕见的。正是这种思想的超前性和深刻性，昭示了他光辉的历史价值，也招致了他的不可避免的悲剧。在当时虽将趋腐朽而仍层层叠叠的封建天幕下，李贽以自己的思想睿智和战斗精神，撕开封建天幕的一道裂隙，使窒息的社会透进一丝阳光和清新空气。但是，他个人的力量毕竟太单薄了，以此与整个社会抗争，其悲剧结果自是一种历史的必然。

李贽的大部分著作是在麻城龙潭湖完成的，麻城龙潭湖是孕育李贽光辉价值的一个重要情结、机缘和基地。在依依惜别龙潭湖的归途上，我心中默想，应该使孕育了李贽这样一代哲人的龙潭湖芝佛院重现人间。现在，麻城市人民政府为了纪念李贽、缅怀李贽和研究李贽，在"中国李贽研究学会筹委会"的支持下，决定将重建李贽在龙潭湖的故居，并发出了"倡议函"，以争取社会各界人士的支持。我希望不久的时日，能再到麻城，看到那"望之深青，如有龙眠"的龙潭湖，那"怪石嶙峋突出"的钓鱼台，那青树掩映之中的寒碧楼和芝佛院。届时，我们在这里祭奠那踢破藩篱、直心而往的一代哲人李卓吾，那一定会引发我们对历史、对社会和对人生的再一次深深思考。

（原载《麻城报》，2001 年 11 月 20 日，后作为代序收入
《李贽与龙湖》，湖北音像艺术出版社，2002 年）

《李贽全集注》后记

李贽是明代杰出的思想家、文学家、史学家，具有国际影响的学者。他提出的很多理论命题，如反对保守因循，主张与时俱进；反对唯圣唯上，主张以人为本；反对迷信盲从，主张实践验证；反对假人假言，主张童心真心；反对官吏贪贿，主张廉洁治政；反对男尊女卑，主张男女平等，就是在今天也具有强烈的现实意义。李贽的思想具有开拓精神和进取精神，对明、清两代以及“五四”时期的思想家、文学家都产生了深远的影响。1981 年中共中央书记处政策研究室和《人民日报》发表的《爱国主义是建设社会主义的巨大精神力量》，把李贽列为中华民族杰出的历史人物之一；《红旗》杂志等编写的《中华英杰录》，李贽被选为我国历史上 83 位英杰之一。这都表明李贽在我国思想文化史上占有特殊地位。

李贽对日本的明治维新产生过直接影响，日本幕末时期著名汉学家、明治维新运动的先驱吉田松阴，在思想上就深受李贽影响。日本现代著名汉学家铃木虎雄对李贽进行过深刻研究，并著有《李贽年谱》；现代许多日本著名学者都在从事李贽的研究。李贽和意大利传教士利玛窦有过交往，并有深厚友谊；比利时人金尼阁神父当时协助利玛窦在华的传教工作，和李贽也有接触，这些在《利玛窦中国札记》中都有记载。德国汉学家福兰阁在其专著《十六世纪中国之思想斗争》中对李贽的思想、品格给以极高评价，还撰写了有关李贽的研究论文《李贽》、《李贽与利玛窦》。在美国、法国、英国、瑞士、意大利、俄罗斯等国也都有学者从事李贽的研究。特别是在东南亚诸国，居住着众多的李氏后人，很多学者都在从事李贽的研究，李贽的影响更为深远。这说明李贽在世界思想文化史上占有一定地位。

但是，长期以来对李贽的研究却不够深入。明末至清代，李贽的著作数遭禁毁，虽然有学者编辑了《李温陵集》、《李氏全书》等，但这些“集”、“书”，实际上只收录了李贽部分著作，而且，全都没有注释。近些年对李贽的研究有了进一步的拓展，但深度、广度都极为不足，而且至今没有一部比较全面的“李贽全集”和比较缜密的全集注释，这不能不说是李贽研究以及中国思想文化史研究的一大缺憾。又由于李贽出入儒、释、道，涉及文、史、哲，并有军事、民俗之作，其著作极为庞博又不易解。为此，对李贽著作加以整理和注释，不但有利于更好地研究李贽的思想，也将对中国思想文化史的研究起到推动作用。这是一项艰巨的文化建设任务，这一任务的完成，具有弥补学术领域空白的巨大意义，必将在中外学术界产生深远影响。

首都师范大学建立了我国唯一的“李贽研究中心”，在李贽研究中取得了为中外学术界所瞩目的成绩，在长期对李贽研究的过程中，该中心积累了大量有关李贽的资料，并和十多个国家和地区的高等院校与研究单位的专家学者建立了联系。我们在充分准备的基础上，于1996年成立了“李贽全集注”小组，开始了对李贽全集的整理、注释工作。由于该课题的重要学术价值，当年就被确立为国家古籍整理出版规划“九五”重点项目，而后又被全国高校古委会确定为资助项目。该课题启动以来，国内外已有20多家报刊[包括《人民日报》、《人民日报(海外版)》]发表了报道和消息，中央人民广播电台进行了专题广播，称赞这是一项“重大的文化建设，艰巨的科学攀登”，“弥补了学术领域的空白”，是“跨世纪工程”等，包括全国人大常委会副委员长何鲁丽在内的中外政界、学术界也都给予高度关注与评价。首都师范大学在进入国家“211”重点大学评审中，《李贽全集注》被作为重要科研项目代表之一。这都表明这一项目的学术价值。2000年5月，由社科文献出版社出版了我们的前期成果《李贽文集》七卷本，也立即引起国内外学术界的关注，并被推荐为全国古籍整理评奖著作，国家图书馆馆长任继愈教授、中华书局总编傅璇琮教授分别撰写了推荐书，日本重要汉学研究刊物《阳明学》做了特别评介。《李贽全集注》注释稿完成后，任继愈教授、北京师范大学郭预衡教授，为注释稿撰写了审读评语，给予高度评价。一个科研立项在中外引起如此关注，说明了《李贽全集注》的重要学术价值与社会价值。

《李贽全集注》共1400万字，分26册出版。在十多年的注释工作中，参加该课题的二十余位教授、副教授、博士生等主要成员，不顾个人得失，埋头书案，极为艰辛。虽不能说“字字看来都是血”，但也“十年辛苦不寻常”。对该课题贡献极多的漆绪邦教授，没能见到成果面世就溘然长逝，注释组的同仁都极为悲痛。现在，在各方支持下，在社会科学文献出版社社长谢寿光教授和人文科学图书事业部主任宋月华女士、副主任魏小薇女士的鼎力协助与辛苦操作下，《李贽全集注》终于付梓呈献于社会了。注释组同仁们十多年的艰辛有了结果，对祖国文化事业做出了点滴奉献，都感到极大的欣慰。需要说明的是，由于李贽著作涉及面极为广泛，由于学海无涯，实难尽知，更由于参加课题人员众多，能力所限，注释中或有不当与纰漏之处，诚望专家、读者批评教正。

在李贽研究与《李贽全集注》课题进行中，我们曾得到中外众多热心于李贽与中国文化事业人士的支持。任继愈教授一直关注着我们的李贽研究与《李贽全集注》的工作，他不但先后亲自参加了由我们组织的 1992 年 11 月在北京通县(今通州区)举办的“李贽研究国际学术讨论会”，2000 年 5 月在北京首都师范大学举办的“‘中国李贽研究学会筹委会’成立大会暨学术研讨会”，2002 年 9 月在湖北麻城举办的“‘李贽与麻城’国际学术研讨会”(任先生当时已是 86 岁高龄)，并在这些会上做了精辟的主题演讲，而且经常对我们的研究与注释工作进行细致的指导。近半年来，任先生身体不适，曾住院治疗，但出院后仍坚持每周两次到办公室上班，并常常询问全集注释进展情况。今年春节期间，我打电话给任先生拜年，并向他问候，他再次询问全集注释工作，并邀我到国家图书馆“文津讲坛”讲“李贽与中国文化思想的启蒙”，我担心难以满足听众的心愿，任先生说“没问题”，我也不好再推脱，就在 2 月 25 日完成了这次讲座。而后，任先生不顾年迈多病与多年的眼疾，打破不再为人作序题字的惯例，先后为《李贽全集注》写了序言，为正在建设中的“李贽书院”题写了匾额，3 月 19 日他再次住院了，这篇序言与题字也许就是任先生的绝笔。平时在与任先生的接触中，感觉到他精神、心态都很好，没想到他这次病倒却日益严重，于 7 月 11 日一个阴沉的天气与季羡林教授先后辞世，驾鹤西去。任先生没能看到他正在主持的多项重大学术课题的结题，没能看到他撰写序言的《李贽全集注》的面世，这实是难以弥补的遗憾。但先生对事业追求的不懈之志，待人接物的诚挚谦恭，治学精神的笃实创新，都显示着可贵的学者风范与情操，在今天特别应该弘扬光大。哲人虽逝，其精神永存，我们定会依先生的昭示继续努力。

还应该向欧阳中石教授致谢。中石先生对李贽甚为敬仰，对我们的李贽研究极为支持。1983 年，在柳亚子等人士的呼吁下，北京有关部门将李贽墓由大悲林村迁到风景秀丽的西海子公园，通县人民政府镌立有《重迁碑记》，其文曰：“李卓吾墓于 1953 年由马厂村迁移至大悲林村南，为便于加强管理，方便群众观瞻，于 1983 年 10 月再迁于西海子公园”。该碑文及其书写，都是出于中石先生之手。而后，中石先生又亲莅 1992 年的通州学术研讨会，2000 年“‘中国李贽研究会筹委会成立大会’及学术研讨会”时，中石先生特为题写了整张的中堂：

欲焚而存　愈藏愈张

天无私覆　大道必长

明哲李卓吾先生赞

读哲史知先生五十年代访马厂六十年代初拓碑阴八十年代又迁西海子属余重迁记今开研究盛会特作是赞

2002年麻城学术研讨会时，中石先生又题写了“焚不能毁，藏而愈彰”的条幅。当《李贽全集注》杀青付梓之际，中石先生在极其繁忙中，又为我们题写了书名。在多年的有关李贽的研究与《李贽全集注》课题进行过程中，中石先生的情意使我们深深难忘。

还有一些人士在资料提供、资金筹措、书稿审阅以及打印、抄写、校对等方面，都付出了心血，应该向他们表示衷心的感谢。他们是北京师范大学教授郭预衡，首都师范大学副校长、教授王万良，泉州市市长朱明、副市长洪泽生、市政府秘书长李冀平，福建省人民检察院副检察长李明蓉，泉州市鲤城区副区长陈建通，黄柏山李贽书院院长黄道林，湖北麻城市政协主席凌礼潮，河南《商城文史》主编杨琼，《澳门日报》董事长李成俊，日本北海道大学教授佐藤錬太郎和福冈女子大学教授疋田啟佑，韩国庆熙大学教授申龙澈等。还有其他众多人士，都一并致谢了。

2009年7月于北京

（原载《李贽全集注》，社会科学文献出版社，2010年）

李贽书院碑文

李贽(1527—1602)，字宏甫，号卓吾，明代福建泉州人。历官河南辉县教谕，北京国子监博士，南京刑部员外郎，云南姚安知府。为官清正，为人耿直。因与名利场格格不入，乃于万历八年(1580)辞官，先至湖北黄安，后徙居麻城龙潭湖芝佛院，专事著述讲学。其言论，锋芒直指泛滥一时之伪道学，斥之为“假言”、“假文”、“假人”，“满场皆假”、“无所不假”，并进而认为儒家经典“五经”、“四书”为“道学之口实，假人之渊薮。”以特有之胆识与眼光，批判社会之龌龊，抨击礼教之严苛，审视人生真谛，提倡童心新说。并以其思想睿智与战斗精神，揭破当时日趋腐朽而仍层层叠叠之封建天幕的一角，为窒息的社会透进一丝阳光与清新空气。其思想之超前性与深刻性，极具历史价值，不愧为晚明文化思想启蒙的旗手。

李贽之叛逆精神，必然引起封建统治者的仇恨与迫害。万历二十八年(1600)，乃以“维持风化”之名欲“置之以法”。李贽赖友人之助遁入河南商城黄柏山中，得以暂安。李贽在这里以“洗心千涧水，濯足温泉宫”的超脱心态，继续讲学传道，撰写诗文，并修订他的最后一部重要著作《九正易因》。黄柏山实为其坎坷一生中难忘之地。黄君景昱，商城人氏，景仰李贽之精神，热心文化之传承，自筹资金在李贽曾讲学的“龙潭书院”遗址新建李贽书院，以褒崇先哲，垂荣后世。景昱君嘱余为记，余素拙于为文，然欣逢盛举，不敢辞。故略述事之颠末，书之贞碑，俟后之览者，感于斯，悟于斯，则幸甚。

2009年11月于北京

重大的文化建设　艰巨的科学攀登

——国家重点科研项目《李贽全集注》出版

胡锦涛总书记在党的十七次代表大会上的报告中，对于“弘扬中华文化，建设中华民族共有精神家园”指出：“中华文化是中华民族生生不息、团结奋进的不竭动力。要全面认识祖国传统文化，取其精华，去其糟粕，使之与当代社会相适应、与现代文化相协调，保持民族性，体现时代性。”又说：“做好文化典籍整理工作”。李贽作为一位杰出的思想启蒙家，他提出的许多命题，既是我们祖国传统文化中的精华，又具有对当代社会的启示性，因此，对他的著作的整理与注释，也是“做好文化典籍整理工作”的组成部分。由首都师范大学“李贽研究中心”主任张建业教授主编的国家重点科研项目《李贽全集注》，经过十二年的艰苦奋斗，终于由社会科学文献出版社出版面世。任继愈教授在仙逝前为《全集注》作序，成为任先生的绝笔。欧阳中石教授为该书题写了书名。

李贽(1527—1602)，号卓吾，福建泉州人，是明代杰出的思想家、文学家、史学家，具有国际影响的学者。他提出的很多理论命题，如反对保守践迹，主张与时俱进；反对唯圣唯上，主张实践验证；反对假人假言，主张童心真心；反对官吏贪赃，主张廉洁治政；反对男尊女卑，主张男女平等，就是在今天也具有强烈的现实意义。李贽的思想具有开拓精神和进取精神，对明、清两代以及“五四”时期的思想家、文学家都产生了深远的影响。1981 年中共中央书记处政策研究室和《人民日报》发表的《爱国主义是建设社会主义的巨大精神力量》，把李贽列为中华民族杰出的历史人物之一；《红旗》杂志等编写的《中华英杰录》，李贽被选为我国历史上 83 位英杰之一。这都表明李贽在我国思想文化史上占有特殊地位。

李贽对日本的明治维新产生过直接影响，日本幕末时期著名汉学家、明治维新运动的先驱吉田松阴，在思想上就深受李贽影响。日本现代著名汉学家铃木虎雄对李贽进行过深刻研究，并著有《李贽年谱》；现代许多日本著名学者都在从事李贽的研究。李贽和意大利传教士利玛窦有过交往，并有深厚友谊；比利时人金尼阁神父当时协助利玛窦在华的传教工作，和李贽也有接触，这些在《利玛窦中国札记》中都有记载。德国汉学家福兰阁在其专著《十六世纪中国之思想斗争》中对李贽的思想、品格给以极高评价，还撰写了有关李贽的研究论文《李贽》、《李贽与利玛窦》。在美国、法国、英国、瑞士、意大利、俄罗斯等国也都有学者从事李贽的研究。特别是在东南亚诸国，居住着众多的李氏后人，很多学者都在从事李贽的研究，李贽的影响更为深远。这说明李贽在世界思想文化史上占有一定地位。

但是，长期以来国内对李贽的研究却不够深入。明末至清代，李贽的著作几遭禁毁，虽然有学者编辑了《李温陵集》、《李氏全书》等，但这些“集”、“书”，实际上只收录了李贽部分著作，而且全都没有注释。至今没有一部比较全面的“李贽全集”和比较缜密的全集注释，这不能不说是李贽研究以及中国思想文化史研究的一大遗憾。又由于李贽出入儒、释、道，涉及文、史、哲，并有军事、民俗之作，其著作极为庞博又不易解。为此，对李贽著作加以整理和注释，不但有利于更好地研究李贽的思想，也将对中国思想文化史的研究起到推动作用。这是一项艰巨的文化建设任务，这一任务的完成，具有弥补学术领域空白的巨大意义，必将在中外学术界产生深远影响。

首都师范大学在李贽研究中取得了中外学术界所瞩目的成绩，建立了我国唯一的“李贽研究中心”。中心主任张建业教授现为“中国李贽研究学会筹委会”会长，李贽书院首席顾问，他的《李贽评传》及有关李贽的专著、论文受到包括周扬、谢国桢、任继愈、蔡尚思、沟口雄三（日本东京大学）、斯密思（美国 RICE 大学）、申龙澈（韩国庆熙大学）等中外专家的高度评价。该中心还积累了大量有关李贽的资料，并和十多个国家和地区的高等院校与研究单位的专家学者建立了联系。他们在充分准备的基础上，于 1996 年成立了“李贽全集注”小组，开始了对李贽全集的整理、注释工作。由于该课题的重要学术价值，当年就被确立为国家古籍整理出版规划“九五”重点项目，而后又被高校古委会确立为资助项目。该课题启动以来，国内外已有二十多家报刊[包括《人民日报》、《人民日报（海外版）》]发表了报道和消息，中央人民广播电台进行了专题广播，称赞这是一项“重大的文化建设，艰巨的科学攀登”，“弥补了学术领域的空白”，是“跨世纪工程”等。

《李贽全集注》是目前收录李贽著作最完备的注本。不但收录了人们常见的《焚书》、《藏书》等，还收录了人们长期不易见到的《九正易因》、《孙子参同》、《读升庵集》、《阳明先生年谱》、《雅笑》、《老子解》、《庄子解》等。《全集》虽广搜资料，但却务求精确。由于李贽的影响所及，托名李贽的伪书极多。对此，注释组进行了严格的甄别，确认是赝书者，以慎重态度予以割弃，如《疑耀》等。有些著作是否为李贽所作，学术界存在着不同意见。既有不同意见，就不排除为李贽所著的可能性，对其中有广泛影响之作也予收录，为研究李贽及认识这些书籍提供方便。如《史纲评要》、《四书评》及有关的小说、戏曲评点等。总之，注释组遵循的原则是务求全备而又不滥收，以保证学术研究的严肃性。李贽对小说、戏曲的批点，对小说、戏曲以及中国文学批评史的发展和研究都产生了重大影响。这一部分不可能把原作与李贽的评、批同时收入，只是将李贽有关的批语、评语进行了辑录，使之成为"全集"的有机组成部分。李贽的著作虽一再被禁毁，但禁者自禁，传者自传，往往有多种版本流传，如《焚书》、《藏书》等。对此，注释组尽量选用较精的版本做底本，并参照其他版本，依据不同情况，酌予校勘。

《全集》之注释可资借鉴者极少，只能从原始文献入手。注释组在注释工作中，根据经、史、子、集，以及各种方志、笔记、杂著等书，搜索钩稽，对李贽著作中有关儒释道思想、用语，对有关事件的历史时事背景，对有关人物的生平事迹及其朋辈交游，以及有关的典章制度、地理沿革、历史传说、难懂词语等，都尽力予以注解。同时，对于所依之书，对李贽研究中的一些误说误传以及李贽著作本身的误书，也细心考核与查对，以免以讹传讹。如《焚书》卷四《观音问》中《答明因》有几句，中华书局版是这样标点的："无明'实性即佛性'二句，亦未易会。夫既说实性，便不可说空身；既说空身，便不宜说实性矣。"把"无明"标为人名，"'实性即佛性'二句"，当然是无明所说了。查中国佛教史，僧人号"无明"者有三：一是宋僧慧性，有《无明慧性禅师语录》；二是元僧元长，有《千岩元长僧师语录》；三是明僧慧经，有《无明慧经僧师语录》。但三者"语录"中都没有"实性即佛性"以及与"空身"关系的论述。实际情况是唐代玄觉(真觉)禅僧在《永嘉真觉大师证道歌》中所说："无明实性即佛性，幻化空身即法身"(见《景德传灯录》卷三《永嘉真觉大师证道歌》)。此处"无明"并非禅僧之号，而是佛教术语"十二缘"之一，即无智慧、愚痴或迷暗之意。正因为"二句"是指《永嘉真觉大师证道歌》中的两句，才可以解通李贽下边的论述。因此，这几句话的正确标点应是："'无明实性即佛性'二句，亦未易会。夫既说'实性'，便不可说'空身'；既说'空身'，便不宜说'实性'矣。"又如《焚书》卷三《赞刘谐》中有"天不生仲尼，万古长如夜"之语，是儒家抬举孔子的最具代表性言论。经查阅，此语虽出自宋代唐庚《唐子西语录》，但朱熹在《朱子语类》卷九三中曾加以引用。从而使我们认识到，李贽在《赞刘谐》中借刘谐之口，对当时的尊孔思潮批判的同时，也对朱熹进行了讽刺。再如李贽的友人与学生有汪可受、汪本钶二人，很多学者与著作或把二人混而为一，或张冠李戴，一误再误。其实，汪可受，字以虚，号静峰，湖北黄梅人，官至山东右参政，写有《卓吾老子墓碑》。《明神宗实录》卷三五七、《明史》卷二二四、《明史稿》卷二七八、光绪《黄州府志》卷二、光绪《江西通志》卷一二“职官表”等都有他的事迹记载。而汪本钶，字鼎甫，安徽新安人，写有《哭李卓吾先师告文》。他只是位一般的士子，但在《李氏遗书》基础上，继续收集遗文，辨别真伪，编纂而成《续焚书》、《说书》、《言善篇》等，对李贽著作的整理与研究极有贡献。

李贽有一些著作是依据前朝典籍抄录编纂而成，如《藏书》、《史纲评要》是据历代正史在抄录编纂中体现自己的思想；有的是对其他典籍的注解，如《九正易因》、《老子解》、《庄子解》、《孙子参同》等，有时在原书文字下还引述前贤有关论述作为“附录”；有的是对他人著作的编选而加以评论，如《初潭集》是对《世说新语》和《焦氏类林》二书的重新分类编排而附以评语，《读升庵集》是对杨慎(号升庵)作品的编选而加以评述，《阍然录最》是对潘士藻《阍然堂类纂》的编选而加以评述。对于这些引用其他典籍与著作的作品，《全集注》对于原著作以及李贽论述中之误则在有关注中给予指出。如《读升庵集·丹铅别录序》中，杨慎引南齐王融这样一段话：“余少好抄书，老而弥笃，虽偶见瞥观，皆能疏记。后重省览，欢兴弥深。习与性成，不觉笔倦。”其实这是南朝梁王筠所说，《南史》卷二二、《梁书》卷三三都有明确记载。王筠，字元礼，王融，字元长，杨慎可能由二人的字误植了。李贽却沿用杨慎之误，照录未改。又如《藏书》卷三八《李白》：“任华《送李白之漕南序》曰：‘彼碌碌者徒见三河之游倦，百镒之金尽，乃议子于得失亏成之间，曾不知才全者无亏成，志全者无得失，进与退于太白乎何有?’以上诸文，附见李白集，古本有之，今不传矣。”实际是《送李白之曹南序》为独孤及所作，也许是李贽所见之“古本”错植为任华，也许是李贽误记为任华，所以未能看到，才说“今不传矣”。该序见《全唐文》卷三八八，文字与李贽所引也有出入，题目中的“漕”为“曹”，“漕”误。对于这一类误读或存疑，一旦发现，就在注中给予指明。

《李贽全集注》前有长篇“前言”，对李贽的思想内容及其启蒙价值进行了论述。后有附录四种：一是“李贽研究资料汇编”，二是“近百年李贽研究著作论文目录索引”，三是“李贽年谱简编”，四是“集外集”(收录了李贽的单篇诗文)，这些“附录”对李贽的研究也极有参考价值。

《李贽全集注》共 1400 万字，分 26 册出版。十多年来，参加该课题的二十余位教授、副教授、博士生等主要成员，不顾个人得失，埋头书案，极为艰辛。虽不能说“字字看来都是血”，但也“十年辛苦不寻常”。在目前学术研究浮躁之风极盛的情况下，《李贽全集注》这种严肃务实的精神很值得肯定与赞扬。任继愈教授在“序”中说：“《李贽全集注》经过十多年的努力，终于结题并将面世，这是一项重要的文化建设，是填补中国文化思想史学术研究的空白之举”。“本书广搜资料，务求精确，而且解决了一系列疑难问题”，“钩稽古籍，反复查核，都显示注释者认真、严谨的学术态度”，“其严谨求实的学风也非常可嘉”。又说：“深信此《全集注》之问世，必将受到海内外学界的欢迎与赞许，对学界的文化思想史研究有所裨益。”

在注释过程中，注释组同志们虽然都极尽心力，但由于注释工作历时太久，水平有限，加之李贽著作的复杂性，不妥与错误之处肯定存在，希望读者多加指正。

（原载《闽南》，2010 年第 1 期，又载《首都师范大学学报》、《北京科技大学学报》、《澳门日报》、日本《阳明学》和新加坡国立大学明清史研究网站等多种报刊与网络）

《李贽小品文笺注》[①]序言

一

李贽(1527—1602)，号卓吾，又自号温陵居士、宏父(又写作宏甫)居士、思斋居士。晚年因长住湖北麻城龙湖，又号龙湖叟，因去发，号秃翁，有时又称李长者、李老子。袁中道在《柞林纪谭》中称他为柞林叟。

李贽童年时，母亲早逝。7 岁，开始跟父亲白斋公读书、歌诗、习礼文。12 岁作《老农老圃论》，把《论语·子路》中所记樊迟问稼与《论语·微子》中所记子路遇荷篠(李贽文中写作“蒉”)老人两件事综合一起，赞扬了关心农事的樊迟，讽刺了轻视农业劳动的孔子，颇有“异端”色彩。李贽年轻时为了“糊口”，曾“靡日不逐时事奔走”[②]，并经受了“绝粮七日，饥冻困踣”的遭遇[③]。为了生活与出路，嘉靖三十一年(1552)，他参加了内心极为反感的乡试，并中了举人，这时他 26 岁。而后，他出任河南辉县教谕，擢升南京国子监博士，为父守制后任北京国子监博士、礼部司务，再迁南京刑部员外郎、刑部郎中，最后出任云南姚安知府。知府任期未满，李贽即提出了辞呈，并于万历九年(1581)寓居于黄安(今湖北红安)友人耿定向、耿定理兄弟的天窝书院，开始了他专心著述论道的生涯。后来，由于与耿定向的严重分歧，又移居于麻城(今湖北麻城)的龙潭湖(又称龙湖)，其间曾出游武昌、北京、大同，讲学于南京。万历二十八年(1600)，李贽在麻城讲学时听者日众，并有许多妇女受教，引起封建统治者及道学家的惊恐，他们以“逐游僧，毁淫寺”、“维持风化”为名，雇用流氓打手，拆毁了李贽居住的芝佛院，焚毁了李贽营建的骨塔。李贽由于事先得知消息，在学生的帮助下躲于河南商城黄柏山的法眼寺，才未遭毒手。第二年，李贽被马经纶接到通州(今北京通州区)，但仍未能逃脱统治者的迫害。万历三十年(1602)，礼科都给事中张问达秉承首辅沈一贯

---

① 《李贽小品文笺注》由社会科学文献出版社于 2012 年 8 月出版。

② 《与焦弱侯》，《续焚书》卷一。

③ 《子由解老序》，《焚书》卷三。

的旨意，疏劾李贽的著作是“惑乱人心”，“狂诞悖戾”，“大都剌谬不经”，要求“将李贽解发原籍治罪”，“将贽刊行诸书，并搜简其家未刊者，尽行烧毁”。神宗当即批示：“李贽敢倡乱道，惑世诬民，便令厂卫五城严拿治罪。其书籍已刊未刊者，令所在官司尽搜烧毁，不许存留。如有徒党曲庇私藏，该科及各有司访参奏来，并治罪。”[①]当天(闰二月二十二日)李贽被捕入狱，成为中国历史上一大政治冤案。三月十五日，李贽趁狱吏替自己剃发之际，用剃刀自刎，十六日气绝，向封建统治者进行了不屈的反抗与斗争。

二

封建统治阶级加给李贽的罪名是“敢倡乱道，惑世诬民”，在我们看来，“敢倡乱道”正是李贽伟大之处；“惑世诬民”则恰恰相反，李贽的思想正是救世启民之道。生活于我国中世纪的李贽提出的许多命题都具有启蒙主义的色彩。他否定圣人的权威地位，提出不“以孔子之是非为是非”[②]；他认为儒家的经典不过是“史官过为褒崇之词”，“臣子极为赞美之语”[③]；他斥封建统治阶级的统治思想——“德礼政刑”是使人们“大失所”的桎梏[④]；他斥封建统治阶级最高的伦理准则——“文死谏、武死战”是博取名利的工具和手段[⑤]；他斥道学家为“阳为道学，阴为富贵，被服儒雅，行若狗彘”的两面人[⑥]；他反对儒家的“践迹”、“执一”，明确提出对于过去的“迹”，“不必践，不可践，不当践”[⑦]；他反对封建束缚，要求发展人们的“自然之性”，提出“物之不齐，物之情也”的理论，并以此提出了“物各付物”、“因材并育”的主张[⑧]；他反对封建等级制，提出“庶人非下，侯王非高”、“天子庶人壹是无别”的观点[⑨]，并针对“男尊女卑”、“妇女见短”的封建观念，提出了女子与男子在才智上没有差别的命题[⑩]；他倡言事功，明白而干脆地承认个人欲望的合理性，要求“各遂其千万人之欲”[⑪]；等等。这些立论，集中到一个中心，即反对传统束缚，尊重个性

① 《神宗实录》卷三六九。
② 《藏书世纪列传总目前论》。
③ 《童心说》，《焚书》卷三。
④ 《答耿中丞》，《焚书》卷一。
⑤ 《答耿司寇》，《焚书》卷一。
⑥ 《释教》，《初潭集》卷一一。
⑦ 《乐克传论》，《藏书》卷三二。
⑧ 《明灯道古录》卷上。
⑨ 《解老》。
⑩ 《答以女人学道为见短书》，《焚书》卷二。
⑪ 《明灯道古录》卷上。

自由，与统治阶级的统治之“道”针锋相对。但是，正是李贽这种翻千古成案的惊人心魄的“倡”论，鲜明体现了明代中后期思想启蒙运动的特征，代表着当时社会发展的方向。

李贽是一位杰出的思想家、史学家，也是一位杰出的文学家，他提出的一些文学命题，也具有鲜明的时代特征及启蒙意义。中国传统文艺思想强调的是“诗教”、“载道”、“宗经”、“宗圣”，这其中不能说没有合理因素，但就其总体与倾向上看，都是为统治者服务的，对文艺创作是一种束缚。李贽文艺思想的价值就在于对这种传统文艺观念的突破。李贽文艺思想的核心是“童心说”，在李贽看来，这种“童心”的第一要义就是“真”，而且是“绝假纯真”，“若失却童心，便失却真心；失却真心，便失却真人”①。把“真”强调到这样突出的地位，这是李贽现实主义文艺思想的重要表现。那么何谓“假”呢？李贽认为如若以“多读书识义理”而得来的“闻见道理”充斥内心，那么人就变成了“假人”，写出的文章也只能是“皆闻见道理之言，非童心自出之言”的“假言”、“假文”②。显然，李贽的矛头所向，正是封建社会处处充斥的“闻见道理”，即儒家学说及其观念。与“真”相联系，李贽主张文学的最高审美是自然美。因为人的自然属性是人的天性，因而它是最真实的。在李贽看来，饮食男女，七情六欲，就是“人伦物理”，文学只有真实地表现这些内容，才能达到至美境界。这就是他说的：“盖声色之来，发于情性，由乎自然”，“非于情性之外复有所谓自然而然也”。“故自然发于情性则自然止乎礼义，非情性之外复有礼义可止也。”③情性即自然，情性即礼义，这与当时理学家所倡导的“存天理，灭人欲”形成鲜明对比。正是从强调文学应表现人们的性情出发，李贽还把“愤”融入了自然美之中。他说：“不愤则不作矣。不愤而作，譬如不寒而颤，不病而呻吟也，虽作何观乎？”④他对这种发自真心的自然之情做了如下描述：“其胸中有如许无状可怪之事，其喉间有如许欲吐而不敢吐之物，其口头又时时有许多欲语而莫可所以告语之处，蓄极积久，势不可遏。一旦见景生情，触目兴叹；夺他人之酒杯，浇自己之垒块；诉心中之不平，感数奇于千载。”从而形成“喷玉唾珠，昭回云汉”的文学作品。这种作品的形成，在作者是“发狂大叫，流涕恸哭，不能自止”，在读者则可以使之“切齿咬牙，欲杀欲割”⑤。

① 《童心说》，《焚书》卷三。

② 《童心说》，《焚书》卷三。

③ 《读律肤说》，《焚书》卷三。

④ 《忠义水浒传序》，《焚书》卷三。

⑤ 《杂说》，《焚书》卷三。

显然，这和传统的自然观有了区别。李贽反对文学创作的“牵合矫强”，反对“发乎情止于礼义”，鼓吹性情即自然，性情即礼义，并特别强调愤怒之情的作用与价值，这都体现出中晚明时期人文主义思潮与启蒙运动的勃兴在文学创作领域的影响，并预示着向近现代文学观念转型的轨迹。

三

明人张尔岐在《蒿庵闲话》中曾说：“明初，学者崇尚程朱……自良知之说起，人于程朱始敢为异论，或以异教之言诠解‘六经’。于是议论日新，文章日丽。”这一论断基本上符合明代思想文化发展的起承转变。所谓“议论日新”，当然首先是指王阳明“心学”的兴起，及“非名教所能羁络”的泰州学派，但在我们看来，更应该是指李贽的“异端”思想，如前面所述。所谓“文章日丽”，则是指明代中后期的散文创作发生了新变，这种新变的一个重要特征即小品文的勃兴。“小品”原为佛家语，后秦高僧鸠摩罗什等翻译佛经，详本称“大品”，简本称“小品”①。后来，“小品”则指散文中的一种文体。这一文体虽然早已存在，但到中晚明则大为发展，其主要特点为内容上独抒性灵，无所拘束，形式上短小活泼，不拘一格，与传统散文的“高文大册”相比照，显示出新鲜活泼、清新自然的特色。李贽就是中晚明蔚为大观的小品文的一位重要代表。李贽的这些作品，在内容上将传统古文不屑的题材引入其中，具有鲜明的反传统特色。李贽的很多作品都一反“载道”、“宗经”、“宗圣”的传统，对封建纲常伦理、仁义礼教甚至孔孟圣教展开了猛烈批判，对假道家、卫道士等进行了剥皮剔骨的揭露，对平等自由、人性回归及个性解放进行了不懈的追求，这一切都显示出适应时代需要的人文主义的探索精神，表现了启蒙思想家的卓识与不群。与这一内容相适应，李贽的小品形式多样，随意着笔，任情挥洒。但就其主要倾向看，则为嬉笑怒骂，尖辣深刻，如同匕首与投枪。这一特色与中晚明其他小品文作家也迥然有别。如若说明代中后期其他小品文作家(如公安三袁)在其作品中更多的是以寄情山水的豁达、闲适与社会相抗的话，李贽的作品则几乎篇篇都触及社会，字字都饱含愤激，不但随感、议论、史论、书答之体如此，就是序跋、游记、祭文、铭文之体也无不然。从这一意义上说，李贽的小品文，完全可以当得起被鲁迅称之为“生存的小品文”的赞誉。鲁迅在《小品文的危机》中说：“生存的小品文，必须是匕首，是

① 《世说新语·文学》：“殷中军读《小品》，下二百签，皆是精微，世之幽滞，欲与支道林辩之，竟不得。”刘孝标注：“释氏《辨空经》有详者焉，有略者焉，详者为《大品》，略者为《小品》。”

投枪，能和读者一同杀出一条生存的血路的东西；但自然，它也能给人愉快和休息，然而这并不是‘小摆设’，更不是抚慰和麻痹，它给人的愉快和休息是休养，是劳作和战斗之前的准备。”应当指出，李贽这种“生存的小品文”，并非只是战斗、批判，它是和艺术的表现力和感染力融为一体的。鲜明的形象，奇巧的构思，生动的描绘，典实的征引，缜密的逻辑，深切的哲理，加之尖刻冷峻、幽默含蓄的语言，比喻、联想、夸张、借代的手法，相融为一体，体现出思想家哲理思辨的具象化、情趣化，达到一个独具特色的新境界，对中国散文发展做出了应有的贡献。

四

几个问题的说明：

1. 关于选文：如前所述，小品的特点是无所拘束，短小活泼，不拘一格，而区别于“高文大册”的传统散文。这本“小品文笺注”，也就是依据这一原则，对李贽的作品加以选录。要说明的是，这一原则比较宽泛，不但指典型的单篇小品，就是对其他一些文体中具有小品特征的也加以选录。还要说明的是，本书不仅选录了人们常见的《焚书》、《续焚书》等著作，而且选录了人们很难见到的李贽著作，如《明灯道古录》、《老子解》、《墨子批选》等，从而使人们可以看到李贽小品的全貌。

2. 关于分类：本书分“书答”、“序跋”、“随感”、“论说”、“文论”、“史论”、“祭文”、“书后”、“游记”、“赠序”、“铭文”等。每类依时间为序，写作时间不清者置于该类之后。同题多篇者，标以数字为别。类别的确定，是以本文的主要倾向而言，如《藏书》的一些篇章，侧重于对历史人物和事件评论的归“史论”，侧重于借历史人物和事件发议论的归“论说”。

3. 关于注释：李贽受儒、释、道的多重影响，又具有渊博的历史知识，兼及文、史、哲，其著作庞博而不易解，对其著作的注释又极少，给注解工作带来不少困难。但注者还是尽可能给予注解，并根据经、史、子、集，以及各种方志、笔记、杂著等书，搜索钩稽，对李贽著作中的思想、用语，对有关事件的历史背景，对有关人物的生平事迹及其朋辈交游，以及典章制度、地理沿革、历史传说、难懂词语等，都尽力予以笺证。同时，对于所依之书，也细心考核与查对，避免以讹传讹，并纠正了此前有关著作中的错误。为了方便读者，在注释人物时，尽力举出有关传记资料，并注明卷数，对历史年代加注了公元纪年，对古地名加注了现代地名，对比较生僻的字与读音特殊的字加注了汉语拼音。需要说明的是，对人们熟知的人物、事件略注，如孔子、李白；对人们不熟悉或不知的则详注。有关人物生平事迹的传记资料等，好查找的一般不注出处，如历代帝王及著名人物；不熟知或知之不多的则注明出处，以便查找。注释内容相同者一般不重注，用“见某篇注”表明。但也有特殊情况，如同一人或同一事，在此文中只具有一般意义则简注，在彼文中与内容关系密切而重要者则详注。

4. 注释工作虽然尽力，但学海无涯，难免存纰漏或误解，敬请读者批评指正。

张建业

1998 年 3 月于首都师范大学

附记：本书原是郭预衡教授主编的“明代文人小品”(30 种)丛书中的一种，该丛书 1998 年已完稿，后因故搁浅，这倒给了再校阅与补注的机会。本书选文以张建业主编的《李贽全集注》(社会科学文献出版社，2010)为底本，并对选文与注释有所调整和增删。郭预衡先生已驾鹤归西，现该书得以面世，也算是对郭先生的一种悼念与慰藉。特此说明。

张建业

2011 年 12 月

寻觅卓吾书记

我一直喜读卓吾之书，喜卓吾之人，喜其狂狷，喜其真心，因之对其所著，尽力寻觅，喧闹之书肆，僻静的冷摊，见之则心动。早年经济拮据之时，勒紧腰带也要搜之于手。后来阿堵稍足更不惜重金购置书舍。卓吾之书因明清统治者的一再禁焚，虽禁者自禁，刊者自刊，终因文化之专制使得部分作品成为珍本、孤本，据有者无论公私都视之若珍宝。但只要机会与条件允诺，或借而录副，或抄而成帙，日积月累，所获亦几盈箱箧矣。

在对卓吾之作品或购或抄之间，不仅以获珍贵罕见之本为乐，更在抄读之后加深对卓吾精神与胆识的认知。如20世纪80年代在中国科学院(现中国社会科学院)社科所图书馆抄得《九正易因》二卷，是清康熙年间巢可托(满洲正旗人，官刑部尚书)印行本。从中不仅可以见出李贽终生都在对《周易》研讨的执着，更可见出他借对《周易》的研讨表现出一贯的反对封建等级制、张扬"侯王与庶人同等"的平等思想。如在《乾卦》中提出"一物各具一乾元"，也就是说人人都具有"乾元"这种大德，人人都可具备首出万物的资格，所以没有必要"以圣人能宁万国，以万国必咸宁于圣人"。意即正因为人人都具有"乾元"这种大德，也就没理由把一切都归于圣人。心有所得，挥笔成文《李贽与九正易因》面世，从而引起学人对《九正易因》的重视。台湾台北大学教授袁光仪女士查遍中外索引，发现仅鄙人这一篇对李贽《九正易因》的研究文章，从而引起她对《九正易因》的兴趣，撰成《九正易因阐论》一书，并进而又撰《李贽易学研究》，指出李贽在《九正易因》中所表现的精神"至二十一世纪仍引人深思"。

我还收集到一册手抄本《孙子参同》，版页书高31厘米，书宽20.5厘米，天头为9厘米，地角为3.5厘米，每半页8行，每行17字，蓝色笔迹。该书为何人抄录无可考查，抄录所依版本为明陈氏继志斋刊本《李卓吾遗书》十二种中的《孙子参同》。《孙子参同》是李贽为《孙子》所做的评注。全书分为四部分，一是《孙子》原文，二是曹操原注，三是李贽总评，四是"参考"部分。李贽通过这一特有的组织形式，既表达了自己对《孙子》的认识，及由此引出李贽自己的独特军事思想，又以《孙子》13篇为线，把历代主要兵书著作的思想集中起来。李贽的好友、明代政治家军事家梅国桢在《序》中称该书“可谓集兵家之大成，得《孙子》之神解”，并不为过。

收集到这一手抄本《孙子参同》时，心中的喜悦之情不言而喻。因为我知道，李贽虽不是将领，但他亲身参加过抗倭的战斗，对他独特的军事思想的形成有着极大的裨益，使他后来先写出了《兵食论》的专题论文，强调了兵食的重要性，而后又完成《孙子参同》这一军事专著，肯定并发挥了《孙子》关于军事依赖政治的观点、《孙子》的唯物主义思想，以及非常突出的朴素辩证法的军事思想，并对轻视军事的腐儒的一些谬说进行了批判。正是在喜悦兴奋之中，我在《李贽评传》中特写了近万字的对此书的评介，后又有《从〈孙子参同〉看李贽的军事思想》一文面世。

有一学友寄赠我他选注的《袁伯修小品》一书，在《孙武子注》下有注：“历代为之作注者甚多，宋人吉天保辑三国曹操十家之注成《孙子十家注》，隋代有张子尚注《孙武兵经》2 卷。《孙武子注》未知何指，或系明人所注而今未传者。”看到此注，我寄该学友一信，告他袁宗道所说的《孙武子注》即李贽所著《孙子参同》，同时寄该学友《李贽评传》一册。后来，我在主编《李贽全集注》时，将《孙子参同》收入第 14 册，并详加笺注，使此湮灭已久的李贽的军事专著得以广为世人所知。

《山中一夕话》的获得也极为惬意。李贽是位杰出的思想家、文学家、史学家，他还极为热心于文选之学。他喜欢墨子，就有《墨子批选》；他倾心于王阳明，就有《阳明先生道学钞》；他赞赏王畿，就有《龙谿王先生文录钞》；他佩服苏轼，就有《坡仙集》；还有其他种种文选之作。他还有军事专著，如前所述的《孙子参见》。他还有民俗之作，《山中一夕话》就是其中之一。我早知道李贽有这样一部著作，但一直不得见其真貌。王利器先生辑《历代笑话集》从该书中选录了 10 则，由此使我推测也许这是一本笑话集。多方查寻，得知是书在《坚瓠集续集》中有著录，有明万历刻本和梅墅石渠阁刻本，清光绪四年(1878)上海申报馆铅印本，并传之日本，日本内阁文库及东京大学东洋文化研究所各藏一种。后在日本友人的协助下，录副一册，从而看到了是书的庐山真面目。

《山中一夕话》分上下二集，每集七卷。上集专集词赋传文，或讽人身体貌之短，或批妒妇娼妓之恶，或嘲酒色财气之滥，或记文人雅趣于修辞之间，都寓讽趣于笑谈之中。正是机锋笑柄，自嘲嘲人，无愧“快书”之谓。下集广采历代名人轶事，诸说典故毕集，叙鬼神，谈道术，记风俗，呈文采，寄才情于嬉笑怒骂之中，谕劝诫于嘲谑讽刺之间，既可为各朝文人儒士生平事迹备考，亦可见明代社会生活之图景。因此，该书并不只是笑话的汇集，而是寓诫意于笑谈中引思之作。书中有些篇章还出以方言俗语，展以吴地风俗，所以，我们完全可称之为民俗之作，与李贽重视并批点小说戏曲一样，从另一方面看出李贽的美学追求。

（原载《文艺报》，2017 年 7 月 12 日）

潞河之殇

万历二十八年(1600)冬，风寒雪冷，湖广行省黄州府遭遇多年不遇的严寒。在这天冰地冻的时节，寓居麻城芝佛院的李贽突然遭到一场迫害的风波。李贽辞官后，在这里著书讲学，对传统的理学进行了深刻的批判，提出了许多极具启蒙思想的命题，主张男女平等即是其一。同时，他在讲学传道时，又大胆通过信函接收一些女子做弟子，梅澹然即其中的佼佼者。梅澹然是李贽好友历官都察院右佥督御史、大同巡抚、兵部右侍郎梅国桢之女，貌美新寡，不少理学之徒为之垂涎。她早知李贽是一奇人，学识超众，见解脱俗，切盼向他请教为人为道之理。现在又相处一域，甚为欢欣，就与其姊妹明因、自信及其随从女子拜李贽为师，以书信的方式谈佛讲法，极为相得。李贽那些抨击封建理法的犀利之文早已引起封建统治者及其理学之徒的愤怒，李贽的这种不遵循封建理法的行为更加引起他们的激愤。为此，在麻城掀起一股李贽"惑世"、"宣淫"的谣言，大造"逐游僧，毁淫寺"的舆论。当时新任湖广按察司佥事的冯应京，因为李贽任南京刑部员外郎时，他曾去拜访，李贽却没有理会，使其"怀恨而去"。现在，大权在握，就借着麻城这一风波，以报私仇，扬言要"毁龙湖寺，置从游者法"。麻城的一些官吏衙役与理学之徒相互勾结，烧毁了芝佛院，推倒了李贽的藏骨塔。所幸在事发前一天，李贽的学生杨定见闻知消息，携李贽避难于河南商城黄柏山的法眼寺，免遭了封建统治者的毒手。

当时，李贽的友人通州人马经纶闻知此事，不顾数千里之遥，冒着大雪赶赴黄柏山以陪侍李贽。马经纶，字诚所，万历十七年(1589)进士，后入为御史。万历二十三年(1595)，因兵部军政考选事和东厂太监张诚之家奴迁任事，神宗朱翊钧把北京、南京几十位给事中、御史等言官降职、罚俸、罢官，九卿大臣也因上疏申救而受到处分。马经纶对此极为愤怒，抗疏神宗，指责他这一专断的荒谬，并指斥他"不敬天"、"不敬祖"、"不勤政"，"去邪不决，任贤不笃"，"好货成癖，御下少恩"，言辞极为激烈。神宗大怒，把马经纶罢职为民。从此，马经纶回到通州，杜门却扫，研经论道。

马经纶虽为晚辈，但对李贽极为崇拜，当他得知李贽受迫害的消息后，带着僧徒与仆人立即由潞河乘船南下。潞河，又称潞水，即北运河，下接南运河，会通河。到江苏的徐州后，马经纶一行登陆西南行，直达河南商城李贽避难的黄柏山。在这里马经纶一方面陪侍李贽，并一起研习《周易》，“辩惑解缚”，“受益无量”；另一方面连连上书“当道”，为李贽辩诬。他首先给冯应京写了《与湖广冯佥宪》，在批驳理学之徒对李贽“惑世”、“宣淫”的诬陷的同时，揭露了冯应京假公济私、以手中的权以报李贽慢待之恨的丑行。不仅如此，考虑到李贽已七十五岁，身边又无亲属，就决定携李贽北上，使其寓居自己家中，以度晚年。

第二年的二月，当寒气渐消，春意初现之时，马经纶与李贽开始了北上通州的行程，随行人员有李贽的学生杨定见、汪本钶，十多位僧徒及马经纶一行人众。他们先走陆路，过黄河后，为减轻旅途劳累，东行到山东济宁，雇一商船，沿运河北上。一路上虽说辛苦，却也相互酬唱，饮酒赋诗，留下了一段历史的印痕。特别是登上运河航船之后，李贽既兴奋，又多感慨。晚餐后，大家围坐在船舱之中，听李贽讲解佛法。他用右手轻轻拢了拢长长的胡须，却说起了自己与运河的往来。

今日又漂浮在运河上了。这是我第三次欣赏运河的涟漪和波浪。戊戌年，也就是四年前，我与被贬官的焦竑一起从潞河放舟南下，第一次感受到运河的雄阔和深沉，绵延数千里，沟通了海河、黄河、淮河、长江和钱塘江五大水系，真是我中华的一条潜伏水龙。这次航行还有一个收获，那就是从焦竑的被贬官，更加深了我对官场与尘世的认识。焦竑早已蜚声文坛，实为文坛领袖，但他从二十六岁参加会试，直到五十岁第九次会试才殿试第一成为状元。而后官翰林院编撰和皇长子讲官，官场总算顺利，却又遭到权臣次相张位等的嫉恨，当焦竑充任顺天乡试副主考时，给事中项应祥、曹大咸二人，以所取举子曹蕃等文多险诞语，诬陷焦竑，焦竑被贬谪福宁州同知。他想退隐乡里，远离仕途。我当时在北京西山极乐寺暂住，在经纶老弟的安排与送别中就和他一起乘舟南下了。焦竑是状元，博极群书，自经史至稗官杂说无不淹贯。这次返里，载了两大船书籍，一路上舟中闲适，就一起聊天读书，作诗著述。我和焦竑的一些酬唱诗文，和我的《睽车志选录》、《老人行》两书，就是蘸着运河水研墨而成的。

我第二次泛舟运河是在去年。当时工部尚书兼都察院右副都御史的刘东星，被任命总理河漕，以疏通湮阻的运河事务，漕署设在济宁。在东星兄的精心决策下，漕务进展顺利，对运河的疏浚做了极大贡献。完工后，东星兄特地到南京邀我赴济宁一游。盛情难却，我随他到了济宁漕署。经纶老弟得知后，当即赶到济宁与我相会。在这里，我们泛舟运河，登太白楼，观赏南池，作诗以抒对李白、杜甫的怀念。经纶老弟返通州之时，我乘舟送他到天津直沽，拒绝了他邀我到通州马府之意，又乘舟返回济宁。这次运河之行，往返千里之遥，听淙淙水声，看疏落村舍，行进在恬静的柔波之中，真有水阔天空，顿入禅乡之感。

这次的运河乘舟是第三次了，也许是最后一次。我深知自己垂垂老矣，本想在有生之年完成已研读二十多年的《周易》之作，没想到一些理学之徒与冯应京之流却想置我于死地。多亏经纶老弟的援手，北赴通州，得以安身。我多次说过，唯友为益，死于真可以托生死于友人之手是人生之大幸。我想通州也许是我不幸一生中的大幸终点。

李贽的声音有些颤抖，万籁俱寂的夜幕下，只有行船激荡运河的水声震破了寂静的夜色。

经过近一个月的陆地水路跋涉，在冬去春来草木发绿之际终于到了通州，李贽一行就到马经纶早已安排好的马家别业莲花庵住下。莲花庵在运河边上，庵内有一水池，碧绿碧绿的池水中长满荷花，每当清秋时节，满庵飘香，故取名“莲花庵”。李贽一住进莲花庵就兴奋地说：“丙申年(1596)东星兄邀我去山西，路经通州，经纶老弟邀我歇脚，就在这里，现在真有回到老家之感。”在马经纶的精心照料下，李贽精神愉悦，休闲时，就随马经纶看一看通州的名胜古迹。在参观矗立运河北端的燃灯塔时，李贽开口诵诗说：“一支塔影认通州。这句古诗很有意蕴，说明燃灯塔就是京门通州的一个标志。燃灯塔建于北周宇文氏王朝，千多年来，燃灯塔影倒映在潞河碧波中，成为通州的一文化奇观。”在参观潞河码头停泊的漕运船舶时，李贽又说：“唐朝诗人皮日休有《汴河怀古二首》，其一说‘尽道隋亡为此河，至今千里赖通波。若无水殿龙舟事，共禹论功不较多。’皮日休虽是汴河怀古，但他却写出了大运河对我中华南北社会发展经济繁荣的巨大影响。我们要珍惜前人的创造。”

李贽到通州后，在马经纶、杨定见和汪本钶的协助下，集中精力对已梓行的《易因》进行修订，定稿后，听从马经纶的建议：“乐必九奏而后备，丹必九转而后成，《易》必九正而后定，宜仍旧名《易因》，而加九正二字即得矣。”从而定名为《九正易因》。李贽毕竟已七十六岁高龄，加之《九正易因》写作的劳累，疾病不断侵袭，身体一日不如一日。他感到自己来日不多，特草《遗言》以安排后事。他对自己的葬式做了简约而奇特的嘱托，身着旧衣，上盖白布巾单，不用棺木，穿圹安魂，身下置芦席，上横空加椽子，仍用芦席覆盖其上，而后填土掩埋。不要墓志铭，碑文请焦竑书写“李卓吾先生之墓”，不刻地望、官衔。这一葬仪和回族葬法相近，但又不尽相同，碑文也和一般官吏有别，表现出李贽反传统世俗的特征。在《遗言》中，李贽还深沉感慨地说：“春来多病，急欲辞世，幸于此辞，落在好朋友之手，此最难事，此余最幸事，尔等不可不知重也。”表现出他对马经纶深情厚谊的感激和寄托。马经纶读完李贽的《遗言》后，经过考察，选择了潞河西的通福寺侧为营葬地，并含泪写下《书卓吾先生遗言后》：“先生寓潞河，便欲死潞河。今春偶病，辄草遗言如右。纶读之，且喜且惧。喜者先生之死于斯，葬于斯；惧者惧先生万一不得死于斯，葬于斯也。盖先生百世以俟圣人而不惑之人也。纶虽浅劣，颇知之深矣。先生急于朋友，老来弥切，望纶弥深。遗命葬城外高阜，请命家大人，得通福旧基而券贸之。溯昔曹溪道场，乃宝林古寺也。宝林自隋末废于兵火，曹叔良诸人重建梵宇以奉六祖，而曹溪之名遂与天壤俱永。今先生获葬于此，吾知异日者潞河道场应又一曹溪也。通福旧基与宝林古寺何殊焉！”马经纶把李贽比为六祖慧能并不确切，但他把李贽若葬于潞河之旁的通福寺侧与慧能的曹溪道场的文化意义并举，则表现出他对李贽在中国文化思想史上的意义的独到认识。

李贽本想在潞河边平静地走完自己的一生，马经纶也想在此送李贽平静地上路，但封建统治者还是不放过他。先是在京师又传出舆论，说李贽著书是丑诋大学士沈一贯，沈一贯“恨甚”。究其因是万历二十六年(1598)东征赞画主事丁应泰上疏揭发援朝将领杨镐败状，及辅臣张位、沈一贯与之秘书往来，交结欺瞒，而李贽在给焦竑信中却对丁应泰加以热情赞扬，称“丁公此疏大快人意，大快生平，亦大有功于朝廷矣。”从而引起沈一贯仇恨。但事过四年，又重提此事，则别有用心。接着就又造谣说“惑世”、“宣淫”的李贽，而今要进入京都，必将蛊惑人心，祸乱朝纲。在沈一贯的授意下，礼科给事中张问达上书劾奏李贽：“惑乱人心，以吕不韦、李园为智谋，以李斯为才力，以冯道为吏隐，以卓文君为善择佳偶，以司马光论桑弘羊欺武帝为可笑，以秦始皇为千古一帝，以孔子之是非为不足据，狂诞悖戾，未易枚举，大都刺谬不经，不可不毁者也！尤可恨者，寄居麻城，肆行不简，与无良辈游于庵院，挟妓女，白昼同浴。勾引士人妻女入庵讲法，至有携衾枕而宿庵观者，一境如狂。”又说：“近闻贽且移至通州，通州离都下仅四十里，倘一入都门，招致蛊惑，又为麻城之续。望敕礼部檄行通州地方官，将李贽解发原籍治罪，仍檄行两畿各省，将贽刊行诸书，并搜简其家未刊者，尽行烧毁，毋令贻祸乱于后，世道幸甚。”张问达的劾疏，除诬陷之词外，却也说出了李贽那振聋发聩的著作确实触及了封建统治的统治，从反面证明了李贽是一位封建叛逆者的异端。张问达的上疏代表了封建统治者的思想与利益，所以神宗很快批示：“李贽敢倡乱道，惑世诬民，便令厂卫五城严拿治罪。其书籍已刊未刊者，令所在官司尽搜烧毁，不许存留。如有党徒曲庇私藏，该科及各有司访参奏来并治罪。”结果，李贽以带病之躯被捕下到镇抚司狱。

李贽被捕入狱时，马经纶不顾自己逐臣之身和神宗的圣旨，坚持要入狱陪侍，并愿以俱死，被李贽劝说和坚拒下只好日日探视。同时他又上下奔走呼吁，给多位朝中要员与有关官吏写信为李贽辩诬。这些书信文辞泼洒，情理兼尽，雄辩有力。在《与李麟野都谏转上萧司寇》中说：

> 卓吾先生之素行，何如也？宦游二十余年，一介不取，清标苦节，人所难堪，海内荐绅，谁不慕说。夫以如是人品，如是操履，而以逾闲荡检之事诬之，亦大不伦矣。至于著述，人各有见，岂能尽同，亦何必尽同。有同有异，正以见吾道之大，补前贤之缺。假使讲学之家，一以尽同为是，以不同为非，则大舜无两端之执，朱陆无同异之辩矣。先生有官弃官，有家弃家，有发弃发，盖其天性孤峻，直行己志，老来任便，有何不可？世之人甘一官若饴，数日不近妇人若死，甚至涂抹须发，外以求怜上官一日之容，内以取媚姬妾半刻之欢，习以成风，贤者不免。其视先生之素行，愧乎，不愧乎？
>
> 今先生七十六岁，形容憔悴，动履艰涩，病困垂绝，预草遗言，不佞见今营葬潞水之西，此通国人士所共见也。先生业已无意于人世，又何意于都门。乃过虑先生入都，而以勾引士女为词乎？无论勾引非所以论先生，都中士女果一七十六岁老丑病夫所能勾引否耶？

信中驳斥了张问达在劾疏中诬李贽“纵淫”、“勾引”的虚妄，批驳了他以李贽著作中与传统观点不同而定罪的荒谬，用李贽的清标苦节、一介不取，以对比当时一些官吏用尽手段以求怜上官、取媚姬妾的可耻，字字针砭谬说，剔肤见骨。

可能是由于马经纶的多次上疏据理申辩，李贽被捕入狱后，除却大金吾走过程式的置讯一次外，圣旨久不下，李贽神醒志清时就作诗抒怀。在《系中八绝·不是好汉》写道："志士不忘在沟壑，勇士不忘丧其元。我今不死更何待，愿早一命归黄泉。"李贽是把生死置之度外了。后来传言要把李贽遣送回原籍，李贽闻之，感到莫大耻辱，愤慨地说："我年七十有六，死耳，何以归为!"三月十五日，李贽呼侍者剃发，猛然夺刀自割其喉。马经纶闻讯，马不着鞍，飞奔而至，守护在李贽身旁。三月十六日，李贽气绝身亡，马经纶痛不欲生，顿足自责："吾护持不谨，以至于斯也，伤哉!"随将李贽遗骸护送回通州，依李贽遗言将其葬于北门外潞河旁的通福寺侧，而且"冢高一丈，周列白杨百余株"，大有向相距几十里的京都神宗示威之意。马经纶率家人和杨定见、汪本钶及李贽随从的僧徒，举行了隆重、严肃的祭奠。马经纶满含眼泪拜读了祭文，其中说："呜呼卓老，风霆一代。仙体虽逝，英灵长在。如潞河之波，滔滔荡荡，卓然长清，流芳万载。"

马经纶因伸张正义而被贬官为民，在李贽遭受为难之时，勇于迎归通州，执弟子礼，在李贽被捕仙逝后，又不顾个人安危收葬其遗骸，表现出燕赵之士为朋友两肋插刀的刚强不屈、慷慨激昂的气概，"由是，大江南北及燕蓟人士无不倾倒。"享誉世界的思想家李贽三次泛舟运河，三次寓居通州，为古老的运河文化增添了一道亮丽的风景线，传颂全中华的马经纶与李贽的运河友情则是这一亮丽风景线上的闪闪发光的灿烂彩虹。

（原载《泉州文学》，2019 年第 2 期）

《李贽全集续编》整理说明

2000年，由我主编的《李贽文集》七卷本由社会科学文献出版社出版。由于李贽的著作在明清两代一再遭到禁毁，虽然有学者编辑了《李温陵集》、《李氏全书》等，但这些“集”、“书”，实际上只收录了李贽部分著作，《李贽文集》则在此基础上又收录了李贽其他著作，包括人们很少见到的《九正易因》、《孙子参同》等，因此，受到海内外文化界学术界的热评。而后，我又陆续收集到《读升庵集》、《因果录》、《雅笑》等。在收集整理这些著作的同时，感到从无人对李贽的著作进行过笺注，李贽出入儒释道，兼及文史哲，并有军事、民俗之作，有的较为易懂，有的则庞博而不易解，无人为之笺注，这不能不说是李贽研究以及中国文化思想史研究的一大遗憾。为了填补学术领域的这一空白，1996年，我与首都师范大学的一些学人组建了《李贽全集注》课题组。由于该课题的重要学术价值，当年就被确立为国家古籍整理出版规划“九五”重点项目，而后又被高校古委会确立为资助项目。

由于从无人对李贽的著作进行注释，可资借鉴者极少，只能从原始文献入手，注释组在注释工作中，根据经、史、子、集，以及各种方志、笔记、杂著等，搜索钩稽，对李贽著作中有关儒释道思想、用语，对有关事件的历史时事背景，对有关人物的生平事迹及其朋辈交游，以及有关的典章制度、地理沿革、历史传说、难懂词语等，都尽力予以注解。同时，对所依之书，对李贽研究中的一些误说误传以及李贽著作本身的误书，也进行了细心考核与查对。例如李贽的友人与学生有汪可受、汪本钶二人，很多学者与著作或把二人混而为一，或张冠李戴，一误再误。其实，汪可受，字以虚，号静峰，湖北黄梅人，官至山东右参政，写有《卓吾老子墓碑》。《明神宗实录》卷三五七、《明史》卷二二四、《明史稿》卷二七八、光绪《黄州府志》卷二、光绪《江西通志》卷一二“职官表”等都有他的事迹记载。而汪本钶字鼎甫，安徽新安人，写有《哭李卓吾先师告文》。他只是一位一般的士子，但在《李氏遗书》基础上，继续收集李贽遗文，辨别真伪，编纂而成《续焚书》、《说书》、《言善篇》等，对李贽著作的整理与研究极有贡献。李贽著作中本身也有误书。如《藏书》卷三《李白》：“任华《送李白之澧南序》……以上诸文，附见李白集，古本有之，今不传矣。”实际是《送李白之曹南序》为独孤及所作，也许是李贽所见之“古本”误植为任华，也许是李贽误记为任华，所以未能看到，才说“今不传矣”。该序见《全唐文》卷三八八，文字与李贽所引也有出入，题目中的“漕”为“曹”，“漕”误。

《李贽全集注》由于其学术价值，从课题启动到出版面世，都受到海内外文化界、学术界的关注与称赞，包括《人民日报》、《文学评论》，日本《阳明学》，美国《美南新闻》，新加坡国立大学明清网站等二十多家新闻媒体进行了报道与评赞，称之为“重大的文化建设，艰巨的科学攀登”，“弥补了学术领域的空白”，是“李贽研究的里程碑”等。并获 2010 年度全国优秀古籍图书一等奖。出版社从中抽印的《焚书注》，获 2013 年度全国优秀古籍图书二等奖。国内外众多高等院校有关院系都把《李贽全集注》指定为研究李贽与中国传统文化的必读参考书。这一切都表现出中外文化界、学术界对这一著作的肯定与赞许。

《李贽全集注》虽然是第一次对李贽著作的系统整理与笺注，但当时由于多种原因，对李贽著作中的一些孤本、珍本没能收集到手，成为一大遗憾。为了弥补这一遗憾，我们又对《李贽全集注》中没有收录的重要作品进行了收集与整理，就成了这套《李贽全集续编》，先以白文面世，将来条件允许，再进行笺注。

该课题包括下列内容。

1.《李温陵集》。李贽的诗文集现在通行的有《焚书》、《续焚书》，有学者考证，《焚书》已不是李贽生前的刊行本，而是后人编辑之作。《续焚书》则是李贽逝世后由汪本钶编辑而成，最早刊于万历四十六年(公元 1618 年)。由此可知，最早的李贽诗文集，应该是《李温陵集》。因此，对此书的整理极具学术价值。

2.《读升庵集》。这是李贽读杨升庵诗文后撰写的读书札记，李贽自称是“老人得意之书”(《续焚书》卷一《与方讱庵》)。李贽对杨升庵非常赞赏，称之为“才学卓越，人品俊伟”(同上)，对杨升庵“终身不得一试”深为不平。《读升庵集》在评说中表现了李贽的进步思想。需要说明的是，在《李贽全集注》中已收录有此书的万历二十八年的继志斋刊本，后来又发现万历年间的另一刊本，文字与继志斋刊本多有出入。其中最值得注意的是在卷十一的《李涉赠盗》、《封使君》两篇，继志斋刊本全文缺失。这两篇小品借前人的诗作揭露当时官场的贪婪残暴，其批判精神极为强烈，鲜明体现了李贽小品文的思想艺术特色，李贽还特意将其编入《焚书》卷五之中。因此，特将这一不同版本收入到续集中。

3.《山中一夕话》。该书分上下集，上集专收词赋传文，下集广采历代名人轶事，叙鬼神，谈道术，记风俗，呈文采，寄才情于嬉笑怒骂之中，谕劝诫于嘲谑讽刺之间，既可为各朝文士儒士平生事迹备考，亦可从一些方面见明代社会生活之图景。

4.《易因》。这是李贽关于《周易》的一部研究著作。李贽终生都在读易，先写成《易因》一书，在此基础上，又改写为《九正易因》。在此书中表现了李贽通过《周易》的研究，而得出了他一贯主张的圣愚一律的平等思想。

5.《枕中十书》。该书包括《精骑录》、《赏窗笔记》、《贤奕选》、《文字禅》、《异史》、《博识》、《尊重口》、《养生醍醐》、《理禅》、《骚坛千金诀》十种。该书辑自诸书，达 35 种之多，内容涉及诸多方面。已传至日本与美国，日本内阁文库和美国国会图书馆有藏书，可见其影响。

6.《阳明先生道学钞》。本书是王阳明论文、书信、杂著的一个选本，书后附有《阳明先生年谱》。李贽编选这样一部书，出于他对王阳明的崇拜。虽然李贽的思想早已脱出了王学的藩篱，但他到老也是一个王学崇拜者。李贽曾说："我于《阳明先生年谱》至妙至妙，不可形容。"(《续焚书》卷一《与汪鼎甫》)又说："《阳明先生年谱》及《钞》……此书之妙，千古不容言。"(《续焚书》卷一《与方伯雨》)可见李贽对王阳明的尊崇，对这部书的看重。在这部书中，表现出李贽在启蒙思想上对王阳明的继承，也表现出李贽与王阳明在启蒙思潮发展史上的作用与地位的区别。如若说王阳明是中国传统文化思想新变的启蒙思潮的先导之话，李贽则是这一启蒙思潮的代表与旗帜。

7.《坡仙集》。这是李贽对苏轼作品的选集，并加有批注。李贽对苏轼极为赞赏，对这本选集也极为自信。他在《复焦弱侯》中曾说，所选之诗文"俱世人所未尝取者。世人所取者，世人所知者，亦长公俯就世人而作者也。至其真洪钟大吕，大扣大鸣，小扣小应，俱系彼精神髓骨所在，弟今尽数录出，间时一披阅，平生心事宛然如见，如对长公披襟面语，朝夕共游也。"(《焚书》卷二)焦竑对此选本也推崇备至。从《坡仙集》的选文与评注可以见出李贽的思想及其文学理论主张，是认识李贽的一部重要作品。

8.《王龙溪先生文录钞》。这是何继高请李贽为他精选并加卷点的王龙溪(王畿)的著作。李贽对王畿推崇备至，在《复焦弱侯》中说："世间讲学诸书，明快透髓，自古至今未有如龙溪先生者。"(《焚书》卷二)王畿逝世后，李贽特作《王龙溪先生告文》，称"无岁不读二先生(指王畿与罗汝芳)之书，无口不谈二先生之腹。"称王畿为"圣代儒宗，人天法眼；白玉无瑕，黄金白炼。"(《焚书》卷三)可见其对王畿的崇拜，同时又盛赞王畿重道重行的精神，而借以批判假道学。从李贽对《王龙溪先生文录钞》的圈点中，也凸显出李贽反传统的精神。

9.《疑耀》与《荔镜记》。前者为杂著文集，后者为戏曲作品。对这两部作品存在着不同看法，有人认为是李贽所著，有人认为是托名李贽的伪作。我们经审慎的核查，认为这两书均为赝品。既有不同意见，对之加以整理，以待后人考核也是必要的。

这套《李贽全集续编》，依古籍整理的要求和体式，繁体竖排，以保存原作的文献面目。古籍整理，极为复杂，李贽的一些著作又多为孤本，其校勘标点都有一定的难题。我们尽力而为，以保编纂标准的一致，校勘标准的统一和规范。但整理成员多位，加之资质的不足，虽勤苦不懈，都难免存在不当与谬误，切望方家给予教正。该课题曾得到新闻出版署与中共福建南安市委宣传部的资助，特表谢意。首都师范大学出版社负责这套丛书的编辑杨林玉、来晓宇、韩乔治和钱浩同志，查核原作，多方求证，认真负责，极尽心力，深表感激。

(说明：此文编辑认为对每种书的介绍在各书中都分别有陈述，为避免重复，对此文做了一些删改。删改后之文，载于《李贽全集续编》的第一册《李温陵集》，首都师范大学出版社，2019 年)

《阳明先生道学钞》提要

李贽对王阳明非常崇拜，在他的很多著作中都表现出对王阳明的崇敬之情。如在《王文成》一文中说："天生先生岂易也邪！在江西为三大忠，在浙江为三大人，在今古为三大功，而况理学又足继孔圣之统者哉？"(《续焚书》卷三)在《太傅席文襄公》一文中，热情称道席书率领贵州生员尊奉王阳明为师之举，说："即此一事，公之才识已足盖当世矣。当是时，人之尊信朱夫子，犹夫子也。而能识朱子之非夫子，唯阳明之学乃真夫子，则其识见为何如者！"(《续藏书》卷一二)李贽在《阳明先生年谱后语》中还谈到他接触王学的经过："不幸年甫四十，为友人李逢阳、徐用检所诱，告我龙溪王先生语，示我阳明王先生书，乃知得道真人不死，实与真佛真仙同，虽倔强，不得不信之矣。"李逢阳、徐用检都是王阳明的信徒，当时和李贽同在礼部任职。在李逢阳、徐用检的诱导下，李贽开始了对王阳明学说的精心探研。这时，李贽还认识了王阳明的再传弟子李材(号见罗)。后来，李贽在《答李见罗先生》中说："昔在京师时，多承诸公接引，而承先生接引尤勤。发蒙启蔽，时或未省，而退实沉思。既久，稍通解耳。师友深恩，永矢不忘，非敢佞也。"(《焚书》卷一)称李见罗对他"发蒙启蔽"，称"师友深恩，永矢不忘"，也都可以见出李贽对王学的心服与青睐。

正因为如此，李贽倾其心血编著了《阳明先生道学钞》和《阳明先生年谱》。这两部书是万历二十七年(1599)李贽在南京时已着手编撰。万历二十八年(1600)，当时，总理河漕的刘东星接李贽到济宁(今山东济宁)漕署，在这里李贽完成了这两部著作。李贽在《阳明先生道学钞序》中曾详细叙述了到济宁后的情况：

> 今岁庚子(1600)元日，余约方时化、汪本钶、马逢旸及山西刘用相，暂辍《易》，过吴明贡，拟定此日，共适吾适，决不开口言《易》。而明贡书屋正有《王先生全书》，既已开卷，如何释手？况彼已均一旅人，主者爱我，焚香煮茶，寂无人声，余不起于坐，遂尽读之。于是乃敢断以先生之书为足继夫子之后，盖逆知其从读《易》来也。故余于《易因》之稿甫就，即

令汪本钶校录先生《全书》，而余专一手抄《年谱》。以谱先生者，须得长康(顾恺之)点睛手，他人不能代也。抄未三十页，工部尚书晋川刘公以漕务巡河，直抵江际，遣使迎余。余暂阁笔，起随使者冒雨登舟，促膝未谈，顺风扬帆，已到金山之下矣！嗟嗟！余久不见公，见公固甚喜，然使余辍案上之纸墨，废欲竟之全钞，亦终不欢耳！于是遣人为我取书。今书与谱抵济上，亦遂成矣。

《阳明先生道学钞》是王阳明论文、书信、杂著的一个选本。现存有明万历己酉(万历三十七年，公元1609年)春月武林继锦堂刊本，共八卷，分"论学书"(十六篇)、"杂著书"(二十二篇)、"龙场书"(六篇)、"庐陵书"(一篇)、"南赣书"(二十八篇)、"平濠书"(二十八篇)、"思田书"(十五篇)，共一百一十六篇。第八卷为《阳明先生年谱》(分上、下)。李贽编这样一部书，出于他对王阳明的崇拜，虽然李贽的思想早已脱出了王学的藩篱，但他到老也还是一个王学的崇拜者。这一点在他写的《阳明先生年谱后语》中看得很清楚。

《阳明先生年谱》与《阳明先生道学钞》同时着手，同时完成，并合印成书，在李贽，有特别的用意。《阳明先生道学钞》节录阳明一生文章、言论，按其行年编排，与《年谱》同读，便于更清晰、更深入地理解阳明其人、其学并践行其学，如李贽所说，《阳明先生道学钞》"与《年谱》并观，真可喜。士大夫携之以入扶手，朝夕在目，自然不忍释去，事上使下，获民动众，安有不中窾者乎?"(《续焚书》卷一《与方伯雨》)《阳明先生年谱》系主要据钱德洪等所撰《阳明年谱》(以下简称钱《谱》)节略并加评点而成。阳明逝后，其门人钱德洪、王畿、薛侃、欧阳德、黄弘纲、何性之、张元冲等合议决定修撰《阳明年谱》，先分年搜集材料撰成草稿，由邹守益总成之。嘉靖三十九年(1560)《年谱》仍未成稿，邹守益又委托钱德洪总修。至嘉靖四十二年(1563)，《年谱》成。《年谱》凡四卷，附钱德洪、王畿、罗洪先等叙论《年谱》之文一卷。《阳明先生年谱》虽据钱《谱》节略而成，但并不是对钱《谱》的简单、随意的节录，而是李贽按照自己对阳明的学说、事功独有的认识精心节撰而成。《阳明先生道学钞》与《阳明先生年谱》同时着手，《道学钞》委托汪本钶校录，而《年谱》则由李贽独自完成。李贽说："余专一手抄《年谱》。以谱先生者，须得长康(顾恺之)点睛手，他人不能代也。"可见他编《阳明先生年谱》，对于钱《谱》是有点睛传神之功的。(按，顾恺之书人物点睛传神事见《世说新语・巧艺》。)如正德十五年(1520)六月，阳明答罗钦顺问学，钱《谱》录答书甚详，而李贽只录"失在过信孔子"一语。这就是点睛之笔，这是在特别提醒人们，阳明认为对孔子也不能盲目尽信。李贽自己不以孔子之是非为是非，其所承，不也就是阳明此说吗？又如阳明正德间在赣南平乱，嘉靖间在广西平乱，都是剿、抚并举，钱《谱》对这两方面记载皆较详，而李贽所录，则重抚而略剿。这显然是为了突出阳明的仁德之心，也表明了李贽自己对平定民乱的主张。《年谱》充分表现了李贽对阳明的尊崇，但值得注意的是，在《年谱》中，李贽对阳明并不一味颂扬，在有的地方，甚至对阳明还有所批评。如正德十二年(1517)，阳明在上杭祷雨，果得三日雨，有司请名行台为“时雨堂”，阳明作《时雨堂记》，李贽评曰：“太俗气矣！只为先生，有这个在也。”这是在直言不讳地批评阳明名心未退，道心不足，太俗气。又如思、田平定后，阳明自为文勒石记功，李贽评语以为阳明此举乃“劳而伐，功而德，非九三君子之终”，认为“事只管做，绝口不言功劳，乃是经纶千古好手”。阳明于此，显然有所不足。总的看，《阳明先生年谱》虽据钱《谱》节略，却能表现李贽一己的见解、眼光、个性。

李贽对他编著的《阳明先生道学钞》、《阳明先生年谱》是很满意的，他说：“我于《阳明先生年谱》，至妙至妙，不可形容。”(《续焚书》卷一《与汪鼎甫》)又说：“《阳明先生年谱》及《钞》在此间梓，未知回日可印行否？想《年谱》当有也。此书之妙，千古不容言。”(《续焚书》卷一《与方伯雨》)这都表现出李贽对王阳明的倾慕。

应该指出，李贽对王阳明非常尊崇，在启蒙思想上对王阳明有所继承，但是，也应该看到这种继承关系的复杂，以及他们在思想实质上的区别。正如沈德符所指出，王阳明之后，其弟子各立门户，几经师承，“最后李卓吾出，又独创特解，一扫而空之。”(《万历野获编》卷二七《紫柏评晦庵》)李贽与王阳明在启蒙思潮发展史上的作用与地位的基本区别，就在于王阳明所倡导的“心学”，虽在客观上为反理学、反传统思想的斗争创造了舆论，打开了缺口，但其主观上仍是为理学补偏救弊，为传统思想修隙补漏。李贽则不然，李贽公然以“异端之尤”自居，以“堂堂之阵，正正之旗”(《续焚书》卷一《与周友山》)和“坚其志无忧群魔，强其骨无忧惧患害”(《续焚书》卷二《老人行叙》)的大无畏精神，向当时占统治地位的道学和传统思想，展开了激烈进攻。

我们可以最具人文主义启蒙思想特征的反对权威、倡导平等为例，考察一下王阳明与李贽的不同。王阳明曾经提出，“良知良能，愚夫愚妇与圣人同”(《王文成公全书》卷二《答顾东桥书》)，“满街皆是圣人”(《王文成公全书》卷二《传习录》下)的命题，表现出抹平贤与不肖的区别的平等观念。这对于统治者进行统治的严格的等级制及其理论，具有巨大的震撼作用。但是，他又说：

“惟圣人能致其良知，而愚夫愚妇不能致，此圣愚之所由分也。”(王文成公全书》卷二《答顾东桥书》)就是说良知良能虽然人人相同，但却可能被蒙蔽，这正是圣贤与愚人的分界。因此，王阳明又说：“其才质之下者”，就要“安其农工商贾之分”，不要有“希高慕外之心”(《王文成公全书》卷二《答顾东桥书》)。实际上就是把下层群众说成是“才质之下者”，而且要他们安分守己，忍受压迫而不要反抗，表示出“良知”说在貌似平等外衣下包含的不平等的实质。王阳明还认为“良知”如果被蒙蔽了，就如同心中有了“贼”一样，这个“心中贼”比“山中贼”还可怕，必须铲除净尽。至此，王阳明和朱熹便又走到了一条路上了。朱熹说，私欲净尽则天理流通；王阳明说，破山中贼易，破心中贼难，只有破了心中贼，才能使良知复苏。最终都是达到维护现存秩序和传统思想的目的。

李贽则不然。李贽接受了王阳明的影响，却又从自己的哲学命题和内涵去解释王阳明的理论。如李贽从上述王阳明的“满街皆是圣人”、“良知良能，愚夫愚妇与圣人同”的命题中，引出了具有极强烈战斗意义的“侯王与庶人同等”、“圣人与凡人一”的平等思想，而抛弃了王阳明在这一命题下所包含的消极内容。李贽在《老子解》(见《李贽全集注》第十四册)中，从“致一之道”出发，得出了“庶人非下，侯王非高”的结论，否定了传统思想家“天生圣人”之类的谎言。传统思想家为了鼓吹“圣人仁万民”之论，说“圣人”是“天生”的，永远都比“下愚”高贵。李贽则针锋相对提出：“侯王不知致一之道与庶人同等，故不免以贵自高。高者必蹶，下其基也；贵者必蹶，贱其本也。何也？致一之理，庶人非下，侯王非高，在庶人可言贵，在侯王可言贱，特未知之耳。……人见其有贵有贱，有高有下，而不知其致之一也，曷尝有所谓高下贵贱者哉？彼贵而不能贱，贱而不能贵，据吾所见，而不能致之一也，则亦琭琭落落，如玉如石而已矣。”李贽所说的“致一之道”，就是他主张的“圣愚一律”、“天子庶人一是无别”。侯王们不知道这个“致一之道”，而以贵自高。其实，下是高的基础，贱是贵的根本，从“致一之道”看来，都是相辅相成，互为条件的，哪里有什么高下贵贱之分？显然，李贽的这种思想具有人人平等的精神，对当时森严的等级制度是一个有力的冲击与批判。

李贽的这种人人平等思想，在他的很多著作中都有所体现。如在《道古录》(见《张建业主编李贽全集注》第十四册，社科文献出版社，2010 年)中针对传统思想中的“尊德性”之说，提出：“尔勿以尊德性之人为异人也，彼其所为，亦不过众人之所能为而已。人但率性而为，勿以过高视圣人之为可也。

尧舜与途人一，圣人与凡人一。”在李贽看来，“尊德性”不过就是尊重众人之所能为而已，每个人只要按照自己的本性自由发展就可以了。在“尊德性”上，圣人也没有什么过高之处，“尧舜与途人一，圣人与凡人一”，天下人人平等，哪有什么高低上下之别。就这样，李贽用自己的平等思想，重新解释了包含着等级观念的传统的“尊德性”理论。又如李贽多次提出了人们能力上的平等命题，强调“天下无不能之人，人无不能之事”，因此，“圣人所能者，夫妇之不肖可以与能，勿下视世间之夫妇为也。……若说夫妇所不能者，则虽圣人亦必不能，勿高视一切圣人为也。”圣人与凡人在能力上是平等的，不要高视圣人，不要下视民众，这在等级森严的社会里，不能不说是振聋发聩的“异端”之论。

正是从这种平等思想出发，李贽反对统治者对人民大众的压迫和束缚，而要求自由地发展人们的“自然之性”。李贽在《论政篇》(《焚书》卷三)提出了他为政的原则，主张“因乎人”、“因性牖民”的“至人之治”，反对“本诸身”的“君子之治”。他认为，人们的心性各不相同，只有“因性牖民”，即根据不同情况加以诱导，“顺其性不拂其能”，才能把社会治理好。反之，“君子之治”则“本诸身”，即根据自身的标准去要求别人，做不到时就用“条教之繁”、“刑法之施”对人民大众进行束缚，这只能造成社会的动乱。在著名的《答耿中丞》(《焚书》卷一)中，李贽更明确地反对统治者用“德礼政刑”对人民的禁锢。李贽指出，天下之人所以不得安生，就是因为“贪暴者扰之，而仁者害之也，仁者以天下之失所也而忧之，而汲汲焉欲贻之以得所之域。于是有德礼以格其心，有政刑以絷其四体，而人始大失所矣。”“德礼”和“政刑”是中国统治者长期进行统治的互为补充、辅助的两种手段，被传统思想鼓吹为治国的根本。李贽把统治者的这种治国之本指为祸国殃民的祸根，把他们极为尊崇的“仁者”指为害人虫，这是对统治者及其统治理论的有力批判，也是大胆的骇人之论。为了批判统治者对人民大众的禁锢，李贽在《答耿中丞》中还提出了“各从所好，各骋所长”的主张。在《道古录》中提出“物之不齐，物之情也”，“物各付物”、“因材并育”的理论，其思想核心就是任物性的自由发展，尊重个体的价值，造成人人顺其本性、人人随心如愿的理想局面。

不难看出，王阳明虽提出了有着非常积极意义的反封建等级制度的理论命题，但他最终目的还是要维护那种等级制。他说“满街都是圣人”，也是想让人们都能去“致良知”，而达到“圣人”的“存天理，灭人欲”的境界。李贽则不然，他否定了圣贤与愚者、尧舜与凡人的区别，并由此出发，对禁锢人们自由发展的统治理论“德礼政刑”进行了猛烈批判，而大力张扬任人性自由发展的理论旗帜。因此，如若说王阳明是中国传统文化思想制度的启蒙思想先导的话，李贽就是这一启蒙思想的代表和旗帜。这是我们在阅读《阳明先生道学钞》及《年谱》时应该注意的地方。

2019 年 4 月

（原载李超、郭道平整理：《阳明先生道学钞》，首都师范大学出版社，2019 年）

《李温陵外纪》整理说明

《李温陵外纪》，明万历间颜子(名里不详)编刻《李氏全书》十九卷，内附《李温陵外纪》五卷，潘曾纮辑。潘曾纮(？—1636)，字昭度，万历四十四年(1616)进士。授商城知县，赈济饥民，得民心。历官江西左布政使。崇祯九年(1636)，以右副都御史巡抚南赣，率兵勤王，以疾卒于军。有《芳荪馆遗稿》。其事迹见《嘉庆重修一统志》卷二三三、《文直行书》卷七《送潘昭度公祖巡抚南赣序》等。李贽被封建统治者迫害而死后，不但没有消弭其影响，而且更使李贽声名大振，悼念诗文绵绵不绝。潘曾纮对李贽也极为崇敬，因此，他不惧统治者的畏迫，辑录了《李温陵外纪》，把悼念李贽的诗文汇集梓行，给我们留下一份宝贵的资料，其精神深可赞赏。他在序文中说："余生也晚，不及见卓吾先生。常读其书，而知其我能用学，不为学所用也。盖以我用学，学乃大；为学所用，则我亦渺小矣。且古人何尝有一定立学术哉。"又说："是不学无术，非真英雄也；泥古不通，非真学问也，今古皆然。世乃独疑于卓老，何耶？余于是辑《外纪》一书，以俟尚论者，而独信其气吞九州，脑无一字，有大用而不见其迹者也。"言辞间不但表现出对李贽的崇敬，对李贽的学术思想也深知三昧。

潘曾纮还写有《书柞林纪谭》一文。《柞林纪谭》，署名袁中道编。该书以对话的形式记录了公安三袁与李贽广泛地进行了学理研究，诸如凡圣的同异，学道的根器，学问、功业的关系，"六经"、《庄子》、《水浒传》的意义，以及对众多历史人物的评析等，内容丰富，语言犀利诙谐，是研究李贽以及李贽与公安三袁关系的重要文献。但有学人对此书的真伪有所怀疑，这里不论。《书柞林纪谭》一文没署作者名，但文中有"会家弟慧晓自武林归，手《柞林纪谭》一篇示余"。慧晓是潘灏的字，是潘曾纮之弟，由此可定《书柞林纪谭》为潘曾纮所作，在此文中写道：《柞林纪谭》"其所持论，虽散见卓吾诸书，而一时嬉笑怒骂，壁立万仞之机锋，如写生照，更觉可喜。"从中亦可见其对李贽的赞誉。

此次，整理以明万历颜子《李氏全书》十九卷中的《李温陵外纪》五卷为底本，并对收录各文的出处进行了查对。需要说明的是，潘曾纮收入《李温陵外纪》之文有些与原文出入较大，如袁中道的《李温陵传》与《柯雪斋集》中之文出入极大，对此还请读者注意。行文中患漫而不能确知者，以及依他书补入之字，均以□号标示。

（原载张建业整理：《李温陵外纪》，
首都师范大学出版社，2019 年）

《李温陵集》整理说明

李贽的诗文集主要有《焚书》、《续焚书》，《续焚书》是李贽逝世后由其弟子汪本钶(字鼎甫)收集李贽的遗文编辑而成，万历四十六年(1618)由新安海阳汪氏虹玉斋刻印。《焚书》在李贽生前已经刻印，并有多种刻本流传。有学者认为现存《焚书》已非李贽原刻本，而是经过后人增补删改之作。此论能否成立，还需进一步研究。由以上情况看，李贽的诗文集保存至今的最早的刻本当为万历间海虞顾大韶(字仲恭)刻印的《李温陵集》二十卷。又有明姑熟陈文刻本，名《李氏文集》。泉州苏大山《红兰馆藏书目》则有《温陵李氏文集》十八卷，明刻本。

有关《李温陵集》的最早记述见《福建通志・艺文志・李温陵集》，说该书"一卷至十三卷为书答、杂述，即《焚书》也；十四卷至十七卷为读史，即摘录《藏书》史论也；十八、十九两卷为道原录，即《说书》也；第二十卷则以所为之诗终焉。"此说基本符合实际，但也有差异。其一，书前有《李温陵自序》，即《焚书・自序》。其二，卷一至卷十三"书答"、"杂述"，不完全是《焚书》之文，也有《续焚书》之文。如卷二"书答"《与焦从吾》是《续焚书》卷一"书汇"中《与焦弱侯太史》的一部分。甚至羼入有《藏书》之文，如卷九《无为说》，实为《藏书》卷三十二《德业儒臣后论》一文。其三，文字与通行本多有出入(详见下面论述)。其四，卷十八、卷十九题名为"道古录"，而不是"道原录"。而且没有李贽的自序《道古录引》和刘东星的序《书道古录首》。

还需要指出的是，有不少文字和题目与通行本多有出入。如卷四《又与焦秣陵》，是《焚书》卷二《又与焦弱侯》，但开头多出六句："李氏《藏书》再读一遍，多所更定矣，完日当送览，再求订正也。原稿乞检付的当日还我，我此已无别副矣。"特别是卷十四、卷十五"读史"所收《藏书》之文，与通行本《藏书》文字极多差异。如卷十五"朱子"未用《藏书》卷四十五《儒臣传・经学儒臣・朱熹》之文，却选用了《藏书》卷三十五《儒臣传・行业儒臣・赵汝愚附韩侂胄》文中的一段文字及文后的按语，行文且多有不同。又如卷十五《孟子》，与《藏书》卷三十二《儒臣传・德业儒臣・孟轲》多出下列三段文字(方括号后为多出文字)：

[执一便是害道，孟氏已自言之矣。]彼其意不过欲急于觉人耳，夫使人而可觉也，则乐正子之徒当先觉之矣。乃其徒卒无一人信性善之说者，何哉？又使天下而可觉也，则战国当先觉之矣，乃战国之君臣亦未有一人肯信性善之说者，何哉？又使后世而可觉也，乃后人诵性善之说者，未尝不喜谈而乐道之也，而何善人之少也？由此观之，觉人者可思也。

[王者不足为天下之归往，则方伯连帅修其职业，佐王者以定诸侯，宁一天下。于是始称方伯之任，故谓之"伯"。]自古未尝有知其任者，而齐桓始行之，桓亦不知行此也。管仲相桓，实首任之，而桓公不知也。故桓公欲征西戎，仲由之令燕修召公之政；桓公欲伐蔡，仲由之责楚包茅之不入；曹沫之劫桓公，其事舛矣。仲由之令还鲁之侵地，而布大信于诸侯。所谓转祸为福，因败为功，兵车不以，而诸侯归服。桓公之忿以雪，而其名又美，故当时之人不曰雪忿，而曰仗义。桓公之横行于天下也已极，而其兵不试，故当时之诸侯不曰横行，而曰盟誓。故不惟周王得位，列国寝兵，百姓休息，虽桓公亦自喜于得仲之晚也，自然任之之专也已。何也？本以私意出，而反以公道入；本以取小出，而反以服大入；本以侥倖出，而反以全胜入；本为人致出，而反以致人入；本为斗争出，而反以归顺入；本为齐侯出，而反为尊周入：桓公虽欲不信管仲不可得矣。

[夫子曰："微管仲，吾其被发左衽矣。一匡天下，民到于今受其赐。]"九合诸侯，不以兵车，管仲之力也。如其仁，如其仁。"故修伯之事，仲实始之，自是秦穆、晋文、宋襄、楚庄相继效尤，遂成五伯。此五伯之所由名也。

一文之中，差异如此之大，不知何因？何为李贽原文，也待考。在整理时，像这类标题与文字与其他本不同者，都径直照录，以存著作原貌，且不做校勘。文中明显误书则径直改正，不做说明。如卷四《复邓鼎石》："杜甫非来阳之贤"，"来阳"应为"耒阳"；卷六《复士龙悲二母吟》："三母相安，为日已久。""三母"应为"二母"等。漏书与漫漶不清者，则依相应之书补入。

（说明：此文编辑认为过长，经删改后载于张建业整理的《李贽全集续编》第一册《李温陵集》，首都师范大学出版社，2019 年）

《疑耀》伪书考

《疑耀》七卷，旧题明李贽撰，《四库全书》馆臣定为明张萱著。全书约八万五千余字，分七卷，每卷有若干条目，每条自立标题，共有四百零六条。《疑耀》内容庞杂，涉及群经诸史、传闻逸事、宗教、书画、音律、医药、科技等，《四库全书》将其列入子部杂家类杂考之属。此书尊孔崇儒，宗经征圣，辟佛斥道，维护封建礼教。作者以笔记的形式，将读书所得、目见耳闻的材料逐条整比，相次札记，勒成一帙，杂而不乱，行文谨饬平正，既考订历史，评说得失，也述当代典章制度，录历代奇闻异事。论证时旁征博引，剖析精详，四库馆臣称其“考证故实，循循有法”，“言谨而不肆”，“考证乃往往有依据”。

关于《疑耀》的作者，多有争议。清代以来的书目及征引诸家，有的署名李贽，有的署名张萱。《疑耀》旧题李贽著，张萱校订。旧本《疑耀》卷首有张萱序言，简述刊行缘由，称“曩余在青衿时，向慕先生当代羽仪，负笈数千里，修谒先生之门……及侍函丈有日，乃袖一编见示，属以订正……戊申岁，余叨以地官，分务吴会，视事之暇，检之笥中，登梓以广其传。”说明张萱是从李贽处得到《疑耀》“一编”，并嘱他进行“订正”。晚清伍崇曜将《疑耀》刻入《岭南遗书》，删去旧本《疑耀》序言，补入另一张萱新序。新序简述《疑耀》出版过程，称“三十年前，余为《疑耀》，凡二十七卷，盖未卒之业也。岁戊申。分司吴关，焦太史竑、黄观察汝亨读而嗜之，随相与为序以授梓。时榷事已竣得代，仅梓行七卷，余即奉先太安人还里，尚余二十卷未授梓也。此七卷者，颇行于世，海内知己往往贻书求索，谓二十卷当尽以梓行。”后来发现“不知何人借为闽秃李贽所著”，“谓余止校订此书，复伪撰一序”，十分气愤，指出书中破绽，认为“即三尺之童，读之亦皆知为岭南张某所著”。表明张萱对自己撰写《疑耀》的确认，与旧序迥然不同。清代，屈大均在《广东新语》、王士祯在《古夫于亭杂录》均认为《疑耀》是张萱所作，而驾名于李贽。乾隆时修《四库全书》，四库馆臣列举例证，定《疑耀》为张萱所著，得到多数学者认可。晚清伍崇曜将其刻入《岭南遗书》，删去张萱旧序，补入张萱新序，并撰跋语，再次论证《疑耀》为张萱所著。各家书目著录此书时也多署名张萱，如莫友芝

《郘亭知见传本书目》、李慈铭《越缦堂读书记》等。现代学者，如冯友兰、容肇祖均认为《疑耀》是张萱所撰，容肇祖撰有《〈疑耀〉考辨》，(《容肇祖全集》，齐鲁书社，2013 年)，毛庆耆撰有《〈疑耀〉著作权之“张”冠“李“戴”》(《中国典籍与文化》，1998 年第 3 期)、《明代岭南学者张萱及其〈疑耀〉》(《济南学报》，2003 年第 5 期)，力辨《疑耀》非李贽所作。侯外庐主编的《中国思想通史》亦断言“《疑耀》非李贽作”。(第四卷下，第 1051 页)清代以来，也有学者认为《疑耀》为李贽所作，如朱文藻的《振绮堂书录》，周郁滨的《珠思小志》，都把《疑耀》的作者定为李贽。现代学者将《疑耀》视为李贽之作，以郑振铎为代表，他在《西谛题跋》中说：“《疑耀》七卷，题李贽撰，张萱订。《四库总目提要》径作张萱著。按：萱所刊书甚多，如《云笈七签》、《北雅》等，皆不没作者之名。此书若果为萱自著，何故必假名卓吾？此甚可疑者。虽有数则似出萱手，或是其增入之语，未可因此没杀卓吾此一著作也。”

张萱，字孟奇，号九岳，别号西园，广东博罗人。万历中举人。官至平越知府。好学博识，贯通经史百家，能画善书，著有《西园闻见录》、《云笈七签》、《北雅》等多种。其生平事迹略见于《明诗综》卷五十三、《国朝献征录》卷八十八、《抱经堂文集》。

《四库提要》卷 119 著录《疑耀》，同意王士祯此书为萱自撰而假名李贽之说，是正确的。是书内容，尊孔崇儒，宗经征圣之意一以贯之，对宋、明理学全无批判，只在一些枝节问题上对朱熹有所不满，如卷五之“朱考亭妄评杜诗”条。对假道学的抨击，也未见一言。书中对许多人、事的具体评论，也与李贽意见相左。如，李贽《童心说》认为《论语》、《孟子》，是“迂阔门徒、懵懂弟子，记忆师说，有头无尾，得后遗前”之著，而《疑耀》在谈到《论语》时，却盛赞：“甚矣，孔门弟子善于述圣志也!”(卷二《论语·微子》条)又如，李贽不满于孟子及《孟子》，明见于《焚书》、《藏书》，而《疑耀》则称“余谓考古者当以圣经为正，信汉儒不如信吾孟轲氏”(卷一“洞庭湘妃墓辩”条)。又如，李贽对董仲舒评价不高，在《藏书》中，董不与于“德业儒臣”、“行业儒臣”，而抑于“经学儒臣”中，而《疑耀》则称董为“万世醇儒”(卷一“经济”条)。又如，东晋王导在《藏书》中被列于“因时大臣”，评价很高，而《疑耀》著者则同意杨慎、王导非忠臣之说，称王导“党恶”，“万世其有遗诛”(卷五“王导遗诛”条)。又如，《疑耀》强调“诗文必有所本”，“自古名家皆举”(卷三“诗文必有所本”条)，此与李贽在《童心说》中所表明的文学观正好相反。例证甚多，余不一一。

《疑耀》重于考证，行文谨饬平正，与李贽的学风、文风，也完全不同。是书行文风格统一，不存在某甲著作掺入某乙文字问题，系出一人手笔。

考书中所述著者乡贯、家庭情况、生平仕履，与李贽皆全无关系。

书中一再称“吾广”(卷六“兰香”条)、“吾惠”(卷五“苏东坡寓惠”条)、“余惠州”(卷七“文天祥考”条)，知著者为广东惠州人。又称“余乡海忠介”(卷二“司马文正海忠介”条)，海瑞广东琼山人，“余乡”亦“吾广”之意。张萱广东博罗人，博罗明属广东惠州，在惠州府治归善西北数十里。书中所称著者乡贯，正与张萱合。

书中谈到“先大夫令滇”(卷一“高皇帝像”条)，又称“余有四弟而同母者三，中道见捐，门祚衰薄”(卷一“伯仲埙篪”条)，“衰慈八十，膝下止一萱儿，宦远禄薄，不能迎养”(卷三“骨肉相关”条)。这些都与李贽家庭情况不符。李贽父白斋公，为郡诸生，终身未曾入仕，绝无“令滇”之事。李贽自谓“生而母太宜人徐氏没，幼而孤，莫知所长”(《焚书》卷三《卓吾略论》)，“衰慈八十”之说，与李贽无关。又李贽弟妹七人，其年近六十居麻城时，尚皆在世，且“婚嫁各毕”(《焚书》卷一《复邓石阳》)，无“中道见捐”事。著者既明言“衰慈八十，膝下止萱一儿”，《疑耀》所涉及的，只能是张萱一己家事。

《疑耀》中，颇有涉及著者生平仕履者，皆与李贽生平不合。是书卷六谈到著者从兰溪赵文懿公游二十年(“司马温公之贫”条)，又称“余师赵文懿公”(卷七“天门开”条)。按赵文懿公即赵志皋。志皋字汝迈，浙江兰溪人，隆庆二年进士，万历初进侍读，五年(1576)冬，以夺情事得罪权相张居正，出为广东副使，过三年，复以京察谪官，至万历十年(1582)张居正卒，始起官解州同知。十九年(1591)，进礼部尚书兼东阁大学士，入参机务，二十九年(1601)卒，谥文懿。由此推测，惠州人张萱之初识并从赵游，当在赵官广东期间，张之登科入仕，应该都与赵有关，张入仕后，多任京官，故称从赵游二十年。李贽初任京官，在嘉靖四十五年(1566)，时赵尚未登进士第，隆庆二、三年(1568、1569)，赵已登第入仕，任编修，李仍在京，但他们之间并无交往，更谈不上师生关系。隆庆四年(1570)以后，李贽官南京，官云南，居湖北，凡二十余年。至万历二十五年(1597)秋，始再至京师，居西山极乐寺，次年春天，即离京南下了，这期间，与赵仍无交往，从游二十年更无从谈起。

《疑耀》提到“余直西省”(卷一“高皇帝像”条)，“余承乏西省，校阅秘阁藏书”(卷一“石经”条)，“余获校秘阁书籍”(卷二“宋纸背面皆可书”条)。西省，唐、宋指中书省，明无中书省，西省指中书舍人。又卷三“宗藩之盛”条中，著者称曾参与“纂修玉牒”，此亦中书舍人事。按李贽从未出任中书舍人，这些记载，都是张萱自述。

《疑耀》原序称“戊申岁，余叨以地官，分务吴会”，书中也提到著者曾“作尚书郎”(卷四“三十六奉朝请”条)。地官即户部，知著者又曾任户部郎官。此亦张萱自述。戊申为万历三十六年(1608)，是李贽被害之后六年了。

张萱著《疑耀》的时间，从书中亦大体可以考知。卷三“宗藩之盛”条云：“余纂修玉牒，万历二十二年止，属籍者已十六万人，今又十年，其生齿尚未知其数也。”以此可知，万历二十二年(1594)，张萱正在中书舍人任上，而据“今又十年”一语，则万历三十二年(1604)，张萱正在撰写《疑耀》，上距李贽去世，已有两年了。

《疑耀》卷四“三十六奉朝请”条云：“余今将五十矣，始作尚书郎。”卷七“老始学诗”条云：“余不能诗，幸今犹未五十，再三年乃学诗，未晚也。”两“今”字皆当指著《疑耀》时，即万历三十二年(1604)。由此可知，万历三十二年著《疑耀》时，张萱值任户部郎官之初期，其年龄，则为四十七岁。上推张萱之生年，乃在嘉靖三十六年(1557)，时李贽年三十二岁，已入仕三年矣。

关于《疑耀》的版本，《中国古籍善本总目》著录有两种，即“《疑耀》一卷，明张萱撰，万历刻本，八行十六字，白口，四周单边。”和“《疑耀》一卷，明张萱撰，万历刻本，郑振铎跋。”《中国古籍总目》著录七种版本，即“明万历三十六年刻本，影抄万历三十六年岭南张萱刻本，明万历间刻本，明万历间吕东山刻本，明刻本，四库全书本，岭南遗书本。”其中《四库全书》本中文渊阁本、文津阁本和文澜阁本三者之间文字也略有不同，如文渊阁本卷七《石介不能书》，文津阁本和文澜阁本作《石介真迹》。后来的影印本，多以《岭南遗书》本为底本，如《丛书集成初编》、《丛书集成新编》、《广州大典》等。

(原载史明文整理：《疑耀》，首都师范大学出版社，2020年)

附录一

2000 年在北京举行的“中国李贽研究学会筹委会成立大会”收到的贺信、贺电与题词选录

中国李贽研究学会筹委会名誉顾问全国人大常委会副委员长何鲁丽的贺信

李贽学会筹委会：

我因出差不在北京，故不能出席李贽学会筹委会成立大会。谨祝大会圆满成功。

此致

敬礼

何鲁丽　2000 年 5 月 18 日

中国李贽研究学会筹委会名誉会长复旦大学教授蔡尚思的题词

李贽是中国古代极具有胆识的反孔英雄。他独为学术而殉身，真值得后人敬仰！我很为他呼冤！现在就用这几句话代表我亲来庆贺中国李贽研究学会筹委会的成立，并向参加大会的中外代表请教！

蔡尚思　2000 年 5 月于复旦大学

中国台湾著名社会学专家李亦园的贺电

北京中国李贽研究学会筹委会张建业教授：

欣闻李贽研究学会筹委会成立，特致电谨表祝贺之情。作为李贽故里宗亲，回乡瞻仰卓吾先生故居，深为先辈精深的学说、学术的勇气和宏富的著作而引以为荣。卓吾先生提倡个性解放、主张男女平等的启蒙思想与强烈抨击假道学家之真知灼见，确为中华文化之优秀传统，值得后人怀念与发扬。谨此祝愿大会成功，并祝贺先生主编之“《李贽全集》注”顺利付梓。

李亦园　2000 年 5 月 10 日

李贽故乡泉州市市长施永康的贺电

中国李贽研究学会筹委会：

欣闻贵会今天在京隆重举行中国李贽研究学会筹委会成立大会暨李贽学术研讨会，在此，我谨代表泉州市人民政府对筹委会的成立和大会的召开表示热烈祝贺！

作为李贽故乡——泉州是国务院首批公布的全国 24 个历史文化名城之一，素有“海滨邹鲁”之誉，人文荟萃，文化昌盛。李贽作为我国明代杰出的思想家，对我国思想文化发展做出了积极的贡献，是泉州人民的骄傲。今天，李贽研究学会筹委会的成立和李贽学术研讨会的召开，对于深入研究我国明代思想史与文学史，以及整个中国思想、文化发展史都有十分重要的意义。借此机会，我代表李贽故乡的658万泉州人民，向积极致力于李贽研究的各位专家学者们表示衷心的感谢！

预祝中国李贽研究学会正式成立，祝中国李贽研究学会筹委会成立大会暨李贽学术研讨会圆满成功！

泉州市人民政府市长　施永康　2000年5月28日

美国纽约《现代周刊》的贺辞

贺中国李贽研究学会筹委会成立

学习历史，是为了开创未来。

美国《现代周刊》

美国新世纪文化艺术基金会的贺辞

贺中国李贽研究学会筹委会成立

探千秋史库

聚四海英才

美国新世纪文化艺术基金会

中华书局原总编辑傅璇琮的贺辞

中国李贽研究学会筹委会会长张建业教授：

欣闻大会成立，致以热烈祝贺。我因赴安徽参加学术会议，不能参与盛会，甚为遗憾。李贽在我国文化思想史上占有独特地位，我相信这次会议一定能够更深入推动对李贽的研究，并促进对我国传统文化的审视，促进对现代文化建设的理性思考。再次预祝大会成功。

傅璇琮　2000年5月20日

日本二松学舍大学教授疋田啟佑的贺辞

建业教授会长台鉴：

承邀参加李贽学会筹委会成立大会，甚为感谢。但因接函稍晚，与他会冲突，不便赴会，特致歉意，并请原谅。我预祝大会成功，预祝中国的学人在今后的李贽研究中取得丰硕成果，并希望进一步加强日中两国之间对李贽及中国文化研究的交流。请代我向与会学者致以敬意。

足田啟佑　2000 年 4 月 27 日

美国北美新大陆笔会的贺辞

尊敬的张建业教授暨中国李贽研究学会筹委会全体成员：

值此中国李贽研究学会筹委会成立之际，请接受北美新大陆笔会全体会员的衷心祝贺。并祝研究会在李贽与中国文化思想的研究中不断取得更为丰硕的成果。

预祝大会成功！

北美新大陆笔会　2000 年 4 月 11 日于美国得克萨斯州休斯顿

首都师范大学中国书法文化研究所所长
欧阳中石教授的题词

欲焚而存　愈藏愈彰

天无私覆　大道必长

明哲李贽卓吾先生赞

读哲史知先生其人五十年代访马厂六十年代初拓碑阴八十年代又迁西海子属余书重迁记今开研究盛会特作是赞

庚辰之夏　中石(印章)

北京师范大学郭预衡教授的题词

自是精灵爱出家　钵头何必向京华

知教笑舞临刀杖　烂醉诸天雨杂花

书汤义仍叹卓老诗赠

中国李贽学会筹委会

郭预衡(印章)

泉州历史研究会副会长诗人吴捷秋先生的题词

温陵居士龙湖叟　学术思潮一代雄

圣辨是非张正气　道分真伪斥邪风

特行独立铮铮汉　宁折不弯浩浩翁
传世焚藏书犹在　童心千古贯时空

中国李贽研究学会筹委会成立大会书怀遥寄

八十一叟吴捷秋于泉州历史研究会(印章)

首都师范大学中国书法文化研究所副所长张同印教授的题词

横眉破天理　直面见童心

李贽研究会筹备会成立

庚辰夏　同印书贺(印章)

(以上题词原载于张建业主编:《李贽论丛》,北京燕山出版社,2001年)

附录二

历届李贽学术研讨会综述

“李贽研究学术讨论会”综述

庄炳章

1987年12月16日(农历十月二十六日)，是我国明代杰出思想家李贽诞辰460周年。为了在前人研究的基础上进一步深入探讨李贽在中国思想文化史上的地位，全国各地专家、学者汇集到李贽出生地泉州。从他的哲学、史学、文学、美学、宗教、家世、族性等方面探讨研究李贽思想的形成、地位及其深远的影响。根据百家争鸣的方针，出席会议的专家、学者畅所欲言地提出自己的见解，进行讨论和争辩，在大会、小组交流了60余篇论文的观点、材料。涉及内容有如下几个方面。

一、如何评价李贽在中国思想文化史上的地位。与会专家、学者普遍认为，应该从我国社会发展的整个过程，从思想文化史的各个时期的不同特点，并联系欧洲资本主义萌芽时期、文艺复兴时期的思想潮流等方面，多学科、多方位地进行纵横对比，从而更准确地确定李贽思想的历史地位及其深远影响。

二、李贽思想是否源于时代而又高于时代。与会专家、学者普遍认为李贽思想是我国资本主义萌芽时代的产物，在一定程度上反映了新兴市民阶层思想，萌发的商品经济是其思想基础。明代中期是我国封建社会发展的晚期，封建制度的一切弊端都于此时集中暴露出来。李贽以敏锐的政治眼力洞察明代的衰败腐朽，大胆地提出了“天赋平等”、“圣凡平等”、“君臣平等”、“君民平等”、“男女平等”的平等观，以及人的“个性解放”、“人必有私”的主体观，这就为资本主义生产关系萌芽向前发展制造了舆论。李贽为之不屈不挠地战斗了一生，充分表现了一位启蒙思想家的胆略和精神，在中国思想文化史上写下了不可磨灭的光辉一页。

三、李贽是否反孔、反封建。有的专家、学者认为孔子思想是有时代性的，是受时代局限的。李贽的反孔、反儒，是反对孔、儒受时代局限的东西，是反对被后人所曲解了真意的假孔学、假儒学。对真孔学、真儒学他不仅不反，而且予以尊重宣扬，他呕心沥血所做的是“摘伪阐真”的工作。但有些专家、学者则认为孔学、儒学是封建社会的精神支柱，李贽思想是代表新兴市民阶层的思想，反孔、反儒是比较彻底的、坚决的。李贽的“民本”思想与孟子的“民为贵，君为轻”的“民本”思想有根本的差别。有的专家、学者认为提反孔、批孔违反李贽的真意，应提“评孔”或“非孔”比较准确。有些专家、学者认为李贽生长在封建社会不可能彻底反封建，他只能是地主阶级中的开明知识分子，他反的只是旧传统的思想。有的专家、学者不同意这种看法，认为旧传统就是封建思想，反传统就是反封建。

四、从事文学研究的专家、学者认为李贽不仅是一位思想家，而且是一位文艺理论家、批评家和著作家。李贽主张文学要写“真情”、“真心”，“本心”、“童心”，写人民的“穿衣吃饭”、“百姓日用”的“人伦物理”。李贽强调文艺要干预生活，针砭时弊，要不平而鸣，要“出于吾心”。他认为传统的“文以载道”、“传道”、“明道”的“道”，是造成“以假人言假言”“事假事、文假文”的根源。因此必须冲破这一旧传统的“道”的束缚，“发于情性，由乎自然”，并且要敢于“就里面攻打出来”。这些观点通俗、生动而又鲜明地解决文艺理论中的核心问题，即“文”与“道”的关系问题，也就是文艺创作与现实关系的问题。在文艺批评方面，李贽主张“师心”，反对“师古”；把通俗文学的小说、戏曲提高到与传统的诗文同等的地位看待。他是历史上第一个评点长篇小说的评论家，是开创文学评论中的新样式的先驱，对明清两代文艺批评产生极为深远的影响。李贽把文学作品分为“化工”和“画工”两大类加以品评，更具有深刻意义。李贽一生创作了三百余首诗歌和许多独具特色的散文，都是“用之以发叫号，少泄胸中之气”的作品，充满战斗的精神，正是他创作思想的实际体现，应该给予更多的重视和研究。

五、从事史学研究的专家、学者认为，李贽的史学观是儒家史学观的延续和发展。李贽认为治史的目的是总结“富国”“强主”之道，这正是儒家传统的“兵、食乃立国之本”的观点，也即“取鉴资治”的修史原则。他的历史循环论的观点也是儒家正统的历史观。但李贽认为历史是不断发展变化的，评论历史的标准必须相应变化，治史的标准不应以孔儒的是非为是非。他提出的“经史相为表里”是进步的治史原则。他强调修史原则和目的的一致性，方法和内容的一致性，他听说的“经”就是原则和目的，“史”就是方法和内容。李贽认为任何一部史书都是一定社会政治的产物，都是为了适应一定的政治社会的需要。李贽否认封建政权的“长治久安”。他认为历史发展的规律是“一治一乱若循环”，从而提出了“至人之治”以代替“君子之治”的主张，令民众可以过着“各适其欲”的比较自由的生活。这些都是李贽的历史唯物主义的观点，也是超越儒家传统史学观点的杰出地方。

六、从事哲学研究的专家、学者认为李贽的哲学思想是王阳明“心即是理”的哲学思想的继承和发展。李贽四十岁时开始接触王阳明学说，认为王阳明是位有事功的“圣人”，有着“良知现成，不假外求”的纯真因素，因而崇尚阳明学说。这就使他的哲学思想灌注入佛家和道家的主观唯心主义的东西，并发展为思想中糅杂着儒释道合而为一的观点。但李贽哲学思想并非王阳明学说的重复，而是阳明心学的发展。在泰州学派继承阳明学说，一代高似一代的发展过程中，李贽被泰州学派的同道者尊为“圣人”。李贽以“是非无定”论，破除对圣人的迷信；以“物各付物”论，反对旧礼教的束缚；以及用“入于坎险”论，克服“自然”论的幻想。这些都是王阳明学说、泰州学派所不可能具有的理论深度和批判威力。有些专家、学者还提出，从李贽可以看出，那种认为唯物是进步的、唯心就是反动的一刀切的认识方法是不够全面的，应该肯定唯心主义在其历史发展过程中也有一定的积极作用。

七、有些专家、学者对李贽的家世、族性及宗教信仰做了考证和探索。根据李林族谱及有关先世墓志铭的记载，多数专家、学者比较倾向于李贽先祖姓李，林是改姓；李贽是汉人，曾受回教的影响。但也有些专家、学者坚持先世姓林，李为改姓；李贽是回族，信仰回教。至于过去认为李贽世为海商家庭，与会专家、学者根据新的资料提出了否定意见。

出席这次讨论会的专家、学者一致认为，过去对李贽思想的研究是不全面的、不深入的，难以做出符合历史真实的结论。为了进一步开展研究活动，经过多方酝酿，会议一致通过成立“李贽研究学会筹委会”，并推举蔡尚思、傅家麟、苏双碧、张建业、李锦全、李德永、许在全等二十余人为委员，会址暂设泉州市社联。讨论会于 19 日下午闭幕。

（原载张建业、许在全主编：《李贽研究》，
光明日报出版社，1989 年）

“李贽研究国际学术讨论会”综述

立　早

1992 年是我国明代进步思想家李贽诞辰 465 周年、逝世 390 周年。为了纪念这位杰出的思想家，由首都师范大学、北京通县人民政府和首都社会经济发展研究所《阵地》杂志社共同发起的“李贽研究国际学术讨论会”，于 11 月 20 日至 23 日在通县通州宾馆召开。出席这次大会的与会代表，有来自全国各地、中国台湾及日本、韩国等的专家、学者 50 余人，其中有著名学者任继愈、吴泽、苏双碧、齐世荣、敏泽、张建业、张立文、郭预衡、廖仲安、朱绍侯、疋田啟佑等。中共北京市委宣传部、通县县委县政府，以及李贽故乡福建泉州市、南安县的有关领导出席了大会。大会收到论文 43 篇，还收到来自中国大陆、中国香港、中国台湾、日本、韩国、新加坡等国内外的高等院校、科研单位贺信、贺电 20 余件。

与会学者围绕李贽在我国思想文化史及世界思想文化史上的地位进行了热烈讨论。大家认为，在中国封建社会进入后期，封建思想对人们进行着严密禁锢的明代，李贽提出“不以孔子之是非为是非”的理论命题，提出“圣人与凡人一，尧舜与途人一”的平等思想，提出“童心说”的文艺主张，以其反传统、反迷信偶像的大无畏精神，和封建统治者进行了英勇斗争，这是非常可贵的。李贽的思想具有开拓、进取精神，对中国明、清两代及五四时期的思想、文化发展都产生了深远影响。1981 年中共中央书记处政策研究室和《人民日报》发表的《爱国主义是建设社会主义的巨大精神力量》，把李贽列为中华民族杰出的历史人物之一；《红旗》杂志、中国历史博物馆联合编写的《中华英杰录》，也把李贽选为我国历史上 83 位英杰之一。这都表明李贽在我国思想文化史上占有重要地位。同时，李贽对日本的明治维新也产生过直接影响，对朝鲜及东南亚诸国的影响也比较深远。李贽与意大利的利玛窦有过深切交往，在当时中西文化交流中起过一定作用。现在，日本、意大利、德国、美国、法国、瑞士、俄罗斯、韩国，以及东南亚诸国，都有很多学者在从事李贽的研究，这表明李贽在世界思想文化史上也占有一定地位。

这次讨论会在对李贽的研究上取得了可喜的进展。这不但表现在对一些问题的认识上有所深化，并提出了新的见解和研究成果，而且在研究思路与方法上也有所开拓。

例如有的学者从中国思想发展史上进行宏观考察，认为李贽的思想是中国思想史特别是明代思想史上的转折。李贽处于明代中后期，又受到沿海地区商品经济、文化交流的影响，对封建统治产生了不满，但又存在着希望。在李贽思想影响下，后来的思想家对封建统治产生了强烈不满与怀疑，使中国的思想发展产生了重要变化。针对我国历史一贯的“重农抑商”的思想，李贽为商人辩护，也具有重要历史意义。有的学者提出，16世纪的中国，在封建社会的胚胎里，已孕育出新的经济因素，出现了资本主义萌芽，在这样的历史阶段，一些比较敏感的、比较联系实际的知识分子，往往会最先看到时代的曙光，在他的思想中出现一些和传统思想不一致或离经叛道的思想，而闪耀着时代的光芒。这种光芒由于它高出当时的时代，而为俗人所不能理解，甚至被排斥、鞭挞，指责为异端。明末思想家李贽就是最具有代表性的人物之一。

又如有的学者指出，李贽的思想反映了那个时代思想文化的走向，由传统思想文化向近代思想文化的转化。这一方面表现在李贽心灵自由的觉醒，在黑暗中追求光明，在专制下追求自由，批判旧权威和传统势力。一方面表现在文化价值的转化，从儒家的道德价值中心论转化为人的生命价值论，提出“穿衣吃饭即是人伦物理”，要求满足人的生命的基本需求。这种思想既是人的自我异化的回归，即对人的权力的寻找、肯定和占有，也是哲学的回归，即从生存的根本问题衣食上谈思想。李贽的这种思想是当时及中国文化思想史上的精华。有的学者从性格和思想两方面论证了李贽在中国思想文化史上的地位，认为李贽是不循常规、不蹈故习的“一代狂狷”，他执着于热诚的信念，充溢着鲜明的个性，不避偏颇、不安平静地为探求人生真谛而一往直前，义无反顾，堂堂正正，大刚大勇，终生都被一种强烈的渴望所燃烧，从而形成独特的狂狷性格与民主思想。其民主思想的特征，一是反对封建束缚，要求自由发展人们的“自然之性”；二是反对封建等级制，提出“侯王与庶民同等”的平等思想；三是提出“不以孔子之是非为是非”，对封建理学进行了批判。李贽的狂狷性格和民主思想，表现着反对迷信和偶像的怀疑精神，显示出照耀世俗的光辉，冲激着平庸的人生，使他在中国思想史上占有一个突出地位。

有些学者从微观剖析李贽的文艺观、史学观、人才观、妇女观、生死观等。认为李贽提出的“童心说”，既对文化传统中异端思想有所继承，又包容了富于时代特征的新内涵，是老的道家思想和新兴的市民阶级启蒙意识相交汇而结出的一种具有进步意义的理论果实。李贽的治史原则不以传统的儒家思想为标准，“一切断以己意”，紧密结合现实的社会矛盾，在史学界首开“经世致用”的先河。

台湾学者林其贤以精神医学为指导，探讨了李贽的生死观及死因。他认为李贽的生死观属于佛教的生死观，但佛教戒杀生，严禁自杀，李贽自杀，所以与佛教生死观并无关涉。李贽之死还有着重要社会和自身原因，其社会原因是李贽所处的社会规范太强，而他和社会的整合度则太浅，因此有“动辄得咎”、“历仕不合”的隔离感。自身原因是他主观上积有长期累叠的压力，导致了“生之本能”与“死之本能”之间的平衡失调，从而引发了极端行为。这种极端行为又是一种“被动攻击”，用被动的方式，表现强烈的攻击倾向。

这些探讨角度新颖，论证深刻，都显示着对李贽思想及其意义的研究的深化。

与会者还认为，李贽思想的开拓性、进取性，具有强烈的现实意义。在我国“以经济建设为中心”的新的历史条件下，在改革开放的历史大潮中，进一步推动对李贽思想特质、价值的研究，这对我们解放思想，弘扬中华民族传统文化，加速社会主义经济和精神文明建设，都具有重要意义。

日本学者疋田啟佑教授在会上做了题为《李贽对日本的影响及李贽研究在日本》的学术报告。他指出李贽对日本的明治维新有着深刻的影响，日本学者对李贽研究非常重视。在这方面日本学者也深受中国学者的影响，其中张建业教授的《李贽评传》深为日本学者所称赞。

这次讨论会还体现了百家争鸣、各抒己见的精神。与会学者围绕着李贽是尊孔、非孔、反孔；是反真道学，反假道学；其哲学思想是唯物、唯心，还是由唯物向唯心过渡，由唯心向唯物发展；怎样认识李贽对公安三袁及明清之际的思想影响等，都存在着不同认识，并展开了热烈讨论。大家畅所欲言，没有意气之争，表现出学术讨论中的一种好学风和精神。

大会期间，与会学者瞻仰了位于通县西海子公园的李贽墓，大会秘书长张建业教授代表与会学者向李贽墓敬献了鲜花。

（原载《光明日报》，1992年12月27日；《北京日报》，1992年12月28日等；收入张建业主编：《李贽学术国际研讨会文集》，首都师范大学出版社，1994年）

“中国李贽研究学会筹委会成立大会暨学术研讨会”综述

李　超

由首都师范大学、南安市人民政府和麻城市人民政府共同主办的“中国李贽研究学会筹委会成立大会暨学术研讨会”，于5月28日至31日在北京首都师范大学举行。出席这次大会的与会代表，有来自全国各地及日本、韩国等地的专家、学者及各方人士60余人。其中有著名学者任继愈、齐世荣、苏双碧、郭预衡、敏泽、张建业、张立文、赵令阳(中国香港)、高桥稔(日本)等。首都师范大学、泉州市人民政府、南安市人民政府、麻城市人民政府的有关领导出席了大会，并做了热情的讲话。大会收到学术论文40余篇。收到来自国内有关领导和高校、科研单位以及美国、日本、中国台湾等地区的贺信、贺电、题词20余件，其中包括学会名誉顾问、全国人大常委会副委员长何鲁丽女士，学会名誉会长、复旦大学教授蔡尚思，泉州市市长施永康，台湾中研院院士李亦园，美国《现代周刊》，美国新世纪文化艺术基金会，美国北美新大陆笔会，美国新泽西州立大学教授涂经诒，日本二松学舍大学教授疋田啟佑等的贺辞。首都师范大学中国书法文化研究所所长欧阳中石教授，北京师范大学郭预衡教授，泉州历史研究会副会长吴捷秋，首都师范大学中国书法文化研究所副所长张同印，为大会题写了整张大幅题词。欧阳中石的题词是：“欲焚而存，愈藏愈彰。天无私覆，大道必长。”郭预衡以汤显祖的《叹卓老》诗书写题赠大会：“自是精灵爱出家，钵头何必向京华？知教笑舞临刀杖，烂醉诸天雨杂花。”吴捷秋的题词是：“温陵居士龙湖叟，学术思潮一代雄。圣辨是非张正气，道分真伪斥邪风。特行独立铮铮汉，宁折不弯浩浩翁。传世焚藏书犹在，童心千古贯时空。”张同印的题词是：“横眉破天理，直面见童心。”

大会在学会会长张建业教授主持下，进行了学术研讨。与会学者一致认为李贽思想在我国文化思想史上占有重要地位，是一份宝贵的文化遗产，我们应该进一步加强、加深对李贽的研究，这对我们弘扬中华民族传统文化，加速社会主义经济和精神文明建设，都具有重要意义。与会学者还本着百家争鸣的精神，各抒己见，对李贽思想的不同方面展开了研讨。特别是李贽在中国文化思想发展史上的启蒙精神及其形成原因，更引起与会学者的极大兴趣。

国家图书馆馆长任继愈教授向大会提交了《李贽的悲剧结局》的论文。他在发言中对李贽产生的条件及其思想价值进行了论述，认为李贽这个人的出现，与他的时代及特殊的地区文化环境有着密切关系。泉州是中国古代对外贸易的重要港口，而福建又是理学大师朱熹讲学活动的重要基地，传统文化非常发达，且福建刻书业的兴旺从侧面说明了闽学的兴盛。李贽生活在这样一个中外文化交汇、新旧文化交错的地方，使他有可能从另一个视角去看待中国文化。而他辞官后定居于保守势力活动的内陆湖北麻城与北京，其悲剧性结局势难避免。任先生认为李贽的思想是正确的，但他提出这一思想的时代，还没有足够成熟的新生力量去接受并实施，可见他的话说早了，虽然说得早，却是一个鲜明的信号。因此任先生想到 21 世纪的哲学思想要深入生活、干预生活，这就需要有一个哲学群体来发挥作用，只有群体意识提高了，国民素质才会提高。总之，中国思想史上出现了李贽这样一个怪杰，值得引起治学者的深思。

《求是》原副总编苏双碧先生从中国思想史的角度论证了李贽的价值。他认为，对于李贽是否有反封建思想，一直存在争论。但他坚信李贽是反封建的。宋明理学作为统治思想存在 700 多年，从学术史角度看，有它的重要贡献；从思想史角度看，如同侯外庐先生所说，是浊流，是压在人民头上的华盖。李贽就是在这个华盖的重压下起而反抗的。李贽批判假道学，有人说他是狂人，是矫枉过正，这些都是可以理解的，因为要掀开这个华盖没有狂和矫枉过正就不可能做到，而且李贽的狂是成体系的，他提倡男女平等、个性解放，是一种较为全面的思想，而他的颠倒历史是非更不是个小问题，是需要有充分的勇气的。有人认为李贽思想中也有儒家思想，这并不重要，在一个社会形态向另一个社会形态过渡之时，新旧思想往往在一个人物身上同时表现出来，重要的是那种新的曙光。李贽思想中体现的反封建思想是非常有价值的。

在谈到李贽的启蒙思想时，敏泽研究员（中国社会科学院文学所）认为，中国传统文化有光辉的创造，但在很长时期内又是封建专制主义的。中国封建专制主义的文化史的核心是什么？对后世造成重大消极影响的是哪些要素？学界说法很多。我以为作为封建专制主义文化史的核心，并对后世造成了重大影响的是独尊儒术之后对于礼教的推行，宋以后还有统治者对于道统的张扬。道统问题根本不是什么思想理论问题，康熙曾说："道统在此，治统亦在此矣。"可谓一语中的。独尊儒术，排斥异类，扼杀不同的思想，礼教的推行又极大地压抑着人的正当欲望和要求，道学的出现在哲学上自有其贡献，但更使儒学的发展宗派化、狭隘化了，并且逐渐成了谋取利禄的手段和工具。封建专制主义文化愈向近代发展，愈益背离时代的要求，迟早必须做大的变革。李贽在中国文化思想史上的卓异的地位，就在于他系统而非零星地大声疾呼反对盲目崇拜孔子及儒家经典，孔子既非人们“必待取足”的，儒家经典也非“万世之至论”，认为孟子之后道统失传更是对千古之“诬罔”，提倡“穿衣吃饭，才是人伦的根本”，提倡尊重女权和重视人的正当的私欲，揭露假道学是“口谈道德而心存高官”等。在那个时代确为石破天惊、振聋发聩之语。后来的顾炎武批评说：“无忌惮而敢于叛圣人者莫甚于李贽”，应该说是符合事实的。在李贽之前的中国文化思想上，对传统思想的怀疑和批评是有的，但如李贽这样全面而又尖锐进行指斥的，却很难找到第二人，这正是李贽的卓异之处。只有从这个角度来看，我们才更容易看清他在文化思想上所处的独特而重要的地位。

张立文教授(中国人民大学哲学系)谈了三点看法：第一，他从哲学史的角度总结出，只要思想上有所创新的话，其在世的遭遇都很不好，思想家们是因为预见到适合于未来社会的思想才去抨击他所处时代的思想的，所以真正的思想家都是殉道者，从程颐到朱熹到王阳明再到李贽都是如此。第二，他认为李贽是对中国传统思想的一个继承。思想家们总要回答世界从哪儿来的问题，李贽的《夫妇论》就是反对宋明理学的一元论观点的，而他思想的根据就是“六经”之首的《周易》，他的启蒙意义就在于如同西方文艺复兴那样地恢复了思想的源头。第三，虽然李贽思想多被目为异端，但其实他的思想是很开放的，能够接受各家思想。理学的产生也是儒释道三家融合的结果，但在理学思想体系建成之后，理学家又都想和佛教划清界限，李贽则比较坦白，把学术看作是平等的，他认为三家都一样，只有细微的差别。这一点看法很实事求是，符合当时实际，而程朱理学最后变成文化霸权，则是学术上的悲剧。

许苏民研究员(湖北社科院哲学所)在发言中首先否定了西方一些人士所认为的在中国这样的社会里，在明中晚期那样的时代根本不可能产生走向现代化的文化背景的观点(如马克斯·韦伯)。他指出，我们应超越西方看中国、中国看西方的这种对立，而以世界历史的眼光去注视中国，因而我们要拿出中国存在这种萌芽与启蒙的证据。他还提到了对李贽的判性之争。有人认为李贽不过是中世纪的异端，而不是近代启蒙；是晚霞，而不是曙光。于是他谈到应该如何区分封建正统思想、中世纪异端和近代启蒙的问题，从而得出了李贽思想是中国文化现代性的源头活水，因为从李贽开始，人们才认识到没有真就不可能有善的观念；从李贽开始，人们才认识到“天理”是吃人礼教，必须要尊重人的个性；也是从李贽开始，才初步具有了多元开放的文化机制，而不只是以孔子是非为判断标尺。

漆绪邦教授（首都师范大学中文系）也认为，李贽的反封建色彩带有动摇封建社会根基的性质，他的“童心说”是人性解放的渊源，其中含有天赋人权的理念。李贽思想已不是一个人的思想，而成为一种思潮。明代应算是异端思潮最发达的时候，当王阳明开了一扇门之后，所有的门都被打开了，而其中起最大作用的就是李贽，所以一个时代的统治思想未必就是主流思想。另外，李贽反假道学的意义也很重大。一种学术一旦成为官方学术，就必然产生假道学。官方学术的力量就在于它与统治权威的结合，而它的衰败也正在于此，李贽的反对和批判就显然具有启发人心的意义。

就李贽在思想史上的地位问题，潘叔明研究员（福建社科院哲学所）和许苏民研究员合写了一篇驳论性文章《〈万历十五年〉对李贽著作的误读》，并在大会上做了发言。他们认为黄仁宇的评价有失偏颇，并有断章取义的嫌疑，其中涉及李贽对海瑞、蔡文姬的评价问题，李贽对寡妇守节的看法以及李贽思想性格及其人民性的问题，从多方面指出了黄仁宇对李贽的误读。他们还指出黄仁宇先生为什么会有这样大量不利于他的立论和史料的误读呢？是因为他和海外很多学者一样，有一种根深蒂固的先入之见，即像中国这样的社会，根本不可能产生任何新经济、新思想的萌芽，只能在外力作用下“被现代化”。这种偏见支配了他对史料的取舍及理解。他们的立论持之有据，是一篇少见的对《万历十五年》的批评性文章。

李贽以“童心说”为理论核心的文学主张对后世的影响颇为巨大，如何对其进行准确的学术定位显得尤为重要。郭预衡教授（北京师范大学中文系）谈到了李贽在散文史上的地位问题。他认为，就中国文学传统来说，李贽继承了司马迁的“发愤著书”和王充反虚伪、求事实的传统，这两点都是汉代以来的文章传统，而李贽的重新弘扬对后来的公安派、竟陵派和晚明小品文都很有影响。李贽对儒教也有自己的看法，但他与王充一样，并不反对原始的先秦儒家思想，王充反对汉儒，而李贽反对的是明代道学，他希望写文章能够放言无惮，从这个角度看，他在散文史上的地位是很重要的。虽然李贽文章也属于传统文化的一部分，不过直到现在，他的文章也不是每个人都能学，每个人都愿意学的。

梁归智教授（辽宁师范大学中文系）在以“前卫与先锋”为题的论文和发言中，论述了李贽思想对曹雪芹的影响。他提出，虽然曹雪芹生平资料奇缺，但以他留下的残稿《红楼梦》来看，受到李贽思想的影响是毫无疑义的。他还从李贽的“童心说”与曹雪芹在《红楼梦》中提出的“正邪两赋论”、“护法裙钗”的妇女观、圣人糠秕与毁僧谤道、“启蒙三圣”与传统的创造性转化等方面，论述了李贽作为封建思想的叛道者，其思想的“前卫性”与作为天才诗人的曹雪芹思想的“先锋性”之间的关系。他还特别强调，讲传统文化或文化传统，不能忽视其中的启蒙传统，这种启蒙传统在过去不是文化传统的主流，但却是特别值得重视的成分。这种成分，既生动地体现了中华传统文化的珍粹，又具有与当今时代精神相契合的优点，是最宝贵最重要的思想传统和精神资源。从这个意义上说，我们应该对李贽的精神遗产刮目相看。

左东岭副教授(首都师范大学中文系)则从思想史的继承与发展关系上探讨了李贽文学思想的形成原因，他把李贽放到明代的整体思想文化潮流中，因而认为李贽是处于明代文学思想发展史上的中介位置，带有鲜明的过渡色彩。从他已经在很大程度上摆脱了心学伦理主义的文学自然观看，他已使性灵文学思想推进到了一个新的阶段；从他依然强调人品决定文品和文学的教化功能上看，他又没有像公安、竟陵那样彻底。因此他的文学思想就只能显示出既强调文学自我愉悦与精神宣泄的求乐功能，又不放弃教化民众目的的矛盾特征。这种特征是和李贽的人生现实行为及其哲学思想相一致的。

在这次研讨会上，有的学者具有跨学科意味的发言颇给人以启示。谭邦和教授(华中师范大学中文系)在《论精神世界的文化生态平衡》论文和发言中，认为李贽以自然论的文学开拓人的生存空间，与我们现在的环境科学有相通之处。“群落”本是生态学中一个重要的概念，现在要给它一个新的阐释。中国文化的起源是一个多元的发生过程，不论从区域角度还是从学派角度都呈现出百花齐放的景象，形成了中国文化初起期的多样性物种群落，但在中国进入大一统的封建专制统治后，统治者却选择和培育了一个适应自己需要的物种，并让它膨胀，儒学正是适应的这种需要，得到了统治者的特殊培植，而儒学和理学的逐渐官方化终于破坏了原有的文化生态平衡，同时也使自己异化，成为文化怪物。李贽作为先知先觉的思想家，无比痛切地感受到这一点，他要推倒这种失衡来重建平衡的文化生态系统，以恢复民族文化继续蓬勃发展的无限生机，这是非常有意义的观念。张善文教授(福建师范大学中文系)在以《李贽之伤逝情结》为题的论文和发言中，则从心理学的角度提出了李贽的伤逝情结，并探讨了李贽的生死观。他认为，李贽的伤逝情结有三要素，第一是“死不必伤，生乃可伤”的思想来源，即社会现实阻碍了他思想的发展，于是他在文章中流露了自我解嘲、自我哀悼的情绪；第二要素是“倘考得其正，则此生亦可喜可乐”，即生命既然是可悲哀的，就应该重视生命价值，在惨淡的人生中看到光明，人生价值得到体现，也就无须伤了；第三要素是“死非其所，则逝亦可伤”，即死得其所才能够使逝不会令人悲伤。因此，李贽在脱出了生死的巢穴后，悟出了死生的要领，得到了极大的超脱。

林海权教授(福建师范大学中文系)结合他撰写《李贽年谱考略》一书的历程，谈了他对李贽的认识以及在李贽研究中的甘苦。此书前后历时十多载，不仅尽力搜集了李贽的有关著作及生平资料，还对李贽的诗文逐篇进行了系年考证，并纠正了以往有关李贽年谱、著作中的错误。但结稿后很长时间得不到出版。1992 年，为迎接在北京通州召开的“李贽学术国际研讨会”，在各方支持下，得以付梓，但印数极微。在今日商品大潮的影响下，林教授为撰写此书所体现出的那种兢兢业业为学术而奉献的精神极为可贵。

李少园副教授(福建师范大学中文系)专就李贽与泉州民间戏曲这方面做了发言。他在发言中不但对李贽整理、评点戏曲的情况与价值进行了梳理，而且就学界有不同看法的梨园戏《荔镜记》到底是否为李贽所著提出了一己之见，认为从多方面考察，《荔镜记》为李贽所著之说“略占上风”。钱茂伟教授(宁波大学文学院)专就李贽的史学思想做了发言。他认为如果要论明代一流的史家，非李贽莫属，李贽是中国历史上第一位真正意义上的启蒙史学家，从李贽的资格与地位来说，替他立一个学案，称作李贽学派，是绝对不过分的。他还具体论述了《藏书》作为新兴市民史学的一个代表的价值，“童心说”作为一篇启蒙宣言书的意义等。他提出，以李贽为代表的启蒙史学流派是符合史学近代化趋势的，中国史学如能顺着这条路子走下去，是很有希望的。可惜时代不允许启蒙史学的存在，李贽思想成了“空谷之音”，他跑得太快了，最后成了中国启蒙思想发展道路上的祭品，中国的启蒙史学思潮也遭到了扼杀，在今天看来，李贽的思想是极有价值的。高桥稔教授(日本山形大学)则从李贽与俗文学的关系方面做了发言。特别是俗文学中的说唱艺术，能在明代及其以后得以发展，与李贽提倡俗文学是极有关系的。他认为说唱艺术的发展是在艺人的要求和听众的要求之相互关系上形成的，这个关系来源于现实的欲求，也可以说来源于李贽提倡的人伦物理。而李贽的“童心说”则更是对说唱艺术所独有的那种表达普通人欲与愿望的最好说明和支持。

大会在进行学术研讨的同时，还对筹委会的工作提出了建议，对今后学会的开展及研究工作的深入进行了议论。最后，由张建业教授做了大会总结。张教授对这次会议给予了充分的肯定，他认为学者们提供的论文与发言，不少都具有新看法、新观点，颇具深度，有些看法虽有矛盾和对立，但是都能给人以很大启发，表明大家在李贽研究上的努力。同时，他还介绍了国外有关李贽研究的情况，特别是日本对李贽的研究已取得了很大成绩，这就更应增加我们国内学界的紧迫感。他还对筹委会的组建做了说明。他指出，有关李贽的学术研讨会曾举行过几次，但要更系统、更深入地对李贽的思想进行研讨与拓展，就需要成立一个组织，为潜心于这一领域的学者提供一个交流的空间与基地。李贽研究学会筹委会的成立就是为此而设。但是，现在还只能是“筹委会”，这就需要大家共同努力，创造各种条件，缩短由“筹委会”到正式学会的距离，争取早日正式成立“中国李贽研究学会”。

大会期间，与会代表还到北京通州西海子公园瞻仰了李贽墓。李氏后人代表在墓前焚香跪拜，以表示对这位乡贤的缅怀之情。

（根据会议记录和发言稿整理而成，未经本人审阅；整理者单位：中国社科院文学所）

（原载《史学集刊》，2000 年第 4 期；《云南民族学院学报》，2000 年第 6 期；《江汉论坛》，2000 年第 11 期等；收入张建业主编：《李贽论丛》，北京燕山出版社，2001 年）

“李贽与云南”全国学术研讨会综述

和　勇

“李贽与云南”全国学术研讨会于2001年10月15日至19日在云南省昆明市和楚雄市两地举行，本次研讨会是由中国李贽研究学会筹委会、楚雄州政府、姚安县政府、云南民族学院中文系联合主办。来自全国各地、港澳地区及日本的近百位专家学者和各方人士参加了研讨，其中有著名学者张建业教授、章培恒教授、黄霖教授、漆绪邦教授、张文勋教授、伍雄武教授、刘月莲（中国澳门）博士后、高桥稔（日本）教授、佐藤錬太郎（日本）教授等。云南省及楚雄州政府、姚安县政府、云南民族学院、云南大学的有关领导出席了会议，并做了发言。来自李贽故乡的福建泉州市及南安市的有关领导也出席了会议，参与了研讨。本次研讨会收到专著5部、论文或提要30余篇，并收到中国《金瓶梅》学会、澳门文化研究会、福建南安市政府暨宣传部的祝贺。为期5天的研讨会在昆明、楚雄两地分别进行，会议期间与会的中外学者还到李贽任知府之地的姚安县进行学术考察，受到姚安县人民政府的热情接待。

开幕式暨研讨会在昆明市举行，由陶应昌教授（云南民族学院中文系主任）主持，中国李贽研究学会会长张建业教授（首都师范大学中文系）做了主题发言。与会学者认为，李贽在文学、哲学、史学等方面都卓有建树，其思想博大精深，意蕴丰富，独树一帜，李贽在中国文化思想史上占有重要地位，在世界文化思想史上也占有一定地位。与会学者各抒己见，对李贽思想的不同方面展开了研讨，特别是李贽出任姚安知府与其思想形成的关系，更是引起与会学者的极大关注，认为云南是李贽人生的一个重要时期，对全面研究李贽学说有着重要的价值和意义。

本次研讨会主要围绕以下几个问题展开：

一、关于李贽的学说及其在中国文化思想史上的地位和价值。张建业教授向大会提交了《李贽的价值》的论文。他在发言中对有关李贽在中国文化思想史上的地位进行了论述，指出现在学界对李贽的认识与研究，还没有达到李贽自身所应有的历史地位。论文认为李贽生活的明代后期，已是封建社会走向衰落的时期，统治者为了维护其专制，从政治、思想、文化上都进一步强化其禁锢，普天下是严苛的封建教条，满社会是迂腐的道学君子，人生成了以假欺假的人生。这一时期又是中国社会发展的重要转换期，新经济幼芽在挣扎成长，由此而在思想意识领域中滋生了新的启蒙主义思潮，李贽就是这一思潮的代表。他以超前的犀利的胆识与眼光，批判当时社会的腐败，抨击严苛的封建教条，审视人生的真谛，并在著述中完成自我理想的人格。其思想哲理的深刻，在我国文化思想史上是相当罕见的，正是这种思想的超前性和深刻性，昭示了他光辉的历史价值。在当时虽将日趋腐朽而仍层层叠叠的封建天幕下，李贽以自己的思想睿智和战斗精神，撕开了封建天幕的一道裂隙，使窒息的社会透进一丝阳光和清新空气，为中国的文化思想发展史铺展开新的历史一页。

章培恒教授（复旦大学中国古代文学研究中心主任）做了重要发言，他从文学演进与发展的角度肯定了李贽学说中有关人性解放的观念。人性的解放，鲁迅在1932年就很清楚地说过，从中国现代文学开始，当时的作家（新文学作家）所追求的也就是人性的解放，而周作人提出的"人的文学"的口号，与鲁迅所说的新文学作家普遍追求的人性的解放是一致的，这种追求也就是李贽所说的"童心说"。从李贽开始，中国思想界和文学界实际上已经出现了一种人性解放的要求，这种人性解放的要求完全具有现代色彩，是一种现代观念，尽管这样一种要求还不完整，在某些方面思想是矛盾的，但是总体上说来，是具有现代性的，与文学革命一开始对人性解放的要求是相通的。

张文勋教授（云南大学中文系）在论文《李贽的思想性格及文学观》中分析了李贽身世与其思想性格形成的关系。指出李贽自小在思想上受封建传统束缚较少，其思想性格与当时伪道学形成尖锐矛盾。李贽思想性格突出特征有三点：对沽名钓誉的伪道学深恶痛绝，敢于破除对作家偶像的迷信，反对封建宗法制度下的等级观念和男尊女卑的伦理思想。从李贽与儒学的关系来看李贽思想及其历史地位，张进德副教授（河南大学文学院）在《在传统与叛逆之间的徘徊追索——李贽与儒学》论文及发言中认为，李贽冲破传统的意义，是他在晚明个性解放狂飙由星星之火发展成燎原之势过程中的贡献。同时也要看到他恪守传统的另一面，有助于我们了解当时封建传统势力的强大，以及在这种强大的传统势力的桎梏下进步思想发展的缓慢、步履的蹒跚。这丝毫无损于李贽的伟大，因为李贽毕竟生活在明代中后期那种产生新理论体系的条件尚不成熟的时代。李贽的理论尽管充满矛盾，但他已经达到了那个时代所可能达到的高度。

刘月莲博士后（澳门文化研究会秘书长）以《李卓吾与利西泰——万历中西超儒之晤》为题做了发言。根据《利玛窦中国札记》里记录的利玛窦与李贽的会晤情形，她指出，利西泰（利玛窦）所接触到的中国，是从李贽身上所感悟到的，是17世纪里世界上一个具有高度发达和相当丰富的思想文化特色的国家，利玛窦主动融入儒士上层的生活圈子之后，当时锐进的王学左翼学者的精神氛围，对他形成了亲和力，推动他置身儒学思想语境中去探索中国人所信仰的古老而常新的自然宗教之道。并认为，与利玛窦会晤之前，李贽已成为当时名震朝野之最激进的异端思想家，成为中国历史上第一位带有近代人文精神的启蒙思想家。李贽的启蒙激进思想直接鼓动了晚明社会思潮的高涨，尤其影响至文学领域，使得追求个性解放的精神得以张扬，像汤显祖、袁宏道、冯梦龙等晚明文学的革新家都是李贽的追随者。

二、关于李贽与云南姚安的关系是本次研讨会的热点，专家学者也多有新见。张建业教授认为，李贽一生，云南三年是一个重要时期。李贽对仕途本来就没有什么兴趣，但为了生存，他只好走上了这条路。但是在云南李贽实现了这一转机，实现了他原本的理想追求。张建业教授指出，李贽在云南的思想也特别值得研究，他虽然厌恶官场，但为官一方，就要尽力办好政事，他在云南姚安的政绩生动地说明了这一点。更为重要的是，姚安期间，也形成了他的为政思想，提出从政要“因乎人”、“因性牖民”的“至人之治”等主张，因而具有反对封建束缚，要求个性自由发展的重要理论价值，其基础就是在姚安时形成的。所以，无论从其精神情操，还是理论建树方面，姚安时期的李贽都有着重要的价值与意义。章培恒教授在发言中也强调，李贽所具有的现代色彩的人性解放思想，与现代文学革命开始对人性解放的要求是相同的，而这样一种要求，实际上是从云南姚安开始的，在这一点上，姚安在李贽一生中起了重要的作用。高发元教授(云南大学党委书记)在发言中指出，姚安的任职是李贽一生最重要的一次任职，也是最重要的一次经历，对其思想的形成和发展产生了重要作用。李贽对姚安的治理堪称“至人之治”，主张民族团结，创办书院，招收女学生和少数民族学生，把其平等思想贯彻在施政中。并尊重云南当地少数民族的宗教信仰，为云南民族文化的多元和谐发展做出了贡献。

陶应昌教授在论文《李贽与陶珽》中，认为李贽在姚安期间，当是对其学说进行系统思考，酝酿著述的重要时期。对上流社会学术流派颇有了解与认识，思想已趋成熟，做姚安知府，不啻是他的政治理想在现实社会实践中的一次检验。并指出姚安当地文人陶珽深受李贽思想的熏陶，为官有政声，诗文称博学，这不能不说是李贽对地方人才培养影响的一个重要见证。陈九彬先生(楚雄州社科联主任)在《李贽与姚安述略》的论文中联系姚安历史上少数民族英雄人物自久的情况，指出李贽在姚安任职，认识到自久就是民心，就是民意的象征。所以李贽顺乎民意，对少数民族人士都以礼待之，朋友相处，化解了不少民族矛盾。王子华副教授(云南民族学院中文系)在论文《李贽对云南民族文化的贡献》中指出，李贽治理姚安所形成的施政思想，丰富了云南边疆少数民族地区政务管理的内容，是云南民族文化的珍贵史料。李贽还为姚安留下了一份宝贵的文化遗产，其中包括李贽在姚安写下的一些诗文，以及与李贽有关的文化遗迹。薛丽云副教授(云南民族学院中文系)在其《李贽与姚安》的论文中指出，李贽思想的核心之一是"原情论势"，这一思想不仅在姚安实施，而且在姚安成熟。论文还对李贽勤政爱民举措进行了论述。

高桥稔教授(日本山形大学教育部)以"论童心说与至人之治的关系"为题做了学术发言。指出一想起现在的云南还有很多少数民族自治地区的情况，就能了解李贽的应付办法的妥当，认为李贽的治民法，其尊重民众的人格和主体性而统治的一点，很有特色。并强调李贽在云南这三年的经验和锻炼，对于他辞官后在麻城开始的著作生活有很大作用，然后产生"童心说"。许建平教授(河北师范大学中文系)在"李贽研究中的几个问题"发言中，认为李贽思想有几次重要转变，其中一次是50岁以后，具体讲应该是从姚安任职开始。李贽说"五十以后大衰欲死"，思想有所彻悟，而直接的动因是李贽对佛理禅学的研读。李贽研习佛理禅学是从姚安开始，并与一些高僧往来，在寺院里办公，涉及佛理的好几篇文章也是在姚安写的，应该说姚安这几年李贽对佛理禅学产生了极大兴趣。另外，李贽提前从姚安任上离职，又迟迟不肯离开云南，到处寻访，并二度上鸡足山研习《藏经》，种种情况说明李贽在云南确实是其思想转变的重要时期。

三、关于李贽人品、德行，与会专家也给予了高度的评价。张文勋教授联系社会现实，在发言中谈了对李贽的整体认识，归结为三点：一是奇人，在明代严酷的思想禁锢之下，李贽奇就奇在有一种超前的新意识，有反传统、反伪道学的意识，这与当时社会是格格不入的。二是挚人，挚情挚信，挚人是最反对假的、伪道学的，李贽是明代真正的打假反腐战士，因为讲真情，讲真实，所以李贽旗帜最鲜明。在姚安当知府为什么政绩多？就是因为他爱人，对人、对事、对朋友情真。三是哲人，李贽之所以具备前两项品质，是因为他具有一个哲学家的智慧。他接受泰州学派的影响，接受心学，因此他能从心学的角度，重视人的主观能动性；提出"童心说"，所以才能有个性解放的思想，自然平等的思想。李贽是中国思想史上转型时期的一个重要人物。孙官生先生(《云南日报》总编辑)在发言中认为，李贽一是怪人，他反封建反传统，在当时他的有些思想包括行为方式有些奇怪，甚至在寺庙办公。二是伟人，今天很多人还达不到李贽的高度，他主张解放思想，冲破传统观念，这在今天仍然有启发作用；他主张实事求是，提倡"原情论势"，担任知府，注重调查研究；不以"孔子是非为是非"，这是非常伟大的；尊重、宽容少数民族，甚至任用少数民族做官；正确对待流官，并把内地先进思想和技术引入云南；坚决反对重男轻女；提倡敢讲真话，而且著述勤奋。邱少华教授(首都师范大学中文系)在发言中强调，李贽是一个实事求是的人，并建议应该以实事求是的精神去研究李贽，让他在中国思想文化史上有一个恰如其分的地位。他认为李贽不是反孔英雄，而是反假反伪道学的英雄，是一位求真的英雄。李贽对孔子的认识过程，反映了李贽对真理追求的精神，反映李贽在继承传统和开创新思潮之间的一个合理的逻辑关系。他强调，反伪道学、反理学和反孔不是同一概念，不要混淆。真正反孔英雄是"五四"文化运动的一代人物，口号就是"打倒孔家店"。

四、关于李贽的为官及其政治思想，本次大会也有交流。李辉良先生(福建南安市义管会)研究了李贽历次为官的情况，提交了《李贽的为官及其政绩》论文，认为李贽有忠孝爱国思想，他为官尽心尽责，尤其在姚安任内，更是政绩突出，李贽人品、官品都是值得称道的。李贽辞官著书立说，使中国多了一位伟大的思想家。从某种方面而言，这也是李贽最大的"政绩"。杜明德先生(山东临清市人民政府)以"李贽的人伦物理思想在政界有建树"为题参与了研讨，认为李贽充分肯定了人的物质情欲的合理性和社会的价值观，提出了"穿衣吃饭，即是人伦物理"的先进思想，肯定人们"好货"、"好色"等"一切治生产业"的正当要求。他到姚安任知府后，政绩卓著是情理中的事。

佐藤錬太郎教授(日本北海道大学大学院文学研究科)提交了《李贽〈老子解〉的经世论》的论文，并做了发言，认为李贽在姚安尊重自然的民众生活而采用《老子》无为而治的政策，实现不治之治而政绩突出。因为苏辙在《老子解》中看到无欲的处世观，李贽看到政治上的不干涉主义，所以对苏辙《老子解》觉得不满意。李贽的不干涉主义的特征在于否定为政者自认为是独善的完美主义。他为安定民生一面积极地修筑学校架桥梁，另一方面为人民谋求民族融合而肯定各种各样的官民生活形态。李贽根据《老子》实现这样的政策。马经副教授(云南民族学院政法系)在其论文《李贽在姚安知府任上的政治思想和行为》中，把李贽的为政总括为以德化民、顺民养民、蛮貊相亲、为政举大体、倡导官德与官才五个方面，认为李贽的政治思想同他的哲学思想一样，充满了对封建专制主义传统的批判精神。强调李贽治姚安时形成的政治思想，丰富了云南历代积累起来的关于边疆少数民族地区的政治思想，具有重要的历史地位。

五、关于李贽文艺思想及其诗文创作。许总教授(华侨大学中文系)以“李贽思想与明中期以后文学的发展”为题做了发言，认为就理学与文学而言，从程朱到陆王，理学与文学表现为一种间接关系，而从左派王学开始到李贽为首的反理学思潮，却与文学形成一种直接关系。作为反理学思潮代表的李贽，更是杰出的文学批评家。因此，明中期以后文学新思潮的出现，实际上正是当时思想界的直接成果。而李贽的思想则无疑是这一过程中的最重要最关键的因素。王克服先生(福建南安市委宣传部副部长)、刘安居先生(福建南安市志办副主任)提交了《李贽美学观初探》论文，认为李贽的现实主义美学观，显现出贴近现实生活、崇尚实践实际的精神，强调美来源于生活实际，充分肯定了现实主义作品如《水浒传》和一些优秀传奇作品的创作，它有力抨击了学院式的程朱理学，对后来一些作家提供了创作理论上的支持。曾庆雨副教授(云南民族学院中文系)在《李贽“童心说”与晚明文学思潮》的论文中，认为李贽“童心说”中肯定人的“本心”、强调人的“本我”价值的思想，以李梦阳、唐寅、徐渭等为首的一批文人，进一步以他们的言论及创作实践，对这种追求人的自然情感、需求、欲望的反道统叛逆思潮在社会上的流行起了推波助澜的作用。以“人的觉醒”为主旨的文学变革的新思潮日渐兴起。王建平副教授(河南大学文学院)在《李贽诗歌简论》的论文中认为李贽的诗歌，大多以真情为主帅，以形式为走卒。李贽从不在字句和结构上费心思，而以抒发内心的情感为需要。诗歌形式多样，体制兼备；诗风朴实无华，自然流畅。作为思想家，李贽的言行多与时悖，被当时的统治者和世俗之人目为异端，加之他出家客居，孤独之感和精神痛苦时常于诗中有所流露。所以他反映自己客居生活、思念亲友的作品极多。尤其是怀念亲友诗篇，感情真挚丰富，充满友爱，其悼亡诗则从心底流出，哀痛无限，读之令人泪下。

六、其他方面。关于李贽著述的考辨校勘，黄霖教授(复旦大学中国语言文学研究所所长)在发言中，从文献学的角度探讨了《焚书》原本面貌问题，认为现在看到的《焚书》是后人重新编纂的。现传《焚书》共六卷，而当时李贽谈到《焚书》的时候(从书信往来中可以看出)，《焚书》原本只有二卷，《焚书》的自序是伪造的，其中《老子》并不是李贽的作品。以结构来看，是从李贽的一篇书信里改头换面移植过来的。后人在重新编《焚书》时，有可能把当时普遍造假的东西编进去。他还指出，甚至李贽评点过的《水浒传》、《琵琶记》、《西厢记》都可能有伪本。田同旭教授(山西大学文学院)在《〈老残游记〉清官批判源于李贽说》的论文中，针对刘鹗在《老残游记》中自称，历来对清官的批判自其书而开始，认为对清官的批判实始于李贽。《老残游记》十六回原评与李贽

《党籍碑》思想一致，而《老残游记》对程朱理学的批判嘲讽，又与李贽的反理学思想极为相合，所以对清官的批判应源于李贽。

本次研讨会闭幕式在楚雄市举行。张建业教授代表与会专家学者对此次大会的成功举行表示祝贺，指出这次研讨活动，不仅深入地进行了学术交流，而且中外专家还进行了实地寻访，沿着李贽的足迹进行了考察，更进一步地感受到李贽精神的伟大，在姚安更感受到李贽精神的深厚文化积淀。最后，陶应昌教授做大会总结，他强调此次大会有助于加强扩宽对李贽的研究，弥补了学界长期以来对李贽在姚安期间研究的空缺，通过实地考察促进了对李贽为政、人品及思想形成发展的认识，还有利于对地方文化资源的认识，促进专家学者参与地方经济文化建设，本次会议还促成了李贽的第一故乡和第二故乡即南安市与姚安县的联系，有益于增进两地经济文化的交流和互补。

（原载《北京科技大学学报》，2002 年第 2 期）

“李贽与麻城”国际学术研讨会综述

凌礼潮　邓进飞

2002年农历三月十六日和十月二十六日是中国明代杰出的思想家、文学家、史学家李贽逝世400周年和诞辰475周年纪念日。为了纪念李贽、缅怀李贽、研究李贽，中国李贽研究学会筹委会与湖北省麻城市人民政府、湖北省红安县人民政府于2002年9月6日至9日在湖北省麻城市联合举办了“李贽与麻城”国际学术研讨会。出席这次研讨会的与会代表，有来自全国各地及日本的专家、学者及各方人士60余人，其中有著名学者任继愈、张建业、王万良、漆绪邦、段启明、曾庆雨(女)、谢真元(女)、赵诗清、疋田啟佑(日)、佐藤錬太郎(日)等。首都师范大学、湖北省文化厅、中共麻城市委、中共红安县委的有关领导出席了大会，并做了热情洋溢的讲话。会议收到学术专著15部、学术论文(或提要)30余篇。并收到来自国内外的贺信、贺电、题词30余件，其中有：中国李贽研究学会名誉会长、复旦大学教授蔡尚思题：“纪念李贽逝世400年，在中国封建王朝二千多年的历史中，敢于公开反孔并以身殉的，只有李贽一个思想家，这是何等的伟大!”国家图书馆馆长任继愈教授题：“研究李贽思想，促进麻城发展。”中国李贽研究学会会长、首都师范大学教授张建业题：“李贽隐龙湖，千年是非殊，暝暝天幕下，冉冉晨曦出。”北京师范大学教授、中国古代散文学会(筹)会长郭预衡题：“少作书生未见升堂入室，老为庙祝粗知扫地焚香。”中国艺术研究院教授、副院长，中国《红楼梦》学会会长冯其庸题：“李卓吾是明代后期卓越的思想家，是启蒙运动的先驱，是中国走向现代化的历史进程过程中的最早的呼喊者和先行者，是一名以身殉道的伟大斗士。”首都师范大学教授、北京大学兼职教授欧阳中石题：“焚不能毁，藏而愈彰。”全国政协常委、全国文联副主席刘炳森题：“启蒙先驱。”中国澳门文化界泰斗96岁高龄的梁披云题：“芝佛院”、“麻城李贽研究陈列馆”和李贽《赠利西泰诗》，共三幅。中国李贽研究学会顾问、中国台湾中研院院士李亦园题：“不蹈故袭，不践往迹，如凤凰翔于千仞之上。”中国台湾中山大学教授、中国台湾岭南画学会荣誉理事长冯少强题：“李贽是中国明代一位杰出的思想家，他的思想具有开拓进取精神，对明、清两代以及五四运动的思想家影响深远”，等等。

会议在张建业教授主持下进行。与会学者认为，李贽以其反传统、反迷信偶像的大无畏精神，与封建统治者进行了英勇的斗争。李贽的思想具有开拓精神和进取精神，对明、清两代以及“五四”时期的思想家、文学家都产生了深远的影响，在中国思想文化史上占有特殊地位，在世界思想文化史上占有一定的地位。麻城是李贽的第二故乡。在李贽的一生中，有非常重要的16年(1585—1600)在麻城度过，其重要著作也几乎都是在此期间创作和刊刻出版。在麻城生活期间，李贽收徒讲学、著书立说，其著作和传说广为流传，具有重要的研究价值。在麻城召开“李贽与麻城”国际学术研讨会也因此具有特殊的意义。与会学者本着“百家争鸣”的精神，各抒己见，从不同方面对李贽思想进行了学术研讨。

”首先，与会学者对李贽思想的价值和意义做了充分肯定。

任继愈教授(国家图书馆馆长)提交了《李贽改革悲剧给后人的启示》的论文，并做了学术报告。他指出，李贽是卓越的思想家，李贽主张改革，从理论上提出“童心说”，就是说号召人们说真话，不要说假话。而当时的科举考试以八股取士，应试者不得用自己的观点做文章，只允许用圣贤的口气诠释五经四书上的文句，也就是说言不由衷的假话。李贽面对的几乎全部是八股应试的读书人，打击面太宽，遭到的阻力自然也大。从策略上讲，李贽反对虚伪，反对说假话，是正确的。但他指责了孔子，自然犯了众怒。中国的改革家命运结局都不大好，李贽的改革遭遇比所有改革者都惨，上边遭到皇帝的反对，下边遭到保守官僚的反对，因为李贽的主张触犯了他们的利益和名誉。李贽的对立面强大而顽固，李贽为了捍卫自己的理想，不计后果，孤军奋战，只能以悲剧结局。明代朝廷极为腐败，李贽亲身经历了当官者的污浊与百姓的苦难，他对现实政治改革绝望了，决定辞官不做，另谋挽救社会危机的道路。在他的著作中，提出了一整套社会改革理想。李贽的改革思想提出的问题过于超前，比如男女平等，当时的妇女没有自觉的平等要求，更难被男人为主体的广大群众所接受。自诩为民主先进的美国，直至1920年，妇女才取得与男人同等的选举权。李贽的主张比美国的男女平等观提前了三四百年，显然太超前，难为多数人所理解。任先生还指出，我们今天探讨李贽的改革经验，并不是发思古之幽情，而是要从中得到应有的启示。我们今天的改革，与李贽的改革有相似之处，也有不相同处。今天我们处于世界激烈竞争的大潮中，落后就要挨打，不改不行，改慢了也不行。李贽的改革对我们有启发。

张建业教授(首都师范大学)向大会提交了长篇论文《李贽论》，论述了李贽探索、战斗与悲剧的人生经历，李贽反封建压迫、反传统思想的民主思想特征，形成民主思想的社会基础以及李贽在中国文化思想史上的地位。张建业教授在大会发言中强调指出，无论从理论建树，还是从精神情操方面，李贽都给我们留下了值得研究和张扬的价值和意义。但是我们今天对李贽的认识，还没有达到李贽自身所应有的高度。他认为，我们对传统文化的研究，兴奋点与注意点更多集中于博大的孔子及儒家学说，这有一定道理。但传统文化中的启蒙思潮，既体现着中华文化传统的精华所在，又有在新的历史条件下对传统文化中糟粕的摒弃，并与当今社会现实的时代精神有着一定程度上的相通。因此，无论是从对传统文化的继承上讲，还是从以传统文化为当今的现实服务上讲，加强对传统文化中启蒙思潮的研究，都是一项极为迫切的任务。而李贽就是这一启蒙思潮的先驱与代表。在当时严酷的封建统治下，李贽以超前的犀利的胆识与眼光，批判当时社会的腐败，抨击严苛的封建教条，审视人生的真谛，以自己的思想睿智与战斗精神，撕开封建天幕的一道裂隙，使窒息的社会透进一丝阳光和清新空气，为中国的文化思想发展史铺展开新的一页。李贽的人格和情操也很高尚。他厌恶仕途与官场，但为官一方，就尽自己的力量办好应该办的政事，而且绝不以权谋私，假公济私，这不但在封建社会，就是在今天也极值得称道。

漆绪邦教授(首都师范大学)提交了《试谈李贽的民本位政治思想》，他在发言中论述了从李贽任姚安知府时期辨析“君子之治”与“至人之治”，到暂居山西沁水坪上村著《明灯道古录》阐发“以人治人”说的思想发展过程，得出民本位为李贽政治思想的基点的结论。由民本位的政治思想出发，李贽主张施政从民之欲，顺民之性，主张施政者只是“为民”而立，其职责只在察民之所欲，从民之所好，施政者与庶民之间，并无尊卑贵贱之别。由民本位的政治思想出发，李贽对封建的礼乐刑政进行了严正的批判。李贽的这一民本位政治思想极为宝贵，在今天也极有借鉴意义。赵诗清教授(湖北省行政学院)提供了《李贽思想探微》的论文，他在发言中认为，李贽是产生于中国本土的民主主义思想的先驱。李贽一生颇富传奇，李贽其人颇多争议。有人说他发孔、孟、曾、思之精蕴，是真儒家；有人说他晚年皈依佛门，是释家；有人说他是反孔斗士，为法家；有人说他思想复杂，为杂家。赵先生认为，李贽集儒、佛、道、法传统精华而不拘陈说，发中国民主主义思想先声而以身殉道，其思想定位应该是扎根于中国土壤的民主主义。他提倡童心真语，反对自欺欺人；提倡由二生一，反对二由一生；提倡人伦物理，反对邪教鬼神；提倡人性自由，反对封建束缚；提倡人人平等，反对盲目崇圣；提倡男女平权，反对男尊女卑；提倡法治德治，反对恃势弄权；提倡富国安民，反对以权压商；提倡聚才兴国，反对害才误国；提倡维时时进，反对故步自封。这十个方面表明，李贽从哲学世界观到政治社会观都已完成了由一个封建士大夫到民主主义者的转变。杜明德编审(山东临清地方史研究室)在发言中对李贽思想的现代意义进行了论述。他认为，李贽是中国文化思想史上的伟大的杰出人物，他的思想体系完全具有现代观念和现代色彩，即使在400年后的今天，仍具有先进性。400年前他就大胆提出男女平等，可是400年后的今天，物质文明和精神文明都发生了巨大变化，但男女平等问题依然是个沉重的话题。据报道，世界上15岁至44岁的女性中，因家庭暴力伤亡的人数是癌症、交通事故、疟疾三种原因伤亡致残的总数之和。中国妇联最新调查显示，中国30%的家庭存在家庭暴力。有人说女人的自由是一个社会是否进步的缩影。如此惊人的现实，怎么能实现女人的自由呢？又怎能实现平等呢？李贽思想的超前是可想而知的。“童心说”也就是“匹夫无假”，其实就是说实话。可是到几百年之后，说假话、说空话、说大话亦然。今天研究李贽，就是认识和传承优秀的文化思想，为文化思想宝库增加文化积淀，这是我们这一代人的任务。

有的学者从一个侧面或一个角度对李贽的思想或著作以及研究进行了探讨。段启明教授(首都师范大学)提交了《“水浒三序”与忠义之辨》的论文，他在发言中指出：李贽与《水浒传》有密切的关系，应该实事求是地研究李贽有关《水浒传》的论述、评价。《水浒传》有三篇重要的序文，李贽的《忠义水浒传序》尤其值得探讨。李贽《序》的主要内容是称颂“忠义在水浒”，宋公明尤为“忠义之烈”。如何理解李贽作为传统思想的批判者而大讲“忠义”，鼓吹“归顺朝廷”？这必须考察李贽撰写此序时的历史背景和思想状况。李序写于万历二十年，当时发生的宁夏兵变与东南沿海的倭患，使李贽痛感朝中无人。写此序的前后他还写了《二十分识》、《因记往事》等一系列文章，都表达了对朝中无人、不用有才之识者的忧虑，并提出包括海上大盗林道乾这样的人，只要是有识有胆，朝廷都该大胆使用。我们应该从这里所表达的惊人之见来理解他的《忠义水浒传序》，来理解他对军国大事、社稷安危的关注。由此可见，李贽既是传统道德的批判者，同时也是关心国家命运的有政治眼光的哲人。他对传统道德中有利于国家的内容，如忠义，并非一概排斥。李慕韩(武汉红学会常务理事、湖北诗词学会常务副会长兼秘书长)在《李贽诗歌的历史价值和现实意义》论文中对李贽的诗歌进行了探析，他在发言中认为，李贽不仅是思想家、文学家、史学家，而且还是一位诗人。他的诗作虽然不多，但其诗歌理论和创作实践，具有不容忽视的历史价值和现实意义。他的文学主张和“童心说”，对反对前后七子的复古派起了带头作用，促进了文学的健康发展。同时，他直接影响并支持“公安派”，由童心说深化为性灵说，延续影响到明清一代，甚至到400年后的今天，还有可供借鉴的现实作用。张凡副教授（首都师范大学）在《〈藏书〉是〈焚书〉的姊妹篇》论文中提出，《藏书》绝非黄仁宇等所言，是简单抄写旧史而重新加以编排的著作，也不是一般意义上的史书。从它各篇的标题及其说明，从它各章的总论及文中众多的插评乃至其对旧史独具一格的重新编排，都说明它和《焚书》一样是与封建专制制度进行战斗的锐利武器，是研究李贽思想不可或缺的重要资料；它与《焚书》堪称双璧。刘宏（湖北省麻城市教委教研室教研员）提交了《浅论李贽的教育思想》的论文，他在发言中认为，李贽以大无畏的精神与“天理说”针锋相对地提出了“童心说”，并以此作为自己构建新的教育思想的理论基础。《童心说》是明代中叶伴随中国近代商品经济萌芽而产生的一篇个性解放的宣言，是中国早期人文主义教育启蒙兴起的重要标志。李贽主张教学内容多元化，鄙薄“徒守古语以为法程”，与“文以载道”的口号相对抗；主张因材施教，发展人的个性，像孔子、老子和释迦牟尼那样善于思考，而不要只把他们当作思想的偶像代代崇拜；主张学以致用，理论联系实际，尤其强调实践在认知中的重要作用；主张建立师友的平等教学关系，消除师与生、教与学之间的隔阂，民主交流，共同探讨，服从真理；主张男女享有同等受教育的权利，论才不论性别。左东岭教授（首都师范大学）提供了《李贽文学思想与心学关系及其影响研究综述》的论文，并在发言中对20世纪李贽研究中存在的问题提出了自己的看法。他认为主要问题有两方面：一是要注意传统文化研究与对传统文化使用之间的区别。以前的许多李贽研究者主要是为了现实的功利目的来评价李贽的，“五四”时李贽被当作“打倒孔家店”的工具，五六十年代又被当作区别唯心与唯物的实例，“文革”时则被当作法家人物的代表，20世纪80年代后又被作为启蒙思想的代表，从而使之成为可以被人随意使用的“砖头”。其实应该将研究李贽与利用李贽区别开来。这就是现代西方所说的文献的含义与意义的区别，或者说是文献的解释与文献的实用的区别。尽管历史研究也离不开现实意识，现实利用也不能不顾及基本的历史事实，但二者在研究中显然是各有侧重的。二是需要具备文史哲兼容的知识背景。李贽既是历史学家，又是哲学家与文学批评家，要读懂他，就必须具备相关的知识背景。由于受机械社会学的影响，许多学者只从所谓的进步意识理解李贽，从而长期不关注其宗教观念的研究，导致了研究者极为单一的知识结构，于是只好不假思索地去借鉴相关领域的学术结论。比如以前学者谈资本主义萌芽对李贽的影响，说这使他成为市民文艺的代表，可又有谁去认真考察一下资本主义萌芽是否存在，甚至它是否是一个真命题？又如对李贽的佛学思想，究竟是属于追求清净真心的如来藏系，还是大乘空宗的般若系，也历来是一本糊涂账。因此，要更全面深入地研究李贽，没有佛学等相关的知识结构是断然不行的，而且还必须要有文、史、哲交叉研究的能力。曾庆雨教授（云南民族学院）提供了《李贽与叶昼》的论文，她在发言中还重点谈了对李贽研究的看法。她认为对李贽的研究在深度和广度上都上了一个台阶。过去的研究主要是对李贽的反封建精神，对儒学教条的批判性，对程朱理学的虚伪性进行抨击勇气的肯定，这当然是很必要的，也是全面认识李贽必不可少的。今年的交流论文则反映出对李贽另一方面的研究，如李贽反封建的同时自身也有由于其时代而不可缺的封建思想痕迹，对儒教批判的同时也有继承，对改革社会弊端、剖析士人精神的痛苦矛盾等方面都有所涉及。这反映出对李贽的学术研究已经深入到较深层次，也更趋于客观与严谨。这是应该提倡的学术精神。

关于李贽与孔子，历来都是一个争议的命题。这次研讨会上也有学者对李贽反孔说提出了异议。牛鸿恩教授（首都师范大学）提供了《尊春秋的孔子 反明代的"孔子"》一文，并在发言中提出李贽反孔与尊孔，表现出"这'猛志固长在'和'悠然见南山'的是一个人"。李贽以孔子为万亿年载尊亲有加的千古至圣，是不同于"千古帝王、百世圣人"的超级圣人，可谓热诚颂孔。李贽是杰出的启蒙思想家，但他是封建政治的革新派，并不反对君主制和纲常名教。反尊孔不等于反孔，《赞刘谐》、《题孔子像于佛院》等都只是反尊孔的作品。出于思想解放、个性解放的需要，李贽提出不可遽以"六经"、《语》、《孟》为"万世之至论"，甚至说它们已经成为"道学之口实，假人之渊薮"，这一批判影响巨大，但李贽所批判的孔子，不过像李大钊所说是批判被统治者和道学家哄抬起来的孔子——专制统治和伪道学的偶像和护符，并非抗击孔子本身。他的反孔与其尊孔并非不相容。李贽尊孔而"不践迹"，不同于世俗之尊孔。李贽既反对"以孔子之是非为是非"，又说"世无孔子，则古今天下无真是非"，既说"圣人与凡人一"，又认为"上智下愚不可移"，圣人为出类拔萃者。评论李贽不可偏倚，应当全面、准确。邱少华教授（首都师范大学）在发言中指出李卓吾的可贵可敬的杰出之处，在于锲而不舍地追求真理的精神，不迷信盲从的独立思考的精神，不妥协地反假道学、反伪君子的斗争精神。他是晚明社会当之无愧的人文主义新思潮的先驱。一个民族的历史文化传统是不应也不能割断的，我们研究李卓吾，他如何反对和批评传统说得比较多，他如何肯定和继承阐发传统说得比较少，这就显得不全面。广而言之，我们研究历代思想家，不要以他们没有与历史文化传统"彻底决裂"而感到遗憾，不要以他们反对传统的程度如何作为评价其进步性的标尺。以李卓吾为反孔英雄，既不符合事实，也不能提高李卓吾在中国思想史上的地位。

这次学术研讨会由于是在麻城、红安举行，李贽与耿定向的论战以及两人之间的关系，也成为研讨的一个方面。李银安副教授(湖北省行政学院战略与省情研究室)在《论李贽与耿定向之交》的论文和发言中认为，李贽与黄安耿定向的交往与论战是李贽思想发展和发挥社会作用的重要一环。李、耿的交往先后有五次，由相慕相近而发生争论，甚至交恶，最终又走到一起，“和而不同”。其情形至为特殊，原则问题互不相让，而人格、操行高风亮节。其思想交锋主要在中国传统学术的三大论辩领域，即对孔、孟及孔孟之道，若干道德观念与规范以及人性论三方面展开。李、耿思想交锋的实质是新与旧的思想体系的冲突。李贽在对中国传统思想理论的深刻反思和全面检讨中“返本而开新”，表达了新的民主主义思想，架通了中国传统思想向近现代转换的理论桥梁。李贽所体现的中国民主主义思想的内生性是其光芒之所在。研究耿、李之争，对如何与时俱进地看待和弘扬中国传统思想文化意义深远。张敏(红安县方志办主任)在会上对李贽在黄安活动的情况做了介绍，详述了李贽与耿定向、耿定理的相识，李贽到黄安的经过，李贽在黄安的活动场所及现存遗址，李贽与耿定向的学术分歧与思想分野，李贽与黄安三耿的友谊和与耿定向的最后和解，为研究李贽在鄂东的思想发展提供了线索和依据。

日本学者从他们的研究视野提出了自己的看法。佐藤錬太郎教授(日本北海道大学大学院)提供了《苏辙与李贽〈老子解〉的对比研究》的论文。并做了题为“李贽狂者经世的精神”的发言。他提出，李贽在麻城写了《焚书》与《藏书》的初稿。《焚书》的核心是与耿定向的论争。李贽受不了耿定向的压迫，写告别的信，同时把自己比拟为狂者、侠士。如果没有耿定向的压力，李贽不可能自觉得是狂者胸怀。他的狂者的自觉来自王守仁。所谓狂者就是一个有万物一体的仁爱，不顾虑朱子学者非难，勇敢地抢救民众的人物。李贽诀别耿定向以后，更猛烈地批评官僚社会的伪善性。《藏书》重视民生的安定，称赞政治上有功绩的人物。因为李贽认为朱子学的道义至上主义妨碍明朝采用有能的人，所以他反对朱子学而主张政治的功利主义。李贽受到禅家的影响，有怀疑精神。在李贽看来，为了继承孔子的经世精神，学者应该有怀疑，应该有超过孔子的见识。李贽不叛逆孔子，叛逆朱子学。疋田啟佑教授(日本福冈女子大学)在发言中重点论述了李贽对日本的影响。他说：如果言及李贽思想对日本的影响，首先应该注意的是阳明学。日本古代室町时期永明十年(1513)，即中国的明代，禅僧庵桂悟带着王阳明送给他的序文从中国归来，这是王阳明思想第一次传入日本。日本最早接受研究王阳明思想的是中江藤树，他从王阳明的弟子王龙溪那里获得了王阳明的著作，并且开始研究王阳明思想。但是，江户幕府时期，朱子学是官学，而王阳明思想仅仅处于萌芽时期，无疑受到排斥。阳明思想充满了变革精神和活力，这正是时代变革时期人们最需要的精神力量，江户幕府为新时代取代时，阳明思想起了积极的作用。幕末时期的志士吉田松阴崇尚阳明思想，尤其他还是最早高度评价李贽思想的人。李贽思想所具有的否定权威、尊重人的自由平等的民主意识给予吉田松阴极大的影响，他的弟子们继续实践他的主张。李贽思想所具有的巨大能量，促进了明治维新的实现。可以说，在新旧时代交替的更新换代之际，李贽思想充分显示出它的革新力量。

在会上发言或提供论文的还有北京人民艺术剧院国家一级编剧王梓夫，中国政法大学教授胡冠莹，安徽师范大学教授赵庆元，山西大学教授田同旭，郑州大学教授曹萌，湖北黄冈广播电视大学教授白战存，北京科技大学副教授王育杰，北方工业大学副教授李肖博士，北京中华女子学院讲师宋珂君博士，国家图书馆副馆员李劲，雁北师范学院副教授李珍梅，华中科技大学讲师王均江、占骁勇二位博士，河北大学讲师韩田鹿博士，湖北黄冈广播电视大学讲师严才贵，河南郑州 47 中学教师崔晟，日本山形大学教授高桥稔等。

最后，由张建业教授做了大会总结。张教授对这次会议给予了充分的肯定，认为学者们的发言和论文提出了不少新看法、新观点，具有一定的深度和广度，给人以启发，使李贽思想研究上了一个新台阶。张教授还介绍了国内外有关李贽研究的情况。张教授指出，明年筹委会工作重点是做好李贽思想研究的民间普及工作，加大宣传力度，扩大李贽思想研究的影响。

会议期间，与会代表还参观了李贽当年著书立说、收徒讲学的钓鱼台、龙潭湖、芝佛书院、天台书院、似马山书院等遗址，考察了李贽故居重建工程，并纷纷挥毫题词、捐款捐书，盛赞麻城市为建设李贽思想研究基地做出的巨大努力。

（根据录音与论文整理，未经本人审阅）

（原载《首都师范大学学报》，2002 年第 6 期，收入张建业主编：《李贽与麻城国际学术研讨会文集》，中国广播电视出版社，2003 年）

泉州市“李贽思想学术研讨会”综述

郑梅聪

一、会议概况

泉州市李贽思想学术研讨会于 2004 年 12 月 17—19 日在泉州市隆重召开。研讨会由泉州市鲤城区人民政府和泉州市社会科学界联合会联合主办，泉州市李贽学术研究会、闽南文化生态与经济发展研究所协办。旨在研讨明代杰出思想家、文学家、史学家、泉州籍卓越历史名人李贽在中国思想史上的地位及其在哲学、文学、史学上的成就，探索李贽的思想体系以及李贽思想对近、现代思想解放产生的影响，更好地弘扬李贽精神，推进我国经济、文化社会的全面发展。

该研讨会系第六届泉州旅游节两个重要的研讨活动之一，会前收到论文 33 篇，经组织专家审编，共有 30 篇论文入选本次研讨会论文集，并于 12 月上旬结集出版。大会出资再版福建师范大学中文系林海权教授《李贽年谱考略》作为会议材料之一。来自北京、上海、山东、四川、湖北、河南、云南、福建及中国澳门等地区，以及日本、韩国的近 60 位专家、学者出席了本次研讨会，省内外 20 多位代表应邀列席会议，参加研讨。

12 月 19 日上午，李贽故居修缮竣工剪彩暨泉州市李贽思想学术研讨会开幕式在泉州市鲤城区南门万寿路李贽故居隆重举行。全国人大常务委员长、中国李贽研究会筹委会荣誉会长何鲁丽发来贺电。全国政协港澳台侨委副主任何小川、泉州市人大常委会副主任周子澄、市政协主席刘佳景、市社科主席朱学群、鲤城区委书记王亚君、中国李贽研究会筹委会会长、首都师范大学张建业教授以及与会的专家学者出席了开幕式。中共鲤城区委宣传部长黄阳春在开幕式上致辞，开幕式由鲤城区陈劲松副区长主持。

中国李贽研究会筹委会会长、首都师范大学张建业教授在会上做了目前国际国内关于李贽研究总体概况的专题报告，韩国 Hanbat 大学中文系金惠经教授、日本北海道大学佐藤錬太郎教授、上海财经大学许建平教授、福建师范大学中文系林海权教授、人民出版社编审陈来胜先生、闽南文化生态与经济发展研究所黄凯南副所长、泉州市李贽学术研究会会长李少园副教授等 18 位专家学者在会上发言。与会专家学者针对李贽的哲学、文学、史学思想以及李贽的生平和影响进行热烈研讨，提出了许多新的考据材料和学术观点。

研讨结束后，福建师大中文系陈祥耀教授为大会做总结发言。研讨会于

19 日下午圆满闭幕，中共泉州市委宣传部原副部长、泉州市社科联许在全副主席致闭幕词。

二、观点概述

张建业（中国李贽研究会筹委会会长、首都师范大学教授）在研讨会上做题为《李贽研究的拓展与今后研究的思考》的报告发言，提到近年来亚洲地区对李贽的研究日益引起学者注意，并总结出以下几个表现：一是李贽学术研究会陆续举行，至今海内外已举办 5 次。二是有关李贽研究的论著日益丰富，在内地和港、澳、台，以及日本、东南亚诸国等均有著作和研究论文面世。三是有关李贽研究组织机构建立，首都师范大学成立“李贽研究中心”，泉州成立“李贽学术研究会”，“中国李贽研究会筹委会”在北京成立，目前“亚洲李贽研究会”也在筹备中。张教授还对今后李贽研究方向提出几点思考：一是对李贽在中国思想文化史上的地位与作用应该给予更深入的认识；二是对李贽思想本身需做更深一步的研究；三是对李贽的著作需做具体的深一步的考释；四是要把李贽思想深蕴普及化，从中得到现实改革的启发。

苏双碧（北京《求是》杂志社原副总编）提交《李贽和历史人物评论》一文。文章认为，历代思想家、史学家对历史人物的评论，多以儒家思想为准绳。李贽是儒家思想的叛逆者，是宋明理学的激烈批判者，他评论历史人物，有自己的标准和思路，常反其道而行之，与传统历史观唱反调。指出，李贽认为过去评价历史人物，造成不少冤屈，而他对历史人物评价时是想替这些受冤屈的历史人物“辨雪”，把颠倒的历史重新摆正。文章举出李贽把非孔的矛头主要指向假道学；肯定武则天意在宣扬男女平等；颂扬历史上的革新人物，肯定林道乾、宋江，目的在抨击冠履倒施、专制而腐败的王朝等例子来说明他评价历史人物的独到之处。指出他是抱着和传统历史观相对立、颠覆性地来重新审视历史人物的，主要看其对历史是否做出贡献，看其品德和为人，而不是看那些伪善的表白和宣言。作者认为这是李贽在评价历史人物上和假道学的根本分歧。

蔡灿津（华侨大学社科所教授）提交了《李贽：中国市民萌动之初的思想先驱》一文。论文指出，以往对李贽的历史定位倾向于认定其为地主阶级的进步思想家，作者认为就其实在含义而言，李贽思想已经超出地主阶级所能容纳的界限。李贽是当时新兴的近代经济关系萌发之初的思想先驱，是新生的中国市民力量萌发要求的代言人。文章从李贽所处时代、家世、个人特点、经历等方面论述了李贽成为封建社会自我异化力量的代表，提出“惊世骇俗之论”的必然因果关系。李贽所处的时代，在中国封建社会的庞大躯体内部，以手工工业和商业为主要代表的社会经济有了较多的发展，由此萌发了以雇工关系为主要特征的新的经济关系，以工商业经营者为主要代表的新的市民力量。李贽家族中有巨商，从事商业、航海、外交活动，乃至与外国人联姻，使得李贽自幼能够对商贸经济和国外的发展情况有所了解，对于新出现的商品经济活动和雇工关系、市民势力易于接受，乃至有某种天然的倾向。李贽个人性格特点“自幼倔强难化”，在宦海浪游二十多年，结果却处处与衙门官场格格不入。此种性格特别容易使他与作为现社会异化物而出现的社会力量相沟通。李贽一生经历丰富，足迹遍及全国许多地方，这使他对当时封建社会的黑暗和新兴经济关系、新兴社会力量的作用能亲历广见、能就地鉴识与感悟，从中引出自己的见解。作者概括出李贽“穿衣吃饭是人伦物理”的社会观，“人即道”的人本观，“人必有私”的私欲观，“圣人与凡人一”的平等观，“万物并育而不相害”的个性观，“强者弱之归”的生存竞争观等新的观念，并总结出李贽思想乃揭示社会上“市道之交”观念的实质，具有经验性、尖锐性、超前性、朴素性等特点。作者认为，从理论思维角度看，李贽思想的深刻性不如其尖锐性，李贽思想尚未形成体系，但能在传统思维框架中，萌发突破传统思维的市民观念，已是难能可贵。

胡沧泽(福建师范大学历史系教授)提交《李贽思想与明代资本主义萌芽》一文。作者在发言中主要从社会存在决定人们意识的角度论述了李贽的反封建异端思想同明代资本主义萌芽的关系。认为，李贽出生于封建社会末期资本主义萌芽开始出现的时代，成长于具有浓厚商业意识的东南沿海城市泉州，有世代为商的家庭背景，他的思想和著作，深受时代、环境和家庭的影响。他提出“人必有私”的命题，直接冲击了封建正统思想；他重视商人的作用，替商人辩护，为商人的致富讴歌，致力提高资本主义生产关系出现的重要因素——商人的社会地位；他支持竞争，鼓励兼并，为资本主义萌芽的发展制造了舆论。时代造就了李贽，李贽的思想又促进了时代的进步，促进了封建社会中资本主义萌芽思想因素的发展。作者认为这是李贽思想之所以高出时代、高出他人，在中国封建社会思想史上具有独特的崇高地位的原因。

金惠经(韩国 Hanhat 大学中文系教授)提交《晚明思想家李卓吾思想的现代价值》一文。金教授在文章中谈到，李卓吾是集高度赞扬和深刻批评于一身的特殊人物，其中一个重要的原因就是他的意识比当时的士大夫们超前。在其丰富的思想之中，对于当今社会仍然有其不可忽略的三个重要方面的价值，即：不拘泥于某一抽象领域而是从人生世界的实际条件出发来考虑问题，概括和融合所有抽象和现实问题的统合性思维；不因为生命终将死亡而将生命视为可轻视之物，说破生死之明确的生命意识；肯定各个阶层的文化都有其固有价值和存在意义，强调各种文化并重的文化多元性观点。

黄凯南(闽南文化生态与经济发展研究所副所长)等人合作的《中国古代传统经济思想与李贽经济思想的比较分析——兼谈“经济与人生理想”辨析》一文，在“经济与人生理想”辨析的视角下，在中国传统经济思想史的背景中去探讨李贽的经济思想。黄凯南在发言中提到，中国古代传统“轻经济、重人生理想”的经济思想除了受中国传统文化认知模式的影响之外，也受到农业经济发展的影响。认为这种经济观可能是中国古代农业面对较大自然风险以及其他约束下的较优选择，是适应农业经济发展的。李贽“经济与人生理想并举”的经济思想受其“多元哲学态度”的影响，蕴含了许多现代经济学的观点。同时，李贽的经济思想也体现了当时中国局部区域经济发展的生产力水平。当时整个中国经济依旧是以农业经济为主体，结合现实一系列约束条件，“重农抑商”依旧是中央政府的经济政策主张。作者指出这是李贽经济思想无法取得主流支持反而受到抑制的经济原因。

李少园(福建师范大学中文系副教授、泉州市李贽学术研究会会长)提交《李贽故居再考》，他在发言中举出大量考据来证明现今泉州鲤城区南门万寿路123号(原159号)是李贽故居。原本人们曾认为南安榕桥是李贽的祖籍地，李会长对此进行澄清。指出，李贽的一二世祖及父、祖均定居泉州，南安榕桥是李贽三世祖迁居、四五世祖定居之地，榕桥族亲景仰李贽才为之立祠，李贽本人出生于泉州，因此李贽祖籍地并非南安榕桥。鲤城区南门万寿路123号(原159号)李氏宗祠的归属经历了三个阶段，即林通衢的宅第——老长房林驽后裔共有的林李小宗祠——老二房李端也入祀的全体林李家族的共同宗祠，因此《章田公墓志铭》的发现否定了林通衢是李贽直系高祖的假设，但并没有否定证实万寿路123号(159号)为李贽故居的其他佐证。从现故居的地理位置看，李贽奔父丧时所“抵”之“家”，不可能在远离城墙的“教场头”，只能是“车桥”边，“城下”的“浯江祖居”。现李贽故居刚好在当时城门，与现在的德济门遗址相距不足50米处，因此当时李贽才能忽遇警讯便匆忙登城战斗。同治年间，乡人于其故居发土而得的两枚印章以及乡绅苏大山的边款诗文更无可辩驳地坐实李贽故居的认定确切无误。

吴幼雄(泉州师范学院历史系教授)提交《从〈迭氏墓圹志〉再论李贽是回族人》。吴教授围绕新中国成立后泉州五中翁铭镇老师抢救并保存的一方关于李贽祖母《明登瀛里林大母贞勤迭氏墓圹志》的内容，探讨论证李贽的民族成分。

指出，明中后期以后泉州是我国东南沿海回族的主要繁衍区之一，李贽的二世祖林驽是一位海商，“奉命发航西洋”，“受戒于清净寺教门”，“娶色目人，遂习其俗”。嘉靖年间明政府早已解除回族内部通婚的禁令。有“海上丝绸之路”回族血统的六世祖毅斋又娶“陆上丝绸之路”河南郑州著名回族人铁铉的曾孙女铁贞勤为妻。因此。李贽的祖父母均是回人之后，李贽自然也就是回族人了。另外，从李贽在《李卓吾先生遗言》中对自己身后埋葬办法的规定和他家世包括本人的某些生活习俗看，可以断定他是回族人，但并不信仰伊斯兰教。作者还强调了明确李贽的民族成分对探讨李贽思想的成因具有重要意义。提出，当时回族地位低下，家庭经济的困难使李贽自幼形成“倔强难化，不信道(伪道)，不信仙释，故见道人则恶，见道学生尤恶”的刚强性格和反抗精神。认为，回族的民族成分和西方文化成分对李贽思想的形成起了重要作用。

许建平(上海财经大学人文学院教授)在《“狂怪”和“与世无争”——论李贽的双重文化人格》一文中谈道，常常被学界冠以“狂狷、异端”或“狂怪”的李贽又有“与世无争”的一面。他从性格发展角度来研究李贽，认为李贽具有双重文化人格，既有自信、倔强、性窄的一面，又有宽和、顺适、弘阔的一面，并指出这双重人格在李贽身上早就存在。万历十四年下半年前的六十年，李贽的性格既有狂怪的一面，又有与世无争的一面，但主要是与世无争。在万历十四年下半年至二十三年下半年九年间，狂怪的一面占据主导地位。标志一是李贽论著(特别是论战的信函)中“与世无争”的思想让位于狂怪思想。标志二是李贽自己明确表示要做狂狷，并申明做狂狷的理由。其间，与耿定向论战时，几次主动言和体现了他“与世无争”的性情未泯灭。李贽的狂怪性情自万历二十四年之后仍然时起时伏，但总体呈衰减趋势。这与他年老多病的生理与心情相关，另一方面，随着耿、李的和解，李贽与身边思想、政治环境的关系已发生了由对抗到非对抗的转折性变化，迫使他“不如遂为异端”的环境因素已呈减弱之势。因此，李贽思想性情也由以狂狷为主走向与世无争为主，由反叛思维走向顺适思维。李贽的文学思想同样也经历了这么一个发展过程。

许建平教授在《李贽非理性主义文学思想论——以万历十九年夏至二十四年夏为论述中心》一文中，从文学思想的角度研究李贽。提出，万历十九年夏至二十四年夏，李贽“自然净”思想产生，其思想的价值取向在于排斥外界之染，排斥非自然的理性，便形成了倡童心、反理性的思想本质。这一时期内，李贽又悟出了“道”自在文学之中，于是用心学阐释文学。许教授从李贽的《童心说》、《读律肤说》、《杂说》等言论，概括论述了李贽文学是童心真率表现说，排斥“闻见道理”说，“创制体格”无高下先后说，“造化无工”的非技巧论，“技即道”的内容形式无分界说等一系列非理性主义文学观念。

宁新军（华侨大学人文与公共管理学院副教授）提交《李贽“童心说”之辨析》一文。文章围绕“童心说”所表现的文学思想来阐述，提出李贽所提倡的“童心”不仅是针对传统“发乎情，止乎礼义”的一定意义上的挑战，也是针对程朱理学。李贽从一个人的发展过程论童心，他认为人的本性是好的，人接触社会后，愈使他时时事事从美丑、功利上考虑问题，就将童心掩盖以致磨灭。“童心”的组成，不仅是儿童的眼光看社会与自然，更重要的是成人以儿童的眼光看社会与自然。作者从比较叔本华、马斯洛等西方哲人的言论中，提出“具有高度创造力的人多少带有一点孩子气”。并提出，“童心”是距离审美得以产生的重要原因，艺术家的“童心”是跟精湛的分析、判断力联系在一起的，只有达到艺术家的“童心”阶段，才能进入距离审美的领域。西方哲人主要从“认知理性”方面来设定“心性”即人的自然天性，柏拉图提出允许情感在符合理念要求的前提下得到表达，与李贽的“童心说”有共同之处——即文艺是处在理性之外的情感对审美对象的最佳投射。卢梭认为表达自然情感而非理性观念是艺术的目的，同李贽的“童心说”也有异曲同工之妙。李贽提倡的童心说是和儒家传统的典籍相对立、相排斥的。他提出创作要“顺其心”、有为而作，这是李贽反道学、主张个性解放的重要思想内容之一，是针锋相对地对儒家道统切中要害的批判和清算，在当时的历史情况下具有积极的意义。

曹亦冰（北京大学中国古文献研究中心教授）在《李贽与晚明短篇白话小说中的女性文化》中谈道，明代后期，以李贽为代表的革新思想给当时的时代注入鲜活的生命力。李贽猛烈抨击男尊女卑、女子无才便是德的孔孟之道和世俗观念。他的新思想、新观念，对女性解放和女性文化的演变有着重要的影响，当时小说的创作领域在李氏思想的滋养下，出现了许多的新作品。作者重点分析了这些作品中所描述的女性爱情婚姻故事及其表现出的反抗封建礼教、力争自由平等的新女性形象。指出这些新作品多方位揭示了明代后期女性文化的演变。

张建业（中国李贽研究会筹委会会长、首都师范大学教授）为大会提交《李贽诗指要五题》一文，从《晋阳怀古》、《得上院信》、《重来山房赠马伯时》、《夜半闻雁》、《赠利西泰》五首诗中诠释诗歌的思想内容，提出李贽的诗不但个性鲜明，情思沉挚，而且包含着对社会、历史、人生的深刻思考，显示出诗人的真诚和思想家的哲思，是诗人“童心说”美学思想的体现，也是诗人作为一位思想家的表征。廖渊泉(泉州一中高级教师)提交《浅谈李贽诗歌的思想性与艺术性》一文。作者从李贽诗歌的成就，概括总结李贽诗歌所表现的思想及艺术特点：一是批判道学家，反对因循守旧，要求变革前进；二是谴责对敌的妥协行径，要抗击倭寇侵扰；三是怀念亲友，赞扬他们的美好品德；四是反映自己的孤寂生活，表现不息的战斗精神；五是托物言志，咏颂美好事物；六是发自“童心”的诗歌艺术特色。

有的学者对李贽的著作写作时间进行一番细致的考释。林海权(福建师范大学中文系教授)在《李贽著作编年考》提出，许建平教授在《李贽著作编年考》中把《童心说》放在万历二十年夏李贽写《忠义水浒传序》之后叙述有误。作者认为，如果《童心说》是为回答耿定向恃真斥妄而写的一篇带有论战性的理论文章，那么，《童心说》将不是写于万历二十年壬辰，而是万历十四年丙戌(1585)夏秋之间，中秋之前。作者从耿定向《与周柳塘》第十八书中“顷有侍奉嘲耳顺处”、“兄谓余《译异编》为声闻，此未察余苦心真机处”两处文字证明耿定向信写在本年的中秋之前，认为李贽此对耿定向不定名的回敬文章也是写在本年中秋之前，较之写在本年夏秋之间揭露耿定向言不顾行、行不顾言表示公开决裂的《答耿司寇》一文略早一些。陈来胜(人民出版社第一编辑室编审)、许建平(上海财经大学人文学院教授)合作的《李贽〈老子解〉、〈庄子解〉写作时间考》谈道，《老子解》写于何年，学术界有不同观点。作者认为，李贽自姚安苦读贝经之后，对佛理有了深切的认知，反过来再看苏辙的《老子解》，方觉得“此君非深《老子》者”。于是于万历九年冬“哈冻作《解老》一卷，九日而成轶”，并于当年刊刻，且在刊刻前写了《老子解序》。因感觉很好，“自谓莫逾”，便一鼓作气，于万历十年写了《庄子解》。

有的学者从李贽与他人的关系或人物间比较的角度研究李贽的生平及影响。凌礼潮(中共麻城市委办公室主任)提交《无念与李贽》一文，文章考察明代麻城僧人无念与李贽的交往过程，并将其概括为三个阶段。第一个阶段从万历九年(1581)至万历十八年(1590)，两人交情迅速发展并很快达到高峰；第二阶段从万历十九年(1591)至万历二十二年(1594)，两人交情发生变化，致使无念离开龙湖，进黄柏山另建法眼寺；第三个阶段是万历年二十二年以后。文章最后得出四点结论：一是无念是佛家弟子，李贽援儒入佛，共同的志趣是二人走到一起的思想基础。二是李贽的“入佛”并非真的对佛教的信仰，佛教只是他用来与封建理学进行战斗的武器。因此李贽与无念只能称相爱而无法相知，这就是二人最后疏远的必然性所在。三是李贽的性格缺陷(如洁癖和谈锋犀利、措辞尖刻，毫不顾及别人感受的语言习惯)也是二人最终疏远的原因之一。四是无念是一个忠厚的人，在他发现自己无法与李贽共处一地后，不是以住持自居赶走李贽，而是独自离去。张岱(日本北海道大学研究科硕士研究生)提交《李贽与袁宏道佛学思想的对比研究》一文。文章认为，李贽与袁宏道是明末居士佛学的两个重要代表。袁宏道的佛学思想深受李贽的影响，但二人又同中有异。表现在：(1)李贽佛学思想的形成，是由于对仕宦的厌恶和生活的颇多不幸，袁宏道佛学思想的形成在对官场厌恶的同时，则又受到个人多病及亲人的生老病死的影响。前者表现着他们共同的思想基础，后者表现他们不同的生活遭遇。(2)李贽与袁宏道弘禅、参禅的路数也不相同。李贽重在佛理的研究且多有精辟之论。他在以佛学求得对生死、人生的探究时却是以出世而度世，把佛学作为向假道学斗争的武器，向传统观念斗争的武器。而袁宏道不管是早年对狂禅的热衷，还是后来转向对净土的追求，其主导都在想求得性情的自适，热衷于狂禅可以得到一时的现实快乐，追求净土则为求得往生佛土的终极乐趣。许在全(泉州市社科联副主席、泉州历史研究会会长)提交《李贽与蔡清》一文。文章提出，李贽与蔡清是明代泉州相继而出的两大思想家。他们生活的年代和环境都处于明代的中晚期，都是在泉州的文化氛围里培养长大的，但他们却走上不同的发展道路，形成不同的思想体系，遭受不同的境遇和命运。蔡清生前受人尊重，人生道路基本顺利，而李贽生前道路坎坷，受到封建统治者的厌弃甚至迫害。随着时代的推移，李贽逐渐受到后世的推崇，蔡清的名字却渐被遗忘。李贽的思想能够突破儒统，超越时代，较之王阳明更具近代启蒙思想的民主色彩，对明代的资本主义萌芽起了一种推波助澜的作用。蔡清完全是儒学的代表，他的理学思想主要是继承和发展朱熹的学说，在与明代初期心学派的论战中逐步形成自己的体系。作者强调，对历史人物要有公允的评价，李贽过去被视为妖人，他的思想被视为异端邪说是冤枉至极，现在肯定他是杰出的思想家，还他历史的真面目，这是公道、正确的。对于蔡清，过去把他捧得过高，现在因他是位理学家而加以否定，甚至抹杀他的历史作用和贡献，这也是不公道的。蔡清一生热心教育事业，竭力培养人才；著作宏富，对著述十分重视，殚心竭虑不遗余力；虽继承朱熹儒学正宗真传，但通权达变，并不保守；主张读《易》，一是正心术，注重品德修养，二是学以致用。因此，不能简单地把这两大思想家摆在对立的地位，对他们积极的精华因素，我们都应该吸取并发扬光大。

有的学者从李贽的具体观点微观研究李贽思想。张吉昌(泉州师院副教授)在提交的《略论李贽的平等观》一文中指出，平等观是李贽哲学思想的核心，其突出表现在男女平等、民族平等、圣愚平等、万物平等方面。并认为李贽平等观思想源自其家庭环境、当时的社会现实、中国传统文化和外来文化教育、宗教文化，尤其是他本人敏锐的社会洞察能力。平等观思想是对等级传统观念的挑战，其矛头直指维护封建等级制度的理学、假道学。作者最后还指出，李贽的进步思想与明末清初的进步思想家王夫之、黄宗羲、顾炎武等有着密不可分的前后传承关系，对清末康有为、梁启超的维新变法，乃至孙中山的资产阶级民主平等的革命思想，都产生了直接和间接的影响。沈玉水(泉州市方志委特邀编辑)提交《试论李贽的是非观》，谈到李贽的是非观，尤其是历史是非观，具有不同凡俗的见地。指出李贽对历史人物的评价，强调要尊重历史事实，辨明是非功过，反对世俗偏见。他对历史君臣和农民起义的领袖，都给予正确评价，对历史上的革新人物，十分推崇，而对假道学者和官僚统治，极为不满。这种与当时假道学相抗的是非观以及李贽的进步革新思想受到当时假道学者的诬陷和攻击。李金表(泉州市南安淘江中学高级教师)、李静蓉(福建师大社会历史学研究生)合作的《试论李贽的孝悌观——兼论李贽的传统意识与异端思想的关系》一文，从分析李贽"孝悌"观形成的社会根源、文化渊源及李贽在"孝悌"观念下的行为表现，说明在一定意义上，李贽未能超脱传统，甚至是某些传统道德的恪守者，并由此引发对李贽的传统意识与异端思想之间关系的探讨。文章认为李贽的传统意识与异端思想不是绝对矛盾，而是辩证统一的。在一定意义上，异端思想是建立在传统思想上的真道学，而李贽所要批判的是压抑人性自由的假道学。另外，在大会交流的还有郭预衡(北京师范大学文学院教授)的《李贽与 21 世纪》，何乃川(厦门大学历史系教授)的《李贽思想先进性浅议》，李建民(泉州市鲤城区文联主席)的《落发者的人世精神——论李贽"异端"的彻底性》，林其泉(厦门大学历史系教授)主笔的《李贽是如何对待道学的》，白战存(湖北黄冈市广播电视大学教授)的《李贽在鄂东的讲学和著述活动》，黄高宪(福建闽江大学副校长)的《黄寿祺〈续焚书校勘〉述评》，李国宏(泉州石狮博物馆馆长)的《〈百子金丹〉辑录之评点与李贽思想综合研究》，泉州建筑设计院陈凯峰先生的《与泉州古城内涵同构的泉州古人——李贽》，李氏宗亲李马星先生的《李贽世家考》，以及李超(中国社会科学院文学所《文学评论》副编审)的《百年李贽研究回顾》等文章。它们分别从不同角度深入研究李贽思想、生平及其影响，为李贽的研究提供了许多新颖的视角和独到的观点。

三、共识与探讨

根据研讨会上的交流，结合以上观点，本文现对这次李贽思想研究几个方面的问题进行总体阐述。

(一)关于李贽思想的组成及其同传统儒家思想的关系。李贽思想包括继承传统的儒家思想和超越儒家思想的“异端”思想。前者是在吸收传统儒家思想精华包括一些糟粕成分的基础上形成的，而后者大部分是在批判传统儒家思想糟粕和假道学的前提下，吸收道、佛、法、墨及外来进步思想中产生的。因此，限于时代，李贽的思想必定也有其局限的地方。我们所提的李贽思想一般指他超越儒家、超越时代的先进性思想，这也是我们研究的重点和意义所在。

(二)关于李贽的先进性思想及其表现。学者们一致认为李贽的先进性思想涵盖了哲学、文学、史学、经济、社会等领域，是对封建假道学的彻底批判。其哲学思想具有朴素唯物主义因素和人本主义关怀。其文学思想独树一帜，所提出的“童心说”文艺创作观是当时新文艺运动的理论旗帜。其史学观点别具一格，以对历史是否做出贡献的标准对历史人物进行重新审视评价，是唯物主义历史观的初步表现。其“经济与人生理想并举”的经济思想受其“多元哲学态度”的影响，已经蕴含了许多现代经济学的观点。其追求社会平等、男女平等的社会思想，为我国新民主主义革命推翻等级森严、男尊女卑的封建社会提供有力的理论武器。李贽能冲破封建礼教的束缚，超越时代习俗的局限，并表达出对新事物的呼声，堪称我国资本主义萌芽时期的杰出启蒙思想家。

(三)关于李贽先进性思想形成的主客观原因。学者们一致认同，泉州当时的时代背景，对李贽思想的形成产生重要的影响作用。李贽生于封建社会末期资本主义萌芽开始出现的时代，成长于泉州这个具有浓厚商业意识的东南沿海城市，有着世代为商的家庭背景，这些都是李贽先进思想形成的客观原因。主观上，李贽生性富于独立思考精神、性格刚强，这与李贽反传统思想的形成有直接联系，并相互促进。同时，李贽具有回族血统，当时回族的卑微地位加上外来思想的影响，也促使李贽致力于求变、求新。

(四)关于李贽先进性思想的影响。会议一致认为，李贽思想是李贽留给中国乃至世界的一份优秀的文化遗产。李贽是我国封建社会后期的杰出思想家、文学家、史学家。他的一系列进步思想观点在当时的封建社会振聋发聩，具有思想启蒙作用；对中国明、清两代及近现代以来的思想、文化发展都有着独到的积极作用；对日本、朝鲜及东南亚诸国的社会发展也产生深远影响；甚至对我国现阶段的改革开放事业、三个文明建设和构建社会主义和谐社会仍有着丰富的借鉴和启示意义。

（五）关于李贽思想是否形成体系。会议认为，李贽进步思想具有开放性、创新性、多元性、统合性，内容丰富复杂，但他自己还没有标举明显的体系，一些观点议论往往是因时因事而发，有特定的针对性，有的甚至有自相出入之处。所以有的学者（如蔡灿津教授）认为李贽有新的思想和见解而未形成系统的理论体系，而有的学者（如陈祥耀教授）则提出李贽思想的一些矛盾在他的体系中可以对立统一，还需进一步厘清。

（六）关于李贽的民族成分及世家故居。根据吴幼雄教授考证，认为李贽为回族人。根据李少园会长及李马星先生考证，认为李贽祖籍是泉州，其故居在泉州市鲤城区南门万寿路 123 号（原 159 号）。根据林海权教授考证，认为李贽的三世祖应为李允诚而非其他人。但关于这些问题，与会学者意见还有分歧，认为需做进一步研究，不能就此做出定论。

（七）关于李贽思想其他方面的研究。会议认为李贽研究的许多问题仍然有待深入，如：如何看待李贽批孔批儒的实质，如何更深入地认识李贽思想的先进性及其地位作用，如何厘清李贽思想同儒、道、佛、法、墨、王学等学派思想的关系，如何阐释李贽的政治观、经济观、历史观、美学观、心性观、人生观等观点内涵以及李贽著作、生平史实的考释等问题，都有待进一步研究探讨。

（原载《陇西文史研究》，2004 年第 1 期，
收入《泉州学林》，2004 年增刊，见《泉州
市李贽思想学术研讨会论文集》）

“李贽与东亚文化国际学术研讨会”综述

黄海德

中国思想文化曾经为人类文明做出过巨大贡献，而李贽则是中国思想文化在明代这一特定历史阶段的重要代表之一。著名思想家李贽的故乡是福建泉州，而素有“海滨邹鲁”之称的泉州是享誉海外的中国历史文化名城，2014年更因其对东亚地区文化社会的深远影响而被评为“东亚文化之都”。因此，在闽南金秋，群贤毕集，共同探讨著名思想家李贽的丰富思想内涵及其与东亚文化的关系就具有非同一般的学术价值与时代意义。

在中国思想史上，李贽以反对封建礼教与强烈的批判精神而著名，尤以主张自由、平等而肇开近代启蒙的时代意义，对明清以来的中国思想文化产生了重要影响。自20世纪以来，学术界多次召开专门研讨李贽思想及其时代意义的大型学术会议，国内著名学者如任继愈、蔡尚思、张立文、李锦全、张建业、许苏民等先生，福建知名学者如吴幼雄、林其泉、李玉昆、陈鹏鹏、陈少牧等教授均先后撰文参会，对李贽思想的哲学、文学、史学、宗教、伦理、经济、教育及时代背景、中外文化交流等方面，展开了多方面、多层次的探讨和研究，成果累累，多有建树。1987年12月，作为李贽故乡的泉州曾召开了研讨李贽思想的首次学术会议；时近30年以后，又因缘际会，泉州市李贽学术研究会在主办单位“东亚文化之都”建设发展委员会办公室、泉州市社会科学界联合会与协办单位泉州学研究所、泉州府文庙文物保护管理处、闽南李氏宗亲联谊会的鼎力支持下，筹办召开了“李贽与东亚文化国际学术研讨会”。尤其此次会议正值泉州申办“东亚文化之都”成功之际，又逢习近平主席在“纪念孔子诞辰2565周年讲话”发表之时①，故较之以往历次李贽研讨会，饶具特别重要之意义。出席会议者共有来自我国北京、山东、河南、山西、云南、福建等地与日本、韩国的中外学者及各方人士一百余人，会议共收到有关李贽研究的学术论文近40篇，兹就其论文内容，分为李贽的家世与生

① 习近平主席讲话说：“中国优秀传统文化的丰富哲学思想、人文精神、教化思想、道德理念等，可以为人们认识和改造世界提供有益启迪，可以为治国理政提供有益启示，也可以为道德建设提供有益启发。对传统文化中适合于调理社会关系和鼓励人们向上向善的内容，我们要结合时代条件加以继承和发扬，赋予其新的含义。希望中国和各国学者相互交流、相互切磋，把这个课题研究好，让中国优秀传统文化同世界各国优秀文化一道造福人类。”见《人民网》2014年9月25日报道。

平、李贽思想的丰富内涵及其特征、李贽思想的社会影响及时代意义、李贽思想与东亚文化四个方面综述如下。因此次研讨内容丰富，涉及面广，若有贻误，尚祈教正。

一、关于李贽的家世与生平研究

关于李贽的家世，有李姓与林姓之同宗分派说，而其生平自泉州出生、青年游学、中年从宦至晚年陷身囹圄，身历数地，辗转南北，其人生经历与其思想形成具有十分密切的关系，参会学者对此进行了多方考察与探讨。

作为李贽的故乡，泉州学者在搜集有关李贽家世与生平的史料方面一直做着不懈的努力，并多有成就。石狮市博物馆李国宏研究员撰有《新近发现李贽研究资料浅谈》，通过钩稽史籍，考证碑志，对李贽之生平行事、交友、著述、宗亲诸事皆有辨获。如明代厦门名士池显方所撰《晃岩集》有《李卓吾先生传》，其中涉及李贽之字号、议论、著述、求学、为官及被害事，多有它书所未记载者，殊为珍贵；又如石狮市博物馆于2012年收藏出土之《明晋邑登瀛里处士厚竹林公墓铭》，为南安进士李佺台撰文，其内容涉及李贽家族先代世系以及登瀛林氏宗祠，明确记载林通衢支派历代始祖在泉州城内的居住地点，则登瀛林氏祖居并非李贽出生地，但是将登瀛林氏宗祠视为“李贽故居”之举，早在清末民初就得到泉州士绅及乡人的认可，资料翔实，言之有据，为李贽研究提供了重要史料。

李贽素有中国古代思想界的“异端”之称，曾自言其平生“自幼倔强难化，不信学，不信道，不信仙、释。故见道人则恶，见僧则恶，见道学先生则尤恶”。泉州师范学院附属中学的陈益聪先生针对李贽这一思想特征，专门撰写了《“异端”李贽的传奇人生》以做探讨。作者认为，李贽具有特殊的家世，其祖、父皆有回教信仰，族人亲友多长期经商，广泛接触社会三教九流，使其在青少年时期就对一些问题产生了不同于流俗的看法，故此家庭生活环境促使了“异端”思想的萌发；而李贽生活的时代，泉州已成为同海外的交通要地，异域的宗教、文化、风俗习惯等都对闽南产生了相当影响，故社会历史环境亦促使李贽“异端”思想的萌发；尤其在接受了泰州学派“百姓日用即道”的思想以后，丰富并践行了其“异端”思想，“坚其志无忧群魔，强其骨无惧患害”，正是思想“异端”李贽一生的真实写照。

明朝万历初年，李贽在云南姚安任知府从宦三年，辞官之后即断绝仕途，潜心学术，故此为李贽人生的一大转折点，云南民族大学和勇教授撰有《政治人生向学术人生的转变——李贽姚安三年》予以探讨。作者详细考察了李贽在姚安为政三年的经历，包括李贽提出的“以德化民”的理念，坚持以人为本的“至人之治”；重教化，兴教育，重视培养当地人才的兴教措施；李贽秉持“从故乡而来，两地疮痍同满目；当后事之后，万家疾苦总关心”的忧患情怀，所做出的“顺民养民”的施政表现。李贽离开姚安之时，两袖清风，“囊中仅图书数卷”，士民挽留，车不得发。作者的结论是：李贽在姚安为官虽短，但却是他一生中直接治理地区和感触下层社会的唯一机会，故其启蒙思想与姚安紧密相关。“可以这样说，李贽经过了姚安这片沃土的润泽，才成就了他在中国思想文化史上的地位，姚安又因为李贽的这段人生宦游而受到世人的关注”。

泉州市鲤城区方志办原主任许伙努先生撰有《李贽文物史迹摭谭》，根据10年前作者与泉州学者陈鹏鹏、洪鹤年、吴英明等人组团前往湖北麻城、河南辉县、北京通州以及山西大同等地参观考察李贽有关史迹所获调查资料，对李贽在云南姚安、河南商城以及北京通州李贽墓等多处文物史迹进行了细致考辨与阐述，可补以往研究李贽史料之不足，并为学界的李贽生世研究提供珍贵的第一手资料。

闽南李氏宗亲联谊会李远洞、李正清先生合撰《研究李贽　促进交流》，以李氏宗族传人的身份，叙述了南安“李氏家庙”的重建过程，并据有关族谱解释了李贽二世先祖曾经姓林的缘由，介绍了《榕桥李氏族谱》所载《祭卓吾伯》的祭文内容。为了更好地弘扬李贽进步精神和保护李贽纪念祠，南安榕桥李贽纪念祠管委会正在规划塑造李贽铜像并建造李贽广场。

泉州市道教协会林泉先生撰有《泉州林李同宗的本姓说探讨》，引明代万历泉州解元李光缙所撰《登瀛林氏祠堂记》，言泉州林、李同宗，“仍林姓者议李，李姓者议林”，“昭穆不紊，祭祀佥同，姓分而族不分，此亦荐绅家一大奇事”，并依据多种李氏族谱与林李宗谱，详细考证了泉州李派本姓说与林派本姓说的历史渊源，阐述了泉州林、李同宗分派的传衍史实。

泉州市博物馆林灵灵先生撰有《从李贽史迹看李贽思想变化》，作者先后考察了李贽的出生地泉州，中年首次任职之地河南辉县，其思想萌发地北京，晚年落发出世的湖北麻城，身陷囹圄的最终之地北京通州，认为李贽由青年学儒到中年反儒，再到晚年的信奉“真儒”，其人生经历与周围环境锻造了李贽不同寻常的一生，也成就了李贽卓杰超前的学术思想。

二、李贽思想的丰富内涵及其特征

李贽作为中国明代杰出的思想家，在哲学、文学与史学诸方面均有重要的学术成就，并以其反对封建专制、追求平等自由的思想特征与积极开拓进取的精神，从而开启中国近代启蒙的时代意义，备受中外学界注目与重视，与会学者在此方面探讨甚多，论述深入，阐释析理，时有新见。

首都师范大学张建业教授在李贽学术研究方面贡献颇多，其主持编纂的《李贽全集注》代表了中国学术界目前在这一领域的最高水平。张教授认为，李贽具有反封建压迫、反传统思想的近代人文主义启蒙思想，对我国文化思想的发展产生了重要影响；从另一角度看，李贽反封建压迫、反传统思想的战斗精神和启蒙思想，同时对人们的思想解放起到了一定的推动作用。作为一位杰出的明代思想家，李贽提出的很多命题，都表现出不同世俗的见解，这些见解的核心就是要求以人为本、个性自由、心灵自主与精神解放。从中国封建社会的文化思想发展看，这是对主体意识长期被奴役被禁锢的反抗，显示着主体意识从被奴役被禁锢趋向觉醒的进步走向。以李贽为代表的这种传统文化中的启蒙思潮，既体现着中华文化传统中的精华所在，并与当今的时代精神有一定程度的内在相通。

由先秦儒家所制定的有关“礼”的内涵与形式，奠定了中国两千多年的政治文化模式。由于“礼”是以内在的“仁”（即“仁者爱人”）所生发的，比法律等强制性手段具有更加强效的道德力量，于是儒家文化圈的东亚国家依托“礼”的内涵，先后建立起既有固有内涵又各具特色的传统文化。李贽在对“礼”的本质进行考究之后，把国家政体分成“君子之治”与“至人之治”两种，贬抑前者而推崇后者。韩国 Hanbat 大学金惠经教授撰有《李贽论“至人之治”》，对李贽极为推崇的“至人之治”进行了专门分析，并提出了独到的见解。作者认为，由于李贽所认为的“礼”是“自齐”，所以他反对强行趋同的“君子之治”而赞美“因性牖民”的“至人之治”，主张“至人之治”才是具有自律性、民主性、现实性的理想境界与国家政体。因此，“李贽思想所显露的现代因素，不仅与西方人文主义思想有着异曲同工之处，而且还对今人思考、探寻现代社会问题的解决方式以及思想的发展方向有着重大的启迪作用”。作者敏锐地指出了李贽思想的现代意义，即让社会每个成员都能实现自己生命的最大价值与意义，实际上是为万人平等的近代秩序开辟了道路，十分难能可贵。

自 20 世纪以来，学界多将李贽称誉为明代的启蒙思想家，但著名的清初三大思想家却对李贽持强烈的批判态度，尤其是黄宗羲的名著《明儒学案》独无李贽传，这是思想史上值得深思的问题。河南师范大学王记录教授认为，从思想的内在逻辑理路分析，三大思想家在理欲观、佛禅观、对历史人物的评价三个方面均与李贽思想存在严重分歧。三大思想家主张理、欲并重，反对纵欲，而李贽将人欲等同天理，并充分肯定人的私欲，主张私欲即为公利，这是和程朱理学排斥私欲的“天理之公”直接相对抗。三大思想家力主辟佛，而李贽治学出入佛老，晚年更是事佛有加，甚至落发为僧，摒弃世俗人情，走向极端狂禅。三大思想家鼓励气节，贬抑五代冯道，“身为宰相，旦此夕彼，如失节之妇，二十年而五适人，人皆得而贱之”；而李贽评价历史人物，敢于冲破成见，独持己意，如称秦始皇为千古一帝，武则天是圣后，并对冯道倍加称赞，称其为“吏隐”，在历史人物的品评是非方面与清初三大思想家迥不相同。作者由此认为，从三大思想家与李贽的分歧可以看出，随着时代的变迁，中国早期启蒙思想具有阶段性特点，启蒙思想的承继与发展缺乏一种自觉的连续性。李贽的思想表现为个人对社会的抗争，三大思想家则是既批判了专制制度，又照顾到明清易代之际特殊历史条件下人们的思想特征，二者都具有进步意义。同时，三大思想家虽然批判了李贽，但二者之间深层次的思想逻辑上的一致性还是相当明显的。

日本北海道大学佐藤鍊太郎教授所撰《苏辙与李贽〈老子解〉的对比研究》，将《老子集成》所收宋代苏辙的《老子解》四卷与《丛书集成》所收李贽《老子解》二卷作为底本，对两种《老子解》中有关“圣人”的见解以及儒、佛、道三教之关系的阐述做出了深刻解析与精到论述。认为苏辙之解既提示佛老一致，又倡导孔老一致，其会通三教的思想特点十分显明。而李贽的《老子解》认为“圣人”不是超越世俗的悟道者，而是与现实政治具有密切关系、实行“无为而治”的国家统治者；因此，虽然李贽的《老子解》在形式上蹈袭了诸多苏辙之说，但是苏辙的注解往往偏向于“无欲”、“无心”的修养论，而李贽的注解大多属于政治论的阐释，此为二人不同的思想特征。

福建师范大学陈祥耀教授撰写《李贽的进步思想及其批儒批孔的问题》，论交共分为三大部分，即李贽的进步思想，李贽思想的复杂性，李贽批儒批孔的实质。陈教授认为，李贽的进步思想主要有求真实、求公平、主发展、主兼容四个方面，其中最为重要的是反对束缚人类本性的专制政治和虚伪礼教与要求重视保障人民的生活需求等内容。李贽思想的复杂性，主要体现在其哲学思想兼有唯物与唯心的色彩，认识论方面兼主先天与后天，人生论方面兼重功利与道德，而在融合儒、释、道方面则兼有入世与出世的思想特征。尤为重要的是，李贽批儒批孔的思想实质是反对“伪道学”，并非否定真儒学，李贽虽受佛学与道家的影响，但其思想的最后归向仍是儒家。因此，当代研究李贽与历史人物，要以历史主义的观点，以他们所处的时代条件，认识他们的思想贡献和历史局限，批判地弃其糟粕，取其精华，不能脱离历史条件，死守固定标准。应该说，作者的上述精辟见解，对于今天研究李贽思想，具有十分重要的现实意义。

泉州海外交通史博物馆李玉昆研究员所撰《李贽的佛学思想》，对李贽平生与佛教的因缘做了全面的考辨与梳理。作者先对李贽学佛的时间做了详密考证，认为应是李贽三十岁左右在河南辉县任教谕之时；继之对李贽的佛学思想予以细致解析，认为李贽的佛学思想以禅为主，实为禅净双修，虽晚年佞佛，但仍主张三教归儒；最后广为搜集李贽的佛学著作并加以胪列，主要计有《心经提纲》《金刚经说》《禅读》《念佛答问》等。

泉州师范学院陈桂炳教授撰有《李贽与关公崇拜刍议》一文，首先考察了明代关公崇拜的历史背景与泉州关帝信仰的社会现象，并从《焚书》中李贽所撰《关王告文》《题关公小像》《谒关圣祠》《过桃园谒三义祠》等诗文深刻辨析了李贽有关关公崇拜的思想实质。认为李贽所提出的"君臣劝忠，朋友效义"，其中"君臣劝忠"在历史上多为士大夫所力倡，而"朋友效义"则为老百姓所乐道；作为士大夫一分子的李贽，大力推崇"义"，符合他作为我国封建社会后期进步思想家的思想特点。

泉州师范学院陈名实编审撰写的《李贽反对贵族统治腐朽化及其启示》，通过对李贽所处社会与贵族官僚的矛盾的揭露，深入分析了李贽思想中反对权威神圣化、反对理论虚伪化、反对行为腐败化中具有时代进步意义的思想内涵，并提出了其在当代社会的启示意义，认为"当代社会要发扬李贽把道德水准人性化的思想，必须提倡适应人们社会生活的道德标准，切实可行地提高人们的道德水平"。

泉州市博物馆的吕睿先生与蔡珊女士合撰《小议〈李卓吾先生批评西游记〉》，对李贽评点《西游记》的版本、内容及其思想特征进行了考察和阐述，认为李贽的评点具有心性修持的思想特点，其评点版本的问世对以后《西游记》的版本产生了一定影响，从而在《西游记》小说的演变和传播中占有重要地位。

闽南李氏宗亲联谊会的李文沛先生与许良兰女士合撰《再探李贽哲学思想之一二》，认为李贽的哲学思想主张平等大同，万物平等，德行合一，维护真理，对明清两代以及近代中国的思想文化产生了重要影响。

泉州市博物馆刘英英女士与林清潮先生合撰《从〈荔镜记〉看李贽的妇女观》。《荔镜记》为李贽所作，描写泉州才子陈三与潮州才女黄五娘追求婚姻自由的戏剧故事，表现了李贽提倡"男女平等"与"婚姻自由"的思想主张，具有一定的进步意义。

泉州市博物馆陈锦山先生撰文《浅谈李贽"童心说"及其影响》，认为李贽

《童心说》既是一篇重要的哲学著作，也是阐明文学主张的重要论文，揭示了假道学，宣传了真文学，在当时及后世对儒学思想产生了强有力的冲击，并开启了晚明文学思想的新模式。

泉州晋江的陈金土先生通过对《焚书》与《续焚书》中李贽诗歌的解读，撰写了《一座为伟大思想作注的诗歌殿堂》，对李贽诗中所蕴含抒发的为家国天下愤疾而书的深切情怀与关怀亲友世人的本初真心，从文学与思想交相融合的视角进行了饶有意义的阐述。作者认为，李贽所撰四言长篇《读书乐》一诗，有"天生龙湖，以待卓吾；天生卓吾，乃在龙湖"之佳句，"一种天下舍我其谁的气概，一种人与天地山水契合的痴人情愫扑面而来"，感人至深。可以看作是李贽几十年诗作的总序言，是一篇采用长诗的文学形式而做出的李贽思想体系的完整注脚，可以说与李贽思想发展的步伐和脉络亦步亦趋并互为表里。

三、李贽思想的社会影响及时代意义

李贽是中国明代杰出的思想家，但其思想却对明清以来的中国思想界乃至近代中国思想的启蒙均产生了十分深刻和久远的影响，从而彰显出十分鲜明的时代意义。

厦门大学颜章炮教授撰有《李贽的进步思想及其现实意义》，从治国理政、为人处世、为官治事、思事治学四个方面对李贽思想的进步意义进行了客观全面的考察和研究。作者认为，在治国理政方面，李贽主张必须顺应时代变化，采取相应措施，不能因循守旧，一成不变，力主顺时变革，反对因循守旧；在为人处世方面，李贽主张言顾行，行顾言，言行一致，表里如一，反对虚伪腐败，公开批判假道学者，"阳为道学，阴为富贵，被服儒雅，行若狗彘然也"；在为官治事方面，提倡政令清简，廉洁爱民；在思事治学方面，主张独立思考，不断求索。在近来的学术研究中，有学者认为李贽对孔子尊崇备至，只反鄙儒和俗儒，而对真儒和大儒深表敬意，实际维护封建伦理道德和封建统治秩序，其反封建是不彻底的。而作者坚持历史唯物论的立场，认为李贽对封建主义的反对和批判的不彻底性，那是由于时代和历史的局限，我们不能以今天的眼光要求四百多年前的李贽与封建主义彻底决裂，那是对古人的苛求。

泉州师范学院吴幼雄教授所撰《李贽思想源于和高于时代》，首先提出了如何客观看待和评价李贽思想的问题，吴教授凭借其对闽南历史文化的深邃学识，认为应将李贽的思想、行为与著作置于中国明代嘉靖、万历这一中国封建社会末期的特定历史环境来研究，同时也应研究李贽的民族成分。吴教

授认为，根据泉州《登瀛里林大母贞勤迭氏墓志铭》、林氏《睦斋公圹志》与《李卓吾先生遗言》等文献资料与文物史料，结合李贽的家世与生活习俗，“足证李贽出身回族家庭”，但他已不信仰伊斯兰教。李贽生活的社会时代与民族成分对李贽思想的形成起到了一定作用，其思想源于时代并高于时代，在评价李贽思想的积极因素的同时，也要看到李贽思想的历史局限性，这才是历史唯物主义的态度。

华侨大学陈少牧教授对闽南文化有着独特的研究，所撰《浅析闽南文化特质对李贽思想的影响》的论文，首先从中原文化、海外文化、闽越文化与闽南文化在历史上长期交汇的深厚关系客观分析了李贽思想中的闽南文化背景；其次结合海外贸易和移民对闽南文化的影响、“世界宗教博物馆”对闽南文化的充实、多元文化对闽南文化的熏陶等方面的丰富内容，对李贽思想中先天蕴含的闽南传统文化基因进行了深层解读；在上述分新和解读的基础之上，综合提出了李贽具有进步意义与时代价值的思想特征，即改革与创新的大无畏精神，海纳百川博采众长的谦恭精神，勤奋与拼搏进取精神，仁爱、诚信与刚正不阿的人本精神等，从而充分说明李贽是在中华民族历史发展进程中具有相当影响的杰出思想家。

由泉州市李贽学术研究会会长李仁东先生、闽南李氏宗亲联谊会秘书长李荣泉先生合作撰写的《试论李贽思想文化的影响力——写在泉州入选“东亚文化之都”之后》，全面论述了李贽思想对中国近代社会重大事件，如戊戌变法、辛亥革命的积极影响，对新文化运动、五四运动的重要影响，以及对日本、韩国、新加坡甚至意大利、美、英、法等国不同程度的影响。论文深入分析了李贽思想文化的精辟内涵和要义，诸如反对封建专制对人民的束缚与关注民生民情民事的“爱民”思想、“不以孔子之是非为是非”的观念、经世致用关乎民生的为政思想、抨击封建森严等级、伸张平等与个性、抨击封建纲常礼教提倡男女平等的思想等，均具重要之思想价值与时代意义。著者认为，李贽是中华民族发展史上杰出的文化代表人物，应该塑造成为“东亚文化之都”泉州的城市文化名片。

山西大同大学李珍梅教授撰写的《李贽对晚清山西思想解放的影响》，对李贽在明万历年间赴山西访游撰著的经历进行了详细考察，认为李贽具有反对封建压迫和束缚，呼吁平等与自由，主张经世致用等超前的思想内涵，这些思想在当时“搅动了社会观念、意识领域。有热情欢迎称颂他的，如焦竑、公安三袁等。尤其是得到了下层群众的拥护”，并对当时以及晚清的山西思想解放产生了一定影响。作者将李贽思想与山西思想解放的具体内涵进行了比较与梳理，如李贽的义利观和晚清晋商的“学而优则商”，李贽的教育观与晚清山西的新式教育，李贽的“三教本一，三教平等”观和晚清山西信仰的多元化等，对于反思李贽思想与开展当代文化建设不无启迪意义。

泉州市鲤城区侨务办公室李正清先生与泉州市市委党校李芳尚教授合撰《浅议李贽启蒙思想的历史进步性及影响》，从抨击封建专制与反对封建教条，主张个性自由与思想解放，提出平等意识与倡导民本思想，反对理学空谈与提倡功利主义等方面论述了李贽的历史进步性；提出强烈抨击封建专制制度，反对传统思想的束缚，以及由此形成的独立、自由、批判和开拓进取精神，使他在我国思想文化史上占据非常突出的地位，直至今天仍具有极强的现实借鉴意义。

泉州市博物馆陈国珠女士撰写《如何做好李贽思想的普及性宣传》，提出必须切实保护好李贽故居等历史性文化景点和文物，开展李贽思想文化的各种讲座，扩大李贽思想在社会各界的影响和作用，将李贽思想加以传播，既是对李贽思想的保护和发扬，同时也是在社会中形成与时俱进的自由风气，积极培养开拓精神，保持泉州自古以来笃定的文化气息。

山西大同大学翟鑫与何建国教授合撰的《李贽民本思想对中国近代的影响》，论述了李贽民本思想的具体内容，如重民安民、因性牖民，富民养民、兴利于民、爱民信民、取力于民等，认为其民本思想一方面继承了儒家传统重民思想，另一方面又带有近代启蒙性质，同时对中国近代产生了重要影响。当今之世，李贽不畏强势、向往平等、重民爱民的精神，仍是一种高贵品质，值得我们去继承和发扬。

四、李贽思想与东亚文化

中国泉州既是李贽的出生之地，又是著名的“东亚文化之都”，李贽思想的形成和成就既受东亚文化的熏陶和影响，又通过文化传播对日本、韩国、东南亚等国家地区的思想文化甚至社会变革产生了程度不同的多种影响，由此具有十分重要的现实意义。

厦门大学林其泉教授撰写的《试论李贽思想对日本的影响》，着重考察探讨了李贽思想对日本反道学思想的影响，对明治维新派的影响以及李贽评点《水浒传》对日本文学界的影响。尤其对日本学者铃木虎雄编纂的《李贽年谱》与沟口雄三教授撰写的《李卓吾——中国正统思想的异端》给予日本学术界的影响予以高度评价，并将沟口教授誉为日本李贽研究的学术权威。无论从历史和现实来看，李贽思想对日本思想界、文学界、史学界的影响既是中日文化交流的重要内容，又是中日人民友谊的历史见证。

韩国庆熙大学申龙澈教授所撰《韩国学界对李贽的评价》，从思想与历史纵向发展的维度，对韩国学术界自20世纪以来对李贽思想的各种评价进行了总体全面的回顾与阐述。作者认为，李贽的思想在政治方面对于强化王权和富国强兵的经世政治观和经济方面对中国最初的资本主义萌芽产生过巨大的影响，特别是宋元时期，李贽的故乡泉州作为世界最大贸易港，“海上丝绸之路”的起点，在此与外国人和外国文化的接触成为对外开放的重要思想基础。因此，李贽不仅是中国，也是朝鲜、日本乃至整个东亚的代表性的自由思想家，其超时代的思想也为20世纪和21世纪的人文精神和社会革弊奠定了思想基础。

朝鲜思想上，宋明时期最具影响力的思想家要数朱子、王阳明与李卓吾。朱子学和阳明学的影响范围较广，大多以家族和学派的形态存在；而李卓吾的思想偏离传统的朱子学和阳明学，更加重视情感、儒佛的交流和自我体验等，属于一种新的形态，只被朝鲜少数学者接纳，其中较有代表性的学者即是许筠、丁若镛、李建昌。韩国宗教文化研究院崔元豪院长撰写的《李卓吾和韩国的茶山丁若镛》对此进行了专门探讨。茶山丁若镛是韩国历史上博学多产的一位学者，他在所撰《论语古今注》中将李卓吾对孔子思想的见解加以吸纳，这在当时受性理学支配的朝鲜是一个巨大的挑战，也能看出茶山海纳百川的思想魄力。丁若镛在《论语古今注》中对李卓吾《论语》评说的引用与朱子注相反，体现了其经学特征，论文列述了丁若镛受到李贽思想影响诸方面的阐述，如做学问的理由、读史之法、确立目标、静存与洞察、奸邪之源、淡泊致远、真道学、守旧之告诫等。以上内容反映了公元17世纪至19世纪中叶，李卓吾的思想带给朝鲜思想界一定的影响，然而并未像性理学和阳明学一样形成学派，而是给予当代政治家和思想家改革以某种程度的启发。李卓吾的思想对于朝鲜后期思想界意义甚大，由此也切合我们本次会议的主题，即探寻东亚文化视域中的李卓吾思想。

泉州学研究所彭志坚先生着眼于东亚文化的视角，撰写了《日韩学者笔下的李贽》。作者广为搜集了自20世纪90年代以来日本和韩国学者研究中国哲学、史学与文学涉及李贽思想的学术论著，如日本学者今道友信撰写的《文化全球化时代的对立与融合——比较文化研究》、大塚秀高的《关于〈绝缨三笑〉》、佐藤錬太郎的《苏辙与李贽〈老子解〉的对比研究》、中野美代子的《吴承恩与邱处机——围绕作者的误解》、井山泰山的《日本人与〈三国志演义〉——以江户时代为中心》，韩国学者李润和撰写的《近五十年来韩国的中国史学史研究述评》、李哲承的《新世纪“儒群社群主义”的意义与问题》、金庭希的《袁宏道性灵说研究——兼与李贽比较》、朴钟学的《论李贽“童心说”在其文艺思想中的作用与意义》等，尤其对上述论著中有关李贽“童心说”、史学思想、妇女解放思想、小说评点及李贽思想对东亚思想文化的影响诸方面做出详明梳理并予以阐释，由此说明李贽以其特立独行的思想、个性鲜明的人格，以及在中国思想文化发展史和东亚文化交流史上的贡献，不但长期以来成为我国史学研究的热点人物，在日本和韩国的中国史学研究中，也是一个受到广泛重视的历史人物。

北京社会科学院王杰博士是一位很用心的专业学者，她所撰写的《日本对李贽思想的评价》一文，对中国与日本的李贽研究进行了一番客观详细的学术考察，认为以日本岛田虔次教授与沟口雄三教授的李贽研究代表了目前为止的日本学界的研究水平，然而其中却存在若干如怎样理解李贽的“童心说”以及如何正确评价李贽思想等值得商榷的学术问题。作者立足于中华古典文化的言说语境，对上述问题提出了自己的学术见解与看法，并期望国内学术界不仅要吸收现有的李贽研究成果，也要注意吸收包括日本在内的国外有关李贽的研究成果，为重新评价李贽其人及其思想做好准备。

南安市李贽学术研究会副会长王国钧先生撰写的《李贽是东亚文化杰出的代表人物》，客观梳理了东亚文化的基本内涵和特征，阐述了李贽的进步思想植根于东亚文化，彰显了李贽思想对东亚文化的贡献，论述了李贽思想在东亚文化的地位和影响，对李贽给予了高度评价，认为李贽作为一位杰出的思想家，他提出的很多思想命题，既是中国文化的精华，又具有对当代社会的启示性，是文化兴国要继承和研究的重要组成部分。

泉州市地方志编委会吴远鹏先生所撰《李贽思想及其在东亚的影响略说》，对李贽的生平进行了初步梳理，并对李贽具有进步意义的思想内容予以清晰阐释。文章对韩国学者许筠所受之李贽思想的影响，以及近现代学术界金惠经教授与日本学者吉田松阴、铃木虎雄教授关于李贽的学术研究做了重点介绍。

日本北海道大学张阿金研究员以《李氏焚书抄》与《李氏续藏书抄》为中心，阐述了吉田松阴对李贽的评价。吉田松阴是日本江户时代著名的思想家、明治维新的先驱者，其于安政年间先后抄录编纂《李氏焚书抄》与《李氏续藏书抄》，深受李贽思想影响。该文详细胪列了吉田松阴抄录李贽《焚书》与《续藏书》所作的眉批，并结合中、日两国有关思想史的内容予以阐释，对研究李贽与吉田松阴的学术见解与政治思想均有相当助益。

泉州市李贽学术研究会常务副会长陈鹏鹏研究员所撰《李贽思想与东亚文化》，以其长期的文博工作经验与学术功底，对李贽思想的进步内容及其产生的社会背景，进行了详明阐述。并从世界文化传播的视野，对李贽思想在日本、韩国、东南亚以及欧美各国的传播与交流加以回顾与展望，尤其是对此种传播和交流的学术价值和现实意义给予了相当关注。作者认为，适逢泉州东亚文化之都活动年，在泉州召开“李贽与东亚文化国际学术研讨会”，以多种方式宣传李贽和研究李贽，“这是泉州学术界义不容辞的职责”。

（原载《李贽与东亚文化》，厦门大学出版社，2016 年）

附录三

李贽研究的开拓

——记首都师范大学教授张建业

（代 山）

李贽——中华优秀文化传统中的一座丰碑

李贽(1527—1602)，号卓吾，福建泉州人(祖籍南安)，明代杰出的思想家、文学家、史学家，具有国际影响的学者。他提出的很多理论命题，如反对保守践迹，主张与时俱进；反对唯圣唯上，主张以人为本；反对迷信盲从，主张实践验证；反对假人假言，主张童心真心；反对官吏贪赃，主张廉洁治政；反对男尊女卑，主张男女平等等，就是在今天也具有强烈的现实意义。李贽的思想具有开拓精神和进取精神，对明、清两代以及“五四”时期的思想家、文学家都产生了深远的影响。1981 年中共中央书记处政策研究室和《人民日报》发表的《爱国主义是建设社会主义的巨大精神力量》，把李贽列为中华民族杰出的历史人物之一；《红旗》杂志等编写的《中华英杰录》，李贽被选为我国历史上八十三位英杰之一。这都表明李贽在我国思想文化史上占有特殊地位。

李贽对日本的明治维新产生过直接影响，日本幕末时期著名汉学家、明治维新运动的先驱吉田松阴，在思想上就深受李贽影响。日本现代著名汉学家铃木虎雄对李贽进行过深刻研究，并著有《李贽年谱》；现代许多日本著名学者都在从事李贽的研究。李贽和意大利传教士利玛窦有过交往，并有深厚友谊；比利时人金尼阁神父当时协助利玛窦在华的传教工作，和李贽也有接触，这些在《利玛窦中国札记》中都有记载。德国汉学家福兰阁在其专著《十六世纪中国之思想斗争》中对李贽的思想、品格给以极高评价，还撰写了有关李贽的研究论文《李贽》、《李贽与利玛窦》。在韩国、新加坡、美国、法国、英国、瑞士、意大利、俄罗斯等国也都有学者从事李贽的研究。特别是在东南亚诸国，居住着众多的李氏后人，很多学者都在从事李贽的研究，李贽的影响更为深远。这说明李贽在世界思想文化史上占有一定地位。

但是，长期以来对李贽的研究却不够深入。明末至清代，李贽的著作几遭禁毁，虽然有学者编辑了《李温陵集》、《李氏全书》等，但这些“集”、“书”，实际上只收录了李贽部分著作，而且，全都没有注释。对于李贽著作思想的研究，虽有一些专题论文，但专著之作也寥寥无几。这不能不说是李贽研究以及中国思想文化史研究的一大遗憾。再者，由于李贽著作的一再遭到禁毁，人们只知道《焚书》、《续焚书》、《藏书》、《续藏书》、《初潭集》等几部作品，容肇祖的《李贽评传》，日本铃木虎雄的《李贽年谱》都主要依据这几部书进行研究与系年，其遗漏与贻误都极多。实际上李贽还有很多著作为中外学界所忽视。如李贽经数十年完成的最后一部著作《九正易因》，就是一部极为重要的易学著作。对李贽极端攻击的纪昀，在编辑《四库全书》时对李贽的作品一概不收，在《总目提要》中对李贽的著作极尽贬斥，称其“狂悖乖谬，非圣无法”，“贻害人心”，“罪不容诛”，所以只“存其目，以深暴其罪焉。”[①]但在《九正易因》“提要”中却说：“贽所著述，大抵皆非圣无法，惟此书尚不敢诋訾孔子，较他书为谨守绳墨云。”[②]表现出对《九正易因》的充分肯定。不仅如此，纪昀在《藏书》、《续藏书》、《初潭集》、《李温陵集》等著作“提要”中，都特意标明“贽有《九正易因》已著录”，表明纪昀是把《九正易因》看作是李贽的重要代表著作之一的。把《九正易因》看作是李贽的重要代表作，除纪昀外，明清时代的很多学人如袁中道、袁宏道、马经纶、汪本钶、王宏撰等，都给《九正易因》以极高评价。李贽自己更是对《九正易因》的撰写表现出极大的倾心。李贽在《圣教小引》一文中曾说，他是50岁以后开始研读《周易》的[③]，研读成果初名《易因》，刻于万历二十八年(1600)，该年李贽74岁。而后又加以修补，改名《九正易因》，刻于万历三十年(1602)。《九正易因》是李贽用了近三十年研究的一部学术成果，但过去却不为人们所重视，实不应该。

又如李贽曾著有《孙子参同》一书，是对孙武《孙子》的研究之作。《孙子参同》其组织结构分为四部分：一是《孙子》原文，二是曹操原注，三是李贽评语，四是“参考”部分，引录了《武经七书》中其他“六书”中的有关论述。通过这种特有的组织方式，以《孙子》十三篇为线，把历代主要兵书著作的主要思想集中起来，使我们加深对《孙子》军事思想认识的同时，又可以对历代兵书著作有所了解。而李贽的评语，更是他军事思想的体现，与他早年写的有关军事思想的论文《兵食论》有着内在的联系，也与他曾亲自参加抗倭的斗争的实践体验有密切关系，梅国桢在为此书写的序中称：“集兵家之大成，得《孙子》之神解”，恰如其分。但是，历来对此书都没有给以重视和研究，也是一大缺憾。

不仅如此，李贽还有《老子解》、《庄子内篇解》，对老子、庄子做出了他独到的解析。李贽除大量有关佛学的论文外，还有《净土诀》、《华严经合论提要》、《心经提纲》等佛学专著。李贽在佛学上的造诣被袁宏道赞为天下第一，他在《张幼于》中说：“仆自知诗文一字不通，唯禅宗一事，不敢多让。当今勍敌，唯李宏甫先生一人。”[④]对于李贽佛学思想的研究至今也很有不足。李贽是位杰出的思想家、史学家、文学家，但他还有民俗之作，《山中一夕话》即为代表。该书分上下二集，上集专集词赋传文，或讽人身体貌之短，或批妒妇娼妓之恶，或嘲酒色财气之滥，或记文人雅趣于修辞之间，都寓讽趣于笑语之中，可说是“机锋笑柄，自嘲嘲人”，无愧“快书”之谓。下集广采历代名人轶事，诸说典故毕集，叙鬼神，谈道术，记风俗，呈文采，寄才情于嬉笑怒骂之中，谕劝诫于嘲谑调刺之间，既可为各朝文人儒士生平事迹备考，亦可从一些侧面见明代社会生活之图景，是寓诫于笑笑中引思之作。书中有些篇章还出以方言俗语，展以吴地风貌，所以，完全可以称之为民俗之作，从另一方面看出李贽的美学追求。李贽还是一位选文家，他有大量的选文作品刊行，举其要者如《阳明先生道学钞》、《卓吾先生批评龙谿王先生语录抄》、《坡仙集》等。通过文选表现了李贽的政治理想与美学思想，是研究李贽的一个重要组成部分，但至今这些作品都没有得到整理与研究。李贽还批点有大量的戏曲小说作品，为戏曲小说的发展做出了重要贡献，更是对中华优秀传统文化的重要贡献。

综上所述，可以看出李贽做出了多么巨大的文化贡献。他继承中华优秀文化的传统，出入儒释道，兼及文史哲，并有军事民俗之作，其著作极为深刻和庞博，我们完全可以称他是中华优秀传统文化的一座丰碑。为此，对李贽著作的整理，并在此基础上对李贽思想进行研究，是弘扬优秀传统文化的一项重要举措，也是一项艰巨的文化建设任务，这一任务的完成，具有重要的意义。

张建业教授对李贽著作的整理与研究

张建业教授长期从事对李贽著作的整理与研究，到目前为止，他撰著与主编的有关李贽的研究成果已出版面世的有二千五百多万字，举其要者有《李贽评传》、《李贽论》、《焚书注》(上下)、《续焚书注》、《焚书续焚书译注》、《李贽全集注》(26 卷)、《李贽文集》(7 卷)、《李贽小品文笺注》、《李贽研究》、《李贽研究资料汇编》、《李贽学术国际研讨会论文集》、《李贽论丛》等。这些研究成果有独到见解和首创精神，得到中外学术界的高度评价。这里以《李贽评传》、《焚书注》、《李贽全集注》三书为例作以说明。

《李贽评传》1981 年由福建人民出版社初版，1992 年出修订版，新修订的第三版也即将面世。该著作第一次将李贽的年谱与学谱结合起来进行研究，分别论述了李贽在人生不同阶段的经历与著述，对李贽的哲学思想、文艺思想、史学思想、理学思想、治政思想及佛禅思想进行了深入系统的探研。最后得出“李贽不愧是一位顽强的反封建压迫反传统思想的英勇斗士”和“中国走向近现代的启蒙先驱”的结论。该书还纠正了日本学者铃木虎雄《李卓吾年谱》和中国学者容肇祖《李卓吾评传》由于当时资料不足而多处的误书。书中对《九正易因》、《孙子参同》两书的评析更是首创，发前人所未发。周扬同志审读部分稿子后称赞说“甚觉有益”。谢国桢教授评审说：“《李贽评论》引据了大量的资料，排比其年代，参订其思想变迁，言之有物，确凿有据，是值得推荐的一部著作。……昔清代王懋竑撰《朱子(熹)年谱》，主要是把朱熹早期思想和晚年思想弄清楚了，遂成为有名之作。张建业同志研究学问科学的态度，大有后来居上之感。”《北京日报》1981 年 7 月 12 日发表专文《李贽研究的一部新著》说：“《李贽评论》不少地方发前人所未发……在以往研究的基础上前进了一步，是一部研究李贽思想的力作。”1987 年北京市举行第一届社会科学著作评奖，这是十年动乱后的第一次评奖，像冯友兰、季羡林、张岱年、费孝通、王瑶、白寿彝等众多名家都提供作品参加，《李贽评传》被评为二等奖，极为不易。1992 年的“修订版”，改写了十多万字，增补了新发现的有关资料，使该著作更加缜密而坚实。在 1992 年 11 月于北京通州召开的“李贽学术国际研讨会”时，大会以该著作作为李贽研究的代表作赠送中外与会学者，受到大家的高度评价。日本二松学舍大学教授著名汉学家疋田啟佑称：“日本在李贽方面的研究深受中国学者的影响……张建业教授的《李贽评传》深为日本学者所称赞。”疋田啟佑在日本《阴阳学》学刊 1993 年第 5 号上发表的《中国的李贽研究》一文中，特别突出了对《李贽评传》的赞扬，说“本书是真正的李贽评传”，“可以说是当今李卓吾评传中资料收集最为翔实、论证最为精湛的著作。”日本学术泰斗沟口雄三在给张建业教授的信中称《李贽评传》“大概可以称为定版书了。我认真阅读了您的大作，请允许我参照引用您大作中的内容，也请您允许我把您的大作作为指导学生的指南。”

季羡林、任继愈、蔡尚思、欧阳中石等也都给该书以称赞。《北京日报》1994 年 1 月 19 日在《李贽研究的新成果》一文中，称此书“体系更加谨严，资料更为翔实，论述更为精湛”，具有“独到的见解，理论的深度。”该书还多次获得包括省市级以上的奖励。并被中外多所高等院校指定为研究李贽与中国传统文化的必读参考书。日本沟口雄三的博士生佐藤錬太郎就是由读了《李贽评传》开始了对李贽与中国传统文化的研究，并成为日本著名的汉学家。李贽被一些学者称为“儒学的异端”，历来赞颂与责骂他的人都极多，“文化大革命”时，又把他作为法家代表而为当时的政治服务，怎样正确地认识和评价李贽成为学术上的一个命题。张建业教授的《李贽评传》从对李贽著作的深入研究，从学术层面给李贽以品评，使李贽研究进入一个新时期。正如王宝峰在《李贽儒学思想研究》一书中所说：《李贽评传》“已不是‘评法批儒’‘哲学政治等同论’那样的模式。由于作者在占有大量的翔实材料基础上，对李贽思想进行了实事求是的学术探讨，使得这部专著成为李贽研究走出‘文化大革命’模式的标志，也是迄今为止全面研究李贽思想的代表作之一。”“《李贽评传》之后，李贽思想研究展现出丰富多彩的局面。”[⑤]

《焚书》是李贽的主要代表作品，但由于李贽在此书中广涵儒释道，兼及文史哲，有些极不易解，因之从无人为之笺注，成为李贽研究与中国传统文化研究的一大缺憾。张建业教授费十多年的精力，对《焚书》进行了缜密的笺注。由于该书在流传过程中多有错讹，对此，张建业教授在笺注中首先选用了较精的明版做底本，并参加其他版本，依据不同情况，酌予校勘，辨证纠谬。如既参考了万历四十年(1612)陈大来《李卓吾先生遗书》、明末海虞顾大韶校刊本《李温陵集》等，又征引了和李贽关系密切的士人的文集、诗集以及晚明其他士人的有关论述。

由于可资借鉴者极少，只能从原始文献入手。注释中，根据经、史、子、集，以及各种方志、笔记、杂著等书，搜索钩稽，对《焚书》中有关儒释道思想、用语，对有关事件的历史时事背景，对有关人物的生平事迹及其朋辈交游，以及有关的典章制度、地理沿革、历史传说、难懂词语等等，都尽力予以注解。同时，对于所依之书，对李贽研究中的一些误说误传以及李贽著作本身的误书，也细心考核与查对，以免以讹传讹。如卷四《观音问》中《答明因》有几句，中华书局版是这样标点的：“无明‘实性即佛性’二句，亦未易会。夫既说实性，便不可说空身；既说空身，便不宜说实性矣。”把“无明”标为人名，“‘实性即佛性’二句”，当然是无明所说了。查中国佛教史，僧人号“无明”有三：一是宋僧慧性，有《无明慧性禅师语录》；二是元僧元长，有《千岩元长僧师语录》；三是明僧慧经，有《无明慧经僧师语录》。但三者“语录”中都没有“实性即佛性”以及与“空身”关系的论述。实际情况是唐代玄觉(真觉)禅僧在《永嘉证道歌》中所说：“无明实性即佛性，幻化空身即法身”(见《景德传灯录》卷三〇《永嘉真觉大师证道歌》)。此处“无明”并非禅僧之号，而是佛教术语“十二缘”之一，即无智慧、愚痴或迷暗之意。正因为“二句”是指《永嘉证道歌》中的两句，才可以解通李贽下边的论述。因此，这几句话的正确标点应是：“‘无明实性即佛性’二句，亦未易会。夫既说‘实性’，便不可说‘空身’；既说‘空身’，便不宜说‘实性’矣。”又如卷三《赞刘谐》中有“天不生仲尼，万古长如夜”之语，是儒家抬举孔子的最具代表性言论。经查阅，此语虽出自宋代唐庚《唐子西文录》，但朱熹在《朱子语类》卷九三中曾加以引用。从而使我们认识到，李贽在《赞刘谐》中借刘谐之口，对当时的尊孔思潮批判的同时，也对朱熹进行了讽刺。再如李贽的友人与学生有汪可受、汪本钶二人，很多学者与著作或把二人混而为一，或张冠李戴，一误再误。其实，汪可受，字以虚，号静峰，湖北黄梅人，官至山东右参政，写有《卓吾老子墓碑》。《明神宗实录》卷三五七、《明史》卷二二四、《明史稿》卷二七八、光绪《黄州府志》卷二〇、光绪《江西通志》卷一二“职官表”等都有他的事迹记载。而汪本钶，字鼎甫，安徽新安人，写有《哭李卓吾先师告文》。他只是一位一般的士子，但在《李氏遗书》基础上。继续收集李贽遗文，辨别真伪，编纂而成《续焚书》、《说书》、《言善篇》等，对李贽著作的整理与研究极有贡献。《焚书注》收入《李贽全集注》卷1卷2，2013年抽印本，获全国优秀古籍图书二等奖。

《李贽全集注》26卷，1400万字，2010年社会科学文献出版社出版。国家“九五”跨“十一五”重点课题。该书是目前收录李贽著作最为完备的全集，并加以翔实的笺注。由于明清两代对李贽的著作多次加以禁毁，著作的收集就极为困难。又由于李贽出入儒释道，兼及文史哲，并有军事、民俗之作，极为庞博又不易解。而且，除一些单篇外，从无人为之笺注，像《焚书注》一样，可资借鉴者极少，只能从原始文献入手，这都给注释造成了诸多困难。注释组同仁克服诸多困难，查阅了经、史、子、集，各种方志、笔记、有关诗文集，以及野史杂著，搜集钩稽，尽力完成了这一艰巨任务。李贽著作有多种版本流传，其中也多有错讹。注释中尽量选用较精的版本为底本，并参照其他版本与相关资料予以校勘，辩证纠谬。如《续藏书注》以中华书局1974年修订重印断句本为底本，注释中参考《明史》、谈迁《国榷》、夏燮《明通鉴》、谷应泰《明史记事本末》、查继佐《罪惟录》等，相互参证，纠正底本中人名、地名、官名、年代(干支)、字面方面的错误就有100多处。由于李贽的影响所及，托名李贽的伪书极多，对此，也进行了严格的甄别，确定为赝书者，以慎重态度予以割弃，如《疑耀》等。

李贽有一些著作是依据前朝典籍抄录编纂而成，如《藏书》、《史纲评要》是据历代正史在抄录编纂中体现自己的思想；有的是对其他典籍的注解，如《九正易因》、《老子解》、《庄子内篇解》、《孙子参同》等，有时在原书文字下还引述前贤有关论述作为“附录”；有的是对他人著作的编选而加以评论，如《初潭集》是对刘义庆《世说新语》和焦竑《焦氏类林》二书的重新分类编排而附以评语，《读升庵集》是对杨慎(号升庵)作品的编选而加以评述，《闇然录最》是对潘士藻《闇然堂类纂》的编选而加以评述。对于这些引用其他典籍与著作的作品，《全集注》对于原著作以及李贽论述中之误则在有关注中给予指出。如《读升庵集·丹铅别录序》中，杨慎引南齐王融这样一段话：“余少好抄书，老而弥笃，虽偶见瞥观，皆能疏记。后重省览，欢兴弥深。习与性成，不觉笔倦。”其实这是南朝梁王筠所说，《南史》卷二二、《梁书》卷三三都有明确记载。王筠，字元礼，王融，字元长，杨慎可能由二人的字而误植了。李贽却沿用杨慎之误，照录未改。又如《藏书》卷三八《李白》："任华《送李白之漕南序》曰：'彼碌碌者徒见三河之游倦，百镒之金尽，乃议子于得失亏成之间，曾不知才全者无亏成，志全者无得失，进与退于太白乎何有?'以上诸文，附见李白集，古本有之，今不传矣。"实际是《送李白之曹南序》为独孤及所作，也许是李贽所见之"古本"错植为任华，也许是李贽误记为任华，所以未能见到，才说"今不传矣"。该文见《全唐文》卷三八八，文字与李贽所引也有出入，题目中的"漕"为"曹"，"漕"误。对于这一类的误读或存疑，我们一旦发现，就在注中给予指明。

《李贽全集注》从立项到出版都引起国内外文化界学术界的关注与赞颂，包括《人民日报》、《文学评论》、《福建论坛》、《首都师范大学学报》，以及香港《星岛日报》、《澳门日报》，日本《阴阳学》、新加坡国立大学明清史网站等40多家中外新闻媒体发表了书评，称之为"重大的文化建设，艰巨的科学攀登"，"填补了学术领域的空白"，"是李贽研究里程碑成果"等。国家图书馆馆长任继愈教授在病中为该书作序，给以高度评价，"序"中说："《李贽全集注》经过十多年的努力，终于结题并将面世，这是一项重要的文化建设，是填补中国文化思想史学术研究的空白之举。""本书广搜资料，务求精确，而且解决了一系列疑难问题"，"勾稽古籍，反复查核，都显示注释者认真、严谨的学术态度"，"其严谨求实的学风也非常可嘉"。又说："深信此《全集注》之问世，必将受到海内外学界的欢迎与赞许，对学界的文化思想史研究有所裨益。"不久，任先生驾鹤归西，该文成了任先生的绝笔。《李贽全集注》面世后，武汉大学、厦门大学、首都师范大学、中国传媒大学、山西大学、台北大学，以及日本北海道大学、韩国 HanBat 国立大学、新加坡国立大学等 30 多所有关院系都把《李贽全集注》指定为研究李贽与中国传统文化的必读书目。并获2010年度全国优秀古籍图书一等奖。

张建业教授还完成了《李贽全集续集》的工作，全书约一千五百万字。在《李贽全集注》进行时，由于多种原因，有些孤本、珍本散在海内外未能收集到手。这几年在有关方面支持下，一部分陆续收集到位，但注释有一定难度，就先以白文整理出版。由于是难见的孤本、珍本，有的国内无存，面世后必将引起海内外学术界的关注与赞许。

张建业教授努力沟通中外的李贽研究

多年来，张建业教授在勤奋地对李贽研究的同时，还努力把李贽的研究推向世界，为李贽与中国传统文化的国际传播而尽力。张建业教授多次撰文指出，李贽还是一位具有世界影响的思想家，特别是对东南亚诸国有着深刻的影响。因此，他与这些国度的一些学者由李贽的研究而兼及对中国传统文化的研究起到了沟通与推动的作用。这里以日本与韩国为主加以阐明。

日本的沟口雄三，由于他在对中国传统文化研究中所取得的突出贡献，成为世界著名的学者，日本汉学的泰斗。他在《中国前近代思想的屈折与展开》一书中，[6]全面深入地对李贽进行了评价。他还著有《李卓吾——矢志前行的异端》[7]等专著以及大量的有关李贽的论文。沟口雄三在李贽研究中与张建业教授相互切磋交流，并把张建业教授的《李贽评传》以及张建业教授主编的《李贽文集》及有关论文作为研究与指导学生的重要参考书。遗憾的是他未能见到《李贽全集注》就驾鹤归西了。沟口雄三的博士生佐藤錬太郎也是在读到张建业教授的《李贽评传》后开始了对李贽的研究，并成为当今日本李贽研究的领军学人，现为北海道大学教授，北海道大学文化研究科中国文化论主任。他在李贽研究中与张建业教授结成了挚友，并借着张建业教授有关李贽的著作作为进行研究与指导博士生的重要参考，同时还招收了多位中国留学生为他的硕士和博士生，其研究重点即为李贽。还有著名汉学家疋田啟佑，也是以研究李贽为中心。他在多篇论文中都对张建业教授有关李贽的论著给以高度评价。他还与张建业教授共同策划在日本著名学刊《阳明学》2000年号上开辟了《李卓吾特集号》，并翻译发表了张建业教授的论文《李贽与王阳明》，进一步扩大了李贽在日本的影响。

李贽对朝鲜半岛也有重要影响。与李贽同时期有一位朝鲜著名诗人与使臣许筠(1569—1618)，就对李贽非常崇拜。2014年7月习近平主席对韩国进行访问，在韩国首尔大学进行演讲时，曾引用许筠下面一诗中的后两句："国有中外殊，人无夏夷别。落地皆兄弟，何必分楚越。肝胆每相照，冰壶映寒月。"许筠在1614年和1616年出使中国时，曾3次到通州，并停留多日，很有可能去瞻仰李贽之墓。在许筠的著作《乙丙朝天录》中有《读李氏焚书》七绝三首，对李贽及其著作进行了热情的赞颂，对中国封建统治者对李贽的迫害及禁焚其著作进行了斥责。作为文学家的许筠，还深受李贽"童心说"的影响，这在他的小说《洪吉童传》中有着鲜明体现，因此现代韩国学者称"许筠是韩国的李贽"[8]。许筠之后，朝鲜后期的实学派李睟光、朴趾源、金正喜、于若镛、李建昌等也都受到李贽思想的影响。因此，现当代在韩国对李贽的研究也极为深入，他们在李贽研究中也都受到张建业教授有关李贽研究的影响。

韩国现当代对李贽研究的领军人物是庆熙大学教授申龙澈。20世纪他在德国海德堡大学(Heidelberg)留学时，硕士论文与博士论文都是写的李贽。特别是后来撰写的评传式的专著《孔子，撼动中国的自由人——李卓吾》[⑨]，对李贽的一生及其著作进行了详细的评述。他还撰写有其他有关李贽的专著与大量论文，在这些专著与论文中大量引用了张建业教授有关李贽的论著。他还建立了“韩国李贽研究室”，由张建业教授为之题写了匾额。同时建立了由欧阳中石教授题匾的“张建业教授李贽研究论著专柜”。张建业教授还协助在韩国建立了“李贽研究学会”，协助韩国 HanBat 国家大学教授金惠经对《焚书》的翻译。另外，被称为美国南方哈佛的位于休斯敦的莱斯大学(RICE)的“亚洲研究中心”也收藏有张建业教授的《李贽评传》与《李贽文集》。该中心主任史米斯(中文名司马富)对张建业教授的李贽研究也极为赞赏。还有新加坡国立大学中文系主任兼明清研究群负责人李焯然教授，对张建业教授的李贽研究也给予极力的称赞。这一切都显示出张建业教授的李贽研究在海外的影响，对李贽研究向国际传播的努力。

为推进李贽研究向国际的传播，张建业教授还主持过五次有关李贽的国际学术研讨会，主编出版了有关的研讨论文集，在海内外也都引起了一定反响。为了拓展李贽的研究，为了把李贽的研究继续推向国际，也为了以李贽为中心开展中西文化的交流，扩大中华传统文化的国际影响，张建业教授正在策划组织“李贽研究丛书”工作。该“丛书”将海内外有关李贽研究的代表作汇集，并从不同角度对李贽的思想、著作、生平进行专题研著。该课题约三千万字，张建业教授本人已完成《李贽诗歌编年笺注》，《李贽论文笺注》等 10 种，约四百万字。该课题是一项庞大而具有深远学术价值的成果，同时对中外文化交流也将有着重要意义。

张建业教授在推进李贽研究的国际传播的同时，他还注意进一步推动国内的李贽研究工作。他在勤奋著述之际，在李贽研究中也起到一个组织者、活动家的作用，致力于李贽的宣传和普及工作。如 1993 年在首都师范大学组建了李贽研究中心，出任研究中心主任。2000 年在北京发起组建了中国李贽研究会筹委会，被推举为会长。2010 年协助在河南商城李贽曾经避难的黄柏山建立了李贽书院，出任首席顾问。协助湖北麻城市建立了麻城李贽研究陈列馆，协助建立了泉州市李贽研究学会，被聘为“永远荣誉会长”；协助福建南安市建立了南安市李贽学术研究会，被聘为名誉会长等。张建业教授还应邀在国家图书馆文津讲坛、黄柏山李贽书院、泉州师范学院、香港大学、香港中华文化教育基金会书谱出版社，以及日本北海道大学和美国休斯敦中国人活动中心等中外文化团体和高等院校做关于李贽的学术报告，或为有关李贽研究会议提供论文，并多次接受中外新闻媒体关于李贽研究的采访。还为麻城李贽研究陈列馆题词，为河南黄柏山李贽书院题写碑志，为福建南安李贽塑像题写碑文等。

由于张建业教授在李贽研究中取得的突出成绩，在“李贽书院”“韩国李贽研究室”等建立了由欧阳中石教授题签的“张建业教授李贽研究论著专柜”。福建南安、中国台湾和日本等有关高等院校与文化团体也将建立此专柜。由于张建业教授在李贽研究与其他方面的成绩，还先后被授予“北京市优秀教师”，“中共北京市委研究室研究员”，“国务院政府特殊津贴的有突出贡献专家”，“北京市高校创先争优离退休干部优秀共产党”，美国《现代周刊》特约评论员等。

[参考文献]

[1]纪昀：《四库全书总目提要》卷五〇，史部，别史类存目。

[2]纪昀：《四库全书总目提要》卷七，经部，易类存目一。

[3]李贽：《圣教小引》。张建业：《续焚书注》卷二，北京：社会科学文献出版社，2013 年。

[4]袁宏道：《张幼于》。钱伯诚：《袁宏道集笺校》卷一一，上海：上海古籍出版社，1981 年。

[5]王宝峰：《李贽儒学思想研究》，北京：人民出版社，2012 年。

[6]沟口雄三：《中国前近代思想的屈折与展开》，日本：东京大学出版社，1980 年。该书有索介然和龚颖的中文译本，书名《中国前近代思想的演变》，北京：中华书局，1997 年。又有龚颖的中译本，书名《中国前近代思想的屈折与展开》，北京：生活·读书·新知三联书店，2011 年。

[7][日]沟口雄三：《李卓吾——矢志前行的异端》，日本：集英社，1985 年。

[8]李家源：《儒教叛徒李筠》，韩国：首尔延世大学校出版部，2000 年。

[9]申龙澈：《孔子，撼动中国的自由人——李卓吾》，韩国：知识产权社，2006 年。

（作者单位：日本北海道大学博士研究员）

（原载《皖南》，2018 年第 5 期）

说明：文中提到的《李贽全集续集》，改名为《李贽全集续编》，已在首都师范大学出版社排印中。文中提到的“李贽研究丛书”，原拟“将海内外有关李贽研究的代表作汇集”，因翻译等疑难暂停，由首都师范大学出版社出版的《张建业李贽研究丛书》（共二十卷）正在排印中。